叱咤风云的商界领袖　享誉世界的管理大师

罗伯特·布莱克

曾仕强

雨果·孟斯特伯格

理查德·约翰逊

盛田昭夫

王永庆

斯金纳

松下幸之助

罗伯特·坦南鲍姆

迈克尔·波特

汤姆·彼得斯

詹姆斯·钱皮

罗伯特·欧文

亚伯拉罕·马斯洛

马克斯·韦伯

莫里斯·库克

叱咤风云的商界领袖　享誉世界的管理大师

李嘉诚　查尔斯·巴贝奇　弗雷德里克·W.泰勒　弗雷德·卢桑斯　戴尔·卡耐基

保罗·赫塞　爱德华兹·戴明　大前研一　查尔斯·汉迪

戴维·帕卡德

库尔特·卢因

亨利·福特

加里·哈梅尔

莉莲·吉尔布雷斯　彼得·德鲁克　赫伯特·西蒙　菲利普·科特勒

《管理的艺术》编写组◎编

哈尔滨出版社
HARBIN PUBLISHING HOUSE

图书在版编目（CIP）数据

管理的艺术：专供版 / 《管理的艺术》编写组编. —哈尔滨：哈尔滨出版社，2017.12
ISBN 978-7-5484-3621-8

Ⅰ. ①管… Ⅱ. ①管… Ⅲ. ①企业管理 Ⅳ. ①F272

中国版本图书馆CIP数据核字（2017）第195349号

书　　名：管理的艺术：专供版

作　　者：《管理的艺术》编写组　编
责任编辑：尉晓敏　孙　迪
责任审校：李　战
装帧设计：上尚装帧设计

出版发行：哈尔滨出版社（Harbin Publishing House）
社　　址：哈尔滨市松北区世坤路738号9号楼　　邮编：150028
经　　销：全国新华书店
印　　刷：哈尔滨市石桥印务有限公司
网　　址：www.hrbcbs.com　　www.mifengniao.com
E-mail：hrbcbs@yeah.net
编辑版权热线：（0451）87900271　87900272
销售热线：（0451）87900202　87900203
邮购热线：4006900345（0451）87900345　87900256

开　　本：787mm × 1092mm　　1/16　　印张：32　　字数：657千字
版　　次：2017年12月第1版
印　　次：2017年12月第1次印刷
书　　号：ISBN 978-7-5484-3621-8
定　　价：68.00元

编写组名单

（排名不分先后）

主　编：王海源　李东时

副主编：卢鸿佳　王晓利　刘梦伟

编　委：刘云涛　王国军　陈钟谊　高学森

编　撰：乔治和　袁　芳　李庆玲　郭　隽

卢东杰　于艾华　王秀荣　王　丹

庞乃美　郭　龙　郑　璐　王　洋

前 言

中国企业的发展经历了近百年的时间，尤其在中国改革开放后的二十年，中国企业的管理模式也随之发生了很大的变化，许多优秀的国有企业、集体企业和私营企业逐步形成了自己的独特风格，当然合资企业和外商独资企业的出现也给中国企业带来了许多观念上的冲击。

处在市场经济高速发展时期的中国企业的管理现状，有值得肯定的地方，但也有较多需要改进的地方，譬如企业管理基础薄弱、管理秩序混乱、管理机制僵化等诸多问题。这些问题的根源就在于企业人的管理学知识欠缺。

中国企业管理的未来发展，面临着更加激烈的内外市场竞争的挑战。市场竞争是实力的竞争，是企业科学管理水平的竞争。

因此，作为一名聪明的企业人，要广泛而深入地了解、学习和钻研管理学原理等知识。美国著名管理大师迈克尔·波特曾说："一个管理者的能力表现并不在于指挥别人，而是在于指挥自己跳出最美的舞蹈。"意即当代的管理者除了指挥他人为公司缔造业绩以外，自身还要具备扎实的专业技能和理论基础素养，如此才能成为一名成功的企业家。

我们这本书就是本着帮助这些想要成功的企业家去改善现代管理制度的想法创作出版的。本书将 300 多个管理定律、法则、故事、案例组合在一起，不但内容实用、幽默，而且也填补了当今市场上的这类图书的空白。

在日常的企业管理中，许许多多国内外的管理大师总结了各自的经验，每个人都提出了自己独特的观点。这些观点和格言都被管理界所广泛引用和借鉴。当然，他们的每一句话都有着各自不同的背景和含意，但有时又有相通之处。

松下幸之助曾经说过："企业管理过去是沟通，现在是沟通，未来还是沟通。"而通用电气公司前任总裁杰克·韦尔奇也说过："管理就是沟通，沟通，再沟通。"这两位大师级人物，虽然说的话不尽相同，但其实质都是"管理问题就是沟通问题"。

所以，我们在看待这些管理格言和定律的时候，切忌单独从字面上进行理解，而应该深入地结合实际地进行解读。

为了避免广大管理者和读者陷入这个误区，本书特意将我们精选的300多个原理、定律分为十个部分，分别从企业管理者如何定位自身、如何打造一个完美团队、企业各层面间共存问题解决方法等十个方面阐述这些原理，而且像企业基础管理、人本管理、质量管理和业务流程管理等方面几乎都有涉及，可见其内容之广泛，程度之深入。

另外，在每一章的每一小节都是统一模式，即由一句话说管理、追本溯源、企业实战运用、管理艺术四部分组成。不但结构清晰、明了，而且易懂、易记、易运用。

这样一来，使得这本书不仅适用于企业管理，还可以应用于日常生活。在为企业管理者提供了真实、生动的智力支持的同时，也为追求成功的个人提供了很好的借鉴。

在这里，我们希望中国企业能在此基础上不断进步，而每个读者也能不断提高自己，步入成功的殿堂！

目录
CONTENTS

PART1 企业管理者如何定位自身，以策实施

PART2 如何打造一个完美团队

PART3 高管、中层、员工共存问题解决法

PART4 “微机”动力源，给自己创造机会

PART5 在合作与沟通中寻求生存

PART6 企业组织流程要做"一条龙"

PART7 把握企业市场,与顾客链接

PART8 决策企业，开辟荆棘之道

PART9 准备好策略应付企业成败

PART10 企业概括性法则，要从全面做起

PART1

企业管理者如何定位自身，以策实施

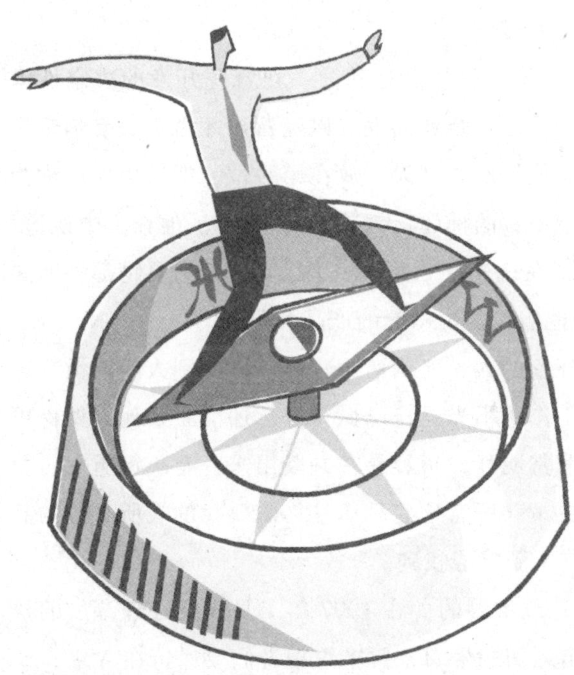

贝尔纳效应

☆ **一句话说管理** ☆

领导者应具有伯乐精神、人梯精神和绿叶精神，能够慧眼识才，潜心育才，放手用才。

追本溯源 英国学者贝尔纳天赋极高，有人估计他毕业后若研究晶体学和生物化学，定会获得诺贝尔奖。但他却心甘情愿地走了另一条路——把一个个开拓性的课题提出来，指引别人登上科学高峰。此举被称为贝尔纳效应。

企业实战运用 ※ 韦尔奇经营人才

人才是企业发展的第一战略资源，人才资源开发是其他一切资源开发的决定性因素。贝尔纳效应运用到企业的管理中其实就是：企业的发展以经营人才为主。韦尔奇作为通用公司的CEO，十分重视人才经营。他把经营“人”放在第一位，把通用公司称为“生产人的工厂”，把《韦尔奇自传》第十一章的标题定为《人的企业》。他在文中谈道：“我尤为注重把人作为GE的核心竞争力，在这一点上我倾注了比其他任何事物都多的热情。”“我们造就了不起的人，然后，由他们造就了不起的产品和服务。”

韦尔奇认为，好的人才首先是精力旺盛的人，充满活力，可以调动别人的激情，调动别人的积极性；好的员工还是那种在工作中不光是自己做得好，还能激励他人做得更好的人；他们要有一些优势，这些优势非常明显，很容易被判断出来；有决策勇气，要能决策、会决策，除了决策还要能落实决策。所有这些品质是你需要找的人所必备的品质。但是，这样的人不容易找，不见得一下子就能找到。

对韦尔奇来说，发现合适的领导人是最重要的。在1997年1月高级经理参加的执行经理会议上，他向500名高级经理发出恳切的号召，要求管理者们要保持在A级，要讲求团队精神，要服从公司的价值观。同时他决定要去除那些没有融入到通用电气价值观中的、没有什么正事干的经理，把他们划分到C级领导人。至于B级领导人，他想再给他们一些时间让他们继续前进。

“我们花太多工夫去使C级领导人转变为B级领导人，这是一种枉费力气的工作。把C级员工扔到B级或C级公司里，他们能干得不错。在今年的C级会议上我们不仅

将检阅A级领导人，而且要评价一下C级的不胜任。我们是超一流的公司，我们只想要A级的员工，我们能得到任何我们想要的人。为你没发现那些不是最好的而羞愧吧！好好使用最好的员工，给他们以回报，提升他们，付给他们好的报酬，给他们更多的机会。不要花太多时间使C级转变为B级，早点把他们剔除，这就是贡献。”

韦尔奇认为，现代企业处在一个大变革的时代。在变革中，企业领导者首先要了解员工是否能胜任他的职位。韦尔奇在对每一个员工的评估上花了很多的精力，而且在对员工的培训上也下了一番工夫。企业经常对员工进行各种培训，让员工不断增长新的知识，但是要做到和公司一起成长是不容易的。韦尔奇认为，让员工和企业一起成长，注重员工的培训是可行的方法之一。

韦尔奇非常注重员工培训。在位期间，他亲自到员工培训现场去，每月平均去12到15次，每次差不多都要待五六个小时。但他关心的不是培训中心课程设计等琐碎问题，他利用这五六个小时去接触集团的中层领导，并把集团高层的最新决策及时传达给他们，看他们如何反馈，然后采取不记名调查的方式问一些关于公司非常现实的问题，而不是问他们是否喜欢食堂的饭、停车位够不够等问题。要问公司是不是成功，问公司的管理者是不是在身体力行，言行一致，这样有助于把握公司的脉搏，对公司有更多、更深刻的了解。

韦尔奇认为：CEO应该重视人才的培养，不要搞花架子，尤其是管理层培训。他说，企业在挑选人才时，通常没有非常理想的方法。但是通过制定政策，可能帮助企业找到合适的员工。他表示，企业的高级管理层要有慧眼识英才的本领。挑选人，挑选合适的人，让这样的人才能够成长起来，是企业高级领导层最重要的任务之一。

能用优秀的人就不怕没有优秀的企业。在企业的管理中，人才至关重要。企业要发展就必须以当代的最新的科技来装备自己，而要达到这个目的，就必须由掌握和运用这些技术的人才来完成，并不断地把这些装备更新。企业成功的奥秘就在于领导恰当地选用人才，而且注重培养和关心人才，使他们更好地为企业服务。

横山法则

☆ 一句话说管理 ☆

自发的才是最有效的，激励员工自发地工作。

追本溯源 日本社会学家横山宁夫认为，最有效并持续不断的控制不是强制，而是激发个人内在的自发控制，好的管理就是要激发被管理者，使其学会自发管理。

企业实战运用 ※ 青岛澳柯玛集团人性化管理

不管是小的公司还是大的企业，只靠制度来约束员工，在提高工作效率方面并不能做到最好。制度只是起到辅助的作用，关键还是要培养员工的自我管理，有效激发员工自发地工作。在管理的过程中，企业常常过多地强调“压制”，事实上，人都有一种内在的反抗情绪，这样的管理往往适得其反。规矩越多，反而越不能调动员工的积极性，聪明的管理者应该懂得激励员工自发地工作。在激励上下工夫，了解员工的需要，然后满足他。只有这样，才能激起员工对企业和自己工作的认同，激发起他们的自发控制，从而变消极为积极。

增强员工的自发控制可以大大提高管理的效率，这一点已经受到了国内许多企业的重视。澳柯玛集团现有资产已经达到60多亿元，员工8000多人，辖属高科技上市企业澳柯玛股份有限公司，以及包括数十家全资子公司在内的12大事业部，19家国内外合资控股、参股公司，拥有“中国驰名商标”、“国家级企业技术中心”。

作为国有特大型企业集团，澳柯玛始终恪守以人为本的管理原则，成功地建立起了以“善待员工，厚爱企业”为核心的企业文化，大大加快了企业的发展，同时调动了职工爱岗敬业的积极性，有效地促进了员工们的自我管理。

对企业来说，出现劳资纠纷是最平常不过的事情。但在澳柯玛，这种现象没有存在过，也从未出现过一次职工上访事件。为此，青岛市授予其“信访工作先进单位”的荣誉称号。而这正是澳柯玛善待员工的一个最好说明。

澳柯玛“信访工作先进单位”的荣誉称号是集团为员工办实事、办好事得来的，并不是“作秀”。这些年来，从为职工解决住房、进行技术培训、开展困难救助到改善工作环境、开通班车，甚至在工作区专设吸烟室等细节上可以看出，凡是职工在工作、学习、生活中有要求的，公司几乎没有不考虑到并努力去做到的。

澳柯玛公司在发展过程中，曾先后兼并过7家严重亏损的企业。为了彻底解决这些企业拖欠职工工资、就业安排等历史遗留问题，澳柯玛先后拿出资金5000余万元，将这些企业欠薪欠费全部清偿完毕；同时，积极帮助年轻职工实现再就业，并妥善安置了1000多名年龄偏大和老弱残疾职工，彻底消除了这些职工的后顾之忧。

澳柯玛集团公司现有职工8000多人，其中农民工约占一半。公司不仅在合同、保险等方面对农民工和城镇职工一视同仁，还通过考察学习、技术培训和业务培训等，尽快提高农民工的素质和技能，并对有能力的农民工委以重任。目前，集团有相当一部分中层干部就是从农民工中产生的。

集团营销公司的王丽芳深有感触地说：“公司在细微之处体现出的人情味特别让人感动。像我们这些新来的大学生都能住上单位的房子，这在目前取消福利分房的时代真的是很少见的。”

曾有过短暂“跳槽”经历的澳柯玛集团空调事业部技术人员胡德云说：“我宁愿放弃南方企业的高薪，也愿意继续为公司效力，因为在这里我能找到一种家的感觉。”可见，他对自己效力的企业有一种难以割舍的情结。

澳柯玛的人性化管理已经深入人心，人都是将心比心的，企业如此对待员工，员工还有不为企业卖力的吗？澳柯玛的人性化管理使得像胡德云这样爱厂如家的职工比比皆是。

澳柯玛的人性化管理也让员工为企业带来了许多利益，员工对企业尽心尽力，千方百计为企业谋利益。值得一提的是，他们出的“金点子”为澳柯玛节约了生产成本，提高了工作效率，为企业创造出了可观的经济效益。据统计，近三年来，职工提出的合理化建议共计3200余条，其中被采纳的有1560条，创造经济效益达6300万元。

在澳柯玛，职工们在做好本职工作之余，提合理化建议的热情特别高。职工王义照等人为降低冰柜产品成本，对展示柜产品进行了结构改造，只这一项一年就可以为公司节约成本280万元；职工赵定勇等人对冰箱环形发泡线进行技术改良，从而给公司创造经济效益80万元。

如今，类似的减耗增效技术的攻关在澳柯玛已不再只是研发部门的专业，因为职工们发现，只要用心，从小事做起，技术创新并不难，人人都能做到。

澳柯玛在对员工的管理上做得很好。企业善待员工，员工才会对企业充满感情，才会为企业付出努力，企业的效率自然就提高了。这个职工与企业之间的利益共同体，是每一个管理者必须要懂得的。

“善待员工，厚爱企业”，良性互动让企业与职工的心贴得更紧了，企业发展步伐由此更快了。

促进企业发展的管理方法，就是提高员工的工作效率。而要提高员工的工作效率，企业就必须处处从员工的利益出发，为他们解决实际问题，让员工自发地去为企业的发展做出贡献，并且激励员工自发地工作。做到了这些，员工自然就和公司融为一体了，也就达到了员工的自我控制。

赫勒法则

☆ 一句话说管理 ☆

当人们知道自己的工作成绩有人检查的时候会加倍努力。

追本溯源 英国管理学家H.赫勒认为，很多时候员工会和老板藏猫猫。老板在的时候卖力表现，老板一出门，马上就变了样。其实要想彻底改变这种情况只有进行有效的监督和激励。有效的激励机制能大大加强员工的工作主动性和热情。而建立一种有效的监督机制，是让你的员工“动”起来的一个重要因素。用活“赫勒法则”，可以帮助管理者查找管理中的不足，改善员工的工作环境和条件，拉近员工与企业和管理者之间的距离，增强企业的凝聚力。

企业实战运用 ※ 企业完善的监督管理机制

美国著名快餐大王肯德基国际公司的连锁店遍布全球60多个国家和地区，总数多达9900多个。然而，肯德基国际公司在万里之外，又怎么能保证它的下属能尽忠职守呢？

有一次，上海肯德基有限公司收到3份国际公司寄来的鉴定书，对他们外滩快餐厅的工作质量分3次进行了鉴定评分，分别为83、85、88分。公司中外方经理都为之瞠目结舌，这3个分数是怎么评定的？

原来，肯德基国际公司雇用、培训了一批人，让他们佯装顾客，秘密潜入店内进行检查评分。这些“神秘顾客”来无影去无踪，而且没有时间规律，这就使快餐厅的经理、雇员时时感受到某种压力，丝毫不敢懈怠。正是通过这种方式，肯德基在最广泛了解到基层实际情况的同时，有效地实行了对员工的工作监督，从而大大提高了他们的工作效率。

海尔集团的成功和其高效的监督管理机制密不可分。海尔集团建立了较为严格的监督控制机制，任何在职人员都要接受三种监督，即自检（自我约束和监督）、互检（所在团队或班组内互相约束和监督）、专检（业绩考核部门的监督）。干部的考核指标分为五项：一是自清管理；二是创新意识及发现、解决问题的能力；三是市场的美誉度；四是个人的财务控制能力；五是所负责企业的经营状况。每月考评，工作没有失误但也没有起色的干部将会被归入受批评之列，这使在职的干部随时都有压力。海尔生产车间里通常有一个S形的大脚印，每天下班时，班组长做工作总结，当天表现不好的职工都要当着大家的面站在S形的大脚印上。

在这种严格的监控机制下，海尔员工的积极性和主动性得到了最好的发挥，人人争当最好。同时，海尔建立了一套较为完善的激励机制，包括责任激励、目标激励、荣誉激励、物质激励等，这对于处处感到压力的海尔员工来说，无疑是一种心理调节器。监督和激励的良性循环使海尔不断从成功走向成功，最终成为了世界知名品牌。

"没有有效的监督，就没有工作的动力。"也许有人会说监督不如激励来得更人性化，但是人都是有惰性的，正向激励对大多数人、在大部分情况下都能起显著作用，但对一部分爱偷懒耍滑、紧盯领导、得过且过、当面一套背后一套的员工来说，起不了太大作用。长期如此，会使员工人心涣散，挫伤大部分遵章守制员工的积极性。通过"赫勒法则"，对员工实行有效的、及时的、可控的监督，对部分员工不良的工作行为进行及时的批评教育，保证企业的正常运行。人都有被尊重的需要，当你能满足他的这种需要时，他会更愿意为你做些事。我们知道这种尊重的需要更多的是来自于别人的肯定，在管理中有效的监督便是上级肯定下级的一种表现。

白德巴定理

☆　一句话说管理　☆

能管住自己的舌头是最好的美德。

追本溯源　印度古代哲学家白德巴认为，过去，管理者集各种大权于一身，处处小心，大事小事都一个人说了算，管理起来费时费力；而员工唯一的工作就是服从指挥，领导怎么说，员工就怎么做，也不必对结果负责。而现在，企业更需要团队合作，那种以权力为中心、自上而下、等级森严的管理方式已经不适应时代的需要了，上下级角色正在发生彻底改变，级别关系越来越模糊。在团队中，并不特别强调权力，而是强调以摩托罗拉式的"自我承诺"来实现共同目标。管理者不再是集权者和发号施令者，他们正逐渐向教练、顾问、推动者、支持者和服务者等角色转变。同时，他们的管理压力也相应降低。作为团队领导者，管好你的嘴和手，少插话，少插手，你应适时控制自己发表演说和多管"闲事"的欲望，给下属更多参与的机会和发挥的空间。你不必担心员工会将事情弄砸，他们根本不像你想象的那样脆弱和无能。每个人都很有潜力，如果给他们机会，你会逐步发现：他们干得往往比你期望的还要好。员工参与决策的程度越来越高，对企业的责任感和归属感也越来越强。每个人都积极主动地参与团队工作，自觉地分担压力和困难，工作效率与效益大大提高。

企业实战运用 ※ 懂得管好自己的舌头

舌头作为沟通的重要工具，能促进人与人之间的沟通，但是人们却从未去考虑舌头的副作用。“白德巴定理”告诉企业领导者，要管好自己的嘴和手，少插话，少插手，适时控制自己发表演说和多管“闲事”的欲望，让下属有更多参与的机会和发挥的空间。给他人自由，也是给自己自由。

作为一名管理者不要自认为聪明，看不到别人的优点，对别人只有挑剔和斥责。松下电器创史人松下幸之助认为，高明的人善于欣赏别人的所作所为，懂得管好自己的舌头，而不是去挑剔、斥责下属的缺点。

他说：“经营者或经营干部，绝不能自炫才能、智慧，要知道个人的才能、智慧是有限的。根据我多年的经验，有些人喜欢赞扬下属的优点，有些人喜欢挑缺点，比较之下，往往前者的工作推行都较顺利，业绩也不会太差。那些爱挑毛病的上司结果正好相反。所以唯有懂得欣赏别人的长处，才能领导更多的人。当然，并不是说只注意下属的优点而忽略他们的缺点，应该适度地指出其缺点，从四分缺点、六分优点的角度去观察，这样才是一个懂得欣赏下属的上司。应该假定每个人都有60%的优点，40%的缺点。如果反过来，假定下属有60%的缺点，而只有40%的优点，这个人显然不是个好上司。起用某个人，只有充分信任他，他才会一心一意地为企业卖命。如果上司总觉得员工这里不行，那里不行，用鸡蛋里挑骨头的态度来观察下属，不但下属不好做事，久而久之，他会发现周围没有一个可用的人了。所以，当他想要派任务时，一定会因觉得不放心而犹豫不决。”

松下电器有一个传统就是不唯命是从。松下说：“员工不应该因为上级命令了，或希望大家如何做，就盲目附和、唯命是从。”他认为，下属或员工完全盲目地按照上级的命令去做，就会使公司的经营失去弹性。

管住自己的舌头，的确是作为一名管理者值得思考和重视的关键。一位企业的老总如果事必躬亲，不但费心费力，而且会使员工失去自己的思考空间。这就在很大程度上限制了一部分员工能力的发挥，从而也限制了企业的发展。管理者要学会运用“白德巴定理”，学会并且善于欣赏下属的所作所为，懂得管好自己的嘴巴，少些挑剔和斥责，给下属足够的自由空间，让他们能全方位发挥自己的能力。相信员工在积极主动的工作状态下与在被动服从的情绪中所创造的业绩会有天壤之别。给了下属自由和独立思考的机会，在某种意义上也是给了自己行动上的自由。这也是一个成熟的企业家所应具备的风范。

波特定律

☆ 一句话说管理 ☆

当遭受许多批评时，下级往往因为忙于思索论据来反驳开头的批评而只记住开头的一些，其余就不听了。

追本溯源 英国行为学家L.W.波特认为，在管理中，当下属犯了错误，领导者都会严辞批评一番，在他们看来，似乎这样才能体现规章制度的严肃性，才能显示出领导的威严。其实，有的时候过于关注员工的错误，尤其是一些非根本性的错误的话，会大大挫伤员工的积极性和创造性，甚至使其产生对抗情绪，这样就会产生非常恶劣的后果。所以，在管理事务时，我们要学会宽容下属的错误。不过，需要注意的是，宽容并不等于是做“好好先生”，而是设身处地地替下属着想。在批评的同时不忘肯定下属的功绩，以激励其进取心，并有效避免伤害其自尊心和自信心。一个懂得顾全下属面子的管理者不仅会使批评产生预期的效果，而且还能得到下属的大力拥戴。

企业实战运用 ※ 高明的用人秘诀

不同的管理者有不同的管理措施。“波特定律”告诉管理者，要以宽容的心态对待员工的错误。没有哪个人愿意犯错误，但没有哪个人不犯错误。当下属犯错误的时候，明智的管理者都会帮助其分析犯错误的原因，然后给他改过的机会。

宽容是理解，宽容是再给一次机会。通用电气的杰克·韦尔奇认为：管理者过于关注员工的错误，就不会有人勇于尝试。而没有人勇于尝试比犯错误还可怕，它使员工固步自封，拘泥于现有的一切，不敢有丝毫的突破和逾越。所以，评价员工的重点不在于其职业生涯中是否保持不犯错误的完美纪录，而在于其是否勇于承担风险，并善于从错误中学习，获得教益。通用电气能表现出很强的企业活力，与韦尔奇的这种对待员工错误的方式有莫大的关系。

而最能够体现公司的宽容态度以及容人之心的就是索尼公司。索尼公司的用人秘诀就是既尊重员工，又宽容员工的错误，以此来调动员工的聪明才智。索尼公司创始人盛田昭夫对属下说：“放手去做你们认为对的事，即使你犯了错误，也可以从中得到经验和教训，使自己以后不再犯类似的错误。”盛田昭夫对待犯错误的属下不是追究责任，而是查找原因，帮助犯错误的员工改正错误，不断完善自己。他说：“谁也免不了犯错误，而这些错误也不至于动摇公司的根基。如果一个员工因为犯错误而被剥夺升迁的机会，他也许就会一蹶不振了，还怎么能为公司做贡献呢？”

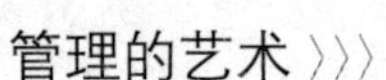

索尼公司现在已经成为世界一流高科技企业的“形象代言人”。索尼的名字是与世界上第一台晶体管收音机、第一台单枪彩色电视机、第一台家用盒式录像机等一系列的创新联系在一起的。最重要的是索尼公司的管理者尊重每一位员工，使他们人尽其才，工作不受干扰。索尼公司的观点是，只要能知错即改，引以为诫，那就还有可取余地。索尼公司的成功，大概与其用人的独特风格不无关系吧。有作为的企业家首先应该是有气度的企业家，要能够容人容事。不然的话，犯了错误就解雇，犯了错误就处分，谁还敢待在这样的企业呢？

优秀人才在索尼的定义要求中绝不只是言听计从、循规蹈矩的执行者。在索尼，上级和下属工作的一致目标是取得理想的结果，董事长和总裁办公室的门永远是敞开的，公司鼓励员工献计献策。一个优秀的人才在索尼公司首先应该具有思想和才华，其次要敢于打破常规，提出自己的见解。

这体现了索尼公司的容人之心以及宽容的态度。这样，工作人员大胆探讨和试验，发挥创意，才有利于调动每一个员工的聪明才智。

允许员工成功是很容易的，因为每个人都想把事情做好，所以也希望别人把事情做好。企业对员工的积极支持，不仅仅是要为员工提供必要的资源助其顺利开展工作，此外，为了鼓励工人，应给予激励并支持他们改进工作方法，帮助他们消除影响任务实现的障碍，因为正是那些勇于冒险的人帮我们有所创新。这是珍贵的礼物，你不能试图惩罚他们的错误和失败。否则，他们会开始寻求能够接受他们失败并给予他们鼓励的公司。

同样，西门子公司对员工的错误也很宽容。西门子（中国）有限公司人力资源总监说，他们允许下属犯错误，如果那个人在几次犯错误之后变得“茁壮”了，那对公司是很有价值的，犯了错误就能在个人发展的道路上不再犯相同的错误。在西门子有这样一句口号：员工是自己的企业家。这种氛围使西门子的员工有充分施展才华的机会，只要是有创造性的活动，即使失误了公司也不会怪罪。

优秀的管理者在下属犯错误的时候，是不会去一味地批评的，而是会以宽容的态度面对他们的错误，变责怪为鼓励，让员工在接受惩罚时怀着感激之情，进而达到激励的目的。每个人都是需要鼓励的，有鼓励才能产生动力。批评的同时给予适当的肯定，把握好了，你将会成为一名出色的管理者。

杜嘉法则

☆ 一句话说管理 ☆

你的下属一看你的行动，便明白你对他们的要求。

追本溯源 美国全国疾病研究中心教授L.杜嘉认为，只有敢为人先的企业领导才能启动下属的活力；反之，畏首畏尾，则是企业领导无能、怯弱的表现。领导是干什么的？是以身作则带领下属工作的。不能以身作则，这样的领导徒有虚名。

企业实战运用 ※ 领导要以身作则

1987年8月，白瓷厂建成试产，却发生了一个意外的事故。由于设计时忽视了热胀冷缩问题，当20辆自动传递的窑车进入隧道窑时，随着隧道窑内温度的不断升高，车轮受热膨胀卡在了轨道上。如果等7天以后窑内自然冷却后再拉出窑车，那么隧道窑就要报废，几十万件瓷胚将成为一堆垃圾，就得损失几十万元。唯一的办法就是人冲进去拉出窑车，保护窑体。在场的工人皆不知所措。身为领导的王廷江什么也没说，他拼命跑回家，抱来了被子放在水里浸湿，裹着湿被子钻进了几百度高温的隧道窑，拼死拽出了第一辆窑车，接着又钻进去拽出了第二辆。他的头发、眉毛烧焦了，身上烧伤了……在场的工人迅速反应过来，一个个争先恐后地学着王廷江的样子冲进了隧道窑。就这样，20辆窑车迅速被全部拉出来了。王廷江这一“赴汤蹈火”的壮举，在厂里引起了很长时间的波动。当时有人却私下说他这是为了钱连命都不要了，他这是舍命不舍财。但是他却把这用生命换来的厂子无偿捐献给了集体。

青岛电冰箱厂的张瑞敏也是身先士卒的代表。他强调在管理制度面前人人平等，任何人违反了制度、出了问题、给厂里带来了损失，都要按规定接受处罚，事实上他说到做到了。一次，一个青年工人在下夜班时，忘记了把第二天的生产用料准备好，从而使第二天未能按时开工。第二天，那个工人就将436.2元的罚款主动交给了分管领导，那领导对他说：“罚你这么多钱冤枉吗？”工人说：“连张瑞敏厂长都不例外，我认罚，我今后决不会再出现失职问题……”原来，张瑞敏曾两次自罚并榜上点名：一次是厂里出了76台次品，他重罚了自己；一次是在强化质量管理活动中，厂部出了点问题，他又扣发了自己的全月奖金。工人们心里明白张瑞敏自罚得很冤枉。到1988年，该厂摘取了全国电冰箱行业唯一的“质量管理”奖章。当然这并非偶然，这和一位领导者身先士卒的榜样力量是分不开的。

管理艺术

在战场上，最能鼓舞士气的莫过于将领身先士卒，带头冲锋陷阵。在商场和职场也是同样的道理。在市场竞争中，企业管理者也应做到身先士卒，因为榜样的力量是无穷的，身教重于言教。彼得·杜拉克在《管理圣经》中提到，领导力就是“以身作则，让别人愿意为大家共同的愿景努力奋斗”的艺术。不论是企业还是个人的成功，主因都在于领导者除了能够勾勒梦想，让大家有共同努力的目标之外，还能在众人之前跨出第一步，领导大家向目标迈进。

等待效应

☆ 一句话说管理 ☆

由于人们对某事的等待，从而产生态度、行为等方面的变化。

追本溯源 在管理中，优秀管理者常常利用这种效应的作用，使员工产生一种对新任务的等待心理，以提高员工的工作兴趣，使其态度和行为发生积极的变化。

企业实战运用 ※ 学会等待

小尹刚从一家公司的技术部调到销售部，她原来在技术部表现得很好，但调到销售部以后老板要求她从普通的业务员做起。不过上司已经放话，以她的能力，再加上勤奋，一定会做出业绩的，只要她能显示出自己的能力，就有可能从普通的营销员升到管理层。

小尹为了能让上司对自己刮目相看，也为了证明自己的能力，很努力地做好自己的分内工作，甚至还自己掏腰包请客户吃饭。她兢兢业业地找客户，不厌其烦地向客户讲解公司产品的优点。可是两个月下来，她每天不知跑了多少个地方，却一个合同也没签下来。令她费解的是，有些客户明明对公司的产品很感兴趣，可为什么总在最后关头拒绝自己呢？

小尹为了找到自己的不足，很虚心地向一位业绩好的同事请教。同事对她说：“对客户你不能穷追不舍，天天催着他签合同。”小尹很是疑惑：“客户不是要跟紧吗？不然不就被别的公司的业务员给拉过去了吗？”同事笑着说：“这就是失败的原因。营销和技术不一样，你太着急，没有给客户留下思考、比较、权衡的时间。而且，如果你总是催他们，客户就会感到厌烦，还会对你产生不信任感。所以，你要学会等待，主动给对方足够的时间，他们才会仔细思考你的建议，还有你产品的优点以及优惠。”

小尹对同事的话不以为然，她觉得同事不愿意教她，谁都明白“教会徒弟饿死师傅”的道理。那段时间，她一有时间就琢磨问题出在哪儿，一天下班，她过马路的时候还在想得入迷，以至于被一辆迎面而来的三轮车撞倒了。还好是三轮车，医生让她卧床休息半个月。小尹很绝望，心想这下所有的业务肯定全都泡汤了。

让她没有想到的是，半个月后上班时，她抱着一丝希望跟客户联系，其中的两位居然很爽快地让她过去签合同。她很兴奋，在签合同的时候，其中的一位老板感叹：“哎，还是你对自己有信心，沉得住气。其他公司的业务员三天两头打电话催，我光忙着躲他们了，哪还有心思研究他们的方案。”

这时，小尹才茅塞顿开，她这下彻底明白了，原来同事说得对。她调整了自己与客户的接洽谈判方式，她的前期工作做得很全面，顾客一看就会有好印象。这时，她不再急着追问顾客，而是主动提出给客户充分的考虑时间。

但这个时间不会很长，她利用这段时间去收集客户其他方面的资料，找到客户真正的需要，然后在下次站在客户面前时，她会站在客户的立场说出选择自己产品的理由，客户通常都会爽快地签单。

有了一些经验，小尹开始想到，在自己与上司的关系处理上，自己也有些不妥当。自己总是有事没事往办公室跑，而且以前要是做个总结什么的，也天天去问上司行不行。上司也需要时间考虑的。

从此以后，小尹一改往常的作风。一次，公司需要一个有创意的营销策划，在其他的策划被否定以后，小尹才递上自己的策划书。结果，在会议上，她的策划书得到了管理层的一致好评。

她的这份策划书既避免了前面同事的失误，又有自己的创新，还借鉴了国外的一些案例。上司开玩笑地问小尹：“好久不见你来汇报工作了？”小尹笑笑说：“我学会了等待。我需要给自己时间，也需要给您时间。”上司点点头说：“学会等待，你才能看准机会，也才能让别人真正了解你，看到你的优势所在。”

一年后，小尹如愿进入了管理层。在给新员工培训的第一天，她就告诉新来的员工：“想做一名好员工，第一件事情就是学会等待。”

等待是每个人的必修课，员工要学会等待，管理者要学会等待。对于一个企业而言，更需要等待机遇。在这个竞争激烈的市场中，通过在相对平静时期的积极等待，管理者可以增加他们成功的概率。机遇总是偏爱有心人。在不可预知的市场中，好运气非常宝贵，不容错失。如果在重大机遇和威胁之间的平静期积极等待，管理者们将能够提高抓住时机的概率。

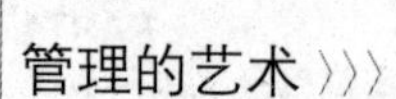

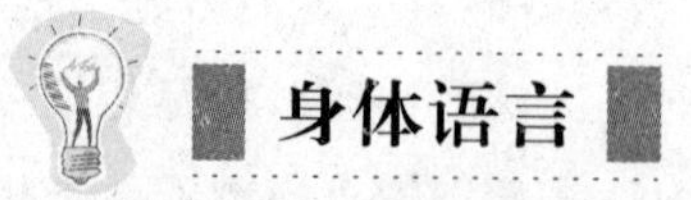身体语言

☆ 一句话说管理 ☆

解译人们的体语密码，可以更准确地认识自己和他人。

追本溯源 有一个叫马达拉欧的人做过一个试验，地点是某政府机关招聘工作人员的面试会上，试验对象是25名应试者。试验要求在面试的最初15分钟，主试者以普通的态度对待面试者；接下来15分钟主试者不断地点头显得甚以为然地听对方说话；最后停止一切表示，面无表情。然后测定应试者一次发言能持续多长时间。结果显示，主考官的不同态度对应试者发言时间长短的影响相当明显，主考官点头或附和，其作用犹如加速器，反之，面无表情则好比是制动闸。

听对方谈话时点头或附和，即等于承认对方并鼓励其继续说下去。如果你希望从对方那里听到更多的话题，那么谈话时你频频点头附和好了；如果你不想听了，希望他打住话头，那么你停止一切表示。明白这个道理并把它应用到实际工作和生活中去，那么表面上看主动权好像在他人手里，而实际上却是由你掌握。不过也有研究认为，谈话时有所附和是为了尊重对方，这样的人也被他人所欢迎。这个确实要注意，要掌握分寸。

企业实战运用

※ 边办公边和下属交流的领导

身体就像一个无法关闭的传送器，时刻传送着人们的心情和状态。人与人交往有时候靠身体语言得来的信息比交谈得来的信息还多。不管是从表情、眼神、姿态、手势、声音、触摸，还是从衣着、距离等都能感知来自对方的信息。作为一位领导，在管理的过程中千万不要忽略了身体语言的重要性。

李科长在某部人事局工作，因为工作需要经常要找下属谈话，本想借此机会多了解一些部里干部情况和下属的思想动态，可下属好像都不愿意敞开心扉，每次谈话总是草草收场，就连平时下属也不太愿意和他交流。李科长很委屈地告诉他的上司：“其实我很注意和下属的交往，从来不打‘官腔’，力争平等地对待每一个下属，也很愿意和下属沟通思想，可是为什么大家对我还是有这么强烈的生疏感呢？”

带着这个疑惑，李科长的上司走进了他的办公室，观察了李科长的“待人接物”。正如李科长自己所说的那样，对来谈工作的同志，无论职务高低，他都热情接待，可是当下属汇报工作的时候，李科长很少把目光投向他们，虽然也在认真听，但一直没有停止做其他的工作。一会儿批批文件，一会儿看看笔记本，有时下属的话还没有说完，他就会打断，表明下属的意思他已经明白了。下属总处于一种“仰视”状态，匆匆把事情

说完，然后匆匆离去，根本就没有把“心”掏出来进行畅谈，无怪乎李科长说和下属谈过之后没有达到目的，感觉彼此之间还是有陌生感。

像李科长这样边办公边和下属交流的领导不在少数，他们似乎在忙于其他工作，似乎又在倾听下属的汇报。这样的领导从表面上看好像工作效率高，很有魄力，实际上他们不专注的行为却是“拒下属于千里之外”。结果，很多重要的信息没有捕捉到。下级的很多新想法没有表露出来，工作错过了一次很好的碰撞和交流机会，工作中发现的漏洞没有及时得到弥补，甚至会直接导致判断和决策的失误。

也许有些领导认为，和下级沟通只需要在百忙之中抽出一些时间多听听下属的汇报就可以了，而且沟通时看重的也只是汇报的内容，忽视了领导者身体语言在沟通中的重要性。于是就会像李科长这样，越想和下属沟通往往越事与愿违。国外最新的研究表明：身体语言在沟通中的信息构成中占了55%的比重，起着最为关键的作用。由此可见，一个善于沟通的领导者必定要善于运用身体语言。

对于管理者来说，身体语言的运用是一项重要的技巧。俗话说：“眼睛是心灵的窗户。”领导者与下属之间有效的目光交流也是沟通顺畅的“润滑剂”，在和下属交流的过程中，身体要自然、放松，不能太僵硬，但也不能太随意。

领导者在与下属沟通的过程中一定要专注，停下手中不相关的工作，要展现赞许性的点头和恰当的面部表情，当然也不能刻意追求效果，任何反应都不能夸张，以免弄巧成拙。

怀特定律

☆ 一句话说管理 ☆

领导在群体外的声望有助于巩固他在群体中的地位，而他在群体中的地位又提高了他在外界的声望。

追本溯源 美国社会家S.怀特认为，领导的影响力一方面来自所谓的“权”，即管理者所处的职位本身具有的权力，如奖赏权、惩罚权。那些缘于职务的影响力往往体现在下属的“口服”上，尽管可能有不同的意见，下属至少会在表面上认可领导的想法，心理上往往没有很强的认同感。在这种情况下，员工的执行更多的是按部就班。另一方面来自我们常说的“威”，即管理者的个人权力，如人格魅力、丰富的经验、卓越的工作能力、良好的人际关系。这种影响力往往使下属从心底支持领导的决策，能很好地领会领导的意图。下属在执行上会更有创造性，并极力达成目标。

根据这种观念总结，怀特将其归结为上面的定律，被人们称为“怀特定律”。

企业实战运用　　※ 任正非的领导力

一个企业首先需要有一个好的领导者，领导的影响力不仅仅是靠权力，还要靠领导者的个人魅力、卓越的管理能力和良好的人际关系。这种影响力往往使员工从心里支持领导的决策。华为的总裁任正非就是一位很有魅力和威望的领导者。

军人出身的任正非，对自己的要求很是严格。他是从坎坷之途中走过来的，虽然现在身为华为的总裁，但他并没有总裁的架子。在华为公司内部，任正非坚决不许吹溜拍马、拉帮结派，上下往来以业务为导向，不分尊卑贵贱，高管们在很多方面与普通员工并无差异，这种务实而低调的文化确实使华为避免了许多外界干扰，埋头做自己的事情。

领导在群体外的声望有助于巩固他在群体中的地位，而他在群体中的地位又提高了他在外界的声望。在华为，每年在培训新员工时总会提到：“见到任总刻意恭敬地打招呼，他反而会反感，看见他就要像看见其他员工一样。”在许多企业中，运用投票制选取采纳这一举措是一种较为常见的方式，而在华为却以一种鲜见的运作模式来选取决策，那就是以道理为运作模式。1995年，华为成立了多个决策委员会都遵循“从贤不从众”的规矩，不是以投票多少来决定，而是看谁的意见更有道理，要做到以这种方式选取决案，前提是同仁观点的一致性，华为把这点做得很好。在华为，不管是员工还是高管都是平等的，因为任正非这样做了，“平等”更能激进团体，避免了权势压制带来的不平衡。

在华为的食堂里，员工们会从老总的身边平静穿过而无须刻意逢迎。不搞个人崇拜已渐渐成为华为公司内部默认的法则。

曾有人问任正非：“您对华为人最大的期望和要求是什么?”他说：“华为人要有自我批评精神。”他希望华为人“每日三省吾身”，要意识到自己的不足并不断地加以改进，不断地优化。任正非更强调，作为华为的中高级管理干部，更应该具有自我批评的精神。任正非认为，自我批判要从高级干部开始，高级干部每年都有民主生活会，民主生活会上提的问题是非常尖锐的。有些不知情的外人以为华为内部斗争激烈，但事实上，大家的批评仅限于工作，争论、批评完毕，大家又握着手工作去了。任正非要求，华为中高级干部要在自我批判方面做出表率。不仅仅是自己不搞个人崇拜，华为的所有人都一样，他们以共同的价值观去做事，从整体上看，他们成了一个阶层上的人。

一个好的领导要做的事情，是要对在组织中所扮演的角色负责，要做出榜样，帮助公司改变。而任正非做到了这一点，而且做得很好。所以，任正非在华为的威望很高。在华为的员工、客户和合作伙伴中，很多人都对任正非有着一种由衷的崇敬，认为任正非有着极强的人格魅力。这种崇拜的最主要原因是他率领华为在市场上无限风光、常胜不败，而不是靠政治手腕和驾驭人际关系，尤其是早年，他几乎总是可以指出正确方向。

任正非总是严格自律和身先士卒。作为领导，他始终严于律己。在华为，领导与员工在一起办公，用的是一样的桌椅、一样的电脑，每天下班后大家在同一个食堂排队吃饭。也许有人对公司的管理存在不满，但没有一个人指责任正非的个人操守。即使离开华为，很多人回忆起来依然会崇敬地谈起任总——这个也许不可亲但却可敬的人。

一个管理者要树立起在员工心中的威望才能更好地管理这个企业，才能使企业发展得更快。领导者要建立起自己的威信，这是领导开展工作必备的一种内在力量。威信高的领导干部必定具有坚实的群众基础，开展工作便会如鱼得水，有呼即有应，令即行，禁即止。

明智的领导者都十分珍惜在员工中的威信，他们注重与员工的交流，注重树立良好的自身形象与人格魅力，形成独特的领导风格。威信不是想得来就能得来的，也不会是一时片刻、一天两天就能轻易获取的，它是领导者道德、文化修养及能力水平的长期积淀，能让员工由衷默许。一个领导是不是好的领导者，核心部分在于他的行为有没有体现出公司的价值观，因为一家公司的价值观到最后并不是大家怎样讲，而是由他们领导的行为和他们作决定的方式以及思维来决定的。

和谐定理

☆　一句话说管理　☆

在组织内部，人际关系和谐的程度与彼此之间相互尊重、信任和关怀的程度成正比。

追本溯源　社会是由不同的人构成的，有不同就是有差异，而差异又难免发展为矛盾。而一旦有了矛盾，人与人之间的关系就难免走向对立对抗。在管理者与被管理者之间一旦形成对立对抗，被管理者就只会与管理者为敌，就不会有做好工作的努力。所以，管理学的第四定理，必须界定管理者与被管理者之间的关系达成和谐的规律，这就是“关系和谐定理”。

企业实战运用　※ 建立一个和谐的团队

在现在这样一个靠团队作战的时代，要想获得成功，必须依靠团队每一位成员的努力，才能够发挥出更大的力量。没有完美的个人，只有完美的团队。团队由一群不完美的人构成，一个个不完美的个体只有和谐地搭配起来，才能够发挥出团队的最大力量。试想如果一个企业上下是一团和气，那对管理者来说企业就非常容易管理了。这个时候管理者只要定一个大概的方向就可以了。要想打造一个和谐的团队，领导和员工首先要做到和谐共处。

张某应聘B公司软件开发师的职位，在确定被录用后因母亲去世需要晚几天报到。老总得知此事后，不仅同意张某可以晚几天上班，还立即从口袋中掏出500元给张某，并给予很大的安慰与鼓励。老总在张某还没入职的情况下做出这样的举动，让张某非常感动。张某从入职到B公司到现在快一年了，工作一直很积极主动，工作业绩也很突出，他曾说过一句话："在B公司里工作，感觉很幸福。"

其实有时候一个眼神、一句话、一个微笑都是一种和谐的象征，都在不经意之间营造着一种和谐的氛围，这种氛围让员工工作起来轻松愉快，高效自觉。与之相反的是某公司总经理，这位经理性格上比较强势，平时很少与员工沟通，即使是在沟通时也总是以自我为主，基本不会让员工有很多发言的机会。该老总在管理上喜欢强调上级主管的权威性，喜欢采用负激励的方式对待员工。员工在工作过程中出现小的失误或差错，就会要求相关部门领导追究其工作责任。他曾经对人力资源部经理说过，如果员工工作出现比较大的失误，就要狠狠地处罚以起到警示的作用。结果，该公司员工工作基本没有激情，办公室里充斥着紧张的气氛。员工觉得非常压抑，在工作中尽量去逃避没有涉及自己工作职责的内容，而且尽可能去推卸责任，以免受处罚。

其实我们每个人都不是完美的，都存在着各种各样的不足。每个人都不是独立的个体，只有和谐的团队才能创造出更好的成绩，而团队和谐与否全在于管理者如何营造氛围。也许一些领导为了体现自身的地位，不会主动与员工沟通。事实上，员工在履行自己本职工作时，经常希望能够得到领导的认可。沟通的过程就是和谐关系建立的过程，而这个举措不但不会降低管理者的身份，反而会使其在无形之中赢得员工的认可和尊重。

快乐的员工是企业的财富，和谐的团队是企业的灵魂。无论什么性质的企业，拥有快乐的员工、和谐的团队无疑是一种幸福。没有一个人可以不依靠别人而独立生活，这本是一个需要互相扶持的社会。同样道理，即使个人技术再好，如果没有整体的沟通和协调能力，一个团队就不能发挥其最大的力量。

激励倍增法则

☆ 一句话说管理 ☆

利用赞美激励员工，赞赏别人所付出的，要远远小于被赞赏者所得到的。

追本溯源 美国管理学家劳伦斯·彼得认为，员工从管理者的赞美中所得到的要远远大于管理者的付出。所以，学会使用激励的杠杆，就会明白做人和管理的真谛。

企业实战运用 ※ 懂得激励的企业领袖——松下幸之助

人人都喜欢听到别人对自己的赞美，赞美不仅能使人的自尊心、荣誉感得到满足，更能让人感到快乐和受到鼓舞，而且还会让赞美者产生亲切感，相互间的交际氛围也会大大改善。因此，喜欢听赞美似乎是人的一种天性，是一种正常的心理需要。

在管理中，管理的对象是人，管理者也是人。因此，激励的倍增效应对于管理者来说是很适用的。

如果管理者运用得当，可以使你的下属始终处于一种最佳的工作状态。松下电器的创始人松下幸之助是个懂得激励的企业领袖。他常对部下讲："我做不到，但我知道你们能做到。"他要求管理者必须经常为员工"端菜"，即要经常为员工服务，尊重员工，激励员工，让员工最大限度地发挥他们的积极性和创造性。

松下很注重采取精神与物质结合的激励方法，使员工们自发地为公司拼命地工作，从而保证了企业的高效率和高利润。看似寻常的发动员工提供建议的制度，在松下公司却有它的独到之处，实施的效果非常好，极大地开发出广大员工的潜能，也有助于发现、选拔各类可塑之才。

松下公司的激励方法起到了很大的作用，它巧妙地使员工对公司产生感情，使员工将企业的发展与自己的命运结合起来，所以，员工们都积极参加提供合理化建议的活动。松下公司的一位员工阿苏津说："纵使我们不公开提议征求提案，各类提案仍会源源而来。我们的职工随时随地——在家里、在火车上，甚至在卫生间里——都在思索提案。"

在松下，由职工选出的委员会去推动提案工作，就使得该项工作在职工中号召力更大，提案率也就更高。比如，松下公司的技术茨木厂有职工1000多名，提案总数却达7.5万个，平均每人约50个。松下集团有职工6万名，提案超过66万个，其中被采纳的就有6万多个，约占总提案数的10%。

"着眼于鼓励"是松下的一条重要经验。即使某些职工的提案被认为是他们分内的事，但只要是有价值的，仍给予奖励。不管提案是否被采用，只要是严肃认真动脑思考出来的，都发给其可在福利社兑换肉品的兑换券作为鼓励。而且，通过公司出版的旬刊和公布栏对获奖者进行宣传表彰。这就使得员工递交提案的积极性永不减退。

及时认真、全面公正地对员工提案做出评审，也很好地激发着员工的提案热情。由各部门经理组织提案评审委员会主持评审工作，及时和认真是提案评审的基本要求。一是及时，在一个月内作出评审并公布结果，以取信于民；二是认真，进行严肃审慎的研究，拿出具体方案。凡被采用者，提出实施的时间，并评定授奖等级；凡未被采用者，提案发还本人，说明未被采用的原因；凡认为尚欠成熟，但有深入研究价值者，则鼓励其做进一步的研究，并且公司将会为其提供方便。

松下幸之助出生于日本一个贫苦的农民家庭，9 岁时被迫中断学业。1916 年他以 100 日元起家创办工厂，经过数十年经营，松下终于成为世界电器制造业的巨人。

松下幸之助总结自己一生的经营实践，提出了激励员工的 21 点技巧。其中就有：让每个人都了解自己的地位，不要忘记定期和他们讨论他们的工作表现；给予奖赏，但奖赏要与成就相当；给予员工充分的信任，会赢得他们的忠诚和依赖；实地接触员工，了解他们的兴趣、习惯和敏感事物，对他们的认识就是你的资本；把握住每一个机会向员工表明你为他们骄傲，这样能够使他们发挥最大的潜能。

松下的激励之所以很显成效，就是因为他使每一个员工得到了施展个人能力的机会，并通过有效的机制对他们的能力进行肯定和奖励。正是由于对员工创造性的充分尊重和肯定，才激发起了松下员工忘我的工作热情，共同树立了松下“家电王国”的丰碑。

在这个现实的社会中，给予员工物质的奖励固然重要，但最重要的还是要赢得员工的心。让员工心甘情愿为企业工作，向员工提供诸如发展空间、受到尊重、施展抱负等机会。做到了这些，企业才能够收获更多。

所谓“激励管理”，就是从满足人的多层次、多元化需要出发，针对不同员工设定绩效标准和奖励方式，以最大限度地激发员工的工作积极性和创造性，从而达到员工和组织的双赢。

美国心理学家威廉·詹姆斯认为：受到激励的人，其潜能可发挥 80%~90%，而未受到激励的人，其潜能只可发挥 20%~30%。激励的主要功用体现在以下两方面：一是对当事人的激发和鼓励，可以促使其更加努力地工作；另一方面，要使其他员工看到企业在鼓励什么，从而也朝着相同的方向去努力。也就是说，激励具有行为强化和示范的双重功能，有效的激励，可使两者的效能达到完美的结合。

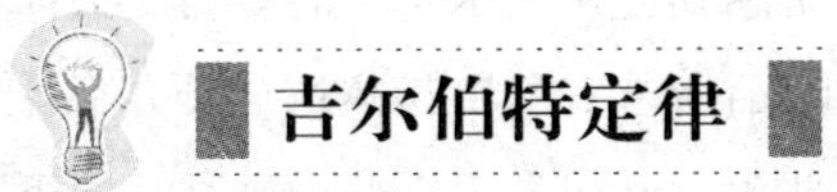

吉尔伯特定律

☆　一句话说管理　☆

人们喜欢为他们喜欢的人做事。

追本溯源　美国管理学家瑟夫·吉尔伯特提出了这个著名的论断。俗话说："士为知己者死，女为悦己者容。"每个人都愿意为自己中意的人做事，而且往往会任劳任怨，不计得失。

作为企业老板或是管理者，要想提高公司的运营效率，就必须营造一个有着融洽关系的团队，培养一些能"同生共死"的员工。而要做到这些，管理者必须首先做到对下属的宽容和关怀。领导一些不经意的关怀，换来的可能是下属的死心塌地地忠于企业。

企业实战运用　※ 做让员工感动的事

"士为知己者死"的前提是企业的领导是"知己"。怎么样才能成为员工的知己？其实要做到这一点并不难。何为"知己"？所谓知己就是能懂得自己。所以要成为员工的知己，首先要知道员工想要得到什么。无论是在生活里，还是工作中，心情愉快的人都会比心情压抑的人做得更好。每个人都是有感情的，这也就是说，抓住了员工的心也就抓住了工作效率。一旦企业家用行动打动了员工的心，员工就会无怨无悔地为企业做贡献。

那么，该用怎样的行动打动员工呢？首先，企业家要尊重员工，让员工感受到自己在企业中的重要性，让员工感到自己不仅仅是一个打工者，更是企业中不可或缺的一部分，这样一来，员工就会把企业当成家一样。一旦员工对企业产生了归属感，他们就会对企业倾注更多的心力。此外，企业家要多站在员工的角度考虑问题。古语说：人心齐，泰山移。一个企业的成功不是一个人奋斗的结果，而是一个团队努力的结果。史玉柱为何能东山再起，摆脱"中国首负"的称号？不是因为别的，就是因为在他人生最低谷时仍有一百多人的团队跟随他。为什么即使到了连手机费都交不起的情况下，员工们还是愿意追随他？"我和他们在工作上面是经常会发生冲突的，但是个人关系却非常好。我觉得我比不少的民营企业老板做得好，对自己的下属，对他们好是真心的。"史玉柱这样说道。

同样，松下之所以能成为世界的松下，也有这方面的原因。20世纪30年代，受世界经济危机的影响，松下公司发生严重亏损，一度陷入经营困境。公司有关部门向公司高层提出了减产减人的应急计划，但总裁松下先生最终只批准减产，不同意减人。松下先生的理念是，亏本不能亏员工，不能让员工成为经营风险的牺牲品，要与员工风雨同舟。公司拿出30万日元对1300多名工人进行综合教育与业务培训，不仅提高了工人的生产技术水平，而且使广大员工感到公司在困难之时能与工人同舟共济，他们被松下先生的诚意和善心所感动，激发起前所未有的工作热情，千方百计为公司推销产品，帮公司渡过了难关。松下幸之助以此为自豪，员工以此为感动。松下公司从重视平凡人的经营理念中取得了不平凡的成果，进入了松下电器公司新的发展阶段。目前，日本许多企业都继承了这一传统。

由此看来，大凡有名气的公司必有一批愿为知己者“死”的士。员工作为企业的主干力量，承担着为公司创造效益、赢得荣誉的责任。企业有了员工的帮助，领导者工作起来就得心应手；反之，失去了员工的支持，一个人的力量再强大，没有人协助就如领头雁失去雁群，孤掌难鸣。

因此，作为企业的管理者，一定要努力赢得员工的支持。一个好的管理文化，不会忽视对员工的成绩适时给予鼓励，这其中当然也包括精神方面的鼓励。在这种环境下，优秀的人才才有充分展现才华的机会，也真正认同公司的发展目标，个人也更有成就感，愿意“为知己者死”。

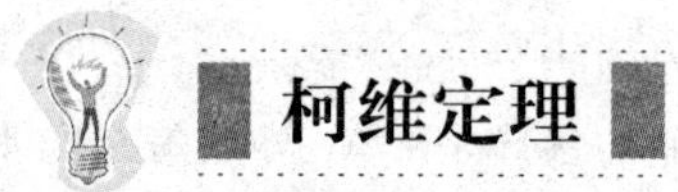

柯维定理

☆ 一句话说管理 ☆

授权并信任才是有效的授权之道。

追本溯源 全球企业近几年来正在经历一场转折：从前的家族式企业中一人说了算的集中控制方式，正逐步被分权和授权的方式所取代，随着企业规模的迅速扩大和企业全球化战略的实行，公司管理者统管一切的方式不仅在方法上是行不通的，而且对于公司的健康成长也是有害的。

针对这种情况，管理专家柯维提出“授权并信任才是有效的授权之道”，后来，人们就把这一论断称为“柯维定理”。

企业实战运用 ※ 领导者权力下放的高明之处

美国有名的管理咨询专家艾德·布利斯有一句名言：一位好的经理总是有一副忧烦的面孔——在他的助手脸上。

布利斯这句话的含义是：懂得向助手或下属授权，充分地调动他们的主观能动性去完成工作任务，而不是自己包揽一切，否则结果只能使自己疲惫不堪。

一个企业更是如此，当老板的一定要掌握授权的艺术，以腾出时间去做更重要的工作。

美国的家族式企业詹森维尔公司的总裁是个懂得向下放权的老板。这个家族式企业规模不是很大，但自从1985年下放权力以来企业得到了突飞猛进的发展。1991年，46岁的CEO斯塔勒的体会是："权力要下放才行。一把抓的控制方式是一种错误，最好的控制来自人们的自制。"

斯塔勒下放权力的主要手段是由现场工作人员来制定预算。刚开始时，整个预算过程是在公司财务人员的指导下完成的。后来，现场工作人员学会了预算，财务人员就只是把把关了。在自行制定的预算指导下，工作人员自己设计生产线。需要添置新设备时，他们会在报告上附上一份自己完成的现金流量分析，以证实设备添置的可行性。为了让每一位员工更有权力，斯塔勒大胆地撤销了人事部门，成立了"终身学习人才开发部"，支持每一个员工为自己的理想去努力。自从实行权力下放以来，公司的经营形势十分好，销售额每年递增15%，比调资幅度高出整整一倍。

授权的原则是让员工去解决工作中的问题，但领导者要知道，自己应该何时去加以干预或者说是去督查一下工作。韩国最大的财团三星集团总裁李健熙在向下属授权上也做得很好。

李健熙在1994年10月，把大小事一把抓的总裁秘书室规模大幅缩小，分设了电子、机械、化学及金融保险四个集团，分别设立集团长，将权力下放给由集团长和总裁秘书室主任等七人组成的集团经营委员会，负责最高层的决策。李健熙的充分授权，并不代表他权力的衰退。这七个人都是跟随他多年的最亲近的领导人员，他们一直在李健熙的授权下工作，因此，他们对李健熙的想法知之甚详，即使李健熙不在，他们也能够做出与其意见相差无几的决定。

授权与一般的分配任务不同。授权是把整个事情委托给一个人，你不必给他说要怎样去做，交付足够的权力让他做必要的决定，这有助于提升他的成就感和荣耀感。而分配任务则是让下属被动地按照你的吩咐去做。

布利斯指出：现在太多的经理要享有决定一切大小事务的那种万能的权力，这不仅不能使他们很好地利用自己的时间，而且也阻碍了下属发挥创意。

领导者懂得适当授权是很重要的。他不仅可以腾出更多的时间和精力去做更重要的事情，而且给了下属更大的空间去做一些工作。为他们提供所需的条件，让他们觉得自己是项目的主人，不过一定要记住：授权的要诀是"信任"。不要过多干预，除非有严重错误需要及时纠正，否则你不要处心积虑地想去弄清楚每个人的工作，这就够了。

美国通用公司前总裁杰克·韦尔奇曾经说过，领导的关键在于发展和培养伟大的领导者。对于大的企业来说，一个人的力量和精力是有限的，也不可能顾及到全面，作为领导者，你要懂得适当放权，要放手让你的员工去干，把责任和权力交给他们代理，让他们为决策过程献计献策，这样不仅让他们有工作成就感，也为他们自己日后作决策提供了培训机制。

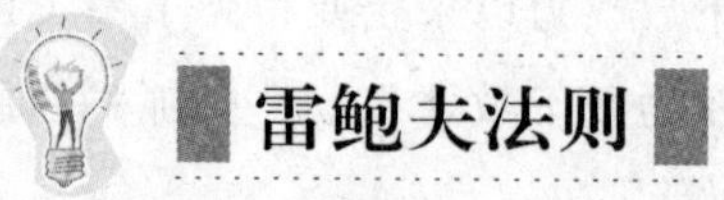

雷鲍夫法则

☆ 一句话说管理 ☆

认识自己和尊重他人。

追本溯源 美国管理学家雷鲍夫认为，每个员工首先是一个追求自我发展和实现的个体人，然后才是一个从事工作、有着职业分工的职业人。所以现代企业都提倡人性化的管理。

人性化的管理，最为简单和最为根本的就是尊重员工的私人身份，把员工当做一个社会人来看待和管理，让管理从尊重开始。丹尼尔·皮诺说："领导力最重要的一点，是要让你的员工能够得到发展，能够最大限度地发挥他们自己的潜能。员工成长了，企业就成长了。"领导者必须尊重员工，就像员工尊重自己一样。领导别人就要懂得尊重别人。员工会给你以反馈，而这个反馈对于企业来说意义重大。

企业实战运用

※ 尊重每一个员工

1949 年，37 岁的大卫·帕卡德参加了一次美国商界领袖的聚会。与会者就如何追逐公司利润侃侃而谈，但帕卡德却不以为然，他在发言中说："一家公司有比为股东挣钱更崇高的责任，我们应该对员工负责，应该承认他们的尊严。"帕卡德在造就硅谷精神方面的贡献，恐怕超过了任何 CEO。就像希腊的民主遗产一样，他尊重并欣赏每一个人的态度，对周围人和企业的影响至深至远。正是帕卡德这种尊重别人的思想和精神，缔造了今天惠普（HP）这个产业帝国。

美国加利福尼亚州有一家钢铁公司，出现了令人头痛的员工蓄意怠工的问题。领导者心急如焚，他又给员工加薪，又给员工授权，可没有产生丝毫的激励效果。情急之下，公司领导者请来一位管理专家，让他帮忙解决这个棘手的问题。这位专家来到公司后，不到一个小时就找到了问题的根源。

当时，公司的领导者说道："好吧！让我们在厂里转一圈，你就会知道这些肮脏的懒种们出了什么毛病！"听了这话，专家立刻就知道毛病出在哪里了。

他开出的"药方"很简单："你们所需要的，就是把每个男员工当作绅士一样对待，把每个女员工当作贵妇一样对待。这样做了，你们的问题不消一夜就会解决。"

公司领导者对专家的建议半信半疑，甚至不以为然。专家说："诚恳地试上一星期吧。如果不见效果或不能使情况好转，你可以不付给我报酬。"公司领导者点点头同意了。

一个星期后，该专家收到一张纸条，上面写着："万分感谢，詹姆斯先生。也许你会认不出这个地方了，这里有了奋发向上的激情，有了和睦共处的新鲜空气。”

在很多知名公司，尊重员工已经变成了一种企业文化，并因此而引导企业走向成功。在通用电气，公司从上到下直呼姓名，无尊卑之分，互相尊重，彼此依赖，关系非常融洽、亲切，像一个和睦奋进的大家庭；在微软公司，比尔·盖茨与自己的员工建立了亲密无间的朋友关系；摩托罗拉公司的总经理更是把自己的企业看成是一个大家庭，把“尊重每一个员工”作为公司的基本理念之一。靠着这种尊重员工的激励管理，这些公司正以惊人的速度发展着。

相信每一个人都渴望得到他人的尊重，员工更是希望能在工作场所得到别人的尊重。他们希望能有人欣赏他们、肯定他们，对他们微笑。不论一个员工拥有多大的才能，如果无法满足其被尊重的欲望，他工作的积极性和创造激情便得不到激励。

人与人之间可能年龄不同、智力不同、权力不同、业绩不同，但是在人格上则是完全平等的，尊重员工正是人性化管理的必然要求。只有员工的人格得到了尊重，他们才会真正感到被重视、被激励，做事情才会真正发自内心，并主动站在领导者的立场上，完成领导者交办的任务。

牢骚效应

☆ 一句话说管理 ☆

如果一家公司中有对工作发牢骚的人，那么，这家公司要比其他公司成功得多。

追本溯源 牢骚效应来源于美国哈佛大学心理学系组织的一次有价值的试验。在芝加哥郊外，有一家制造电话交换机的工厂。在这个工厂中，各种生活和娱乐设施都很完善，社会保险、养老金等其他方面做得也相当不错。但是让厂长感到困惑的是，工人们的生产积极性却并不高，产品销售也是业绩平平。为了找出原因，他向哈佛大学心理学系发出了求助申请。

哈佛大学心理学系在梅约教授的带领下，派出了一个专家组对这件事展开了调查研究。经调查发现，厂家原来假定的对工厂生产效率会起极大作用的照明条件、休息时间以及薪水的高低与工作效率的相关性很低，而工厂内自由宽容的群体气氛、工人的工作情绪、责任感与工作效率的相关程度却较大。

在他们进行的这一系列试验研究中，有一个“谈话试验”。具体做法就是专家们找工人进行个别谈话，而且规定在谈话过程中，专家要耐心倾听工人们对厂方的各种意见和不满，并做详细记录。与此同时，专家对工人的不满意见不准反驳和训斥。这一试验研究的周期是两年。在这两年多的时间里，研究人员与工人谈话的总数达到了两万余次。

结果他们发现，这两年以来，工厂的产量大幅度提高了。经过研究，他们给出了原因：在这家工厂，长期以来工人对工厂的各个方面就有诸多不满，但无处发泄。“谈话试验”使他们的这些不满情绪都发泄出来了，从而感到心情舒畅，所以工作干劲高涨。这就是牢骚效应。

它告诉我们：人有各种各样的愿望，但真正能达成的却为数不多。对那些未能实现的意愿和未能满足的要求，千万不要压制，而是要让它们发泄出来，这对人的身心发展和工作效率的提高都非常有利。

企业实战运用

※ 重视员工的情绪

在松下，所有分厂里都设有吸烟室，让人们感到意外的是，里面摆放着一个极像松下幸之助的人体模型，任何一个工人都可以在这里随意抽打“他”，以发泄他们心中的不满。

等他打够了，停手了，喇叭里会自动响起松下幸之助的声音，这是他本人给工人写的诗：“这不是幻觉，我们生在一个国家，心心相通，手挽着手，我们可以一起去求得和平，让日本繁荣幸福。干事情可以有分歧，但记住，日本人只有一个目标，即民族强盛、和睦。从今天起，这绝不再是幻觉！”当然，这还不够，松下说：“厂主自己还得努力工作，要使每个职工感觉到：我们的厂主工作真辛苦，我们理应帮助他！”正是通过这种方式，松下的员工自始至终都能保持高度的工作热情。

在工作中，免不了有压力或对上级的不满。把心中的不满发泄出来，让员工心情愉快地去工作，效率自然就会上去。日本的这种做法被世界许多国家的企业借鉴，比如在美国的企业，有一种叫作 Hop Day（发泄日）的制度设定。企业在每个月专门划出一天给员工发泄不满。在这一天，无论对公司的同事还是对上级都可以直抒胸臆，开玩笑、顶撞都是被允许的，领导不许就此迁怒于人。这种形式使下属平时郁积的不满情绪都能得到宣泄，从而大大缓解了他们的工作压力，提高了工作效率。

在这个竞争激烈的社会，人的心理压力是比较大的，合理地发泄出去可以让人保持心情舒畅；长期的压抑会影响人的工作，甚至正常的生活。美国公司为员工提供更好的沟通机会，起到了调节员工情绪的作用。所以，牢骚效应本质上是一种沟通效应，只是这种沟通更多的是在员工有挫折感时发生而已。

美国威斯康星州格林贝市的儿童保育中心总经理帕特·布普纳也很重视员工的情绪，他每隔一个月就要请手下的员工出去聚一次餐。在聚餐时，首先要给员工一个小时的时间先发一下牢骚，也可以提出自己对公司的意见和看法。他们先发泄牢骚，可能是“你

上次从我那借的东西没还”，或者是“你一遇到点儿事就慌乱”，等等，随后，再用一个小时发表积极的见解，并就新出现的问题提出改进的建议。举行这种“正式的宣泄集会”的费用很低，不过效果却很好。

能将一种消极的发泄变为积极地提供建议，显示了这位美国经理的高人一筹。当然，无论是发泄还是提建议，其本质都是沟通。只要渠道通畅，就都能取得好的效果。

任何一个员工带着情绪去工作，肯定会影响到工作效率。作为一个领导者，除了在日常的工作中注重制度以外，员工的情绪也是非常重要的。

在一个公司里，一个和谐宽松的工作环境决定着员工的心情，进而影响着这个部门的工作效率，而这个环境的维护者就是管理者。想要使员工有一个好的心情，就要学会沟通。

给员工提供一个相互交流、发泄情绪的场所是很重要的。员工在工作中会有一些摩擦，有时候表面上相安无事，实际上积怨已深，这种磨擦由他们自己通过相互间的沟通来解决效果是最好的，所以，管理者的任务就是要多制造这种员工间交流的机会。

企业需要员工之间产生彼此的认同、合作与信任。一起工作的人，可以不在同一间办公室，但必须同心协力，才会形成有效运转的机构。而人与人之间的隔阂、猜忌、怀疑与冲突，不仅会阻碍个人能力的充分发挥，更会损害团体绩效的产生。要避免这些，就要建立一个有效的沟通渠道，激励员工的工作热情，了解他们的需要与情感，并加以有效的疏导和指引。这样，才能真正达到企业利润的最大化。

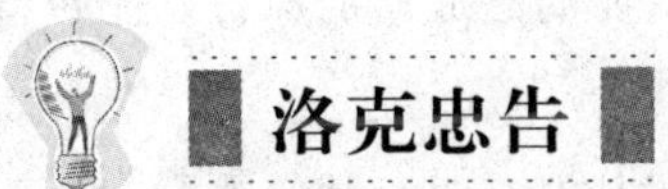

☆ **一句话说管理** ☆

没有有效的监督，就不会有满意的工作绩效。

追本溯源 没有规矩，不成方圆。如何制定各种规定才能使企业以最好的状态运转，是每个管理者都不能忽视的问题。英国教育家洛克认为，过多的规定会使员工们无所适从。因此，规定应该少，少的规定会给员工们较大的个人发展空间，在工作中充分发挥积极性和创造性，从而提高企业的产出效率。

但是，需要注意的是，有了适当的规定，严格执行才是成功的保证。规定应该少定，一旦定下之后，便得严格遵守。这就是英国教育家洛克提出的“洛克忠告”。

企业实战运用　　※ 执行力的重要

美国西点军校建校的209年间，共培养了1531位CEO、2012位总裁、5000余位副总裁，培养的工商界人士比哈佛还要多，为什么会出现这样的结果？海尔、联想、华为、万科等中国最著名的企业也存在一个巧合，那就是它们的老总张瑞敏、柳传志、任正非、王石等都是军人出身。为什么军人反而能在商界创造如此多的神话？这就是所谓的“军人之谜”。近年来，管理界的智者通过深入的研究发现，这个谜底竟然就是执行力。大家已经意识到，执行力是决定企业成败的一个重要因素，是21世纪企业核心竞争力形成的关键。

看来，执行力左右着一个企业的成败。一个企业的建立首先要靠健全的制度打前锋，而制度的生命在于执行，也可以说，企业的本质就是执行，行胜于言。有了制度，需要严格到位的执行。制度的成败在于我们如何正确地执行，否则再好的制度都不过是一纸空文。

我国东北一家企业破产，后来被日资收购。厂里的人都翘首盼望着日方能带来让人耳目一新的管理办法。出人意料的是，日本人来了，什么都没变：制度没变，人员没变，机器没变。日方就一个要求：把先前的制度坚定不移地贯彻下去。结果怎样？不到一年，企业扭亏为盈。日本人的绝招是什么？执行，不折不扣的执行！

海信集团董事长周厚健非常注重执行力的建设。他说：“如果没有执行力，就没有竞争力，执行力是企业的核心竞争力。”海信集团十分注重执行力建设，创业30多年，从最初的青岛无线电线厂，到青岛电视机厂、海信电器公司，再到现在发展成为国内著名的大型高新技术企业集团。联想集团总裁兼首席执行官杨元庆说：“对于企业来讲，制定正确的战略固然重要，但更重要的是战略的执行。能否将既定的战略执行到位是企业成败的关键！”

一位权威人士说，一个企业的成功，30%靠策略，70%要靠执行。显然，执行比策略更重要。你可以不进行模式的创新，只需要像绝大多数企业那样采取尾灯战略，但是，你却不能没有完成任务的能力。即使你靠独创的经营模式拉开了与竞争对手之间的距离，但若执行力不够，就一定会被模仿者追上。

管理艺术

企业成功的关键，三分靠战略，七分靠执行。执行力就是竞争力，执行力是企业的生命力。丰田公司董事长丰田喜一郎先生说：“如果没有执行力，就没有丰田的今天。”归根结底，企业间的竞争就是执行力的竞争。

在激烈的市场竞争中，企业的执行力如何，将决定企业的兴衰。没有执行力，企业就没有战斗力，也就失去了竞争力；没有执行力，一切战略、规划都只能是纸上谈兵，无法落到实处；没有执行力，即使再严格的管理制度、再优秀的企业文化都只是海市蜃楼。

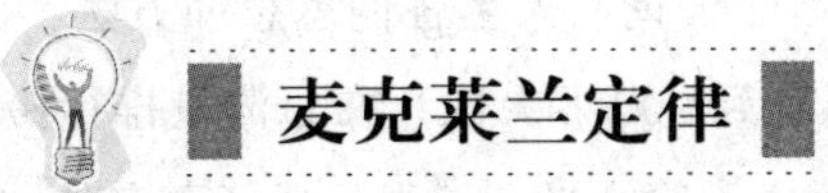

麦克莱兰定律

☆ 一句话说管理 ☆

让员工有参加决策的权利。

追本溯源 哈佛大学教授戴维·麦克莱兰经过大量深入的研究发现，从根本上影响个人绩效的并非人们通常所认为的智商、技能或经验，而是诸如成就动机、人际理解、团队影响力等一些可被称为“资质”的东西。1973年，麦克莱兰教授发表了题为《测量资质而非智力》的文章，而麦克莱兰的发现也因此被人们称为“麦克莱兰定律”。

企业实战运用 ※ 俞敏洪：团队的力量

麦克莱兰定律提出：比影响一个人绩效更重要的是团队的影响力，最能体现这一点的就是新东方的俞敏洪了。俞敏洪始终把新东方的成功归纳为团队的力量，直到现在，新东方上上下下都称俞敏洪为“俞老师”，而没有人喊他“老板”。

大家都知道李阳和俞敏洪都是目前在中国英语培训界呼风唤雨的名人。李阳比俞敏洪更早出名，但目前李阳的疯狂英语与新东方完全不在一个竞争层次，新东方已经在美国上市，俞敏洪已经退居幕后，全力运转公司；而李阳老师还在亲自冲锋陷阵，摧城拔寨。李阳创办的“疯狂英语”提倡一种喊话式英语学习法，曾经在多所大学校园里火热流行。“新东方”是一帮人在经营一个共同的事业，而“疯狂英语”却是李阳一个人在经营。对于这一点，李阳自己也曾反思过，他说：“新东方有数千名全亚洲最顶尖的英语老师，而我只是一个老师，差得太远了！”

曾有记者采访俞敏洪，问到他和李阳有什么不同，俞敏洪如是说：“他是个人英雄主义，我是集体英雄主义。”他们两个都是很优秀的人，不同的就是两者在商业模式上的特点不同。李阳喜欢单枪匹马、千里走单骑；俞敏洪更喜欢作为团队的领袖，发挥团队的力量迈向成功。

俞敏洪刚开始创业的时候也是很艰难的。当时他一没资本，二没场地，三没后台，最重要的是那时没有什么名气，所以，招学生很困难。但是，这所有的困难都被新东方一步一步克服掉了。这中间俞敏洪的作用当然是举足轻重的，但是如果光靠他自己和妻子里外忙活的话，那无论如何也达不到今天的成就。

尤其是当新东方有所起色的时候，面对新东方将近两万名学生，靠他们两个人是不可能应付得过来的。俞敏洪早就四处招兵买马，造就了一个“全明星”的创业团队。在新东方的创业团队里，有俞敏洪过去的师长兼同事徐小平，后来被俞敏洪说服，从加拿大回国，他创造了独特的出国留学咨询、人生咨询思想和方法，归纳了流传甚广的“新东方精神”；其新浪博客访问量达到900万人次，在总流量排行榜上名列前200名。

而在俞敏洪的团队中，俞敏洪、徐小平和王强组成了著名的“东方马车”。王强曾在著名的贝尔实验室工作，任美国“贝尔传讯研究所”软件工程师。一次，他与俞敏洪走在美国的街上，看到那么多中国留学生碰到俞敏洪都会叫一声“俞老师”时，深受触动，最终下定决心回国加入新东方。他在新东方开创了基础英语教学，也就是非应试类的英语培训；独创了风靡业界的“美语思维口语教学法”，所谓“美语思维”就是指以英语为母语的人在微观思维（即语言规则或说话习惯）上与我们的不同，有其特殊的规律。

如今，新东方的团队由当初的“三架马车”扩展为上百人的管理团队，有行业精英如陈向东、周成刚等，也有国际空降兵如魏萍、Louis等。这些管理精锐人才遍布全国的各个新东方和加拿大的多伦多学校，使得新东方的团队不断壮大。

据说，在美国、加拿大的任何一所著名高校里，来自中国的留学生，70%是从新东方走出来的。身为新东方校长的俞敏洪，经常到北美考察访问，每当他到附近的中餐馆就餐时，刚一落座就会有几十个人站起来，同时称呼他“俞校长”。

现在看来，新东方之所以能从众多的英语培训学校中脱颖而出，也要归功于它拥有一群堪称当时国内最优秀的英语老师。这些王牌老师构成了新东方独特的魅力和良好的口碑，最终奠定了新东方在中国英语培训市场上的领导地位。

在今天这个团队创业的时代，拥有过人的天分不如拥有一个完美的创业团队。新东方的成功就是一个团队的成功，俞敏洪是一个成功的创业团队的领导者，更是团队的力量成就了他今天的业绩。

我们经常说的一句话是一个好汉三个帮，一个人再怎么了得，他的力量终归是有限的。一个人就能成就不凡事业的事情更是闻所未闻。所以，一个想要成就大事业的人一定要懂得团队的力量，要有领导团队的能力。

企业之所以能够取得成功，关键在于拥有一支精干的管理队伍，而管理者之所以能够取得成功，关键在于其个人出色的领导团队的才能。管理者领导才能的发挥建立在管理者的能力和素养上，如果仅靠权力和地位来维持领导职能不是优秀管理者，只有能够启发成员积极性，提高工作效率，以出色的表现完成工作任务的管理者才是优秀管理者。

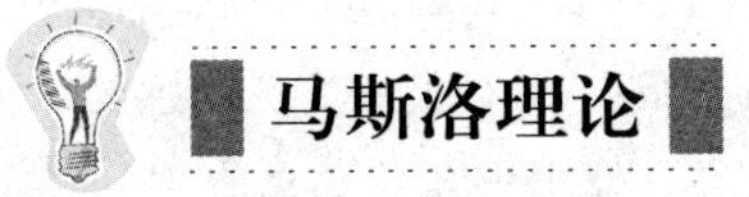

马斯洛理论

☆ 一句话说管理 ☆

人在满足了生存、安全的需求之后，就渴望被尊重，希望人格与自身价值被承认。

追本溯源 美国心理学家亚伯拉罕·马斯洛出生于纽约市布鲁克林区，是美国社会心理学家、人格理论家和比较心理学家，人本主义心理学的主要发起者和理论家，心理学第三势力的领导人。

第二次世界大战后，他转到布兰代斯大学任心理学教授兼系主任，开始对健康人格或自我实现者的心理特征进行研究。曾任美国人格与社会心理学会主席和美国心理学会主席（1967），是《人本主义心理学》和《超个人心理学》两个杂志的首任编辑。

企业实战运用 ※ 尊重你的员工

早在20世纪30年代，美国芝加哥西部一家电器公司就得出了这样的结论："员工不单是靠工资来调动积极性的经济人，而且是有获得别人尊重、友谊需要的社会人。"美国著名企业家玛丽·凯也认为："企业成败的关键在于是否把员工视为最重要的财产，是否尊重每一个员工。如果做到这一点，就能依靠员工创造出不同凡响的业绩。"这些都表明，要激励好企业的员工，首先必须充分尊重他们。

松下幸之助有一次在一家餐厅招待客人，一行六个人都点了牛排。等六个人都吃完主餐，松下让助理去请烹调牛排的主厨过来，他还特别强调："不要找经理，找主厨。"助理注意到，松下的牛排只吃了一半，心想一会儿的场面可能会很尴尬。

主厨来时很紧张，因为他知道请自己的客人来头很大。"是不是牛排有什么问题？"主厨紧张地问。"烹调牛排，对你已经不成问题了，但是我只能吃一半。原因不在于厨艺，牛排真的很好吃，你是位非常出色的厨师，但是我已经80岁了，胃口大不如前。"主厨与其他五位用餐者困惑得面面相觑，过了好一会儿才明白是怎么回事，因为松下又接下去说："我想当面和你谈，是因为我担心，当你看到只吃了一半的牛排被送回厨房时，心里会难过。"

如果你是那位主厨，听到松下先生的如此说明会有什么感受，是不是觉得备受尊重？正是松下这种尊重别人的管理方式，完全俘获了下属的心，使下属心甘情愿为他赴汤蹈火。而一旁的客人听见松下这么说，也更佩服松下的人格并更喜欢与他做生意了。

与之相反的是，很多企业的领导者对自己的下属表现得都不够尊重。他们认为自己是领导，员工是给自己干活的，所以就强硬地对他们发布命令，粗鲁地进行指挥、控制和监督，甚至随意地斥责、诋毁他们，毫不顾及员工的感受。他们以为这样就可以使自己高高在上、更有权威，但事实上，这种做法相当愚蠢。

曾经有一位美国经理负责管理印度尼西亚海洋的石油钻井台，一天，他看到一个印尼雇员工作表现比较糟糕，就怒气冲冲地对计时员说："告诉那个混账东西，让他搭下一班船滚开!"这句粗话使这位印尼雇员的自尊心受到了极大的伤害。他被激怒了，二话没说，抄起一把斧子就朝经理砍来。经理见状大惊，连滚带爬地从井架上逃到工棚里。那位雇员紧追不舍，追到工棚，恶狠狠地砍倒了大门。幸亏钻井台的人及时赶到，极力劝阻，才避免了一场恶战和灾祸。

这位美国经理祸从口出，就源于他对员工的极不尊重。很多不尊重员工的领导者虽然还不至于使员工拿着斧头砍自己，但是很难相信员工会愿意在这样的领导手下把工作做好。每一个人都有自尊心，都希望被尊重。要激励员工，领导者首先就要尊重员工，并且使这种尊重看得见、摸得着，能通过各种行为表现出来。

很多企业家总是埋怨身边没有人才，找不到人才，或者总是叹息人才的流失，这是什么原因造成的呢？是否是因为我们自身存在某种缺陷呢？因此，只有加强自身的修养，提高吸收人才的素质，创建使他们满意的工作环境，才能使身边人才济济。而要做到这一点，管理者首先要从"尊重"开始，对人才做到尊重、尊重、再尊重。

一个企业能走多远取决于管理者的素质到了何种水平。下属们得到了更多的空间和尊重，就会踏实工作，不会找借口和理由逃脱工作和责任。在企业管理中，管理者要用爱心去经营企业，以积极的心态、平等的态度、关爱的语言与员工交流，创造良好的企业氛围，而这些要求我们必须学会对人才"尊重、尊重、再尊重"。

南风法则

☆ 一句话说管理 ☆

管理者要尊重和关心下属，下属出于感激就会更加努力积极地为企业工作，维护企业利益。

追本溯源 北风和南风比威力，看谁能把行人身上的大衣脱掉。北风首先来了一阵冷风，寒冷刺骨，结果行人为了抵御北风的侵袭，便把大衣裹得紧紧的。南风则徐徐吹动，顿时风和日丽，行人因为觉得热，于是解开纽扣，继而脱掉大衣，南风获得了

胜利。

“南风法则”也叫做“温暖法则”，它告诉我们：温暖胜于严寒。运用到管理实践中，南风法则要求管理者要尊重和关心下属，时刻以下属为本，多点儿“人情味儿”，多注意解决下属日常生活中的实际困难，使下属真正感受到管理者给予的温暖。这样，下属出于感激就会更加努力积极地为企业工作，维护企业利益。

企业实战运用　　※ 用心去感化，海尔充满人情味的管理

把南风法则运用得淋漓尽致的当属海尔集团的总裁张瑞敏了。在海尔，对待员工讲究“三心换一心”，即解决疾苦要热心，批评错误要诚心，思想工作要知心。由这“三心”换得员工对企业的“铁心”。

张瑞敏非常关心和体恤员工，他曾说，想要员工心里有企业，你的心里就必须时刻惦记着员工。要让员工爱企业，企业就首先要爱员工。因此，我们每一个单位都应进一步完善类似排忧解难这一类的措施，并持之以恒，不流于形式。如果能使每一个海尔人都愿奉献自己的爱给海尔，那么还有什么力量能阻挡其前进的步伐呢？

张瑞敏提倡员工把企业当作自己的家，企业有一种家的感觉。每一个海尔的员工与企业之间不是单纯的雇佣关系，而是家庭成员之间血肉相连的温馨关系。海尔的“心桥工程”就是一个传递温情的栏目，“心桥工程”在海尔是人尽皆知的。只从这四个字上我们就可以想象得到这是一个什么内容的栏目了，那是利用《海尔人》报开辟的一个栏目，员工有些心里话不愿在公开场合表露，可以通过“心桥”来传递。还有“电子论坛”等，就是为了拓宽沟通渠道，鼓励大家在企业内部信息网上提意见和建议，使员工有话就说，然后能够心情舒畅地投入到工作中去。

另外，为了使员工安于本职工作，海尔集团总是多方面为员工着想，创造一种家庭般的工作环境，如走访员工家属，解决员工的实际困难；在每个员工生日之际，赠送生日礼物；提供优质的工作餐；提供良好的医疗保健服务，每年为员工免费体检一次，等等。这些平常的小事，集合起来就形成了良好的氛围，使海尔的每一位员工都能够感受到企业对自己的关心和尊重。

一个人的心态决定着一个人的命运，企业领导者的心态以及员工的心态也决定了一个企业的命运。领导关心爱护员工，员工肯定会给予足够的感激和报答。你敬我一尺，我敬你一丈。领导越是关心爱护员工，员工们就会更加拼命地为单位效力。罗荣桓元帅说：“带兵就是爱兵，政治上爱，生活上爱，真心地爱。”张瑞敏的方法是：要让员工心里有公司，公司就必须时时惦记着员工；要让员工爱公司，公司首先要爱员工。

在海尔有一个运转体系，专门帮助职工及时解决生活上的实际困难，公司组织了许多自救自助形式的援助队，员工人手一册《排忧解难本》，如果有了困难，只要填一张

卡或打一个电话，排忧解难小组就会随时派人解决。在海尔，这被称为“上班满负荷，下班减负荷”的“排忧解难工程”。

人是生产力中最活跃的因素。制度的约束是必要的基本保证，但不是最佳境界，只有实现从无序管理向严格管理的转化，进而进入自主管理状态，企业才能真正充满活力。对此，海尔有清醒的认识，对员工也采取了“温暖”法则。

如今，海尔又在为自己新的自主管理确定更高目标——形成一个互动的学习性团队。这个互动是全方位的，上级要指导下级，使其提高水平；下级要监督、督促上级，促使其提高领导能力；同级之间要互相学习，互相促进，互相提高。通过这些互动链，开发出人的所有潜质，形成强大的合力，达到员工能量发挥的最大化。

海尔集团能够在家电这个竞争已经非常激烈的行业中异军突起，并在行业中处于领先地位，其基本经验就是“不断创新，以人为本”。正是这种领导理念的树立和贯彻推行，才使海尔集团逐步走向成功。而这个基本经验则来源于张瑞敏的文化理念，以及他的人格魅力。

以人为本，才能使企业“活”起来，才能使企业得到更快的发展。对一名普通的员工而言，企业领导者的关心和体恤，往往会换回他对企业十二分的热忱和努力。

同时，企业以其极富魅力和感召力的企业文化吸引员工。企业给员工以物质和精神上的双重帮助，员工才能用自己的实际行动为企业创造最大的效益。

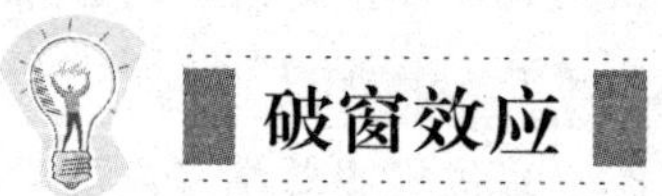

破窗效应

☆ 一句话说管理 ☆

及时矫正和补救正在发生的问题。

追本溯源 美国斯坦福大学心理学家菲利普·辛巴杜于1969年进行了一项试验，他找来两辆一模一样的汽车，把其中的一辆停在加州帕洛阿尔托的中产阶级社区，而另一辆停在相对杂乱的纽约布朗克斯区。停在布朗克斯的那辆，他把车牌摘掉，把顶棚打开，结果当天就被偷走了。而放在帕洛阿尔托的那一辆，一个星期也无人理睬。后来，辛巴杜用锤子把那辆车的玻璃敲了个大洞。结果呢，仅仅过了几个小时，它就不见了。

以这项试验为基础，政治学家威尔逊和犯罪学家凯琳提出了一个“破窗效应”的理论。

企业实战运用　※ 及时防患于未然

2001年9月初，中央电视台披露了老字号企业南京冠生园用陈馅做月饼的黑幕，事件曝光后该公司不但不认错，还妄称“使用陈陷做月饼是行业普遍的做法”。这样一来事态更加严重，消费者对月饼望而生畏。没有了消费群体，月饼往哪儿卖？这样一来订户纷纷退货。果不其然，南京冠生园于7个月后申请宣告破产，从此一蹶不振。而最为冤枉的是与其无关的全国几十家以“冠生园”字号命名的同行企业均被无辜牵连，销量遭受重创。“破窗效应”对行业造成的严重危机，由此可见一斑。

有资料介绍，美国有一家公司，规模虽然不大，但以极少给员工“炒鱿鱼”而著称。有一天，资深车工杰克在切割台上工作了一会儿，就把切割刀前的防护挡板卸下放在了一旁，没了防护挡板，虽然埋下了安全隐患，但使得加工零件更方便、更快捷，这样杰克就可以赶在中午休息之前完成三分之二的任务了。不巧的是，杰克的举动被走进车间巡视的主管逮了个正着。主管大发雷霆，令他立即将防护板装上，并声称要将杰克一整天的工作量作废。第二天一上班，杰克就被通知去见老板。老板说：“身为老员工，你应该比任何人都明白安全对于公司意味着什么，你今天少做了零件，少了利润，公司可以换个人换个时间把它补起来，可一旦发生事故，你失去的将是健康乃至生命，那是公司永远都补偿不起的……”就这样，杰克被解雇了。

鉴于“破窗效应”引发的危害，世界上许多优秀企业都非常重视这个问题，在出现问题时有时会采取全部收回有关产品的举动，以表现企业的社会责任意识，如强生、可口可乐、戴尔等公司在产品出现信誉危机时就曾大规模地召回自己的产品，并通过开记者招待会等公关手段与社会公众沟通，澄清误会，以此来求得社会公众的普遍信任和同情。

“千里之堤，溃于蚁穴。”我们都知道事情的发展是一个由小到大的过程，当存在微小的安全隐患时，如果不给予足够的重视和正确及时的处理，就会留下无穷的后患。如果在问题出现的时候，企业能够及时认识并纠正自己的错误，拿出一个诚恳的态度去面对事实，而不是强词夺理、一意孤行，相信消费者会给它一个改错的机会，也不至于在短时间内就破产。

当然，如果能在窗未破之前提前做一些工作，使窗不破是最好的。怎么样防止“破窗”出现？首先对于触犯企业价值观的原则性问题决不姑息、纵容，一定要严肃处理，防微杜渐。另外，企业在管理规章制度或行为规范的制定和实施上，也要严谨、合理，有严格的操作性，防止有隙可乘，注意查漏补漏。最后，企业执行时要坚持原则，一视同仁，确保规章制度的威严和约束力。

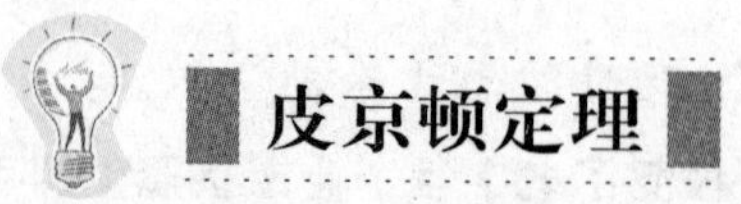

皮京顿定理

☆ 一句话说管理 ☆

如果无法明白地了解到工作的准则和目标，必然无法对自己的工作产生信心，也无法全神贯注。

追本溯源 工作标准和目标是员工的行为指南，缺乏它们，往往会导致员工的努力方向与公司整体发展方向不统一，造成大量的人力和物力资源浪费。因为缺乏参照物，时间久了员工容易形成自满情绪，导致工作懈怠。

美国皮京顿兄弟公司总裁阿拉斯塔·皮京顿针对这种情况总结出了著名的“皮京顿定理”。

企业实战运用 ※ 目标成就伟大的业绩

一个企业只要有了明确的目标，员工们就有了奋斗的力量。大的成功都是由小的目标积累而来的。企业要想有所成就，就必须使每个员工实现无数个小的目标，这样才能实现伟大的业绩。

在企业里，员工的工作热情和动力来自于一个明确的目标。当下属清楚地知道自己的工作与目标之间的距离时，他们行动的动机就会得到维持和加强，就会自觉地克服一切困难，努力达到目标。而对于企业的管理者和领导者来说，最重要的就是给下属确定工作的目标，让他们清楚自己在做什么。

日本索尼公司的创始人盛田昭夫在创立了索尼后，带领公司逐渐打入了国际市场。他之所以能让索尼公司过五关斩六将成为国际上著名的公司，最重要的就是树立了一个集中全力追求的伟大目标。

在盛田昭夫的管理下，索尼公司巧妙地将基础科学和应用科学紧密有机地结合在一起，共同为实际开发来服务。例如，当索尼公司创办人之一的井深大决定“造一部录音机”时，公司的研究人员对录音机还一无所知，这听起来不免有些荒唐，但索尼公司的研发人员在目标的驱使下硬是把它研究了出来。他们把基础物理、基础化学这些基础科学和应用物理、应用化学这些具体知识糅合在一起，由基础研究走向应用研究，从每一个部件着手，潜心研究，细致开发，最后终于取得了成功。

在从来没有接触过的事物面前，人们都会感到无从下手，但这项研究和其他的盲目研究有一个本质区别，那就是后者毫无目标，而前者却是目标明确，因此只需要一步步接近目标，而不至于像无目标研究开发那样云里雾里。盛田昭夫在开发家用录、放像机时也是如此：先给自己的研发人员寻找到目标，然后引导他们进行开发。

索尼成功创造市场、永远领导新潮流之道不仅仅在于其善于争夺市场，更在于其善于创造市场。一般经营者的经营宗旨是跟随市场的需求而经营，而索尼却敢于创造需求，使需求随着索尼新品的产生而出现，随着它的发展而增加。

盛田昭夫说："我们的计划是用产品领导潮流，而不是询问消费者需要哪一种产品。"当美国几家主要的电视台开始使用录像机录制节目时，索尼公司就看好了这项新产品，他们从内部结构和外观设计上加以改良，相信该产品会受到千家万户的欢迎。一个新的目标就这样确立了，开发人员又有了努力的方向。他们先研究现有的美国产品，认为其既笨重又昂贵，认定这是通过研究开发加以改进的具体主攻方向。

新的试验样机就这样一台接一台被造了出来，一台比一台更轻盈、小巧，离目标也越来越近，但是井深大总觉得没到位。井深大拿着一本袖珍书对科技人员说："请做成这样大小的录像带！"这就是目标，录像带盒要和书一样大小而且至少能录一个小时节目，于是"BETMAX 系统"不久就问世了。

开发人员再一次运用了掌握的基础知识，结合应用科学，调动自己的聪明才智，进一步开发自己的创造力，终于成功研制出了一种划时代的录、放像机。

多年来，盛田昭夫领导下的索尼公司每年保持6%的开支用于研究开发新产品，有些年份甚至多达10%，比如1991年索尼公司用于研究开发的预算就达15亿美元。索尼公司就是要生产某些市场上从未销售过的产品——实际上是未制造出的产品。据统计，索尼公司平均每日推出4种新产品，每年推出1000种，其中800种是平均每日推出4种新产品的改进型，其余完全是新创的。索尼公司推出新产品的效率是全世界最高的。

盛田昭夫的成功就在于他给员工制定了奋斗的目标，他不断地给企业制定目标，给工程师制定目标，这是作为一个企业领导者的首要任务。目标是企业发展的动力，一个失去目标的企业就如大海上的船失去了航向。所以，目标的制定是很重要的，当然制定目标必须具备三重属性，即科学性、实用性、超前性，符合了这三个条件的目标才是正确的目标。目标的制定并不是盲目的，它源于实际，符合开发研究的范围，并有一定的成功把握。

管理艺术

作为企业的管理者，我们应该认识到明确团队工作目标的重要性，要确保下属员工了解自己必须完成的工作量，而且要根据员工的工作能力下达与之匹配的工作任务，这样一来，才能保证企业稳定、良好地运行。

因此，领导者要为员工制定明确的有阶段性的工作目标。就像山本田一样将大目标分解为多个易于达到的小目标，一步步脚踏实地，每前进一步，就达到一个小目标。

员工一旦有了目标，就有了动力，从而创造出更高的业绩。目标会使员工产生压力，激励他们去更努力地工作。

秋尾法则

☆ 一句话说管理 ☆

不守信用的人，无论何时也不会有太大的改变，最后只能引来怀疑和嘲笑。

追本溯源 不能兑现就不要许诺，否则会声名狼藉。日本管理学家秋尾森田认为：信用是企业领导有效管理的人格保证，作为一位企业的领导者，不能朝令夕改，自毁其誉；对于一个领导者而言，要一诺千金，不要忘记你曾说过的话，慎勿毁约，开空头支票更是万万不能的，不然就会失去章法，失信于人，受下属轻视，这都是最致命的自毁。

企业实战运用 ※ 哈里逊纺织公司的起死回生

1993 年，一场经济危机给美国造成了巨大冲击，全国上下一片萧条。此时，位于美国加利福尼亚州的哈理逊纺织公司在遭受了同样冲击的情况下，更是雪上加霜——遭受了火灾。公司的绝大部分财产被一场无名大火化为了灰烬。因此，公司雇用的数千名员工被迫回到家中，悲观地等待公司破产的消息和失业风暴的来临。他们知道，在这个经济危机、诚信也同样面临危机的年代，公司董事长亚伦·博斯肯定会领取了保险公司的赔偿金之后一走了之。

谁知，员工们在经历了无望而又漫长的等待之后，却意外地接到了董事长发给他们每个人的一封信，宣布将向公司员工继续支付一个月的薪金。员工们深感意外，在万分惊喜之余，纷纷打电话给董事长亚伦·博斯，向他表示感谢。

一个月后，正当员工们陷入下个月的生活困难时，他们又接到了公司董事长发来的第二封信：他将再向全体员工支付一个月的薪金。员工们接到信后，已不光是感到意外和惊喜，而是热泪盈眶。可外人却不理解，亚伦·博斯的一位朋友还打电话给他，建议他别感情用事，批评他缺乏商业头脑。

此时，失业大潮正席卷全国，人们普遍为生计发愁。作为噩运当头的哈理逊纺织公司的员工，能得到如此照顾，无不满心感激。第二天，这些员工怀着感恩的心情，自发地组织起来，拥向公司义务清理废墟，擦拭机器，有些员工还主动帮忙去联络一度中断的货源。三个月后，奇迹出现了，公司重新运转了起来。员工们纷纷使出浑身解数，昼夜不停地卖力工作，把自己当作公司的主人，恨不得一天干两天的活儿。

就这样，这家纺织公司很快起死回生了。如今，哈理逊公司已名列全美纺织企业榜首，成了美国最大的纺织品公司，分支机构已遍布了世界 60 多个国家和地区。

与之相反的是，有的企业在招聘员工时，承诺干满多长时间以后或者工作干到什么程度，给员工加多少薪金，可到后来总以种种借口不兑现承诺或者打折扣；有的企业给员工制定了考核指标及奖惩办法，可在指标完成时不按事先规定给予奖励，结果员工的积极性受到打击，私下里对领导议论纷纷，颇为不满，甚至到处宣扬公司的负面新闻。一而再，再而三，接下来员工们不是消极怠工就是跳槽了。

对员工的诚信就是对员工最大的尊重，是“以人为本”理念的最基本体现。史玉柱说，说到做到是领导力的第一条。作为领导不要轻易许诺，说到就要做到，不能出尔反尔，否则即使公司花费再多的人力物力，公司领导投入再多的精力，再好、再真诚的愿望都会化为泡影。不讲信用对企业有百弊而无一利。诚信是企业生存的生命，员工是企业发展的资本，它们之间是相辅相成、缺一不可的。

洛克定律

☆ 一句话说管理 ☆

当目标既是未来指向的，又是富有挑战性的时候，它便是最有效的。

追本溯源 美国管理学家埃得温·洛克是美国马里兰大学的心理学教授，他于1968年提出了目标设置理论，简称目标理论。埃得温·洛克与同事在经过大量的实验室研究和现场调查后发现，无论采取何种激励手段，都离不开目标设置，各种激励因素，多半也都有一定的目标，因此研究激励问题最根本的就是高度重视目标设置并尽可能设置合适的目标。

企业实战运用 ※ 目标的重要

曾有个朋友在河南省南阳市的一家重生资源公司当经理，他刚上任时，接手的是一个“烂摊子”，企业连年亏损，员工士气低落。上任伊始，这位朋友就来了个“小步快跑”：给每一个分支机构定一个力所能及的月度目标，然后在全公司开展“月月赛”。每到月末，他都亲自给优胜单位颁授奖旗，同时下达下个月的任务。这样一来，全体员工的注意力都被吸引到努力完成当月任务上来了，大家一心想着如何完成自己本月的任务，没有人再去顾及其他部分怎样工作，没有人再去谈论公司的困境，也没人抱怨自己的任务太重，每个人想的都是如果完不成目标将会受到什么惩罚。于是大家从心里紧张起来，拿出“小跑”的心态争先恐后赶超，唯恐落后于人。半年下来，全公司竟然扭亏为盈。如今，这家公司已经成为市内小有名气的先进企业了。由此可见，在管理工作

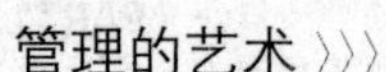

中，只有不断给员工制定一个类似“篮球架”的目标，让大家都能“跳一跳，够得着”，才能收到好的效果。

细心的人会发现，大凡强盛的企业都有一个把长远目标分解成小目标的过程。曾有人问万向集团的创始人鲁冠球，为什么很多民营企业做了10年左右就垮了，而他却能够带领万向集团拼搏40多年，一路走向成长和辉煌。鲁冠球用了九个字来概括自己的心得，那就是“定目标，沉住气，悄悄干”。

鲁冠球创立万向集团时，想法很简单，那就是要改变一辈子当农民的命运，要当工人，这个目标很快就实现了。当企业发展到一定程度的时候，这样的目标已不可能凝聚一批人了，于是20年后，万向的企业目标改成了“奋斗十年加个零”（即企业利润增长10倍）。

最初只是一个小小的乡镇企业，小本经营、只做汽车零部件的万向，后来慢慢把小生意做成了大生意，现在已经涉足金融、地产、教育等多个行业。万向在自己的不同发展阶段都制定了一个“跳一跳，够得着”的目标，并在这个过程中不断地做大做强。万向成为了中国最成功的企业之一，鲁冠球成了中国的富翁之一。万向的发展过程其实就是企业目标随着企业资本和个人能力的提高而不断提高和改变的过程。

管理艺术

企业要想成功就得制定一个奋斗目标，但是目标又不能定得很高、不切实际，要“跳一跳就够得着”即可。或者可以根据企业自身的特点和优势为自己制定一个总的大目标，然后将大的目标分解成几个小的目标，逐步实现。因此，定目标不仅仅是简单地设定一个就够了，还要看所定的目标是否切合实际和符合自己的能力。

作为管理者，要学会不断地给自己的员工“化”出一个个看得见而且跳一跳就够得着的目标，引导集体不断前进。总之，不管做什么事情，都必须壮志在胸，同时要时刻记得脚踏实地，步步为营，只有这样才能一步步地实现最终目标。

斯坦纳定理

☆ 一句话说管理 ☆

在哪里说的愈少，在哪里听到的就愈多。

追本溯源 斯坦纳是美国著名的心理学家，他的很多研究和论断都很具权威性，是一位十分有建树的学者。他认为，只有很好地听取别人的声音，才能更好说出自己的想法。为了多听，必须少说。后来，人们就把这个定律称为“斯坦纳定理”。

企业实战运用　※ 玫琳凯公司的人事管理与人文精神

玫琳凯化妆品已经成为众所周知的牌子，公司的总经理玫琳凯·阿什是位大器晚成的女企业家，她的管理秘诀不仅适合化妆品公司，而且适合其他各类公司，她的坦诚、关心、信任的价值观赢得了企业界广泛的认同。

斯坦纳定理在她的企业管理中被运用得淋漓尽致，少说多听也是玫琳凯一贯的管理策略。她强调要把听当作头等大事来抓，并掌握听意见的艺术。“听”是一种艺术，这种艺术的首要原则是全神贯注地听取对方发表意见，决不可心不在焉。如果不约束自己，不集中注意力，听着听着脑子就会走神，这对提意见者是极不尊重的。

聪明的管理者是多听少说的人。玫琳凯坚信，一家公司的好坏取决于该公司的人。当你跨进达拉斯的总公司时，会看到一张比真人还大的照片，照片中是该公司的全国性推销指导员。在其他公司也许喜欢用图画、雕像或是自己的产品来装饰门面，而阿什要表现的正是“我们是一家以人为本的公司”。

所以，她很注重人员的管理，无论是高级的管理人员还是公司的普通员工。她相信，每个人都有自己的专长，无论经理们如何忙，也必须花时间使别人感到自我的重要性。一个经理怎样才能使人们感到自我的重要性？这从根本上说是个企业管理问题，首先是要倾听他们的意见，让他们知道你尊重他们的想法，让他们发表自己的见解；其次是既要人们承担责任，又要向他们授权，不授权会毁掉人们的自尊心；最后，应该用语言和行动明确地告诉他们，他们是受到领导的赞赏和器重的。

人人都有自尊心，玫琳凯认为，一个经理在做出涉及部下的决定时，如果不让经理以外的其他人参与，就会损伤他们的自尊心，引起他们的激烈反对。如果你能让其他人参与决策，即听取他们的意见，那样不但不会挫伤他们的自尊心，反而还会提高他们的积极性；被征求意见的人多一些，人们的士气就会高一些。对于和自己有关的事，人们总是希望自己能出一分力，如果他们感到自己对与己有关的事没有出一分力，就会觉得被别人瞧不起。

玫琳凯在管理上力求公正、平等待人、从下属的角度来考虑问题，她也要求公司的每一位员工都要站在顾客的角度考虑问题。

早在公司创办初期，玫琳凯·阿什做的第一件事便是在尽可能的范围内网罗各种专业人才，并寻求专家帮助，包括法律、会计、供销和制造商。这些人的加盟，无疑给企业带来了强大的生命力，使企业获得了相当丰厚的回报。因此，玫琳凯公司拥有了一群肯干且高效的专业人员，这正是该公司在竞争激烈的化妆品行业中脱颖而出的秘诀。

管理艺术

管理者要少说多听，听到企业所发生的一切事情，说要说得简练有效，倾听比述说更重要。

尤其值得注意的是，管理者在进行决策时更要倾听和了解基层员工的想法和意见，而不仅仅是按照自己的个人意志进行决策。更多地倾听员工们的心声，才能做出更受员工们支持的决策。这样做不但降低了决策执行的难度系数，更促进员工产生一种“主人翁”意识和信任动力，激发员工工作的积极性和创造力。

头鱼理论

☆ 一句话说管理 ☆

要想成为行业领导者，最需要的是勇气。

追本溯源 生物学中的“头鱼理论”：某一种鱼是聚群游的，有好事者从鱼群里面抓出来一条，把它的大脑发出聚群指令的部位摘除，这条鱼就不再跟群，独自游开了。但是这一实验产生了一个意外的结果，整个鱼群从此就以它为头鱼，大家都跟着它游。这说明，想成为行业领导者的人，最需要的是勇气。

“头鱼理论”告诉我们，如果运营商具有一定程度上的换脑思维，大胆去创新，尝试新的领域和业务，他就可能成为新的头鱼。同样，一个企业要想成为行业中的领航者，应该具有打破坚冰的勇气，只有拿出这种勇气才有可能获得下一步的成功，进而左右市场走向。

企业实战运用

※ 斯坦芬的“反其道而行”

吉恩·斯坦芬是葛兰素史克集团旗下一家生物公司的总裁。长期以来，医药公司都把新研制的疫苗首先销往欧美等发达国家，而斯坦芬则反其道而行：新产品先卖到发展中国家，最后才是欧美市场。由于发展中国家对疫苗的需求量大，新药立项审批程序比较简单，公司的新药研发周期大大缩短。更重要的是，新药在发展中国家应用积累了大量临床数据，从而在进入欧美市场时，不再需要花费巨资进行临床试验，成本大大降低。在斯坦芬担任总裁的30多年里，葛兰素史克公司由只有1种产品，年收入300万美元的小公司成长为年收入20亿美元的世界头号疫苗公司。

再看看享有盛誉的宾尼法瑞纳集团。宾尼法瑞纳集团是意大利著名的汽车外形设计公司，一款畅销的法拉利跑车就是他们的杰作。新掌门人安德拉·宾尼法瑞纳在2000年大幅度改变了集团的定位，开始进入汽车工程领域，与宝马、标致雪铁龙集团签订了工

程协议，还与中国的哈飞集团合作了两个新项目。如今，该公司的收入增长了88%，飞跃式的增长震惊了整个意大利。

如此的企业不胜枚举。德国著名的SAP软件公司曾经因为没有跟上网络发展的大潮而饱受批评。宁·开格曼成为首席执行官后，提出公司要追赶商务解决方案的潮流。开格曼决定建立一个开放的软件系统：各公司无论使用什么样的浏览器和软件，都可以在这个开放的系统中得以应用。这一决策使原本慢了半拍的SAP在拥挤的软件业中找到了自己的位置。

随着网络对信息量的覆盖，报纸行业受到了不小的冲击。很多小报刊纷纷退至幕后，甚至销声匿迹。但是瑞典地铁国际集团总裁托伯格则在年轻读者纷纷转向网络和电视的时候投资报业，1995年推出了免费赠送的《地铁》报。在不到10年的时间里，《地铁》拥有了15种语言、36个版本，在全球100多个城市发行，集团收入达到2亿多美元。托伯格说："传统的报纸不明白，它们最大的竞争者并不是电视和网络，而是早餐、健身操和孩子。"

不管是吉恩·斯坦芬还是安德拉·宾尼法瑞纳，包括宁·开格曼、托伯格，不管他们从事的是什么行业，有一点不可否认的是，在创新的实践中，这些企业家表现出了巨大的勇气。他们具有对市场独到的理解，制定出了与众不同的发展战略，有勇于实践的品格。面对特殊的境况，如果他们不采取措施、不大胆创新，那么等待他们的将是失败的回音，更别提领先市场了。

麦当劳欧洲区副总裁汉尼奎说："作为管理者，没有勇气就不可能成功。"大胆创新能力是企业的核心竞争力，也是企业生存和发展的关键。

企业是自主创新的主体。自主才能自立，自立才能自强。自强才能谈得上进一步发展壮大，引领市场的潮流。这是作为一个企业家应该具备的能力，没有胆识和创新，事业就会停滞不前，事业的发展靠的就是胆识和创新。

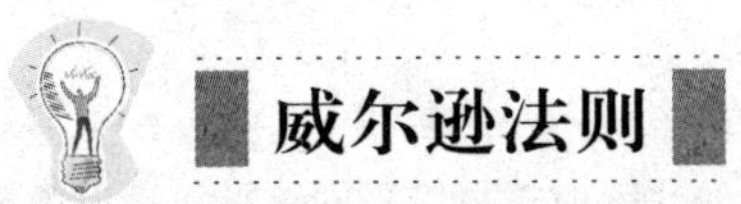

威尔逊法则

☆ 一句话说管理 ☆

如果下属得知有一位领导在场负责解决问题和困难，他们会因此而信心倍增。

追本溯源 美国行政管理学家切克·威尔逊认为，企业管理中，领导的指导是员工克服困难的后盾。能在行动上成为榜样的人，往往也可在精神上堪称楷模。

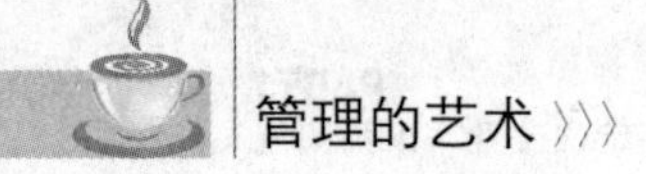

每个组织都有自己的管理绩效和指导员工的方法。指导有助于个人的成长，并对组织的成功产生作用。如果对员工的指导很出色，绩效管理就会转变成为一个协作过程，这个过程可以让每一个人受益。手把手地现场指导可以及时纠正员工的错误，增强员工解决问题的信心，是提高员工素质的重要方式之一。

企业实战运用 ※ 麦当劳的走动式管理

人们印象中的管理者大多都是坐在办公室里的，有什么事情都会吩咐手下的员工去做，只等着看看报表，打电话问一下工作的进展，等等。而麦当劳的创始人雷·克洛克和别的总裁不一样，他不喜欢天天待在办公室里，他大部分的时间都用在了“走动式管理”上。

威尔逊法则所说的管理，不是待在办公室里翻阅各种数据和报告，而是到员工、客户以及供应商中间，面对面地同他们交流。领导者在走动中，可以从员工、客户和供应商那里得到第一手准确信息。在面对面的交流中，领导者以现场解答和阐述的方式，把公司的价值观念传递给员工、客户和供应商，促使他们认同和接受公司的价值理念。“走动式管理”目的不在于走动，而在于以朋友的姿态出现，调查问题并给予员工直接帮助，解决员工工作中的困难。

雷·克洛克就做到了这一点，他把大部分工作时间都用在了“走动管理”上，即到各公司、各部门走走、看看、听听、问问。麦当劳公司曾有一段时间面临严重亏损的危机，雷·克洛克首先从管理者自身找原因，他发现公司各职能部门的经理都习惯靠在舒适的椅背上指手画脚，而不到基层调查研究，把许多时间耗费在了抽烟和闲聊上。

于是雷·克洛克想出一个“奇招”，要求将所有经理的椅子靠背都锯掉。

这一方式起初并没有得到管理者的支持，他们怨声四起，有的人甚至说雷·克洛克简直是不可理喻。但是后来他们都体会到了雷·克洛克的一番苦心，没有了靠背，经理们便纷纷走出了办公室，深入到基层，及时了解情况，现场解决问题。不久，麦当劳在大家的共同努力下终于扭亏为盈。看来，雷·克洛克的策略是正确的，它有力地促进了公司业务的发展。

走动式管理不是视察活动。走动的目的是要发现员工的工作进展如何，以及他们在工作中都遇到了什么样的麻烦，通过询问来指导他们做一些重要的事情。可见，走动式管理的前提是员工在工作中可能会有一些东西妨碍他们完成任务，因而需要管理者走动，帮助员工解决困难，指引员工解决问题，而不是命令、干涉、剥夺员工的自主权。

管理艺术

走动式管理并不是命令员工应该干什么，应该采取什么样的具体措施，而是为了提高员工的自信心和自制力。在走动式管理中，领导者不是指挥者而是参谋。总之，优秀的走访者会在公司愿景下扩大员工的自主权而不是使之缩小。

要扩大走动式管理的效力，不在于宣传，而在于领导者身体力行。只有领导者养成走动的习惯，员工才能知道领导者就在身边。即便一时半会儿看不见领导者的身影，员工也深信他们会随时到自己身边来。

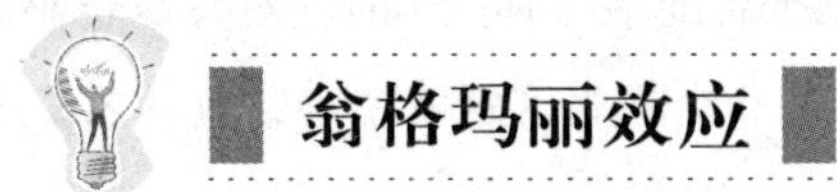

翁格玛丽效应

☆ 一句话说管理 ☆

鼓励会给人们带来很大的积极的心理暗示作用。

追本溯源 “翁格玛丽效应”源于这样一个故事：有一个名叫翁格玛丽的女孩，本来长得不是十分美丽。但是，她的家人和朋友为了给她自信，都夸奖和赞赏她。每个人都对她说：“你真是个美丽的女孩。”长此以往，女孩就有了自信心，每天照镜子的时候，都觉得自己很漂亮，也在心里对自己说：“我确实很漂亮。”渐渐地，女孩真的越来越漂亮了。由此，“翁格玛丽效应”就成了教育心理学上一个重要的名词，说的是鼓励给人的心理暗示作用。

每个对工作尽心尽力的人都需要得到别人的肯定。报酬固然重要，但多数员工认为获得报酬只是一种权利，是他们工作付出的交换。正如管理顾问罗莎贝斯·克斯·坎特所言：“报酬是一种权利，给予肯定则是一件礼物。”研究表明，最能激发员工全力以赴、高水平发挥的是给予他们赞扬与肯定。除应得的薪水之外，人们更需要感到他们在工作中做出了一份贡献，他们的努力有成果并得到企业赏识。

企业实战运用 ※ 先表扬，后批评，再表扬

管理之父亨利·法约尔曾经做过这样一个试验：他挑选了20名技术水平相当的工人，把他们平均分成了两组。在相同的条件下，让他们同时进行生产。每隔一小时，他就会去检查一下工人们的生产情况。

对第一组工人，法约尔只把他们各自生产的产品数量记录下来，并没有告诉工人他们的工作进展速度；而对第二组工人，法约尔不仅对生产的数量进行了记录，而且明确地告诉他们各自的工作进度。

第一次考核完，法约尔根据考核的结果，在生产速度最快的两个工人的机器上，各插了一面小红旗；速度居中的四个人，每人插了一面小绿旗；而最后的那四个人，则给每人插了一面小黄旗。这样一来，每个工人对自己的生产速度，就一目了然了。

试验表明，第二组工人的生产速度和效率明显高于第一组工人。当做第二轮试验的时候，法约尔给差的那一组插上了红旗，结果出人意料，他们由先前慢的一组变成了快的一组。

可见，对员工的一次鼓励胜于十次批评，鼓励和赞扬能在激励员工士气的同时提高员工的工作效率。

英国教育学博士伊斯娜·里德带着助手历时三年时间对各地企业进行调查后得出了一个结论：优秀管理者与一般管理者的一个显著区别就在于，前者多使用表扬，而后者多使用批评。

当然，不仅仅是在员工做出好的成绩时才给予鼓励和赞扬。当下级出现失误时，更需要“翁格玛丽效应”的激励。面对员工的差错时，管理者可以在表扬了对方的优点之后，再提出批评意见，而在批评之后再给予表扬。即“先表扬，后批评，再表扬”。

爱听好话是人的天性，成功的灵丹妙药就是鼓励。

鼓励的作用是神奇的。一句鼓励的话， 可改变一个人的观念与行为，甚至改变一个人的命运；而一句负面的话，可刺伤一个人的心灵与身体，甚至毁灭一个人的未来。下级取得了一点成绩，上级要及时给予鼓励。虽然可能只是一句表扬，一个微笑，但都会使员工感到领导对自己的信任和重视，精神为之振作。如果领导都用鼓励的办法领导员工，尤其是管理有文化、有知识、有思想的员工，那么企业的管理水平肯定会上一个台阶。

鼓励的力量是无穷的。当然鼓励员工并不是说对员工的错误视而不见，譬如员工做某事方法欠妥，那么就不要侧重批评他所犯的错误，而应该在肯定他工作的同时，明确指出他的不足。在肯定的基础上对员工提出批评，员工往往更容易接受。

武器效应

☆ 一句话说管理 ☆

人的挫折并不直接导致侵犯行为，而是导致产生侵犯行为的情绪状态——愤怒。

追本溯源 著名社会心理学家伯克威茨于 1978 年提出了影响深远的关于侵犯的“武器效应”理论。他认为，人的挫折并不直接导致侵犯行为，正如考试失败，并不一

定会导致侵犯他人。挫折主要导致产生侵犯行为的情绪状态——愤怒。与侵犯有关的刺激则倾向于使侵犯行为得到增强。

企业实战运用 ※ 李刚的“临时性奖励政策”

李刚是一家奶粉公司的销售经理，主要负责东北市场。快过年了，他夜夜难眠，奶粉倒是卖出去不少，但是资金却被大量压在终端和下级批发商那里。平日里往往是送了这批货，才能把上批货的款，甚至是上上一批货的款给结清。

尽管李刚不断催促业务人员加大收款力度，可是下面的人总是抱怨：“现在送货容易收钱难，客户总说资金暂时周转不开，稍微压一下，等手头一松，马上就能结。”后来逼得急了，业务员恨不得撂挑子不干了：“要不你去试试?!”

当然，从业务员做到经理的李刚也不是不知道收款工作的不容易：客户个个都跟大爷似的，进货的时候说得比蜜还甜，信誓旦旦地承诺资金一有周转马上就还上。可是到向他们要账的时候就变了脸。

但是怨归怨，马上过年了，要对上级有个交代呀，总这么耗着也不是办法。眼看着年关就要到了，外面还有两三百万欠款没收回来。下面的人催也催了，骂也骂了，还是老样子，没几个人对这件事上心。

几天下来，李刚办法没想出来，头发倒掉了不少，看来这次不下血本是不成了。俗话说“舍不得孩子套不住狼”，总之今年行不行，全看年底这一票，怎么也要拼一拼。

第二天一大早，李刚就宣布了一项“临时性奖励政策”——应收账款到位奖金：针对应收账款，按照回款额度的千分之五发放奖金！

“奖项”一公布，公司上下欢呼雀跃。果然是重赏之下必有勇夫，短短一周的时间，大家就解决了六成以上的应收款，燃眉之急立解。李刚从此算是发现金点子了，回款的速度和奖金成正比。这样一来，业务员个个精神抖擞，自觉地时常提醒客户，进行追款，很少再出现欠款几百万的现象了。

再看一则这样的故事：巴里、麦克里斯、约翰斯、吉姆是跟随队长马克格夫进入丛林探险的。马克格夫曾答应给他们优厚的工资。但是，在任务即将完成的时候，马克格夫不幸得了病而长眠在丛林中。

临死的时候马克格夫交给四个伙伴一只箱子。这只箱子是马克格夫临死前亲手制作的。他十分诚恳地对四人说道：“我要你们向我保证，一步也不离开这只箱子。如果你们把箱子送到我朋友麦克唐纳教授手里，你们将分到比金子还要贵重的东西。我想你们会送到的，我也向你们保证，比金子还要贵重的东西，你们一定能得到。”

埋葬了马克格夫以后，这四个人就上路了。但密林的路越来越难走，箱子也越来越沉重，而他们的力气却越来越小了。他们像囚犯一样在泥潭中挣扎着，一切都像在做噩梦，但在最艰难的时候，他们想到了未来的报酬，想到了那比金子还重要的东西……

他们经历了千辛万苦终于走出了丛林。四个人急忙找到麦克唐纳教授，迫不及待地问起应得的报酬。教授似乎没听懂，只是无可奈何地把手一摊，说道：“我是一无所有啊，或许箱子里有什么宝贝吧。”于是当着四个人的面，教授打开了箱子，大家一看都傻了眼，箱子里只有满满一堆无用的木头！

倾刻大家明白了，他们想起了丛林里那一堆堆探险者的白骨，如果没有这只箱子，他们或许早就倒下去了。

对员工进行积极的暗示其实是一种很好的激励。当一个人得到了暗示之后，他的目标会马上变得很明确，会有一种无形的力量促使他去更好更快地完成这个目标。

管理者如果能正面地、积极地利用暗示，其结果就是美好的。反之，如果消极地、恶意地利用它，起到的只能是负面的作用。

野鸭精神

☆　一句话说管理　☆

懂得重用那些你不喜欢或不赞同你却有真才实学的人，更能够帮助你成功。

追本溯源　IBM 公司的总裁小托马斯·沃森信奉丹麦哲学家歌尔科加德的一句名言：“野鸭或许能被人驯服，但是一旦被驯服，它就失去了野性，再也无法海阔天空地去自由飞翔了。”他说：“对于重用那些我并不喜欢却有真才实学的人，我从不犹豫。然而重用那些围在你身边尽说恭维话，喜欢与你一起去假日垂钓的人，是一种莫大的错误。与此相比，我寻找的是那些个性强烈、不拘小节以及直言不讳令你不快的人。如果你能在周围发掘许多这样的人，并能耐心听取他们的意见，那你的工作就会处处顺利。”这就是著名的 IBM 的“野鸭精神”。

事实上，沃森是把创新作为“野鸭精神”的化身，他采取种种措施激励员工创造发明，不断开发新的产品，并取得了国内外市场的制胜权。因此，“野鸭精神”成为了 IBM 公司迅猛发展的基础和动力，说明创新不仅是企业的生命之源，还是企业提高市场竞争力最根本、最有效的手段。

企业实战运用　※ 王传福：用创新打破传统格局

创新是企业不断发展的源泉，纵观当代企业，只有不断创新，才能在竞争中立于不败之地。王传福靠做手机电池起家，带领比亚迪以“技术创新加完全自主”的发展模式，让比亚迪成为了有如此规模的充电电池制造商。

王传福对创新有他自己的见解：创新是什么？说得直白一点，没有人做过的东西你做了就是创新。他在接受采访时曾表示：“比亚迪一直坚持‘技术为王，创新为本’的经营理念，用新技术开拓全新市场，用创新改变传统格局。”

1995 年初，29 岁的王传福带领 20 多人，在深圳莲塘的一间旧厂房成立了“比亚迪”，开始生产镍镉电池。

“一条镍镉电池生产线日商开口就要几千万元人民币!”王传福将自动化生产线流程分解为多个人工完成的工序。结果，比亚迪的镍镉电池生产线只用了 100 多万元人民币。

日本的生产线用“机械手”，操作人员不过 20 人。比亚迪的生产线拥有成百上千个工人，被人们笑称为“劳动密集型”的高新技术企业。但是，成本摊到每块电池上，比亚迪约 1 元人民币，日商约 1 美元。王传福说，“劳动密集型”既扩大了就业，也带来了市场竞争力。

比亚迪汽车销售公司副总经理王建钧说：“这种创新让电池行业的投资门槛大大降低，这对比亚迪来说比毛利率还重要。因此，在比亚迪创建初期，最重要的就是把产品做出来，让企业活下来，降低投资的门槛也是一种创新。”

从电池到进入手机代工、汽车行业，比亚迪都面临强大的竞争对手，冲出封锁已经很难，更何况很快做到大规模、高额利润率。比亚迪给出的答案是集成创新。

“创新是企业发展的源泉，每个企业在不同阶段都有不同的创新方式，例如制造方法、技术、商业模式的创新。比亚迪从做电池开始，之后做手机、做汽车，每个阶段都在创新。”王建钧说。

8 年后，“劳动密集型”生产线让“比亚迪”的镍镉、镍氢、锂电池的市场占有率分别位居全球第一、第二、第三，60%出口日本和欧美市场。

人们把比亚迪以“劳动密集型”化解国外技术壁垒的做法称为“饭碗创新”,王传福认为，“劳动密集”是“中国式创新绕不开的国情、抹不去的特色”。

2000 年，比亚迪拥有了自己的锂电池核心技术；2006 年，比亚迪将手机电池拓展到手机整机组装。

2003 年初，比亚迪宣布进军新能源汽车产业。王传福说，比亚迪的这一决策是因为他们已经拥有了电池这一电动汽车的核心技术。

2008 年在客户受到经济危机的影响下，比亚迪的 IT 代工业务也受到了一定影响。

但比亚迪的汽车业务依然保持着“黑马”姿态。根据中国乘联会的数据，该公司汽车全年销量超过 18 万辆，同比增长超过 80%，逐渐发展成企业的支柱产业。

2008 年底，全球首款混合动力汽车“比亚迪 F3DM”在国内上市，比全球同类汽车的商用时间表提前了 3 年。

王传福将汽车业务的突飞猛进解释为高性价比优势和高品质。在进入汽车行业之初，王传福就曾表示要用一半的价格销售和别人一样好的产品，他所倚重的就是比亚迪的垂直整合。在全球制造领域横向整合、分工协作已经蔚然成风的情况下，垂直整合是王传福反其道而行的又一个创新之举。

比亚迪始终坚持“技术为王，创新为本”的科技发展理念，把掌握核心技术作为创新的基石。通过自主创新，比亚迪从 1995 年初创时的 2000 万元年销售额，到 2008 年的年销售额超过 350 亿元，比亚迪的销售规模每年都要翻一番。是自主创新带来了比亚迪的超常规发展。

创新是企业生存和发展的灵魂，现代新技术是企业创新的动力。从 1954 年美国通用公司运用计算机来计算工资，到数据库、互联网、电子商务，无一不是 IT 技术的功劳。所以，创新是企业的生命。也有人将创新比喻成带有氧气的新鲜血液。

企业只有不断地创新，才能不断地发展，只有进行了思想上的创新、管理上的创新、技术上的创新后才有可能持续保持自己的竞争力。并且创新在各行各业都是一个非常值得企业经常提醒自己的话题，尤其是对一些高新技术企业，更应该把创新作为最重要的战略思想。

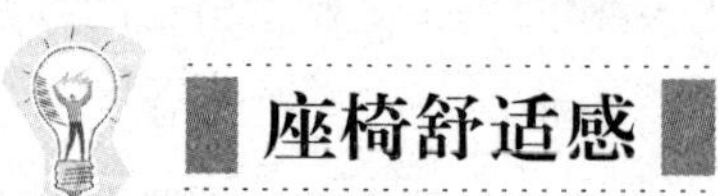

座椅舒适感

☆ 一句话说管理 ☆

企业的领导者要努力创造和谐舒适的工作氛围，从而使员工和企业更好地发展。

追本溯源 美国有一位心理学家做了这样一个试验：把一个班的学生分成两个组，其中 20 人坐在舒适的沙发椅上学习，另外 20 人坐在很不舒服的木椅子上学习。过了不久，测试的结果发现：坐木椅子的学生学习成绩要比坐沙发椅的学生高出许多。原因是坐木椅子的学生因为不舒服而不断地调整坐姿，表面看来好像不安神、好动，实则却因此给脑部供应了更多的血液和营养；而坐沙发椅的学生，由于舒适而一动不动，致使血液循环相对减慢，脑部得到的血液和营养相对减少，学习效果因此就差了一些。

海尔首席执行官张瑞敏在一次接受媒体采访时说，不论是元老还是年轻人，真正对员工的关怀不是表现在小恩小惠上，而是让他们更有竞争力。的确，让员工有竞争力，企业才能赚钱把利润回馈给员工。管理者要适度地给员工创造一种竞争氛围，因为“没有压力就没有动力，没有动力就不能开发出潜力，没有潜力就没有持久的效益”。

企业实战运用　　※ 简单数字的效应

查理是连锁工厂的大老板。在他开办的众多工厂中，有一家的生产情况特别差。查理去找那位厂长，了解原因。厂长说他试了种种方法，或命令、或奖励，甚至许诺、奉承，工人就是提不起工作兴趣。当时正好是夜班和白班交班的时候，查理拿了支粉笔走向车间。他问一个快下班的白班工人：

“今天你一共浇铸了几次？”

“六次。”那个工人回答说。

查理不说一句话，只是在地板上写了一个很大的“6”，就出去了。

夜班工人进厂时看见地上的字，问白班工人那是什么意思。

白班工人回答说：“刚才老板进来，问我们浇铸了几次，我回答六次，他就在地板上写了一个‘6’。”

第二天早晨，查理又到车间，发现地板上“6”已经被改成了“7”。白班工人看见了地板上的“7”字，知道夜班的成绩比他们好，不觉产生了竞争心理。下班时，白班工人得意地在地板上写了个“10”字。此后，工厂的生产率与日俱增。智慧过人的查理用他无言的挑拨激起了公司员工之间的竞争，最高的日产量竟然达到了16次，是过去日效率的3.2倍。结果这个公司的产量很快超过了其他公司。

不能不承认查理的“狡猾”，他发现问题时并没有对员工大呼小叫，甚至没有说一句多余的话，只是在地板上写了一个数字，员工之间便暗地里较劲，有了竞争意识，正是这种意识提高了工作效率，改变了该厂的面貌。

俗语说：“站着不如倒着。”说的是人本身都有惰性。的确，人都是有惰性的，一旦环境稳定下来，一旦只要付出50%的精力就可以应付所做的工作，人们就会变得懒惰，不思进取。一个公司如果人员长期固定不变，就会缺乏新鲜感和活力，容易养成惰性，缺乏竞争力。只有存在外在压力，存在竞争气氛，员工才会有紧迫感，才能激发其进取心，企业才有活力。有人说，想让大象跳舞，最好的方式就是放一把火；同样，要让团队保持活力与动力，点燃竞争意识的火苗是必要手段。因此创造内部员工良性的竞争有利于企业发展。有竞争就有压力和动力，这样才能最大限度地激发员工的潜能，提高工作效率；提高员工的水平；让集体更富有生气，才能更好地激发员工们的创造力。

温德定律

☆ 一句话说管理 ☆

表现自己是人性的主要需求。

追本溯源 L.S.温德是美国著名的心理学家，对于心理学的研究总是既深入又透彻。在人性心理需求的研究中，他认为，善于表现自己的人，能通过别人去表现自己。

企业实战运用 ※ 适时表现自己

在许多公司中都出现过这样的情况：一个很抢手的岗位，往往会有许多人去竞争，其中有学历不同的人前去应聘，有研究生、大学生，还有中专生。但结果这个岗位被一个中专生争取到了。与那些研究生和大学生相比，中专生的能力也许并不如他们，但是为什么他能脱颖而出呢？那就是他善于表现自己。

在企业中也是一样，不管你是一名领导者还是一名普通的员工，表现力都是很重要的，这个世界上没有一个人是专门为了发现你而存在的，你必须自己把握机遇。比尔·盖茨说："这个世界并不会在意你的自尊，而是要求你在自我感觉良好之前先有所成就。"懂得这个道理，再来看那些铺天盖地的广告，以及花样百出的促销、展览，也许我们就更能明白"表现"的必要性和迫切性。在市场经济条件下，连人都商品化了，一个想靠自己能力和才华在职场生存的人，更应该注重表现自己。

其实，如果你在企业中得不到重用和升迁，并不能怪老板，只怪你不会表现自己优秀的一面。适当的谦虚是好的，但不能事事都谦虚。

一位在外企只工作了4年就做到公司高级副总裁的女性，有人问她怎样才能在一个公司飞速攀升。她说："当然要凭能力，不过，这个能力不是通常意义上的'真才实学'，而是指表现能力的能力。"的确，即使你有治国安邦的能力，如果不表现出来让人注意，那么谁会知道呢？

表现力决定你的成败。在这个世界上，没有任何一个人是专门为了发现你而存在的，所以你应把自己的能力表现出来。职场表现能力对职场人的生存与发展至关重要，虽然决定成功的基本要素很多，包括专业知识、经验、思考能力等，但是，在向成功进行最后100米冲刺时，却不能没有表现力。

作为领导，你要表现出你的能力，让员工切实地看到你确实是一个合格的领导者。作为员工，你要把你的优势表现出来，得到领导的赏识。领导如果能快速地融入到团体中，那么在未来的商业沟通上就会拥有很强的优势。因此，只有具备了良好的表现力，才能在工作中如鱼得水、游刃有余。

谦虚是一种美德，适当的谦虚是好的，但是过分的谦虚吃亏的就是自己了。作为一名员工在企业中要想得到领导的重视，或作为一名管理者要想树立自己的威望，就要适当地表现自己，把自我价值显现化，从而获得他人的认可。表现自我绝对称不上是什么错。这世上如果没有了“表现”，恐怕也就没有对天才和蠢才的区分了。因此，我们不用因“谦逊”而拒绝“表现”，两者不是矛盾的。

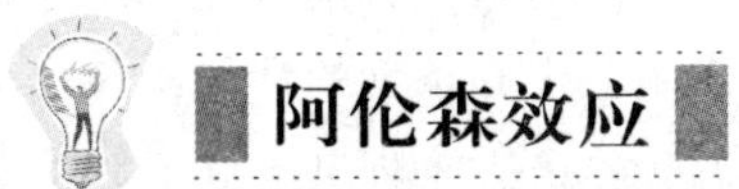

阿伦森效应

☆ 一句话说管理 ☆

人们最喜欢那些对自己的喜爱、奖励、赞扬不断增加的人或物，反之最不喜欢那些显得不断减少的人或物。

追本溯源 著名的心理学家阿伦森注意到生活中常有这样的事：吃十颗葡萄，如果前九颗都是甜的，而最后一颗却是酸的，吃葡萄的人就会说这葡萄是全世界最酸的葡萄。同样的道理，当我们吃了酸梅之后再吃哈密瓜，就会觉得哈密瓜空前的甜。这与先否定再肯定有异曲同工之妙。我们如果经常想到“阿伦森效应”，经常换一种方式管理员工，那么管理工作就会事事顺利，得心应手了。

企业实战运用 ※ 褒奖增减的两种结果

王强大学毕业后被分到一个单位工作，刚进单位时，他决心好好地积极表现一番，以给领导和同事们留下非常好的第一印象。于是，他每天提前到单位打水扫地，节假日主动要求加班，同事有需要的地方热情帮忙，有求必应；领导布置的任务有些他明明有很大的困难，感觉自己做起来有些吃力，但是为了表现个人的能力也硬着头皮一概承揽下来。

这一表现得到了领导和同事们的一致称赞，大家都认为公司招来的这个人不错，是个好员工。可是日子一长他由局外人变成了局内人，再做这些事情的时候领导的表扬没了，同事的赞赏少了，王强很不自在，感到自己可有可无，无足轻重，产生了挫折心理，所以工作积极性大受影响，水也不打了，地也不拖了，没有了初来时的那股干劲，还经常迟到，对领导布置的任务更是挑肥拣瘦。

这样一来，领导和同事们对他的印象由好转坏，甚至比那些刚来的时候表现不佳的青年所持的印象还不好。王强开始时的勤奋工作被领导和同事重视并得到赞扬，后来变成没有赞扬，褒奖递减对他产生了消极的负面作用。而他由勤到不勤的转变，对领导和同事而言，同样会产生“褒奖递减”作用，形成“阿伦森效应”，最后对其表露出不满。

而与之相反的是A公司财务部的小艾。小艾有着姣好的容貌、曼妙的身段，而且能说一口流利的英语，业务能力也过硬，也就是凭着这些资本，小艾终于闯进了这家知名企业。但作为新人她没有完全赢得老板的信任，没有机会充分展示自己的实力，进了公司半年多的她就是没有得到领导赏识。小艾没有着急，她有解决问题的办法。一次，公司举办晚宴，小艾盛装出席，她举止优雅，落落大方，径直走到老板面前，搭讪之余，也谈了几点对公司目前项目的见解。她的气质以及得体的谈吐，给老板留下了不错的印象。在过后的一次会议中，小艾把自己的见解详细解释，老板很赞赏。又过了一段时间她将自己对公司项目的看法总结成了一个有条理的计划，这一次，整个管理层都对小艾十分满意。不久，小艾就被提升为财务总经理助理。

我们可以看出，小艾很好地利用了“好感递增法”把自己有条不紊地推销了出去，争取到了发挥自己潜力的平台。

每一个人都喜欢听赞扬的话，特别是对于那些有上进心的人来说，适时的鼓励和赞扬能激发他们的潜能，使他们越做越有激情，进而为公司创造出更大的效益。但是如果领导的赞扬鼓励逐次减少，不免会让员工心里产生疑问：为什么领导对我的表扬没有先前多了？是不是我做得不够好了？如此一来不免削减了员工对工作的热情，渐渐地对自己也失去了信心，到最后从一个优秀的充满激情的员工沦落为最差的一名。而作为一位管理人，要学会渐进式的表扬，注意“阿伦森效应”的运用。

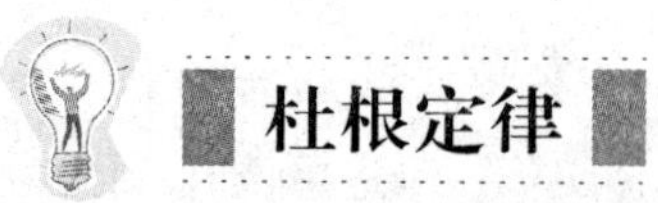

杜根定律

☆ 一句话说管理 ☆

强者不一定是胜利者，但胜利迟早属于有信心的人。

追本溯源 美国职业橄榄球联合会前主席D.杜根曾经说过这样一句话：“信心决定成败。”确实，经过实践证明，这句话堪称真理，后来人们就把这句话称为“杜根定律”。

企业实战运用 ※只要有信心，没有不成功的事

马云成了许多创业者效仿的对象，他是成功人士的代表，是创业者几乎尽人皆知的

一位“实力派+偶像派”的成功人士。

很多人都想创业，但他们似乎有一个同样不创业的理由：我没有钱。我要是有钱的话，就要怎么怎么样，似乎只要有钱，他就一定能创业成功。

可是马云的创业经历告诉我们，信心是创出一番伟大业绩的关键。马云有过三次创业经历，创业开始都没什么钱，他就是靠着他那坚持不懈的精神，一步一步走向成功的。

马云第一次创业是创办了海博翻译社。当时杭州已经有许多外贸公司，再加上杭州旅游业的兴旺，需要大量专职和兼职的翻译人员，而当时杭州还没有一家专业的翻译机构。马云一有想法，就马上付诸了行动。那是1992年，马云是杭州电子工业学院的青年教师，28岁，工作4年，每个月的工资还不到100元。但没钱不是问题，他找了几个合作伙伴一起创业，风风火火地把杭州第一家专业的翻译机构成立起来了。

刚开始的时候并不顺利，第一个月翻译社的全部收入才700元，而当时的月租就是2400元。于是合作伙伴们的信心都发生了动摇。但是马云从没有放弃的念头，他开始贩卖一些小商品，如内衣、礼品、医药等等，来维持翻译社的正常运转。他和许多的业务员一样到处去推销，尽管推销这些小商品让他受尽了别人的白眼，但他一直坚持了下来，并且整整做了3年。马云的坚持终于有了好的结果，1995年翻译社开始赢利。现在，海博翻译社已经成为杭州最大的专业翻译机构。虽然不能跟如今的阿里巴巴相提并论，但是海博翻译社在马云的创业经历中也画下了重重的一笔。

海博翻译社给马云最大的启示就是：信心，只要你永不放弃，就一定可以取得成功。

网站的建立源于马云在美国的一次经历，1995年，他作为一个贸易代表团的翻译前往西雅图。在一个朋友那里他首次见识了互联网。他在雅虎上搜索“啤酒”这个单词，却没有搜索到任何关于中国的资料。见识了互联网的神奇，他马上意识到互联网在未来的巨大发展前景，马上决定回国做互联网。回国后他便注册了以“中国黄页”为名称的网站。

马云用借来的2000美元创办了这个公司，2000美元对于一家网络公司来说实在是太寒酸了。公司创办初期，资金也的确是最大的问题。由于开支大，业务又少，最凄惨的时候，公司银行账户上只有200元现金。但是马云以他不屈不挠的精神克服了种种困难，把营业额从零做到了几百万。

当然，后来中国黄页被杭州电信收购了。但是中国黄页在马云手里的时候，依然是成功的。

马云的第三次创业是1999年，他召集了18个人，凑了50万。在那时的中国，互联网进入了白热化状态，国外风险投资商疯狂给中国网络公司投钱，网络公司也是疯狂地烧钱。50万，只不过是像新浪、搜狐、网易这样大型的门户网站一笔小小的广告费而已。

马云想建立一家全球性的企业，因此选择了一个全球性的名字。“阿里巴巴”很容易拼写，而且《一千零一夜》里“芝麻开门”的故事家喻户晓，很容易被人记住。

当时，阿里巴巴基本上是一个“三无”企业，无资金、无技术、无计划，但它最终存活了下来。

马云靠他的信心与坚持，艰难地走了下去，阿里巴巴曾经因为资金的问题，几乎到了维持不下去的地步。2007 年 11 月 6 日，阿里巴巴在香港联交所上市，市值 200 亿美金，成为中国市值最大的互联网公司。马云和他的创业团队，由此缔造了中国互联网史上最大的奇迹。

什么样的力量让他们做出了伟大的成就？马云曾说过这样的话：“我永远相信，只要永不放弃，我们还是有机会的。最后，我们还是坚信一点，这世界上只要有梦想，只要不断努力，只要不断学习，你就会拥有取得成功的机会，今天很残酷，明天更残酷，后天很美好，但绝大部分人是死在明天晚上，所以每个人都不要放弃今天。”

像马云那样，只要你努力了，世界上其实没有你做不到的事情！

自信是成功的秘诀，一个人没有了信心，什么事情都做不成。自信是一种力量，它是一种强大的力量，有了它，就可以像马云一样干出一番惊天动地的伟大事业来。企业靠人去实现宏伟的目标，人要靠信心去实现一切。

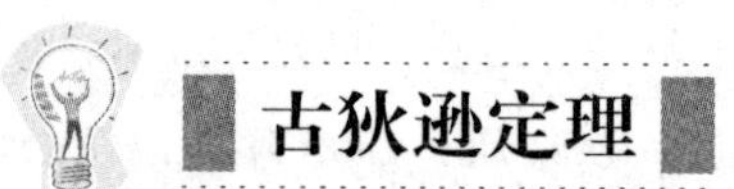

古狄逊定理

☆ 一句话说管理 ☆

不做一个被累坏的主管。

追本溯源 英国证券交易所前主管 N.古狄逊认为，一个累坏了的管理者，是一个最差劲的管理者。

管理者每天都会有很多事情需要处理，所以，必须学会放权，否则将会整天忙得焦头烂额也得不到一个好的效果。一定要脱身去处理首要的事情，适时放手让你身边的人承担责任。如果管理者能够恰当地放权，自己不但能轻轻松松地完成工作，而且还可以调动下属的积极性。一个优秀的管理者要做的事情只有五件：选择适当的人才；理清团队的目标与方向；理清成员的权责；取得适当资源支持团队，有效指引成员找到正确的工作方法；有能力去追踪或审视团队的绩效，带领团队执行计划，激发团队的活力。

企业实战运用 ※ 权力要适当地下放

史玉柱被称为“赌徒”，他制造的商业的成功速度惊人。史玉柱为游戏产业的策划人才开出的薪酬就达到了千万。史玉柱是一个时期只做一件事的人，用他的话说就是：“现在着重搞这块的话，另外一块花的时间不会超过八个小时，最多给他们讲一次课，其他的很少去参与。”史玉柱认为：一手抓战略，一手抓细节，是巨人成功的重要法宝。但史玉柱的成功之道还不仅仅是这些，企业到了一定层次的时候，史玉柱想的是放权。

巨人的现任 CEO 是刘伟，刘伟毕业于南开大学社会学系，后又就读于中欧工商学院，早年间是史玉柱的一个秘书，做事认真，用老史的话说，财务上从来没有出过任何问题，而且比他自己做得都好。刘伟早期曾离开过史玉柱团队一段时间，但又被史玉柱找了回来，史玉柱有一种观点是，做实业一定要用老人，不看好空降。刘伟对于巨人非常熟悉，女性般的细腻，多年的追随，不断的积累，使得刘伟成为了最合适的 CEO 人选，也分担了史玉柱相当一部分压力。

因为工作的特殊性，史玉柱经常出差。他之所以可以安心离开，并放手让员工自主做事，就是知道员工通过自己的准确判断所做出的决定都是以他的观点作为决策依据的。因此，他认为放权是为了给予员工更多的自主权，从而创造出充分自主、自信的员工。史玉柱认为放权不是孤立的过程，只有把它放到各种具体的管理过程中，方能营造出一种氛围。如果员工没有一定的自主权，感觉自己是在受到控制的环境中工作，不仅会影响工作的积极性，还会因此而扼杀员工的创造性。

韩非子说：“下君尽己之能，中君尽人之力，上君尽人之智。”一个真正的管理人，应懂得信任和放权。有些完美主义者，恨不得什么事都亲自做，对员工大小事都不放心，认为别人都不如自己做得好，结果自己忙得团团转，还惹得员工在背后偷偷笑，说他不会做领导。不懂得放权的领导会给员工一种不信任自己的感觉。这样的领导永远也不会有大作为，因为他不懂得放权。一位胸怀大志的领导人不会被公司日常的管理杂务而缠身，他只会在涉及企业战略之类的公司重大话题时才参与管理决策，这是一个成熟管理人的表现。只有懂得放权，给下属一定的发展空间，企业才能不断发展壮大。

☆ **一句话说管理** ☆

关心员工的情感和员工的不满情绪，有助于提高劳动生产率。

追本溯源 霍桑实验是一项以科学管理的逻辑为基础的实验。从1924年开始到1932年结束，在将近8年的时间里，此项实验前后共进行过两个回合：第一个回合是从1924年11月至1927年5月，在美国国家科学委员会赞助下进行的；第二个回合是从1927年至1932年，由梅奥主持进行。整个实验前后经过了四个阶段。

通过实验得出以下结论：

提高生产效率的决定性因素不是改变工作条件和劳动效率，而是员工的情绪。所以，关心员工的情感和员工的不满情绪，有助于提高劳动生产率。

新的领导方式在于提高职工的满足度。霍桑认为，管理者的目的在于使人们为实现组织的共同目标而合作。为了实现合作，必须发展一种新的领导方式。在这种新的领导方式下，管理者必须一方面为满足成员物质的、经济的需要而进行生产和分配物质资料，即发挥技术性技能；另一方面，为实现满足成员物质需要的目标而确保成员间的自发性合作，使每个人获得情绪上的满足，即发挥社会性技能。

企业实战运用 ※ 稻盛和夫的“心灵经营”

人都是有感情的，情绪影响着员工的工作效率。只有坚持为全体员工谋求物质和精神两方面的幸福，并以此为企业的奋斗动力，才能使员工与企业同心协力，共同发展。稻盛和夫很注重员工的情绪，他在管理上以“心灵经营”的方式，让一家企业起死回生。

1971年5月，稻盛和夫收购了美国圣地亚哥一家经营极差的工厂。这家工厂当时面临倒闭的危险，每个月都有10万到20万美元的赤字，员工零散操作，全厂一片混乱。接手后，稻盛认为人的本质都一样，在京都制陶推行的管理方式，在美国也行得通。

于是，稻盛先从员工中选出50名接受京都制陶思维方式的培训，并派原主管保曼担任厂长，希望他们能够学习一下京都哲学。可是工厂一开始运营，就显露出美国人和日本人之间思维方式的差异，导致彼此纠纷不断，结果使工厂每月的赤字上升到20万美元以上。

稻盛经过一番反思后，决定完全聘用日本管理人员来建立一个全新的公司。于是，一个全新的管理团队组建起来了。

可是美国人一开始对稻盛这样的安排很排斥，但当他们第一次听到一位日本管理人员说“你们辛苦了”时，他们很欣慰。令他们感动的就是管理人员穿着和他们一样的制服，并没有一点领导者的架子。并且他们经常到生产线与员工们同甘共苦。员工们对他们也自然而然地产生了认同感和团结一致的决心。

于是，工厂在他们的共同努力下有了好转。一次稻盛买了很多比萨饼，在餐厅里和员工们一块儿吃饭。第二天，员工们就带着自己做的菜招待稻盛。自此，他们经常利用各种机会举办联欢会。

工厂的业绩上升后，稻盛拿出每月销售额的20%当做奖金发放给员工。并且对员工说，是他们的努力使工厂有了起色，并且他相信工厂在他们的继续努力下会有更好的发展。这使所有人都认识到，公司的发展与自身的幸福是紧密联系的。

终于，这家工厂在1973年3月扭亏为盈，并且成为京都制陶公司在美国的桥头堡。在稻盛管理哲学被广泛接受之后，稻盛又聘请了美国人来担任厂长。他始终认为：要想进一步成长，还需要美国人。但他深信自己的“心灵经营”已真正移植到美国了。

1974年底，石油危机席卷全球，日本也受到巨大影响，经济第一次出现负增长，京都制陶当年利润也减少了50.36亿日元，纯利下降11.31亿日元。面对这样的情况，许多公司都选择了裁人，而稻盛则对员工进行了这样的承诺：京都制陶即使生存再艰难，也决不停工，决不裁员。

首先，他把营业员、科长、部长的工资削减了10%，并制定了严格的规章制度以求节省。

由于生产量的减少，他把多余的员工全部编入总务部管辖范围，并且禁止他们进入厂房。很多人可能不明白稻盛此举的用意，这主要是因为订货量下降了，如果还用以前的人手，每人分担的工作量减少了，工厂内紧张忙碌的气氛就会消失，生产效率将随之下降，一旦订货量恢复时，就不能马上进入增产体制。

稻盛的这一高明决策，不仅让员工有了绝对不裁员的安定感，而且使员工明白了不景气的事实，从而维持了生产现场的紧张，使得京都制陶在不景气结束之后能够马上恢复元气。

目前，稻盛和夫领导京都制陶在多个领域大展拳脚，取得了巨大的成功。他强调全体员工在价值观上的一致，强调全体员工同心协力，共同前进。

稻盛和夫始终不渝地为全体员工谋求物质和精神两方面的幸福，并以此作为自己的奋斗目标。这就是京都制陶表现出如此大的凝聚力和向心力的原因。

管理界有三句名言：知识不如能力，能力不如素质，素质不如觉悟。心灵管理就是让员工和管理者不断提高自己的觉悟，是管理的最高境界。

管理者要善于掌握员工的情绪，能够对生活中的矛盾进行及时化解，善于调节情绪，能以乐观的态度、幽默的情趣及时地缓解员工紧张的心理状态。

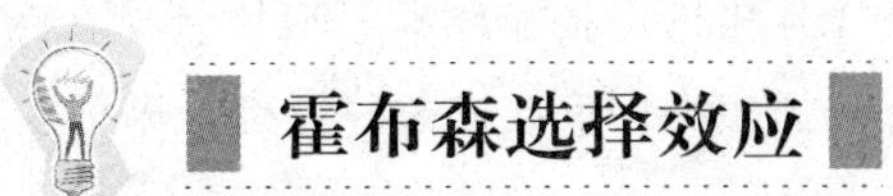

霍布森选择效应

☆　一句话说管理　☆

没有余地的选择，是假选择。

追本溯源 1631年，英国剑桥商人霍布森贩马时，把马匹放出来供顾客挑选，但附加上一个条件，即只许挑最靠近门边的那匹马。显然，加上这个条件实际上就等于不让挑选。对这种无选择余地的所谓“选择”，后人讥讽为“霍布森选择效应”。不少企业的管理人员在管理的过程中也存在着“霍布森选择效应”，什么事情都是一个人拍板，很少去倾听下属的意见，没有民主。员工没有发言的机会，怨声载道，人心涣散，团队没有凝聚力，更谈不上企业的发展了。

企业实战运用 ※ 善于倾听其他人的意见

在荷兰，引人注目的公司有壳牌石油公司、尤尼利佛公司、飞利浦公司三家大企业。飞利浦是由100%的荷兰资本所组成。连荷兰女王的丈夫贝伦哈特公爵也自豪地说：“我是菲利浦家族的好朋友。”尽管菲利浦家族及其企业的名声已响遍全球，但是飞利浦当初不过是一个制造灯泡的小工厂而已。这家小工厂是19世纪末由菲利浦家族的赫拉德与安顿两兄弟所创立的。到了上世纪初，飞利浦成为股份有限公司的时候，已经发展为一个规模相当可观的灯泡厂了。荷兰的对外型市场使得飞利浦一开始就具有向海外市场挑战的国际性厂家性质。经过多年来的不断发展，终于使得飞利浦有了今天的辉煌成就。

飞利浦能够不断地得到发展，其中一个重要原因就是在重大问题的决策方面，飞利浦的做法是，不搞“主管个人说了算”的一套，而是广泛地征求意见，倾听他人的看法，然后通过集体讨论再拍案决定。飞利浦公司这样的做法使公司既可以发挥集体的作用，又能发挥执行董事个人的作用。这样的组织管理系统使得飞利浦在不断的发展中避免了很多的风险，一路平安地走了过来。飞利浦的创始人之一安顿曾经说过：“如果你能够花点时间多倾听一下你的下属们的意见，比你待在办公室里抓一天的头皮还要有用。”这句话诙谐地说明了一名管理者善于倾听的重要性。

美国百货巨擘潘尼说：“倾听的艺术算得上是无障碍沟通的关键所在，而无障碍沟通又是成功的企业管理之砥石。”身为一个管理者，主要的职责不外乎是穿梭于形形色色的人群中，来完成某些既定的工作；换言之，就是必须学会倾听各种不同的声音才能不辱使命。要想通过沟通清除工作中的摩擦和障碍，应该注意在沟通中非常重要的一个环节，那就是倾听。沟通中有效的倾听，重在把握好时机，尽早发现和解决问题。

管理艺术

人都有倾诉的愿望，但不同身份人的表现形式各异，有的主动，有的消极，这就要求管理者善于倾听才行。管理在很大程度上是沟通问题，80%的管理问题实际上是由于沟通不畅所致。沟通的重点不是说，而是倾听。许多管理者不愿倾听，特别是不愿倾听下属的意见，那就自然无法与下属进行畅通的沟通，进而影响了管理的效果。倾听是人类沟通最有效的途径之一，如果管理者懂得如何倾听，并能把它应用到实际的管理工作中去，做起工作来就如鱼得水了。倾听别人说话可以说是管理者有效沟通的一个重要技巧。众所周知，最成功的管理者，通常也是最佳的倾听者，唯有倾听才能使沟通无障碍。

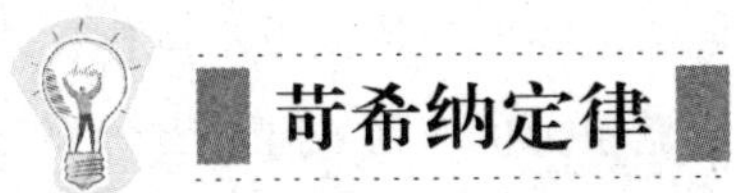

苛希纳定律

☆ 一句话说管理 ☆

在企业中，企业管理人员不是越多越好，而是要合适的人数最好。

追本溯源 苛希纳定律再简单不过了，它告诉我们：在管理上，并不是人多就好，有时管理人员越多，工作效率反而越差。只有找到一个最合适的人数，管理才能收到最好的效果。在一个公司中，只有每个部门都真正达到了人员的最佳数量，才能最大限度地减少无用的工作时间，降低工作成本，从而达到企业利益的最大化。

企业实战运用 ※ 沃尔玛经营策略

对于苛希纳定律的运用，沃尔玛前总裁山姆·沃尔顿为我们提供了一个很好的案例。

沃尔玛公司是全球最大的零售企业之一，山姆·沃尔顿有这样一句名言：“没有人希望裁掉自己的员工，但作为企业高层管理者，却需要经常考虑这个问题。否则，就会影响企业的发展前景。”

从自己经营的第一家店起，沃尔顿就很注重控制公司的人员管理，他设想要用最少的人做最多的事情，这样不仅降低了成本，还追求了效益的最大化。

在当时，大多数的企业都会以销售额的5%来维持企业的经营管理。但沃尔顿却力图做到用公司销售额的2%来维持公司的经营。并且，沃尔顿一直保持了这种做法。成本的降低，使得沃尔玛的商品比其他商家的商品即使卖得便宜一些也不会亏本。而且还可以以更低的价格招揽客户。

沃尔玛用的员工比竞争对手少，但所做的事却比竞争对手多，企业的效率自然就比竞争对手的高。这样，在沃尔玛全体员工的努力下，公司很快从只拥有一家零售店，发展到了现在的拥有全球2000多家连锁店。公司大了，管理成本也提高了，但沃尔顿却一直不改过去的做法——将管理成本维持在销售额的2%左右，用最少的人干最多的事！

沃尔顿认为，精简的机构和人员是企业良好运作的根本。与大多数企业不同，沃尔玛在遇到麻烦时，不是采取增加机构和人员的办法来解决问题，而是追本溯源，解聘失职人员和精简相关机构。沃尔顿认为，只有这样才能避免机构重叠，人员臃肿。

在沃尔顿看来，精简机构和人员与反对官僚作风密切相关。他非常痛恨企业的管理人员为了显示自己地位的重要，而在自己周围安排许多工作人员。他认为，工作人员的唯一职责就是为顾客服务，而不是为管理者服务。凡是与为顾客服务无关的工作人员都是多余的，都应该裁撤。他说："只有从小处着想，努力经营，公司才能发展壮大。"沃尔玛之所以能有今天的成功，自始至终地坚持低成本运作这一点功不可没。

在经济飞速发展的今天，企业竞争力的来源在于用最小的工作成本换取最高效的工作效率，这就要求企业必须要做到用最少的人做最多的事。公司往往会把提高工作效率和降低生产成本作为一项十分紧要的任务贯彻在日常的生产管理运作中，尽管这项工作无论何时都应该坚持不懈，但在现如今的形势下，显得更加急迫。

提高工作效率，降低生产成本是相辅相成的，工作效率提高了，就意味着生产的成本降低了。在一个竞争日益激烈的世界里，一个企业要想长久地生存下去，就必须保持自己长久的竞争力。只有机构精简，人员精干，企业才能保持永久的活力，

提高工作效率，就是要降低重复工作的频数和无用功的支出，至于怎样去降低重复工作的频数和减少无用功，这需要作业者、管理者以及部门之间的相互协调与沟通，而这些运作很大程度上是我们的大脑在运动，大脑运行的速度是相当快捷的，但是养成一个良好的善于思考的习惯，则不是一朝一夕可以做到的。

布利斯原则

☆ 一句话说管理 ☆

用较多的时间为一项工作作事前计划，做这项工作所用的总时间就会减少。

追本溯源 布利斯原则由美国行为科学家艾得·布利斯提出。的确，如果没有一个明确可行的工作计划，必然会浪费时间，要想高效率地工作就更不可能了。只有明确自己的工作是什么，才能认识自己工作的全貌，从全局着眼观察整个工作，防止每天陷

于杂乱的事务之中。明确的办事目的将使你明确工作中的不同侧重点，弄清工作的主要目标在哪里，避免不分轻重缓急，耗费时间又办不好事的后果出现。

企业实战运用　※ 申鑫公司的制度化管理

申鑫公司是亚洲一家颇具规模的制造公司。它设有3个事业部：蔗糖部、建筑与建筑材料部和矿业与化学品部，每个事业部下面又设有若干分公司。近年来，这个公司在经营管理方面为符合公司总目标的战略计划，经常召开各种会议，通过这些会议使各级管理人员了解整个公司的业务情况和各种目标。在每个月的董事会会议之后，公司总经理要会晤各部门的50名高级主管人员，同他们商讨公司的业务情况。另外，公司每年还召开两次中级经理人员会议，使他们了解外界环境的各种变化及其对公司业务的影响，并制订出详细的应对计划。

在公司的3个事业部中，以艾达领导的矿业与化学品部的计划工作最为成功。计划工作的程序是自下而上的。参与制订计划的人员包括该部所属的10家公司的经理，某些情况下这些分公司的厂长和业务经理也会参加。

为了使各个分公司的步调能够一致起来，艾达总是把总公司对通货膨胀及其他各种经济因素的看法及时告诉各分公司的经理，让他们把这些因素作为制订计划时的参考资料。各个分公司从每年的4月份（该公司会计年度开始的月份）开始制订自己的战略计划，在8月份之前制订完毕，并交给3大部的经理。按公司规定，战略计划所包括的时间为5年，其内容包括生产目标、投资计划等。3大部经理在收到这些计划之后，先进行挑选，再安排先后次序，最后在这些计划的基础上制订出各自部级的战略计划。各自部级的计划包括对各分公司未来5年的展望、主要的问题、所采用的战略，以及各种投资计划等内容。该计划还对投资报酬率和现值报酬率进行调整和修正。计划的说明书简明扼要，第1页仅包括一些重要的数据，如：纳税前和纳税后的利润目标、投资报酬率和整个计划的总投资数额。第2页才包括一些比较详细的统计资料，包括各分公司的财务计划和3大部的总财务计划。

接着，各事业部要把自己的计划送到总公司的财务部，财务部于9月份将各自部级的计划送往公司总经理办公室。在此后的1个月中，总管理处与各部的经理会仔细研究和讨论他们的计划。对有些单位的扩建计划，总公司可能予以批准，对另一些单位的扩建计划，总公司可能不予以批准，而是让他们先集中力量去降低产品的成本。总公司也可能让某个分公司推行增产某种产品的计划。

在每年的11月份之前，总公司会把各种指导性文件发到各大部，该文件详细地说明了哪些计划已被批准，以及总公司对各部有什么希望。在这个会计年度的最后几个月里，各部根据总公司发给的指导性文件，重新制订自己的战略计划并编制预算。随后，总公司再根据这些计划制订出整个公司的总计划。总计划应对整个公司的目标和战略作出详细的说明，并附有必要的统计资料。

通过这一道道繁复的程序，最后制订出来的计划就是确实可行的。为进一步确保战略计划的顺利完成，该公司还建立了一套“追踪审核”制度。该制度规定，在每一个会计年度结束之前，各分公司都应指派专门的稽核人员，对计划执行的情况进行检查，并写出“追踪审核”报告，从而能使一年的预测更为准确。正是这样一个严密的计划制订和监督执行过程，保证了申鑫公司在经营中很少发生失误，从而使公司保持了蒸蒸日上的发展势头。

“凡事预则立，不预则废。”《如何掌控你的时间与生活》一书的作者拉金说过：“一个人做事缺乏计划，就等于计划失败。有些人每天早上计划好一天的工作，然后照此实行，他们是有效地利用时间的人。而那些平时毫无计划，靠遇事现打主意过日子的人，只有‘混乱’二字。”做事没有计划、没有条理的人，无论从事哪一行都不可能取得成绩。一个在商界颇有名气的经纪人把“做事没有条理”列为许多公司失败的一个重要原因。做事没有计划，行动起来就必然会是一盘散沙。一个人要提高自己做事的效率，忙于要事，就要养成善于规划的好习惯。同样，一个企业更是如此。只有事前拟订好了行动的计划，梳理通畅了做事的步骤，做起事来才会应付自如。好的规划是成功的开始。

马太效应

☆ **一句话说管理** ☆

好的愈好，坏的愈坏，多的愈多，少的愈少，看你能否掌握得当。

追本溯源 马太效应的提出者是美国科学史研究者罗伯特·莫顿。他认为，在运用的时候最要紧的是企业管理人员要给员工制造一个能公平竞争的环境，使人人都有参与竞争的机会，在竞争中一较高低。这样才能让各方面的人才浮出水面，做到人尽其才，才尽其用，才不会造成人才强弱的巨大差距。

企业实战运用 ※ 海尔的公正、公平

海尔创新的第一个原则就是，在海尔人人平等，海尔人人参与竞争，人人有份。在海尔，没有身份的贵贱、年龄的大小、资历的高低之分，衡量人才的标准是技能、活力、创造精神和奉献精神。普通而有能力的员工可升迁为管理人员，平凡而有才华的工

人可走上领导岗位。冰箱二厂的任全晓是一名农村务工人员，但他刻苦钻研技术，聪明才智迸发出来了，合理化建议一条接一条，小改小革一个连一个，自己也由一般员工提升为班长，又由班长晋升为车间主任。他说：“是海尔的用人机制给了我实现自己价值的空间。”

海尔集团有5万人，文化层次不同，其中有研究生，也有文化程度较低的员工，但人人都有参与竞争的机会，在机会面前人人平等。公司文化提倡要挖掘和调动每个员工的积极性、创造性，形成合力。据说最初开展“人人是人才，人人都参与”活动的时候，员工都反应平淡。他们认为自己又没受过高等教育，当个小工人怎么能称得上人才呢。后来海尔集团把由一个工人发明的一项技术革新成果以这位工人的名字命名了，并且由文化中心把这件事作为一个故事在所有员工中传开。很快，工人中就兴起了技术革新之风。海尔的文化中心经常在传播着种种故事，这对企业的稳定发展起到了十分重要的作用，如此看来，让人人都参与竞争的方法是不错的，重要的是领导者能不能把人才开发出来，为企业所用。

海尔的员工小陈1993年来到青岛，加入海尔。几年来她以亲身经历感受了海尔“公开、公平、公正”的用人原则。1998年，小陈准备竞聘海尔香港公司的岗位，这可在家里引起了不小的轰动。她身在远方的父母还有丈夫知道后都觉得此事成功的希望不大，劝小陈放弃竞聘，不要劳神费力，做好当前的本职工作混口饭吃就行了。小陈耐心做丈夫的工作，说自己在海尔这么多年，非常了解海尔公平用人的规则。小陈意志坚定，刻苦温习功课，最终经过层层考核，从由各进出口工作岗位上的业务尖子构成的34人的岗位竞聘中胜出。

可以看出海尔集团营造的这种公平竞争的环境使员工之间没有优劣之分，没有地位之尊卑。也就是说只要你有能力，敢于奋斗，通过海尔提供的平台充分展示自我才能，就能找到适合自己的位置。这种公平竞争的人才观，使海尔避免了因人才放错位置而造成的损失，也避免了人才间因缺乏竞争而产生松散心态，更避免了因为文凭限制等问题而造成的人才流失——这也许就是海尔为什么能做大做强的秘诀之一吧。

事实上，公平的竞争环境、良好的绩效评估和用人机制，不仅能留住现有人才，用好用足现有人才，还能吸引外部的优秀人才，形成“企业越来越强”的马太效应。作为一名管理者要能够恰当而灵活地应用马太效应，如此便能充分调动下属或人才的积极性，使得人尽其才，才尽其能，从而使工作效能达到最优，最终促进企业的发展壮大。

史坦普定理

☆ 一句话说管理 ☆

成功的企业领导不仅是授权高手，更是控权的高手。

追本溯源 管理专家彼特·史坦普认为，授权的首要原则就是将权力授给能够胜任工作的人。授权之前领导者应该对下属进行完整的评价。如果你发现有的职员对自己的工作了解很深，并且远远超出你原来的预料，这些人就有可能具备担负重要工作任务的才能和智慧。如果你对职员的分析正确无误，那么选择能够胜任工作的人这一步就比较容易做好。

因此，他总结出：没有正确选择授权对象只会有百害而无一利。成功的企业领导不仅是授权高手，更是控权的高手。后来，史坦普所提出的这一论断被人们称为“史坦普定理”。

企业实战运用 ※ 放权要适度

张伟在外人眼里一直都是一个本分、踏实的小白领。他在一个响当当的跨国公司里当工程师，这是一份令人艳羡的职业。那个时候，公司只有7名资深工程师，张伟是举足轻重的一位。后来公司业务越来越多，顶头上司越来越忙，越来越累，顾不得更多地关注下属工作之外的事情。同时把更多的权力下放给了张伟，让他带领诸位工程师做事。而开放的企业文化，让身为一般工程师的张伟可以轻松接触到手机软件中种种顶尖的技术。用张伟的话讲，都不用挖空心思地琢磨“偷”，本领就都学到了。

慢慢地，张伟发觉自己也算是个“行家”了。在朋友的“鼓动”下，这一身好“武艺”也终于得到了发挥。2008年4月，张伟的朋友拿到了一个手机项目，而张伟则毫无疑问地成为了软件制造的重要人选。抱着试试看的态度，张伟以“兼职”的身份加入了这个项目。

一个月后，张伟发觉这样的劳动更有挑战性，于是辞去了外企的工作，同朋友开起了公司，另立门户，专做Windows平台手机。等原公司领导发现张伟带走了企业核心的技术，并且还挖走了公司的两名骨干时，一切都为时已晚。

放权确实让一些管理人得以从琐碎的业务和日常事物治理中抬头审阅战略。但要把最核心的资料握在自己手里，不要毫无保留地放手给员工，要保留自己的底线。这样才不至于让员工在羽翼丰满后“潜逃”。

授权和控权乍一看很难两全。在授权的时候如果没有约束机制的话，授权后出现的两种情况就让人头疼：一是授权对象选错了，因为在授权时没有一个对授权对象进行评审的程序，找错人的事会经常发生；二是权力的膨胀，你授权给他了，又没有对其使用

权力的约束机制，那就会出现滥用权力的现象，甚至会出现利用权力营造“独立王国”的局面，这更是让人不能容忍的了。从人的本性上来说，人总是对约束有着本能的抗拒心理，所以企业在对下属进行授权时，必须考虑到对授予的权力有什么样的约束，如果没有想好的话，且慢授权。

管理艺术

知名国际战略管理顾问林正大曾经说过：“通俗地说，授权就像放风筝，部属能力弱，线就要收一收；部属能力强，线就要放一放。”

授权的成功与否，从大的方面来讲，决定着企业的兴衰成败；从小的方面来讲，影响着工作的顺利开展。因此，授权必不可少，授权势在必行。但是授权的时候要在充分信任的基础上，通过严格的规章制度来约束规范企业管理者。在放权的基础上，要把握企业管理的关键，也就是要把握“生死大权”，这样在日常管理上可以有效放权，又能在关键时刻力挽狂澜，所以领导者要紧握刹车系统，让车子在充分跑的时候，控制风险。

放权是一种激励，控权则是一种监督，放权与控权的艺术结合，是确保一个企业拒腐防变、健康发展的重要保证。

托利得定理

☆ 一句话说管理 ☆

测验一个人的智力是否属于上乘，只看其脑子里能否同时容纳两种相反的思想而无碍于其处世行事即可。

追本溯源 法国社会心理学家托利得认为，人非圣贤，孰能无过。作为一位领导，当下属冲撞你的时候，千万不要发怒，首先要保持冷静，保全下属的面子。用一颗宽容的心对待别人，宽容不仅是给别人机会，更是为自己创造机会。下属会因你的大度而心怀感激，为公司效犬马之劳。这就是最早的“托利得定理”。

企业实战运用 ※ 大度的领导

陈杰心眼不坏，是一个急性子的人。他所在的公司在管理上有很多漏洞，他提交了好几份报告陈述自己的观点。但是上司依然我行我素，没有采取任何措施。陈杰实在有点儿“恨铁不成钢”，觉得自己一心为公司着想，领导竟然是这个态度，让他很难接受。他想等有机会非当面和领导理论理论不可。这天公司召开的全体会议上，陈杰终于找到了机会，他在会上主动要求陈述自己的观点。

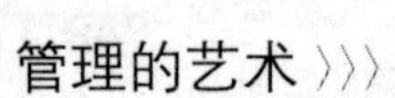

当陈杰在大会上口若悬河地讲完多日来想说而没有机会说的话时，他万万没想到上司的表现还是很淡漠。陈杰一时激动，大声说道："我觉得我们公司的领导管理水平有欠缺！不能让公司发展的领导不是好领导……"上司听了脸上红一阵白一阵，沉默了一会儿，平静地说："陈杰同志一心为公司着想，很难得，这正是我们企业需要的人才，希望大家向他学习。至于陈杰同志提出的意见，会后再论。"

陈杰一听感觉上司明明又是在搪塞自己，又气又急，一掉头就离开了会场。回到家后妻子看他满面怒气，问了原委才明白是怎么回事。妻子等他气渐渐消下来后慢慢给他分析其中的道理。妻子说作为一名领导谁不想让自己的公司发展壮大，但是对于你提出的意见领导肯定也考虑到了，至于为什么没有立即实施，进行改革，领导肯定有自己的想法。可是你竟然在大会上说了那么难听的话，让领导的尊严扫地，下不了台。领导却大度地为你不妥的行为作了辩解，你却一扭头走了，再次置领导于尴尬的境地。陈杰没吭声，想了又想，觉得自己做得确实有些过分了。直到深夜他终于忍不住，拨通了领导的电话，向他道歉。上司哈哈一笑，让他不要放在心上，并对陈杰说，其实他自己的心理压力很大，公司的事情太多，有很多难以解决的困难，并对陈杰的勇气和能力表示赞赏，希望陈杰以后能继续帮助他。陈杰惭愧万分，自此更加兢兢业业，一心一意为领导出谋划策，为公司卖力。

一般来说，得罪自己的上司，甚至当众指责、羞辱自己的上司，这是一件后果很严重的事。陈杰的上司是一个宽宏大量的人，不仅没有计较下属的冲撞，并且宽容、重用了羞辱自己的人。

谁都有疏忽大意的时候，谁都有犯了错陷入自责和尴尬境地的时候，是严词批评，穷追猛打，还是宽容大度，给予谅解，这是"善"与"恶"的分水岭，也是"智"与"愚"的交界处。宽容，应该是每一个领导都应具备的美德。没有一个下属愿意为那种对下属斤斤计较，小肚鸡肠，为一点小错抓住不放，甚至打击报复给"小鞋"穿的领导去卖力办事。所谓"宰相肚里能撑船"，说的就是当领导的要能容人、容事、容得不同意见、容得下属的小错误。只要你具备了这种宽容大度，便会产生意想不到的神奇效果，你对下属的宽容，就为日后请他们办事奠定了良好的基础。

宽容既体现了领导的仁厚，更展现了领导的睿智，不失领导的尊严，又保全了下属的面子。这样即便上下级发生了冲突也不会尴尬。给了下属一个改过自新的机会，相信他更会为你效犬马之劳。

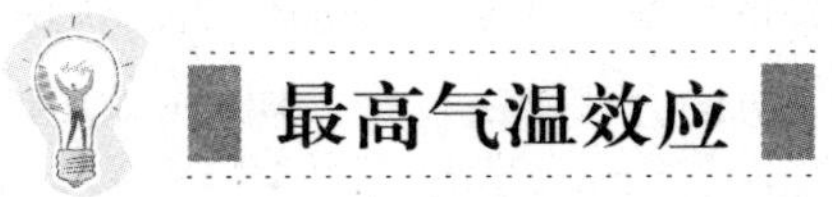

最高气温效应

☆ 一句话说管理 ☆

企业管理者要想获得成功就要懂得未雨绸缪，注重积累。

追本溯源 现实中因为缺乏这种判断——一种未雨绸缪的认识，从而使一个又一个企业管理者败走麦城。因为在企业效益直线上升的当口，管理者最容易被那种热火朝天的景象蒙蔽双眼。

在现实生活中不可能永远一帆风顺，谁都可能会遭遇到意想不到的危机和困难。特别是作为谋求利润的企业，由于市场同业竞争，在前进的道路上可能会遇到更多的荆棘、陷阱和危险。一个好的企业领导人不但要善于应对危机、化险为夷，还要在危机出现前发现商机，做到未雨绸缪。

企业实战运用 ※ 未雨绸缪

秦风是一家公司的市场部经理，他对市场把握的精准让人佩服。产品上市后，遇到的问题自然就多了起来。在秦风的引领下，他们没有被突然出现的各种问题弄得焦头烂额。相反，秦风像是有了预知的能力，问题刚一出现，应对方案也出来了。所以在秦风所管辖的市场部，没有出现过棘手到无法解决的问题。这就引起了其他人的关注。

小刘所在的公司产品刚刚上市，作为市场部经理的小刘马上就迎来了一次严峻的考验。产品在宣传上虽然下了大本钱，但是效果并不理想。按照目前的销售走势，不出两个月，就会沦落到亏损状态。各种办法都试过了，但效果并不明显。他听说秦风在市场营销方面很有一套，便约了个时间向秦风讨教经验。

两人见面后，小刘也不客套，直接就把问题摆了出来。他面露苦色说："产品一旦步入亏损状态，公司马上就会面临倒闭。现在，老板把砝码全都压在我这里了，可我现在能有什么办法？能试的全都试过了，但都没有什么效果。还希望您能帮我指一条路，给个方向。"

秦风笑着说："问题根本就没有出现在这里，现在你们的状况是什么？收拾'残局'。问题一旦出现，再去想对策应急有些晚。作为市场营销部主管，就必须有高于常人的敏锐洞察力和先见力。你起先就没有长远考虑过这些，即便想也是想产品牟利后，应该如何更大地扩张……"

小刘听到这里，心想，当时确实这样考虑过，甚至都想到了打入国际市场该怎么做。

秦风接着说："而你忽略了另一方面，一旦你们的产品走亏损路线的话，你该如何做。这应该是在先前就应该想到的。想到可能出现的问题，就要寻出解决的方法来。先估量哪里会出现问题，然后用对应的办法解决，这就叫未雨绸缪，遇事心中自有定数。”

小刘连连点头，忙问道：“先前确实忽略了这些问题，但现在我该怎么做呢？”

秦风说：“还照着这样做啊！”

小刘没听明白，一脸茫然。

“如今已经能估计到两个月后公司会出现亏损危机，那么现在就要在还没有亏损的时候，避免亏损。一旦亏损真的降临了，再需要去解决的问题就是如何继续让公司生存下去的问题了。”秦风说得很简单，言下之意是想让小刘明白要提前预知问题，在问题没来临之前，将其扼制。

秦风的这些话其实只给小刘稍微点了一下而已，小刘茅塞顿开，他兴奋地说：“如今我明白了，有些问题，我自然是无意中想过的，但是却没有把它看重。现在想想，避免公司亏损的法子我是有的。”

秦风说：“记住一点，过了这关，升了高度，这种心态却不能放下来。雨未下，先把门窗关好，把即将或者可能发生的问题全都挡在外面。”

经过这次和秦风的交谈，小刘真的找出了解决问题的办法。他动用了一些关系，把接下来用做广告宣传的资金撤了回来，用在了别处。不到一个月的时间，产品的销售状况得到了改善。公司躲过了亏损期，盈利开始从平稳到上升。

一个优秀的管理者，可以没有渊博的知识，可以不是善于煽情的演说家，甚至可以连超常的勤奋都没有，但他一定要有敏锐的头脑和活跃的思维，能够捕捉坏苗头、发现和催生新苗头。不要把所有的注意力放在眼前的景象上。正反两面都要去考虑、斟酌。求的就是兵来我有将挡，水淹我有土填的先见力。

管理者对市场要有先知先觉的敏感性。一件小小的事情都能引起他的思考，并且能从中发现商机，在其他人还没有开始行动的时候抢先一步夺得市场，而不是等别人开发出来自己跟随大流走，那样很难成功。在目前市场竞争激烈的形势下，只有抢占先机，拿出独特的新技术、新产品，才能创造财富。只有做到处处留心，善于观察，时常总结，等机会来临的时候才能及时地抓住，使之变成机遇。也就是凡事都要未雨绸缪，临时抱佛脚是不行的。

试点效应

☆ 一句话说管理 ☆

正式进行某项工作之前，先作小型试验，以便取得经验。

追本溯源 优胜劣汰的市场环境决定了企业失败是不可避免的，但很多企业又输不起，些许的失误都可能导致整个企业的崩溃和瓦解，乃至被从国家企业注册表中抹去名字。所以做试点往往是必经之路，尤其是启动一个大型项目之前，先做小型试验，以便取得经验是明智之举。当然企业在选择人才的时候也要注意“试点效应”，通过“试点”发现人才，避免埋没人才和小材大用，做到知人善用。

企业实战运用 ※ 总经理识别“真人才”

一个公司刚刚成立，新招的员工人数众多，怎么才能知道哪些是“真人才”，哪些是“假人才”？“试点效应”就是一个很不错的发现真正人才的好方法。

张军和李刚同时受雇于一家大酒店，他们能力不相上下，拿着同样的薪水。一段时间后，业务部门的经理升职，总经理盘算着让张军和李刚其中的一个补上业务经理一职，但是又不知两人谁办事的能力更强些，毕竟业务经理担着大局的责任，能胜任的人必须要头脑灵活，见机行事。一个大酒店只靠平时来吃饭的顾客是远远不行的，赢利多少先不说，光上上下下几百名员工的工资一个月就不是个小数目。有业务才是硬道理。

这天早上总经理喊来李刚说：“李刚，你现在到集市上去一下，看看今天早上有什么卖的？”

一会儿工夫，李刚便从集市上回来向总经理汇报：“今早集市上只有一个农民拉了一车土豆在卖。”

“有多少？”总经理又问。

李刚刚才没问，于是赶紧又跑到集市上，然后回来告诉总经理：“一共40袋土豆。”

“价格呢？”总经理继续问他。

“哦，您之前没有叫我打听价格。”李刚讪讪地说。

“好吧。”总经理让他回原工作岗位了。

总经理又把张军叫来，吩咐他说：“张军，你现在到集市上去一下，看看今天早上有什么卖的。”

张军也很快就从集市上回来了，他向总经理汇报说：“今天集市上只有一个农民在卖土豆，一共40袋，价格是两毛五分钱一斤。我看了一下，这些土豆的质量不错，价格也便宜，于是顺便带回来一个让您看看。”张军边说边从提包里拿出一个土豆，“我想这么好的土豆做菜味道一定不错，根据我们以往的用量，40袋土豆一个星期左右就可以全部用完。所以我把那个农民也带来了，他现在正在外面等您回话呢。”

“嗯，行，就按你的想法去办吧。”总经理满意地说。

很快公司开了一个关于人事调动的会议。张军补上了业务经理的职位，薪水提高了一成，而李刚却仍在原地踏步。张军上任后潜能得到了发挥，为酒店创造了很大效益，并且在酒店运营方面常为总经理出谋划策，成了这家大酒店的骨干。总经理为此省了不少心力，暗暗庆幸自己当初在选择人的时候作了一个“试点”决策。

人力资源是当今世界所有资源中最宝贵、最活跃的资源。在市场竞争中，没有哪个企业是在一群平庸之辈的手中发展壮大的。人才就是企业的生命力，人才就是企业的新鲜血液。商场如战场，得人才者得天下。但是怎么样去识别人才，怎么才能发现“潜力股”型人才呢？诸位管理人不妨用用“试点效应”。比如我们上面所讲的这个事例，当这位总经理不知道哪个人可以委以重任的时候，他“狡猾”地委派两人去做了相同的一件事情，通过这件小事看出来两人的办事能力的差异，从中发现了真人才。当你在犹豫不决的时候，千万不能凭着外表的感知去作盲目的判断，可以通过“试点”来解决棘手的问题。

权威暗示效应

☆　一句话说管理　☆

人微言轻，人贵言重。

追本溯源　权威效应，又称为权威暗示效应，是指一个人要是地位高，有威信，受人敬重，那他所说的话及所做的事就容易引起别人重视，并让他们相信其正确性，即“人微言轻，人贵言重”。

在现实生活中，利用“权威效应”的例子很多：做广告时请权威人物赞誉某种产品，在辩论说理时引用权威人物的话作为论据，等等。在人际交往中，利用“权威效应”还能够达到引导或改变对方的态度和行为的目的。在企业中运用此效应的很多，大多数厂家做广告都是运用有名气的人，以提高产品在人们心目中的印象和权威。

企业实战运用　※ 利用“超女”打造知名度

蒙牛的品牌已经家喻户晓了，其中的一款“蒙牛酸酸乳”，由于“超级女声张含韵的代言而使蒙牛的品牌更上一层楼。2004 年湖南卫视的“超级女声”红遍了大江南北，它代表了充满活力的新一代青少年，蒙牛董事长牛根生想这与酸酸乳塑造的品牌和消费定位不谋而合。

他很好地把握住了这次宣传的商机。2004 年 11 月初，蒙牛副总裁杨文俊带着蒙牛完整的合作方案，飞往长沙商谈合作一事。最终，蒙牛的全方位合作方案赢得了湖南卫视的青睐。

蒙牛将“酸酸乳”产品的主流消费人群定位在十五到二十五岁之间的女孩子。这个消费群体的特点是：追求个性、前卫，喜欢彰显个人的魅力与自信。根据这个情况，蒙牛选择了2004年的“超级女声”大赛季军张含韵作为代言人。当时十六岁的张含韵形象甜美、可爱、自信、前卫，和蒙牛酸酸乳的定位不谋而合。

在宣传手法方面，蒙牛巧妙地将“势”造到了最大：除了既有的报名及参赛规则、全程报道、赛事图片及媒体宣传外，更是专门创立了“张含韵吧”，使众多网友都能将自己品尝蒙牛酸酸乳后的感想、对张含韵的关注，以及对“超级女声”比赛的看法都集中地发表在这里。

蒙牛集团利用自身的通路优势，将20亿包蒙牛酸酸乳的外包装上都印上了“超级女声”的比赛信息，同时加大了产品铺市率。在具体促销方面，蒙牛一是统一了堆头的外观，所有堆头全部采用四方及环形的包装，张含韵的形象鲜明而立。同时，大量的pop（商品营销中的一种店头促销工具）贴于超市入口及生鲜卖场奶品角落，使消费者能很容易看到，加大了随机购买概率。二是推出了买六送一的促销活动。消费者最关心的毕竟还是价格因素，在这个大好的促销时段，顾客们抓住这个机会大批量地购买，甚至还有人一下买两三箱的。据调查，在举办“超级女声”的时间段内蒙牛酸酸乳的销量明显优于竞争对手的同类产品，并且蒙牛其他产品的销量也有一定上浮，很好地起到了以点带面的效果。

最终张含韵的这句“蒙牛酸酸乳，酸酸甜甜就是我”真正为蒙牛带来了极好的销售业绩。2005年6月，蒙牛酸酸乳在广州、上海、北京、成都四座城市的销量超过100万公升，是2004年同期的5倍。2005年年初，蒙牛提出2005年的销售目标是100亿元，蒙牛某高层预计，酸酸乳会贡献20亿~30亿元的销售额。8月23日，蒙牛乳业在香港发布了其2005年上半年的财务报告，公司上半年营业额由去年同期的34.73亿元上升至47.54亿元。

蒙牛的董事长牛根生对这次广告的宣传给予了充分的肯定：酸酸乳为蒙牛贡献了10亿元的销售收入，没有“超级女声”，蒙牛的酸酸乳不大可能卖出这个数字。这说明什么？蒙牛在风味奶领域的知名度还不够，需要“事件营销”推动。

事实证明，这种运用名人进行宣传，来提高产品知名度，促进广大消费者购买欲望的做法确实起到了良好的效果。

广告的作用是改变消费者脑中的印象，使其倾向于购买某个产品。广告是通过一定媒体向用户推销产品或招徕、承揽服务以达到增加了解和信任以至扩大销售目的的一种促销形式。当今世界，商业广告已十分发达，很多企业、公司、商业部门都乐于使用大量资金做广告。

广告已经成为商家促销必不可少的手段。利用有权威和名气的人来做广告，给消费者以暗示。人们已经把广告比做信息传播的使者、促销的催化剂、企业的“介绍信”、产品的“敲门砖”，能否有效地使用广告将直接关系到企业的成败。

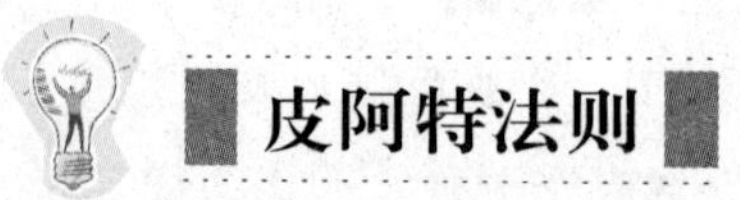

皮阿特法则

☆ 一句话说管理 ☆

能用他人的智慧去完成自己工作的人是伟大的。

追本溯源 管理学家旦思·皮阿特认为，智慧是人生最大的财富，而善于利用别人的智慧，并把握机会，使自己走向成功者，则是最聪明的人。换一句话说，作为企业的管理人士，对员工要善于用其所长，帮助员工发挥自己的所长，为企业创造更大的效益，这才是最聪明的管理者。

企业实战运用 ※ 让员工各尽其才

李嘉诚很重视发挥员工所长，让员工各尽其才。盛颂声、周千和跟随李嘉诚多年，是长江实业集团劳苦功高的元勋。他们二人，前者思维活跃，后者性子沉稳，于是李嘉诚根据他二人不同的性格与兴趣特点让盛颂声负责生产，周千和主理财务。他们兢兢业业，任劳任怨，辅助李嘉诚创业打天下。1980 年，李嘉诚提拔盛颂声为董事副总经理；1985 年，他又委任周千和为董事副总经理。

而曾由李嘉诚指定为长江实业专门人才而送往英国攻读法律的周年茂是周千和的儿子，1983 年回港进入长江实业，被李嘉诚指定为长江实业董事和专门发言人，并于 1985 年和其父一道被提拔为董事副总经理。周年茂是经营房地产的高手，特别擅长大型地产项目的发展，成为长江实业集团房地产发展的主要负责人。很多大型住宅屋村的规划，都是由他具体策划落实的，在公司上下获得好评。

长江实业参与政府土地的拍卖原来由李嘉诚一手包揽，被称为拍卖场上的“擎天一柱”。而现在的长江实业代表，则是文质彬彬、书生气十足的周年茂。周年茂在拍卖场上颇有大将风范，临阵不乱、知进知返，能较好地把握分寸，令李嘉诚大为放心，这才对其委以重任。

在李嘉诚组建的公司高层领导班子里，既有具有杰出金融头脑和非凡分析本领的财务专家，也有经营房地产的“老手”；既有生气勃勃、年轻有为的港人，也有作风严谨、善于谋断的洋人；既有公司内部的高参、助手、干将，又有企业外部的智囊、谋士、客卿。正是由这样一批出色的人才组成的工作班子和智囊团，保证了李嘉诚的事业稳健发展。李嘉诚曾感慨地说：“假如今日没有那么多人替我办事，我就算有三头六臂也没有办法应付那么多的事情。所以成就事业的最关键因素是要有人能够帮助你。”

李嘉诚在谈到自己的人才管理时曾说：“知人善任，大多数人都会有部分的长处、部分的短处，好像大象食量以斗计，蚂蚁一小勺便足够。各尽所能，各得所需，公司要以量才而用为原则。公司又像一部机器，假如主要的机件需要用五百匹马力去发动，而其中一个附件只需要半匹马力去发动，虽然半匹马力与五百匹马力相比是小很多，但也能发挥其另一个作用。就如在战场，每个战斗单位都有其作用，而主帅对每一种武器的操作未必比士兵纯熟，但最重要的是首领十分清楚每种武器及每个部队所能发挥的作用。统帅只有明白了整个局面，才能出色地统筹和指挥下属，使他们充分发挥最大的长处，以取得最好的效果。”

作为管理者，学会用下属的长处非常关键。在德鲁克管理思想体系中，最重要的贡献之一就是“用人之长”。在人的有效管理中，我们都知道，不能通过短处来取得绩效或提高生产力，唯一能做的，是将绩效和成果建立在长处之上。用人应发挥人的长处。

的确，一位卓有成效的管理者不应该四处奔忙，而是应该帮助所有的员工发挥所长，为企业创造利润。也许用能力更强的人，有的管理者会顾忌能人不好管，甚至怕能人抢了自己的风头，其实只要人选对了，还是用能力强的人轻松，且有更大的回报。用能力弱的人，虽然好控制，但会让我们走下坡路。人各有所长，亦各有所短，只要能扬长避短，天下便无不可用之人。

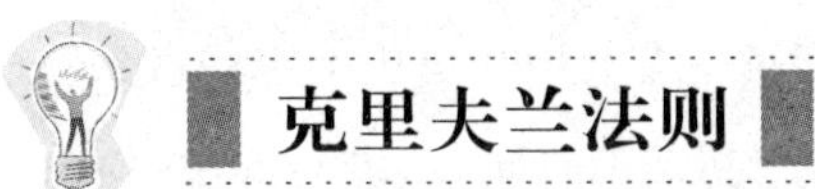

克里夫兰法则

☆ 一句话说管理 ☆

成功的领导艺术的标志是，当事成之后，被领导者均认为“事情是我们自己做的”。

追本溯源 人其实是活在成就感中的，需要不断得到成就感的滋润才能生存下去，如果隔上一段时间没有成就感，就会觉得生活没有意义。企业往往更关注员工的工作状况，因而有很多硬性或软性的指标对员工施加压力。而对员工取得的成绩，也通常是采用奖金或物质的方式鼓励，却忽视了对员工来说更重要的“精神薪资”，而“精神薪资”才是企业留住员工的关键。

美国政治学家H.克里夫兰认为，成功的领导艺术的标志是，当事成之后，被领导者均认为“事情是我们自己做的”。后来，人们将其观点称为“克里夫兰法则”。

企业实战运用　※ 成就感的重要性

两年前，A公司人心涣散，士气不足，公司死气沉沉。当家人邱老板觉得企业需要变革，他想了解一下员工们的想法。于是请了咨询机构，对上到副总裁、下到打扫卫生的阿姨，作了一份很详细的调研报告，结果令他很意外，几乎所有员工都抱怨重重。

有个员工在意见栏里写着："老板老是骂人，我们做事情一点成就感都没有，谁都有自尊，简直不能忍受。"

还有人说："老板连设计图纸都要亲自修改，看完后有冲突的地方一定要照他说的改，根本不听意见，这样还要我们这些设计师干吗？"

还有个意见让邱老板哭笑不得："我们总裁实在太能干了，我干多错多，错多骂多，拿那么高的工资心里真是很愧疚。"

邱老板为这样的调查结果感到很委屈，自己吃力不讨好，而且让员工感到自身没有存在的价值，没有成就感。难怪他们提不起精神做事。

我们经常会看到这样一种公司，告示牌贴满了各种规章制度和惩戒、罚款通告，员工的眼中暗淡无光，对一切都漠不关心，看起来大家都在干活，但生产效率低下，库存混乱，每个人看起来都很沮丧，没有人开心，随时都能听到怨恨和不满的话语。有点权力的人或多或少都在为自己多争取一些利益，普通的员工就只能怨天尤人或者冷眼旁观。这些现象是企业的严重弊病，并且很快就会演变成致命的弊端。

而与之相反的是南京依维柯第一总装厂，历史上它一直是管理难度相当大的主机厂。可是现在却发生了巨大的变化，一切井然有序，员工干劲热火朝天。其秘诀就是让普通员工有成就感。在他们厂里装配车间的参观道上，有很长一排固定的宣传标语，有些标语口号是员工自己提出来的，而且落上了员工自己的姓名。如："精品源于精益求精"是负责空调装配的张磊提的；又如："始于小事，每天进步一点点"是负责右门锁装配的尹浩提的；再如："改正昨天的错误，完成今天的工作，确保明天的发展"是总装车间班组长孙洋提出来的。凡是榜上有名的，不仅自己有成就感，同组的工友都会有成就感。

管理艺术

一个人的成就感，无外乎来自两个方面：自身的满意度和外界的肯定。而其中，外界的肯定无疑占了更重要的位置，也起了更大的作用。人在取得一些成绩时很需要周围人对他的肯定，因此员工渴望被企业认同，渴望在工作中感受到成就感，以实现真正意义上人才的增值。而这种成就感不是单纯的薪资福利就能满足的。

聪明的管理者在载誉归来的时候往往把功劳归于自己的下属，给他们一种成就感。在需要的时候他会给员工一个舞台。这个舞台能够使员工的知识用上，能力发挥出来，智慧彰显出来，员工就会有一种成就感。另外要抓住机会庆祝员工的每一次成功，不管其成绩看起来多么微不足道。因为这是一次让员工感觉良好的机会，一次让员工充满自信和自豪感的机会，一次让员工有成就感的机会。

例外原则

☆ 一句话说管理 ☆

实行例外管理，可以有效地节省管理层的时间和精力，同时提高员工的工作效率。

追本溯源 例外管理，指最高管理层将日常发生的例行工作，拟就处理意见，使之规范化（标准化、程序化），然后授权给下级管理人员处理，而自己主要去处理那些没有或者不能规范化的例外工作，并且保留监督下级人员工作的权力的一种管理制度或原则。实行这种制度，可以节省最高管理层的时间和精力，使他们能集中精力研究和解决重大问题，同时使下属部门有权处理日常工作，提高工作效率。

例外管理由管理学引入领导学，也就是指领导人应将主要精力和时间用来处理首次出现的、模糊随机的、十分重要需要立即处理的非程序化问题。而对于决策对象反复出现的，决策者已有固定的或例行的程序来处理的问题，即常例，由于在职业经理意料之中，控制范围之内，所以，职业经理往往可以把这些常例的处理办法程序化，授权下属去处理，但并非职业经理就不处理程序化决策了。因为程序化决策与非程序化决策的界限不是绝对的，程序化决策在一定条件下可能转化为非程序化决策，职业经理就需要善于分辨事件是否属于常例，或是否在意料的度之内，在此基础上采取相应措施进行决策。

企业实战运用 ※ 红蜻蜓：分权带来管理的顺畅

美国麻省理工学院的摩文教授调查发现，多数成功的领导都有一个共同之处：极力限定自己的工作范围。一个成功的领导者可以定义为：最大限度地利用其下属的能力。也就是说，权力适当地下放，会使权力重心更接近基层，更容易激发下属人员的工作热情。

红蜻蜓集团就是把分权做得很到位的企业。红蜻蜓于 1995 年 3 月建立，是一家集制鞋主业、房产置业、百货业态、教育产业、金融投资于一体的全国无区域性集团。

红蜻蜓是个不乏市场竞争力的实力型企业。“红蜻蜓”文化品牌和“绿草地”营销网络是两大核心竞争力。“红蜻蜓”商标于 1995 年注册使用。创业伊始，集团便成功实施了“品牌开路，文化兴业”战略。

在 2005 年公布的中国 500 个最具价值的品牌中，红蜻蜓集团以 8.24 亿元的品牌价值名列第 421 位。红蜻蜓商标的含金量越来越高，红蜻蜓短短几年时间就获得了“中国驰名商标”、“中国名牌”、“中国真皮鞋王”、“国家免检产品”等荣誉。

集团的企业产值 20 多亿元，拥有 2 万多名员工，形成了上海、广州、温州、永嘉

四大生产子公司，20 条生产流水线，技术装备水平处于世界先进水平，拥有 4000 多家销售终端构成的连锁专卖体系，“红蜻蜓、绿草地”营销网络遍布全国。

红蜻蜓之所以能在短短几年中获得如此好的业绩，与领导者善于分权是密不可分的。分权使下属员工发挥了积极性和创造性，共同努力建设集团，最终获得企业的成功。

红蜻蜓的董事长钱金波曾写文章说：“集团的发展大致分成三个阶段，第一个阶段是 1997 年的时候，我放下财务审批的权力，邀请与我非亲非故的当地政府物资局局长出任公司财务总监，把全部的家当都交给他来管。当时有很多人都不同意：‘钱是企业的命脉，把财权交出去，不是开玩笑吗？’但我仍然坚持这么做，因为企业小的时候，老板一支笔可以对付大小账目，但企业大了，老板一个人再去掌管财务一支笔就有些力不从心了。所以现在我放下财务一支笔让我们的财务总监管理，这样，许多事情就不会把我牵进去，我的思路就会更开阔，可以思考一些战略方面的问题了。

第二阶段是主动让出总裁位置，我感觉到企业在壮大，如何能对得起股东，对得起 5000 多名员工和 2500 多家终端客户，我的知识结构与个人能力能否适应企业壮大的需要，于是我聘请了温州市纪委副书记出任集团总裁，把企业的日常管理事务都交给了他，这样我就有 50%的时间去寻找和发现人才，哪一个人符合红蜻蜓的企业理念，我就会高薪聘请他。

第三阶段是在三四年之内，将让出目前的董事长职位，重新回到大股东的角色。这样的分权使企业的所有权与经营权相分离，战略与财务相分离而又密切配合，用人与做事相结合，各有各的职责，各有各的权力，从而完善了企业的业务流程，上下一心，为企业的发展铺下了成功的道路和储备了足够的人力资源。”

可见，对于红蜻蜓集团的发展，领导者的分权管理起到了重要的作用。一个领导的能力是有限的，最明智的领导是最大限度地利用其下属的能力。权力适当地下移，更容易激发员工的工作热情。

领导者必须学会分权，利用团体的力量才能让企业发展壮大。分权也是一门管理艺术，具体表现为：责、利、权相互联系，因此须明确工作好坏的标准；明确完成任务的时间，比如具有时限性的任务，必须明确完成时限，并列入重要的考核项目；放手让部属操作，不干涉部属权力的实施，比如，避免越级发布命令等。

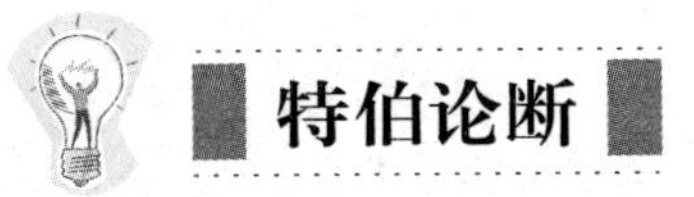

特伯论断

☆ 一句话说管理 ☆

数字是死的，情况是活的，管理要变通、灵活。

追本溯源 美国经济学家特伯认为，管理的主要秘诀之一是灵活变通。作为一位管理者，必须有足够灵活的机动性，使决策适应形势。有些领导人一开始就采用以往的经验，然后再对眼前形势加以分析，使形势服从经验，这样就不能作出一个适应形势的决策。真正的管理者没有固有的偏见，他们在作出决策之前，会慎重考虑所有的选择，遇到问题也能随机应变，保全自己的利益。

企业实战运用 ※ 一封妙趣横生的信

在生活中，有时候循规蹈矩是不能解决问题的，在特殊的时候必须用特殊的处理方式。日本古都奈良环抱在青山之间，这里既有金碧辉煌的名胜古迹，又有迎春摇曳的樱花，加之现代化的文化娱乐设施和世界一流的旅馆，使奈良每年春夏两季游人如织。

每年 4 月份以后，南方飞来的燕子飞临奈良，它们争相在旅馆的檐下筑窝栖息，繁衍后代。可是，招人喜爱的燕子有随便排泄的习惯，刚出壳的雏燕会把粪便溅在明净的玻璃窗上和整洁的走廊里。尽管服务员们不停地擦洗，但蜂拥而至的燕子总会给旅馆留下污渍。于是，房客们纷纷抱怨此事，奈良的旅馆面临着一场效益危机。这时，这家旅馆的公关小姐想出了一个解决这一难题的方法。她以燕子的名义给房客写了一封信，并广为张贴和宣传，这封信是这样写的：

女士们、先生们：

我们是刚从南方赶到这儿过春天的小燕子，没有征得您的同意，就在您的窗前安了家。我们的小宝贝年幼不懂事，我们的习惯也不好，经常弄脏您的玻璃窗和走廊，致使您很不愉快，我们为此很过意不去，请您多多原谅。

还有一件事恳求您的谅解，请您千万不要埋怨服务员小姐，她们是经常擦洗的，只是擦不胜擦，这完全是我们的过错。请您稍等一会儿，她们很快就会来擦洗。

您的朋友：小燕子

旅馆的房客们见到这封妙趣横生的信，明白了事情的原委，心里的怨气顿时消散了。这家旅馆的公关小姐很巧妙地运用了“李代桃僵”的策略，让燕子代旅馆向房客们道歉，收到了意想不到的效果，避免了一场效益危机。

管理艺术

事物在不断的变化之中，主、客观条件也是不断变换着的，只有能够随着时间、地点和机会的变化而灵活地作出不同选择的人，才能把握住成功的主线。做任何事情都要有灵活性，这条路走不通，就要走另外一条，只要能达到目标，走哪条路不一样呢？

整个世界都处于变化之中，管理更是如此，看情况而定，什么都不是一成不变的。

聪明的管理者知道"变则通，通则久"的处世哲理，而愚者却画地为牢，墨守成规，束缚住了自己的手脚。总之，任何事情的成败，都有许多主、客观因素，只有把握住最有利的条件和机会，多思多想，选择最恰当的方式，才能成功。

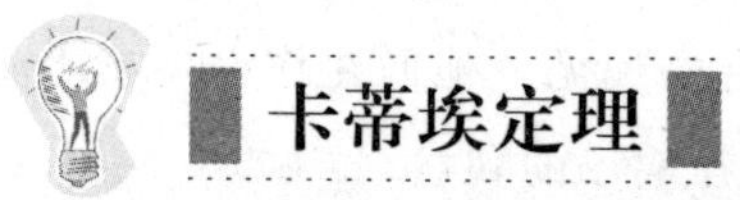

卡蒂埃定理

☆ 一句话说管理 ☆

当你只有一个念头时，你那个念头也许是最危险的念头。

追本溯源 法国哲学家埃米尔·卡蒂埃认为，一般人都喜欢用常规的思考方式，因为它有榜样力量，既能使人在思考同类或相似问题的时候省去许多摸索的步骤，少走弯路，减少时间和精力的耗损，又可以提高做事的成功率。但是，这样的思维定式往往会使人陷进一种旧的思维模式中，难以进行新的尝试，无法在学习和生活中有新的突破。因此应当敢于突破思维定式，不按常理出牌，用新的思维方法去解决学习中的实际困难，才能有更大的突破和创造性的收获。

企业实战运用 ※ 打破常规思维做事

日本有一家企业，专门生产圆珠笔芯，销路却不是很好。用户反映：往往笔芯里的"油"还剩下三分之一的时候，那笔尖上的"圆珠"就坏了。很显然，笔尖上的"圆珠"质量有问题。于是，该企业请来专家，设了课题，务求攻克这一技术难关。专家研究了很久，仍然解决不了。后来，这个难倒了许多专家的难题却被一位普通工人给解决了。解决的办法极其简单，那位工人建议把笔芯里的"油"减少一半。这样一来，等不到"圆珠"罢工，油就用完了。从此，这种笔芯成了质量最好的笔芯，每一支笔芯都能把油用得干干净净，而圆珠仍完好无损。这使用户觉得，只要还有"油"的话，这种笔芯就永远没有坏的时候。

打破常规思维做事往往能给人带来意想不到的收获，再来看这样一个事例：这一年，美国的经济衰退，大大小小的商店生意都不景气。迈奇开的是零售商店。为扭转商店的萧条局面，招揽顾客，他想出了一条妙计：他在一块胶合板上抠了大约50个洞，每一小洞的旁边分别写上10%、20%、30%、40%等数码，然后把一只只玻璃瓶放在小洞后面，并将它们放在柜台上。每当有顾客来购物时，迈奇就放出一只小老鼠，小老鼠钻入哪只玻璃瓶，就按哪个洞旁标明的百分比打折扣销售货物，如果小老鼠钻入标明40%数码的那个小洞后的玻璃瓶，当然就要折价40%卖出本店的商品。

迈奇是个聪明人，他早已洞悉了老鼠的生活习性——它们只喜欢待在有同类的地方，当小老鼠在每个小洞前踟蹰时，它们是在探寻是否有同类待在里面，迈奇早已把几粒老鼠粪便放入了标有10%、20%小洞后的玻璃瓶中，小老鼠嗅到了同类的粪便味，认为里面有同类，于是欣然而入。因此，顾客们只能买到折价10%或20%的货物。而在当时的市场上，其他商店的货物大多也折价10%或20%出售。络绎而来的顾客们并不知道这其中的奥秘，小小的老鼠着实给迈奇增加了不少的收入。

一个人如果受习惯思维的影响，得出来的判断是大同小异的。这种思维不是不对，但如果长期局限于这样思考问题，往往会抑制人创新能力的发挥。企业的发展离不开创新能力，而创新的源泉实质上就是突破自我，突破常规和思维定式。很多事情按照常规思维方法来解决的时候往往异常困难曲折，然而反过来想一想可能就很容易得到解决。所以要想成功，必须敢于突破常规的思维，逆向思考问题。

套裁效应

☆ **一句话说管理** ☆

裁制两件以上的服装时，在一块布料上作合理的安排，尽量减少废料；实施管理制度时，要学会统筹兼顾，恰当处理各种工作状况。

追本溯源 如果将“套裁效应”运用到管理中，那就是作为一名管理者考虑问题时要学会统筹兼顾，恰当处理各种矛盾。而企业旗下所属的各个单元不能各自为政，相互分割，局部要服从整体。总之，只有把握住了问题的本质，以总体目标为导向开展工作，才能获得最终的成功。

企业实战运用 ※松下幸之助：员工和经营者，是公司经营车上的两个轮子

享誉世界的松下电器在全球45个国家和地区拥有628家企业，全球职工人数约为33万人，2005年度销售额为814.36亿美元。2008年下半年，由美国次贷危机引发的金融风暴席卷全球，许多企业都面临倒闭甚至是已经倒闭，而松下集团却一举并购了三

洋，成为日本最大的电器公司。松下电器由创建之初的3人发展为现在拥有几十万名员工的跨国大公司，并与荷兰飞利浦、德国西门子并称为世界三大电器企业。松下从零起点走向辉煌是一路畅通无阻吗？不是的。每一条成功之路都充满了坎坷与艰辛，不同的是当矛盾发生的时候，作为当家人的松下幸之助能很好地调节其主次关系，使企业像一只远航的巨轮在风起云涌的竞争浪潮中稳步前行。

1922年，在松下幸之助建成最早的正规工厂里发生了一件事。那是在年末，照惯例要进行大扫除。松下幸之助在巡视时注意到，工厂有50多名工人，竟然没有一个人去打扫厕所。他察觉到工人们好像有些对立情绪，劳资关系有点紧张。

松下幸之助没有找来相关的管理人员进行训斥，而是默默地拿起扫帚自己去打扫厕所。员工发现老板在打扫厕所，也纷纷拿起工具和松下幸之助一起劳动，但是谁都没有说更多的话。松下幸之助把厕所打扫干净的同时，也把劳资关系的紧张气氛一起扫掉了。他说："打扫厕所时，我体会到，如果没有考虑到工人的想法就生气，并表现出自己的急躁情绪，给人的印象会很不好。作为工厂的主人，必须率先做出榜样。亲自打扫厕所起到了缓和紧张局面的作用，同时我也得到一个重要的启示：作为主人，不能仅仅靠权力去管理。当然，我的收获还很多，我还懂得了培养谦虚精神和耐心的重要性。而且如果在经营中以身作则，你可以得到很多意想不到的结果。"

松下幸之助经常说："员工和经营者，是公司经营车上的两个轮子。只有当两个轮子处于协调、均衡状态时，我们才能真正得以生存、发展和繁荣，厂方和员工也才能得到收益，两方面本来就是相互依存的。"松下幸之助说得很好，员工和经营者好像是设计在一块布料上的两件衣服，必须合理地处理好两者之间的布局，才能使整块布发挥出它最大的作用。

任何事物发展的不同阶段，都有一个主要矛盾。这个主要矛盾对事物发展起着决定性的作用，并规定或影响其存在与发展。次要矛盾也会影响主要矛盾的发展和解决，但其影响却受到主要矛盾发展的制约。我们一定要善于抓住重点，牵牛鼻子，集中力量解决主要矛盾，同时又要学会统筹兼顾，恰当地处理次要矛盾。办事一定要分清主次，从主要问题入手，否则将会因小失大。

管理人员要特别清醒地意识到，在企业经营中，经营管理者与企业员工同等重要，只有搞好了两者的关系才能推动企业的顺利发展。

戴伯尔法则

☆ 一句话说管理 ☆

若事事要求民主，我们就会失去使用否决权的权利。

追本溯源 该法则是由英国戴伯尔公司总裁J.戴伯尔提出的。作为英国戴伯尔公司的总裁，在实行企业管理时，他总结出了很多经验和规律，其中最著名的就是后来人们以其名字命名的“戴伯尔法则”。他认为，如果事事要求民主，就会失去使用否决权的权利。

企业实战运用 ※ 洞悉未来，大胆决策

20世纪初的美国，汽车业是一个新兴领域，许多人都很看好这一新领域。仅仅在底特律市就雨后春笋般地冒出了几十家汽车制造公司，生产各式各样的汽车。福特汽车公司也是成立于那时。

福特汽车公司成立于1903年6月16日。那天亨利·福特和11位合伙人在密歇根州递交了成立公司的申请报告。福特汽车成立后仅几个星期，便向加拿大的一位客户售出了一部A型汽车，从此开始了福特走向世界的伟大历程。

福特公司赚取了可观的利润，仅第一年的股息就分发了10万美元。股东一下子就收回了所有投资。

面对巨大的成功，福特很清醒地认识到：要想在以后的汽车行业有所发展，就必须在汽车的质量和价格上下工夫。

很明显，小小的福特公司不可能占据全部汽车市场，必须突出重点。以生产什么车为主呢？在以后的发展方向上福特与合伙人毛肯森产生了严重的分歧。

毛肯森认为，公司应该迅速放弃中低档汽车的市场而集中全力于高档汽车，因为福特公司在这一领域相对而言具有技术的优势。同时，他认为高档汽车可以为公司树立一个良好的形象，并且一旦成功，利润会十分丰厚。

但是福特想得更多的是：汽车作为一种交通工具不应成为一种奢侈品而停留在上层社会，因为汽车迟早会进入家家户户。高档车大家都想坐，但会有多少人买呢？低档车尽管单车利润很低，可如果大批量生产恐怕就会不同了。当然这很冒险，如果预测得不准，福特公司将在汽车市场上消失。

所以，福特主张生产低档车，特别是标准化地大批生产，把便宜实用的汽车卖给人们，这才是公司长期发展的战略。

毛肯森仍然不同意。

公司分成了两派，谁都坚持自己的原则。只好让股东投票，结果福特以七比五获胜。

毛肯森虽然不再说什么但是心里还是不服气。

福特开始研究低档车，他要制造一款大众的汽车，这种车必须便宜，以使每个家庭都能够买得起。为了让家家户户都用得上这种车，他的车必须简单、轻便、耐用、容易修理。尽管在技术上难度不高，但着实让福特费了一番脑筋。

为了能够达到目的，福特不得不在设计时更多地考虑经济因素。他经过了许多次的设计，又一次次地进行修改。突然，他想通了，必须使汽车构造简单化，只有简单，汽车才可能轻便，才会容易修理，一旦哪部分有问题，换个标准零件就可以了。而且，简单的设计更易于大批量生产。

毛肯森始终不同意福特的设计，他设计出了一款装空调的豪华车准备投入生产。为此，两人又起了争执。最后，毛肯森急了，他决定卖掉他在福特公司的股票另找出路。随着毛肯森离开福特公司的还有四位股东，福特正好买下了他们的股票，一下子对公司有了绝对的支配权。

经过几次修改，终于，福特新的设计定型了。它被命名为福特牌T型汽车。控制了公司的管理权，福特决定福特公司今后只生产一种汽车——福特牌T型汽车。

T型车的生产也步入了正轨。福特大举投资了底特律高地公园近400亩土地建工厂，要把高地公园变成世界最大的汽车制造公司。1908年10月，新的工厂还未竣工，福特已经迫不及待地生产出了第一辆T型车。

社会对T型车的需求量极大，很快福特汽车公司的新工厂就开始连夜生产，这样仍然供不应求。后来T型车成为汽车历史上最著名的车型，几乎成为了汽车的代名词。

在其发展的顶峰时期，世界汽车市场的68%都属于福特牌T型车。随着产量的增加，价格却在不断下降，无数美国人都拥有了自己的汽车。

只要你的提议和决策是对的，只要真理在握，就应坚决地贯彻下去。很多企业都在追求高效益，其实要想企业有高效益，就要根据市场的发展动向，预测未来事物的发展，管理者要在必要时大胆地作出决策，这样才可能切合市场发展的需要，达到决胜于千里之外的目的。

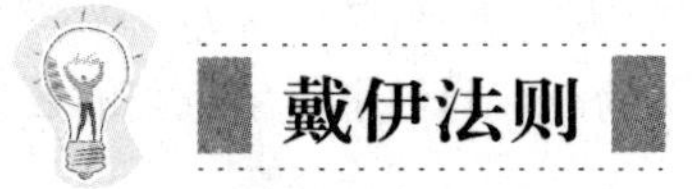

戴伊法则

☆ 一句话说管理 ☆

正确的决策来自众人的智慧。

追本溯源 美国社会学家T.戴伊认为，当企业规模小、影响决策的因素少时，领导者可以仅凭直觉经验指导行动。但在企业规模大、因素复杂的情况下，单凭经验和直觉便远远不够。企业在制定战略性决策时，如果让所有员工都参与思考，对决策层的直觉判断会起到至关重要的辅助作用——这就是说，要在适时的情况下让员工参与到管理中来。

后来，人们就将其称为“戴伊法则”。

企业实战运用 ※ 通用的管理

通用汽车公司是一个在国内外享有盛名的大公司。在员工管理上，通用汽车公司曾经吃过不少苦头，但从20世纪50年代以后，通用汽车公司高层管理人员认识到正确处理劳资关系的重要性后，公司总部及各子公司都相继采取了各种措施激励员工，其中最为有效的一项措施就是鼓励员工全方位参与企业管理。有好多公司纷纷模仿通用公司让员工参与管理的管理方式，精密铸模公司就是其中之一。

精密铸模公司实施员工全方位参与企业管理后，效果引人注目。该公司过去的许多管理制度都是在权威式的管理思想指导下制定的，员工没有提出意见的机会，即使有时员工提出了意见，也得不到管理者应有的重视。这样的结果，使得员工的流动率很高，正式或非正式的罢工事件时有发生，缺勤率高达7%，产品退货率为3.9%，公司一度处于破产边缘。

在这种形势下，精密铸模公司接受了通用汽车公司总部的建议，设法改革原有的管理制度。经过反复讨论和论证，公司在“通过员工参与管理来改进工作”的思想的指导下，建立了新的管理制度。首先让员工了解公司的政策，增加员工主动参与管理的机会，另外，通过内部提拔人才稳定人心，通过建立有效的奖励制度对员工所做出的成绩给予奖励，或者用通信制度搭起沟通的桥梁，并且设立了每月一次的“员工参与管理会议”，甚至还健全了“抱怨”登记制度。

采取了上述措施后，精密铸模公司的状况发生了重大变化，首先精简了过多的劳动力和管理人员，公司直接参与生产的员工减少了19%，间接参与生产的员工减少了39%，高级管理人员减少了40%；而全公司产量却增加了近40%；从1975年以来，从未发生罢工事件，员工申诉案件仅为以前的10%；缺勤率由7%降为3%；产品退货率由3.9%降为1.5%。某知名公司看到精密铸模公司的改革起到了立竿见影的效果，非常重视，曾专门派人前去总结经验，并在数十家子公司推广，获得良好效果。

企业就像一所大房子，房子越大，门窗越多，需要决策的问题也越多，再高明的管理者，也不能单靠自己的智慧就能制订出一整套干大事业的行动方针，他必须集中众人的智慧，遍采众人之长方可成事。在这个时候，就要集思广益，取精华弃糟粕，只有这样，才能使决策取得更好的效果，才能更好地找到企业的方向和目标。除此之外，让员工广泛参与管理，研究和讨论企业中的重大问题，员工会感受到上级管理者的信任，从而大大提高工作热情。更重要的是他们会由此体会到自己的利益与企业发展密切相关，从而产生强烈的责任感，也会因为能够参与商讨与自己有关的问题而受到激励。反言之，如果所有的想法都来自CEO，CEO告诉每一个人如何做每一件事的话，这样的企业就很难长远发展。

托宾法则

☆ **一句话说管理** ☆

不要把所有的鸡蛋放在同一个篮子里。

追本溯源 美国经济学家托宾认为，日新月异的科技发展形势使企业的管理者不可能做到面面俱到，企业各个层面的具体工作自然不能由一个人全部承担。换句话说，最优秀的领导者不会把所有的权力集于一身，大包大揽，事必躬亲，而是把人员合理地进行统筹安排，把权力分散下放。

后来，人们将这种观念称为“托宾法则”。

企业实战运用 ※ 松下的分权管理

1918年松下幸之助在大阪创立松下电器公司，刚创业时规模较小，只做电灯灯座。到1933年，松下电器出现超常规的发展势头，员工已增加到1400多人，这在制造业中已算中等企业，在电器界更可以说是屈指可数的大企业。

松下幸之助何等聪明，他知道任何企业在规模较小时，管理者能单枪匹马、有效地驾驭整个企业的大小事务。然而，随着企业的扩大、员工的增多，管理者就会逐步感到力不从心，慢慢地就会造成企业整体或局部处于失控状态。

对于这个问题，松下幸之助是深有体会的。虽然松下电器的经营状况相对良好，但

也出现过短期的局部失控现象。虽然及时扭转了局面，但给松下的教训是极为深刻的。

松下幸之助曾把工厂的日常管理交给得力的人去负责，因工厂尚未相对独立，管理者仍不敢大胆行使权力，事事还得向松下汇报，请松下幸之助裁定决策。在这种责任、权限划分不明的情况下，出现问题在所难免。但松下幸之助没有原谅自己，而是自咎反省，寻找新的途径：一定得下放权力，一定得相对独立。虽然各工厂都勤勉尽力，但实际效果却有好坏之分。各工厂的待遇都是一样的，这是不公平的。长此以往，必然会滋生懒惰、保守、不思进取的陋习。

第二年，松下幸之助采取惊人之举，大刀阔斧推行“事业部管理制度”，将企业分成若干事业部。这样一来，每一个事业部就像一个小型企业，在生产、销售、财务、研究开发等方面都相对独立，拥有一定的自主权。部长负有该部门盈亏的全部责任，对各部的检验以盈亏为第一标准。

松下幸之助认为“事业部管理制度”实际上是一种“分权管理”的方式，部长对客户负责，各厂长对部长负责，员工对厂长负责。从表面形式看，每一事业部都是独立的经济实体，合起来又成为一个大企业，相互之间又是固定的子公司与母公司的关系。

松下幸之助曾说过这样一句话：“10 个人的时候，你走在最前面；100 个人的时候，你走在中间；1000 个人的时候，你走在后面；10000 个人的时候，你就只能祈祷上帝的帮助了。”为此他总结了 70%的原则授权，即放 70%，管 30%。

管理艺术

由于企业不断发展的需要，管理者已经不可能事必躬亲，而且员工的责任和权力之间的关系也应随着事业的发展重新进行定位。大胆给部下以权力与责任，不仅使部下工作进度快、效率高，而且上边的方针能很快传达到最下边，既有利于明确权力责任的范围，又能够激发员工的积极性，从而使企业的整体与局部紧密相连，更好地促进公司的发展。

列文定理

☆ 一句话说管理 ☆

那些犹豫着迟迟不能做出计划的人，通常是对自己的能力没有把握。

追本溯源 法国管理学家 P.列文认为，企业经营需要为自己以后的发展打好基础，培养人才，给未来投资，也就是要有长远之计。

企业实战运用 ※ 格兰仕：看得远才会走得远

如今，格兰仕牌子的电器已经家喻户晓，现在格兰仕正在致力于推动微波炉、空调、小家电及相关配套产业的全球化发展。

格兰仕集团创建于1978年，它的前身是一家羽绒服企业，1992年，带着让微波炉闯进中国家电行业的梦想，格兰仕大举进攻家电行业。

1992年，梁庆德组建格兰仕电器有限公司，与日本东芝签订了5年技术合作协议，并投资400万美元引进当时最先进的微波炉自动生产线。两个月后，第一台格兰仕微波炉下线。梁庆德和俞尧昌是"世界工厂"的实践者，别具一格的OEM（贴牌）模式使格兰仕成为世界最大的微波炉制造商，占有全球市场份额的35%。2002年，格兰仕把主战场放在了海外，微波炉的外销比例达到了总产量的85%以上。目前格兰仕微波炉在保持欧洲市场45%的占有率的同时，以30%以上的增幅稳步递增。2002年，格兰仕对新兴市场的扩张更猛，用一年时间在美国市场进入冲锋状态，销量是上年同期的10倍，已占有25%的市场份额。在过去的十多年里，格兰仕微波炉从零开始，迅猛发展。

2005年，"全球最大专业化空调研制基地"落户格兰仕，这个占地3000亩的超大规模空调研制基地集中开发生产光波空调，同时具备全球领先的空调核心配套能力。格兰仕计划将空调年产销规模扩大到1500万台，创造了微波炉之后的又一个"世界冠军"。

格兰仕之所以能够从一家不起眼的羽绒服企业发展到今天如此大的规模，其最主要的原因就是企业的领导者能够把眼光放得长远。

从企业的角度来讲，企业的思路决定企业的出路。一个企业能有多大成就，在很大程度上要看这个企业心中有多大的格局，眼光能放多长远。时代在发展，企业的经营理念也必须相应地跟着发展，固守旧的思想既跟不上时代的步伐，又会拖累企业的进步。所以，不断地解放思想、更新理念是必须且必要的。

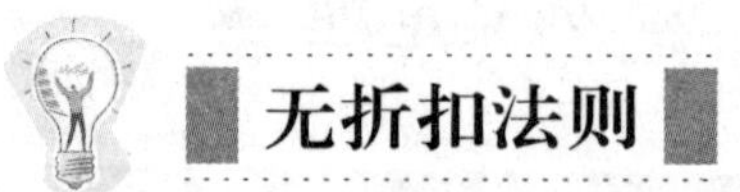

无折扣法则

☆ 一句话说管理 ☆

命令不是廉价的处理品，只要是命令就应该让执行者触目惊心，认真对待，不得夭折。

追本溯源 英国剑桥大学经济学教授理查兹·肯特认为，命令是使企业上下一

致，同心协力的规范措施，理当重视，不可视为平常；否则你就是把玩命令，易失去管理者的权威。命令就是权威，权威服务于管理。

企业实战运用　※ 7–11 公司的管理制度

一个公司的效益如何，与它的管理制度有着直接的关系。7–11 公司有着独特的管理制度，它对员工的行为进行规范化管理，而且形成了制度化、书面化的流程。对于每一位员工的活动，7–11 公司都制订了每天的工作计划表。通过这个表，员工可以很清楚地知道这一天都应该做完哪些事情，甚至在这个表中还有空闲时应做什么其他的事情，而且在 7–11 内部贴有“下班后到车周围看看”“把东西放回原来的地方”“空闲时不要窃窃私语”等各种指示。

在 7–11 的工作计划表中，横轴是以小时为单位划分的 24 小时时段，纵轴填写的是各员工的名字。每个员工的工作计划用直方图的形式在表中表现出来。直方图的起点和终点分别表示工作的起始时间和结束时间，工作的内容填写在直方图的中央。其中，工作项目有清扫订货、检验商品、商品上架、检查商品鲜度、布置商品陈列、检查温度、报纸杂志退货（在 7–11 的进货体制中，只有报纸和杂志是可以退货的）、补充消耗品、货币兑换、写销售日报等。

在这种指导思想下，7–11 不仅通过工作计划表来规范员工的行为，而且还非常重视事后的检查与评估。为此，7–11 制订了工作检查表，表中列出了所有的作业项目，每个人对照各项目的要求来检查自己的执行情况。这种检查一般以每半个月、一个月、两个月、三个月为单位进行。公司根据各项工作的执行情况，再制订出下一个时间单位的工作计划或具体指导方案。

在对员工的行为规范中，还有一项流程规范，即结算时的待客行为。结算时的待客行为也有一个检查表，该检查表中规定：顾客结算时，必须高喊“欢迎您”；面对顾客时，同事之间不能窃窃私语；面对认识的顾客不能随意聊天；要清楚地告诉顾客每件商品的名称、价格，同时结账；确认顾客预交款，在未完全算完账前，不能把预交款放进收款机；在顾客购买盒饭或食品时，要问一句“需要加热吗”；必须给顾客收条；顾客等待时，一定要说“让您久等了”；只有一个人结账，而有很多顾客等待结账时，要向同事高喊“请给顾客结账”；当很多顾客在另一处等待结账时，要说“请到这边结账”；加热后的商品必须手持交给顾客，以保证商品是温的。

对顾客的寒暄用语也是员工行为规范的重要内容。7–11 规定员工的寒暄用语一般有五种标准形式，除了“欢迎您”和“非常感谢”外，还有“是，知道了”“请稍等一会儿”“非常抱歉”三句。

用如此详细的工作规范来约束员工，其根本的原因在于：公司认为作为一名员工，绝不能仅仅从事单一的商品售卖活动，而需要担任各种店铺管理活动。这就如同一个人，如果只有头、手或身体的某一部位在经常运动，而其他部位不活动，那么他就不是一个健全的人 。

管理艺术

19世纪英国著名的政治家迪斯累里在总结控制人行为的思想时得出结论：“人是被话语统治着的。”你可以用话语为你的思想和感情服务，也可以用你的方式去指挥别人按照你的意志行事并为你的目的服务，你也可以下达被认真贯彻执行的命令。无折扣法则告诉我们：管理者要有一定的权威，制度一旦制定了就要有效地执行。

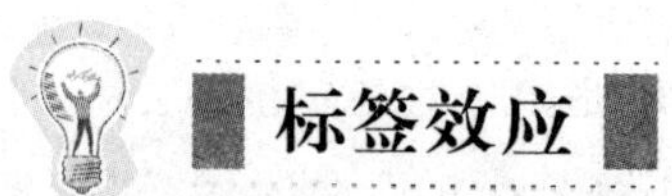

标签效应

☆ 一句话说管理 ☆

当一个人被一种词语名称贴上标签时，他就会进行自我印象管理，使自己的行为与所贴的标签内容相一致。

追本溯源 心理学认为，之所以会出现“标签效应”，主要是因为“标签”具有定性导向的作用，无论是“好”是“坏”，它对一个人个性意识的自我认同都有强烈的影响。给一个人“贴标签”的结果，往往是使其向“标签”所指示的方向发展。

美国心理学家贝科尔总结出了上面的定理，并将其称为“标签效应”。

企业实战运用 ※ 给每一位员工同等成长的机会

平时，我们总能听家长们这样说：谁家的孩子不是好孩子，谁家的孩子是坏孩子。西武集团内一位资深的董事曾经对堤义明说 ：“我有两个儿子，可以说是一好一坏。堤兄，我打算把那个学习成绩好的儿子送去一家大公司闯天下，而那个三流大学毕业出来的，只好交给你去改造啦!”

堤义明很爽快地答应了。他让那个被董事称作“坏孩子”的人经过西武集团的聘用考试，被分配到一个小部门去，从普通的小职员开始做起。对此，那位董事并没有任何怨言，在他的眼里，那个儿子是个不成事的人。

然而，这个“坏孩子”做事很认真，很有上进心，他积极地参加公司内部的在职训练。过了几年，他竟然坐到了部门主管的位置，成为了让人敬佩的人物。这是那位董事万万没有想到的，而他眼中的“好孩子”还在一家大企业默默无闻呢。

堤义明在用人方面，有他自己独特的见解，他不重视学历。他曾经多次说："学历是一个人受教育的时间证明，并不能证明一个人有实际的才干。"他给每一位员工同等成长的机会，正是他的这种用人之道，成就了西武集团的辉煌。

作为管理者，不要给员工贴上"好"与"坏"的标签，现实中，负面标签会让一些人消极对待工作和生活。

作为一名管理者千万不要忽略了这一点：使用"标签效应"要方法得当。如果给一个成绩平平的员工贴上正面的、积极的标签，那么被贴标签的人会因为受到了这种肯定和鼓励而变得优秀；如果给一个人贴上负面的标签，他很可能会由于觉得不公平而产生逆反心理，好比一个孩子老被家长说成笨孩子，他肯定会对自己的能力产生怀疑，进而对自己失去信心甚至堕落。因此，"标签"要慎贴。

一句话可以成就一个人，也可以毁灭一个人，这句话就是"标签"。我们每个人都曾有过失败和挫折的经历，也更有可能听到过周围人对自己的负面评论，这些经历和评论会对我们的自信心产生不同程度的影响。几次失败后，有的人就给自己贴上了消极的标签，认为自己确实是"标签"上所定位的样子。

磁力法则

☆ 一句话说管理 ☆

无论你的手段多么巧妙，高压终会招致他人的抵制和报复。

追本溯源 "磁力法则"的提出者是美国哈佛大学管理学教授科特。科特认为权威的基础是能力而不是畏惧。如果在你召见下属的时候，对方抓耳挠腮，扭捏不安，就说明了你还有做得不够的地方，你肯定还有什么地方没有替下属想到，要不就是你给他带来了压力。要想成为一名服众的领导者，学会弹性运用磁力法则是非常必要的。

企业实战运用 ※ 牛根生礼贤下士

1999年，牛根生离开伊利集团决定创建"蒙牛"，当时的注册资金仅有100万元，可是竟有400多人离开伊利来投奔他，不管是部门经理还是普通销售员，有和他熟识的老同事，也有没和他打过交道的人。而且他们的亲戚、朋友、所有业务关系也都开始把钱投给蒙牛，公司注册5个月后，就募集资金1398万元。一边是中国乳业第一品牌，一边是刚刚起步的名不见经传的小公司，这些人究竟为什么放弃现有的良好待遇，去一个刚刚起步还不知生死的小厂工作呢？

这和牛根生在伊利16年来的为人处世有着必然的联系。身为公司副总裁，他从不以职高权大压人，反而处处谦虚谨慎，礼贤下士，为员工着想。

当牛根生在伊利掌管的冰淇淋销售额过亿的时候，企业曾拿出18万元要给牛根生买一辆桑塔纳汽车。这笔钱虽然是他自己努力的报酬，但他首先想到的是员工上下班的交通困难，就用这笔钱给员工买了一辆旧东风大客车、一辆华西中客车、一辆天津面包车和一辆大发小货车。

1990年，伊利年轻的员工杨文俊刚刚结婚，没有房子，生活上有许多不便，妻子的幽怨使他也为此愁眉不展。思来想去他计划凑出4000元购买住房，可是想着容易做着难，对于这个当时月工资只有40元的普通员工来说，4000元相当于他不吃不喝10年的工资，这对他来说简直是一个天文数字。就在杨文俊为此犯愁的时候，牛根生给他送来了2000元钱。“要知道，牛总自己当时也没有多少积蓄，这2000元钱是他一大家子省吃俭用省出来的！更何况，以我当时40元的月收入，他简直看不到我在短期内还钱的可能性。”杨文俊说，“牛总的这2000元钱无疑是雪中送炭，把一个领导者的责任深深铭刻在了自己的心底。”“我们虽然身为企业的领导，但和普通工人一样，也是劳动者。劳动者就应该互相帮助。”正是牛根生的言行深深影响了他，让他更加深刻地理解了财散人聚的厚重，让他明白了作为一位领导应如何更好地运用磁力法则。

传说在古埃及，国王和法老特别推崇磁石和黄金，因为它们一个代表力量，一个代表财富，而磁石的作用似乎还要更大一些，因为法老们相信，有了磁石的帮助，自己手里的权力才能如日中天。它能把人们的目光、财富、物品全都吸引到自己的宝库中来，甚至可以影响人们在生活和事业上的一切成败。这就是后来形成的磁力法则。在这方面，蒙牛的老总牛根生运用得最为得心应手。

当一个人以他独特的魅力吸引朋友、亲人，乃至客户、陌生人时，他能把他们吸引到自己身边就是一种成功，所使用的方法当然是让自己与对方的思维相连了。作为一名管理者，心理管理的作用不可轻视，应当切实关心下属的内心世界和合理需要，挖掘员工的潜能，使其为企业多做贡献。最大的付出赢得最多的回报。如果能在心理上赢得下属，本身就是最大的收效。

成事定理

☆　一句话说管理　☆

管理的目的就是要做好工作，也就是把事做成。

追本溯源 英国BL有限公司前总裁M.爱德华认为，管理的目的就是要做好工作，也就是把事做成。把工作做到了位，也就是把事做成了。被管理者在什么情况下才能把工作做到位、做好，这就是管理学第三定理——管理成事定理必须解答的问题。

要通过他人做好工作，但不为他全面创造出能力素质、意志意愿、热情耐心、资源支持、评价标准、程序方法六个条件，是难以达成目的的。

管理“成事定理”又可称为“执行力定理”。一个组织，为什么没有执行力？就是因为应该由组织成员做到位、做好的工作，没有做到位、做好。一个组织执行力的高低，取决于这个组织的成员是否能把工作做到位、做好。

企业实战运用 ※ 康塞汀的管理法则

管理的目的就是为了把工作做得更好，弗兰克·康塞汀是美国国家罐头食品有限公司的总裁，他领导的这家公司是世界上的第三大罐头食品公司。

康塞汀有着怎样的管理秘诀呢？康塞汀在管理上以人为本，他做到了管理的目的，即做好工作。他对管理人员说：“管理人员的工作就是把员工们放在合适的岗位上。如果你把合适的人安排在合适的岗位，他们就会得到心理上的满足，这种满足是他们在他们所不能胜任的更高一点的职位上也得不到的。”

有的管理人员说：“我们的工作太忙了，没有太多的时间考虑他们的想法。”

“错了，我们对员工的关注花费并不大，而利益却在员工的忠诚和高度信心下自然而然地增长，你们的任务之一就是把人性的优点运用到同员工打交道的日常事务中去。”

康塞汀曾这样说：“如果你使员工对他们的工作有自豪感，这比给他们报酬要好得多。我要使我的下级有这样一个信念，就是为他们所做的工作感到自豪，即便这项工作是擦地板。”

在康塞汀公司上班的每一位员工都很快乐，因为他们在这里能够感觉到家的气息，这里有野餐，工作中洋溢着抒情的音乐。位于亚利桑那州的菲尼克斯的工厂因成绩卓著，公司就搭起了一个露天马戏场让员工们工作之余开心快乐。

在马戏场建起的那一天，94名工人的日产量达到了100万个罐头的目标。那一天，马戏场成了欢乐的大本营。3年以后，工人们将日产量提高到了差不多200万个罐头。

此外，公司还制订了心脏保健计划，有600多名受过训练的员工将负责心脏病紧急救护。他们已经成功地挽救了两位工友的宝贵生命。

这家公司从来不担心招聘不到好员工。当他们在俄克拉何马州的分厂提供100个工作职位时，在招聘广告发布后，竟然收到了2000份申请。

康塞汀在管理中善于跟职员沟通，利用“亲和的需要”满足员工的愿望。企业不仅仅是属于管理者的，也是属于每一位员工的。让员工感到自豪，哪怕只是擦地板的员工。这样的管理方法，无疑满足了员工与管理人员合作的愿望，企业的生产力也得到了加强。

管理艺术

沟通能拉近员工的心理距离。员工在什么情况下才能把工作做到位？这就需要管理者给员工们提供合适的工作岗位，还要满足员工的精神需求。归根结底就是要管理者花费一些精力去了解员工。

另外，管理者在企业团队中起表率作用，因此管理者就要保证说出的每一句话都是诚实、真挚的，只有这样才能赢得下属的信任和爱戴，使沟通成为可能。而与员工进行沟通正是管理团队的领导们的一项基本工作，具有良好的沟通能力，才能上下沟通顺畅，形成高效的团队战斗力。

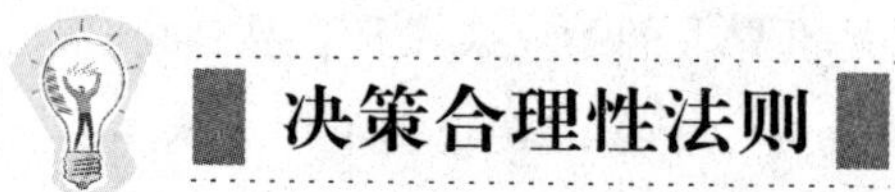

决策合理性法则

☆　一句话说管理　☆

在能评价行动结果的一定的价值体系下，选择恰当的代替行为。

追本溯源　美国管理学家H.西蒙认为，决策决定的是“应该怎么做”，而决定决策的则是“为什么这么做”。

决策的合理性，就是在能评价行动结果的一定的价值体系下，选择恰当的代替行为。通俗地说就是做一个决策前要有一个长远的预见，选择一个适合的方式做现在的工作，对现在以及未来有个良好的促进作用。一个不好的决策对下一步的发展是有很大阻碍的，甚至会影响全局的发展。

事物的每一步发展都有其因果关系，上一步做得如何直接影响到下一步，所以做事情以前一定要对未来的结果考虑好。事物的发展是环环相扣的，每一步的发展都有着必然的联系，未来的结果也就是所说的“为什么这么做”。

企业实战运用　※ 欧洲迪斯尼乐园为何失策

沃尔特·迪斯尼公司与欧洲的情结渊源已久，迪斯尼的早期故事大多源自欧洲的民间传说。在法国建造迪斯尼主题乐园的想法最早诞生于1976年，可是直到1982年，在法国政府高层官员陪同迪斯尼公司要员去法国北部和东部进行选址考察后，才被人知道。不久，东京的迪斯尼乐园开放，立即取得了巨大成功，参观人数前所未有。于是，建造一个新的欧洲迪斯尼乐园，成了让迪斯尼公司的首席执行官迈克尔·埃斯纳尔

(Michael Eisner) 的传奇再一次得以延续的加油站，他批准了对欧洲迪斯尼乐园的选址展开调查的方案。公司先后考虑了 200 个迪斯尼乐园选址方案，很快将范围缩小到西班牙和法国。法国由于地处欧洲中心，与其他大多数欧洲国家都有四通八达的交通体系，更重要的是让人垂涎欲滴的利润。另外，法国还提供了极其优厚的投资条件。他们认为，这些积极的因素足以抵消法国的恶劣气候和刁钻的民族个性所带来的负面影响。使这笔交易更为诱人的是，法国当局以 20 世纪 70 年代的价格向迪斯尼公司出售了 4800 英亩的土地。迪斯尼公司相信，凭着低廉的地价和财产税，公司将会取得丰厚的利润。

但是，在修建公园并把公园建在巴黎附近这一决策上，迪斯尼公司对产生的后果显然估计不足。结果，欧洲迪斯尼乐园的利润远远低于预期水平。公园的游客数量并没有实现预计的 1100 万人次，只是在大幅降低门票价格之后才勉强达到这个数字。饭店入住率只有 37%，与预期的 76%相差甚远。到 1994 年，公园营业的亏损额已经高达 4 亿美元。时至今日，欧洲迪斯尼乐园还在连年亏损。

迪斯尼公司在选址决策上犯了什么错误呢？欧洲迪斯尼乐园距巴黎只有不到 70 英里，而巴黎却是世界上最著名的旅游胜地之一，这样一来迪斯尼乐园就成了人们巴黎游的其中一站而已。只有很少的游客需要或者愿意在迪斯尼公园停留过夜。与美国相比，法国的公共交通更为便利，因此游客很自然地选择在公园进行一日游，省去一笔昂贵的酒店住宿费用。这个迪斯尼乐园并没有给欧洲游客带来全新的体验，而是重复了过去的一贯风格，其中很多文化理念已经广受质疑。迪斯尼公司的决策层确实降低了投资风险，但是他们却没有能够在公园风格上适应欧洲文化，因而没能创造出足够的收益来收回成本。早在过去的记者招待会上就有人明确指出过这一危险，但是选址法国的支持者没有给予充分的注意，而是使用了并不准确的预计来证明计划的合理性。对公园和酒店游客量的估计过分乐观，掩盖了计划潜藏的危险。这一选址计划的目标是什么？是赚钱还是进军欧洲？由于缺乏明确的方向，公司制定决策时在关键问题上失去了核心原则，因而犯下错误。

决策合理性既是认识合理性运行的终点，又是实践合理性的起点。一个好的决策需要对未来有足够的预见，以便采取更好的方式，达到预期的目的。决策的合理与否直接影响到长远利益的发展，合理的决策必将对事情起到良好的促进作用，达到事半功倍的效果。

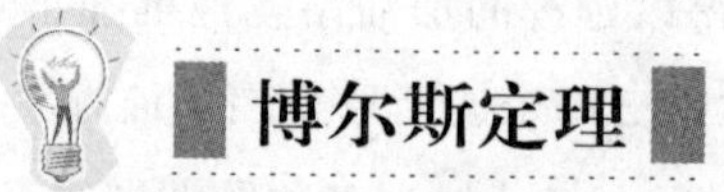

博尔斯定理

☆ 一句话说管理 ☆

决心源于有眼力，能够预见未来，才能决胜千里。

追本溯源 定理由美国就业指导专家L.N.博尔斯提出。他认为，决心来源于有眼力，能够预见未来，才能决胜千里。要有眼光，先开眼界；欲具胆略，先练胆识。

企业实战运用 ※ 独具慧眼的冯军

冯军是中关村最早的一批“个体户”之一，1993年创立华旗资讯数码科技公司，1997年，创建品牌“爱国者”。1999年，在美国数码展会上，冯军第一次见到一种利用电脑USB接口、即插即用、容量可达20G~60G的小型硬盘，不仅携带方便，而且可以成为不同电脑之间交换海量信息的便捷途径。

独具慧眼的冯军在那一刻意识到了移动存储所蕴涵的巨大发展机遇。当时国内国外许多大公司都觉得这是个小市场，不愿意投入，而华旗当时的资金还不到2000万元，却投入了几百万元进行研发。

1999年到2002年，中国互联网事业蓬勃发展，无论是个人还是单位对移动存储的需求都陡然攀升。“爱国者”移动存储产品在军队、银行、证券、金融等政府和国家事业单位迅速获得稳定的大客户群，在电子消费领域更是攻城掠地，如入无人之境。

到2002年，移动存储产品获得了飞速的发展。爱国者在闪存盘市场取得了超过30%、移动硬盘市场超过40%的占有率，将索尼、三星、LG等国际品牌远远抛在身后，稳稳坐上了国内移动存储市场的头把交椅。现在华旗旗下爱国者移动存储产品市场销量已经连续9年遥遥领先，并带动中国移动存储行业迅猛发展，成为中国第一个大规模领先国际市场的IT产品领域。在冯军的带领下，华旗资讯营业额连续10年每年保持60%的稳定增长。目前，爱国者移动存储产品、MP3、显示器稳居国内市场前三位。

移动硬盘的成功，给华旗积累了相当可观的资金。但冯军并没在利润前止步，在此基础上，华旗移动存储先后推出了移动存储加密王、移动存储王（绝密版）等产品，产品也做到了多个行业第一。

例如，移动存储王（绝密版）是国内唯一采用TTDS TM硬件保护技术的高等数据安全性移动硬盘产品，非授权用户无法格式化，防止人为破坏；采用智能CPU卡、SAM卡双重身份认证。该产品通过了军用信息安全认证、国家保密局科技成果鉴定、国家信息安全产品认证、公安部销售许可证、公安部信息安全产品检验，是一款专用绝密数据

存储打造的移动存储产品。

在2007年的新产品发布会上，冯军说：“2004年，爱国者MP3的市场占有率是第二名韩国品牌三星的两倍，第一名日本品牌索尼的十倍，成为数码领域首个领先于众多国际对手的民族品牌……我们认为中国品牌国际化成功必须具备两个要素，一个是‘高质优价’，一个是建立在13亿人口基础上的‘稳固的民族根据地’。华旗经过10年的发展，依靠高质优价，在国内建立了稳固的根据地之后，也同样开始了国际化之路……”

冯军自豪地说：“移动存储中国至今走在世界前端，这是我们华旗爱国者第一次提出来的。”

冯军自创建华旗以来，始终坚持以“六赢”理念为准则，即确保“大众、代理、员工、公司、供方、社会”参与合作的六方，共同获得合理利益的满足和发展的机会，使公司能够坚实、稳定地发展。经过十几年的努力，华旗依靠“六赢”理念，在多个领域已经逐渐超越了日韩等国外品牌。

一个企业家能否有大的成就，核心在于眼光与胸怀，牛根生曾说：“企业家有三点最重要：眼光、胆量和组织能力。”冯军做到了这三点，所以他成就了“爱国者”今天的辉煌。企业家要有独特的眼光和胆识，企业能走多远，就看领导者的眼光有多远。

要知道，企业的目标只有一个，那就是发展。要让企业发展，可以采用的方法和手段有很多种，但前提是企业管理者具备超凡的预见能力，再加上不断追求创新和变革的包容力，才能使企业员工对工作充满热情，从而积极、主动地完成工作，最终提高整个团队的工作效率，使企业在管理者雄心壮志的领导下大踏步走向发展壮大之路。

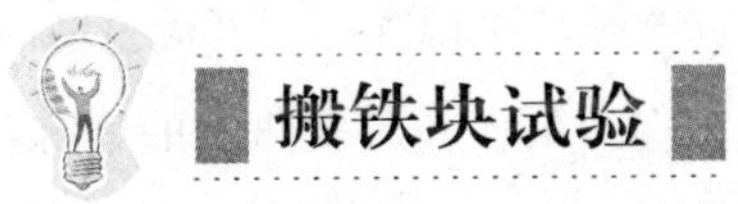

搬铁块试验

☆　一句话说管理　☆

科学管理可以激发人的工作热情，提高劳动生产率，创造更高的劳动价值，为一个企业创造出更大的利润。

追本溯源　泰勒的理论和实践，是管理工作的一场革命，使企业管理从单凭经验走向科学化的道路。他所推行的一套制度和方法被称为“泰勒制”，泰勒本人也被奉为“科学管理之父”。搬铁块试验为他的科学管理思想奠定了坚实的基础，使管理成为了一门真正的科学，这对以后管理学理论的成熟和发展起到了非常大的推动作用。

1898年，弗雷德里克·温斯洛·泰勒从伯利恒钢铁厂开始他的试验。这个工厂的原材料是由一组记日工搬运的，工人每天挣115美元，这在当时是标准工资，每天搬运的铁块重量有12~13吨，对工人的奖励和惩罚的方法就是找工人谈话或者开除，有时也可以选拔一些较好的工人到车间里做等级工，并且可得到略高的工资。后来泰勒观察研究了75名工人，从中挑出了4个，又对这4个人进行了研究，调查了他们的背景习惯和抱负，最后挑了一个叫施密特的人，这个人非常爱财并且很小气。泰勒要求这个人按照新的要求工作，每天给他185美元的报酬。通过仔细的研究，使其转换各种工作因素来观察它们对生产效率的影响。例如，有时工人弯腰搬运，有时他们又直腰搬运，后来他又观察了行走的速度，持握的位置和其他的变量。通过长时间的观察试验，并把劳动时间和休息时间很好地搭配起来，工人每天的工作量可以提高到47吨，同时并不会感到太疲劳。他也采用了计件工资制，工人每天搬运量达到47吨后，工资也升到185美元。这样施密特开始工作后，第一天很早就搬完了47.5吨，拿到了185美元的工资。于是其他工人也渐渐按照这种方法来搬运了，劳动生产率提高了很多。

企业实战运用　　※ 专业人员，放手去做

美国达纳公司主要生产螺旋桨叶片和齿轮箱之类的普通产品，这些产品多数是为了满足汽车和拖拉机业普通二级市场需要的。该公司是一个拥有30亿美元资产的企业。70年代初期，该公司的雇员人均销售额与全行业企业的平均数相等。到了70年代末，在并无大规模资本投入的情况下，公司雇员人均销售额已猛增3倍，一跃成为《财富》杂志按投资总收益排列的500家公司中的第2位。这对于一个身处如此乏味行业的大企业来说，的确是一个非凡的纪录。

1973年，麦斐逊接任公司总经理。他做的第一件事就是废除原来厚达22英寸半的政策指南，取而代之的是只有一页篇幅的宗旨陈述。其大意是：

1. 面对面的交流是联系员工、保持信任和激发热情的最有效手段。关键是要让员工知道并与之讨论企业的全部经营状况。

2. 我们有义务向希望提高技术水平、扩展业务能力或进一步深造的生产人员提供培训和发展的机会。

3. 向员工提供职业保险至关重要。

4. 制订各种对设想、建议和艰苦工作加以鼓励的计划，设立奖励基金。

麦斐逊很快把公司班子从500人裁减到100人，机构层次也从11个减到5个。大约90人以下的工厂经理都成了“商店经理”。因为这些人有责任学会做厂里的一切工作，并且享有工作的自主权。麦斐逊说：“我的意思是放手让员工们去做。”他指出：“任何一项具体工作的专家就是干这项工作的人，不相信这一点，我们就会一直压制这些人对企业作出贡献及其个人发展的潜力。可以设想，在一个制造部门，在方圆2.32平

方米的天地里，还有谁能比机床工人、材料管理员和维修人员更懂得如何操作机床、如何使其产出最大化、如何改进质量、如何使原材料流量最优化并有效地使用呢？没有。我们不把时间浪费在愚蠢的举动上。我们办事没有种种程序和手续，也没有大批的行政人员。我们根据每个人的需要、每个人的意愿和每个人的成绩，让每个人都有所作为，让每个人都有足够时间去尽其所能。我们最好还是承认，在一个企业中，最重要的人就是那些提供服务、创造和增加产品价值的人，而不是管理这些活动的人。这就是说，当我处在你们那 2.32 平方米的空间里时，我还是得听你们的！”

管理艺术

企业要生存、要发展，必须加强对人才的管理，不仅要有一流的企业领导，还要有积极进取锐意创新的广大员工。麦斐逊的做法其实很简单，那就是极大地刺激员工的积极性，结果大为成功。

懂得科学管理的人知道如何使手下的人才各尽所能，各取所需。最大限度地发掘员工的潜能，是一种隐形的财富。

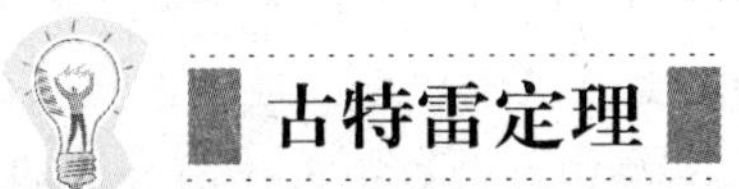

古特雷定理

☆　一句话说管理　☆

每一处出口都是另一处的入口，每一个管理目标的实现都应该为下个管理目标做好铺垫和基础。

追本溯源　该定理由美国管理学家 W.古特雷提出。古特雷在管理学领域颇有建树，这个定理就是以其名字命名的。他认为，每一处出口都是另一处的入口，要懂得转换和变通地看全局。上一个目标是下一个目标的基础，下一个目标是上一个目标的延续。在企业管理中，领导要知道一点：企业的经营要有连续性，每一个目标的实现必须为下一个目标的实现留下发展空间。

企业实战运用　※ 海尔集团国际化战略

大名鼎鼎的海尔集团是国营企业，为了打入国际市场，他们制定了国际化战略，国际化战略大致分三个阶段：第一个阶段是播种阶段，第二个是扎根阶段，第三个是结果阶段。

播种阶段就是怎么样使国际市场认同海尔这个品牌，采取的战略就是出口创牌而不仅仅是出口创汇。先难后易，先到要求最严格的国家去，后到发展中国家去。1990 年为了进入德国市场，他们工作了一年半，通过认证之后，拿到了德国去。德国经销商认为中国刚刚会做冰箱，不可能进入德国市场。后来他们就把运到德国的4台冰箱的商标揭掉，把德国冰箱的商标也揭掉，在没有商标的情况下让经销商挑，最后没有看出哪台不好，经销商这才订货。他们的冰箱出口德国市场后，正好碰上德国的检测机构对德国市场上的国产冰箱和进口冰箱进行质量检测，检测结果显示海尔是第一位，一共检测了5个项目，每个项目最多就是两个加号，他们一共得了8个加号，第二名得了7个加号。他们在这个阶段不是靠低价格打进国际市场，而是靠当地的消费者认同海尔品牌。德国市场、美国市场都是这样逐渐打进去的。

第二阶段就是扎根阶段，叫做当地生产当地销售。在美国现在已经做到了这一点，现在海尔冰箱已占美国200升以下冰箱市场份额的22%。在这种情况下，他们在美国南卡罗莱纳州设立了一个工厂，这是中国在美国投资最大、占地面积最大的一个企业；同时海尔在洛杉矶设立了设计中心，按照美国本土化的要求进行设计；在美国纽约设立营销中心，营销中心发展速度非常快，1999年销售额同比增长1倍，已经进入美国五大连锁店。

第三个阶段是结果阶段，也叫做当地融资当地融智，即利用当地的人力资源和资本。海尔的目标是3年后能在美国上市。他们在纽约的销售公司聘用的都是美国当地人，这就是本土化。另外现在国家要开发中西部，他们又在安徽合肥建立合肥海尔工业园，从中部地区向西部辐射。整个布局以世界市场作为发展的目标，有效解决了汇率、税率的变动问题。

这样一步步地进行，一步步地发展，每一个阶段都为下一个阶段作了很好的铺垫，而借着上一步的基础海尔建立了完善的营销网络，在全国设立了30多个电话中心，一万多个营销网点，并且已经辐射到6万个乡，将来这会是非常重要的资源。

上一个目标是下一个目标的基础，下一个目标是上一个目标的延续。海尔的全球化发展是很成功的，他们遵循国际化战略，在三个明确目标的带领下，一步步踏入成功之门。想要做成一件事，就必须有一个大的目标，然后在其中设立一个个小的目标，每一个小目标都是环环相扣的，为下一个目标作好铺垫，从而更好地进行下一步工作。

基多夫定理

☆ 一句话说管理 ☆

即使是最好的想法，如果提出的时机选择不当，也会化为乌有，要在适当的时候抓住时机。

追本溯源 前苏联管理学家A.N.基多夫认为，对于机遇的把握是需要技巧的。即使是最好的想法如果提出的时机选择不当，也会化为乌有。一言以蔽之，就是要在适当的时候抓住时机。作为企业的领导者，要能够做到言善人听，计妙人从。

企业实战运用 ※ 索尼公司的“缩小录音机”

索尼公司是世界上民用及专业视听产品、通信产品和信息技术等领域的先导之一，它在音乐、影视和计算机娱乐运营业务方面的成就也使其成为全球最大的综合娱乐公司之一。最早的“随身听”就是由索尼公司制造的。

有一天，索尼公司的创始人盛田昭夫外出散步，忽然看到好友井深大手提着笨重的录音机，耳朵上戴着耳机，也在那里散步。盛田昭夫觉得非常奇怪，不知道他在做什么，于是上前问道：“你这是怎么回事，井深大?”

井深大摘下耳机，回答说：“我非常喜欢听音乐，可是又怕把音乐放开了，别人不喜欢听，吵到别人，所以只好戴上耳机。对我来说，一边散步，一边听音乐，是一件十分美好的事情。”

井深大的一句话立刻触动了盛田昭夫的灵感，新产品“随身听”的构想突然闪过他的脑海。因为去哪里都提着一个笨重的家伙听音乐毕竟不是一件愉快的事情。

这是一个不错的想法，创造出其他公司没有的产品，如果适用，那代表着什么？这是个不错的时机。

盛田昭夫向公司提出了他的想法，根据他的想法，技术力量十分雄厚的索尼公司立即想办法缩小录音机零件，不停地对零件的缩小进行研究。没过多久，世界上最小的录音机就在索尼公司诞生了，这就是世界上第一部袖珍式“随身听”。这种新型录放音机刚投放到市场时，销售部门和销售商无不担心地说：“这种必须使用录音带的机器，却没有录音的功能，有几个傻瓜会来买它呢?”

但盛田昭夫却坚定地反驳他们：“汽车音响也没有录音功能，可是几乎每部汽车都需要它，它是必不可少的!”

第一批“随身听”一上市就造成了很大的轰动，赶时髦的青年男女争相购买。原来

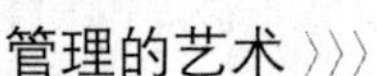

预计一年卖到10万台，结果一年售出了400万台，大大超出了预期结果，让索尼公司着实吃了一惊。

盛田昭夫根据朋友的喜好抓住了一个机遇，针对喜欢听音乐的人制造了其他公司没有想到的“随身听”，为公司创造了不菲的利润。时机就在不知不觉中，在适当的时候抓住它就是一笔财富。

管理艺术

时代发展日新月异，大到国家小到个人都在争分夺秒地赶超时代的步伐，在一定意义上讲，现代社会的竞争都可以归结为时间的竞争，对时机把握的竞争。

管理者的工作与时间息息相关，要使组织或群体始终具有强劲的竞争优势，保证持续健康的发展，一个明智的管理者必定善于争取时间、抓住机遇，努力在较短的时间内创造最大的价值。同时，定要善于发挥聪明才智当机立断，果断拍板，确保决策的及时、有效和准确。

只有大胆抓住时机，及时予以决断，才能使决策赢得优势，取得成功，做到“运筹于帷幄之中，决胜于千里之外”。

好的想法需要有好的时机去实现，如果时机不当，想法也只能是个想法，无法付诸实践。因此，抓住时机很重要，它会促进想法的实现。管理者要知道，好的想法要在适当的时机中提出来，才会发挥它应有作用的可能。

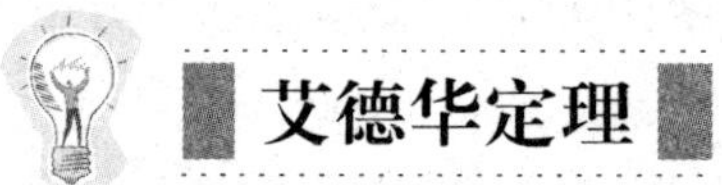

艾德华定理

☆ 一句话说管理 ☆

高级主管如果不能互相信任，任何集体领导都不会有好的效果。

追本溯源 “艾德华定理”的提出者是英国BL有限公司前总裁M.艾德华。艾德华根据多年的经验总结出，一个企业要想发展壮大必须具备过硬的领导班子。领导班子要想过硬，彼此信任是最基本的前提。如果你戒备我，我提防你，那样的话，什么事情也干不成，更谈不上发展了。

企业实战运用 ※ 保持团队合作的英特尔公司

英特尔是硅谷百十家半导体厂家中最早、最持久开展团队建设的公司，并以“团队合作”作为公司的成功之路。当初它是由格罗夫、摩尔、诺宜斯三名年轻人创建的，公司一直保持着团队合作的精神。

华裔在公司工程师队伍中占很大比例，为了防止人才流失，并激发他们的工作热情，英特尔多次借用中国餐馆举办“华裔工程师恳谈会”。1984年开始，公司年年举办

“与中国人同度春节”的“英特尔公司中国新年庆祝酒会”，公司的高级领导届时也亲自参与，而且还是自费参与，现场气氛相当融洽。

英特尔还成立了“多重文化整合会”，参加者不仅有华人，还有日本人、犹太人等。定期举办的各类活动使不同文化背景的员工相互理解、相互尊重、相互沟通。

英特尔的会议哲学也非常独特，分为“激荡型会议”与“程序性会议”两种。前者主要是集思广益，最终经过讨论得到最佳方案。“决策总在讨论后”，这是英特尔的一句名言。

后来，这种“激荡型会议”形成的开放性风气被英特尔推广到企业内部管理上，鼓励员工与领导、员工与员工、领导与领导之间做到直言不讳，广纳众议，防止“一言堂”出现。尤其是领导与领导之间不要有顾忌，有什么都说出来，彼此间相互信任，他们所带领的团队也相互信任。但英特尔在讲究纪律的严明性方面毫不含糊，拿上班签到来说，迟到超过5分钟的人要签迟到簿，并张榜公布。一次，总裁格罗夫因急事耽误而迟到，同样在迟到簿上留下大名，只不过他在旁边风趣地加了备注：“看来这个世界上没有完人。”任何人都是平等的，老板和员工也一样。

团结就是力量，这句话至今是许多企业的座右铭。一个集体如果不团结就是一盘散沙。“企业内部要团结一致”，这是现代企业在参与市场竞争的过程中作为一名管理者必须非常重视的一点，而相互信任是团结的前提。在一个领导班子里，如果相互信任，大家处世为人就比较容易，即使相互间有些误解和分歧，也可以相互包涵；反之，就容易互相猜忌，难以团结协调，更别提企业的发展了。

试想领导之间如果互不信任，明争暗斗，那肯定会让下属们看轻、逆反甚至效仿。由于公司运行障碍，效益下降，将可能使一部分员工失业，使一部分员工无法按期拿到工资，使一部分员工前景暗淡、渺茫，等等。这好比两只大水牛在田间顶角打架，不但田里的庄稼被糟蹋了，连青蛙、蝌蚪、泥鳅等小动物也都将受到不同程度的伤害和蹂躏。

管理艺术

管理者之间的不信任是一个企业最致命的弱点。管理者之间相互猜疑会耗费掉他们巨大的精力、财力和时间，导致企业的大衰退。在一个组织内，如果领导之间的合作没有处理好的话，组织的命运就值得担忧了。有好的领导集体，才会有好的集体领导。

那么，管理层如何做到互相信任呢？首先要有共同目标，所有管理者都朝着同一个目标去努力。其次，领导者的职责和权力要分清楚，不应越权。一方的合理决定，另一方自会乐于接受。既然大家成了同一条战壕里的战友，那么在任何情况下都要尊重对方、信任对方。对方负责范畴内的小问题，不要妄加论断。当然，公司的大事则应由董事局会议详细讨论，从而达到公司的最佳利益。再则，任何情况下，公司决定了的计划，大家都要全力执行，全力支持。万一有阻滞或失败，都不要有怨言，这是非常重要的。自己职责范围内有失误，必须承担责任，不可推卸，然后再另谋解决之策。总之，管理者之间只有团结一心、彼此信任，才有可能向着希望的目标前进。

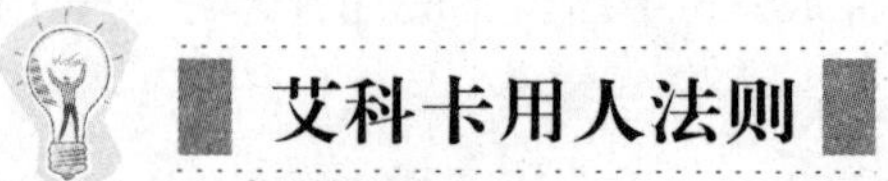

艾科卡用人法则

☆ 一句话说管理 ☆

之所以一直致力于发掘那些渴望工作、勤奋向上的人充当最高管理者，是因为这些人总是想干得比别人期望他的更多，也总是帮助他人把各自的工作干好。

追本溯源 福特汽车公司前总裁李·艾科卡1924年10月出生于美国宾夕法尼亚州艾伦敦，父亲是意大利移民。早年受父亲影响，他认为能通过冒险获得成功的道路就是经商。他在大学是学工科的，刚进入福特公司时，被分配当一名见习工程师，但他迫切希望搞推销，喜欢和人打交道。1970年，艾科卡荣升为福特公司的总裁。他在担任总裁的八年里，为福特公司净挣了35亿美元的利润，在该公司的历史上留下了最辉煌的业绩。在企业管理上，他认为销售商一贯是汽车业的关键部位，是企业的精华。而"艾科卡用人法则"就是这一观念的延伸、升华和实践。

企业实战运用 ※ 不惜重金聘请人才

在美国的计算机行业里，阿普尔计算机公司算是后起之秀。公司的创始人斯蒂芬·乔布以及前总经理麦克·马库拉都是计算机技术专家，而且对人才的重要性有着非常深刻的认识。作为企业的创始者和推动者，人才的作用是显而易见的，凡是成功的企业，都是非常注重引进人才的，把人才视为企业成败与否的关键因素。

阿尔普计算机公司由于缺少一个能干的销售管理人才，公司的组织销售能力比较差，公司的产品销量一直徘徊不前，对整个企业造成了严重的影响，阻碍了企业的发展。针对这个弱点，斯蒂芬·乔布在报纸上登了一则广告，以200万美元的重金求一位销售人才。公司经过严格的口试和面试之后，选定了一个叫约翰·施库利的人。这是个非常能干、朝气蓬勃的年轻人。

施库利原是美国百事可乐公司的总经理，非常精通销售学，有一套独特的销售方法和经验，常常能出奇制胜，抓住顾客的心理，从而赢得顾客。并且，他还十分善于管理，能把企业中的各种关系处理得非常得当。员工与员工、员工与领导相处都非常融洽，使企业成为了一个强大的集体，为战胜对手和取得成功提供了强大的力量。

斯蒂芬·乔布在对他进行严格的考核之后，最终任命他为公司总经理。可是，很多人对出这么高的价钱去雇用一名经理而感到不能理解，所以有人提出："花200万美元聘用一个人值得吗?"

阿尔普计算机公司的管理者毫不犹豫地回答："能请到这位难得的人才来我们公

司，是公司最大的幸运。”

果然，约翰·施库利一上任就不负众望，对公司大力整顿，使公司在较短的时间内迅速发展，销量大增，员工的精神也大大振奋，斗志激昂。

管理艺术

艾科卡的用人方法是：

第一，与属下交谈。他认为，管理就是发动他人去工作。一个企业运转得好，就是因为那里人发动得好，而发动人的唯一办法是与他们交谈。演说是发动一大群人的最好办法。

第二，实行季度检查制度。每三个月他就同属下坐下来，检查过去的成就与差距，计划下一季度的工作目标。艾科卡认为季度检查制度有五个好处：不断制定自己的目标；使人更有成果，充分发挥积极性；迫使职员经常检查自己完成了什么工作，下一步怎么办，多动脑子；不埋没人才，好的职员不被忽视，不好的职员无法混日子；强制职员与其上司进行对话，促使他们沟通思想，融洽感情，增进了解，改善关系。

第三，激发和保持下属的进取精神。当提升一名工作人员时，正是给他增加任务之时。在他成功的时候，要对他提出更高的要求；而在他不得意时，千万不要过分严厉，否则会毁灭了他的进取精神。

第四，不能随便变动职员的工作，因为技能是不能互换的，一个人在一个领域里具有专长，不等于在另一个领域里也有经验和专长。

第五，作为一名领导无法做好所有人的工作，只能鼓励下一级的人去做，下一级再鼓励他的下级去做，绝不越位去做本应属于下级的工作。

总体来说是不埋没人才，要重用人才，把他们放在一个合适的位置上，发挥他们的才能，让每个人都能在工作中尽其所能。认准了人才，就要努力争取其为我所用。

出丑效应

☆ 一句话说管理 ☆

对于那些取得过突出成就的人来说，一些微小的失误，比如打翻咖啡杯这样的细节，不仅不会影响人们对他的好感，相反，还会让人们从心理上感觉到他很真诚，值得信任。

追本溯源 “出丑效应”，又叫“仰巴脚效应”，就是对于那些取得过突出成就的人来说，一些微小的失误，比如打翻咖啡杯这样的细节，不仅不会影响人们对他的好感，相反，还会让人们从心理上感觉到他很真诚，值得信任。而如果一个人表现得完美无缺，我们从外面看不到他的任何缺点，反而会让人觉得不够真实，恰恰会降低他在别人心目中的信任度，因为一个人是不可能没有任何缺点的，尽管别人不知道，但他对自己的缺点也会是心知肚明的。

企业实战运用 ※ 出点小丑的李然

李然是某公司的销售部经理，平时不拘小节，为人大大咧咧，说话声音洪亮，公司里的员工也习惯了他这样，由于他为人老实真诚，大家也非常喜欢他。

有一次他刚出差回来，公司就召开会议，让他宣讲出差地的市场信息。因为长途跋涉的劳累和饥渴，开场白的时候，李然突然声音嘶哑，开会的员工面面相觑，诧异地看着他，不知道声音一贯洪亮的他怎么了。李然喝了一小口水，润了润嗓子，又恢复了以往的洪亮声音，并把出差地的市场信息讲得非常清晰明了……事后调查，本次市场信息会的效果比以往任何一次都好。

站在企业管理的角度来看，我们追求完美，但是绝不苛求完美。在对待人的问题上，我们主张“给下属留一个缺口，让其充分发挥”，在制定企业发展战略时更应如此。企业发展战略是一个动态的过程，随着内外环境的变化而变化，需要不断地调整，所以，只能追求完美。再者，再完美的方案，也都有局限性、时效性，绝对不能“放之四海而皆准”。

瑕疵往往是持续改进的动力，所以不要惧怕瑕疵。现实生活中，有不少人因为惧怕瑕疵而追求完美无缺，结果往往适得其反，弄巧成拙。

人们更喜欢优秀且真诚、值得信任的人，如果一位一直受人尊敬的企业领袖当众犯了一点小错误，想想如果你是他的下属，你感觉会如何，会因为这个小失误而对他的印象大打折扣吗？当然，这一切发生的首要条件就是这个人本身非常优秀和值得尊敬，他至少应该留给别人非常好的第一印象，否则会适得其反。管理者有时犯点无伤大雅的小错误会让员工更加喜欢、更加信任你。

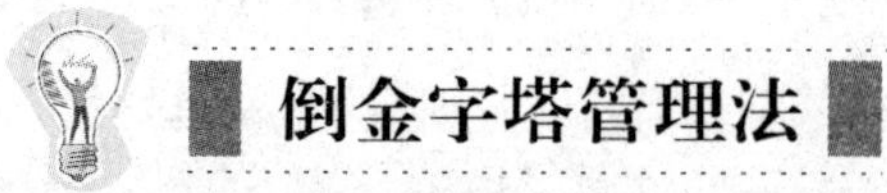

倒金字塔管理法

☆ **一句话说管理** ☆

给予一些人以承担责任的自由，可以释放出隐藏在他们体内的能量。

追本溯源 “倒金字塔管理法”最早由瑞典的北欧航空公司（SAS）总裁杨·卡尔松提出。20世纪70年代末，石油危机造成世界范围内的航空业不景气，瑞典的北欧航空公司也不例外，每年亏损2000万美元，公司濒于倒闭。在这个危机的时刻，一位朝气蓬勃、极具领导才能的年轻人——杨·卡尔松受命于危难之中，担任了北欧航空公

司的总裁。卡尔松接任后采用了新的管理方法，一年后，北欧航空公司赢利 5400 万美元。这一奇迹在欧洲、美洲等地广为传颂。

卡尔松来到北欧航空公司时，公司一片萧条，人心惶惶，员工们不知道公司会走向何处。卡尔松利用 3 个月的时间，在仔细研究了公司的状况后向所有员工宣布，他要实行一个全新的管理方法。他给它起名叫 “Pyramid Upside Down”，我们称其为“倒金字塔管理法”，也有人称之为“倒三角管理法”。

卡尔松认为：“人人都想感觉到他是别人需要的人，人人都希望被当做个体来对待。给予一些人承担责任的自由，可以释放出隐藏在他们体内的能量。任何不了解情况的人是不能承担责任的；反之，任何了解情况的人是不能回避责任的。”

卡尔松的“倒金字塔”管理模式就是在这样一种思维的指导下产生的。

企业实战运用　※ 及时的机票

一天，美国商人杰尔接到通知要乘飞机从斯德哥尔摩到巴黎参加地区会议。阿兰德机场是斯德哥尔摩的国际机场，距离斯德哥尔摩市 70 公里。杰尔先生到达机场后，发现没带飞机票。我们知道没有机票是不能够办理登机手续的，这可真是个麻烦的问题。

杰尔非常着急。正在这个时候，SAS 公司的一位小姐款款走来说：“Can I help you?”杰尔显得很不耐烦，说：“你帮不了，这不是你的责任。”可是小姐还是笑眯眯地说：“你说出来或许我能帮助你，不说怎么知道我帮不了你？”杰尔说他没带飞机票，走不了，她是没有办法解决这件事情的。没想到小姐说：“您没带飞机票呀？这事很好办，您先告诉我机票在哪里。”他说在 XX 饭店 411 号房间。小姐给了他一张纸条，让他拿着先去办登机手续，剩下的事情由她来处理。杰尔先生半信半疑地拿着纸条，到了登机的地方很顺利就办好了登机手续，拿到了登机卡，过了安检，到了候机厅。当飞机还有十分钟就要起飞的时候，刚才那位小姐把他的机票交给了他，杰尔先生一看果然是自己落在饭店的机票，他非常高兴和激动。那位小姐是怎么迅速把机票拿到的呢？她拨通了饭店的电话后是这样说的：“请问是 XX 饭店吧，请你们到 411 号房间看看是否有一张写着杰尔先生名字的飞机票。如果有的话，请你们用最快的速度用专车送往阿兰德机场，一切费用由 SAS 公司支付。” 是什么力量使她这样做的呢？就是“倒金字塔”管理法，因为公司领导者把权力充分地赋予了一线工作人员，让员工充分认识到了自己的责任。

把责任、权力下放给员工，上级只是观察和监督，不仅可以使上级倍感轻松，也使下级能认识到自己是企业的一分子，有自己的责任和权力，一定会全力去完成自己该做的工作。

管理艺术

员工是企业的主体，是公司发展的核心。卡尔松在这个“倒金字塔”管理法的最下面，给自己命名为“政策的监督者”。他认为，公司的总目标一旦制定下来，总经理的任务就是要监督、执行政策，以达到这个目标。

有的总经理每天都很忙：忙着开会，交际应酬；忙着计划、协调、控制、指挥部下工作，恨不得一天有48个小时可以用。并且还要求员工向他看齐，以便把工作做得更好。在他看来，自己独有的强势能力和忙得天昏地暗才是尽职尽责的表现。但员工普遍认为他缺乏领导能力。被称为“全球第一CEO”的美国通用电气公司总裁杰克·韦尔奇的管理秘诀是：团队、用人和放权。

一位高明的领导善于用权但不被权力所累，因为他懂得有效地将权力赋予下属，让普通员工都能自主地开展工作，承担他们应有的责任。让员工感觉到他们是现场决策者，可以对分内的事情做出决定，有些决定可以不必报告上司。把权力、责任同时下放到员工身上，员工的工作激情自然就能得到释放。每个人都喜欢做事业的摆渡人，而非被动听令。所以，让员工感受到自己就是企业的主人，他们就会想尽一切办法去推进所负责的工作。

经验的逻辑推理效应

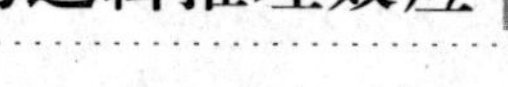

☆ 一句话说管理 ☆

由于事物间的关联性，导致人们往往以自己的经验为依据，以对方的某些表象为线索去逻辑推理判断他人的行为动机。

追本溯源 生活中有的人认为老实人往往伴有不爱讲话的特点，由于甲不爱讲话，所以甲肯定是个老实人；或者认为爱打扮者往往伴有怕脏怕累的特点，由于乙爱打扮，所以乙肯定怕脏怕累。其实这种凭经验进行逻辑推理的方法过于简单化，它往往会造成与事实不相符合的偏见，常常无意识地左右着人的实际行为，干扰着人际沟通的正常发展。

企业实战运用 ※ 张明的经历

张明是一位刚毕业的大学生，到一家公司应聘销售职位。这家公司是销售不锈钢产品的，开发客户很难。在金融危机席卷全球的经济低迷时期，业务更是难以开展。老板见他是刚毕业的大学生，要经验没经验，要资历没资历，压根就没正眼瞧过他，更没指望张明能做出什么像样的成绩，只当他是给公司垫底了。也许当初老板的想法是正确的。张明来不锈钢市场也半年了，按照常理，在不锈钢行业里，3个月时间就完全可以看出一个业务员的资质如何。而张明在这半年里，一直在高手如云的公司里表现平平，真快给公司垫底了。因为，张明的业绩不是一般的差，这半年来，几乎没

做成一笔像样的业务。好在他为人勤快，乐于助人，在公司虽然业绩不好，但终究还是留了下来。

一个偶然的机缘，在同事的协助下，张明做成了一笔还算可以的单子，为公司净赚利润达2万元左右。这可乐坏了张明，真是人逢喜事精神爽，张明在公司里觉得一下子挺直腰杆了。自那笔业务成功之后，张明便像撞上了“狗屎运”，每天都有单，忙得不亦乐乎，跟客户谈判不再患得患失，也放得开了，做到镇定自若了，业绩变得越来越好了。老板对张明的态度，也由视而不见变得常常主动说话了，还经常对他问寒问暖的。一向暗淡在人后的张明一下子成了璀璨的明星。

可是这并没有让张明有受宠若惊的感觉，反而让他很不自在，怎么都不习惯，觉得真不如继续当他不存在的好。

其实张明是块做业务的料子，只是一开始没有找到自己的状态，平时销售中也急于求成，反而屡屡失败。当张明在找到心底那份自信后，爆发力便一步步展现出来了。

对老板现在无微不至的关怀，张明没有半点感恩，因为，在他业绩最低谷的时候，老板带着刚毕业的大学生不行的个人偏见从没把他放在眼里。他在心里觉得老板对他有一种无形的歧视，认为老板是门缝里瞧人，根本没有发现他的潜力。

很多企业不乏像张明的老板一样的领导，带着偏见看员工。虽然我们不排除事物与事物之间有一定的联系，但这种联系是错综复杂的，并不是绝对的。身为管理人员，如果被外界的表象所迷惑，以个人偏见过早地对员工下一个“劣等生”的定论，那将使企业错失了一个可培养的人才，更恶劣的第二个后果是，他们也许会因此否定自己的一生，尤其是应届毕业生。

“所谓废物，只是放错了地方的财富”，希望管理者能以开阔的胸怀来善待下属，能够有一双慧眼识别下属的优秀之处。千万不要带着偏见看人，相信一个真正的领导会让优秀的人才通过自身的努力去展现能力，而不是根据外界的认识去评定。

强手法则

☆ 一句话说管理 ☆

明智地运用权力和果敢地运用权力，是领导工作最为重要的两个方面。

追本溯源 “强手法则”的提出者法国组织行为学家G.斯达特那认为：只想自然而然必会听之任之。企业的领导要知人善任，但是也要知人善免，在企业中真正形成能者上、庸者下、劣者汰的用人机制，这就要将一些不能胜任工作的人淘汰下来。在一个企业，对于那些实在难以管理的下属，作为领导者，就必须当机立断，该解雇就解雇。只有善任和善免结合起来，才能使更多的优秀人才脱颖而出，使企业的队伍充满生机和活力。

企业实战运用 ※ 果断的伊藤雅俊

伊藤洋货行最初是以衣料买卖起家的，后来打入了食品行业。由于对食品行业不熟悉，公司内部也没有食品管理方面的人才，伊藤洋货行的创始人伊藤雅俊十分艰难地从东食食品公司挖来岸信一雄。岸信一雄来到了伊藤洋货行以后，重整了公司的食品部门，10年间使公司的业绩提高了数十倍，对公司来说可谓是功勋卓著，算是元老级别的人物了。

但随着公司业绩的提高，岸信一雄开始居功自傲，对公司的规章制度一律不予遵守，对公司的改革措施更持敌对态度。战略决策一执行到岸信一雄那里就止步不前。他觉得自己才是最好的，别人无权干涉。他不仅自己不再提高工作业绩，为公司创造价值，还对那些勤奋敬业的下属冷眼相对，嘲笑他们即使再干十年也休想获得成功，再辛苦也是白费。在他的捣乱下，所有下属都消极地对待工作，整个部门的工作效率直线下降，没有了往日的生机勃勃。

董事长伊藤雅俊屡次对他批评教育，无奈他不但不改还变本加厉，他认为自己功劳不小，不需要别人来指点和批评。伊藤雅俊终于忍无可忍了，决定把岸信一雄辞退。

公司的这一决定在伊藤洋货行乃至日本商业界都引起了不小的轰动。尽管公司内部的人都知道岸信一雄飞扬跋扈、居高自傲，但人们仍然认为辞退他是不公平的。但在面对舆论的尖锐质询时，伊藤雅俊却理直气壮地说："秩序和纪律是我们企业的生命，我们不能因为他一个人而影响整个企业的战斗力！"

从企业的发展大局来看待这一事情，伊藤的做法是正确的，严明的纪律是不容忽视的。

企业是求发展、谋利益的，谁阻碍了企业的发展进程，谁就该被淘汰，这是市场竞争的结果。企业的管理者要冲破束缚，要有扔掉"烂苹果"的魄力和勇气。

管理是调和、解决复杂人事关系的烦琐工作，因为人各有性，那些常常爱挑拨离间、惹是生非的下属自然令人头痛，难以管理。要使员工形成良好和谐的人际关系和工作环境，必须要解决这个问题，否则公司就是个制造是非的地方，致使员工人心涣散，工作杂乱。

对于爱捣乱的人，需要用特殊的方法对待，而且还得予以格外的注意，因为他们具有潜在的或实际的破坏能力。他们能破坏人与人之间的友好关系，他们能在任何团体中制造混乱。而要成为一个合格的领导，面对爱捣乱的下属时绝对不能畏惧、退缩。

不仅如此，作为企业的"大家长"，管理者更要用明智而果敢地态度去行使自己的权力，惩过赏功，规避风险，使企业发展走上正轨。

踢猫效应

☆ 一句话说管理 ☆

不对下属发泄自己的不满，则可以避免泄愤连锁反应。

追本溯源 在心理学上，“踢猫效应”是这样说的：一位父亲在公司受到了老板的批评，回到家就把在沙发上跳来跳去的孩子臭骂了一顿；孩子心里窝火，狠狠去踹身边打滚的猫；猫逃到街上正好一辆卡车开过来，司机赶紧避让，却把路边的孩子撞伤了。这就是心理学上著名的“踢猫效应”，描绘的是一种典型的坏情绪的传染。人的不满情绪和糟糕的心情一般会随着社会关系的链条依次传递，由地位高的传向地位低的，由强者传向弱者，无处发泄的最弱小者便成了最终的牺牲品。其实，这是一种心理疾病的传染，而引发这种传染病的源头就涉及到一个“风度”问题。

企业实战运用 ※ 重整旗鼓的团队

在一家大公司里，有一个女经理非常精明能干，手下的一班干将做事干练、智勇双全，她所带的团队是公司里最好的团队，业绩最突出，深受公司总裁的赞赏。但不久前，她的一名得力助手调离到别处，接任她助手的是一名刚刚毕业的女大学生，没有任何工作经验，对工作环境也不是很熟悉。这位女大学生做事也是马马虎虎，一些资料常常不加整理便递交上去，使得女经理不得不再重新整理一遍，每天的工作量已经够大了，再加上整理资料，女经理非常劳累。女大学生办公桌上的文件乱七八糟，严重影响了办公室的形象。女经理忍无可忍，批评了女大学生多次，情况没有好转，一切如故。女经理的心情十分糟糕，为此常常生气，也觉得她的其他手下办事繁冗拖沓，为此，她也责骂了他们。下属不知道犯了什么错误，只有将气愤发泄在工作上，工作不再尽心尽力。女经理所带领的团队一蹶不振，没有了从前的业绩，团队人员在工作时也死气沉沉，没有了往日的活跃气氛，而那位女大学生，工作更是不如从前。公司的总裁为此找到了女经理，严厉地批评了她。她的团队在公司里摇摇欲坠。总裁甚至说如果再没有从前的业绩，女经理将被开除，因为公司不养吃闲饭的人。

女经理非常害怕，她迫使自己冷静下来，仔细回想自己优秀的团队为什么会变成现在这个样子，士气低落，业绩严重下滑。思考之后她改变了策略。

第二天，她没有像往常一样批评那个女大学生，虽然她递交上来的文件还是乱七八糟，不加整理。她细心去发现那个女大学生的优点，并且一经发现后就立刻予以称赞。对待其他员工也是如此，尽力发现他们的优点，并大加赞赏。

这个办法果然奏效了，那个女大学生做事慢慢地变得有条理了，也不再那么马虎了，文件和办公桌也多加整理。一个月后，她的工作做到了让女经理满意。女经理的其他手下也恢复了往日的士气，做事干练。不久后，她的团队重整旗鼓，又为公司创造了新的业绩，而女经理也被提拔为副总裁。

人并不是孤立存在的，社会中的每个人都需要面对其他人，领导者在领导一个团队的时候更是如此。作为领导者，成就感和进取心都可能会超过普通人。但是，作为一个领导者应该做到：对己，能在压力下保持从容的心态，面对突发事件应较好地控制情绪；对人，能做到与人为善，真诚，宽容，大度，不斤斤计较，不迁怒于人。事情是有连锁反应的，坏的事情会有坏的连锁反应，而好的事情也会有好的连锁反应，管理者应该知道这个原理，从而把握事态，让事情往好的方向发展。生活中遇到了不好的事情，不要对员工发泄，要自我调节，这样，无论是对自己还是对员工都是一件好的事情。

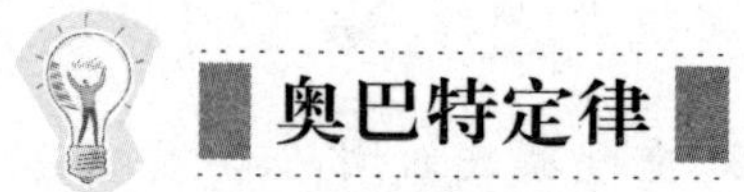

奥巴特定律

☆　一句话说管理　☆

解决任何问题都需要与具体的可靠的事实打交道。

追本溯源　这则定律的提出者为加拿大管理学家S.奥巴特。

企业实战运用　※ 便宜的麻绳

日本的岛村芳雄在做麻绳生意的时候，开创了著名的原价成交法，这种方法让他很快成了日本巨富。他的方法其实是非常简单的：开始，他先以5角钱的价格到麻绳厂大量购进45厘米的麻绳，然后再原价卖给东京一带的工厂，没有任何利润，但不要把他想成是傻子。完全无利的生意做了一年后，“岛村芳雄的绳子最便宜”的声名远扬，订单从各地雪片般飞到他那里。

此时，时机已到，岛村芳雄开始了他的商业游说，他拿着购货收据前去订货客户那里，说：“如果我要是继续为你们服务的话，我只能走破产这一条路了，因为全部是原价订购原价卖给你们，没有任何利润。”客户们看着他的购货收据，被他的诚心所感动，甘愿将麻绳的交货价提高，每条麻绳加5分钱，成为5角5分。

然后，岛村芳雄又去了麻绳厂商那里，说：“你们卖给我一条麻绳5角钱，我一直是原价卖给其他人，所以订货才有这么多。

麻绳厂一看他开给客户的收据存根，大吃了一惊。这样甘愿不赚任何利润的生意人，他们还是第一次遇见，于是毫不犹豫地答应他每条麻绳给他按4角5分钱订货，价格下调5分。

这样一来，按照岛村芳雄当时一天1000万条的交货量计算，他的利润就是100万日元，利润相当可观。就这样，岛村芳雄获得了其他麻绳商人没有的高利润。两年以后，他就成为了誉满日本的生意人。

和客户交涉的时候，说自己的价格实惠要拿出有力的说服证据，证明你说的是实话，证据是让人信任的最好办法，否则你越是强调自己诚信，反倒越让人怀疑你有欺骗的行为。解决任何问题都需要与具体的可靠的事实打交道，因为事实会说明一切，不需要过多地人为解释。

作为管理者，在跟下属沟通的时候，也要用事实向下属证明你的说法正确，让下属信服，这样不但增加了你作为管理者的威慑力，也让员工认为你有时候善意的批评不是无理的苛责，而是有依据的，他必须改正，也比较容易接受。

不仅如此，管理者做任何事都要有事实做依据，千万不能凭空想象，虽然鼓励扩展思维，但也要在切合实际的基础之上。对事情的发展高瞻远瞩，立足于自身企业的利益，才能取得真正实质性、突破性的进展。

总之一句话：事实胜于雄辩。

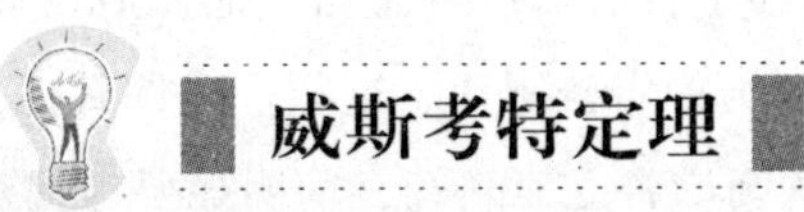

威斯考特定理

☆ 一句话说管理 ☆

管理模仿不如创新，即使要模仿，也得保持清醒的大脑，懂得什么该模仿，什么该放弃，如果没头没脑地去模仿，永远也不会优秀。

追本溯源 作为该定律的提出者，美国精神病学专家D.威斯考特一再强调，任何成功的经验和管理的模式都不足以让后来者获得成功，想要成功就得运用自己的头脑去思考、创新。

企业实战运用 ※ 麦尔顿的创新

麦尔顿24岁时就升任了一家鞋厂的广告部主任，在工作中，他始终围绕着“创新”做文章。他每天剪下报刊上的广告，仔细揣摩，并提出一连串问题：这样的设计富有刺激吗？广告一亮相就能吸引顾客吗？它能吸引哪一部分顾客？它为什么要这样设计？有需要改进的地方吗？把图案放大、缩小或改动一下，把颜色变动一下，会产生怎样的效果？……这些问题把他的思维引向更深更广的领域，于是，当经过改造的图案跃然于纸上的时候，看上去就像是一项创新设计了。

16岁的时候，他就在这家鞋厂里学徒。他聪明勤奋，富于幻想，常常拿着那些老式样皮鞋去请教老师傅，建议变化鞋款。老师傅们对他的建议毫无兴趣，纷纷狠狠地训斥他要好好学手艺，不要多管闲事，鞋子只要合脚、耐穿就行了，考虑那么多做什么。麦尔顿不同意老师傅们的保守看法，他认为合脚和耐穿是每一双鞋子都应具备的，为什么不利用式样美观、新颖去吸引顾客呢？

他决定先做一双式样新颖的皮鞋来试试。他做了一双女鞋，不仅在式样上有所变化，还把帽子的帽花改造了一下移植到皮鞋上去。这双带着鞋花的女式皮鞋非常漂亮，引人注目，惹人喜爱。

那天晚上，麦尔顿做完这双皮鞋，自己美滋滋地欣赏一番后，把它放在了工作台上。第二天，他故意迟到了一会儿，想看看别人的反应。当他来到工厂的时候，他的工作台四周围满了人，人们正在兴高采烈地谈论着那双鞋子。人们看到他来了，纷纷称赞道："麦尔顿，你创造了一双美丽的鞋子！"

麦尔顿谦虚地说："谢谢你们的赞扬。不过我认为，这双鞋子有大家的功劳，我仅仅是'改造'了一下，应该谢谢你们才对！"

在30岁的时候，麦尔顿创办了自己的广告公司，他先后设计了3600幅广告。有一次，他在一种小报上看到了一幅奶粉广告图片，这幅广告图片四周留的空白很多，中间一行大字，十分醒目。他觉得这则广告立意新颖，简明扼要地揭示了主题。

不久，一家公司请他在一种全国性的大报上设计一幅整版牙膏广告，他根据奶粉广告进行了改造：广告四周是漂亮的花边，中间斜放着一支牙膏，牙膏上有"味道最佳"四个艺术字，牙膏四周全是空白，只有最下方有牙膏厂名、厂址、电话号码等一行小字。

当这幅广告刊出时，引起了轰动，人人都称赞这是一个了不起的创意，却没有人知道它是由一幅奶粉广告演变而来的。这一改造使麦尔顿荣获了全美广告设计金牌大奖。

作为一名管理人员，要明确自己的核心竞争力，不要单纯地去模仿别人。在创业的过程中，借鉴成功的商业模式固然非常重要，但是最为关键的是要根据自己的实际情况来量身订制发展模式，尤其是在实力有限的条件下，就必须采取比较独特的差异化道路，这样成功的概率才会大很多。比如聪明能干的麦尔顿，他总能在借助别人成果的基础上根据实际情况加以创新，使之成为自己独特的模式。如果认真研究就会发现，成功的企业其商业模式都大不相同，而失败的企业往往一味地克隆别人的商业模式。总之，最核心的问题往往需要自己拿。

PART2 〉〉〉

如何打造一个完美团队

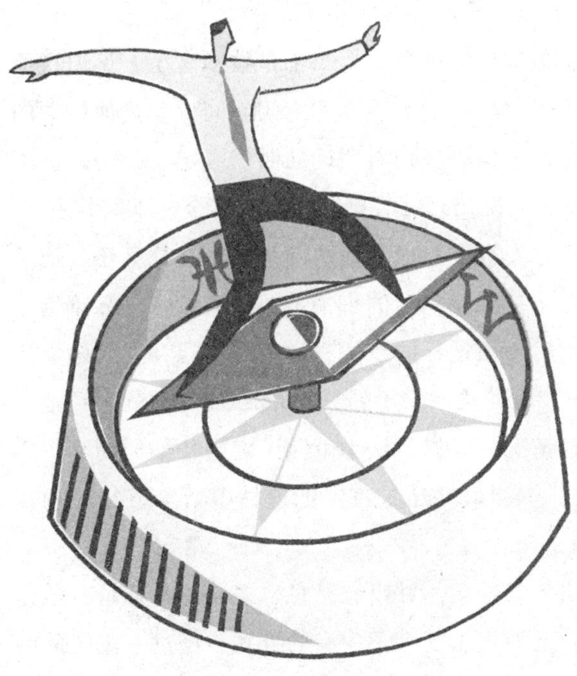

蝴蝶效应

☆ 一句话说管理 ☆

“蝴蝶效应”是指在一个动力系统中，初始条件下微小的变化能带动整个系统长期巨大的连锁反应。

追本溯源 一个不经意的小变化竟然可以产生令人意想不到的影响。这种影响延伸到企业中，就表现为员工们的一个小小的行为和习惯，可以直接或间接地左右企业的发展。在“蝴蝶效应”的影响下，一个不经意的误差或许会影响甚至会摧毁一个庞大的系统。因此一个企业要想长久地维持下去，一定要防微杜渐，避免“蝴蝶效应”的产生。

企业实战运用 ※ 决不姑息的李渊

李渊是一家器械公司技术部的经理，他部门中的员工个个都是技术高手，见识过他们技术的人都赞不绝口。公司有时候工作很少，他们有很多的空闲时间，于是他们中的有些人就会利用空余的时间出去拉私活赚钱。但是公司有明确的制度规定，公司的员工不能瞒着公司到外面拉私活，如果有这样的情况出现，轻则扣除本月奖金，重则辞退。

有一次，李渊到外面去见客户，无意中发现了自己部门的两个员工在拉私活。他马上上前去阻止，那两个员工看到李渊发现了他们拉私活的事情，并没有慌张，笑嘻嘻地和李渊说道：“李总，这么巧啊，我们以后不做这样的事了，你千万不能和上级领导反映情况啊。”原来，这两个员工平日里和李渊的关系很不错，下班之后，三个人经常在一块喝酒、吃饭。所以，他们在出现这种情况的时候，认为李渊一定会替他们隐瞒，不会让公司的领导知道。经过一天的思考，李渊最终还是决定把这件事情上报给公司领导，而那两个员工当月的奖金也被扣除了。

李渊发现自己部门的员工违反了公司的规定后，并没有姑息，经过一番掂量，他还是决定上报给公司的上层领导，使违反制度的员工受到了应有的处罚。经过一段时间的观察发现，自从处罚了那两名员工后，公司里再没人犯同类的错误了。

如果李渊替他们隐瞒下去，其他员工知道了也会纷纷效仿，到时候，公司的制度就不再有约束力，李渊作为一位领导的威信也会大大降低，这样一来以后的工作便会难以开展，企业的利益就会受到损失，相信员工也免不了受害，所以无论是对公司还是对员工来说都是无益的。公司制度严格执行，做到防微杜渐才能保证公司正常运转。

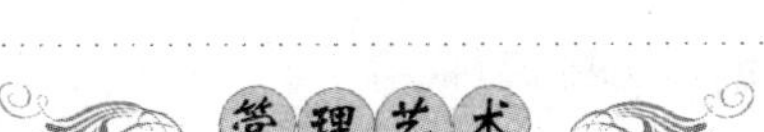

“千里之堤，溃于蚁穴。”企业经营中的危机和风险，常常隐藏于不被人们重视的端倪中，直至败象已现，残局无法收拾时，管理者才如大梦初醒，但为时晚矣。古人说：“君子慎始，差若毫厘，缪以千里。”所以作为一位管理者要注意观察细节，防微杜渐。企业制定和施行的任何一项决策、战略，都要防止1%的错误招致100%的失败，从一开始就预防错误的发生，建立起一套安全的防护体系。

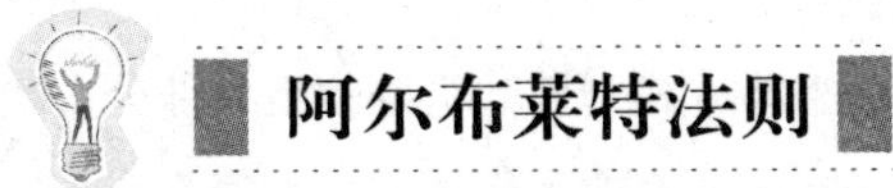

阿尔布莱特法则

☆　一句话说管理　☆

把一群聪明人收编进组织后，结果往往变成集体性愚蠢。

追本溯源　该法则由国际知名的未来学者、演说家及管理顾问卡尔·阿尔布莱特提出。

应对集体性愚蠢，要从以下关键点培育团队成员：

1. 让每个人都了解企业的理念与价值观；
2. 树立同舟共济、荣辱与共意识；
3. 人人都做好准备，接受挑战与改变；
4. 组织里的全体员工都愿意付出更多，以换取更大成就；
5. 团队合作；
6. 有效运用组织的知识资产；
7. 人人自觉追求卓越，而不是浑水摸鱼。

企业实战运用　※ 挖掘团队中每一个成员的潜力

惠普公司由两位年轻的发明家比尔·惠尔特（Bill Hewlett）和戴维·普克德（David Packard）创建于1939年，总部位于加州硅谷，2002年与康柏公司合并，是全球仅次于IBM的计算机及办公设备制造商。在全球拥有145000名员工，分支机构遍及170个国家和地区，2004年营业收入达799亿美元的信息产业巨擘，在美国财富五百强中名列第11位，业务范围涵盖IT基础设施、全球服务、商用和家用计算以及打印和成像等领域。目前全世界有超过十亿人正在使用HP技术。

让团队中每一位成员的潜力得以发挥是惠普的特色管理之一。惠普现任总裁、被誉为“全球第一CEO”的卡莉·费奥莉娜认为，在明确的任务中，给予个人更大的行动自由，可以激励员工主动性和创造力的发挥。

70年来，“惠普之道”作为惠普独特的企业文化一直在公司内部传承，体现了惠普以人为本的管理精神，受到了惠普员工及其广大客户和合作伙伴的赞誉。它包含了七个核心价值：热忱对待客户 、信任和尊重个人、追求卓越的成就与贡献、注重速度和灵活性、专注于有意义的创新、靠团队精神达到共同目标、在经营活动中坚持诚实与正直。

“惠普之道”的核心是以人为本，注重人的培养。惠普认为：质量是企业的生命，提高质量有多种措施，培养人才是其中最重要的一种。

此外，“惠普之道”体现在对员工的尊重上。把全体员工都当做“博士”来看待，认为每个员工的尊严和价值都是“惠普方式”极其重要的组成部分，确信不论男女，大家都想有一个富有创造力的好工作，有一个好的工作环境，大家都会把工作做好。管理者从不控制员工的行为，他们逐渐废除了行政机构，并把权力下放到企业各部门，使员工们明确自己的职责，权力由他们来支配。这正是以“大企业，小集团”为特色的“惠普式管理”。

卡莉·费奥莉娜认为每个人都有不可估量的潜能，只是有时没有被发现而已。惠普的管理方式很灵活，不追求对员工全方位、全过程的控制。它是美国第一个采取灵活上班时间的公司，员工可以很早到公司，也可以九点以后才来，只要在规定的时间内把活儿干完就行。在提拔人才上，惠普的制度是：只要管理者发现你在某方面有才华，就可以直接提拔上去。而不会像其他的公司那样一级一级地提升。惠普曾有一个员工，以前从来没有做过培训师，一次他的上级听他作了一次很有激情的演讲，认为他具备做培训师的条件，于是就把他调到别的部门做培训。起初他没有勇气给别人讲课，由别的讲师带他讲了第一次；第二次他自己讲，别的讲师在一旁协助，他做得很好；到了第三次，他就完全可以自己独立讲课了。从这里我们可以看出，如果不是惠普适时给员工一些机会，他们可能永远也发现不了自己的潜力。

正是惠普公司这种以人为本的管理方式，拉近了公司与各个成员之间的关系。一种高效而又灵活的团队合作精神，以及一种信任和尊重他人的承诺，让惠普公司在变幻无常的商海中屹立不倒。

团队的力量来源于团队中的每一个成员，如果能够充分发挥每一个成员的潜在能力，那么，团队将会爆发出巨大的力量。

阿尔布莱特提出，把一群聪明人收拼进组织后，结果往往变成集体性愚蠢，意思在于说明如果不能把团队中成员们的才能发挥运用起来，那么团队的力量将远不如个人的力量。

所以，作为一名优秀的企业管理者，我们有责任使企业团队规避阿尔布莱特法则中的团队状态，而使团队的“脑力”动起来，专心致志完成组织或团队的使命，有计划、有步骤地通过树立企业策略原景、建立命运共同体、培养变革和团队协作精神、施以绩效压力等等各种方式有效运用集体智慧，那么团队的力量则真正成倍地扩大了。

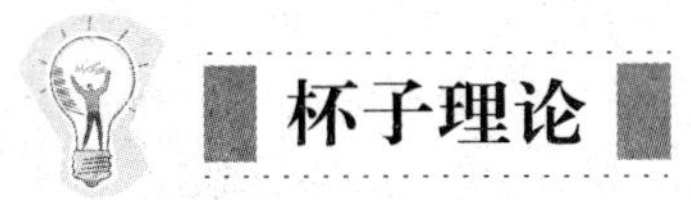

杯子理论

☆ 一句话说管理 ☆

一个企业到底要建立什么样的规章制度并不重要，关键在于能否适应企业当前的发展需求。

追本溯源 杯子生产厂家很聪明，根据市场的需求生产各种不同的杯子：试验室在物品的用量上很有讲究，厂家就生产出量杯方便试验员的应用；为了防止开水烫手，厂家就生产出带有手柄的水杯；冬天为了保持水温，厂家就生产出保温杯；酒桌上根据人们的每次饮酒量，厂家就生产出一杯一口的酒杯；在酒吧里为了满足客户追求浪漫和艺术的渴望，厂家就生产出艺术造型的高脚酒杯……这个现象说明市场需要什么样的杯子，厂家就可以生产什么样的杯子，反过来不同的杯子只有在不同的市场里才最能发挥其最大价值。

中国有句古话“没有规矩不成方圆”，一个企业如果没有一套完善的规章制度，企业的所有员工也就无规可依，无章可循。一个企业到底要建立什么样的规章制度并不重要，关键在于能否适应企业当前的发展需求，这个原则有点像社会生产关系一定要适应社会生产力发展的需求一样，如果不适应就会严重阻碍生产力的发展，最科学最完善的管理制度不一定就适应你的企业发展。一个做产品生产的企业在管理上需要一套严格的时间考勤指导以及绩效管理制度，而一个玩创意搞服务的广告公司就不能完全通过严格的时间约束来管理员工，用一个管理全部是大学生结构的高层次团队的管理制度来管理一个民工组成的团队显然是行不通的。奥浮文化专家团在对企业品牌文化的多年研究中发现，一个适合企业发展的好的管理制度一定要具备以下几个特点：

1. 这样的制度能在最大程度上调动每个员工的工作积极性，从而使人才的能力发挥到最大化。

2. 这样的制度一定具有很强的可执行性，不容易在执行的过程中被很多问题的产生而导致制度不可执行。

3. 制度的形成本身终极目标就是能有效刺激企业的利润生产，如果这样的制度不能使企业产生的利润最大化，那么一定不是个最有效、最科学的制度。

企业实战运用 ※ 柳桥集团的多角度、多渠道的考核制度

柳桥集团从事家用纺织品和羽绒服饰的生产加工，是集内贸、外贸和房地产开发为一体的大型企业集团。主导产品“迪欧达”和“柳桥”以其卓越的品质在国内外市场享有较

高的知名度，并荣获中国羽绒工业协会“信得过产品”称号。

一个企业里会有很多的员工或者几个不同的部门，如何才能更好地了解他们的工作情况？这时候就要建立一个多角度、多渠道的绩效考核机制。

柳桥集团实行的360度考核机制为企业立下了功劳。绩效考核是每一个公司都存在并且是不可缺少的一部分，通过考核，管理者可以通过一系列的数据了解员工在一段时期内工作的进度、效率等，从而对工作进行相应的调整。考核还可以从不同的侧面了解员工的近期情况。

柳桥集团在考核员工的时候采取在同级、下级、相关部门（员工代表）和客户中分别抽取人员的方式对其进行考核。

评委团成员的确定本着“谁了解谁考核”的原则，一般从上级、同级、下级、内部客户四个来源产生评委团8人。如：总经理的评委团来源：上级：1人（董事长）；同级：在5个副总之间抽取2人；下级：在部门经理中抽取2人；相关部门（员工代表）：市场片2人，行政片1人。副总级的评委团来源：上级：2人（董事长、总经理）；同级：在5个副总之间抽取2人；下级：在部门经理中抽取2人；相关部门（员工代表）：内部客户中抽取2人。经理级的评委团来源：上级：2人（在经营班子中抽取）；同级：在部门经理中抽取2人；下级：在其本部门下属中随机抽取2人；相关部门（员工代表）：内部客户中抽取2人。

抽取的人员匿名填写《工作表现考核表》，进行打分，过程非常公平。评审人员是随机抽签产生的，审查过程也是保密的，有绩效专员公证，在进行分数核算的时候，去掉最高分和最低分，评选出A等员工。在数据统计完毕之后，及时反馈给每个经理，对A等员工进行通报表扬，并且将考核结果体现到年终奖中。

360度考核中，考核表格的填写都是保密和匿名的，这样就避免了因为同事的关系，碍于情面而不敢给出很低的评价，也不用担心你写的内容会被其他人知道，造成不良的影响。

考核中，管理者还可以让员工们做自我考核，这种考核可以让员工清楚地认识到自己在公司的工作范围，自己为公司的发展作出了哪些努力，然后，把员工们做的自我考核与对他们进行考核的人员做出的评价进行对比分析，找出相似和相异的地方，提高考核的公平程度。

当你拥有了一个强大的团队之后，建立起一个多角度、多渠道的考核机制会让你如虎添翼，既会激发员工的潜力，又会使团队运作更有规律，使团队达到理想的状态。

柳桥集团的这种360度绩效考核制度，不论是管理者还是员工都会对自己严格要求，对员工的全面快速成长、能力的全面提高起到促进作用。这就给工作的顺利开展提供了有力的保证。

集团始终贯彻“以人为本，以质量求生存”的企业发展宗旨。创业以来，形成了以“诚信、回报、秩序、追求”为核心价值观的企业文化和适应自身高速增长的管理体系，造就了柳桥核心管理团队，成为企业持续发展的源动力。

制度的本身就是对管理人员的自我约束和管理执行的明确条文，企业的领导者除了要有纳贤的眼光、放权的气魄。还要有有效的科学的管理体系，而管理的关键是人才的管理。好的管理，有效的管理是科学的制度、完美的艺术、老板的魅力的结合体。就像一个很有卖点的杯子，不但要有让人需求的使用功能、让人赏心悦目的艺术造型，还要制造一些杯子本身的独特文化，只有这样的杯子才既具有使用价值还具有收藏价值。

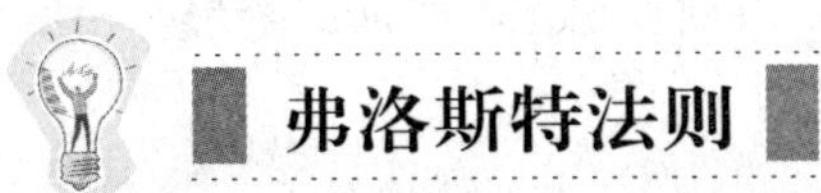

弗洛斯特法则

☆ 一句话说管理 ☆

在筑墙之前应该知道把什么圈出去，把什么圈进来。

追本溯源 “弗洛斯特法则”的提出者是美国思想家W.P.弗洛斯特。德鲁克断言：企业如果不了解自己是什么，代表着什么，自己的基本概念、价值观、政策和信念是什么，它就不能合理地改变自己。所以，这个世界上最后生存下来的企业，都是那些清楚地了解他们的企业是什么以及它应该是什么的企业。而弗洛斯特法则引申到企业中来说，那就是在企业创立之初或企业发展过程中要确定企业做什么、不做什么，定一个明确的目标，就像弗洛斯特所说的那样，在筑墙之前应该知道把什么圈出去，把什么圈进来。

企业实战运用 ※ 目标明确的牛根生

牛根生，一个具有传奇色彩的人物。牛根生41岁开始创业，白手起家创立了蒙牛集团，六年之后成为乳品行业的领军人物。是什么成就了牛根生的辉煌，使他的事业迅速崛起、如日中天？首先就是明确的战略目标。牛根生认为成功没有捷径，要想成功，必须先树立一个明确的目标，只有这样才能使自己成功。

蒙牛的目标非常清晰，那就是“三步走”方针。2005年，在“品牌中国”论坛上，牛根生提出“内蒙牛——中国牛——世界牛”的“三步走”战略。蒙牛刚成立的时候，牛根生在呼和浩特一个仅有53平方米，月租金200多元的小平房里办公，而当时仅仅在内蒙，以伊利为首的乳品企业就有数百家，和蒙牛同在呼和浩特市的伊利集团那个时候已经上市多年，有完整的冰品、液态奶和奶粉生产销售体系，当年的纯利润达到8000

多万元。就是在这样的条件下，蒙牛运用自己独特的宣传策略实现了第一步方针。蒙牛的发展非常快，2003 年由于蒙牛已经发展到了一个新的阶段，牛根生大胆掌舵，把“内蒙牛”转向了“中国牛”，开始放眼全国。也就是在这时，牛根生的“中国乳都”提法正式唱响。与此同时，蒙牛成功地走向了第二个战略目标。接着，牛根生一鼓作气，借助中国“神舟五号”载人航天飞船的成功发射一下子打出了传遍大街小巷的广告——“蒙牛也航空”。2004 年 6 月 10 日，国内销售额增长最快的乳品企业蒙牛集团正式登陆海外资本市场，在香港挂牌上市。开盘后，蒙牛股价一路飙升，当天股价即上涨了 22.98%。牛根生这样评价蒙牛上市的意义：如今，蒙牛成功上市，它的境外上市是问鼎“世界牛”的关键一步，标志着“三步走”的品牌战略跨入了新阶段。

蒙牛就是这样在一个又一个的目标中突围，从无名小卒到世界蒙牛，牛根生所定的长远的目标作为蒙牛恒定的航灯引领着它并不遥远的梦想。相信它的梦想在不久的将来一定能实现。

有目标的人未必能够成功，但没有目标的人一定不能成功。博恩崔西说：“成功就是目标的达成，其他都是这句话的注解，顶尖成功人士不是成功了才设定目标，而是设定了目标去努力成功。”一个没有目标的创业者就像一艘没有舵的船，永远漂流不定，只会到达失望、失败和沮丧的海滩。在没有成功之前，所有的行动都要为既定的目标作准备。成功没有捷径，要想成功，必须先树立一个明确的目标，只有这样才能使自己成功。

反馈效应

☆ 一句话说管理 ☆

人们在行为后应该对自己行为结果加以了解，然后再用这种了解来指导以后的行为。

追本溯源 反馈原来是物理学中的一个概念，是指把放大器的输出电路中的一部分能量送回输入电路中，以增强或减弱输入信号的效应。心理学借用这一概念，以说明学习者对自己学习结果的了解，而这种对结果的了解又起到了强化作用，促进了学习者更加努力学习，从而提高学习效率。这一心理现象被称做“反馈效应”。

C.C.罗西与 L.K.亨利把一个班的学生分为三组，每天学习后就测验。主试对第一组学习的结果每天都告诉学生；对第二组学生只是每周告诉他们一次；而对第三组，则一次也不告诉。如此进行了 8 周教学。然后改变做法，第一组与第三组对调，第二组不

变，也同样进行了8周教学。结果除第二组稳步地前进，继续有常态的进度外，第一组与第三组的情况大为转变：即第一组的学习成绩逐步下降，而第三组的成绩则突然上升。这说明及时知道自己的学习成果对学习有非常重要的促进作用。并且是即时反馈比过后反馈效果更大。

企业实战运用 ※ 及时给员工奖励

威尔逊在美国加州经营着多家超市，每个月都会和不同分店的经理开会。在举行会议时，威尔逊通常会发表半个小时的讲话，让分店的经理知道正在发生的事以及公司对他们的期望。每一次威尔逊都说得口干舌燥、筋疲力尽，可谓用心良苦；但是参加会议的那些经理一个个正襟危坐，却毫无反应，着实让人恼火。一年夏天，由于市场不景气，威尔逊的几家超市业绩持续低迷。某星期之初，威尔逊收到了最近一期的业绩报告。从业绩报告上他发现，虽然业绩改善不是很显著，但的的确确已有了进步。于是威尔逊在会议开始，便极力表扬业绩有进步的超市经理。威尔逊表扬的话还未说完，受肯定的效应便产生了。每位经理都显得神采奕奕，充满奋斗的激情。威尔逊的话音刚落，一位超市经理便主动站起来发言。他向威尔逊表示，他也打算在超市实行一些新政策，力求让下一个季度获得更多利润。随后，其他的超市经理也相继发言，表明自己的决心和解决方法。威尔逊当下暗暗吃惊：如此主动地互动场面是以前费尽心思也达不到的效果。以前开会，都是威尔逊在讲话，经理们安静得像一尊尊雕塑。而今天对工作成绩的小小肯定，使威尔逊不需要问问题，他们便主动让问题浮出水面，并想方设法去解决。这一良好结果是威尔逊始料不及的。

相信优秀的领导者都会意识到及时对员工的工作给予肯定所产生的重要作用。早期的美国福克斯公司，急需一项重要的技术改造。一天深夜，一位科学家拿了一台能解决问题的原型机闯进总裁的办公室。总裁看到这个主意非常妙，非常高兴，立即琢磨起怎样给予奖励。他翻遍了办公室的所有抽屉，总算找到了一样东西，于是躬身对那位科学家说："这个给你！"他手上拿的竟是一根香蕉。那位科学家看到香蕉心里非常感动，因为总裁的这个小小的举动向他反馈了一个信息，那就是：你做得很好，无以为谢，只好用一根香蕉代表我对你工作的肯定。试想，世上还有哪一根香蕉得以拥有如此价值呢！

无独有偶，美国惠普公司的市场经理，一次为了及时表示酬谢，竟把几袋水果送给了一位推销员，鼓励他的优秀表现。其实他们这样做，是因为他们清楚地知道，对于员工来说，在取得成绩后最想得到的就是上司对他的肯定，把成绩及时反馈给员工，这让他们切实感受到了自己的工作表现受到了肯定与重视。

管理艺术

人人都有得到别人认可和赏识的欲望。在工作中，这种欲望一旦得到满足，就能让员工感知到工作的意义，进而将潜能最大限度地发挥出来。领导者要想让员工心甘情愿地为企业带来利润，往往只需做一件很简单的事——及时地将员工的绩效表现反馈给他，包括积极的表现和消极的表现。当然，正面的反馈是最重要的，相信每一个员工都喜欢看到上司对自己工作的肯定。管理者将员工的成绩通过沟通的方式告诉员工，能激励员工的进取心，鼓舞员工士气，营造愉快的工作氛围。好公司离不开好团队，好团队离不开有效的激励，而激励是一点一滴的积累，将员工的工作成绩告诉员工就是一种很好的激励方法。当你的下属在工作过程中取得进步时，请及时把他的成绩反馈给他本人，并给予鼓励，这样能使其发挥更大的潜力将工作做得更好。

海潮效应

☆　一句话说管理　☆

一个领导者要懂得运用更好、更巧妙的方式方法，才能够为组织吸引、凝聚和留住人才。

追本溯源　海水因天体的引力而呈现波涛汹涌。如果天体的引力大，则出现大潮；如果天体的引力小，则出现小潮；如果天体的引力过弱，则不会形成潮汐，而是呈现风平浪静的状态。人们就把这种现象称为“海潮效应”。

海潮效应引申到管理中来就是如何以一种更好的办法去吸引人才，凝聚人才，留住人才。有效地利用激励机制。

企业实战运用　　*※ 李彦宏的激励机制*

提起百度可谓无人不知，无人不晓，其麾下可谓人才济济，群英荟萃。有很多人就纳闷儿：李彦宏这个文面书生到底有什么魅力得以使如此多的人才为其忠心耿耿地效劳？其实最主要的一点就是李彦宏用了一种有效的激励机制，那就是股权的激励。百度的股权激励计划是中国互联网公司中最优厚的激励计划之一。在2000年期权计划初、中期，李彦宏通过一次性授予管理层和核心员工期权来进行长期激励。随后，李彦宏开始分期授予管理层和核心员工期权。上市前夕，百度的董事会成员和执行官所占有的股份达到29.5%。而百度股权的将近5.5%为普通员工所持有，这并不包括公司高管的股权和前期已经行权的员工持股。2005年8月5日，百度的公司在美国纳斯达克上市。上市后的百度，其董事和执行官共同持股29.5%：CEO李彦宏持股25.8%、技术副总裁刘建国持股1.1%，首席财务官王湛生持股1.1%，首席运营官朱洪波持股1%，副总裁梁冬持股0.4%。同时，公司的其他员工持有5.5%的股份。百度的上市不仅使李彦宏一人身价倍增，同时百度内部还一下子产生了6个亿万富翁、51个千万富翁、240多个百万富翁。甚至当时业界还流传“百度连前台小姐都是百万富翁”的说法。

股权的激励不仅仅是表面上给员工的一种物质鼓励，最重要的是管理层和员工持股形成一种持股文化，形成公司内部的平等和稳定的氛围。当然最重要的是，这能够促使百度的管理团队和员工努力工作，为将来期权行权时将“纸上富贵”变成拿在手里的真金白银。这样通过期权计划，百度的核心管理层和核心员工通过期权能够在未来获得自己的股权。知识的价值在这里得到了充分的承认。通过期权激励，百度形成了一个核心团队。

李彦宏认为，期权激励是百度的特色，很多员工是在公司非常小的时候冒着很大风险加入进来的，进入公司的员工大多经过非常艰苦的阶段，一步一步走过来，因此，通过股票期权获得一定经济上的收益是理所当然的。

李彦宏用有效的股权激励打造出了世界的百度。

我们可以从百度的股权激励中看出，激励机制的确对员工存在着巨大的工作动力。对于现在这个竞争日益激烈的社会，人力资源已成为现代企业的一种战略性资源，是企业发展的最关键因素。在人力资源管理的众多内容中，激励问题是最重要内容之一。激励的正确与否，直接关系到人力资源运用的好坏。人们在事关自己切身利益的时候，就会对事情的成败分外关注，而趋利避害的本能会使面临的压力变为动力，这也是激励之所以有效的最根本原因。

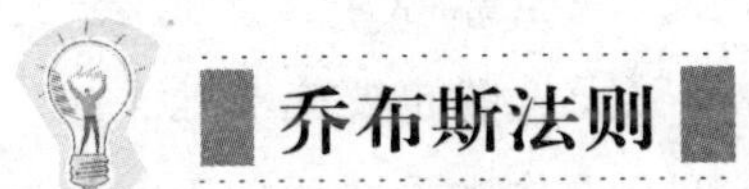

乔布斯法则

☆ 一句话说管理 ☆

网罗一流人才，是成功企业的必备要素。

追本溯源 “乔布斯法则”的提出者是苹果计算机公司老板史蒂夫·乔布斯。有道是科技是第一生产力，而企业的竞争归根结底就是人才的竞争。任何一个企业都需要人才，否则就无法立足。

因此，21世纪是充满机遇和挑战的时代，各个企业都认识到“人才是第一资源”不是口号，而是已成为不能改变的铁的事实。网罗一流人才已成为众多企业家最关注的事情之一。在当今时代，成功的企业可能有许多不同的成功经验，但有一条是相同的，那就是重视人才。

企业实战运用 ※ 海尔的“空降兵”模式

海尔集团是世界第四大白色家电制造商、中国最具价值品牌的企业之一。海尔在全球30多个国家建立本土化的设计中心、制造基地和贸易公司，全球员工总数超过5万人，俨然成为了大规模的跨国企业集团。从2002年开始，海尔品牌价值连续6年蝉联中国最具价值品牌榜首，在世界范围内的美誉度大幅提升。2005年，海尔被英国《金融时报》评为“中国十大世界级品牌”之首。2006年，在《亚洲华尔街日报》组织评选的“亚洲企业200强”中，海尔集团荣登“中国内地企业综合领导力”排行榜榜首，这已经是海尔连续第四年获得这份殊荣了。2007年，海尔实现了全球营业额1180亿元。

能够取得这样成就的企业，必然会有其与众不同的地方，在这些不同之中，尤为引人注目的就是海尔的“1+1+N”的发展模式。所谓的“1+1+N”模式，其实就是“外部专家+内部干部+员工团队”。海尔集团从不排斥从外部吸引人才。在张瑞敏看来，海尔的“1+1+N”模式，是一种开放的视角。过去在海尔集团的企业文化中是排斥空降兵的，人才完全是自己培养。然而随着企业规模的扩大，排斥空降兵的做法就具有了很强的局限性，所以在这时，海尔就放弃了之前陈旧的想法。

空降兵是“1+1+N”模式中极为重要的一环。在张瑞敏看来，即使内部干部做得十分出色，也需要一个空降兵加入到团队中去，即使这个空降兵与内部干部的水平差不多，但是他们思路不一样，这样会产生观点碰撞。据了解，目前整个海尔集团，各重要的职能部门、事业部都配备了空降兵。这些空降兵中很多是有国际大公司或者是有全球化工作背景的人，他们的加入给海尔带来了很多新的观点。

张瑞敏在讲到海尔集团的空降兵时，还特意作了解释：空降兵的做法是指新人才进入企业后，工作就完全交给你了，完全靠你来做。这会马上形成在位者的抵触情绪——我可能不如你，但就算你是强龙，我也要充当地头蛇。现在我们看每一个进来的人，不仅仅看你有没有这个资历，看你来了之后能不能做这个工作，更多的是看文化上的认同，这个认同倒不是说很多的具体做法，就是一条：是否认同共同把海尔打造成世界名牌。

海尔获得的巨大成功充分证明了空降兵的作用。在这些空降兵中，陈广乾就是一个十分典型的例子。陈广乾原来是惠普公司的顾问，现在已经加盟海尔，是海尔的首席信息官。和原先负责这块工作的负责人梁旭一起将工作做到了更好，两人的配合度很高，而且也做出了很好的成绩。

当然，空降兵并不是平白无故就离开自己原先的工作岗位而投奔海尔的，事实上，这些空降兵的到来都是海尔自己聘请过来的。海尔的成功在一定程度上也反映出了网罗人才的重要性。

管理艺术

企业的活力来源于人才。一个生机勃勃的企业必然是一个人才聚集的企业。对于企业而言，人才就是舵手，推动企业驶向成功的彼岸。没有人才的企业无疑就是无舵之船，寸步难行，更无力与商海中的惊涛骇浪搏斗。乔布斯在一次讲话中说："我过去常常认为一位出色的人才能顶两名平庸的员工，现在我认为能顶50名。"这话倒真的不能否认，萨耶有了卢贝克和路华德两个人才，才有了他后来的天下。因此，作为企业的管理者，在经营企业的过程中，不要只关注产品、市场、技术，更要学会关注人的力量。毕竟产品是人做出来的，市场是人开发出来的，技术是人创造出来的，任何企业首先是生产人才，然后才是生产产品。

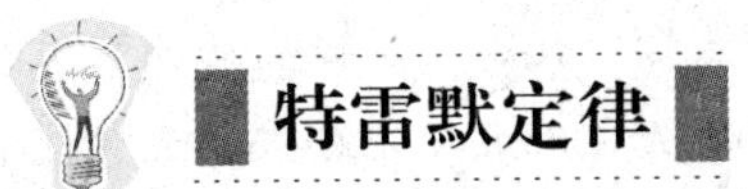

特雷默定律

☆　一句话说管理　☆

企业里没有无用的人。

追本溯源　曾国藩说："千金之剑，以之析薪，则不如斧。三代之鼎，以之垦田，则不如耜。当其时，当其事，则凡材亦奏神奇之效，否则锆而终无所成。"意思就是，价值千金的宝剑用来砍柴，不如斧子好用。三代用过的传家宝鼎很贵重，用来垦荒田还不如木犁。面对具体的时间，具体的事情，只要你用人恰当，普通人也可以收到神奇的效果。不然分不清宝剑、锄头的特性，什么事情都做不成。

的确，人各有所长，各有所短。一个优秀的领导必能趋利避害，用人之长，容人之短。因此，英国管理学家E.特雷默针对这种情况认真作了总结，称其为"特雷默定律"。

企业实战运用　※ 识人之短，用人之长

有一本书中曾写了这样一个真实的故事：林肯总统在任期间，正值南北战争。开始，他在任命军队总司令的时候，强调司令应没有重大缺点。可是，根据这种方针选用的几个将领，虽然他们所领导的北军在人力、物力上都处于绝对优势，但不断被南军那些浑身都是大小缺点的将军打败。

1846年，林肯总统改变了用人方针，他决定起用虽然有缺点，但在用兵作战方面有突出特长的人。人称"酒鬼将军"的格兰特被任命为总司令。结果一公布，大家纷纷反对，认为这种贪杯的人不能做将军，可林肯却不为所动。他知道，格兰特虽然有酗酒的毛病，但他却是北军中最能够运筹帷幄、决胜千里的人。他相信，只要调动起格兰特的积极性，并适当控制他的酗酒毛病，就一定能做到人尽其用。后来的事实充分证明了林

肯总统的决策是正确的。格兰特的受命，成了南北战争的转折点。

还有这样一个例子：有一位企业家，他非常成功。在一次工商界的聚会中，一位老板对这位成功的企业家说："我手下有三个不成才的员工，做事总是不能让人满意，常常出岔子，我正准备找机会将他们炒掉。"

"为什么要这样做呢？他们为什么不成才？"这位成功的企业家问道。"一个整天嫌这嫌那，专门吹毛求疵，找别人不是；一个整天杞人忧天，老怕工厂有事，不安心做事；还有一个浑水摸鱼，整天在外面闲荡鬼混，不务正业。"

成功企业家听后想想说："既然这样，你就把这三个人让给我吧！"三个人第二天到新公司报到。

这位企业家给他们如此分配工作：喜吹毛求疵者做质检员；害怕出事者，让他负责安全保卫及保安；喜欢浑水摸鱼整天在外面跑来跑去的人，让他负责商品宣传，做产品活动宣传员。

三个人一听，职务的分配和自己的个性正好相符，兴冲冲地走马上任了。

这些以前被人瞧不起的人在新企业里都有了自己的用武之地，他们各司其职，各负其责，发挥出不可估量的作用，使得工厂的效益不断增加。识人之所长以及用人之所长，可以说是人的一种本能。能识人"之短"并用之，更是领导人的一大本领，这种本领用好了，将会给企业、给组织带来不菲的效益。

也许大家都知道以生产摩托车闻名于世的日本本田公司的创始人本田宗一郎，他也是一个善于用人的组织者。在他的回忆录中，曾记录着这样一段话："当我在 1948 年第一次见到藤泽武夫时，我就发现他所具有的正是我所缺少的，虽然他对机械问题完全是门外汉，但他却是一个超级推销员。我认定他将是一个企业家式的人才，于是委任他做了公司的第二负责人。后来，我们的合作产生了惊人的效果。"

俗话说："挽弓挽强，用人之长。"再有言："没有平庸的人，只有平庸的管理者。"高明的管理者会肯定员工的不平庸，进而从普通的员工身上发掘有用的价值，加以引导和开发。其实，如果能有效地用人之长对一个企业来说可谓是"三"全齐美的事情。首先，员工能够在工作中发挥自己的特长，有利于工作业绩形成、工作信心树立以及工作责任感的建立，也有利于自身专长能力的不断改善和提高；其次，管理者能够准确地发现和发挥员工在工作中的长处，有利于管理水平的提升，也有利于培养员工成为工作中的得力助手，分担相应工作，使自己能够集中精力思考更复杂更重要的问题；再次，对企业来说，能够实现人尽其才的工作局面不仅有利于资源，尤其是人力资源得到优化利用，也有利于企业管理水平的提升。试想，一位优秀的企业领导，假如把每个下属所擅长的方面有机地组织起来，就会给企业的发展带来整体效应。因此，有效地调动每个下属的长处，是一位合格的企业领导的责任。换句话讲，高明的领导者会趋利避害，用人之长，避人之短；如此一来，则人人可用，企业兴旺之日就不远了。

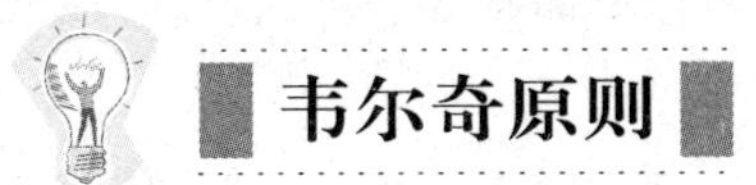

韦尔奇原则

☆ 一句话说管理 ☆

企业管理者的全部工作便是选择适当的人。

追本溯源 杰克·韦尔奇有“经理人中的经理人”之称，是20世纪最伟大的CEO之一。他在业界之所以重要，是因为他“生产”人才。“韦尔奇原则”是他一生用人、培养人实践的总结。在一次全球前500名经理人员大会上，杰克·韦尔奇透露他成功的重要秘诀时说：“GE成功的最重要原因是用人。”他为通用电气做的最后一件重要工作，就是在退休前选定了自己的继承人伊梅尔特。

与很多CEO不同，杰克·韦尔奇把50%以上的工作时间花在了人事上，他自认为他最大的成就是关心和培养人才。他至少能叫出1000名通用电气高级管理人员的名字(GE的员工约17万名)，知道他们的职责，知道他们在做什么。韦尔奇自己曾说：“我们所能做的是把赌注押在我们所选择的人身上。因此，我的全部工作就是选择适当的人。”

韦尔奇认为，挑选最好的人才是领导者最重要的职责。他说：“领导者的工作，就是每天把全世界各地最优秀的人才揽过来。他们必须热爱自己的员工，拥抱自己的员工，激励自己的员工。”作为一个过来人，韦尔奇给公司领导者传授的用人秘诀是他自创的“活力曲线”：一个组织中，必有20%的人是最好的，70%的人是中间状态的，10%的人是最差的。这是一个动态的曲线，但一个合格的领导者，必须随时掌握那20%和10%里边的人的姓名和职位，以便制定出准确的奖惩措施。所有的这些，都可以包含在“韦尔奇原则”之下，它对我们有着巨大的参考价值。

企业实战运用 ※ 美国西南航空公司的选人策略

美国西南航空公司是整个20世纪90年代行业内适应能力最强的航空公司。自1973年以来，公司每年都保持盈利；它在所有的主要航空公司中，是销售收入成长最快的公司；它获得了美国交通部颁发的“三冠王”称号；它在所有的主要航空公司中是运营成本最低的公司之一，每英里座位成本大约7美分，这一优势使它能够用低成本的票价打击竞争对手。

那么，西南航空公司成功的秘诀是什么呢？它最重要的成功因素就是——员工队伍。员工是公司最宝贵的财富，正是他们的热情服务，对乘客的关心照料，以及永不停歇的工作帮助美国西南航空公司成为了全球最成功的航空公司之一。公司的员工对任何事情充满了热情，他们真挚地关心公司的客户和所提供服务的社区以及公司，也正是这种热情让美西南成为美国最令人尊敬的品牌之一。《财富》杂志已经连续几年评选它为美国最令人羡慕的公司。

西南航空公司花费了大量的时间和精力雇用、培训和保留那些合适的员工。虽然是低成本航空公司，但公司向员工队伍提供了极佳的福利方案。同时公司注重培养一种合作、信任和团队精神的工作氛围——鼓励员工具有创新性并且对所从事工作怀有快乐的态度，比如他们所具有的标志性幽默感能让乘客拥有一段令人愉悦和令人回想的旅行经历。员工们清楚，每一次以热情、关怀的服务态度和客户打交道的过程就是向客户展现公司可靠产品的过程。

选择合适的人，对企业来说是很重要的。美国西南航空公司在选人方面很重视。

它在招聘新员工上，与其他的企业不同。面试者并不是由企业的管理者组成的，而是由乘务员、地面站控制员、管理者，甚至是顾客组成的面试小组进行评估。首先是要参加集体面试，面试者要求求职者讲述自己最尴尬的时刻。西南航空公司让顾客参与招聘面试基于两个认识：顾客最有能力判别谁将会成为优秀乘务员；顾客最有能力发现有潜力的乘务员成为顾客想要的乘务员。

通过第一轮面试的人，将进行深度的个人访谈。在这个访谈中，将对求职者进行特殊的心理素质测验——会试图。这些特定的心理素质是西南航空公司通过研究最成功的和最不成功的乘务人员发现的。

被聘用的新员工试用期为一年，在这段时间内管理人员和新员工有足够的时间来判断他们是否真正适合这个公司。西南航空公司鼓励监督人员和管理人员充分利用这一年的试用期或评估期，将那些不适合在公司工作的人员解雇掉。但是有趣的是，西南航空公司很少解雇员工。因为在这些员工被告知之前，他们已经知道自己与周围的环境格格不入而主动走人。

西南航空公司在使用员工方面保持一定的灵活性，对员工的职业志向做出积极响应。新雇员工通常以初级职位加入公司，如飞行员刚进来时的职位是一级官员。随着他们在公司得到更多的技能并成为公司文化的支持者，他们就期望在公司内能够得到提升。员工被选拔出来得到内部晋升和调动的依据是综合考虑他们的技术技能和个人作风的结果。那些并不怎么支持公司文化的经理们很少有进一步晋升的机会，往往最终只有离开公司。因此，留下来的能够不断得到提拔的经理们是公司内部各个部门的领袖人物，他们严格按照公司的基本价值观和原则办事。因此，员工招聘、培训、安置和培养成了公司用以保持卓越绩效的企业文化的重要杠杆。

正是通过这样的选人策略，才保证了西南航空公司员工具有高水准的服务标准，从而创下了连续 20 多年盈利的骄人成绩。因此，选择合适的人才是企业成功的重要因素。

管理艺术

人力资源作为企业最宝贵的财富，在企业发展中起着举足轻重的作用。公司把员工和人才作为最宝贵的财富，始终坚持“企业始于人而止于人”的员工价值观，把员工放在了企业发展战略的首要位置。

因此，这也在侧面反映和说明身为企业管理者的我们更要善于发现和启用人才型员工。管理大师韦尔奇认为，挑选最好的人才是领导者最重要的职责。在一个组织单位中，必有20%的人是最好的，70%的人是中间状态的，10%的人是最差的人。那么，一个称职的管理者，则必须随时掌握那20%和10%里面的员工情况，以便做出准确的奖惩措施。

简言之，管理者只需找到合适的人，放在对的位置工作，再鼓励、监督其完成任务，以员工特长为思考点，安排调整工作位置，就能让团队发挥其最大效能了。

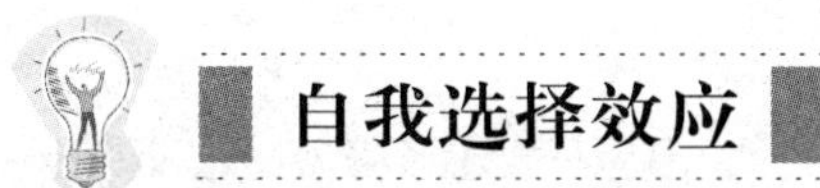

自我选择效应

☆ 一句话说管理 ☆

什么样的选择决定什么样的生活，今天的生活是由3年前我们的选择决定的，而今天我们的选择将决定我们3年后的生活。

追本溯源 生活中一旦选择了某一种人生道路，就存在向这条路走下去的惯性并且不断自我强化。对于一个人来说如果频繁跳槽，势必要用大量时间、精力去学习新的制度乃至工作知识，建立新的人际关系，等等，这些都是付出的代价；而反过来对企业来说，如果员工经常跳槽，对企业长期稳定的发展来说肯定也是不利的。要想留住员工，必须培养其归属感。

企业实战运用 ※ 思科公司的“自我选择”

誉满全球的思科公司曾在全球做过员工对公司整体感觉以及对主管满意度的调查，结果中国公司的满意度为75分以上。据此，美国《时代周刊》的一名记者曾对思科一名普通员工进行采访，该员工表示自己将会考虑出国读书，但学业归来仍会回到思科工作。在这个充满了机遇和挑战的年代，思科是如何留住这一帮聪明、活跃而不安分的人才，从而在短短18年中创造出曾经公司市值全球第一的呢？

人工作主要的是为了钱，有了钱才能生活。思科在设置薪酬时会进行全面的市场调查，确定员工的底薪不是业界最高的同时也不是业界最低的，这样，既不会造成企业运营成本过高，也不会因低于行业标准而影响员工的积极性。思科希望员工的收入能够更多地与其业绩挂钩。

思科实行全员持股，员工所拥有的股权占了40%，并且计入费用成本。原则上每一个员工进来以后，每一年都会给一次期权，每一年会有一个不同的分配原则。每人得到的期权多少，跟公司每年发放多少期权有很大关系。在思科，每个人都心照不宣：发财靠期权。如果公司股价仍保持良好势头节节高升的话，豪宅、汽车对于拥有期权的思科人来说并不是梦。

从思科的薪酬设置可以看出，其基本思想是让员工分享公司的成功。思科还设有名为“CAP”的现金奖励，金额从250到1000美元不等。一个具有杰出贡献的思科员工，可以由提名来争取奖励。一旦确认，这名员工就可以及时拿到这笔现金奖励。另外，每季度的部门最佳员工都会有旅游的机会。

薪酬的设置是思科的一个带有很大激励性的手段，而当人们超越了生存的底线后，最渴望的就是自我价值的实现与提升。思科认为每个人都是潜在的经理，如果认为哪个员工优秀的话，就会派他到海外做短期培训，或调到海外工作。是否真的优秀，很快就能试出来。在这种氛围的影响下，每个员工都非常努力，因为只要愿意去做，思科就会给你很多机会。

据了解，不管经济是景气还是低迷，每名员工平均每年都要参加6个培训班。2003年第一季度，思科中国员工培训经费超过了100万美元。在思科，员工的成才之路都有章可循。思科允许员工调换岗位，但需要自己物色或培训一个能够胜任其目前职位的人选。员工可以在公司的部门之间频繁转换，直到找到最适合自己的岗位。

事实上，当员工最终选择留在一家公司时，高薪和升迁都不会是终极目标。因为只要有能力，到哪里都可以独挡一面。因此，员工最终离去的基本原因是没有归属感。对于企业而言，想要形成可持续发展的关键在于人才战略，而人才战略的核心在于培养核心员工的归属感，凝聚人才智慧，形成持续的创新动力，推动企业发展。话说回来要留住员工，培养员工的归属感，关键在于企业营造的环境与给予的空间。譬如思科给员工创造一种平等、信任、开放的工作氛围，通过开放、透明的网络工具，给员工提供充分的信息。这是一种非常高明的做法。因为无论对于企业或员工来说，彼此是利益相通、荣辱与共的。

大荣法则

☆　一句话说管理　☆

人才的培养是决定企业生存和发展的命脉，企业的发达乃人才的发达，人才的繁荣即企业的繁荣。企业未来的生存和发展应着眼于对人才的培养。

追本溯源 号称日本两大百货公司之一的大荣百货公司创建于1957年。初创时的大荣公司只是大阪的一家小百货店，职工只有13人，后来扩展到经营糖果、饼干等食品和百货。大荣公司的经营决策是：重视对人才的培养。由此走上了成功的道路。大荣公司提出的“企业生存的最大课题就是培养人才”，被人们称为“大荣法则”。

企业实战运用 ※ 求贤若渴的美国百华公司

人才是企业发展的命脉，企业只有靠人才才能不断地发展进步。

美国著名的百华公司萨耶·卢贝克公司的创始人之一理查德·萨耶是做小生意起家的，他的生意之所以会做到那么大，最重要的一点就是他善于发现和起用人才。

萨耶起初在明尼苏达州一条铁路上当运送货物的代理商。代理商的共同烦恼就是有时你大老远地送过去，收货人因为嫌货不好，拒收送到的货物，代理商若再将货物带回，就得倒赔一笔运费。萨耶灵机一动，想出一个新招——邮寄，这样不仅使退货率大为降低，也为买主提供了便利。

萨耶这种邮寄的方式，给他带来了意外的成功。他的生意必须扩大规模，于是，他苦苦地寻找人才。俗话说：“生意好做，伙计难找。”伙计不易找，运筹帷幄、独当一面的将相之才就更难求了。在商场激烈的竞争中，人才战有增无减，愈演愈烈。

萨耶挑选了将近5年，终于，一天夜里，他正在路上散步，遇到了卢贝克，卢贝克到圣·保罗去买东西，不料途中迷了路，这时候的卢贝克已经是饥肠辘辘了。

萨耶看到卢贝克，对他的仪容外表顿生仰慕之心，于是他邀请了卢贝克到他的小店中休息。两个人聊了一会儿，居然睡意全无，一直谈到天亮。

“我觉得你的想法非常好，只要经营得法，一定前程远大。”卢贝克热情地说。

萨耶此时心中很是高兴，他觉得眼前这个人就是他多年要找的人，他直言道：“我有句话，实在不好开口。我想，既然你觉得这一行很有前途，何不参加进来我们一起经营呢?”

两人默默相视，然后，隔着桌子热烈地拥抱在一起。以两人姓氏为名的世界性的大企业“萨耶·卢贝克公司”在拥抱中诞生了。

萨耶和卢贝克两个人合作非常成功，公司第一年的营业额就比萨耶独自一人经营时增加了将近10倍，达40万美元。第二年的发展更快，这种发展速度不仅是二人始料未及的，而且使他俩明显地感到力不从心了。

“也许我们都是中驷之才。”萨耶苦笑着说。

“是啊，这话我早想说了，就怕泄了你的气。”卢贝克说，“我们何不请一个有才能的人参加我们的生产?”

萨耶一直把当年发现卢贝克视为一大快事，对他的这个建议一拍即合：“好吧，我们为我们的生意找个老板。”

为上百万元的生意找个经营人，实在比找伙计困难多了，他们不久就感到了灰心。这种将相之才，实在是天才人杰，本来就是很稀少的；即使真有这种人才，恐怕也早就被别人拉走了。萨耶和卢贝克三番五次地谋划，决定开阔视野，到一般的小商人中去寻找。

后来，他们发现经常到他们店里贩布的路华德是一个经营的人才，就邀请他加入了公司当总经理。

当上总经理的路华德为报知遇之恩，天天废寝忘食地工作，终于做出了惊人的成就。萨耶·卢贝克公司声誉日隆，10年之中，营业额增加了600多倍。现在该公司拥有30万名员工，每年的售货额将近70亿美元，对于零售行业，这可是个不可思议的天文数字。

管理艺术

人才是企业发展的重要因素，是企业的财富，是企业发展的主力军。怎样激励人才、保护人才、留住人才，这是摆在企业面前的一个重要课题。

人才特别是尖子人才在企业发展中有着不可替代的作用。尖子人才往往在企业的发展中决定着企业管理机构和研发队伍的水平和实力，在当今市场经济竞争日益激烈的背景下，企业更需要大批的尖子人才和战略家，所以实施人才强企战略，既迫在眉睫，又任重道远。

实施人才强企战略，必须树立新的思想观念。坚持“不唯学历，不唯职称，不唯资历，不唯身份”，树立人人都可以成才的科学人才观，不断建立惠及企业发展的人才资源开发机制，不断满足企业做大、做强、做长、做久的发展需要。

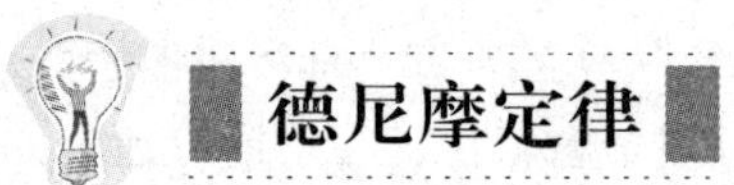

德尼摩定律

☆ 一句话说管理 ☆

凡事都应有一个可安置的所在，一切都应在它该在的地方。

水本溯源 该定律的提出者是英国管理学家德尼摩。

企业实战运用 ※ 艾森豪威尔的成功之道

艾森豪威尔出身于平民家庭，他的性格沉稳，原来他在军队也一直担任文职——参谋长。是什么驱使这个温顺的人挑起二战的重担直至担任盟军总司令呢？1942年，他还是一个普通的少将，到第二年却是五星上将了，五星上将是美军的最高军衔。第二次世界大战中他是盟军的指挥官，在诺曼底登陆前的一天，他在英国打高尔夫球，记者采访他：“前线战势紧急，您怎么还有心情在这里打球啊？”艾森豪威尔说：“我不忙，我只管3个人：大西洋有蒙哥马利，太平洋有麦克阿瑟，喏，在那边捡球的是马歇尔。”艾森豪威尔手下有百万大军，但他只管3个人。常人听起来不免惊讶，大敌当前，艾森豪威尔竟悠闲地打球，不是他不关心战事，而是他能够知人善任、合理授权，轻轻松松地做领导。艾森豪威尔知人善任的管理风格在任用巴顿的事情上得到了充分的体现。

巴顿与丘吉尔属于同一类人，他们都具有18世纪贵族式的天性，缺乏保持沉默的自控力，生命与感情之火要比常人燃烧得更旺。巴顿作战勇猛果断，是个不可多得的将才。但是他的毛病是常常不分场合地发表一些议论，给顶头上司招来许多麻烦。例如在诺曼底战役的前夕，他在英国发表讲话说：“战争胜利后，英国和美国需要联合起来管理世界。”这句话当时把罗斯福气得半死，引起了一场轩然大波。有的人公开说“他完全不宜于指挥一个集团军”，弄得巴顿下不了台，只好向艾森豪威尔提出辞职。艾森豪威尔对自己手下的这个将领是颇为了解的，认为最容易的办法是让他在战争中担任一个重要职务，阻止他作公开讲话。因此，当巴顿提出辞职时，艾森豪威尔笑着说：“你还欠我们一些胜仗，偿清它吧，全世界将相信我是一个聪明人。”在诺曼底战役中，巴顿指挥美国第三集团军。他的坦克部队大胆地长驱直入，纵横切割，打得希特勒叫苦连天。艾森豪威尔不因巴顿讲话鲁莽而叫他坐冷板凳，确实不失为一个聪明的举措；而且又很好地利用了巴顿勇猛善战的才能，使他为国家立下了战功。艾森豪威尔知人善任，成为了后人学习敬仰的榜样。

俗语云：“金无赤足，人无完人。”虽然世人多俊才，但各有所专，一个人不可能在各个方面都超凡脱俗，既有其长，必有其短。但是也有人说过世上没有庸才，只有放错地方的垃圾，一个团队要想成功，就需要各种各样的人才。对于管理者来说，企业的用人之道在于知人善任、用人之长。首先了解和掌握员工的特点个性，并将其合理地安排到相应的工作岗位上，让他发挥自己的特长，达到人尽其才的目的。管理者在选拔人才的时候，必须从企业的实际情况出发，扬长避短，用人所长，做到人尽其才，才尽其用。

光环效应

☆ 一句话说管理 ☆

当你对一个人产生好感时，他的身上会出现积极的、美妙的，甚至是理想的光环，从而忽略了对方外貌、心灵上的不足，甚至人为地赋予了他很多美好的品质。

追本溯源 “光环效应”又称“晕轮效应”，它是一种影响人际知觉的因素。这种爱屋及乌的强烈知觉的品质或特点，就像月晕的光环一样，向周围弥漫、扩散，所以人们就形象地称这一心理效应为光环效应。和光环效应相反的是恶魔效应，即对人的某一品质，或对物品的某一特性有坏的印象，会使人对这个人的其他品质，或这一物品的其他特性的评价偏低。

名人效应是一种典型的光环效应。不难发现，拍广告片的多数是那些有名的歌星、影星，而很少见到那些名不见经传的小人物。因为明星推出的商品更容易得到大家的认同。一个作家一旦出名，以前压在箱子底的稿件全然不愁发表，所有著作都不愁销售，这都是光环效应的作用。

企业实战运用 ※ 合理运用人才

有个企业新招了一个经理，负责技术部门的工作，后来老板在接触中发现这个人很有能力，也非常的敬业，于是就对该人重用，有什么事情，只要不是另外可信任的人能做的事情就交给这位经理去做。结果是这位经理所负责的技术部门的工作没多少时间顾及，技术问题很多。我们知道技术是整个企业的源头，技术出了问题最后导致生产、采购、客服等一系列的问题都出现了，而这位技术经理则成了救火队员，主要工作用在了解决这些问题上。试想，如果这位主管将主要的精力放在技术上，将技术规范，产品量产前的试产、作业指导书等各方面的工作做扎实了，其他问题自然就少了很多。但这个老板却没看到实质的问题，犯了光环效应，认为这个人有能力，就什么都让他去做，却忽视了他的特长，把主要问题丢了。

作为一名管理者在用人的时候不要只看其长，也不能只看其短，以偏概全，那样就会觉得自己的手下无人可用了。据说美国南北战争期间，林肯为了稳健，一直任用那些没有缺点的人任北军的统帅。可事与愿违，他所选拔的这些统帅在拥有人力物力优势的情况下，一个个接连被南军将领打败，有一次差点还丢了首都华盛顿。

林肯很震惊，经过分析，他发现南军将领都是有明显缺点同时又具有个人特长的人，总司令李将军善用其长，所以能连连取胜。于是林肯毅然任命格兰特将军为总司令。但格兰特遭到了一些人的非议。

据说某个禁酒委员会的成员得知这件事情后特地访问林肯，要求他将格兰特将军免职。林肯吃了一惊，问：“原因何在？”该委员会发言人说因为格兰特喝威士忌喝得太多了。没想到林肯听了竟说：“请你们谁来告诉我，格兰特喝威士忌的牌子？我想给我的其他将军每人送一桶去。”

林肯何尝不知道酗酒可能会误大事，但他更清楚在诸将领中，唯格兰特将军能够运筹帷幄，是决胜千里的帅才。林肯知道他不能没有这个人，这是一名能征善战的勇士。后来的事实证明格兰特将军的受命正是南北战争的转折点，格兰特打败了南部军队总司令罗伯特。

管理艺术

与人交往，第一印象非常重要。人们都习惯于用第一印象来评价别人，凭表面印象来判断、评价人才；如果这样择取人才，可能会错过人才，选择了绣花枕头，真正的人才未被赏识。譬如许多的奸佞小人善于讲奉承话，表面上忠心耿耿，实际上心怀邪念，这是表面现象的一种；忠臣不善言表，这又是表面现象的一种。所以作为一名领导人千万要注意此类的“光环效应”。在用人的时候首先要全面了解员工，不能只听一面之词，不能先入为主，不能仅凭一孔之见，就对一个人下定论。兼听则明，偏信则暗。要想用好人，就必须全面了解和掌握每位员工的综合情况，包括他的优点和缺点。

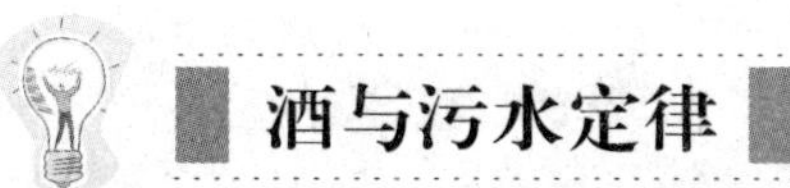

酒与污水定律

☆ 一句话说管理 ☆

组织系统往往是脆弱的，是建立在相互理解、妥协和容忍的基础上的，很容易被侵害、被毒化。

追本溯源 管理学上有一个有趣的定律叫“酒与污水定律”，意思是一匙酒倒进一桶污水，得到的是一桶污水；把一匙污水倒进一桶酒里，得到的还是一桶污水。显而易见，污水和酒的比例并不能决定这桶东西的性质，真正起决定作用的就是那一勺污水，只要有它，再多的酒都会变成污水。

企业实战运用 ※ 开除一雄

日本伊藤洋货行是以从事衣料买卖起家，食品部门比较弱，后来企业老总千方百计从东食公司挖来一雄。“东食”是三井企业的食品公司，对食品业的经营有比较丰富的经验，于是有能力、有干劲的一雄来到伊藤洋货行，宛如是为伊藤洋货行注入了一剂催化剂。自一雄加入后，伊藤洋货行食品部门十几年间业绩提升数十倍，呈现一片蓬勃的景象。

但是有一点不完美的是，一雄和伊藤的工作态度及对经营销售方面的观念有极大的不同。一雄是属于新潮型，非常重视对外开拓，善于交际，对部下也放任自流，这和伊藤的管理方式迥然不同。伊藤是走传统、保守的路线，一切以顾客为先，不太与批发商、零售商们交际、应酬，对员工的要求十分严格，要他们彻底发挥他们的能力，以严密的组织作为经营的基础。作为当家人的伊藤当然无法接受一雄豪迈粗犷的做法，伊藤因此要求一雄改善工作态度，按照伊藤洋货行的经营方法去做。

但是一雄根本不加以理会，依然按照自己的做法去做，而且业绩依然达到水准以上，甚至有飞跃性的增长。这样充满自信的一雄，就更不肯修正自己的做法了。他认为一切都这么好，证明这路线没错，根本就没有必要再改。

为此，双方意见的分歧愈来愈严重，裂痕愈来愈深，终于到了不可收拾的地步，伊藤只好下定决心将一雄解雇。这在日本商界引起了不小的震动，就连舆论界也以轻蔑尖刻的口吻批评伊藤过河拆桥。

为此，伊藤解释说这件事情不单是人情的问题，而是关系着整个企业的存亡问题。秩序和纪律是企业的生命，不守纪律的人一定要处以重罚，即使会因此降低战斗力也在所不惜。如果容忍“治外法权”如此持续下去，必然会毁掉过去辛苦建立的企业体制和组织基础。这样一来企业的安危将不复存在，更别提有什么前景可言了。

企业里人员众多，鱼龙混杂。如果其中存在一个烂苹果不立即清除的话，那么很快整箱苹果都会烂掉。因为如果表现差的员工没有受到任何惩罚，会促使表现好的员工离开公司，可想而知没有人会想待在不在乎员工表现的公司；相反那些表现平平的员工则会留下来，因为他们知道，自己躲在公司不做事也很安全。如此一来，整个公司就会逐渐向下沉沦。

因此，面对企业里的害群之马，管理人员一定要硬起手段毅然决然将其清除，不能让一颗老鼠屎坏了一锅汤。否则一旦迟疑将会有预料不到的后果出现，这种后果会给企业里的其他员工带来负面的影响，这种人的存在甚至会如一只小小的白蚁蚕食掉整个企业。

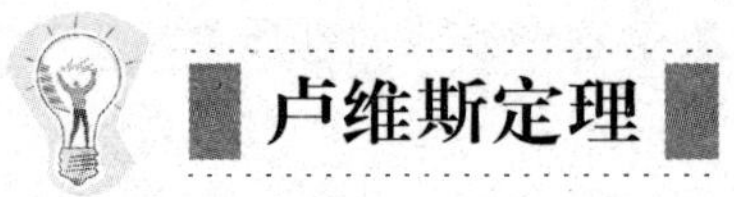

卢维斯定理

☆ 一句话说管理 ☆

谦虚不是把自己想得很糟，而是完全不想自己。

追本溯源 该定理的提出者是美国心理学家卢维斯。这个定理告诉管理者要善于听取最基层员工的意见，要谦虚为怀，多方调节好心态，信任下属。沟通是合作的基础，多和员工沟通，听听下属对企业提出的意见，获得底层最真实的心声，也许是提高公司运转速度的最好捷径。如果一个管理者对下级提出的意见忽视，冷漠，就会挫伤员工的积极性和对企业的责任感，员工就会消极、沉闷下去。

企业实战运用 ※ “门户开放”的沃尔玛

享誉全球的沃尔玛公司虽然仅有40余年的历史，但是其连锁店已经遍布世界各地。

是什么促使它的迅速崛起？其创始人沃尔玛公司总裁萨姆·沃尔顿曾经说过：“如果你必须将沃尔玛管理体制浓缩成一种思想，那可能就是沟通。因为它是我们成功的真正关键之一。”沃尔玛公司的行政管理人员每周花费大部分时间飞往各地的商店，通报公司所有业务情况，让所有员工共同掌握企业的业务指标。在任何一个商店里，都定时公布该店的利润、进货、销售和减价情况，并且不只是向经理及其助理们公布，也向每个员工、计时工和兼职雇员公布各种信息，鼓励他们争取更好的成绩。沃尔玛公司每次召开股东大会都尽可能让更多的商店经理和员工参加，让他们看到公司全貌，做到心中有数。不仅如此，萨姆·沃尔顿和妻子还邀请所有与会员工到家里举办野餐会，通过聊天儿讨论公司的现在和未来。多种形式的沟通使沃尔玛的事业不断走向辉煌。

在总裁萨姆·沃尔顿的影响下，沃尔玛公司的“公仆领导”始终把与员工沟通放在首要位置。他们为每一个员工服务，指导、帮助和鼓励他们，为他们的成功创造机会。沃尔玛提出“门户开放”的口号，给每个人发表个人意见的权利，每个人都有权走进管理人员办公室讲诉任何话题，发表任何意见。这不仅是发泄不满的机会，而且很多最好的主意都来源于此。 因此，沃尔玛公司的诸位“公仆”，并不是坐在办公桌里发号施令，而是走出来和员工直接交流、沟通，并及时处理有关问题，实行“走动式管理”。他们的办公室虽然有门，但门总是打开着，有的商店办公室甚至没有门，以便让每个员工随时可以走进去，提出自己的看法。最重要的是沃尔玛员工的意见和想法，始终都能受到高度重视。当然，对沃尔玛的员工来说，在这里感到被尊重、被重视，发现自己与老板并不只是上下属的关系，还是朋友，甚至是亲人。这对于加强沃尔玛公司的凝聚力具有至关重要的意义。

与之相同的还有全球最大的电器和电子公司西门子。西门子企业在与员工沟通上有着非常健全的对话机制，每名员工每年至少要与上司有一次非常系统的对话，特别是表现突出的重点、核心员工。通过对话，公司可以了解员工的想法，并针对其提出的问题制定解决之道。员工在工作上若有不同意见，还可以直接向上级公司高层反映。

人是社会性的动物，必须要和其他人进行沟通和交流，不论是生活中还是工作、学习中。只有必要的交流和沟通才可以更好地了解他人，才能顺利地进行人际交往和学习、生活。而对于一个企业来说，诸多生产要素中最活跃的因素就是人，而所有的企业管理问题归结到最后都是沟通问题。良好的沟通让员工感受到企业对自己的尊重和信任，因而产生极大的责任感、认同感和归属感，促使员工以强烈的事业心报效企业。此外，沟通还能化解矛盾、澄清疑虑、消除误会。正因为如此，大凡成功的企业、精明的领导无不十分重视与员工的沟通，特别是对话沟通。反之，如果沟通的渠道长期堵塞，信息不交流，感情不融洽，关系不合协，就会影响工作，甚至使企业每况愈下。

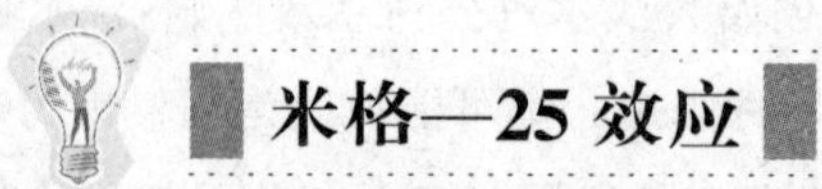

米格—25 效应

☆　一句话说管理　☆

事物的内部结构是否合理，对其整体功能的发挥关系很大。

追本溯源　米格—25 效应是指事物的内部结构是否合理，对其整体功能的发挥关系很大。结构合理，会产生“整体大于部分之和”的功效；结构不合理，整体功能就会小于结构各部分功能相加之和，甚至出现负值。

前苏联研制生产的米格—25 喷气式战斗机，以其优越的性能而广受世界各国青睐。然而，众多飞机制造专家却惊奇地发现：米格—25 战斗机所使用的许多零部件与美国战机相比要落后得多，而其整体作战性能却达到甚至超过了美国等其他国家同期生产的战斗机。造成这种现象的原因是，米格公司在设计时从整体考虑，对各零部件进行了更为协调的组合设计，使该机在升降、速度、应急反应等诸方面反超美机而成为当时世界一流。这一因组合协调而产生的意想不到的效果，被后人称为“米格—25 效应”。

企业实战运用　※ 牙膏企业的战略调整

一个知名品牌的牙膏企业，随着该产品市场逐渐饱和，销售量进入了停滞不前的状态，公司上层为此绞尽脑汁也想不出一个行之有效的策略来提高销售量，后来有一名中层管理人员提出不妨向员工征求建议，他的话音一落有好多同事纷纷摇头，甚至哼鼻冷笑，虽然大家不屑一顾，但是目前谁也想不出更好的办法来，只好死马当活马医，只管一试。这一天，员工在上班时发现公司大厅中央贴着一张海报，题目是：谁能把销售量提高一成，奖励人民币 1000 万元。当然企业高层早已对此作了讨论，并拟订了以下三个大的方案。

方案一，加大宣传力度，扩大本产品的市场占有份额。

方案二，在本产品已占据市场份额的基础上，并购其他小型企业，增加在市场中的影响力。

方案三，跳出竞争的范畴，从消费者入手，增加消费者每天的使用量。

员工看过之后议论纷纷，1000 万的奖金真是诱人，大家都觉得此事值得琢磨，于是吃饭走路、包括休息也在思考这个企业上层领导也解决不了的难题。经过一段时间的调查发现，员工对于企业拟订的前面两个方案，提出意见的少之又少，而关于怎样提高消费者每天的使用量，很多人提出了各种不同的建议，其中两种引起了公司高层的关注：

其一是：把牙膏的挤出口扩大成原来的 2 倍，当然这不可能会让一管牙膏的使用时

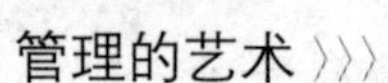

间缩短一倍，但是有一点可以肯定的是，消费者会不自觉地多用了牙膏；

其二是：把牙膏的成分稍作改变，早上用一种，晚上用另一种，本来一天用一次的现在用两次。

最后结合这两种方法，企业作出了战略调整，改变了产品外观设计，调整了产品宣传重点。几个月后，该产品的月销售量竟翻了一番。这是当初谁都没有想到的结果。

成功学大师拿破仑·希尔说：“集思广益是人类最了不起的能耐，不但可以创造奇迹，开辟前所未有的新天地，还能激发人类的最大的潜能。”常见的情况是，人们在思想的交流与碰撞中，一次就有可能产生一个人10次才能完成的思考和联想。

面对复杂而又多变的现代世界，无论从智力、精力、能力还是资源上来说，依靠个人的力量永远都存在着很大的局限性，都显得微不足道。人要想在社会上获得成功，要想获得高质量的生存和发展，就必须得到大家的帮助。因为我们不能不承认每个人做事情都会碰到很多困难和障碍，但是自己的力量又是有限的，这时候就需要想到与人合作，善假于物，特别是作为一名管理者，千万不能忽略员工的智慧。相信众人的智慧是永远的智慧。一位名人说过：“成功的人都是善于利用别人的智慧的人。”每个人对在自己知识范围内的事都有独到的见解。作为一名管理者如果不会运用众人的智慧，那将永远是个光杆司令。

凝聚效应

☆ 一句话说管理 ☆

凝聚力越大，企业越有活力。

追本溯源 “凝聚效应”的提出者是美国社会心理学家沙赫特。凝聚效应的由来：

社会心理学家沙赫特曾就群体凝聚力对生产效率的影响这一课题进行过试验。在别的因素保持不变的状态下，企业的凝聚力越大，这个企业的生产效率就越高，企业也就越有活力。

这个试验的结果提示管理者注意，必须在群体凝聚力提高的同时，加强对群体成员的思想教育和诱导，克服群体中可能出现的消极因素，这样才能使群体凝聚力成为促进工作效率的动力。对群体成员的思想教育和诱导是管理中不可忽视的重要工作。

企业实战运用 ※ 倡导团队合作精神的华为文化

凝聚效应就是，企业要发展集体奋斗和团队协作的精神。华为在这点上就做得很好，华为把团结协作、集体奋斗作为华为的企业文化之魂。华为公司允许个人主义的存在，但必须融入集体主义之中。华为老总任正非在《致新员工书》中说道："华为公司是一个以高技术为起点，着眼于大市场、大系统、大结构的高科技企业。以它的历史使命，它需要所有的员工坚持合作，走集体奋斗的道路。华为的企业文化是建立在国家优良传统文化基础上的企业文化，这个企业文化融合全体员工团结合作，走群体奋斗的道路。有了这个平台，你的聪明才智才能很好地发挥，并有所成就。没有责任心，不善于合作，不能群体奋斗的人，等于在华为丧失进步的机会。那样你会空耗了宝贵的光阴，还不在如试用期中，重新决定你的选择。"

华为的所有人都一样，他们以共同的价值观去做事，从整体上看，他们成了一个阶层上的人。随着现代高科技的发展，决定了必须坚持集体奋斗不自私的人，才能结成一个团结的集体。同样，没有促成自己体面生活的物质欲望，没有以劳动来实现欲望的理想，就会因循守旧，固步自封，进而滋生懒惰。因此，华为提倡欲望驱动，正派手段，使群体形成蓬勃向上、励精图治的风尚。

在华为公司，成功是集体努力的结果，失败是集体的责任的观念深入人心。在工作和生活中，上下平等。华为的高层领导不设专车，吃饭、看病一样排队，付同样的费用。华为无人享受特权，大家同甘共苦，任何个人利益都必须服从集体的利益，将个人努力融入集体奋斗之中。自强不息、荣辱与共，"胜则举杯同庆，败则拼死相救"的团结协作精神，在华为得到了充分的体现。任正非有一个著名论断：当今世界的科技进步已走过了爱迪生时代，不可能依靠一个人的聪明才智改变整个世界。

华为团队精神的核心就是互助。华为非常崇尚"狼"，因为狼是最有团结精神的动物之一。华为认为要向狼学习的是狼的团队精神，并且认为狼是企业学习的榜样，狼性永远不会过时。华为的考核表中有一个考核要素：和同事的合作。即使遇到"投诉"也是对事不对人，解决问题的方式就是自我反省和与人沟通。通过毫无保留地沟通，员工们的凝聚力不断加强，"狼"也因为发现猎物集体攻击的特性成为华为崇尚和学习的榜样。华为的管理模式是矩阵式管理模式，要求企业内部的各个职能部门相互配合，通过互助网络，任何问题都能作出迅速的反应。假设没有团队精神这一模式是难以实现的。华为团结合作的强大文化整合了资源，形成了人与人之间和谐相处的气氛和制度文化保障的团结合作。

华为公司团结合作精神的形成，还得益于华为为员工打造集体宿舍。深圳基地的"百草园"，可以容纳近 10000 人的小区全部住满，在一个相对落后的关外，华为打造出了一个环境一流的世外桃源。百草园的最大意义不在于为员工解决了住宿的问题，而是通过集中的居住强化了员工之间近距离的感情。百草园成为华为员工共同的家。

华为团结合作的强大文化有效地整合了一部分华为组织庞杂、流程不畅所产生的

"内部公关文化"。所以，华为取得了比别人更高、更大的成就。华为的整体凝聚力是强大的，这和华为人与人之间的和谐相处、制度化保障的团结合作是有着根本联系的。

管理艺术

团队凝聚力是企业发展的必要条件。如果一个团队丧失凝聚力，就会像一盘散沙，难以维持下去，并呈现出低效率状态；而团队凝聚力较强的团队，其成员工作热情高，做事认真，并有不断的创新行为。因此，团队凝聚力是实现团队目标的重要条件。

作为团队的领导人，要搞好团队协作，形成协调一致的团队默契；团队精神的核心是协同合作，最高境界是全体成员的向心力、凝聚力，反映的是个体利益和整体利益的统一，并进而保证组织的高效率运转。如果能做到这些，团队就能凝聚出高于个人力量的团队智慧，随时都能创造出惊人的团队表现和团队绩效。

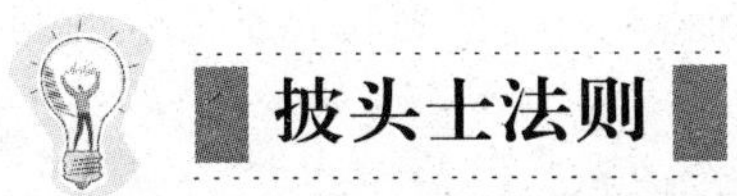

披头士法则

☆ 一句话说管理 ☆

给每个团队成员一定机会，帮助他们在团队内部建立起自己的品牌。

追本溯源 1963年，年轻的披头士以"Please Please Me"迅速登上英国歌曲排行榜冠军，看似一夜成名的背后其实凝结了巨大心血。为了灌制第一张专辑，他们曾经在利物浦和汉堡的俱乐部里进行了成千上万小时的演练。长期大量的磨合打造出极富凝聚力的团队，就连滚石乐队都不无嫉妒地称其为"四头怪"。

今天一些公司正在推广"虚拟团队"的概念，团队成员甚至从没有见过面，而且可能永远都不需要进行面对面交流。但事实上只有长期面对面的协作，尤其当学会在压力环境中共同解决难题的时候，团队成员才会彼此熟悉并建立信任。

企业实战运用 ※ 鼓励创新的3M公司

3M公司（明尼苏达矿业制造公司）在美国的《幸福》杂志每年都会被评选为十佳企业。据说在1994年，3M公司在全美公司中排在第34位，其成功的秘诀在于他们对内部员工的管理工作做得极为成功。在公司内部，员工有着广阔的创造空间，公司给他们实现自我价值的机会提供有利的条件。

3M公司有个规定：如果员工的新点子得不到公司各个部门的认可，他可以拿出15%的时间和精力从事未列入计划的新产品开发及相关的工作。

公司里有个技术人员叫爱德·弗雷，他是个虔诚的基督教徒。每星期他都要去教堂唱诗班参加唱诗，但他每次总是忘掉上次唱到了哪里。为了在赞美诗集上做下记号，他想弄出一些东西来，既不污损书页又方便地留下标记。于是他想到了做一些胶粘纸。当时，弗雷所在的部门忙于产品开发，他自己也常常忙得不可开交。但他还是抽出了部分上班时间，和研究胶粘剂的同事席尔沃合作，研制出了不粘胶纸条。现在，这种即用即撕的纸条已经风行于世界的各个角落，为人们的生活带来了极大的便利。3M公司也因此每年净收入1亿美元。

3M公司十分鼓励员工进行发明创造。当员工有了好的构想之后，他可以从技术、制造、营销部门中找出志同道合者，负责设计产品，使之批量化生产及推向市场。如果这种新产品获得成功，关键人物的职务就会自动提高。

公司里的强生是个初级管理人员，他发明了胶带纸。当他的新产品进入市场之时，他的职位变成了“产品经理”。很快地，胶带纸在包装业大行其道，销售额突破了百万美元。这项产品成为公司的正式产品。两年之后，胶带纸的销售额攀升至500万美元，此时强生已成为“产品线工程经理”，被派往国外任职3年，当这项产品销售额达到2000万美元时，他已荣升为“研究与发展经理”，而且每次升迁，他的工资都呈几何级数递增。

这种激励模式，使员工们有了这样的希望，只要搞好自己的工作，就可以实现自己的价值，从而大大提高了他们的工作积极性和创造欲望。事实上，公司的几任董事长都是公司内创新做得最成功的人。

为了进一步激励员工，3M公司每年都举行一次庆功会。庆功会气氛热烈而庄重，当受奖人员从总经理手中接过荣誉证书时，全体员工报之以热烈的掌声，在大家羡慕的目光注视下，他们从公司俱乐部经理手中接过会员证书。

3M公司正是借助这种“自由的空间”的方式促使员工不断地发明，也促使公司一步步走向辉煌。

披头士法则共包括四个方面，而在这里我们主要探讨其中一个方面：给每个团队成员一定机会，帮助他们在团队内部建立起自己的品牌。

每个员工都想做一番事业，但是仅凭自己的力量是不够的，更需要有机会成全。因此作为管理者，需要懂得用巧妙的手段管理员工，给员工一个较大的发展空间，给员工以希望和动力。这个空间包括他的个人自由。企业若能够给予员工自由的空间，建立一种合作的氛围，要求员工只要做好自己的工作就可以实现自己的价值，就能够迅速提高员工工作积极性和创造欲望。这种“自由的空间”能够促使员工不断创造，公司也可借助员工的创造力一步步走向辉煌。相反一个没有希望，看不到前景的企业，是无论如何也激不起员工的工作热情的，这样的企业也不可能让员工安心留在公司工作。

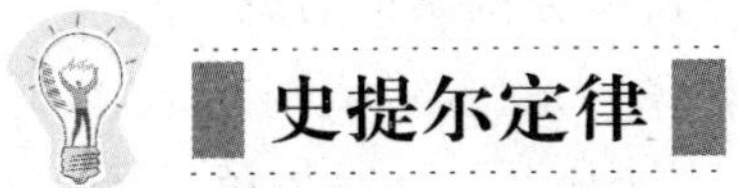

史提尔定律

☆ 一句话说管理 ☆

合作是一切团体繁荣的根本。

追本溯源 史堤尔定律是由英国前自由党领袖D.史提尔提出的。他认为，合作是一切团体繁荣的根本。一个人不可能独立地在社会中生活，人与人之间的合作与竞争是我们社会生存和发展的动力，一个企业也是如此。俗话说："三个臭皮匠，顶个诸葛亮。"从这句话里可以看到团队的力量，面对社会分工的日益细化、技术及管理的日益复杂，个人的力量和智慧显得苍白无力，即使是天才，也需要他人的帮衬，唯有如此才能造就事业的辉煌。这就是最早的"史提尔定律"。

企业实战运用 ※ 史玉柱的坚实团队人员

史玉柱，一个疯狂的"赌徒"，一个莘莘学子敬仰的创业天才，5年时间跻身财富榜第8位，一夜之间又负债2.5亿；而如今他又东山再起，再次创业，成为一个保健巨鳄、网游新锐，身家数十亿的资本家。是什么打造了史玉柱的传奇人生？史玉柱真的有传说中呼风唤雨的魔力？当有记者问他今天能够成功地站起来，最终得益于什么时，史玉柱说："两个方面。一个是我这些年经受的挫折和教训，这是我最宝贵的财富；第二个是这个团队，能和我一样去拼杀的团队。我身边的几个骨干，在最困难的日子里，像'上海健特'总经理陈国、副总费拥军，好几年没有工资，却一直跟着我。那时候，也是他们陪伴我爬完了"珠峰"。我永远感谢他们。"

事实的确如此，陈国是史玉柱的大学同学，也是他的左膀右臂，曾放弃军校老师的职业在1993年投奔史玉柱。从最早的办事员开始，到上海健特公司的总经理，陈国办事沉稳踏实，始终是一个忠实而干练的执行者。在巨人最困难的时候，陈国挑起了看护巨人烂摊子的重任，留守"革命根据地"。而早年的费拥军只是巨人天津公司的一名普通员工，由于工作勤奋努力，被一再地提升，相继担任过巨人天津公司的副总，新疆分公司的总裁，之后调回珠海总部，在上海健特成立之后出任副总经理。在离开巨人之后，费拥军是一直跟着史玉柱的巨人骨干。

此外还有两名女将，其中之一是刘伟。刘伟是最早加入巨人集团的员工之一，她是1992年加入巨人的。当年史玉柱关起门来开发汉卡的时候，刘伟就已经是史玉柱的得力助手了。不能不说的是，她刚进巨人的时候，工资也仅仅是450元。另一位是程晨，程晨20岁大学毕业之后就加入了巨人，程晨在巨人最初的职位是市场促销员。让史玉柱难忘的是，在公司财务困难的时候，程晨从家里借钱援助史玉柱的事业。

这个追求利益至上的时代，一支团队竟能长期跟随某一领导人，在其最艰难的时候，团队依然坚如磐石，这对于史玉柱渡过难关何其重要。这是史玉柱比别人的幸运之处，也是史玉柱能够再次站起来的宝贵财富。史玉柱是打不垮的巨人，也许原因就在这里——他有独一无二的团队力量作坚强的后盾。

俗语说："人心齐，泰山移。"一个企业的成功绝对不是一个人的结果，而是一个团队坚持的结果。常言说，人无完人，一个管理者不止是在能力方面会有这样那样的欠缺，在性格、做事方法、管理技巧等方面都会或多或少地存在着一些不足。这些不足之处并不是凭借自己的力量就能够完全解决好的，是需要得到帮助的。而一个团队中的成员是各具特色，每个人都有自己的特长，如果能够吸取众人的智慧，把他们所有的特色融合到一起，那样所起到的作用就不只是作为一名领导人所具备的能力了。

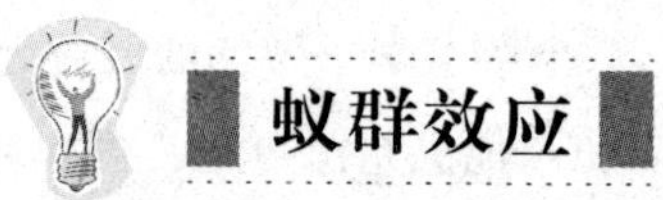

蚁群效应

☆ 一句话说管理 ☆

蚁群效应集中优势表现在三方面：弹性、强韧和自我组织。

追本溯源 蚂蚁群体效应集中优势表现在：弹性——能够迅速根据环境变化进行调整；强韧——一个个体的弱势并不影响团队运作的高效；自我组织——无须太多的控制和管理就能自觉完成工作。

蚂蚁有严格的组织分工和由此形成的组织框架及快速灵活的运转能力。它们的框架在具体的工作环境中又有很大弹性。它们在工作场合的自我组织能力特别强，不需要任何监督就能形成一个良好的团队而有条不紊地完成工作任务。蚂蚁的工作是有分工的，一只蚂蚁搬运食物往回走时，碰到了下一只蚂蚁，它会把食物交给下一只，自己再回头，碰到上游的蚂蚁，将食物再继续接下来，然后转给其他下游蚂蚁。蚂蚁在哪个位置换手不确定，唯一不变的是起点和目的地。这种工作链使得它们的工作效率大大提高，使得团队实现高效。

企业实战运用 ※ 顾全大局的贝利

贝利从小就爱踢足球。10岁那年，他和小伙伴组成了一支"九七"球队。可一帮穷孩子，连球都买不起。母亲给他出主意，让他带领“队员”，到市中心捡拾香烟头，取出烟丝，卷成香烟，一根一根地叫卖；顺带沿路收集些废铜烂铁、空瓶烂罐，卖给废品站。终于，他们攒够了买球的钱。

在一次比赛中，贝利的“九七”足球队，获得了市少年足球组冠军。因为他是队长，进球又最多，他很幸运地得到了一些奖金。他把钱拿回家，兴冲冲地交给母亲。但母亲却严肃地说：“没有全体队员的共同努力，你能独立赢得比赛吗？你怎么能独占这些钱呢?”贝利愣住了。是啊，在球场上，如果队友们不齐心协力，相互助攻、拦截、传递，就算自己是一个天才，也未必能将球踢进对方的球门。贝利的脸发烫了，他把钱分给了小伙伴们。

后来，贝利被推荐给了巴西国家队。作为神射手，他在赛场上经常遇到对方的侵犯和严密防守。他一边刻苦训练，用更高的球技带球过人，躲避对方的抢铲，一边更加注重和队友的默契配合。他顾全大局，从不吃独食。教练放心，队友也放心，每次比赛他都是场上的核心。

有一年巴西队在第三次夺得世界杯的比赛中，贝利接到队友一记妙传，在后卫队友的掩护下，带球突破了对方两名后卫的防守，起脚劲射，球在空中划过一道漂亮的弧线，擦柱入网……那一刻，全场沸腾了，世界沸腾了。因为这是贝利足球生涯中踢进的第1000个球。他创造了足球史上的神话，被誉为世界上最伟大的天才球员。

接受媒体采访时，贝利拥着他的队友们说：“我不是天才。天才一个人创造不出美丽的神话。一个人的成功，离不开团队合作的力量——这是从小我母亲就教给我的道理。”

合作是团队精神的灵魂。合作能将一件事情简单化、专业化和标准化，也就能集合众人的力量，完成更大的事情。合作是团体存在的基础，是团体得以高效运作的保证。合作可以使团队的产出达到比成员单个工作的产出之和还大的效果。比尔·盖茨说：“团队合作是企业成功的保证，不重视团队合作的企业是无法取得成功的。”建设一支有凝聚力的团队，已是现代企业生存发展的一个基本条件。一个成功的团队，必定是一个合作良好的团队，合作是一切团体繁荣的根本。每一个企业在向“灯塔”前进的过程中，单独工作是无法获得最后成功的，必须依靠团队的合作才能在竞争中取胜。

自我参照效应

☆ 一句话说管理 ☆

我们在接触到与自己有关的信息或者事情时，最不可能忽视或者出现遗忘现象。

追本溯源 西方一些研究表明，自我参照的记忆成绩优于参照母亲的记忆。并且本研究以中国大学生为试验对象，得到参照父亲和母亲的记忆与自我参照有同样好的成绩，显著优于参照名人的记忆，并且父母之间无差异。其实这种自我参照效应在我们每个人的身上都存在，只不过表现的形式与程度不同而已。

企业实战运用 ※ 公司降低日常工作费用开支的妙招

美国的一家大公司日常工作费用开支很大。公司经理为了降低费用开支，想出了一个办法。他雇了一位面孔冷酷、资历很深、有会计工作经验的人。经理让这位会计师坐在前面有玻璃窗的办公室里，这样，他就可以看到在他前面办公的所有的员工。公司经理告诉所有的员工说："他是被雇来检查所有的费用账簿的。"

每天早晨公司职员都会把一叠费用账簿摆在他的办公桌上。到了晚上，他们又来把这些账簿拿走交给会计部门。然而这位被请来的会计师根本未曾翻阅过那些账簿，当然，所有的员工都不知道这回事。

奇迹出现了，在会计师来公司"检查"账簿的一个月时间内，公司所有费用开支降低至原来的80%。但是实际上，这家公司请来的会计师每天并没有检查账簿，但奇迹为什么出现了呢？

这主要是公司的人员出现了"自我参照效应"。公司请会计师这一客观事实，引起了公司人员的神经冲动，开始产生心理活动，感知到"检查"，对"检查"作出整体感应，就是要进行自律，不能胡乱开支。

还有这样一个例子，讲的是美国历史上最出色的政治家之一安德鲁·杰克逊生活中的一件真实的事情。安德鲁·杰克逊曾经于1837年出任美国总统。妻子死后，杰克逊对自己的健康状况变得非常担忧，因为家中已经有好几个人死于瘫痪性中风了，杰克逊因此认定他必会死于同样的症状，所以他一直在这种阴影下极度恐慌地生活着。

一天，杰克逊正在朋友家与一位年轻的小姐下棋，突然他的手垂了下来，整个人看上去非常的虚弱，脸色发白，呼吸沉重，他的朋友见状赶紧走到他身边询问他怎么了。

"最后还是来了，"杰克逊乏力地说，"我得了中风，我的整个右侧身体瘫痪了。"

"你是怎么知道的呢？"朋友问。

"刚才我在右腿上捏了几次，但是一点儿感觉也没有。"杰克逊有气无力地说。

这时，和杰克逊下棋的那位姑娘听了抑不住哈哈大笑："可是，先生，你刚才捏到的是我的腿啊！"

管理艺术

"自我参照效应"实际上不管生活或工作中，在我们每个人的身上都会看到，只不过表现的形式与程度不同而已。相信每一个人都会受到这种效应的影响。在管理工作中，在对员工进行制度管理或分配工作的时候，尽可能结合着与他们自身相关联的事物，这样更有利于他们记忆和执行，也更容易让员工认识到所做工作对自身的重要价值。譬如，美国的这家公司在发现问题时，并没有动用太多的人力物力去改善现状，而是雇佣了一位会计师象征性地坐在公司职员前面的玻璃窗办公室里，如此，头疼的问题便轻松地解决了。这就是"自我参照效应"所起到的神奇作用。

跨栏定律

☆ 一句话说管理 ☆

一个人的成就大小往往取决于他所遇到的困难的程度。

追本溯源 一位名叫阿费烈德的外科医生在解剖尸体时发现一个奇怪的现象：那些患病器官并不如人们想象的那样糟，相反在与疾病的抗争中，为了抵御病变，它们往往要代偿性地比正常的器官机能更强。阿费烈德将这种现象称为"跨栏定律"。根据这个定律发现生活中许多与之相符的现象，譬如盲人的听觉、触觉、嗅觉都要比一般人灵敏；失去双臂的人的平衡感更强，双脚更灵巧。用一句话总结就是：竖在你面前的栏越高，你跳得也越高。

企业实战运用 ※ 马云创业路上的艰辛

提起马云和他的阿里巴巴网站，可谓无人不知，无人不晓。马云，全球第一的电子商务平台阿里巴巴的创始人，是曾被人冠以"骗子"、"疯子"、"狂人"的创业"导师"。2005 年，马云被美国《财富》杂志评为"亚洲最具权力的 25 名商人"之一。2007 年 11 月 6 日，马云一手创建的阿里巴巴 B2B 业务在香港上市，当天募集资金高达 260 亿美元。鲜为人知的是，阿里巴巴网站被国内外媒体、硅谷和国外风险投资家誉为与 Yahoo、Amazon、eBay、AOL 比肩的五大互联网商务流派代表之一。当人们看到马云今天的辉煌成就时，马云自己却最难忘创业路上的那些艰辛。

1995年上半年，马云带着中国黄页开始了步履维艰的草创时期。那时，中国还没有开通互联网，人们对互联网还一无所知，信服的人很少，更多的人怀疑马云在“忽悠”不懂网络的大众。马云也一次又一次地被人当成骗子。后来经过8个月的苦苦打拼，公司终于站稳了脚跟，营业额也日渐增长。1996年初，几乎一夜间冒出了好几家堪称强大的竞争对手。后来为了公司的长远发展，马云决定与其中有政府背景的南方公司旗下的西湖网联合资。合资后对企业的盈利起到了立竿见影的效果，到了1996年年底，中国黄页实现了盈利而且营业额突破了700万。但万没想到几个月后，马云带人到外地拓展业务，等再回到杭州时情况大变：南方公司偷梁换柱，自己又注册了一家自己的全资公司，名字也叫“中国黄页”。马云突然明白落入别人的圈套了！想想两年多来的左突右杀、浴血奋战，到头来自己一手创办的黄页被别人主宰掌控，马云痛苦不堪。

虽然遭此重大挫折，马云并没有一蹶不振。1997年10月他决定二次北上。马云团队的北京二次创业，业绩是很明显的：国富通和中国商品交易市场站，都是当年创建当年盈利，而且纯利高达287万元。北京的二次创业似乎是成功的。新公司和新网站势头不错，工资很高，团队很团结，大家很开心。但这次马云还是失败了。他最后还是放弃了北京。1998年年底，马云宣布撤回杭州。

1999年年初，回到杭州的马云决定创办一家能为全世界中小企业服务的电子商务站点。马云和最初的创业团队开始谋划一次轰轰烈烈的创业。大家决定不向亲戚朋友借钱，共同集资了50万元，据点就在马云位于杭州湖畔花园的100多平方米的家里。阿里巴巴就在这里诞生了。守得云开见月明，2000年，阿里巴巴创建仅仅一年，马云就已成为中国五大著名网站的掌门人之一。但他与王志东、张朝阳、王峻涛、丁磊四位掌门人的最大区别是：马云是第三次创业，东山再起，相比这四位初次创业即首战告捷的掌门人，马云比他们多了五年的探索、五年的实践，同时也是五年的苦难、五年的屈辱。

而今的阿里巴巴已是风靡全球的网站。在后来的“互联网的冬天”，很多网站都倒下了，而阿里巴巴却能够渡过一个又一个关口生存下来，这和马云永不放弃的坚韧精神是密不可分的。马云说：“五年苦难是我们最大的财富，也是成功的重要原因；别人可以拷贝我们的网站，但无法拷贝我们五年的苦难。”

古人云：天将降大任于斯人也，必先苦其心志，劳其筋骨，饿其体肤，空伐其身，行弗乱其所为，所以动心忍性，曾益其所不能。这句话在马云的身上体现得淋漓尽致。忍辱者可以负重。大凡有番成就的人必经历种种磨难，苦难面前勇于坚持的人，成功就相隔不远了。天上不会掉馅饼，不要想着做一夜成名的好梦。用马云的话说就是：“如果你没有在创业路上摔100个跟头的准备，你不要创业；如果你没有无数次被拒绝甚至被嘲讽的准备，你不要创业；如果你没有作好“被全世界人抛弃”的准备，你不要创业。所以，创业路上，苦难是我们最好的朋友！”

大成功法则

☆ 一句话说管理 ☆

大成功靠团队，小成功靠个人。

追本溯源 “大成功法则”的提出者是美国微软公司总裁比尔·盖茨。当比尔·盖茨还是《福布斯》杂志统计的世界首富时，比尔·盖茨曾对自己的成就作过深层的解译。作为一个世界首富，成功法则不仅仅是一条，它是由很多条法则汇聚而成的，当然，当明白了成功的法则后，路便浮现出来了，你得走下去，凭借群体力量，开辟荆刺之道，不要混乱，不要个体主义。

企业实战运用 ※ 顾问的办法

某知名管理顾问接到H公司李总的求助电话之后，犹豫了很久。李总是他的好友，自然不便推托。但H公司的现状确实很棘手，组织结构、管理制度、人力资源、市场营销等问题一大堆。

这位顾问心想：“该从何处下手呢？”因为与H公司接触过几次，他知道公司决策层的做法还是“摸着石头过河”。于是，老总摸石头，员工也跟着摸石头，手忙脚乱却摸不着石头。

所以，他提议首先改变操作层面上的混乱状态。于是，他让所有的员工玩一种游戏。首先，把在场的员工分成两组，然后让A组的每个成员从一叠扑克牌中选取最好看的两张；请B组每人选取两张红桃，并对点数做了明确的要求。最后，两组人员把各自的牌都亮了出来，出现了下面的结果：

A组：红桃10、梅花K、红桃8、梅花J、红桃7……

B组：红桃2、红桃3、红桃4、红桃5、红桃6……

“发现问题了吗？”他问李总。

李总仍然迷惑不解，要求解释。

“两组的结果完全是不同的，A组是一副杂牌，B组却是一手红桃同花顺。对于A组我没有明确的指令，所以A组的人都按照各自不同的审美观来选牌。但很显然，他们每个人的做法都是一种个人行为。个人行为与个人行为混合在一起叫做什么？只能叫‘乌合之众’。再看看B组，清一色的同花顺，这才是组织行为。”

这时，李总轻轻“喔”了一声。

他继续说：“我能拿一副杂牌去打败对手的同花顺吗？当然不能。如果公司的管理现状不及时改变的话，恕我直言，恐怕会印证‘以乱攻治治者亡’这句哲言。”

李总开始点头，复杂的表情逐渐舒展起来。他告诉顾问说：“我明白了，问题是出现在管理上，对于公司的现状，我没有能及时发出明确指令，员工空有力气却是各自为战，成了有团队之名，却无团队之力的集体。”

顾问点头，又补充说：“凭借个人之力虽能成功，但对企业来说不起作用。目前企业市场的竞争很激烈，几乎每天都有垮下去的企业，又有新生的企业。一个能长久于世的企业靠的就是凝聚力，坚固且无懈可击的团队。重新理顺你的管理方案吧，不要乱，给员工一个明确的指令，让员工把力量集结到一块去。而现在H公司处于A组的混乱状态，这不是员工的过错，而是管理层有问题。”

一个游戏让李总认清了问题的根源在哪里，在后来的管理改革实施中，李总将员工的工作范畴明晰化了，把工作细分为几部分，并经常给员工们鼓劲，给员工们指导。有了明确的指引，H公司在短短三个月的时间，业绩翻了一番，外来订单多了，员工干劲足了，起先那种混乱状况已经完全改变了。

如果一个企业想要得到一副“同花顺”，必须达到两个条件：第一，决策层一定要思路清晰；第二，要给员工发出明确的指令。否则，员工们要么茫然失措，要么自行其是。这样便是企业覆灭的征兆，心思缜密的管理者应该能预感到。

切记一条：管理要从整体出发，只有整体进步了，效果才能体现出来，个体的小成功迟早会被湮灭掉，无甚作用。

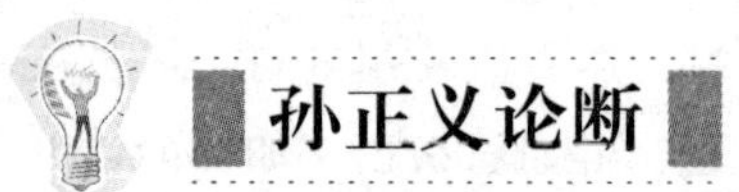

孙正义论断

☆ 一句话说管理 ☆

一个企业，即使有再伟大的目标与构想、再完美的操作方案，如果不能强有力地执行，最终也只能是纸上谈兵；一个优秀的企业在与其他企业做着同样的事情，只是比别人做得更好，落实更到位，执行更有效果。

追本溯源 日本软银公司董事长孙正义认为，三流的点子加一流的执行力，永远比一流的点子加三流的执行力更好。在这个世界上，人之所以有优秀与一般之分，在于优秀者更有实现构想的能力，这就是一个人的执行力。后来，人们将这一观念称为“孙正义论断”。

企业实战运用 ※ 严格执行任务的王丽

王丽是某家生产型企业营销部门的一员，尽管毕业时间不长，刚来公司，也欠缺经验和阅历，却深得老板的喜欢，因为她具备了优秀员工的潜质。王丽工作中有一个特点，就是当部门主管交给她一项工作时，不管难度有多大，她决不在做之前为自己寻找任何借口，或是推脱交给别人执行。

近日，上级主管给她安排了一项工作任务：协同采购部门人员，到郑州为展厅模特购买配套的服饰、装饰性用品。王丽得到工作指示后，毫不犹豫地随同公司采购部门人员前往郑州开展工作。

王丽去郑州之前，因为深知安排她协同采购的目的是为了服装风格的把关，所以，到达郑州后，王丽东奔西走，穿梭于各大服饰商场之中。尽管忙碌了一天，腿酸背痛，饥肠辘辘，困乏交加，但仍因采购工作的烦琐而直至晚上商场纷纷关门时，还有两项采购任务未完成。

其实，一整天下来，一同而来的采购人员早已疲倦不堪，当晚即驱车返回了。返回前，采购人员要求王丽一同返回。但王丽认为，工作还未执行完毕，故临时决定多停留一天，继续比较和选择，并就自己的决定同部门主管通了电话。对于王丽的决定，部门主管自是一番认同。

次日，通过近一天的奔波，王丽完成了工作任务，并如期赶上了布展公司的布置。在年末公司的颁奖大会上，王丽被评为模范代表，老总提出全体员工要向王丽学习。

海尔集团总裁杨绵绵说："卓越的执行力是企业核心竞争力的重要部分，如果被动地执行，无法适应市场变化，就如同下雨了才去买雨衣。海尔文化中最突出的是执行力强，高层决策基本可以不走样地落实到基层。同时，强调执行工作的效率，海尔的作风是"迅速反应，马上行动"。

管理艺术

著名的管理学家托马斯·彼德曾这样说过："一个合格的战略，如果没有被有效地执行，会导致整个战略的失败。有效的执行不仅可以保证一个适合的战略成功，而且还可以挽救一个不适合的战略，或者减少损失。"的确，一个有创意的点子，如果没有执行的可能性，也只是空谈。大多数公司的失败不是因为战略制定得不好，而是因为战略执行得不好，可见战略执行比战略制定更重要。不管是一个小市场还是一家大企业，要想永久地生存和发展，除了企业的决策层要不断善于捕捉发展机遇外，还要有好的战略——最重要的是要具有实施这一战略的执行能力。大凡企业的发展有20%靠企业的策划和决策，60%靠企业各层管理者的执行力。要提高企业的执行力，不仅要提高企业从上到下的每一个人的执行力，而且要提高每一个单位、每一个部门的整体执行力，只有这样，才会形成企业的系统执行力，从而形成企业整体的执行力、竞争力。

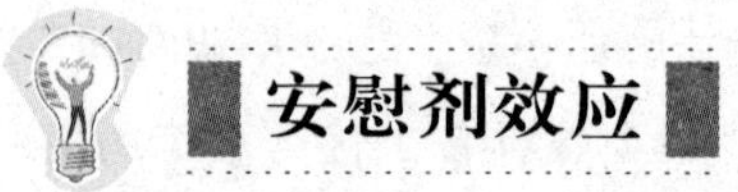

安慰剂效应

☆ 一句话说管理 ☆

病人虽然获得无效的治疗，但却预料或相信治疗有效，而让病患症状得到舒缓的现象。

追本溯源 “安慰剂效应”是1955年由毕阙博士（Henry K. Beecher）提出的。

其实在我们的生活工作中，“安慰剂效应”的事情常常出现，如一些牙痛患者在捂着嘴来到诊所后便感觉到牙痛减轻了，人们走到荒郊野外会马上感觉天空很蓝、很高、很净，事实上这些都是“安慰剂效应”在作怪。

企业实战运用 ※ 拿破仑的“孙子”

多年前的一个傍晚，一个叫亨利的青年站在河边发呆，他是移民到法国的。这天是他的30岁生日，可他不知道自己是否还有活下去的勇气。因为亨利从小在福利院长大，身材矮小，长相也不英俊，讲话又带着浓重的乡土口音，所以一直很自卑，连最普通的工作都不敢去应聘，他觉得这样的自己没有公司愿意聘用他，也没有哪个姑娘会瞎了眼看上这样的他。30岁了没有工作也没有家，他认为自己一无所有。就在亨利徘徊于生死之间的时候，他的好友约翰兴冲冲地跑过来对他说：“亨利，告诉你一个好消息！我刚从收音机里听到一则消息，拿破仑曾经丢失了一个孙子。播音员描述的特征与你丝毫不差，我想你可能就是拿破仑的孙子，播音员说的明明就是你嘛！”“真的吗？我竟然是拿破仑的孙子！”亨利一下子精神大振，联想到爷爷曾经以矮小的身材指挥着千军万马，用带着泥土芳香的法语发出威严的命令，他顿感自己矮小的样子也同样充满力量，讲话时的法国口音也带着几分高贵和威严，因为他的爷爷是拿破仑，他有着高贵的血统。

就这样，凭着他是拿破仑的孙子这一“美丽的谎言”，30年后，他竟然成了一家大公司的总裁。后来，他请人查证了自己并非是拿破仑的孙子，但这早已不重要了。被动接受虚假的信息或其他刺激产生了盲目的自信或积极的态度，从而在反应上表现出异乎寻常的正面效果，这才是更重要的。如果没有当初好友约翰的谎言刺激，也许就没有今天的亨利，或许30年前亨利就已葬身河底。有时候，谎言也是好的，它能激发一个人的潜在能力，鼓励一个人以积极向上的心态看待生活，从而在以后有所成就。

管理艺术

所谓的"安慰剂效应",说白了其实也就是一种给人以安慰的假象,实质上这种假象和事实并无真正的联系,但是被安慰的人却能够通过这种假象使自己的病痛或心病得以缓解。譬如当亨利受到打击的时候,他的朋友以"亨利和拿破仑丢失的孙子的特征毫不相差"暗示他,亨利得到这个安慰后感觉精神大振,不但有了活下去的勇气,而且处处以伟人的后代来要求自己,如此若干年后成就了一番伟业。同样管理者要想使员工有一个好的精神面貌去工作,为公司创造出更大的效益,不妨用一用"安慰剂效应",在管理中多给员工一点鼓励和赞扬。

拜伦法则

☆ 一句话说管理 ☆

授权他人后就完全忘掉这回事,决不去干涉。

追本溯源 美国内陆银行总裁 D.拜伦指出,授权他人后就完全忘掉这回事,决不去干涉。

一些明智的管理者通常会通过授权培养人才,可是往往权力下放之后又不放心;当被授权人决定的事情,已经开始有进展时,他的管理者又突然出面干涉,结果,一切都要等管理者裁决后才能运作。虽然他口头上说要把权力交给某人,但事实上,决定权还是在他手上。这样一来不但达不到授权的目的,甚至还会弄巧成拙,让下属对工作失去热情。

企业实战运用 ※ 请示老板的杰克

有一个老板,他把当月的生产计划交给了生产部经理杰克,说明由他全权负责生产计划的实施。人员的调配、原料的供应以及机器的使用全部由杰克来指挥。杰克接到老板布置的任务后,很快根据生产计划、掌握的人员、机器情况等做出了适当的安排,工作有条不紊地开展起来。

一周以后,杰克的老板来检查工作,发现这一周的产量居然只达到计划产量的30%,于是就把杰克叫过来责怪他:"杰克,你是怎么搞的?把一周的产量定得这么高,工人这么工作不会过度劳累吗?他们劳累,就会影响工作的积极性,你不知道吗?这么工作,机器也会过度磨损的,修理费又会很高。"

老板走后,杰克认真思量,于是决定把任务慢点做,这样工人也不会太劳累,机器也不会过度磨损,也不用去修理。

在第二周末的工作汇报会上,老板发现本周的产量下降了,和上周比下降了20%,

于是他又抱怨杰克："杰克，这次是怎么搞的啊，本周的产量又下降了这么多？你可得加强管理，否则计划就不能按时完成了。"

杰克这次真的不知所措了。本来他满心欢喜地接下老板的任务，以为老板让他全权负责组织生产计划的实施，他自己也胸有成竹。自从受了两次批评后，他怀疑老板是不是真的要他负责这个工作。他觉得自己做不了主，根本就是有名无实，还是稳妥点好。于是，从第三周开始，他就不再自己负责，而是请示老板该如何生产，这样就不会听到老板的埋怨了。

也许杰克的老板是无辜的，他不是有意去插手杰克的工作，只是出于善意的督促，或者是一种做老板的责任感和习惯。可是他这样做对下属来说就是不信任，是一种虚假授权，不但不能取得好的效果，反而还会适得其反，让下属不知道要怎么做，最终还是要去请示他。对下属，要给予任务，但给予任务以后不要问他是怎么完成的。当下属得到权力后，在不违背原则的前提下，尽量不要去干涉，让他们自主地去工作，偶尔善意地提点一下，这样，管理者也可以不用太累，下属也觉得自己取得了管理者的信任，有了充分的自主权。

松下电器的创始人松下幸之助说："授权可以让未来规模更大的企业仍然保持小企业的活力；同时也可以为公司培养出发展所必需的大批出色的经营管理人才。"可见授权在一个企业中起着重中之重的作用。作为管理者，要想充分发挥被授权人工作的积极性和创造性，一方面要放权，使被授权人在一定范围内能自主决断。另一方面要设身处地地为被授权人着想，勇于承担被授权人工作中的失误，不能有了成绩是管理者的成绩，出了过失即是被授权人无能；要言而有信，不能出尔反尔、言行不一，否则被授权人就会对管理者失去信任，管理者也会因此而丧失威信。

因此，管理者授权时，一定要注意，既然下属有能力，就让他大胆发挥手中的权力，让他动脑筋当自己的主人。

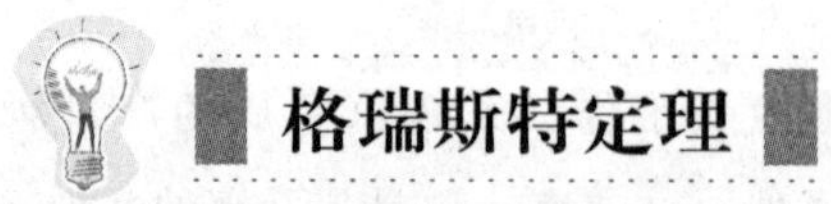

格瑞斯特定理

☆ 一句话说管理 ☆

杰出的策略必须加上杰出的执行才能奏效。

追本溯源 定理是由美国企业家H.格瑞斯特提出的。身为一名著名的成功企业

家，格瑞斯特在企业管理和经营上颇有心得。他认为，企业的制度并不是一纸空文，而是实实在在需要执行的，杰出的策略必须加上杰出的执行才能奏效。后来，人们就把这种观念称为“格瑞斯特定理”。

企业实战运用 ※ 打造以执行力为主的团队

团队的协助与合作是发挥个人长处，避免短处，让自我能力发挥到最大的有效手段，企业要提升整体的执行力就必须注重团队的建设，并且以打造执行力为主。

执行力是团队管理运行当中制定的一整套行为和技术体系。它能够使团队形成自己独特的发展优势和竞争优势，是决定团队成败的一个重要因素。

我们能够看到满街的咖啡店，唯星巴克一枝独秀；同是做PC，唯戴尔独占鳌头；都是做超市，唯沃尔玛雄居零售业榜首。这是因为这些脱颖而出的团队本身就具有很强的执行力。

已经有很多不可辩驳的事实告诉人们，执行与不执行对于同类团队来讲，它们之间的差距绝不仅仅是执行本身，而是执行的效果。

杜克是一家市值高达490亿美元（截止到2000年底）的多种能源制造商、运输商和经营商。由于20世纪90年代末政府实行了放松管制政策，杜克公司传统的商业模式开始过时，从而迫使它不得不制定新的战略发展方向。在新的发展战略当中，杜克公司决定将公司业务由原来的能源制造和销售扩展到新的更大的范围之内，具体来说，新的业务范围将包括：实物资产（如能源工厂和输送管道）的加工，天然气和电力的买卖，以及风险管理等金融业务。

为了实现该战略目标，公司需要改变原来的人才结构。根据罗尔夫的说法，“1998年的时候，我们的总裁里克·普里奥要求我们在全公司范围内进行一次评估，结果表明，我们并没有执行新战略所需要的人才储备。毕竟，我们已经无法维持以前的垄断地位了，而且新战略对公司的人才结构提出了新的要求。根据新的战略，我们不仅需要运营方面的人才，还要招揽大批金融、商贸、风险管理和市场营销方面的精英。”

1999年，杜克开始构建一个新的人员流程。“在构建新流程的过程中，我们遇到的第一个问题就是，新流程应该是什么样子的？”罗尔夫说道，“我们花了很长时间来定义新流程的功能。首先，我们与一小组执行人员讨论应该如何建立一个评估框架。接着，我们对公司的500名高级执行人员进行了效能测试，并最终得出了这些功能之间的关联性，基本上和一家曾为我们提供过咨询服务的公司所预测的一样高。也就是说，这些功能将直接影响到新的商业模式的成效。所以我们把该人员培养及评估模式称为‘杜克的成功执行官’。”

杜克公司的团队最终列出四种基本的技能：功能性技能、商业技能、管理技能和领导技能。比如说，罗尔夫（在进入人力资源管理部门之前，他是一名工程师）认为："假设杜克正考虑聘请我担任公司的人力资源部门执行官，我必须拥有人力资源管理的背景——知道什么是ERISA（美国雇员退休收入保障法案），了解任命、培训、薪酬等方面的东西。这些都是功能性的技能。我还要掌握一定的商业技能，了解杜克的商业模式以及它的赢利方式。还有就是我必须拥有一定的管理技能。在杜克，管理技能是一项非常重要的标准，因为商业模式的运营在很大程度上就意味着管理、规划、组织、指挥和控制。最后，我必须掌握一定的领导技能，因为杜克会问，'克里斯是否具备足够的领导技能来领导公司人力资源管理部门的工作'。

"然后我们用了大约一年的时间根据这四条标准对公司员工进行评估。最终我们成功地在整个公司范围内把评价人们的方式统一起来。比如说，我们现在就不会只是说'他是好样的'或'她的确很聪明'，我们会说，'我觉得这个人并不具有任何的运营能力'或者'那个人虽然非常善于运营，但他在战略方面还有很大欠缺'。"

由于杜克在很大程度上属于分散型组织，罗尔夫只得将人力资源流程中的三个环节集中起来——对大约200名高层领导实行奖励，构建内部收益系统以及一个全球范围内的以网络为基础的人力资源数据系统。"我们的目标是建立一种严密性，但由于我们采用了不同的管理模式，所以公司只能采用一种不够系统、也不十分标准的方式来完成这项工作。对于建立严密性来说，数据系统是至关重要的，因此我们在上面投入了大量时间和资金。很少有公司能在整个企业内建立一个统一的系统，尤其是那些经过一系列兼并和收购演变而成的企业。但当我与一些像通用电气这样的公司的领导者交谈时，他们却告诉我：'无论如何，你最好解决好这个问题，因为对于一名领导者来说，最基本的一个问题就是，谁在这里工作？如果没有一个统一的全球系统的话，你根本不可能回答这个问题。'"

统一系统所带来的一个好处体现在继承规划方面。"我们正在建立一个执行CV的全球数据库。它应该直接连接到我们的薪水册、资产表和安全系统，只有这样，我们才能为所有的高级执行人员提供"棒球卡"——一张规格为（11×8.5）厘米，带有照片、个人信息和评估信息的卡片。在具备了这些条件之后，我们就可以随时抽调出一个人的详细资料，其中包括他的姓名、学位、职业兴趣、发展计划、社会关系、别人对他的评估，等等。"

"经理们也进行了我们所谓的挽留评估，我们用一张三乘三的表格来对某个个体员工的工作情况进行评估，评估的主要内容包括：他所在岗位的重要性，他在今后五年内工作变动的可能性。所以如果你是一位非常消极的人力资源执行官，你工作变动的可能性就很小。但如果你出身名校，拿了一个MBA学位，具有独自管理企业的能力，而且有很多公司都已经明确表示对你感兴趣，这时你工作变动的可能性就比较大。"

该系统的硬件是人员流程的基础部分。关键的软件部分——"实弹"——存在于组织内部的对话和按照同一标准进行观测（最终相关人员将根据观测的结果进行人员评估）的流程当中。

“虽然人力资源部门完全有能力构建所有这些复杂的系统，但只有公司的领导才能使其真正发挥作用。里克·普里奥向整个组织讲述了诚实的残酷性，规范了整个公司的价值观念。比如说我的老板对我进行了一番评价，他认为‘克里斯在每项技能上都是差强人意’。主席会说：‘我了解克里斯。你的评价并不符合实际情况，事实上，他在其中的两项技能上都不合格。在这八项上的表现非常一般，而在这四项上的表现却可以打满分。’”

“我们公司的员工评估标准是我所见过最为严格的。与其他同行相比，我们的确有很多可以称道的地方——我们的资产回报率和收益增长率等指标要远远超过大多数同行业的公司。但从奖金发放水平的角度来说，我们却低于一般水平。怎么会这样呢？其原因就在于我们建立了一个讲求责任的企业文化。里克给我们定下了很高的指标水平，所以我们知道，如果不能选拔到合适的人才，我们将永远也无法实现这一目标。所以大家一直在谈论市场上的‘实弹’。但实际情况是，每个人的压力都很大，以至于谈论这件事本身就成了一种奢侈的行为。”

杜克能源公司的主要社会运营机制就是普里奥的政策委员会，其成员主要包括普里奥本人，三个主要业务部门的总裁，以及四个主要职能部门的主管——法律、财务、行政和风险管理。该小组每两周举行一次为期一天的会议，每年就人才培养问题举行三四次专门的会议。但大多数工作都是在两周一次的会议上完成的。

“所有的问题都能够得到非常及时的解决，”罗尔夫说，“我们每天都会对这些计划进行更新。而且由于采用了统一系统，我们对计划所进行的更新随时都会被传达到整个公司。”

“里克的学院式管理风格还包括让委员会成员互相监督。无论权位高低，每个人的观点都非常重要。大家可以相互争论，直到问题得到彻底解决为止。而且通常情况下，无论我们所讨论的问题是关于哪一领域的——一次并购、一次拆分，还是一次商务决策——总是会有一两个人能够做出非常符合实际的判断。”

执行团队使得杜克能源公司的系统得以流畅的运转。罗尔夫列举了四项要素：“第一，一个为实现较高业绩水平而不断努力的企业文化，这样你就会不断敦促组织中的每个人做出最佳表现。第二，一位不仅愿意，而且随时准备对一项评估提出质疑的领导者。第三，企业最高执行官的学院式文化，大家互相监督，实事求是，每个人都可以反对别人的意见，即使主席的意见也可以遭到质疑。第四，组织能够赋予人力资源主管（也就是我）足够的权限，因为由于工作的关系，人力资源主管看问题的角度总是与其他人不同。这就是执行团队的作用。”

管理艺术

对于企业而言，发展壮大除了要有好的管理团队、好的环境和资金以外，还需要有实施管理战略的执行力。执行力是否到位既反映了企业的整体素质，也反映了管理层的观念、素质和心态，所以，就一个企业的管理工作来说，执行力的建设和培养是关系企业发展壮大的至关重要的工作。

专业公司的战略目标、良好的蓝图规划，仅仅因为公司自身的不足和计划实施过程中的不当即会全盘皆输。在遗憾之余，管理者应该想到的是为何计划失败，并分析不利因素，防止重蹈覆辙。棋盘上讲“一着不慎，满盘皆输”，每一步都必须按计划走好，大成功是由一个个小成功组成的。正所谓好事干实更好，实事办好愈实。这一步计划的实现，正是下一步计划实现的开始。

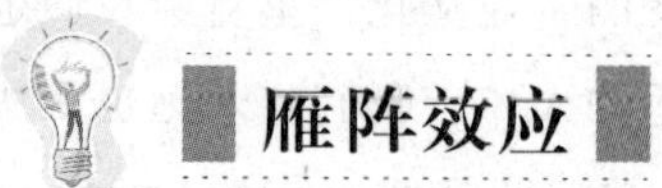

雁阵效应

☆ 一句话说管理 ☆

唯有顽强拼搏、团结协作才能使企业走得更远、更好。

追本溯源 雁群在天空中飞翔，一般都是排成人字阵或一字斜阵，并定时交换左右位置。生物专家们经过研究后得出结论：雁群这一飞行阵势是它们飞得最快最省力的方式。因为它们在飞行中后一只大雁的羽翼，能够借助于前一只大雁的羽翼所产生的空气动力，使飞行省力。一段时间后，它们交换左右位置，目的是使另一侧的羽翼也能借助于空气动力缓解疲劳。管理专家们将这种有趣的雁群飞行阵势原理运用于管理学的研究，形象地称之为“雁阵效应”。

企业实战运用 ※ 抱团打天下 ——理查德·托曼以竞争促团队建设

理查德·托曼作为施乐公司的最高领导人，自上台之初就非常重视施乐的团队建设。施乐的团队建设并不排除竞争，但强调竞争必须不伤和气，不但要公平，而且要讲究艺术。例如：克利夫兰销售区各小组之间开展的竞争就显得温和而幽默。每个月底，累计营业额最低的小组将得到特殊的奖品——一个模样滑稽、会自行旋转的丑脸娃娃。在以后的 30 天内，这个玩具娃娃必须放在该小组的办公桌上“昭示”众人，直到有新的“优胜者”将它“夺”走。各小组将玩具娃娃戏称为“绝望者”，自然谁也不想得到这样的“欢心”，为此大家你追我赶，唯恐因垫底而“中奖”。

在这样一种竞争机制下，施乐的团队建设卓有成效。施乐公司地区经理法兰克·派斯特将施乐团队制胜的故事写成《抱团打天下》一书，一时洛阳纸贵，书中的“独行侠难成大事，胜利来自团队”一语成为美国企业家的口头禅。

团队精神的打造既依靠成员之间的相互合作，又离不开内部成员之间的和平、公正的竞争。

竞争并不总是冷酷无情的，这就要看领导者怎样引导了。真正的管理者会让员工明白，团队成员之间的竞争，其实是一种不甘落后的表现，是一种工作热情的勃发，更是一种昂扬斗志的激励。这种上进心、工作热情、昂扬斗志，有利于在团队内部形成一种你追我赶、力争上游的竞争局面，使整个团队焕发出勃勃生机，从而有助于打造出一支强有力的企业团队。

当然内部竞争一定要讲究手段和方式，否则很容易弄巧成拙，瓦解团队的凝聚力和向心力。

整个企业的各个部门行为既要服从整个企业行为的要求，并且各个部门之间又要有协作精神，通过追求部门行为和整个企业行为的和谐一致，来达到提高工作效能的目的。要在团队中相互合作，相互竞争，共同进步，在团队内部，每个人要向团队内部优秀的人学习，学会超越优秀的人让自己更优秀，学会帮助不如自己的人，一起进步。

汤水效应

☆ 一句话说管理 ☆

在事物原有的基础上加入新的成分，等于注入新的活力，得到与众不同的结果。

追本溯源 一桶开水，加些盐、油，再加些青菜和海米（小虾米），就成了美味的鲜汤，虽然其主体仍然是水，但因为有了新的成分，就会促使其发生质的变化。现实也往往如此，在事物原有的基础上加入新的成分，等于注入新的活力，得到与众不同的结果。后来人们就把这种现象称为“汤水效应”。

企业实战运用 ※ 畅销全球的吉列刮胡刀片

吉列国王雄壮威武的面孔是美国吉列刮胡刀片的商标，美国人民对其非常熟悉。吉列刮胡刀片行销全球，它是一种舒适安全的刮胡刀片。

1860 年以前，只有极少数人，如贵族、高级职业人士才有时间和金钱修整他们的面部，他们可以请一个理发师来给他们刮胡子。后来，欧洲商业复兴，许多人都想使自己

看起来高贵一点。可是那时的剃刀笨重而危险，他们不愿意使用。即使有钱有时间，去一次理发店也要花很长的时间排队。

针对这种情况，许多发明家发明了“自己来”的刮胡刀片，但是这些刀片却无法卖出。因为去理发师那里刮一次胡子只不过花十分钱，但一把最便宜的安全刮胡刀却需要5块钱，那时，一个工人一天的工资才1块钱。

吉列安全刮胡刀没有任何比其他品牌的刮胡刀高明的地方，并且其成本比其他品牌都要高。但吉列公司并不是“卖”它的刮胡刀，而是“送”它的刮胡刀。吉列公司把价格定在55分钱，这还不到它制造成本的五分之一。可是公司将整个刀座设计成只有它的刮胡刀片才适合的刀座，每支刀片卖5分钱，其制造成本只需1分钱。上理发店刮上一次胡子需要10分钱，而一个5分钱的刮胡刀片大概可以使用6次。这样一来，自己刮一次胡子才不到1分钱，只相当于去理发店的费用的十分之一。

吉列公司不是以制造成本加利润来定刮胡刀座的价格，而是以顾客的心理来定刮胡刀座的价格。其实，顾客付给吉列公司的钱可能要比他们买其他公司制造的刮胡刀更多。其他公司的刀片只卖1分钱，而吉列却卖5分钱，所以其他公司的刀片比吉列公司的便宜。顾客总比生产商要聪明得多，但吉列公司的“降价”出售刀座使他们感觉愉快，他们觉得他们花钱来买一个刮胡刀座，而不是一件昂贵而又不合理的东西。跟上理发店刮胡子相比，吉列公司出售的刮胡刀座及刀片更便宜。和传统的剃刀相比，吉列的刀片及刀座又舒适安全许多。所以，从任何角度看，吉列公司的产品都比较合算。

很多厂商没有想过“价格创新”这个战略，而这个战略可以使消费者购买到其心目中产品的价值，而不是供货商自己决定的价格。吉列公司就是如此。

同样都是剃刀，吉列公司却可以独树一帜，闻名全球。它并未改变什么，包括和消费者利益最接近的价格，最后结算一下，都未改变。它只是引入了一个“价格创新”战略。“价格创新”是根据顾客的实际利益来制定的，引导了顾客原有价值观的改变，但却不是厂商成本价格的改变。

及时地加入些新的成分等于给公司注入了新的活力，虽然公司的其他一切不变，但这些新的成分将促使一个公司产生质的飞跃。这些新的成分可以包括新的思维、新的管理理念，等等。

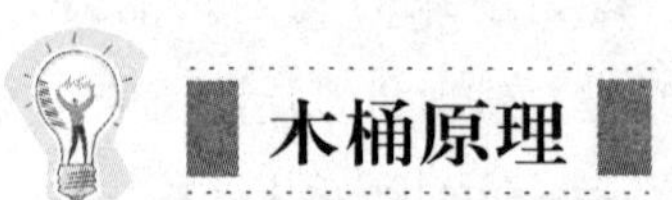

木桶原理

☆ 一句话说管理 ☆

一个水桶无论有多高，它盛水的高度取决于其中最低的那块木板。

追本溯源 “水桶原理”是由美国管理学家彼得提出的。说的是由多块木板构成的水桶，其价值在于其盛水量的多少，但决定水桶盛水量多少的关键因素不是其最长的板块，而是其最短的板块。又称“短板理论”。这就是说任何一个组织，可能面临的一个共同问题，即构成组织的各个部分往往是优劣不齐的，而劣势部分往往决定整个组织的水平。

若仅仅作为一个形象化的比喻，“水桶原理”可谓是极为巧妙和别致的。但随着它被应用得越来越频繁，应用场合及范围也越来越广泛，已基本由一个单纯的比喻上升到了理论的高度。这由许多块木板组成的“水桶”不仅可象征一个企业、一个部门、一个班组，也可象征某一个员工，而“水桶”的最大容量则象征着整体的实力和竞争力。

企业实战运用 ※ 东风日产的优势

日系车企业在华发展十分迅猛，但是历经2009年全球车市格局的调整，日系车企业在华发展的速度也开始减慢。

当一汽丰田和广汽丰田的丰田系在华遭遇滑铁卢后，特别是一汽丰田销量的下滑和凯美瑞刹车门事件的影响后，丰田系2009年在华备受重创；而以东风本田和广州本田为首的本田系，尽管保持了以往的势头，但是却被后起的东风日产所赶超。

2008年年底的时候，一汽丰田在长春进行了40亿元人民币的扩产投资，并且在2009年年中的时候计划扩产小排量车，但是一汽丰田除了卡罗拉和RAV4，其他车型的销量都处在下滑阶段，即使有所回升，也比不上日系的日产和本田，以及韩系、欧系和北美系车的企业。另外，广汽丰田的雅力士也是一直不见起色，受到凯美瑞受刹车门影响后，其销量一直超不过雅阁。

另外，日系车企业之东风本田和广州本田，尽管每款车型相对畅销，但是车型相对较少，东风本田凭借CRV和思域；广汽本田凭借雅阁和锋范的畅销，才保证了本田系在华的高利润，但是其销量规模仍赶不上东风日产。也就是说，2009年日系车企业在华的争霸战中，本田系也很难夺冠。

那么，剩下的就只有东风日产了。从这几个月的销量来看，东风日产已经成为日系车企业在华销量的霸主。尽管没有一款最畅销的冠军车型，但是其旗下的每一款车销量都是同级车前十强，如此才保证了东风日产能够进入国内乘用车企业销量前5强。

水桶原理，可能是很多人都知道的道理，只要水桶里任何一块板子短了，水桶里的水都装不满。在华的日系车企业也是如此，一汽丰田依靠卡罗拉和RAV4的畅销，才勉强进入前十；广汽丰田只有一款畅销车型凯美瑞；东风本田和广州本田由于车型相对较少，其总销量不高，预期只有一款冠军车型，还不如每款车型都是季军车型。最后哪种的总销量更高，就不言而喻。

东风日产就是这样的汽车企业，新天籁的销量赶不上雅阁和凯美瑞，甚至有时还赶不上帕萨特领驭；骐达和颐达销量赶不上卡罗拉和凯越等车；甚至新轩逸和骊威都不是同级车的最畅销车型，但是其销量增幅很大；尽管帕拉丁在SUV车型上输给了CRV和RAV4等车，但是仍是第二阵营的畅销车型，并且处在销量增长的过程中。但是，只要懂得数学的人都知道，东风日产由于车型众多，每款车型都不会拖后腿，并且每款车型每月销量都处在增长的势头，最终谁的总销量大、总利润高，就不言而喻了。

管理艺术

其实，部分汽车企业凭借某一款车型的畅销而生存，它们的风险很大。木桶原理告诉我们，不求每样都做得最好，但是每样都做得不错，最后的总成绩就很好。汽车企业也一样，不能“偏科”。此外，木桶效应在企业的销售能力、市场开发能力、服务能力、生产管理能力等方面同样有效。进一步说，每个企业都有它的薄弱环节。正是这些环节使企业许多资源闲置甚至浪费，发挥不了应有的作用，这些薄弱环节严重地影响并制约着环境的发展。

因此，企业要想做好、做强，必须从产品设计、价格政策、渠道建设、品牌培植、技术开发、财务监控等各方面一一做到位才行。任何一个环节太薄弱都有可能导致企业在竞争中处于不利位置，最终导致失败。

花生试验

☆ 一句话说管理 ☆

舒适愉快的环境会让人更容易接纳你的意见或者建议，因为好的环境会给人一个好的印象。

追本溯源 心理学家曾经做过这样一个试验：请一群青年学生阅读4篇关于癌症治疗、武装力量规模、月球探测器和三维电源的解说材料。其中一部分学生在阅读休息时可得到一些可乐和花生，而另一些学生则不被提供食物和饮料。等所有学生阅读完材料之后，请他们对材料的内容发表支持或反对的意见。结果发现，享用过食品和饮料的人对材料内容持肯定态度的比另一部分人多。

难道可乐和花生会影响人的判断？其实，影响人们判断力的并不是这些可乐和花生本身，而是它们所营造出来的气氛和随之带来的愉悦心情。在现实生活中，如果你是个细心的观察者，你可能会留意到进行商品促销时给顾客赠送纪念品，讨论会上为到会者准备茶水和糖果，其实都能起到类似可乐和花生的作用，让人们感到一种轻松愉快的氛围，自然会提高人们对促销商品的接纳程度。无论你采取什么方式，尽量地为听你说话的人创造一个舒适愉快的环境，这能对你们的谈话效果产生良好的影响，其实这种愉快的环境还能为你给别人的第一印象增加筹码。

企业实战运用　　※ 充满温情的企业

有这样一家企业，企业的全体员工，个个笑容可掬，亲切自然，包括业务人员、后勤人员也是如此。上下班的时候，他们跟写字楼的服务人员都面带笑容地问好。总经理通常都很早到办公室，并且只要有早到的员工，他必定会向员工微笑着说“早”，员工也会礼貌地回应他。下班前，总经理必定提前下班从办公大楼到工厂，遇见员工也会客气地对大家道：“我先走了！”他平常对待员工没有任何特殊辞令，也没有总经理的架子，待人温文尔雅，让人备感亲切温暖。

这家企业没有明确的管理制度，但是很少有人迟到、早退，员工都是在没有任何精神压力的情况下自觉遵守公司制度的，根本不用条列的约束。这个企业大约有 200 人。如果你问员工对总经理有什么看法，他们会说：“我们只知道老板对大家都非常好。”很多在其他大企业工作过的员工，来到这家企业后，都没有了跳槽的念头。想在这里踏踏实实地工作下去，为公司尽心尽力，做好自己的本职工作。

这个企业的员工感觉比在其他企业幸福，因为企业的气氛有点类似家庭，让人感觉到温暖。公司的员工对公司的发展是肯定的，他们都在尽力使这个企业变得更好。员工和总经理的关系非常融洽，上级的建议下级也非常容易接受，下级的意见也非常容易地传达给上级并且很快得到解决。

很多大企业也许会认为，员工太多，会良莠不齐，必须以严格的公司制度来束缚，来管理，否则无法提高工作效率。其实，那样有时候会适得其反，员工在某些时候会有抵触情绪。如果制度仅用于偶发的违规行为，大都是备而不用。只有对企业有发自内心的认同感、参与感，员工才会努力地工作，也会觉得自己的工作比较有意义。

管理艺术

作为一个企业，为员工提供一个好的工作环境是非常有必要的。它会增加员工对企业的好印象，并且会使其更加卖力地工作。同时，作为一个企业领导，要给予员工足够的关心和关注，他会更加乐于接受你的指示和帮助，促进企业的快速发展。愉快的环境能使心情愉快，也能使人比较容易接受一些东西，不是吗？

暗示效应

☆　**一句话说管理**　☆

心理学中，在无对抗条件下，用含蓄、抽象诱导的方法对人的心理和行为产生影响，从而使人按照一定的方式去行动或接受一定的意见，使其思想、行为与暗示者的期望相符合。

追本溯源　所谓的暗示是指人或环境以非常自然的方式向个体发出信息，个体无意中接受了这种信息，从而做出相应反应的一种心理现象。巴甫洛夫认为：暗示是人类最简化、最典型的条件反射。然而随着研究的深入，人们发现暗示就像一把“双刃剑”，它可以救治一个人，也可以毁掉一个人，关键在于接受心理暗示的个体自身如何运用并把握暗示的意义。

企业实战运用　※ *袁君重振日立雄风*

1965 年 5 月，由于经济原因，日立公司面临前所未有的危机。袁君在此时担任了日立公司董事长一职，担负起重振日立雄风的重任。

袁君过去在船厂任职，员工对他没有什么好印象，许多重要干部也不信任他。大家对他是否具有重整旗鼓的工作能力持怀疑态度。

为了增强干部、员工对自己的信心，更为了调动大家工作的积极性。袁君告诉员工，他来这里并非要霸占日立，而是要尽力工作，帮助日立恢复往昔的风采。他还说：“日立人才虽然很多，却都在睡觉，这才致使日立公司的业务不佳。”

他鼓励大家向他提问题，号召大家清醒过来，认真地、努力地工作，不要惧怕失败。

在他的号召和强力整顿下，公司又充满了活力，员工积极地工作，并认为从前的失败并不是他们自己无能，而是由于“睡着了”。“挑战！奋斗！”的口号在日立公司广为流行。员工都喜欢有能力的领导者。在袁君的刺激下，整个公司的员工更加积极，更加活跃。他曾鼓励员工：“干部至少要用十倍的头脑来工作，职工至少要用三倍的头脑来工作。”

在袁君的带领下，日立公司很快恢复了往昔鼎盛时期的业绩。

管理艺术

社会中的每一个人或暗示别人，或接受别人的暗示。但不论如何，暗示都分为积极和消极两种。积极的暗示，会使人感到温暖和关怀，得到战胜困难的力量。热情、赞许、支持让人有着向上的心态。反之，消极的暗示让人感觉痛苦，有压力，甚至对人的身体有伤害。

从管理者的角度看，有一群积极乐观的员工是非常重要的。可以在短的时间内得到巨大收益。一定要记得肯定你的员工，告诉他们，他们行，他们是最棒的。自信的员工会全力以赴地解决困难，创造骄人的业绩。

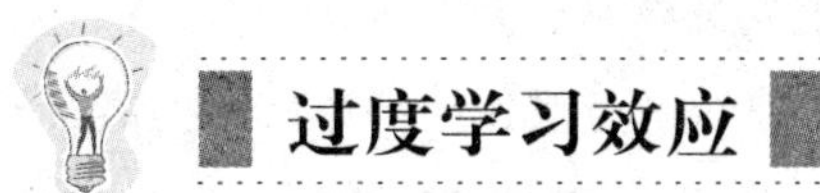

过度学习效应

☆ 一句话说管理 ☆

一个人要掌握所学的知识，一定要经常提醒自己通过反复练习，才能得到巩固。

追本溯源 “过度学习效应”的提出者是德国的心理学家H.艾宾浩斯。艾宾浩斯对这一效应做了最早的试验研究。他为测量超过记诵学习所需的过度学习的量，曾以不同的次数读过几组16个无意义的音节，结果发现，过度学习材料比刚能回忆的材料保持效果更好，而且其保持效果和原学习的分量大致成比例。

企业实战运用 ※ 马勇“熟能生巧”的工作法

马勇是武汉市邮政局投递公司彭刘杨投递站的投递员。他自参加工作以来，获得了很多表彰。有一次，还获得了“全国劳动模范”的称号。在多年的工作经验中，他总结出一套“熟能生巧”的工作方法，使他的事业更进一步。

他的工作要求做到业务操作流程熟、各种路段道口熟、人员熟。为了记住机关企业单位的收发约定交接方式、居民门牌编排的走向及号码、记牢各种邮件投递作业操作要求和质量标准，马勇采取的方法是将段道表、段情板、作业标准抄在小纸条上，贴在床头前，压在写字板下，制成小卡片带在身边……反复强记、揣摩，增强了他对所负责的区域的记忆。同时他还要求自己做到“四勤”，即手勤、口勤、眼勤、腿勤。手勤就是要多动手，要提高邮件分拣的速度和质量；口勤、眼勤、腿勤就是要多问、多看、多找。通过这些方法，他负责的区域投递段上3000多投递户的门牌走向及编排他记得清清楚楚。与此同时，马勇认为做好投递工作，仅靠自身业务过硬还不够，还需要用户的配合与支持，跟用户建立起良好的关系是做好投递工作的关键。为了达到对人员的熟悉，马勇采取“三多”和“三不”原则。所谓“三多”是指与用户多接触、多交流、多微笑；“三不”是指对用户不抱怨、不争吵、不厌烦。他随身携带的小本子上记录着20多个重点服务的对象：需要代买报刊，代领汇款、包裹等。通过这些重点对象对他的良好口碑，马勇成了投递段内众多用户的好朋友，大家都对他非常热情和尊重。通过以上这些工作，马勇在投递工作中创造了良好的工作氛围，为提高投递的效率和准确率奠定了坚实的基础。

所说的“巧”，是指在熟的基础上，有一种良好的工作状态，主要表现在有较高的劳动效率。由于操作流程熟练，马勇找准了其中可节约时间的具体环节，如号报、登复核卡等，通过大报不号报、免登复核卡的方法，将内部处理时间从30分钟缩减到20分钟，大大提高了工作效率。由于人员熟，得到用户的信任，一方面用户订阅杂志时指名订阅，一定要委托他办理；另一方面也为他处理疑难信件提供了便利条件。

此外，马勇将疑难信件分成三类：一类是地址不详，先按户名查找，一条街一条街地找，投不出去再按地址查找；一类是原址查无此人，先询问原址住户，可能是收件人已搬迁，若问不出情况，则按门牌的老号重新再投；第三类是地址与单位不符，先按地址投送，不对再按单位投送。如：一封信件收件人地址为“民主路18号××单位”，他先按地址投递，没有这个单位，再按单位投递，结果在民主路408号找到收件人。遇到疑难信件，马勇总是采取“先猜后投”的方式，如一封信件收件人地址是“五六路5号35号”，武汉市并无五六路，5号与后面35号也相互矛盾，这时按谐音法可判断对方可能写错了，猜测可能为“武珞路5巷35号”，再投，果然找到了收件人。疑难信件投递率高，也非常难解决，但马勇却解决了很多疑难信件，因此，马勇被誉为“江城活地图”。

管理艺术

对于所掌握的知识，一定要通过反复练习，使其不被遗忘。这样，在工作中，对所负责的领域就会非常熟悉，不至于出现临时抱佛脚的情况。管理者对自己负责的东西要比员工更为熟悉，否则，下属会难以对管理者信服，不会与管理者建立良好的合作关系。掌握原有知识的时候，也要学习新知识，对新的知识不断复习，最终转化为自己的知识，这也是很有必要的。

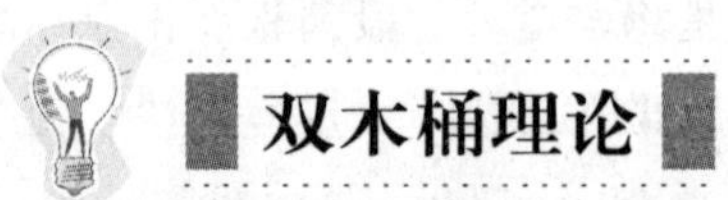

双木桶理论

☆ 一句话说管理 ☆

要借用或学习同等企业修补短处或者成功的方法，改善自己企业的短处，使自己的企业成功。而不是照抄照搬，完全借用。

追本溯源 一谈到公司的绩效管理水平比较低，企业管理者就容易想到引入最新的方法，流行的360度绩效反馈、KPI、平衡记分卡等最好都能用上。花很多的精力，甚至不惜重金聘请外脑参与设计这样的新体系。但在实施维护中才发现新方案根本无法全面地推行，或是实施中受到很大的阻力。有时新方案的推行不了了之，企业绩效管理回到原先的状态。其实仔细分析优秀企业的绩效管理方法卓有成效，不仅因为其绩效管理体系本身的设计合理，还离不开组织结构、职位设计、薪酬体系等人力资源其他方面的良好管理。而学习企业由于人力资源管理的基础比较低，甚至合理的职位设计等工作也没做到位，许多基本的数据信息也无法方便取得。这时盲目学习人家的先进管理方法就达不到弥补短板的目的。

如果引入“双木桶理论”来考虑同样的问题就容易避开前面的误区。一只木桶是自己的企业，有部分短板影响了企业整体能力水平，以另一只木桶比喻标杆企业。我们要借用或学习标杆企业相同位置的挡板来提升自己企业的短板。在“双木桶理论”下，企业不但要将企业人力资源管理的各个方面作为一个有机的系统来进行综合分析，而不是把它们看成各个独立的挡板；同时还要认识到企业的学习是一个渐进的过程，优秀企业的管理方法所在的挡板是长期建设的结果。

企业实战运用 ※ 澳洲乐康膏的试销失败

澳洲乐康膏曾在中国试销一段时间，但由于两个阶段320万元的市场投入已经大大超出了决策层的心理底线，澳洲乐康膏公司最终决定退出中国市场。

澳洲乐康膏是澳大利亚原装进口的具有润肠通便功能的保健食品，其显著的“润肠通便”功能与国内炒得比较成熟的“排毒养颜”的概念非常接近，同时“排毒能够养颜”的观点经过这几年的宣传已经被广大爱美女性所接受，澳洲乐康膏再进入这个市场将节省很大一笔宣传成本；另一方面，国内原有的“排毒养颜”产品已经老化，必将被一个新生的换代产品替换。因此，澳洲乐康公司一进入中国就决定，以中国的“排毒养颜”的产品为样板，完全学习这类产品的营销模式，把澳洲乐康膏的市场定位为“排毒养颜市场的追随者”。

从2003年1月开始，澳洲乐康膏分别在青岛、威海、烟台、苏州4个城市试销。在刚开始的3个月的时间里，4个城市基本上是完全按照既定市场策略运作。

根据排毒养颜产品的营销策略，澳洲乐康公司把澳洲乐康膏定位为“中高档口服美容保健食品”，定价为186元/盒，一盒为250克，可食用12天。目标人群为“月收入在1800元以上，20~40岁的都市白领时尚女性”，依据她们都是上班族的特点，确定了“报纸、电视为主，户外为辅”的媒体组合策略，希望澳洲乐康膏能够在排毒养颜的市场份额里分一杯羹。

就在澳洲乐康公司试销产品的同时，市场上另一个产品“解放蔬而康”销售火爆，同样是“润肠通便”的保健食品，“解放蔬而康”的核心概念是：宿便是导致女人色斑、痤疮、皮肤粗糙、小腹凸起的主要原因。在宣传上，“解放蔬而康”的媒体使用非常单一，策略非常明确，那就是集中所有资金投入《半岛都市报》，目标锁定中年女性，而且是整版整版地投入，其他媒体基本不投。在价格上，“解放蔬而康”要比“澳洲乐康膏”便宜许多，“解放蔬而康”的市场价是56元/盒，可用10天。在青岛市场，“解放蔬而康”在青岛最大的药店“北京同仁堂青岛药店”每天可以销售250盒左右，而同期澳洲乐康膏每天销售量不到10盒。在报道、热线量方面，同一天的报纸，甚至在澳洲乐康膏版面位置、版面大小更优的情况下，“解放蔬而康”的报纸厂可以产生300个左右的热线，澳洲乐康膏只有不到20个。

澳洲乐康公司立即决定全面放弃“排毒养颜”的概念，转而模仿“解放蔬而康”。4个试销市场全部转向到了“清宿便”的概念上来。澳洲乐康膏也从高高在上的洋品牌一下子转换成“清宿便”的产品，美容概念逐步淡出宣传。澳洲乐康膏从此成了一个地地道道的“排便”产品。但是，新的用户没有增加，老的用户却在逐步消失。

最终，澳洲乐康膏偃旗息鼓，草草收场。

企业作为一个团队，每一个部门都是相互匹配、相互支持、相互影响的，不可能片面地对某部门、某环节做出决策和行动。“双木桶理论”旨在告诉我们，一只木桶是自身企业，自己的企业有部分短板影响了企业整体能力水平；另一只木桶是榜样企业，我们要借用或学习榜样或模范企业相同位置的档板来提升自己企业的短板。

但是，企业不但要将企业管理的某方面作为重点进行综合分析，而且要把企业学习看作渐进的过程，切忌单纯套用其他公司的管理运作方式。

向其他同等企业学习的时候，一定要立足于自己的实际情况，探索适合自己的道路，而不是完全照抄照搬别人的东西。管理者更要注意这些，澳洲乐康公司在中国试销产品的经历，给了其他企业一个深刻的教训。

企业管理者应该明白学习的思维和方法产生的过程，并不是程式化的结果。明白了这一点才能真正建立起属于自己企业的完美的、独一无二的团队。

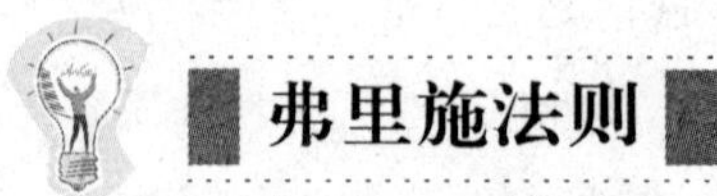

弗里施法则

☆ 一句话说管理 ☆

没有员工的满意，就没有顾客的满意。

追本溯源 “弗里施法则”是由德国慕尼黑企业咨询顾问弗里施提出的。他认为，在一条完整的服务价值链上，服务产生的价值是通过人，也就是企业的员工在提供服务的过程中体现出来的。员工的态度、言行也融入到了每项服务中，并对客户的满意度产生重要的影响。而员工是否能用快乐的态度、礼貌的言行对待顾客，则与他们对企业提供给自己的各个方面的软硬件的满意程度息息相关。因此，加大对员工满意度与忠诚度的关注，是提升企业服务水平的有效措施。这就是人们所说的“弗里施法则”。

有了员工的满意，才有客户的满意。许多企业都习惯于将客户满意度挂在嘴边，并为此绞尽脑汁翻新着服务的花样。但他们往往会发现，这些新花样到后来起到的效果并非总是那么显著。原因何在？因为很多企业忽视或者没有足够重视“让自己的员工满意”。

企业实战运用 ※ 美国西南航空公司：员工第一，客户第二

美国西南航空（Southwest·Airlines，NYSE：LUV）是美国一家总部设在德州达拉斯的航空公司。在载客量上，它是美国第二大航空公司，2005 年共运送 8844 万乘客。与美国其他竞争对手相比，它以“廉价航空公司”而闻名，从 1973 年开始它每年都盈利。不管是在衰退的年份，还是在遇到石油危机或其他意想不到的灾难时，西南航空都没有亏过一分钱。即使在经济危机狂潮袭来的 2008 年，公司依然盈利 1.78 亿美元。

一家以打价格战为主的公司，利润不仅没有降低，而且持续提高。公司的持续能力不仅没有受到影响，而且在经济危机中，成为最具生存能力的公司。他们是如何实现这种奇迹的？许多公司都提倡客户第一，客户就是上帝，一切服从客户，但在美国西南航空却不同，他们的口号是“员工第一，客户第二”。他们甚至提出，如果某个客户不尊重西南航空的员工的话，那么，西南航空不欢迎这样的客户登机。为什么西南航空要这样做？这样不会让客户反感吗？西南航空的回答是，他们并不是不在意客户价值，而是在设计业务模式的时候，已经把客户价值作为业务流程的起点。比如美国西南航空公司的客户定位是商务旅客、家庭、学生等群体，以频繁的班次与低价来吸引这些顾客。这些顾客在乎便宜的机票费用，甚于使票价提高的方便设施。为此，西南航空公司不提供托运行李服务；不指定座位，先到先坐，促使旅客尽快登机，不要耽误时间；建立自动验票系统，尽量加快验票速度；不提供集中订票服务，不提供跨航线行李转运或西南航空公司高级舱位服务，在登机口设立自动售票机，鼓励乘客跳过旅行社直接购买它的机票，从而省掉了付给旅行社的佣金，减少支出。不搞豪华奢侈的内部装修，机舱内既没有电视也没有耳机，设备非常简单。在西南航空公司的航班上，只提供花生米和饮料，不提供用餐服务。登机牌是塑料的，可以循环使用，一般航空公司的空姐都会询问：“您需要来点儿什么，果汁、茶、咖啡还是矿泉水？”而西南航空公司的空姐则问“您渴吗？”只有当乘客回答“渴”时才会提供普通的水。更有甚者，西南航空公司直接将饮

料和食品放在登机口并让旅客自取，空姐并不服务。美国西南航空公司认为，只要把员工的积极性调动起来了，那么，盈利就是自然而然的事。反过来，在准确的客户定位之上，西南航空公司就可以对那些非目标客户说“不”。事实上，西南航空公司是罗林·金与赫伯·凯莱赫在1968年创建的。这家公司创立之初，就确立了一个战略，那就是“低成本、低价格、高频率、多班次”。公司选用了最省油的波音737,挑选回报率最高的航线，每架飞机每天起落10次以上，航班停歇时间控制在15分钟之内（世界最短纪录）。

西南航空公司要求管理层要经常走近员工，倾听员工的心声，参与一线员工的工作，告诉员工关于如何改进工作的建议和思想。西南航空公司并不认为顾客永远是对的。公司总裁赫伯·克勒赫说：“实际上，顾客也并不总是对的，他们也经常犯错。我们经常遇到犯毒瘾者、醉汉或可耻的家伙。这时我们不说顾客永远是对的。我们说：‘你永远也不要再乘坐西南航空公司的航班了，因为你竟然那样对待我们的员工。’”正是这种宁愿“得罪”无理的顾客，也要保护自己员工的做法，使得西南航空公司的每一个职员都得到了很好的关照、尊重和爱。员工们则以十倍的热情和服务来回报顾客。赫伯·克勒赫说：“或许有其他公司与我们公司的成本相同，也许有其他公司的服务质量与我们公司相同，但有一件事它们是不可能与我们公司一样的，至少不会很容易，那就是我们的员工对待顾客的精神状态和态度。”这正是西南航空公司长期盈利的秘诀所在。

很多企业非常注重客户，总把客户放在第一位，为了使客户满意绞尽脑汁，花样百出，可是却忽略了员工，很少做到让员工满意。企业光靠优厚的薪金、稳定的福利，很难长久地留住员工，让员工为企业勤恳工作。只有想办法让员工热爱工作，在工作岗位上越做越开心，才能很好地发展下去。赋予员工使命感，让他深刻认识到自己是企业的一员，并且让他们感受到自己可以作为某部分工作的管理者，充分调动他们的积极性，也可以看到企业某些地方的不足。让员工满意，也能保持员工对企业的认同和工作热情。

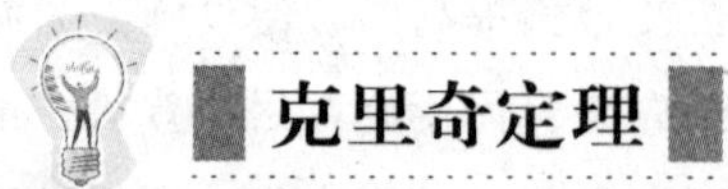

克里奇定理

☆ 一句话说管理 ☆

没有不好的组织，只有不好的领导，好领导是好组织的塑造者。

追本溯源 “克里奇定理”是由美国军事家克里奇提出的。他认为，没有不好的组织，只有不好的领导。而好的领导者是优秀组织的塑造者。如果延伸到管理上，就是好的领导的作用是不言而喻的，任何组织都不例外。好领导是完美团队的塑造者。后来，人们将其称为“克里奇定理”。

企业实战运用　※ 转危为安的麦考梅克公司

麦考梅克公司是一家美国公司，是由W.麦考梅克先生创立的。公司成立的初期，发展很快，利润增长迅速，员工的收入也持续地增长。可是，令人难过的是，公司后来业绩一直不好，虽然许多年努力地拯救，可是公司依旧死气沉沉，不见起色，到最后已经面临倒闭的危机，这让W.麦考梅克先生非常伤心和着急。就在公司即将倒闭的时候，W.麦考梅克因病去世。

W.麦考梅克为拯救公司想过很多办法，甚至曾经企图依靠裁员减薪使公司重获生机。但是，公司依然不见起色，而且危机四伏，摇摇欲坠，马上就要倒闭。情况几乎很难改变了。W.麦考梅克去世后，C.麦考梅克继任公司总裁。新总裁年轻，敢作敢为，壮志凌云，下定决心要让公司重获生机。他已经知道，自己的公司陷入危机是由于公司的员工缺乏积极性，对公司的前途迷茫，失去了信心。他们认为无论自己如何努力，麦考梅克公司最后也要破产的。这样的失败感被老总减薪裁员的做法激化，最后，公司上下毫无生机，公司即将倒闭。新总裁C.麦考梅克认为，第一步重要的工作就是让员工振奋起来，激起他们的斗志，使其对公司的前途充满希望，为公司的未来而奋斗。他决定出奇制胜。

上任伊始，他就向全体员工宣布：从本月开始，每位员工的工资都增加10%，而且会根据具体情况适当缩减工时。这种与众不同而且跟以前截然相反的做法，让所有员工觉得非常吃惊。员工们以为他们听错了，简直不敢相信自己的耳朵。在一个陷入危机的公司里，还会有缩短工时、增加薪水的事情发生，真是太不可思议了。然而，无论多么不可思议，提薪一成而不是减薪一成是不争的事实，员工们乐坏了。出于人们普遍具有交换的心理，员工们非常清楚新总裁希望他们怎么做，不过，他们不说，要等C.麦考梅克亲自说出口。果然，随后，新总裁说了：“公司生死存亡的重任落在诸位肩上，我希望大家同舟共济，一起渡过这个难关。”员工们一听就高兴了。不就是使公司摆脱困境、重振旗鼓吗？这是没问题的。果然，此后，全公司上上下下齐心协力，一起奋进。短短的一年之内，麦考梅克公司就扭亏为盈，重获生机，最终成为了国际有名的大公司。

纽约前市长鲁道夫·朱利安尼在一本书中写过：所谓的领导，就是在享受特权的同时，承担起更大的责任，在风险危机来临时，有勇气站出来，单独扛起压力。好的领导的作用是不言而喻的，他能带领一个团队、一个公司转危为安，或者在其他团体或公司里出类拔萃。一个团队的糟糕不仅仅有职员的因素，还有领导的因素，做一个好的管理者等于为一个团队的发展把握了好的发展方向，好领导是好组织的塑造者。

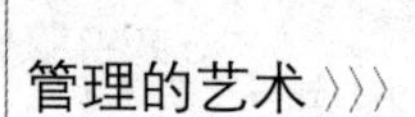

同仁法则

☆ 一句话说管理 ☆

聪明的领导者会把员工当合伙人，因为对公司来说，同事之间的关系越好，大家的心情自然越好，工作效率自然越高。

追本溯源 美国一个家庭用品公司把销售人员称做“同仁”。公司非基层职位有90%以上是公司人员填补的，公司400名部门负责人中，只有17人是从外面招聘的。公司股票购置计划也力图使全体员工都成为真正的“同仁”。所有的员工都可以在任何时候以低于公司股票价格的15%进行购买。以此得到的报偿是，公司人才流失比零售业的平均水平低20%。企业员工有了共同的目标与使命感，就会风雨同舟，无往不胜。

企业实战运用 ※ 沃尔玛的利润分享

沃尔玛公司是一家美国的世界性连锁企业，以营业额计算为全球最大的公司，其控股人为沃尔顿家族。沃尔玛主要涉足零售业，是世界上雇员最多的企业，连续三年在美国《财富》杂志全球500强企业中位居榜首。

沃尔玛的创始人是山姆·沃尔顿。曾经在给别人打工时，他的老板非常尊重员工，包括商店雇用的计时工也被其称为“同仁”。他对老板的做法很满意。自主创业后，山姆成为了老板，但他不喜欢“雇佣”这个词。10年后，他的企业有了较大发展，其间，他一直思考如何解决雇佣劳动问题。

有一次，他去英国温布尔登看网球赛，在伦敦大街散步的时候，他看到一家商店(刘易斯合伙公司)的招牌上把所有合伙人姓名都写了上去。他激动不已，当场对妻子海伦说“沃尔玛也该这么做”。他觉得沃尔玛应与员工建立合伙关系。回到美国后，山姆作出一项决策：从此，员工不再是雇员，商店员工都称为“合伙人”。沃尔玛确立了“三条基本信仰”，第一条就是“尊重个人”。沃尔玛为什么要把“尊重个人”列入企业文化的核心内容呢？根本问题是需要。山姆目睹一些企业和沃尔玛出现的矛盾状况，才作出这一抉择。当时，有些商店总是因劳资关系处于困境，有些商店老板对劳资关系总是不以为然。沃尔玛也是如此，这让他非常苦恼。于是，山姆提出合伙人理念。员工都成了合伙人了，你必须尊重人家。沃尔玛首席执行官格拉斯说：“山姆的理念非常简单，他的做法是，如果把每一个人都变成公司合伙人，会比维持劳资关系效果更好。如果你把他们当做个体的人加以尊重，如果你随时聆听他们的意见，不论他们说的是对是错，如果你与他们分享公司业绩，不论是好是坏，那就让他们成为公司真正的合伙人。”

山姆的“尊重个人”，本意是尊重员工、善待员工，让员工们觉得温暖，从而为顾客提供周到服务。

1971年，沃尔玛启动“利润分享计划”，凡是加入公司一年以上、每年工作不少于1000小时的员工都有权分享公司的一部分利润；公司根据盈利情况，按照员工工资额比例提留一部分利润，当员工离开或退休时，可以连本带利地从公司领走；公司每年为员工提留的利润金额为其一年工资总额的6%。利润分享计划是让员工参与利润分享的计划，员工分享的利润，与工资数额挂钩，与利润总额挂钩。这极大地调动了员工积极性，提高了员工的主人翁意识，公司同员工的合伙关系逐步建立了起来。山姆认为，公司分给员工的利润越多，员工对公司销售和利润增长的热情越高，贡献也就越大，公司的利润也会越高。

利润分享计划使员工在退休后拥有一笔可观的财产，不用为养老问题发愁。一位在沃尔玛工作20年的货车司机说，1972年进入公司工作时，山姆在培训时对他们说：“如果你们在公司持续工作20年以上，你们将能领到10万美元以上的利润分红。”这位司机根本不相信。因为他刚从一家运输公司辞职，干了13年，临走只拿了700美元，怎么可能拿到10万呢？20年过去了，他的利润分红不是10万美元，而是70万美元。如此庞大的数字，他觉得不可思议。

员工也是企业的一员，可是很多管理者都忽略了这一条，只是一味地要求员工听从安排，而不允许他们有自己的想法。公司的某些利润员工也根本分享不到。员工和管理者有了鸿沟，没有了共同的目标和使命感，致使公司发展变慢。管理者要看重员工，让员工深知自己在公司的地位和分量，发挥出自己应有的才能。员工和管理者的关系不仅是雇用和被雇用的关系，也是合伙人的关系，只有大家一起奋斗，企业才会越来越好。

PART3 〉〉〉

高管、中层、员工共存问题解决法

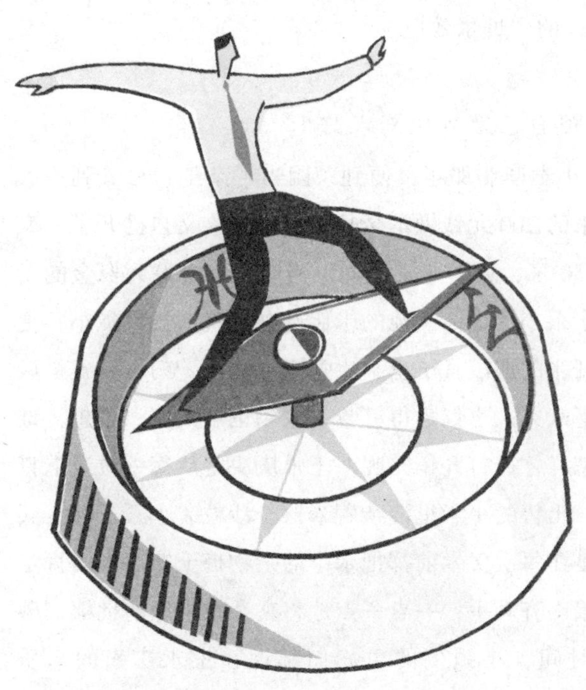

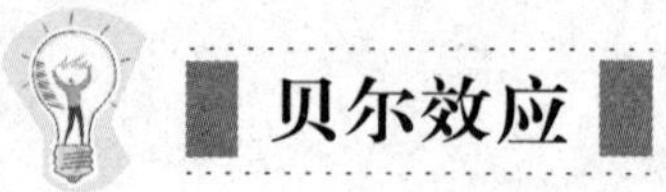

贝尔效应

☆ 一句话说管理 ☆

成功其实并没有想象的那么难，它有时需要的仅仅是你的勇气，这正是一般人所缺乏的。

追本溯源 “贝尔效应”的提出者是美国布道家、学者贝尔。贝尔天赋极高，曾经不止一个人预测说，假如他毕业后进行晶体和生物化学的研究，一定会多次赢得诺贝尔奖。

贝尔凭着这种来自外界的预测，心中充满了成功的希望，正是这种动力促使他不懈努力，后来成了美国著名学者，把一个个开拓性的课题提出来，指引别人登上科学高峰。贝尔凭着这种真实的经历提出了后来的“贝尔效应”。

企业实战运用 ※ 尽力使自己做得比别人好

王永庆早年因家贫读不起书，15 岁小学毕业那年，便到茶园当了杂工，后又到一家小米店做学徒。第二年，他就用父亲借来的 200 元钱做本金从老家来到嘉义自己开了一家小米店。那时，小小的嘉义已有米店近 30 家，竞争非常激烈。当时仅有 200 元资金的王永庆，只能在一条偏僻的巷子里承租一个很小的铺面。他的米店开办最晚，规模最小，更谈不上知名度了，没有任何优势。在新开张的那段日子里，生意冷冷清清，门可罗雀。后来王永庆背着米挨家挨户去推销，一天下来，人不仅累得够呛，效果也不太好。试想，谁会去买一个小商贩上门推销的米呢？可怎样才能打开销路呢？王永庆决定从每一粒米上打开突破口。当时小米加工技术比较落后，出售的小米里混杂着米糠、沙粒、小石子等，买卖双方都是见怪不怪。王永庆想，他要是在每次卖米前都把米中的杂物拣干净，人们肯定会更加喜欢他卖的米。于是他和两个弟弟一齐动手，一点一点地将夹杂在米里的秕糠、砂石之类的杂物拣出来，然后再卖。一时间，小镇上的主妇们都说，王永庆卖的米质量好，省去了淘米的麻烦。这样，一传十，十传百，米店的生意日渐红火起来。

王永庆并没有就此满足，他还要在米上下大工夫。那时候，顾客都是上门买米，自己运送回家。这对年轻人来说不算什么，但对一些上了年纪的人，就是一个大大的不便了。王永庆针对这种现象，不失时机地又提供了送米上门的服务。并且王永庆送米，并非只是送到顾客家门口了事，还要将米倒进米缸里。如果米缸里还有陈米，他就将陈米

倒出来，把米缸擦干净，再把新米倒进去，然后将陈米放回上层，这样，陈米就不至于因存放过久而变质。王永庆这一精细的服务令顾客深受感动，为他赢得了很多顾客。

王永庆是一位善于开动脑筋的人。送米的过程中，他了解了客户家里的基本情况，回去之后便在一个本子上具体记录下顾客家有多少人、一个月吃多少米、何时发薪等。算算顾客的米该吃完了，就送米上门；等到顾客发薪的日子，再上门收取米款。王永庆就是从一家小米店起步，最终成为今日台湾工业界的“龙头老大”。原因很简单，他拿出了一种与困难做斗争的勇气，千方百计比别人做得更好，凭借着这股力量他坚信自己一定能够成功。

管理说吧

理想信念是人们对未来的向往和追求，一旦形成，就会成为支配和左右人们活动的精神动力。信念的力量让一个人变得坚强，充满自信。而这些都是一个强者所必备的。成功的信念可以使人在黑暗中不停止摸索，在失败中不放弃奋斗，在挫折中不忘却追求。而作为企业的管理者，要时时以增强员工成功的信念为主导的管理方法，换句话说就是多用激励的字眼去鼓励下属，譬如“相信你一定会做得很好”，“你越来越优秀了”“你将获得更大的成功”，等等；反过来说，应极力避免“你不行”，“也许你做起来有困难”，“你不如别人做得好”等字眼。另外就是企业的领导者要给员工明示企业的宏伟蓝图，让员工确立共同的理想信念，鼓舞员工士气，如此企业便会有更强大的凝聚力和向心力。

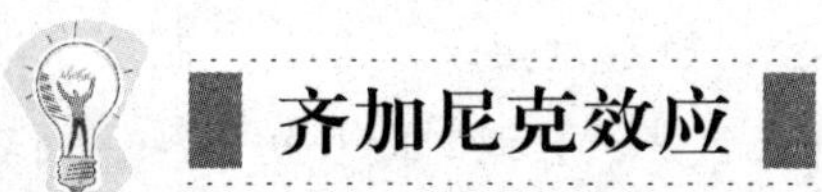

齐加尼克效应

☆ 一句话说管理 ☆

过大的工作压力，会导致心理上的紧张状态。

追本溯源 这个效应的提出源于法国心理学家齐加尼克做过的一次试验：

他将自愿受试者分为两组，让他们去完成20项工作。其间，齐加尼克对一组受试者进行干预，使他们未能完成任务，而对另一组则让他们顺利完成全部工作。试验得到不同的结果，虽然所有受试者接受任务时都显现出了一种紧张状态，但顺利完成任务者，紧张状态随之消失；而未能完成任务者，紧张状态持续存在，他们的思绪总是被那些未能完成的工作所困扰，心理上的紧张压力难以消失。

企业实战运用 ※ 为员工着想的矸石电厂

“现在为大家播送的是关于年假安排的通知……”在各个控制室广播里，每到特定

时间，就会响起悦耳的朗读声，这是某矸石电厂为方便职工听学特别设定的电脑自动播放系统。

原来这个矸石电厂因为工作的特殊性，运行车间只能实行三班倒的上班体制，这样一来职工无法及时具体地了解厂里、车间的事情、活动通知等，很多时候公司不得已只能利用班前班后会组织员工开会、学习，如此难免会延误大家的下班时间。尤其是下夜班后，大家很疲劳，根本听不进去，心存反感，也很影响第二天的工作，这是运行车间多年来职工感到头疼的事。怎样才能两全其美？为此车间领导也想方设法缩减时间，曾试过把文件复印多份，每个控制室放一份，可工作地点多而分散，文件看过以后也就被丢弃了，浪费很大，车间负责人开动脑筋想办法，利用现有的广播在电脑上安装“文语通”软件，将文件输进去，每班定时播送，这样大家不仅及时学习了文件，也节约了时间。上班的职工轻松地说：“再也不用为学习文件耽误下班时间而担心了，这才是为大家办了一件实事。”

新年伊始，为了激励员工，为员工创造好的工作环境，车间新配备了一批美观大方的座椅，大家高兴之余才发现椅子偏大，个子矮的员工坐上后脚挨不着地，一个班下来腿脚都肿了，这下可难住了车间主任，配个靠垫在工作场所不雅观，椅子前垫块板儿，容易踩翻，不安全，慎重考虑后决定把椅子腿儿锯掉一截，这下小个子员工也可以舒舒服服地坐上椅子了。看到这样的情景，员工心里热乎乎的，工作起来更加自觉且严谨了。

在驰名中外的松下企业，公司特意制定了“三会”制度，即“朝会”、“恳谈会”和“信息员例会”。“朝会”每天召开，会议时间长短不一，内容五花八门，气氛轻松愉快，让员工一天都精神饱满；“恳谈会”每月一次，让员工聚餐唱歌，娱乐放松，相互增进了解，舒缓心情；“信息员例会”也是每月一次，是专门让职工发泄情绪的。从薪酬到住宿条件，从同事到领导，有什么不满，都可以拿出来说。每个科分别选出一名员工参加会议，会后将直接把问题反映到相关的部门，或者送到副总案头，而对方也必须在规定时间内作出书面答复。

鼓舞士气、让员工快乐工作是领导者的天职。一个称职的管理者，不一定要有绝佳的口才，却一定要有关爱员工之心，一定要让员工快乐工作，这样才能得人心、创奇效。让员工快乐地工作，从管理者的角度看，企业可以实施微笑管理，微笑管理是赞扬和鼓励员工的重要方式，用微笑传达肯定和赞许，消除员工的紧张和对抗情绪，使他们保持一种轻松的心情高效地进行工作。或者设计一些让员工可以发泄不满的途径，例如休息室、游戏室，一点儿茶点、一些小玩具、一本笑话书，甚至可以设立发泄愤怒室，这往往比上级大量的思想工作更有效。也可以考虑适度弹性工作，例如对某些清晰的任务，可以采取家庭办公。工作效率来自于工作热情，相信轻松愉快的心情会让人更好地发挥想象力和创造力，在短时间里取得惊人的成绩。

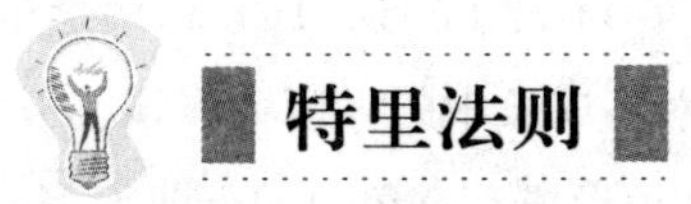

特里法则

☆ 一句话说管理 ☆

承认错误是一个人最大的力量源泉。

追本溯源 该法则是由美国田纳西银行前总经理L.特里提出的。他认为，人在面对错误的时候，能做到正视错误，就会得到错误以外的东西。后来，人们就将这种观念称为“特里法则”。这个法则延伸到企业管理上，就是企业人要勇于正视和承认错误、失败，因为勇于承认错误和失败也是企业生存的法则。市场不是两军对垒的战场，企业不是军队。承认失败，企业可以避免更大的市场损失，可以重新调整自己的市场策略，也就可以重新取得市场机会。

企业实战运用 ※ 重做水饺的蒙牛公司

蒙牛在创办前期，尝试着拓宽生产线，生产速冻水饺。第一批水饺生产了几百箱，在年前全部投放到了市场上。大年初二，牛根生从市场上买了三种不同的水饺回来比较着吃，发现蒙牛生产的水饺皮厚馅少，吃起来味道明显比其他品牌的要差。为了测试自己的感觉是否正确，初四当高层会议开到中午的时候，他把买来的水饺分成三组，编上号，让食堂的人煮好了给大家吃，要求食堂的师傅不能透漏每组水饺的品牌。吃完之后，他让大家给三种水饺投票，投票的结果显示，蒙牛的水饺是最不好吃的。结果一出，牛根生就要求经理们把投放到市场上的蒙牛水饺全部返购回来，买水饺的钱由他出。他说，水饺做得不好吃这是事实，不能回避。首先自己有很大的责任，用自己的钱买水饺就算是惩罚自己监管不严。然后他又批评水饺生产的负责人：“产品没有经过严格的测试就投放到市场上去，是一种极不负责任的表现。我命令你以最快的速度研制出新的水饺。”半个月后，新产品再次试吃，蒙牛水饺得到了很高的评价，投放市场后受到了欢迎。

我们再看看世界上那些百年企业的发展历史，它们没有一个不是从失败中走过来的，重要的是它们都能够勇敢地正视失败，并且找出失败的原因，从失败中重新站起来。2001年，沃尔玛首次位列世界500强榜首。但据德国《商报》2002年3月报道，这个世界最大的连锁商进入德国市场四年来却连遭败绩，不仅损失了超过1亿美元，而且它在财务上遮遮掩掩的做法，无法蒙混过德国法律这一道关，它将不得不对外公开2000年和2001年两年度的财务情况。沃尔玛在德国拥有17万名职工，设有95家分店。沃尔玛并没有因为在德国的受挫而灰心丧气，而是采取整顿措施，在德国市场上再搏一次，后来终于取得了成功。

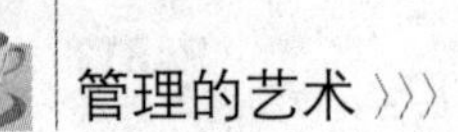

再看国内的TCL企业。2001年11月17日，TCL总裁李东升在“企业家理论与企业成长国际研讨会”上反思了TCL六年成长中的“两大失误、五大不足”。两大失误是指多元化准备不足，战线拉得过长，真正形成有竞争力的行业不多；国内通讯产业的发展机遇没有抓住。五大明显不足分别是综合规模实力不足、研发能力不足、国际经营管理经验不足、营销能力不足、企业体制不足。这次“检讨会”开过后不到两年，TCL在中国通讯市场上已经成为了中国移动通讯制造商中位居前列的本土企业。这就是勇于承认自己的错误并对症下药的结果。

管理艺术

勇于承认错误和失败是企业生存的法则。市场不是两军对垒的战场，企业不是军队。承认失败，企业可以避免更大的市场损失，可以重新调整自己的市场策略，也就可以重新取得市场机会。其实在工作中出现了差错并不可怕，可怕的是出错后不能虚心地接受，不能从中吸取教训，不能发现自己的病根，并下决心痛改前非。作为企业只有正视自己的缺点与不足，并勇于承担起自己出现错误的后果，不但不会失去市场，还会赢得尊重，取得进步与成功。因为，勇于承认自己的错误可以提高它的信誉，并有助于自我完善。反之，如果出了问题急于摆脱，推卸责任，很快他也就失去了市场的信任，一败涂地。

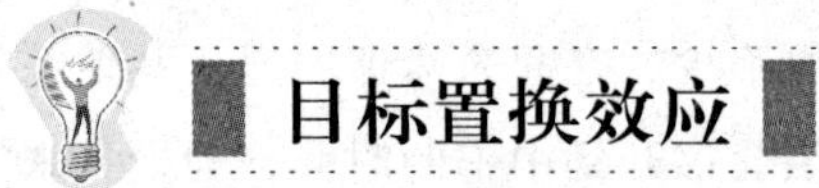

目标置换效应

☆　一句话说管理　☆

对于工作如何完成的关切，致使方法、技巧、程序的问题占据了一个人的心思，反而忘了对整个目标的追求。

追本溯源　“目标置换效应”是由美国管理学家约翰·卡那提出的。所谓“目标置换效应”，就是指在达成目标的过程中，对于工作如何完成的关切，致使方法、技巧、程序的问题占据了一个人的心思，反而忘了对整个目标的追求。据约翰·卡那做过的一项调查显示，在所有影响目标达成的因素中，“目标置换”因素占了67%以上。在实施目标的过程中，总是有或多或少、或直接或间接、或潜在或明显的因素干扰和阻碍着目标的达成。

组织的一切活动都是围绕着既定目标而展开和进行的，但在管理实践中达不成或只达成部分既定目标的情况却比较多，原因当然是多种多样的，而“目标置换”就是其中比较普遍和典型的一种。

企业实战运用　　※ A 公司的充分授权

A 公司是一家制造型企业，公司在 2007 年初给各分公司下了指示：每个分公司为企业发展 200 名左右的专业销售工程师。转过身来公司又给人力资源部制定了“到 2007 年 5 月底，培养 200 名左右的专业销售工程师”的目标，同时要求两个月内招聘 200 名机械专业本科毕业生，在四个月内分批对这 200 名人员进行培训。眼看这个目标就要被置换成为“开发部只考虑如何招聘 200 名机械专业毕业生，而培训部只负责如何对这 200 名人员进行培训”了，人力资源总监为此有些忧虑，他担心大家会在此事上分不清主次，走错方向。于是把人员召集起来针对公司下达的一系列命令展开讨论。最后在大家讨论的基础上作出如下决议：

首先，由开发部与各分公司总经理沟通，了解公司各级销售人员的具体情况，结合销售人员的《岗位说明书》，对销售人员和专业销售工程师的任职资格和岗位职能进行比较，并形成报表将该信息传递给培训部和管理部。

其次，培训部通过对开发部提供的信息进行分析，再与各分公司总经理沟通了解，看由销售人员转变成为专业销售工程师哪些条件是可以通过培训达到的，哪些是不能够通过培训达到的，初步确定人员转岗所需的培训课程，并形成报表传递给管理部和各分公司。管理部根据开发部和培训部提供的报表，在现有的销售人员队伍中查看全集团有多少人员满足这些转岗条件，将数据提交 HRD（人力资源总监）。

最后，人力资源总监将协商结果上报总裁办，通过与总裁办进行商讨以后，达成了一致，即这 200 名专业销售工程师，采用内部转岗和外部招聘相结合的方式，针对内部转岗人员和外部招聘人员实施不同的培训方案，同时这次沟通还使人力资源部门获得了这个项目上的充分授权，为该项目后期的顺利实施打下了基础。

人力资源部在获得充分授权以后，不仅制定出各部门的工作目标，而且相关人员还在了解公司的目标和方针的前提下，制订出个人目标计划。

反过来说在这个过程中，如果培训部没有获得足够授权，那么在与相关的中层管理人员及员工进行沟通时，避免不了发生冲突，也得不到大家的全力支持。在如此情况下“将一个销售人员培养成为一个专业的销售工程师的培训”就将置换成为“大家聚集在一个教室里，签到混考勤”，至于培训目标的达成那就另当别论了。由此看来，在项目实施过程中，充分授权对避免“目标置换”起到了举足轻重的作用。

管理艺术

作为管理者首先必须让员工真正理解公司的营销战略、计划等等，否则带着一知半解去执行工作会很难取得成绩，甚至会破坏了整个计划。这就需要管理人员经常与员工进行信息交流与沟通，帮助员工正确分析形势、研究问题、解决问题，使其看准目标，做到有的放矢。其次还要定期对目标的进展情况进行检查和考评，并将其结果及时反馈给实施者，这样才能让员工发现问题，并寻找出更好的工作方法。再次还要注意对有关部门充分授权，使之能够顺利地开展工作，并且在充分的授权基础上与相关管理人员进行有效沟通，如此便可以防止目标管理中的目标置换。

布朗定律

☆ 一句话说管理 ☆

找到心锁就是沟通的良好开端，知道别人最在意什么，别人的意愿就会在你的把握之中。

追本溯源 “布朗定律”指的是一旦找到了打开某人心锁的钥匙，往往可以反复用这把钥匙去打开他的某些心锁。这是美国职业培训专家史蒂文·布朗提出的。

企业实战运用 ※ 重要的半天假期

某公司营销部的秦经理发现女下属李寒早晨上班以后，一直闷闷不乐地坐在自己的座位上，摆弄着圆珠笔，皱着眉头，一句话也不说。刚开始，秦经理猜测李寒或许是因为工作问题跟同事发生了争执，可能过一会儿就没事了。但是过了两个小时，他感觉不太对劲，因为李寒的情绪不仅未见好转，反而有恶化的迹象，竟然在一次接电话的时候莫名其妙地跟客户吵了起来，差点让前几天刚签下的一个数额不小的订单吹掉。

秦经理决定跟李寒好好谈一谈，在这种状态下工作肯定是行不通的。营销部门的人时刻都要与客户打交道，员工需要有一个健康开朗的情绪。但是解决员工的心理问题需要技巧，更需要对症下药，如此才能找出问题的根本。他没有因为电话争吵事件训斥李寒，只是从她身边经过，稍微一停，有意无意地对她看了几眼。秦经理用这个不寻常的细节，让李寒发现自己被关注的眼神。先以这种方式，暗示她不要让自己的情绪影响到工作。接着，等到中午吃饭时，他悄悄走过去，请李寒一起去吃工作餐。

在公司餐厅，秦经理与李寒边吃边谈，弄明白了事情的原委。原来，李寒昨天晚上跟相爱了七年、近期正准备结婚的男朋友分手了。男朋友这些年竟然还有一个相好，骗了她这么久也没被发现，这时才露出真面目。

准备结婚了，却突然分手，这的的确确是一个非常沉重的感情打击。毕竟经历了这么长时间的爱情长跑，付出了一生中最黄金的七年青春时光，现在却要分手，别说一个女孩子，即使是一个男孩子也难以承受。而李寒又是一位非常重感情的女孩子，遭遇这么大的感情变故，今天能坚持来上班已经很不错了。秦经理拿出一位长兄的关爱开导李寒，和她聊了一会儿。临了他又对李寒说放她一下午的假，让她出去散散心，调整一下，但是要她保证自己的安全。

李寒本以为秦经理会把她批评一顿，没想到他出乎意料地表示了对自己的理解，还主动给自己半天假。感激之余，李寒对上司充满了敬佩，忽然觉得自己要坚强起来。于是，她很快调整好自己的心态，从失恋的阴影里走出来，更加兢兢业业地工作。

企业人员流动过快，员工与企业间的矛盾便日益加深。企业的决策者们也花了很多力气去解决这个问题，但是在这过程中，似乎一直都有一把无法打开的大锁横在中间，让人头疼。究其原因就是没有做到对症下药，没能去了解他的“心”。沟通是处理现代企业管理过程中出现的各种矛盾的重要工具。在沟通过程中，了解员工的实际情况，帮助员工解决一些生活中、学习中或者工作中的困难，并将影响面逐渐扩大，这样不但能取得员工的信任，改善员工内部满意度，同时能提高员工的凝聚力。当然如果沟通效率过低就无法及时合理地对内部矛盾进行处理。提高沟通效率的关键在于明确管理中的主要矛盾，也就是需要抓住沟通的方向和目标，对症下药才能避免沟通的盲目性和低效。

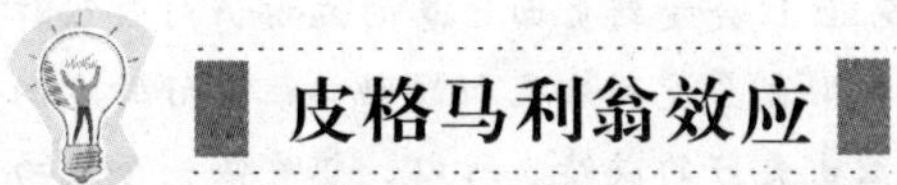

☆ 一句话说管理 ☆

赞美、信任和期待具有一种积极向上的能量，它能改变人的行为，使人增强自信和提高自尊。

追本溯源 “皮格马利翁效应”是指当一个人获得另一个人的信任、赞美时，他便感觉获得了社会支持，从而增强了自我价值，变得自信、自尊，获得一种积极向上的动力，并尽力达到对方的期待，以避免使对方失望，从而维持这种社会支持的连续性。

“皮格马利翁效应”来源于希腊神话。皮格马利翁是希腊神话中的塞浦路斯国王，善雕刻。他不喜欢塞浦路斯的凡间女子，决定永不结婚。他用神奇的技艺雕刻了一座美丽的象牙少女像，在夜以继日的工作中，皮格马利翁把全部的精力、全部的热情、全部的爱恋都给予了这座雕像。他像对待自己的妻子那样抚爱她，装扮她，为她起名加拉泰亚，并向爱神乞求让她成为自己的妻子。爱神阿芙洛狄忒被他打动，赐予雕像生命，并让他们结为夫妻。

企业实战运用　　※ 变化的海伦

海伦在一家外贸公司工作已经3年，她在公司的业绩表现一直平平。她的上司胡悦是个非常傲慢和刻薄的女人，她对海伦的所有工作都不加以赞赏。一次，海伦主动搜集了一些国外对公司出口的纺织品类别实行新的环保标准的信息，被上司知道了。上司不但不赞赏她主动工作的行为，反而批评她不专心本职工作，后来海伦再也不敢关注自己业务范围之外的工作了。海伦觉得，胡悦之所以不欣赏她，是因为她不像其他同事一样奉承她，但是她自问自己不是能溜须拍马的人，所以不可能得到胡悦的青睐，她也就自然地在公司沉默寡言了。

直到后来，公司新调来主管进出口工作的Sam，新上司新作风，从美国回来的Sam性格开朗，对同事经常赞赏有加，特别提倡大家畅所欲言，不拘泥于部门和职责限制。在他的带动下，海伦也敢于积极地发表自己的看法了。由于Sam的积极鼓励，海伦的工作热情空前高涨，她不断学习新东西，起草合同、参与谈判、跟外商周旋……海伦非常惊讶，原来自己还有这么多的潜能可以发掘，想不到以前那个沉默害羞的女孩，今天能够跟外国客商为报价争论得面红耳赤。

其实，海伦的变化，就是我们说的“皮格马利翁效应”起了作用。在不被重视和激励，甚至充满负面评价的环境中，人往往会受到负面信息的左右，对自己作出比较低的评价。而在充满信任和赞赏的环境中，人则容易受到启发和鼓励，往更好的方向努力，随着心态的改变，行动也越来越积极，最终做出更好的成绩。所以，想要做一个成功的上级，就必须要懂得适度赞赏和鼓励下级，给下级一个积极的暗示，他会为你做得更多，也会使自己发挥得更好，进步得更快。

感情效应

☆　一句话说管理　☆

不要因为感情的亲疏去评价一个人的好坏，要正确地认知，客观地对待。

追本溯源　　“感情效应”是评价者与评价对象特殊的感情关系在评价过程中的利益反映。在社会生活中，感情是维系人与人之间关系的一根纽带，感情的亲疏形成了评价者和评价对象之间不同的利益关系，这种关系一旦失去原则的约束，便会造成评价结果的严重失真。“感情效应”在教育评价过程中的具体表现是：当评价者与评价对象有着某种特殊的良好的感情关系时，为了博得评价对象的欢心，或者怕因坚持原则而得罪评价对象会给自我造成某种不良后果，不惜以牺牲教育评价中的公平性、客观性原则为代价，自觉地给予评价对象高于实际水平的评价；对于那些与自己感情较差的评价对象则给予低于实际水平的评价。“感情效应”的特殊表现形式是“本位主义”，或称“本位效应”。这种效应以维护本部门、本单位的利益为评价的基本准则，抬高“自我”，压低别人。感情效应在评价过程中广泛存在，因而，它的影响具有一定的普遍性。

企业实战运用　※ 小沃尔森：不因他人错过出色人才

1947 年的一天，一个中年人走进托马斯·约翰·沃尔森的儿子小沃尔森的办公室。小沃尔森现在是公司的第二任总裁。中年人看了一眼小沃尔森，毫无顾忌地大嚷道：“我是没有什么盼头了，现在干着没人干的闲差……”

这个中年人叫伯肯斯托克，是 IBM 公司未来需求部的负责人。他是刚去世的 IBM 公司第二把手柯克的好朋友。因为柯克和小沃尔森是对头，伯肯斯托克认为，柯克一死，小沃尔森肯定不会放过他的，一定会因为不喜欢柯克也不喜欢他，让他在工作上吃不了兜着走，甚至找个恰当的理由把他赶走。与其被人赶走，不如主动辞职，图个痛快，也不用生很多的气，所以比较理直气壮。

伯肯斯托克知道小沃尔森与他的父亲一样，脾气暴躁，也很要面子，假如哪位职工敢当面跟他们发火，后果简直不敢想象。但让他觉得非常奇怪的是，小沃尔森显得很平静，脸上还带着一丝笑意，让伯肯斯托克觉得是暴风雨前的宁静。他有点紧张，不是简单的因为害怕，而且还有点摸不着头脑，不知道小沃尔森怎么了。“如果你真的行，那么，不仅是在柯克的手下，而且在我、我父亲手下都能成功。如果你认为我是不公平的，那么你可以选择立刻离开；但是，我认为你应该留下来，因为这里有很多的机遇，如果我是你，我会毫不犹豫地选择留下来，把握机遇，大干一场。”

在小沃尔森的全力挽留下，伯肯斯托克没有离开，而是在 IBM 继续待了下去。

后来，事实证明，IBM 留下伯肯斯托克是个明智的选择。他是个不可多得的人才，甚至比死去的柯克还能干许多。在促使 IBM 从事计算机生产方面，伯肯斯托克的贡献是最大的。当小沃尔森极力劝说老沃尔森及 IBM 其他高级负责人赶快投入计算机行业的时候，公司总部里的支持者寥寥无几，可是伯肯斯托克全力支持他。伯肯斯托克对小沃尔森说：“打孔机注定要被淘汰，如果我们不快点觉醒，不尽快研制电子计算机，IBM 公司就要灭亡了。”他不是危言耸听，他说的是事实，在他和小沃尔森的全力支持下，IBM 公司快速研制了电子计算机。期间，伯肯斯托克为 IBM 公司立下了汗马功劳。

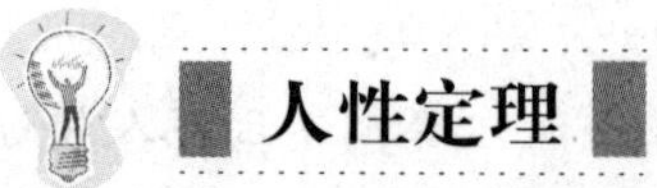

管理艺术

管理者在选拔人才时凭私人关系用人，有百害而无一益。不仅使优秀的人才无法施展才能，对企业的发展也是一种阻碍。不要凭感情的亲疏用人，不要任人唯亲，管理者要做到知人善任，让每个员工做合适他的工作，这也是企业管理者的责任和对自己工作的负责，用人的时候一定要注重公平公正。成功的管理者一定会留住人才，而不论他是不是自己喜欢的人。

人性定理

☆ 一句话说管理 ☆

任何一个健康人的任何一个行为，都是以服务于他自己为目的的。

追本溯源 人类社会是形形色色的，有伟大的，有渺小的；有高尚的，有卑鄙的；有真诚的，有虚伪的。但这并不是说，人性是如此的矛盾和不可协调，但有一点是确定不变的，那就是任何一个健康人的任何一个行为，都只是服务于他自己特定的目的的，即自我肯定。精神失常的人和理智不清的傻子可以除外，他们不是健康的人。

企业实战运用 ※ 运送“玛格丽特”：艰难的运程

广东潮州有一个客户给海尔写了一封求购“玛格丽特”洗衣机的信。海尔总部立刻要求下属企业海尔梅洛尼公司按照信件上的既定承诺在四十八小时内把洗衣机送到客户家里，不得耽误。一台海尔“玛格丽特”洗衣机由青岛运至广州后，驻广州的安装人员毛宗良租了一辆车，专程把洗衣机送往客户家。到下午两点左右，离潮州还有近一半路程的时候，所租的车因手续不全被交警扣留了，毛宗良好说歹说交警也不让走，他非常着急，因为再这么耽误下去，四十八个小时之内，洗衣机将到不了客户的家里。而被扣车的地方又前不着村，后不着店，根本没法找人帮忙把洗衣机送到客户的家里，那里距离最近的海峰城也还有四五公里的路程，看着车上的洗衣机，毛宗良急得像热锅上的蚂蚁。顶着炎炎烈日，毛宗良拼命地拦车，但汽车司机一见大体积的洗衣机都嫌笨重不愿拉。拦了十多辆车都没有结果，到了下午三点多，毛宗良决定不再等了，不知道从哪里找了一条绳子，把 150 多斤重的洗衣机捆在身上，在气温高达 38 摄氏度的烈日下，饿着肚子走了两个多小时，一路上的艰难可想而知。因为没有吃饭，肚子还非常的饿，洗衣机又笨重，他咬着牙坚持着。达到海峰城后，才另找车上路，按承诺把洗衣机送到了客户家。洗衣机送到客户家的时候，还没有到四十八个小时。

毛宗良是在学雷锋吗？不是，完全不是。海尔企业的管理十分规范，任何一个员工只要为企业作出了贡献，就会得到他应有的回报。

在企业里，不能让员工白干白付出，一定要保证员工付出多少、贡献多少，就一定能获得多少回报，并让这种回报和贡献成正比。及时地提供相应利益和欲望的满足，对员工的努力和贡献及时给以反馈，员工的积极性和创造性也就会相对充分地发挥出来。

一个人的行为是服务于他自己的，当然这不是说人就是自私的，每个人都是如此，完成一件事有其目的。管理者应该注意，在工作中，下属应该多劳多得，少劳少得，如果工作量不同而同样对待的话，下属的工作效率会降低，因为他们觉得多劳无益。一个人付出的艰辛和努力应该与他的回报成正比，这样才能激发他的工作热情，提高劳动生产率。

苏东坡效应

☆　一句话说管理　☆

人贵有自知之明，难以正确认识自我就很难成功。

追本溯源　诗人苏东坡有两句诗：“不识庐山真面目，只缘身在此山中。”即人们对“自我”这个犹如自己手中的东西往往难以正确认识。从某种意义上讲，认识“自我”比认识客观现实更为困难。因此，“人贵有自知之明”。社会心理学家将人们难以正确认识“自我”的心理现象称为“苏东坡效应”。

企业实战运用　※ 最终“翻盖”的诺基亚

20世纪90年代，诺基亚流线型的单片“直板式”手机试图成为一种生活方式的附属品，并为公司赢得了多项设计奖。但随着人们越来越倾向于使用手机发短信、拍照、上网，屏幕狭小的局限性就凸显了出来。因为诺基亚手机简洁的结构，使它只能通过增加手机尺寸来扩大显示屏。

三星的解决方法是：开发翻盖的设计，显示屏与键盘在手机没有打开时重合在一起。但诺基亚的首席产品工程师却将翻盖手机视为设计的异端。除了求助于发明微型直板手机，诺基亚的设计领导者固执地维护着自己的产品优势，并对来自于亚洲市场的消费者极度推崇三星这一现象置之不理。

最终迫于市场压力和需求，诺基亚还是生产翻盖型设计的手机了，但已经将数百万元的利益拱手让给了三星。虽然有很大的利益损失，但是诺基亚及时认识到了自身的弊端，生产了适合市场的翻盖手机。可见，客观认识自己的利害，是非常重要的。

在“苏东坡效应”敲响的警钟声中，我们应该听到的是这样一种召唤：保持警觉，切勿盲目，力求对自我认识得全面些、清晰些。正确地认识自我，才能将自我的优势淋漓尽致地发挥出来。我们科学、客观、公正地评价自己的时候，也要这样去看待别人。作为一个领导，更应该如此。

希望效应

☆ **一句话说管理** ☆

在危险的情境中，经常是那些性格乐观、自信的人存活下来，因为他们没有泯灭自己的希望。

追本溯源 心理学家从大量的观察中发现：在危险的情境中，经常是那些性格乐观、自信的人存活下来，因为他们总是没有泯灭自己的希望，这就是心理学中的“希望效应”。

对于“希望效应”，心理学家进行了一次广泛的调查，他们要求许多人填写“你有哪些希望?”的问卷。问卷分析的结果表明：抱有希望的种类（不论大小）越多的人，往往充满了自信并注意生活的乐趣，精神焕发，精力旺盛；而那些没有明显的希望或者希望较少的人则往往表现出漠然、悲观、消沉。一位富翁在问卷上只填了一句话：“我没有希望，所有的希望都已经满足了，除了长生不老之外，而这能算是希望吗?”经过调查，这位富翁患了严重的忧郁症。心理学家与他进行了接触，劝告他从事一些具体的活动，并列出分阶段的计划表，如对外孙的培养、对某个足球俱乐部的支持，等等。通过指导，经过各种希望的不断“煎熬”，这位富翁在精神上已判若两人。

希望感是人类能够生存的根本欲望。一些刚刚步入社会及人生之路的青年，却过早地结束了自己的生命，大多数是由于对生活感到失望以至累积成绝望。而一个对生活有希望的人，即使环境再艰难，也会发挥同环境抗衡的能力，在改造环境中改善自己的生存条件和地位。

企业实战运用 ※ 带着希望走向成功

威廉姆·赛奇在美国阿克色州开办了集成制品公司，生产单人电动购物车。

1983 年，赛奇在一家车库起家。1987 年，他买下了自己的厂房。但不久以后，他的两家主要经销商申请破产。更糟糕的是，另一个强大的对手也打入了这一市场，提供的销售价格非常低，对赛奇的公司构成了严重的威胁。

虽然困难重重，赛奇却没有放弃自己的公司。他相信自己的公司是有希望成功的。他说：“我从没想过自己会失败，因为我非常确切地知道自己要做什么，该怎么做。”带着自己的希望，他坚持着。不管多辛苦，他都不肯轻言放弃。对手虽然强大，现实虽然残酷，却泯灭不了他的希望。不论是对自己还是对公司，他坚信，他和他的公司会成功的。

在这样艰难的环境下，生活和工作都是艰苦的。但赛奇从不气馁，希望引导着他走向成功的彼岸。他带着他的公司坚持了下去，成了最后的赢家。

华为公司创始人任正非在创业初期曾说过：“我们以后一定要买带有大阳台的房子，这样如果钱发霉了，就把它放在上面晒一晒。”“阳台上晒钱”的说法在华为公司广为流传，虽然有些夸张，但在公司的初创期会让员工对公司以及自己未来的前景萌生美好的希望，激发其斗志，使其积极进取，而且在这种情况下，员工一般会对公司有一个较长时期的心理承诺，这显然有利于减少员工的离职率。在后来的管理过程中，华为公司经常利用电子公告栏等工具以及在会议、大型演出等场合发布公司在研发、市场、生产等方面各种积极的、振奋人心的信息，让员工对公司的未来充满希望，从而对自己的未来也有一个美好的预期。现在华为公司已经是一个非常大的公司，其职员的工资和福利也非常好。

两则故事虽然不相同，但是企业的管理者都利用了希望效应。不同的是一个给予自己希望，而另一个给予员工希望。无论如何，希望都给了他们斗志，让他们带着希望走向了成功。

希望是领导者能给予周围人的最好礼物，其力量不可低估。当人们从自身寻找不到希望时，领导者需要为他们指出希望。只要怀有希望，人们就会继续工作和努力。希望能提高士气，希望能改进自我形象，希望能不断给人以力量。领导者的责任之一就是保持希望，并向属下灌输这种思想。只有在我们给予他们希望时，他们才会有信心。记住：没有绝望的境况，只有绝望的人。

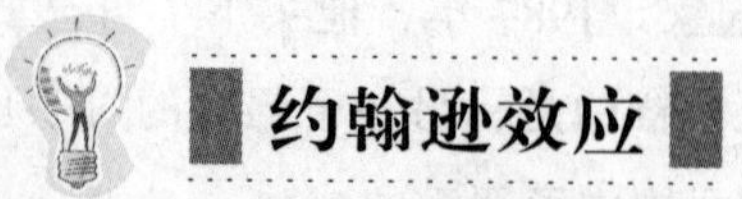

约翰逊效应

☆ 一句话说管理 ☆

如果缺乏应有的心理素质，即使平时表现再好，在竞技场上也会失败。

追本溯源　“约翰逊效应”得名于一位叫约翰逊的运动员。他平时训练有素，实力雄厚，但在体育赛场上却连连失利。心理学上把那种平时表现良好，但由于缺乏应有的心理素质而导致竞技场上失败的现象称为“约翰逊效应”。

后羿射箭的故事就验证了这一原理，本来稳操胜券的后羿，因为心理负担过重而大失水准，最终黯然离场。他的悲剧有各种各样的解释，但是从心理学上分析，可以归因于约翰逊效应。

后羿是夏朝著名的神箭手，他练就了一身百步穿杨的好本领，立射、跪射、骑射样样精通，几乎从来没有失过手。

夏王听说后，想把后羿召入宫来，准备领略他那炉火纯青的射技。于是，命人把后羿带到御花园里找了个开阔地带，叫人拿来了一块一尺见方，靶心直径大约一寸的兽皮箭靶，用手指着说：“这个箭靶就是你的目标。如果射中了的话，我就赏赐给你黄金万镒；如果射不中，那就要削减你一千户的封地。”

后羿听了夏王的话，想着即将到手的万两黄金或即将失去的千户封邑，心潮起伏，难以平静，平素不在话下的靶心变得格外遥远。当摆好姿势拉开弓开始瞄准时，想到自己这一箭出去可能产生的结果，后羿的呼吸变得急促起来，拉弓的手也微微发抖，瞄了几次都没有把箭射出去。

后来，后羿一咬牙松开了弦，箭应声而出，“啪”的一下钉在了离靶心足有几寸远的地方。后羿的脸色一下子白了，他再次弯弓搭箭，精神却更加不集中了，射出的箭也偏得更加离谱。

最后，后羿收拾弓箭，什么也没有得到，悻悻地离开了王宫。

企业实战运用　※ 平静面对打击——阿罗兹食品公司

美国的“阿罗兹”饼干是一个知名品牌，主要销售地在澳洲。经过几年努力的市场开拓，“阿罗兹”饼干的销量扶摇直上。

圣诞节后的一天，阿罗兹食品公司突然接到一个可怕的消息，一个匿名电话向公司宣称，他在澳洲某一地区待售的饼干中投了毒。这对公司来说简直是太震惊了，让人非常担忧。“阿罗兹”饼干在澳洲有上千个品种，当月批发额已达到4000万澳元。如果

仅查封这个地区的饼干显然不能消除消费者的疑虑，必须全部查封。

阿罗兹食品公司并没有慌张到不知所措，而是迅速组织董事们开会，商讨解决问题的方案。几个小时后，董事会作出了一项惊人的决定：查封澳洲所有的“阿罗兹”饼干。短短的十几个小时内，全澳洲所有商品柜台上的“阿罗兹”饼干被全部撤了下来。另外，阿罗兹食品公司迅速在媒体上刊登了致歉声明：由于种种原因，目前各大商场已买不到“阿罗兹”饼干了，给消费者带来不便，敬请大家原谅。

此举让阿罗兹食品公司遭受了巨大损失，消费者不明究竟，纷纷打探，但消息被公司暂时封锁了。阿罗兹食品公司临危不乱，在饼干的包装上重新作了研究。8天后，“阿罗兹”饼干新包装上市，这种包装采用了防伪技术，打开后就无法恢复，根本没有机会在饼干上做手脚。新包装上市不久，“阿罗兹”饼干的销售量继续保持稳定。

阿罗兹食品公司平静地面对这一切，没有因为“投毒饼干”事件受到太多消极的影响，只是尽力做到更好，虽然遭受了巨大的损失，但还是平静地面对，没有慌了手脚，销售额在慢慢恢复。正当阿罗兹食品公司在巨大的打击中慢慢复苏时，警察局查出了那个打匿名电话的人，他竟然是个精神病人。

阿罗兹食品公司的举动没有遭到耻笑，反而使原先一直抵制“阿罗兹”饼干进口的日本、韩国等东亚国家也纷纷开始进口“阿罗兹”饼干。“阿罗兹”饼干的销售量大增，知名度也越来越高，好评也猛然增加，大家对阿罗兹食品公司的食品也有了很好的评价，并且放心地食用。

一个人的进取心太强，对某个事物刻意追逐，目标就会像蝴蝶一样振翅飞远。而平常心可以使人心绪宁静、处变不惊，更易达成目标，而且平常心也可产生情感自慰，使人的生活更加和谐平衡。毋庸置疑，压力在一定程度上能够转化成动力，但过大的压力则可能会使人们在工作时无精打采、精神恍惚；一旦压力与能力反差太大，执行者就会承受不了，效率也会越来越低。

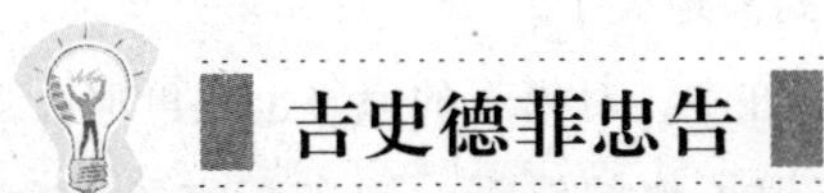

吉史德菲忠告

☆ 一句话说管理 ☆

如果没有办法控制自己的脾气，那么最好别从商。

追本溯源 “吉史德菲忠告”是由英国吉史德菲伯爵提出的。他认为，企业要获得生存，顾客的支持是必不可少的。如果没有办法控制自己的脾气，最好别从商。作为一名企业人，要树立“顾客永远都是对的”、“顾客就是上帝”的观念，因为如果你教训了顾客，那么市场就会马上反过来教训你。后来，人们就把这个定律称为“吉史德菲忠告”，并引用到管理学中，旨在告诉企业管理者：就像企业生存离不开顾客的支持一样，作为管理者，同样离不开员工的配合。所以获得员工的支持是管理者立足领导层的前提和必要条件，只有员工支持和配合，管理工作才能顺利开展进行。

企业实战运用 ※ 不过分发火的松下幸之助

松下电器产业株式会社自1918年由松下幸之助创立以来，作为企业人，通过提供商品服务，始终以“为了使人们生活变得更加丰富、更加舒适，并为了世界文化的发展做出贡献”为经营理念从事着企业经营活动，经历80多年的奋斗，现在已成为世界著名的综合型电子企业，并在世界各国开展着事业活动。

松下公司是一个跨国性公司，在全世界设有230多家分公司，员工总数超过29万人。其中在中国有54 000多人。2001年全年的销售总额为610多亿美元，为世界制造业五百强的第26位。

松下的创始人是松下幸之助，人称“经营之神”，他在工作中曾责骂过员工。

曾经在松下公司有一个员工叫后藤清一，有一次，因为一个小的错误，他把松下幸之助气坏了。后藤清一进入松下的办公室时，只见松下气急败坏地拿起一只火钳拼命地往桌子上拍击，声音特别刺耳，让清一感觉很害怕。而后，松下对他大发雷霆，看样子被气得够戗，都有点不能自已。后藤清一遭到劈头盖脸的一顿批评，不想久留在松下的办公室，刚要悻悻离去时，松下突然温和地说道：“等等，因为我刚才生气过度，不小心把这只火钳给弄弯了，所以现在麻烦你费点力气，帮我弄直它好吗？”

后藤清一惊讶了半天，不知道为什么松下的脾气转变得如此之快，觉得有点不可思议。他无奈地拿起那只火钳拼命地敲打，而他的心情也随着这敲打声逐渐归于平静。不仅是刚才对松下幸之助的不满与愤怒，当然，还有对松下突然转变的疑惑。当他把敲打直的火钳交给松下幸之助时，松下看了看，然后和没发生过任何事情似的说：“嗯，比原来还好啊！你真不错！”然后高兴地笑了。

而清一心中的不满也减少了许多，对松下的愤怒也不再那么强烈了。他突然觉得松下对他刚才说的话代表已经忘记了他的错误，也如释重负，全身心地投入到工作中去了。

幸好，松下没有继续发火，如果他控制不住自己对清一不停地发火，不停地责备清一，清一也许会由于一时的气愤而离开松下公司，并且对松下的印象大打折扣。

管理艺术

在管理中，难免会有发怒的情况发生。发怒虽然会显示出领导的威严，使员工更加敬畏。但是，发火要适度，要控制好自己的脾气，应做到既不会对员工造成伤害，又能起到震慑员工的作用。

这里就要求管理者要具备较强的自控能力。自控是抑制自己的感情和情绪，控制自己的行为，使自己以最合理的方式行动。自控并不等于说凡事无动于衷，而是要该喜时喜，该愁时愁，该怒时也还是可以怒的。良好的自控能力是管理者重要的意志品质，也是衡量管理者涵养气度的标尺。因此，作为管理者应注意这方面修养的提高。

伯恩斯定律

☆ **一句话说管理** ☆

下属在工作中愈感到自己有能力和有效率，则在完成工作时就愈不想要听从命令和指挥。

追本溯源 “伯恩斯定律”的提出者是美国历史学家J.M.伯恩斯。他认为，一般来说，下属是要服从上司管理和指导的，并以服从上司命令为最高的神圣天职，但这不等于说事事都要上司手把手教你，实际上上司也不可能事无巨细、事必躬亲地指挥你。伯恩斯定律较好地揭示了一个企业人的独立性与工作能力之间的反比关系：需要上司指挥越少的下属，其能力越强。

企业实战运用 ※ 充分授权的本田公司

河岛是日本本田公司的第二任社长。他经过一番调查决定进入美国办厂时，企业内预先设立了筹备委员会，委员会聚集了来自人事、生产、资本三个领域最有才干的人员，全部都是三个领域的精英，工作能力非常强。作出决策的是河岛，而制定具体方案的是下属组织，河岛本人没有参加，他认为下属组织会比自己做得更好，他也相信他的下属是优秀的，一定会完成得很好。

比如，位于俄亥俄州的厂房基地，河岛一次也没去看过，这足以证明他对下属有多么信任。当有人问河岛为何不赴美国实地考察时，他回答：“我对美国不是很熟悉。既然熟悉那里的人觉得这块地最好，难道不该相信他们的眼光吗？我不是房地产商，也不是账房先生，不需要硬性地管理这些。”

本田的第三任社长久米在“城市”车系开发中也充分体现了“对下属充分授权，相信下属”的原则。“城市”车系开发小组的成员大多是20多岁的年轻人，他们年龄较小，思维活跃。有些董事担心地说：“都交给这帮年轻人，没有问题吗？”“会不会弄出稀奇古怪的车来呢？”但是作为社长的久米对此根本不予理会，他相信这些年轻人会把汽车设计得非常合适，而且他们会做得非常好。老董事的话并没有让他去阻止这些年轻人设计“城市”车系。年轻的技术人员则非常平静地对董事们说：“开这车的不是你们，而是我们这一代人。我们非常了解他们的需要，也能把一切考虑到位，你们敬请放心，我们一定会把车做得很好。”

就这样，这些年轻的技术人员开发出的新车车型高挑，打破了汽车必须呈流线型的常规，完全是一种创新。那些固步自封的董事又说：“这样的车型太丑了，能销售得出去吗？真是让人担心。”但年轻人坚信：如今年轻人就是喜欢这样的车，这样的车销量一定会非常好。他们没错，果然，“城市”一上市，很快就在年轻人中风靡一时，出乎了那些老董事的预料。

最成功的上司恰恰是不用多对下属指手画脚的上司；而最出色的下属也正是不想要命令和指挥的下属，这是现代企业一种高级的上下级之间的关系。需要上司指挥越少的下属，其能力则越强。每个人都有自己擅长的领域，在授权的时候若能够做到人尽其才，大胆起用精通某个领域的人，并授予其充分的权力，能激发出他们的使命感，是企业快速发展的关键因素之一。

权威效应

☆ 一句话说管理 ☆

一个人要是地位高，有威信，受人敬重，那他所说的话及所做的事就容易引起别人重视，并让他们相信其正确性。

追本溯源 美国心理学家曾经做过一个试验：在给某大学心理学系的学生们讲课时，向学生介绍一位从外校请来的德语教师，说这位德语教师是从德国来的著名化学家。试验中，这位“化学家”煞有其事地拿出了一个装有蒸馏水的瓶子，说这是他新发现的一种化学物质，有些气味，请在座的学生闻到气味时就举手，结果多数学生都举起了手。对于本来没有气味的蒸馏水，由于这位“权威”的“化学家”的语言暗示而让多数学生都认为它有气味。

企业实战运用　　※ 为员工做个好榜样

著名企业家玛丽·凯在榜样激励方面有着自己独到的见解。她觉得，领导的速度就是大家的速度，优秀的管理者要以身作则。比如说，任何一个美容顾问都必定要对自己的生产线了如指掌，这是一定的。其实这项工作很简单，它就是一个怎样做准备工作的问题。但是，一个销售部主任除非自己是某项商品的专家，否则，是不可能说服他的美容顾问成为商品专家的。很难想象，一个对商品不是非常熟悉的销售部主任能开好销售会议。因为这样的主任不知道怎么做，只能在会议上要求大家“按我说的而不是按我做的去做”，因为他对商品的了解非常少。

玛丽·凯非常注重企业中管理者的榜样作用，因为她十分明白，管理者作为一个部门的负责人，其行为将受到整个工作部门员工的关注。她非常注重自己在工作中的日常行为，时刻严谨地要求着自己。久而久之，她的下属也开始模仿她，形成了严谨要求自己的风气，而这些，都是在不知不觉中渐渐形成的，她并没有要求员工要怎么去做，员工都自觉地去做了。

她说：“人们常常模仿管理者的工作习惯和修养，而不管他的工作习惯和修养是好还是坏。管理者的行为在潜移默化地影响着他们。倘若一个管理者时常迟到，吃完午饭后拖延回办公室的时间，打起私人电话无休无止，工作中不时因为喝咖啡而导致工作中断，眼睛整天盯着墙上的挂钟打转。如此，他的下属也可能效仿他，形成不好的习惯，工作常常迟到，吃饭拖延时间，打电话打到没完没了，并且时刻期待下班。整个部门人员必将进入恶性循环。当然，下属也会模仿一个管理者的好习惯。比如，我习惯在下班前把自己的办公桌清理一下，把没完成的工作装进包里带回家做，坚持做到当日事当日毕，绝不拖拉到明天。虽然我从没有要求过我的助手和秘书也这样做，但是现在他们每天下班时，也常常提着包回家，把未完成的工作当日完成，第二天再开始新的工作，坚持把当天的事情处理完，这样的工作效率是非常高的。作为一个管理者，肩上的责任重大，职位越高，就越应该给人留下好的印象，因为管理者始终处在众目睽睽之下。”

管理者在做每一件事情时，一定要考虑到自己的权威效应。用不了多长时间，你的员工们就会模仿你的行为去工作。你平常做事情做得好，那么在你的带动下，员工将会做得越来越好；你平常做得不好，那么员工也许会渐渐变得不如从前。所以做事时，一定要审视好自己的行为。

管理艺术

身为一名管理者，你的一言一行都被员工看在眼里。你怎么做，员工就会跟着怎么做；你怎么想，员工也会朝着那个方向想。因为领导在员工心里是一个正确性的标志。所以，如果一个领导做得好，那他在员工心里就是一个好榜样；如果做得不好，那他就成了员工推卸责任的好人选。

在企业的日常经营管理中，这种应用有很多。作为一名管理人员，就该树立起自己的威信，应该严肃时就必须严肃。你的下级犯了错误之后必须得到相应的惩罚。如果制度不健全，你的训话被视为儿戏，工作就会举步维艰，你这样的管理者就是非常不合格的。

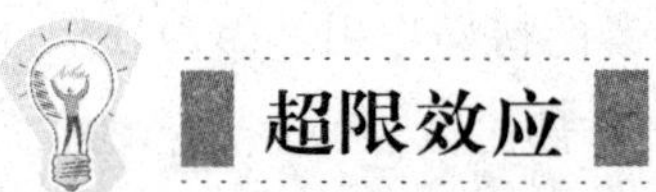

超限效应

☆ 一句话说管理 ☆

刺激过多、过强或作用时间过久，往往容易导致极不耐烦或逆反等心理现象。

追本溯源 马克·吐温听牧师演讲时，最初感觉牧师讲得好，打算捐款；10分钟后，牧师还没讲完，他不耐烦了，决定只捐些零钱；又过了10分钟，牧师还没有讲完，他决定不捐了。在牧师终于结束演讲开始募捐时，过于气愤的马克·吐温不仅分文未捐，还从盘子里偷了2元钱。而这种由于刺激过多或作用时间过久而引起逆反心理的现象，就是“超限效应”。

企业实战运用 ※ 几乎陷入瘫痪的市场部

李永是某企业市场部的经理，非常有能力，但他只强调以个人强势的能力为中心，时时处处都表现出对所属员工工作的不满，而且是不满意任何一个员工的工作。他自己有着什么样的能力，就希望员工能有什么样的能力；他能怎么做，就希望员工怎么做。他觉得按他的方式做出来的事情，员工也会按他的方式做出来。面对繁杂的工作，他自己冲锋在前，身先士卒地担当起更多的工作，员工不论有能力还是没能力，均被他“一刀切”地当成一般人来使用，他不理会员工能力的良莠不齐，导致那些有能力的员工在其岗而不谋其事，去做其他的事情，浪费了大量工作时间和工作精力，而本职工作却完成得相当粗糙。即使完成工作，不论结果好与坏，达到目标与否，均得不到李永的肯定。许多员工费尽心血甚至加班加点在李永规定的时间内完成的工作，常常会遭到被他全部否定的厄运。他总是认为员工做的一切都是不合格的，只有他自己做的工作才是最好的，员工做的工作一定要像他自己做的一样完美。

这些员工跟在李永后面，李永说一步，他们就走一步，已经不可能有自己的思维了。在李永的眼里，员工的工作不是方案不过关，就是课件不精彩；不是没创新，就是没效率。并且，李永为了维护自己的权威，常常以数落、挖苦、嘲讽的言行对待员工，将自己的快感建立在别人的痛苦之上，使许多员工的身心都受到了不同程度的伤害。很多员工对他的高压政策常常觉得难以承受，心里的不满也渐渐增加，虽然一直压抑着没有说出口。用李永的话来讲，就是要用军事化管理市场部，要员工完全服从他这个管理者的命令、服从于他的思维，他要从心理上征服员工，让每个市场部的员工都成为听之任之的“小绵羊”。但是他忘记了，每个员工都是一个个体，有自己的独立思维方式，也许会有对市场部更好的建议，可是由于他对他们的一致否定，那些好的建议员工也没有提出来，并且对李永的抵触情绪越来越强烈，在自己的岗位上也不会尽心尽力，拖沓耽误了很多工作。员工对李永的行为越来越忍受不了，工作也越来越不卖力。时间长了，那些有能力的员工因为无法忍受李永的所作所为，终于纷纷离开了市场部，市场部因此几乎陷于瘫痪。

员工有自己的工作方式，不必要求他们都和你的思维行为统一，好的东西他们自然会效仿你。不要以自己的标准去衡量员工，如果领导没有高明于员工之处，那么如何做一个领导？对员工的批评要适度，否则会导致与你所想相反的效果。当然，表扬也要适度，告诉你的下级不要因为小小的功绩而沾沾自喜。刺激过多，员工也会觉得不耐烦，所以管理者在奖惩以及其他方面，一定要适度拿捏，不要“超限”了。

杜利奥定理

☆ 一句话说管理 ☆

用自己的热情和激情去拥抱你所爱的事业，成功就是你的。

追本溯源 该定理是由美国自然科学家、作家杜利奥提出的。他认为：人与人之间只有很小的差异，但这种很小的差异却往往造成了巨大的差异。很小的差异就是所具备的心态是积极的还是消极的，巨大的差异就是成功与失败。成功人士的首要标志，就在于他们有热情积极的心态。一个人如果心态积极，乐观地面对人生，乐观地接受挑战和应付麻烦事，那他就成功了一半。

企业实战运用　　　※ 热情成就梦想

一位退役的陆军上校领到了一笔可观的退役金，回到了家里。那时他已经65岁了，是该享享清福的时候了。可是在家一个月他就坐不住了，想出去找点事情干。可是他的想法立刻遭到全家人的反对。子女们希望他在家好好享享福，他说，在家待着也没事，干点事可以使生活充实一下。由于他的坚持，子女们不得不同意他的想法。老人自幼会一手炸鸡的手艺，便毛遂自荐去酒店推销自己的手艺，但都遭到了婉言拒绝。在家人又一次的强烈反对下，老人倔犟地用自己的养老金开了一家专门经营炸鸡的速食店，踏踏实实地经营着。他用自己的热情耕耘着自己的事业，不在乎苦和累，以及所有人的反对。由于老人的勤奋经营，几十年后炸鸡在全世界流行起来。老人的努力总算没有白费，他的热情燃烧了他的事业，燃烧了他的人生。吃过他炸鸡的每一个人都记住了他。

这位老人你或许见过，他就是桑德斯上校，“肯德基”的创始人。在电视上，在宣传画中，身穿白西装，态度和蔼可亲——一位65岁才开始创业的老人。如今，肯德基已经风靡全球，大人小孩无人不知，肯德基在快餐行业里无疑算是巨擘，每一个加盟店的收益都是相当可观的。

年龄不是问题，用热忱去拥抱自己的事业，就会取得成功，实现自己的梦想。

桑德斯上校说得好，不管你做什么，时间总会过去的。的确，生活就是这样，无论是谁，只要以一种积极乐观、奋发向上的心态去面对风风雨雨，热情地迎接生活的挑战，那呈现在你面前的必将是火红的太阳和美丽的花朵。你一定会体会到其中难以忘怀的甜蜜。反之，若将自己囿于悲忧低落的圈套中，再美丽的生活也会黯淡无光，你只会得到无尽的悲伤和痛苦，让自己处在人生的低谷。

在日常管理工作中，管理者必须对自己的角色有一个清晰的认知，必须全身心地进入角色。作为管理者，从你从事这个职业的时候起，你就应该把对家庭、对爱人的情感转移到这个职业角色中，要像对待至亲至爱一样热爱自己的工作和职位。

用热情积极的心态去迎接工作和生活，即使遇到了困难，只要坚持不懈，困难也会迎刃而解。拥有积极乐观的心态等于成功了一半，热情乐观地接受挑战，你将是最后的赢家。作为一名管理者，不要因为困难把自己丢在人生的低谷而一蹶不振，要重振旗鼓，用自己的热情去迎接困难，最终会战胜困难，走到胜利的巅峰。

多看效应

☆　一句话说管理　☆

提高自己在别人面前的熟悉度，可以增加别人喜欢自己的程度。

追本溯源　20世纪60年代，心理学家查荣茨做过一个试验：先向被试者出示一些照片，有的出现了20多次，有的出现了10多次，有的只出现一两次，然后请被试者评价对照片的喜爱程度。结果发现，被试者更喜欢那些看过20多次的照片，即看的次数增加了喜欢的程度。这种对越熟悉的东西就越喜欢的现象，心理学上称为“多看效应”。

企业实战运用　※ 签单的秘诀

小李刚大学毕业，在一家公司做业务员，和他一起进公司的业务员也都是大学刚毕业。但与他人相比，小李的业务跑得非常出色，第一个月就签了两单。

有人问他拉单秘诀的时候，他笑了笑说：“在公司学习不能死记硬背地学习大家通用的东西，要懂得用多看效应。因为多看效应在实际业务中有许多应用，比如业务心态上，它指的是你确定一个目标后，这个‘看’体现在踏踏实实做好每天的拜访。我每天坚持拜访6家客户，一个月将近200家客户。即使你什么都不会，用心拜访完200多家客户以后，你就什么都明白了。‘看’的客户多了，‘看’的时间长了，自然就知道怎么拉到订单了。”学习业务技巧的目的不是教你如何成单，而是教你如何多成单，以及成单所遵循的规律是什么。这个“多看”不是你朝秦暮楚地这山看着那山高，然后频繁地去跳槽，而是立足一个公司，“多看”不同层面的客户、不同区域的客户，反复对比，找出规律。

当然，多看效应的应用要注意技巧和时机的问题，不能机械地使用，否则会弄巧成拙。

看得多，学得多，别人对你的认识也就更多，单子也就比较容易来了。就如同做广告，广告多了大家对所推销的品牌也就熟识了，也就渐渐认可了。而一个突然出现的品牌，大家接受就需要一段时间。单子的签成与否跟人们对你所说的事物的了解程度有着密不可分的联系。

管理艺术

一个企业，与其他相关企业有良好的合作关系是很重要的。很多企业都是相互依靠、互利共存的。一定要加强各个企业的内外部相互联系，共同分享有利资源，提高相关企业对自己企业的熟悉度和亲和感，使他们更容易接受你的企业。不要恃才傲物，孤立自己的企业。

同样，在企业的内部，也要加强领导与下属的熟悉度，相互尊敬，相互关照，共同为企业奋斗。不要封闭自己，使自己脱离集体。试想一下，一个不被集体接纳和喜欢的人，怎么会有心情好好工作呢？而一个人缘非常好的人，在工作中一定会感觉非常愉快。做一个和善的管理者，多和上级见面交流，会有很大的收获，作为一个员工也应该如此。

手表定律

☆ 一句话说管理 ☆

每个人都不能同时挑选两种不同的行为准则或者价值观念，否则他的工作和生活必将陷入混乱。

追本溯源 只有一块手表，可以知道时间；拥有两块或者两块以上的手表并不能告诉一个人更准确的时间，反而会制造混乱，会让看表的人失去对准确时间的信心。这就是“手表定律”，又称“矛盾选择定律”。

企业实战运用 ※ 美国在线与时代华纳“联姻”的失败

美国在线与时代华纳的合并就是一个典型的失败案例。

美国在线是一个年轻的互联网公司，企业文化强调操作灵活、决策迅速，要求一切为快速抢占市场的目标服务，有新的思维和新的管理模式。而时代华纳在长期的发展过程中建立起强调诚信之道和创新精神的企业文化，是一个比较老的企业。

两家企业合并后，企业高级管理层并没有很好地解决两种价值标准的冲突，导致员工完全搞不清企业未来的发展方向，没有了具体的奋斗方向和奋斗目标，不清楚哪个公司的价值标准是正确的。最终，时代华纳与美国在线的“世纪联姻”以失败告终。这也充分说明，要搞清楚时间，只需一块走时准确的表就足够了。

“兄弟，如果你是幸运的，你只要有一种道德而不要贪多，这样，你过桥会更容易些。”这是尼采的一句名言。如果每个人都“选择你所爱，爱你所选择”，无论成败都可以心安理得。然而，困扰很多人的是，他们被“两只表”弄得无所适从，心力交瘁，不知自己该信哪一个。最终失去了宝贵的机会，得不偿失。

管理艺术

手表定律在企业管理方面给我们一种非常直观的启发，就是对同一个人或同一个组织不能同时采用两种不同的方法，不能同时设置两个不同的目标，甚至每一个人不能由两个人来同时指挥，否则将使这个企业或者个人无所适从。对于任何一件事情，不能同时设置两个不同的目标，否则将使人不知所措；对于一个人，不能同时选择两种不同的价值观，否则他的行为将陷于混乱；对于一个企业，更是不能同时采用两种不同的管理方法，否则将使这个企业无法发展。

跳蚤效应

☆　一句话说管理　☆

有什么样的目标，就有什么样的人生。

追本溯源　生物学家曾经将跳蚤随意向地上一抛，它能从地面上跳起一米多高。但是如果在一米高的地方放个盖子，这时跳蚤会跳起来，撞到盖子，而且是一再地撞到盖子。过一段时间后，拿掉盖子就会发现，虽然跳蚤继续在跳，但已经不能跳到一米以上了，直至生命结束都是如此。为什么呢？理由很简单，它们已经调整了自己跳的高度，而且适应了这种情况，不再改变。不但跳蚤如此，人也一样，有什么样的目标就有什么样的人生。我们周围有许多人都明白自己在人生中应该做些什么，可就是迟迟拿不出行动来。根本原因是他们欠缺一些能吸引他们的未来目标。

企业实战运用　※ 夺魁的摩托罗拉公司

美国国家品质奖象征着美国企业界的最高荣誉，如果想赢得此奖项，必须能生产出全国最高品质的产品。

为赢得该奖项，1981年摩托罗拉公司就开始了竞争。它派了一个考察小组，分别去世界各地表现优异的制造企业进行考察。目的不仅是看他们怎么做，还要看他们如何精益求精。摩托罗拉的所有员工都面临着严峻的挑战，力求大幅度降低工作中的错误率，比以往做得更好。一批以时计酬的工人，负责指出错误并可以得到相应的奖赏。结果产品错误率降低了90%，但摩托罗拉仍不满意，力求做到更好。公司又设定了比以往更为苛刻的目标：所生产的电话的合格率要达到99.997%。所有的摩托罗拉员工都收到了一张标示着公司目标的卡片。为解释为什么99%的产品无故障仍嫌不足，公司还特意制作了一盒录像带。这盒录像带指出，如果这个国家的每一个人，都以99%的品质来工作，每年就会有三万名新生儿被医生或护士失手掉落到地上，每年就会有20万份错误的医

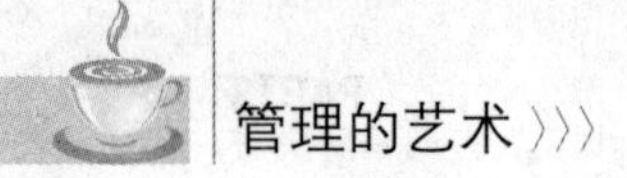

药处方。试问，99%的品质，对于将其性命托付给摩托罗拉无线电话的警察而言，是否足够？答案很明显。

1988年，66家公司开始竞夺美国国家品质奖。大部分参赛单位实际上都是一些像IBM、柯达、惠普等大公司的某一部门，而不是公司的全部，但摩托罗拉却以整个公司为单位参加竞赛，并以绝对的优势轻松夺魁。

摩托罗拉在1998年因减掉了昂贵的零件修复与替换工作而节省了二亿五千万美元，这是一个非常庞大的数字，也是一笔不菲的节省。为此摩托罗拉的收入增加了23%，利润提高了44%，达到前所未有的记录。这样的盈余回报是令人欣慰的，也出乎原先的预期。一名主管声称：“得美国国家品质奖，有一种金钱买不到的奇效。”这就是目标的效力，有什么样的目标就有什么样的人生。目标使我们产生积极性。

一个企业若想取得成功，就要设立一个可以追逐的目标。而摩托罗拉公司就是因追逐目标而成功的典型。要鼓励员工和自己勇敢地突破自我限制，相信自己可以，并为自己制定的目标不懈地努力。

同时，在为员工制定职业生涯规划与设计之余，管理者也不要忽视对自身的职业目标的管理。作为管理者，要通过不断学习和掌握新方法、接受新理念，认真领会并改进自己的管理工作。在更好地执行管理者角色的同时，不断提升和完善自己，才能创造一种和谐的氛围，这样我们工作也会顺利地开展了。

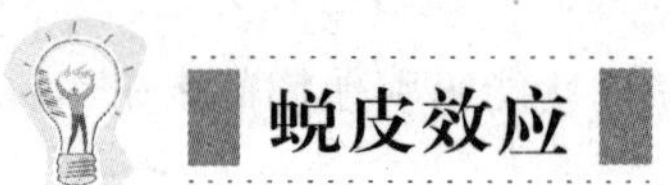

蜕皮效应

☆ **一句话说管理** ☆

不断超越自己，你终能取得成功。

追本溯源 许多节肢动物和爬行动物在生长期间，旧的表皮会脱落，并由新长出的表皮来代替，通常每蜕皮一次就长大一些。

企业实战运用 ※ 不断超越的莱城发电厂

莱城发电厂是华电国际电力股份有限公司全资企业，是国家“九五”计划重点项目，工程于1998年3月开工建设，自1998年建厂以来，莱城发电厂始终高度重视企业文化建设，于2002年3月实施了企业文化建设导入工程，经过扎实有效的工作，形成了独具特色的“超越”文化，并成为推动企业发展的强大动力。在“超越”文化的推动下，各项技术指标更加先进，管理更加精细，机制更加健全，企业更加和谐，呈现出蓬勃的生机与活力。

“超越”文化伴随企业的诞生而诞生，伴随企业的发展而发展。

第一阶段：形成阶段（1998—2001年）

自1988年项目筹建到2001年获得核准，莱城发电厂历经四年筹建，干部职工都憋着一股劲，就是一定要把这个厂建成精品工程。在整个工程建设过程中，全厂上下始终秉承“要么不做，做就做好”的理念，工作第一，奉献第一，团结一心，苦干实干，确保了工程安全优质高效地完成。1999年12月，首台机组建成投产，建设工期仅用了21.3个月，创全省同期同类型机组建设工期的最短纪录，并创造了试生产期连续运行123天的全国纪录。2000年9月，第二台机组投产发电，创造了从整套试运到“168”试运结束仅用11天，移交试生产后连续运行131天的“世界吉尼斯纪录”，一举成为当时全国火电行业的一面旗帜。在艰苦创业、连创佳绩的过程中，“超越同行，超越自我”的理念在莱城发电厂干部职工心中日渐牢固。

第二阶段，深化阶段（2002—2005年）

面对取得的辉煌业绩，如何使企业百尺竿头更进一步；如何将干部职工形成的团结实干、无私奉献、积极进取的作风和精神状态保持好、发挥好并长久地延续下去；如何将来自不同单位职工的文化融汇并整合好，成为当时摆在莱城发电厂面前的重要课题。在深入思考后，莱城发电厂领导班子认识到，要保持基业长青，就要抓好企业文化建设。2002年3月，莱城发电厂正式启动了企业文化导入工程即“超越”计划。根据企业的历史、现状和发展趋势，莱城发电厂坚持标准化、个性化、体系化、融合性、创新性、效益性的原则，通过个体访谈、集体座谈、调查问卷等方式，在深入调研、潜心挖掘、综合分析和广泛征集意见的基础上，最终将企业文化模式定位为：以建设学习型企业为目标，将企业的学习力、创新力和团队的凝聚力交汇融合，形成以“超越”为灵魂和核心的科学、规范的文化体系。随后，对企业理念体系进行了详细论证，制定了企业文化建设规划、实施方案和企业文化及企业形象传播计划、培训方案等专项工作方案，并发布实施。

根据“超越”文化体系的各项理念要求，企业先后修订了136项管理标准、460项工作标准，并与质量、环境、职业安全健康“三标一体”的国际标准管理体系优化整合，实现了企业文化理念的制度固化。

第三阶段，提升阶段（2006年至今后两三年）

“旗帜要飘扬，必须要攀登。”2006年，针对机组装机容量相对“变小”、经营压力日趋压力增大的现实，莱城发电厂以文化统领全局，立足于科学发展，继续创新和优化企业文化成果，深入开展了企业文化“整合年”活动，努力建设与华电集团、华电国际公司一脉相承，并具有独特个性、更符合企业实际的文化体系。职工通过专题培训、环境识别应用、召开座谈会等形式对“超越”文化进行优化整合，使之更好地与集团公司、华电国际公司母文化相衔接。同时，在把握宏观形势、准确自我定位的基础上，确定了建设“百万千瓦等级示范企业”和构建现代化和谐企业的战略规划，实现了战略统领和文化引领的有机统一。

所谓“超越”，就是与时俱进，追求完美，如凤凰涅槃，重塑自我，这是一种境界和品位，也是恒久和绵长的原动力。“超越”文化的框架结构是：以学习力提升素质，以凝聚力打造团队，以创新力引领未来，三力合一，不断超越。其核心内涵是追求完美，不断进取，超越自我，再铸辉煌。其目的是实现经济文化一体化运作，打造全新而高效的管理平台。

面对挫折，面对沮丧，我们需要坚持。看不见光明、希望，却仍然孤独、坚韧地奋斗着，这才是成功者的素质。只有这样，我们才能超越自己，成就自己。

每一次蜕变都需要自己不懈地努力，每一次成功的蜕变会让自己变得强大一些。要学会不断地超越自己。对自己或对工作不满的人，首先要把自己想象成理想中的自己，并且拥有极好的工作机会。再假定现在的自己和工作就和想象的一样，再采取行动。如果耐心地进行这种自我改造，就能发挥个性中本就具有的强大精神力，使自己和工作完全按照理想的样子发生改变，从而取得成功。你想跨越自己目前的成就，就不要画地自限。只有勇于接受挑战、充实自我，你才会超越自己，发展得比想象中更好。

韦特莱法则

☆ 一句话说管理 ☆

要先有超人之想，后有惊人之举，能不落俗套，可不同凡响。

追本溯源 美国管理学家D.韦特莱指出：成功者所从事的工作，是绝大多数人不愿意去做的，所以许多时候，他们的成功只是因为他们做了许多人不以为然的、不愿意去做的事情而已。韦特莱的这一结论，被人们概括为“韦特莱法则”。

韦特莱法则启示我们：创新就在身边，成功离我们仅一步之遥，关键在于我们是否能够留心观察、留心发现，并能用我们的信心、勇气和恒心及时、迅速地付诸行动。

企业实战运用　※ 敢想敢做的美国硅谷

美国旧金山南端以斯坦福大学为中心的硅谷，多年来一直是世界各国发展高科技产业的学习榜样。在40多年前，八个工程师在硅谷利用硅制造出了半导体。接着，一个又一个成功的故事从这里传播到世界各地，硅谷渐渐建立起“金手指”的形象，成为世界首屈一指的高科技产业园区。

硅谷的精神是：鼓励冒险，容忍失败，顺其自然。它有一个独特的创新环境和氛围。硅谷成功者的共同点是思想特别活跃，不仅敢想而且敢做。

硅谷的发展模式与众不同。它是这样的：几个人创立公司，然后风险投资，之后公司上市产生财富。在美国，有600多家风险投资公司，其中一半都在硅谷。这些公司一年会投资上百亿美元给创业的公司。一家风险投资公司一年要收到1000多份申请，可是只能资助其中四五家。当整个方向发展不明确，技术又发展特别快的时候，公司会充当“敢死队”，有的公司半路就挺不住倒闭了，有的公司什么也没有发现，但是那么多“敢死队”，总会有几个运气好的发现金矿，于是创新的主流又都朝这个方向奔去。而风险投资公司就是为这些“敢死队”送“干粮”的。

通过风险投资公司的大量投资，创业者能得到非常大的收益，新财富也会迅速地产生。这样一种机制使硅谷赢得了长久的技术领先优势，产生了巨大的财富，取代了底特律成为美国第一财富中心。

统计资料表明，硅谷是全世界单位土地面积产生财富最多的地方，同时也是单位人群头脑产生新思维、创造新财富最多的地方。假如有人要把美国的汽车工业全部买下来的话，花一千多亿美元就可以了，但是要把硅谷买下来却需要五千多亿美元。差距是如此之大，也可以看出硅谷自身蕴藏的无限价值。

硅谷的发展模式无疑是独特的，风险也是很大的，很多企业望而却步。硅谷的敢作敢为确实给它带来了成功和数不尽的财富。

也许，成功和失败只是差了那么一点点敢想敢做而已。

每个人都想成功，但在真正面对现实时，许多人却又表现得无所适从。慢慢地，他们会觉得成功是非常优秀的人才能办到的事，自己是没什么指望了。因为有很多人都这样想，就注定了成功只有一小部分人才能达到！其实，所谓成功者，其与其他人的唯一区别就在于，别人不愿意去做的事，他去做了，而且全身心地去做。所以，成大事其实只需要那么一点点勇气。

作为管理者，更需要有这么点勇气，敢为人先的勇气。一个优秀的管理者一定是有身先士卒的勇气，这样才能给其管理下的员工们以好的榜样，带领团体走向成功的彼岸。

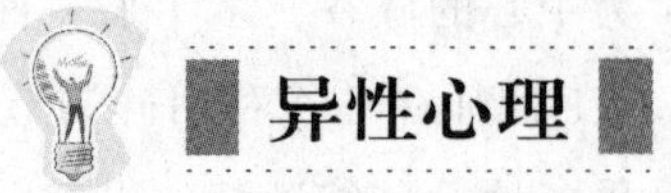

异性心理

☆ 一句话说管理 ☆

异性，在工作中会发挥独特的作用。

追本溯源 加拿大心理学家曾声称：男人在那些美貌如仙的女子面前确实可能会失去理智。加拿大汉密尔顿大学的研究学者玛格·威尔逊和马丁·戴利让自愿接受测试的209名汉密尔顿大学的男女大学生观看一组不同性别、相貌各异的人脸照片。这些接受测试的大学生同时被告知测试结束后他们会有机会获得奖励，即他们可以选择在后天马上拿到15~35美元不等的支票，或是选择在更晚些时候拿到50~70美元不等的支票。测试结果显示，男性大学生在观看了相貌普通的女性照片之后，均坚持自己在测试结束后应该多等些时日，以便拿到更大数额的支票。这表明他们的头脑还是非常清醒与理智的。然而，在看完那些靓丽少女的照片之后，他们几乎是依靠感性认识就匆忙决定了取支票的时间。此时的男性大学生更趋向于选择短期经济利益，并且认为等待那笔数额更大的奖金简直就是一种让人难以接受的煎熬。相反，女性大学生无论是观看完帅哥还是长相平平的男子照片之后所作出的决定都趋于理智与慎重。

企业实战运用 ※ 出师必胜的李女士

李女士是某公司的公关部经理，她关系颇广，出师必胜，为公司立下赫赫战功。公司的原料奇缺，材料科的同志四处奔走，却连连碰壁。而李女士外出联系，不久问题便能迎刃而解。公司资金周转严重失灵，急需贷款，急得总经理像热锅上的蚂蚁一样。这次，又是李女士风尘仆仆，周旋于各个银行之间，竟获得贷款上百万元。李女士因此备受领导器重，工资、奖金一加再加，成为公司工资最高的经理。有人试图总结李女士成功的秘诀，发现她除了具有清醒的头脑、敏捷的口才、丰富的知识和阅历、待人接物灵活之外，其端庄的容貌、典雅的仪容也与其成功有很大的关系。跟李女士打过交道的人都说她仪容得体，热情睿智，跟她合作感觉非常愉快，也非常期待下次还能与她合作。李女士在见客户以前，必然认真打扮一番，使自己看起来更加端庄秀美，她说这样可以给客户一个好的印象。如果一个邋遢的经理去接见客户，客户对公司也不会有好的印象。

在日常生活里，我们经常可以看到男营业员接待女顾客，一般要比接待男顾客热情一些。在求助方面，人们对女性的求助比对男性的求助相对要客气一些。上述李女士成功的主要原因在于：如今的社会还是一个男性占很大优势的社会，外出办事多数要和男

性打交道，由女性出面比较顺利。这个便是心理学上所谓的异性效应，这种现象是建立在异性相吸的基础上的。人们一般对异性比较感兴趣，特别是对外表讨人喜欢、言谈举止得体的异性感兴趣。这点女性也不例外，只不过不如男性对女性那么明显。有时为了引起异性注意，男性还特别喜欢在女性面前表现自己，这也是异性效应在起作用。

不过值得注意的是，异性效应不能滥用。

女性外表漂亮，讨人喜欢，如果再加上交往得当，在异性面前容易办事，这是正常的；反之，如果为达到一定目的，用色相去引诱别人，那就是不道德的了。男性对异性，尤其是年轻漂亮的异性热情些、客气些也无可非议，但把异性当做刺激，想入非非，让人感到“色迷迷”的，就有点过分了。因此，与异性接触一定要适度。

“同性相斥，异性相吸”，这是一条不变的定理。现实中，很多事情也如此，比如遇到男客户，大多是女的工作人员出马，客户比较容易签单；而遇到了女客户，公司会派年轻睿智的男工作人员去谈判，成功率也是很高的。这些就是利用了异性心理。作为管理人员，一定要考虑到这一点。在一个全是小伙子的办公室里，不妨多加几个年轻漂亮的姑娘一起工作，小伙子们的工作效率一定会提高。因为在女孩子面前，他们会尽量表现出他们的优点。

PART4 〉〉〉

“微机”动力源，给自己创造机会

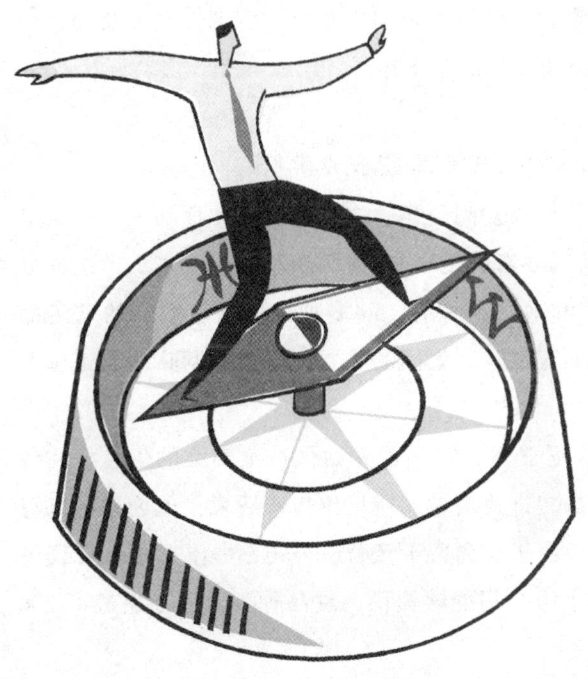

蓝斯登定律

☆ 一句话说管理 ☆

对于下属员工而言，跟一位朋友一起工作，远比在“父亲”之下工作有趣得多。

追本溯源 “蓝斯登定律”是由美国管理学家蓝斯登提出的。可敬不可亲，终难敬；有权没有威，常失权。“跟一位朋友一起工作，远比在‘父亲’之下工作有趣得多。”这句出自蓝斯登的话，阐释了友情与亲情之间的微妙差异。同时，无疑也给我们企业人以启示：在企业的公司里是不能有亲情介入工作的，这要成为一个公平的原则。如果有亲情的介入，显然这个公司将可能因此而失去大家对它的兴趣。亲情是一个带有剥削成分的东西，你完全可以在自己的家庭生活里去显山露水，一旦携带到公众的公司里来，势必会产生各种不公平，影响到公司工作的正常运行。

企业实战运用 ※ 亨氏公司：与员工苦乐共享

亨氏公司是美国一家有世界级影响的超级食品公司，它的分公司和食品工厂遍及世界各地，年销售额在60亿美元以上，其创办者就是亨利·海因茨。如今，亨氏集团的分公司和分支机构遍布全球110多个国家和地区，拥有150多种全球数一数二的著名品牌，是全球营养食品工业无可争议的领导者之一。集团的主要产品包括调味品、正餐及快餐食品两大类。

亨利于1844年出生于美国的宾夕法尼亚州，很小就开始做种菜卖菜的生意。1869年，25岁的H.J.亨利第一个将他的调味酱装进透明玻璃瓶里出售。后来，他创办了以自己名字命名的亨氏公司，专营食品业务。由于亨利善于经营，公司创办不久他就得到了“酱菜大王”的称誉。到1900年前后，亨氏公司能够提供的食品种类，已经超过了200种，成为了美国颇具知名度的食品企业之一。

亨氏公司能取得这样的成功，与亨利注重在公司内营造融洽的工作气氛有密切关系。在当时，管理学泰斗泰勒的科学的管理方法盛极一时。在这种科学管理方法中，员工被认为是“经济人”，他们唯一的工作动力就是物质刺激，不停地挣钱是他们唯一的动力。所以，在这种管理方法中，业主、管理者与员工的关系是森严的，无任何情感可言。但是，亨利不这样认为，在他看来，金钱固然能促进员工努力工作，但快乐的工作环境对员工的工作促进更大。于是，他从自己做起，率先在公司内部打破了业主与员工的森严关系：他经常到员工中间去，与他们聊天，了解他们对工作的想法，了解他们的生活困难，并不时地鼓励他们。亨利每到一个地方，那个地方就谈笑风生，其乐融融。员工们都很喜欢他，工作起来也特别卖力。

有一次，他外出旅行，但不久就回来了，这让员工们很纳闷，不知道为什么他回来得这么早，于是有个员工就走上前去询问原因。亨利略带失望地说："你们不在，我感觉没什么意思！"接着，他安排几名员工在工厂中央摆放了一个大玻璃箱，在这只玻璃箱里，有一只巨大的短吻鳄。亨利面带微笑地说："怎么样，这家伙看起来很好玩吧？"在当时，如此巨大的短吻鳄并不容易见到。围拢过来的员工们在惊愕之余，都高叫着好玩。亨利接着说道："我的旅行虽然短暂，但这是我最难忘的记忆！我把它买回来，是希望你们能与我共享快乐！"

正是亨利这种与员工苦乐共享的风度，使亨氏公司的员工们获得了一个融洽快乐的工作环境，而正是这个环境成就了亨氏公司。亨利的继任者们继承了他的这种风度，经常到员工中间去，了解员工的想法和生活，与员工聊天说笑，员工们都非常高兴，以卖力工作作为报答，从而使公司获得了今天的辉煌。

企业内部生产率最高的群体，不是薪金丰厚的员工，而是工作时心情舒畅的员工。愉快的工作环境会使人称心如意，因而会工作得特别积极。不愉快的工作环境只会使人内心抵触，从而严重影响工作的效绩。很多管理者喜欢冷脸对待自己的下属，觉得这样会树立自己的权威，可是这样也增加了员工对他的畏惧，使下属工作的时候特别小心，很怕犯错。平常多去接近一下员工，和他们亲密接触一下，将会使他们更富工作效率，更具创意。

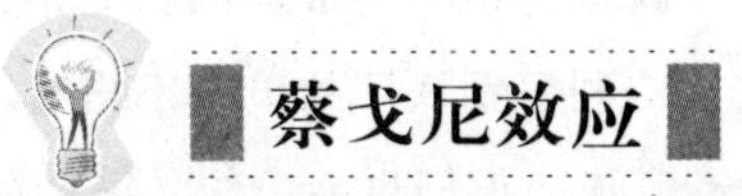

蔡戈尼效应

☆ 一句话说管理 ☆

企业管理应该有始有终，因为对于未完成的事情，人们对它的记忆要比对已完成的事情记忆深刻。

追本溯源 1927年，心理学家蔡戈尼做了一个试验：将受试者分为甲乙两组，让他们同时演算相同的数学题。其间让甲组顺利演算完毕，而乙组演算中途，突然被下令停止。然后让两组分别回忆演算的题目，乙组明显优于甲组。这种未完成的不爽深刻地留存于乙组受试者的记忆中。而那些已完成的人，"完成欲"得到了满足，便轻松地忘记了任务。

这种解答未遂的问题深刻地留存在记忆中的现象叫“蔡戈尼效应”。

企业实战运用　※ 李米艾的好方法

查理斯·施瓦伯是美国伯利恒钢铁公司的总裁。有一天，他向效率专家李米艾请教如何才能更好地执行计划。

李米艾声称可以在10分钟内给查理斯·施瓦伯一样东西，这个东西可以把他的公司的业绩提高50%。到底是什么东西呢？施瓦伯很疑惑。李米艾笑眯眯地递给施瓦伯一张空白的纸张，然后说：“请在这张纸上写下你明天要做完的6件事。”施瓦伯用了5分钟写了出来。李米艾接着说：“现在用数字表明每件事情对于你和你公司的重要性次序。”这又用了5分钟时间。

李米艾说：“好了，你把这张纸放进口袋，明天早上第一件事就是把纸条拿出来，做第一项最重要的事情。记住，不要看其他项，只是第一项。办每件事都要全力以赴，不可半途而废，直到完成为止。否则会影响你做下一件事情，因为你总是会想着它。每完成一件事便将它从纸上划去；若当日有未完成的工作，则必须列入次日的计划中，其实不用我说你也会记得它。然后用同样的方法对待第二项、第三项……直到你下班的时候。如果只做完一件事，那不要紧，因为你总是在做最重要的事情。”

李米艾最后说：“每一天都这样做。你刚才也看见了，只用了10分钟时间。你对这样的方法的价值深信不疑后，让你公司的人也这么做。这个试验你想做多久就做多久，然后给我寄支票来，你认为该给我多少钱就给我多少。”

三个月后，李米艾收到施瓦伯寄来的一张3.5万美元的支票，附加的还有一封信。信上说，那是他一生中最有价值的一堂课。

五年以后，施瓦伯的钢铁厂一跃成为世界上最大的独立钢铁厂，人们认为，李米艾提出的方法功不可没。他的方法让伯利恒钢铁厂的员工不再有工作拖沓的毛病，并且完成了最重要的事情，即使当天没有完成，他们也会记住，第二天接着完成。

把每天要做的事情都写下来，先完成最重要的，如果完成不了，第二天你还是会接着完成的，因为大脑里对事情有了深刻的记忆。不要有做事情拖沓的习惯，否则每件事情都做不完，有始无终。同样，不要对一件事情过分狂热，如果这件事值得做，就把它做完；如果不值得，就不要在这件事上浪费时间，而是赶快去做下一件事情。

其实，企业管理也是一样的道理。作为管理者，无论是对外社交上，还是对内管理上，都应该做到有始有终。否则，想要树立企业形象和个人威信都是空谈。

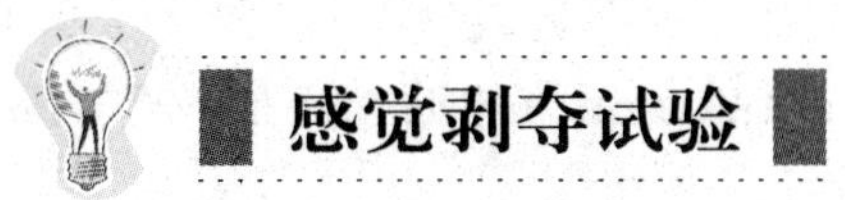

感觉剥夺试验

☆ 一句话说管理 ☆

企业只有通过社会化的接触，更多地感受到和外界的联系，才可能更多地拥有力量，更好地发展。

追本溯源 1954 年，加拿大麦克吉尔大学的心理学家首先进行了"感觉剥夺"试验：试验中给被试者戴上半透明的护目镜，使其难以产生视觉；用空气调节器发出的单调声音限制其听觉；手臂戴上纸筒套袖和手套，腿脚用夹板固定，限制其触觉。被试者单独待在试验室里，几小时后开始感到恐慌，进而产生幻觉，在试验室连续待了三四天后，被试者会产生许多病态心理现象：出现错觉、幻觉；注意力涣散，思维迟钝；紧张、焦虑、恐惧等，试验后需数日方能恢复正常。

企业实战运用 ※ 光大实业公司的快速行动

中国光大实业公司成立于 1983 年 7 月，是原全国人大副委员长王光英先生亲手创立的国家级综合性外经贸窗口公司，公司具有国家工商管理总局和商务部共同核准的跨地区、跨部门、跨行业组织国际性经贸展览会的出展经营权和来展经营权，以及国家科技部核准的在境内举办国际科学技术会议与展览的主办单位资格。

1983 年，国内的信息还比较闭塞。中国光大实业公司董事长王光英频繁地跟其他公司及外界人士沟通，得到了很多有用的消息和资源。其中有一条消息是他通过多种渠道得知的，这是一条非常重要的消息：在南美的智利，有一家铜矿产业已经倒闭了，矿主在企业倒闭前订购了各种型号的大吨位载重车、翻斗车共计一千五百辆，全部是新车。但是，这些车刚刚购买上，矿山便要倒闭了。因为矿山的倒闭，矿主有着巨大的财务负担，债主争相来讨债。为了偿还各种债务，矿主决定将这批新车折价拍卖，以解燃眉之急。

王光英清楚地知道，信息具有共享性，肯定不只他一个人知道了这个消息，谁的速度快，谁就能将外界的消息快速转化成财富。于是，他马上派出验车小组调查这批车的质量，又迅速向国内汽车专家咨询。他还迅速地征求国内工矿、交通、商贸等急需大吨位运输车客户的意见，取得有关部门的具体帮助。因为公司有很多事情需要他处理，他不能离开公司。在本人不能前往的情况下，他就把拍板成交的大权交给赶赴现场验货的采购人员。他对采购人员指示说："只要质量好，价钱便宜，你们说了算。"由有关技术专家组成的采购小组立即乘飞机直抵智利，对矿主所有的车进行了现场验货。在确认质量满意后，经过一番紧张的议价，以原价38%的低价购买了这批车。光大实业公司在这笔交易中，共节约了二千五百万美元的外汇，这是一个非常庞大的数字，公司的实力也得到进一步的壮大。

王光英快速行动，增强了公司的实力，跟他和外界的联系是密不可分的。和外界多联系，不光可以了解更多，也可以促进企业的发展。

管理艺术

企业不要固步自封，要加强和外部的联系，这样不但能增加本企业抵御外部风险的能力，还能使企业学到外部优秀的东西，促进自身的发展。和外界社会的多接触，不光是在企业外部，企业内部更是如此，只有及时了解外部信息，才能快速变更，适应这个信息化的时代。总之，只有和外界更多地接触，才能使企业不断地壮大，不断地发展。

作为一个企业的管理者，不应一味地排斥外来的竞争与合作，而应该以一种发展的眼光、战略的高度看待问题，才能适应时代的潮流，使企业始终站在前沿和竞争的不败之地。

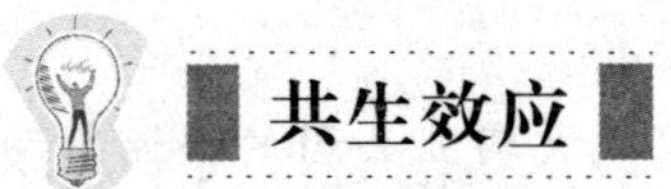

共生效应

☆ 一句话说管理 ☆

企业所有成员通过某种互利机制有机地组合在一起，共同生存发展。

追本溯源 “共生效应”是由德国真菌学家德贝里（Anton de Bary）提出的。自然界有这样一种现象：当一株植物单独生长时，会显得矮小、单调；而与众多同类植物一起生长时，则会根深叶茂，生机盎然。德贝里把植物界中这种相互影响、相互促进的现象称为“共生效应”。

企业实战运用 ※ 柯达：建议让我们共同进步

自从1880年创立了柯达公司后，乔治·伊斯曼就时时刻刻考虑着如何将公司做大做强。他常常思考这样一个问题，如何让员工们行动起来，与公司共同进步，这样公司就能迅速变得强大。

1889年，乔治·伊斯曼收到一名普通员工写给他的建议书。这份建议书的内容不多，字迹看起来也不优美，但却让他眼睛一亮。这个工人建议生产部门将玻璃窗擦干净，让工人有个良好的工作环境。因为一个较差的环境会让人工作起来感到不愉快。伊斯曼立即召开表彰大会，表扬这名工人并且发给他奖金，以鼓励他的这种做法。从此，柯达建议制度也就应运而生了。公司是非常喜欢奖励提出建议的人的。

在柯达公司的走廊里，每个员工都能随手取到建议表，投入任何一个信箱，每个建议表都能送到专职的"建议秘书"手中。专职秘书负责将建议及时送到有关部门审议，并作出评鉴。建议者可以随时拨打电话询问对建议的处理结果。公司里设有专门委员会，负责建议的审核、批准以及发奖。

柯达建议制度在降低产品成本、提高产品质量、改进制造方法和保障安全生产等方面起到了很大的作用。而且每个职工提出一个建议后，即使没有被采纳，也会达到两个目的：一是管理人员了解到职工在想什么；二是建议人在得知他的建议得到重视时，会产生满足感，工作会更尽力。一个良好的建议会让大家在工作的时候一起进步。

好的建议一经审核通过，公司会立即实行。大家在努力想建议的同时也在努力做好自己的本职工作，公司上下人员群策群力，共同促进企业发展。每个人都更加深刻地意识到自己是公司的一员，为公司尽力义不容辞，并且充分发挥自己的潜力，共同把公司做得更好更成功。公司也渐渐发展得越来越好，成为了一个非常有名的企业。

100多年过去了，柯达公司员工提出的建议接近200万个，其中被采纳的超过60万个。目前，柯达员工因为提出建议而得到的奖金，每年都在150万美元以上。1983年、1984年两年，公司因为采纳合理建议而节约资金1850万美元，公司拿出了370万美元奖励了建议者。

互利共生原本是指生物界的一种共生现象，也就是生物生活在一起，相互之间直接或间接地不断发生联系，使双方获利且达到了彼此不能离开独立生存的程度。其实，企业内部的员工间和部门间也存在这种共生现象，同样需要建立起互利机制，以互利激发企业内部的良性竞争，用竞争提升生产效率。

有一个互利机制，建立一个共同的目标，然后在这个机制的带领下奔向这个目标会更容易。要谨记互利共存，不可伤害了他人的利益，一个合作良好的团队才能走得更远，管理者要充分认识这一点。一个团队要共同进步、共同发展，否则，一盘散沙，任何企业或者团队都是难以生存的，最后必将被淘汰。想留下来，就在一个大家都能接受的机制下共同发展。

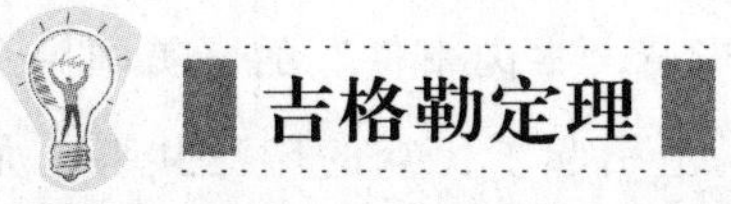

吉格勒定理

☆ 一句话说管理 ☆

设定一个高目标就等于达到了目标的一部分。

追本溯源 美国行为学家J.吉格勒认为，设定一个高目标就等于达到了目标的

一部分。开始时心中就怀有一个高的目标，意味着从一开始就知道自己的目的地在哪里，朝着自己的目标前进，至少可以肯定，你迈出的每一步方向都是正确的。一开始时心中就怀有最终目标，会逐渐形成一种良好的工作方法，养成一种理性的判断法则和工作习惯。后来，人们就把这种设定高目标以激励达到目标的定理称为“吉格勒定理”。

企业实战运用 ※ 迪布·汤姆斯：赶上快餐行业老大麦当劳

1969 年，从小就喜欢吃汉堡的迪布·汤姆斯在美国俄亥俄州成立了一家汉堡餐厅，并用女儿的名字为店起了名——温迪快餐店。而在当时，美国的连锁快餐公司已比比皆是，麦当劳、肯德基、汉堡王等大店早已大名鼎鼎。与它们比起来，温迪快餐店只是一个名不见经传的小店而已。

迪布·汤姆斯毫不因为自己“小弟”的身份而气馁，他一开始就为自己制定了一个目标，那就是赶上快餐业老大麦当劳，为了这个目标，他不懈地努力着。

20 世纪 80 年代，美国的快餐业竞争日趋激烈。麦当劳为保住自己快餐行业老大的地位，花费了不少心思，这让迪布·汤姆斯很难有机可乘。一开始，迪布·汤姆斯走的是隙缝路线，麦当劳把自己的顾客定位于青少年，温迪就把顾客定位在 20 岁以上的青壮年群体。为了吸引顾客，迪布·汤姆斯在汉堡肉馅的重量上做足了文章。在每个汉堡上，他都将牛肉增加了零点几盎司。没想到这一不起眼的举动为温迪快餐厅赢得了不小的成功，并成为了日后与麦当劳叫板的有力武器。温迪一直把麦当劳作为自己的竞争对手，在这种激励中快速发展着自己。终于，一个与麦当劳抗衡的机会来了。

1983 年，美国农业部组织了一项调查，发现麦当劳号称有 4 盎司汉堡包的肉馅，可实际重量从来就没超过 3 盎司，这简直少得出乎人的意料，对麦当劳也是巨大的打击。这时，温迪快餐店的年营业收入已超过了 19 亿美元。迪布·汤姆斯认为“牛肉事件”是一个问鼎快餐业霸主地位的机会，于是对麦当劳加大打击。他请来了著名影星克拉拉·佩勒为自己拍摄了一则后来享誉全球的广告。广告说的是一个认真好斗、喜欢挑剔的老太太，正对着桌上放着的一个硕大无比的汉堡包喜笑颜开。当她打开汉堡时，却惊奇地发现牛肉只有指甲盖那么大。她先是疑惑，继而惊奇，然后就开始大喊道：“牛肉在哪里？”显然，这则广告是针对麦当劳“牛肉事件”的。美国民众对麦当劳本来就有了许多不满，这则广告适时而出，马上引起了民众的广泛共鸣，尤其是对麦当劳不满的民众。一时间，“牛肉在哪里”这句话不胫而走，迅速传遍了千家万户。在广告取得巨大成功的同时，迪布·汤姆斯的温迪快餐店的支持率也得到了飙升，营业额一下子提高了 18%，着实是个不小的提升。

通过不懈努力，温迪快餐店的营业额年年上升，1990 年达到了 37 亿美元，发展了 3200 多家连锁店，在美国的市场份额也上升到了 15%，直逼麦当劳，坐上了美国快餐业的第三把交椅。

管理艺术

不管一个人有多么超群的能力，如果缺少一个认定高远的目标，他将一事无成。气魄大方可成大，起点高才能至高。设定一个高的目标并为此努力，一定会排除万难，迈向成功。企业也一样，有一个高的并切合实际的目标，将更快地促进企业的不断发展。目标在哪里，目的便在哪里，所处的高度也就在哪里。

具体到企业的管理这一环节上更是如此，目标管理也是非常重要的。所谓目标管理是以目标为导向，以人为中心，以成果为标准，而使组织和个人取得最佳业绩的现代管理方法。如果能做到在企业个体职工的积极参与下，自上而下地确定工作目标，工作中实行"自我控制"，并最终确保目标的实现，那么管理效果将会事半功倍。

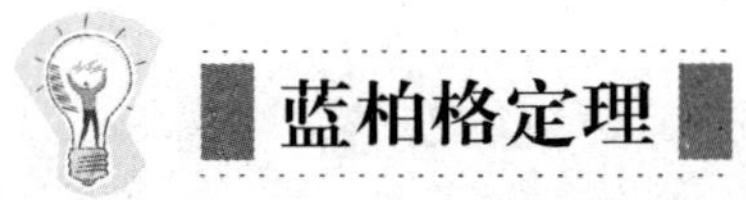

蓝柏格定理

☆ 一句话说管理 ☆

没有压力便没有动力。

追本溯源 "蓝柏格定理"是由美国银行家路易斯.B.蓝柏格提出的。他认为，人在面对压力时，要善于变压力为动力。后来，人们就把这种"没有压力便没有动力"的态度称为"蓝柏格定理"。

企业实战运用 ※ 压力下的新康泰克

中美史克天津制药有限公司是一家现代化合资制药企业。自 1987 年 10 月建厂以来，年生产药 23 亿片（粒、支），其中康泰克为支柱产品，年销售额达 6 亿元人民币。康泰克是一种含有苯丙醇胺（俗称 PPA）成分的药品制剂。2000 年，美国的一项研究表明，吞服含有苯丙醇胺的药品，会增加患出血性中风的危险。鉴于此，2000 年 11 月 6 日，美国食品与药物监督管理局要求美国生产厂商主动停止销售含 PPA 的产品。10 天后，中国国家医药监督管理局也发布了《关于暂停使用和销售含苯丙醇胺药品制剂的通知》，中美史克天津制药有限公司生产的康泰克和康得两种产品立刻被暂停使用和销售。

因为康泰克显著的疗效，其品牌形象已深入人心，大家对它的药效十分满意。国家医药监督管理局的通告一出，顿时引起社会的极大关注。而通知发布正值 11 月感冒高发期，正是用药量大增的时候。暂停使用和销售康泰克这一公司支柱产品，对中美史克公司是致命的打击。因此，中美史克公司对中国药监局这一决定的态度无疑将会引起新闻媒体的密切关注，把握不好，便会引发更深层的危机，自己也可能被逼出中国的医药市场。

中美史克公司面对生死存亡的压力，迅速成立了危机处理小组，应对情况，及时进行了媒体恳谈会，主动阐述事实真相，表明中美史克公司从消费者健康利益出发，坚决支持中国国家药监局的决定，并紧锣密鼓地推出替代康泰克的新药。这样，由于及时处理，中美史克公司树立了良好的公众形象。与此同时，公司经过调查发现，由于前一阶段的有效处理，消费者对康泰克品牌仍怀有依恋的情结，因此，新药推向市场时仍取名康泰克，只是加上了一个“新”字。为使新药顺利推向市场，中美史克公司利用已经培养起的良好媒体关系，在中国媒体界进一步表明了自己为消费者利益和为中国人民健康着想的态度，让消费者对新药吃下了定心丸，不再有 PPA 的困扰。这样，从 2001 年 9 月开始，新康泰克陆续在全国各大药店顺利上市，取得了相当不错的销售成绩，不亚于从前的康泰克。

蓝伯格定理告诉我们没有压力就没有动力，但是，并不是所有的压力都能转化成动力。压力变成动力，需要一个转化的条件，那就是压力的承受者要有承受压力的能力。所以，面对压力，要积极地改变自己、充实自己，这样才能正确引导各种压力变成自己前进的动力，并取得更好的业绩。

在这里，我们在管理学上把其归为压力管理的范畴。适当地对员工施以压力以提高其工作积极性是可以的或可行的，但需要注意的是，凡事都有个度，过犹不及。所以，如何掌握压力施加的尺度（即如何进行压力管理）确实是一项很有挑战性的工作。

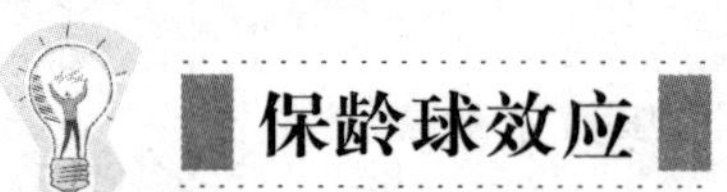

保龄球效应

☆　一句话说管理　☆

希望得到他人的肯定、赞赏，是每一个人的正常心理需要。

追本溯源　两名保龄球教练分别训练各自的队员。他们的队员都是一球打倒了 7 只瓶。教练甲对自己的队员说：“很好！打倒了 7 只。”他的队员听了教练的赞扬很受鼓舞，心里想，下次一定再加把劲，把剩下的 3 只也打倒。教练乙则对他的队员说：“怎么搞的！还有 3 只没打倒。”队员听了教练的斥责，心里很不服气，暗想教练怎么就看不见他已经打倒的那 7 只。结果，教练甲训练的队员成绩不断上升，教练乙训练的队员打得一次不如一次。

企业实战运用 ※ 肯定你的员工

一位非常出色的女性员工在不久以前结束了她在纽约一家一流专卖店数年销售衬衫和领带的工作，而转入另一家专门经营高端男士和女士服装的企业，成为他们在康涅狄格州的一家服装店的一员。

很多人都好奇，她到底因为什么而加入另一个企业在康涅狄格州的团队？

对于这位女士的前一份工作，任何人都毫不怀疑地认为她是一个真正的明星。她工作十分卖力，长年累月地加班加点，并且毫无怨言。她服务态度良好，对客户服务周到，她的客户都很喜欢她。她的收入也比别人高，福利待遇也相当不错。

其实原因很简单，那家企业没有任何一个人曾在私下里告诉她，她有多么珍贵，她的工作是多么出色，她是企业的骄傲，即使她在一年内就销售了一百万美元的商品。

她的老板从来没有为了表示感谢而送她一束花，连一支野雏菊也没有，甚至对她没有一丝的鼓励，只是让她每天按部就班地工作，让她感觉十分疲倦。这深深地伤害了她，让她感觉到他们之间只是老板与员工的关系，只是为了利益而不得不为他工作，除了利益没有任何其他关系，她每天只是工作。她厌倦了这样的工作，于是就去了另一家企业。

而另一家她转去的企业，推行"拥抱我们的员工"这种政策。当然，这种"拥抱"可以理解成一个具体的拥抱，但很多的时候是这个企业做事的一种象征。他们把拥抱当做一种正面的行动、姿态或行为，通过它体现出一种人与人之间个性化的关系。

那里的员工一直高效并且忠心耿耿地工作，从没有想过要离开。这个企业非常看重员工，称员工为"同事"，而不是"雇员"、"工人"这些词语。企业的上级人员说，员工的力量是企业获得全面成功的基石。企业经常鼓励员工，肯定他们的工作成果，并时常对他们予以赞赏，员工们工作更加卖力了。

而这位转过去的女员工在这家企业里也感觉非常温暖，连续创造了不菲的业绩，她也没有了换工作的念头，她认为在这家企业里踏踏实实地工作下去非常好。

一个成功的管理者，会努力去满足下属的这种心理需求，对下属亲切，鼓励下属发挥创造精神，帮助下属解决困难。相反，专爱挑下属的毛病，靠发威震慑下属的管理者，也许真的能够击败他的下属，但是，一头暴怒的狮子领着一群绵羊，又能创造出什么事业呢？

用好赞赏的技巧，关键是把你的注意力集中到"被球击倒的那7只瓶"上，别老忘不了没击倒的那3只。要相信任何人或多或少都有长处、优点，只要"诚于嘉许，宽于称道"，你就会看到神奇的效力。

布利斯定理

☆ 一句话说管理 ☆

用较多的时间为一次工作做事前计划，做这项工作所用的总时间就会减少。

追本溯源 布利斯定理最初是由美国行为科学家艾得·布利斯提出的。美国的几个心理学家曾做过这样一个试验：把学生分成三组进行不同方式的投篮技巧训练。第一组学生在20天内每天练习实际投篮，把第一天和最后一天的成绩记录下来；第二组学生也记录下第一天和最后一天的成绩，但在此期间不做任何练习；第三组学生记录下第一天的成绩，然后每天花20分钟做想象中的投篮，如果投篮不中时，他们便在想象中做出相应的纠正。实验结果表明：第二组没有丝毫长进，第一组进球增加了24%，第三组进球增加了26%。由此，他们得出结论：行动前进行头脑热身，构想要做之事的每个细节，梳理思想脉络，然后把它深深铭刻在脑海中，当你行动的时候，就会得心应手。

企业实战运用 ※ 苛罗尼雅公司：严密的计划制订和监督执行过程

在澳洲，苛罗尼雅公司是一家颇具规模的制造公司。它设有3个事业部：蔗糖部、建筑与建筑材料部、矿业与化学品部。每个事业部下面又设有若干分公司。

近年来，这个公司在经营管理方面为符合公司总目标的战略计划，经常召开各种会议，通过这些会议使各级管理人员了解整个公司的业务情况和各种目标。在每个月的董事会会议之后，公司总经理要会晤各部门的50名高级主管人员，同他们商讨公司的业务情况。另外，公司每年还召开两次中级经理人员会议，使他们了解外界环境的各种变化及其对公司业务的影响，并根据情况制订出详细的应对计划。

在公司的3个事业部中，以赫伯特领导的矿业与化学品部的计划工作最为成功。计划工作的程序是自下而上。参与制订计划的人员包括该部所属的10家分公司的经理，某些情况下这些分公司的厂长和业务经理也会参加计划制订。

为了使各个分公司的步调能够一致，赫伯特总是把总公司对通货膨胀及其他各种经济因素的看法及时告诉各分公司的经理，让他们把这些因素作为制订计划时的参考资料。各个分公司从每年的4月份开始制订自己的战略计划，在8月份之前制订完毕，并交给大部的经理。按公司规定，战略计划所包括的时间为5年，其内容包括投资计划、生产目标等。各部经理在收到这些计划之后，要先进行挑选，再安排先后次序，最后是在这些计划的基础上制订出部级的战略计划。部级的计划包括对各分公司未来5年的展望，主要的问题，所采用的战略，以及各种投资计划等内容。该计划还对投资报酬率和现值报酬率进行调整和修正。计划的说明书简明扼要，第1页仅包括一些重要的数据，第2页才包括一些比较详细的统计资料。

接着，各事业部要把自己的计划送到总公司的财务部，财务部于9月份将部级的计划送往公司总经理办公室。在此后的1个月中，总管理处与各部的经理会仔细研究和讨论他们的计划。

在每年的11月份之前，总公司会把各种指导性文件发到各大部，该文件详细地说明了哪些计划已被批准，以及总公司对各部有什么期望。在这个会计年度的最后几个月里，各部根据总公司发给的指导性文件，重新制订自己的战略计划并编制预算。随后，总公司再根据这些计划制订出整个公司的总计划。总计划应对整个公司的目标和战略作出详细的说明，并附有必要的统计资料。

通过这一道道繁复的程序，最后制订出来的计划就是切实可行的。为进一步确保战略计划的顺利完成，该公司还建立了一套"追踪审核"制度。该制度规定，在每一个会计年度结束之前，各分公司都应指派专门的考核人员，对计划执行的情况进行检查，并写出"追踪审核"报告，从而做到能使一年的预测更为准确。正是这样一个严密的计划制订过程和监督执行过程，保证了苛罗尼雅公司在经营中很少发生失误，从而保持了公司蒸蒸日上的发展势头。

"凡事预则立，不预则废。"做事没有计划，行动起来就必然会是一盘散沙。只有事前拟定好了行动的计划，梳理通畅了做事的步骤，做起事来才会应付自如。好的规划是成功的开始。做一件事，只有美好的设想是远远不够的。计划可以对你的设想进行科学的分析，让你知道你的设想是否可以实现。计划可以作为实现设想过程的指导，大大节省时间，减轻压力。

作为管理者，更要做好工作计划。因为企业员工都在听候你的指命行事，所以制定工作计划不仅是必要的，而且是首要的管理工作。

坏苹果法则

☆　一句话说管理　☆

一个人的态度将影响到一个团队，态度是决定成功与否的关键。

追本溯源　一所中学的校长找到三位老师对他们说："你们是整个系统最优秀的教师，所以，我将给你们90名高智商的学生，看他们能学得多快。"老师和学生都很兴奋。一年之后，这些学生的成绩比该地区其他学生高出20%到30%。校长把老

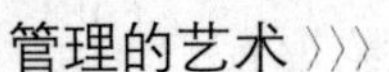

师们找来，告诉他们："我必须坦白一件事情，你们的学生并不是智商最高的，他们只是一群普通的学生；你们也不是最好的老师，只不过是我从一堆纸团里首先抓出来的而已。我所进行的是一项关于态度的试验，很显然，试验成功了。"那么是什么使他们比别人做得更好呢？是参加试验者的态度。老师和学生都以为自己是优秀的，他们期待着成功，于是充分发挥出自己的潜力。态度就是决定这一结果的关键。

企业实战运用 ※ 缝隙市场的蓝美仁公司

大约在 10 年前，佩德罗在马尼拉设厂向高露洁菲律宾精炼公司提供铝皮软管。但是，好景不长。这些跨国企业不久改用压膜塑料管，使得佩德罗失去了 90%的订单，公司难以为继，这让他不得不关闭了工厂。但是，佩德罗并没有气馁，而是鼓起勇气，决心重新打入他原来那些顾客的市场，于是，在 1987 年，他创办了蓝美仁公司。

开始，他想与外国企业合伙生产牙膏并借用他们的品牌。但是这些企业要求他支付品牌特许权使用费，却不给他提供任何营销或者分销的支持，使佩德罗没有什么利润可赚。

这些遭遇让他非常失望，但是他没有言败，他认为即使在商战中一败涂地，也可以东山再起。他决心创造自己的牙膏品牌。期间，他得到一家日本制造商的帮助。在试验了 200 种不同的配方后，蓝美仁公司终于在 1989 年推出了一款名为快意的牙膏。

大企业的实力佩德罗是知道的，他不想向高档的 A、B 类市场出售产品，他要推出一种价格比主要品牌低 40%的牙膏，瞄准低价市场。

要跟大企业硬碰硬，佩德罗深深知道成功的概率是微乎其微的。于是他决定开发自己的缝隙产品。蓝美仁公司八种不同风格的牙膏品种中就包括水果香型的儿童牙膏和维生素 E 牙膏。

在这样的市场中，跨国企业的大规模反倒成了劣势。他们不能开发儿童牙膏，因为成本太高、利润太低。蓝美仁公司则不然，它灵活机动，完全可以瞄准并占领这些小市场。

为了节省建立分销网络的成本，佩德罗与大众销售公司联系，这是一家仓储式俱乐部连锁店，面向 C 类和 D 类低档市场。这家公司还建立了一个货类管理项目，把自己的电脑和销售商及主要顾客联系在一起。这样，蓝美仁公司的经理人便能紧紧盯着分销商货柜上的货流量来规划生产。

现在，蓝美仁公司已成为菲律宾第三大牙膏制造商，拥有 20%的市场份额。佩德罗说，他的广告支出并不比高露洁少。由于公司在创业、营销和雇用残疾人方面获奖不少，因而赢得新闻界的颇多赞誉。蓝美仁公司的 150 名员工中，有 20%是聋哑人，佩德罗并没有因为他们是聋哑人而歧视他们，他相信他们和正常人是一样的，他鼓励他们以积极的态度生活。那些聋哑员工并没有觉得自己不行，他们相信自己也可以同正常人一样创造出社会价值，他们为蓝美仁公司努力着，也为自己努力着。

蓝美仁公司现在正面临着新的挑战。它的成功已吸引了本地10家企业投入这一市场，佩德罗渐渐感受到了这种压力。他已将产品多元化，推出了一些新产品，包括肥皂和洗碗液。同时，他还开始向越南和老挝等发展中国家出口产品。

管理艺术

如果佩德罗因为关闭工厂一蹶不振，那么就没有今天的蓝美仁公司。佩德罗成功的关键在于永不言败，用积极的态度面对失败，并寻找对策，在缝隙中寻求发展。态度决定成败，好的态度等于成功了一半，不好的态度和情绪会波及他人。如果你是领导，你的态度会波及你的员工，进而影响一个团队的整体发展。好的态度会促进团队的发展，所有人都以好的情绪和态度去工作和学习，成功的概率就会非常大，切莫让消极的情绪影响了整个团队。

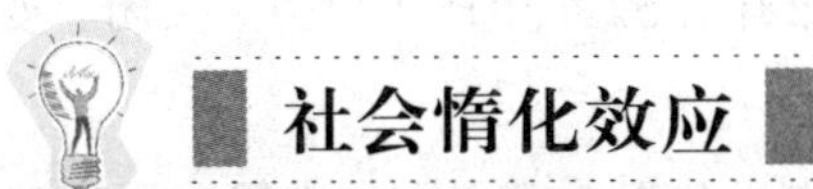

社会惰化效应

☆ 一句话说管理 ☆

当群体一起完成某种事情时，个人付出的努力往往会比单独完成时偏少。

追本溯源 法国人马克斯·瑞格曼做过一个拔河比赛的试验，他要求被试者分别在单独的与群体的情境下拔河，同时用仪器来测量他们的拉力。结果发现随着被试人数的增加，每个被试者平均使出的力减少了。一个人拉时出力63公斤；三个人的群体拉时，平均出力是53.5公斤；八个人时是31公斤。这种共同完成一项任务时，群体人数越多个人出力越少的现象，后来在其他试验中也得到了证实。这些现象不仅能在试验室里看得到，在日常生活中也很普遍。

企业实战运用 ※ 李·艾科卡的"三板斧"

克莱斯勒汽车公司是美国第三大汽车公司，在20世纪70年代末期，由于积弊过多，面临将要倒闭的危险。这时，克莱斯勒公司得知李·艾科卡被福特公司解雇的消息，于是立刻决定聘用艾科卡来当公司的总经理。

克莱斯勒公司先派两名很有声望的董事前去试探，接着，公司的董事长约翰·里卡多又亲自出马去请艾科卡。这样"三顾茅庐"，艾科卡被里卡多的诚意所感动，同意去克莱斯勒公司任职。可是他提出两个条件：第一，他要有100%的自主权，这样，一两年后他就能担任公司的董事长。对很多人来说，这样的条件似乎过于苛刻。但是，对于里卡多来说，他并不觉得苛刻，他表现得很大度，当场就答应了艾科卡："只要你肯过来，董事长的位子就是你的。"第二，年薪不能低于在福特公司的36万美元。这一条似乎更加难以做到，因为当时在克莱斯勒公司，堂堂董事长里卡多年薪才有 34 万美元，总经理的工资怎么可以超过董事长呢？许多克莱斯勒的职员愤愤不平，认为艾科卡做得太过分。又是里卡多说服大家，专门召开董事会议来讨论这个问题，结果决定也给里卡多增加了 2 万美元的年薪。

事情全部谈妥后，艾科卡受命于危难之中。他确实没有辜负里卡多的一番苦心，在通过调查研究找到公司的症结后，艾科卡在公司内部管理上毫不犹豫地砍了“三板斧”：

第一板斧，先“砍”公司的高层领导。把那些身居要职却毫无建树和把持生产、管理、经营诸要害部门的平庸无能之辈统统撤换掉。公司 35 个副总裁先后辞退了 33 个，高层部门的 28 个经理撤掉了 24 个，非常骇人的数字。

第二板斧，精简机构，压缩公司规模。他大胆地采取“关、停、并、转、卖”等几项措施，使各部门变得精练。原有的 52 个生产工厂中，关闭、变卖了 16 个，合并转产了 4 个，公司规模缩小了三分之一。

第三板斧，削减雇员。他先后辞退 9 万多人，直属公司职工总数由 16 万降至 7 万多，裁员率居然超过了 50%，经理人由 5800 人减少到了 3700 人。

“三板斧”砍下来，去掉了压在公司身上的沉重包袱，消除了人事上的重重障碍。使公司分工明确，权责分明，每个人都认识到了自身所肩负的责任，而不是相互推卸，等待着别人做出业绩一起分享。里卡多鼎力支持艾可卡的措施，正是因为他的大力支持，艾科卡的改革才能得以顺利地进行，最终带领公司走出困境。

公司提前 7 年还清了政府的贷款，并开始慢慢盈利。虽然克莱斯勒公司的工厂数量比通用汽车公司少 50%，职工人数也少 33%，但是汽车产量却与之相等，成本也低得多。公司的劳动生产率迅速提高，工人们的热情也被激发出来。艾科卡因为拯救克莱斯勒公司成功而成为美国家喻户晓的传奇人物。其实，他的秘密武器就是精兵简政，使人各司其职，摆脱过去公司的烦冗拖沓，让每个人都去努力地工作，不产生依赖其他人的惰性。

“一个和尚挑水吃，两个和尚抬水吃，三个和尚没水吃。”要撤换掉那些碌碌无为的人员，提高在岗人员的工作效率，不使其惰性作怪。企业在日常的管理中一定要权责分明，个体的贡献要被衡量出来。如果个体认为自己的贡献无法被衡量，其效率就会下降。

在这里，着重强调了绩效考核和成本控制管理方面的重要性。只有坚定不移地在管理过程中实施相应制度，才能真正做到管理的公正、公平，也才能真正提高员工的工作效率。

同群效应

☆ 一句话说管理 ☆

一个人的行为和思想容易受到周围其他人的影响，从而产生相互作用和影响。

追本溯源 Winston and Zimmerman（2003）曾给同群效应下过定义，他们认为：若一个人的行为受到一个或多个其他人与自身相互作用的影响，就可以认定同群效应是存在的；而这里的"其他人"必须是"同群者"（peers），即是说，与这个人处于相同或相似的地位上，所有人处在一种平等关系里。

它在经济学上的意义是扩充了经典经济理论，在考虑个体与市场之间的对应互动关系之外加入了"同群者"的影响；而在现实层面，这项理论有着更为重要的实践意义，也因此引起了西方经济学家的高度关注和广泛争论。

企业实战运用 ※ 失败的执行董事

有一家公司，三年来一直人心涣散，执行董事是罪魁祸首。他不顾场合地大讲粗话，毫无顾忌地吞云吐雾，遭到员工们的强烈反感。而且，员工们抱怨自己对公司的重大事件一无所知，经常会觉得老总在"利用"他们。有那么几周的时间，全员减薪的传言让公司的员工更是人心惶惶。

当时大雨瓢泼，洪水泛滥，汹涌的洪水快速地逼近这家拥有 50 名员工的公司，疏散工作迫在眉睫。工作可能会因为暴雨而被推迟，可是客户逼得特别紧，一点也耽误不得。在这个危机关头，公司十分需要员工的支持和配合。于是，管理人员决定让部分在一楼工作的员工，搬到二楼或者三楼继续工作。其他的员工需要用 45 分钟时间到另一个临时办公场所。

为了保证可以按时完成任务，执行董事下发了一个态度强硬的通知，严格命令每个人要坚守岗位。通知是这样写的："鉴于工期很紧张，大家必须坚守岗位，无一例外。"结果，大大出乎他的意料，当天就有 5 个人称病而早早下班。第二天，50 名员工只来了 15 个人，剩下的要么打电话请假，要么干脆不露面，让那位执行董事很是生气。

很多员工都是知恩图报、疾恶如仇的。这家广告公司员工的行为，很大程度上取决于那位执行董事平时的言行举止，他对员工态度粗暴，也使得员工学会了"以暴制暴"，员工对他的敌视和反感全都施加到了公司身上。

在公司里，总是有需要员工与管理者共渡难关的时候，如果平时自己对员工态度良好，并且言行举止得体，那么就会赢得下属的支持和拥戴，从而使其跟管理者共同渡过难

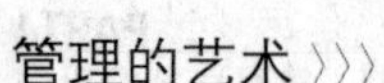

关，并且员工会慢慢学习管理者的好习惯，尽量完善自己。但是平常对待员工态度很差，自身也没什么风度的领导，不但会让员工反感，而且他的某些缺点会慢慢渗透到员工的身上，员工会以某种方式在适合的时机“还给”领导，公司遭遇危机的时候就是他们报复的好时机。

作为领导一定要把积极的因素带给团队里的员工，这样才能使员工有个积极向上的工作状态和情绪，使得一个团队从上到下越来越好。古语说“近朱者赤，近墨者黑”也是这个道理，团队里的成员是相互影响的，好的方面或者不好的方面会在员工与员工之间、员工与领导之间渐渐渗透。领导一定要注意自己平常的行为，尽量给员工树立一个好的榜样，不能说有一个好的领导就一定有一个好的团队，但是一个好的团队必然有一个好的领导。

责任分散效应

☆　一句话说管理　☆

人多不负责，责任要落实。

追本溯源　1964 年 3 月 13 日凌晨 3 时 20 分，在美国纽约郊外某公寓前，一位叫朱诺比白的年轻女子在结束酒吧间工作回家的路上遇刺。她绝望地喊叫：“有人要杀人啦！救命！救命！”听到喊叫声，附近住户亮起了灯，打开了窗户，凶手被吓跑了。当一切恢复平静后，凶手又返回作案。当她又喊叫时，附近的住户又打开了电灯，凶手又逃跑了。当她认为已经无事，上楼回自己家时，凶手又一次出现在她面前，将她杀死在了楼梯上。在这个过程中，尽管她大声呼救，她的邻居中也至少有 38 位到窗前观看，但无一人来救她，甚至无一人打电话报警。这件事引起了纽约社会的轰动，也引起了社会心理学工作者的重视和思考。人们把这种众多的旁观者见死不救的现象称为“责任分散效应”。

企业实战运用　※ 哈维·琼斯的精兵简政

哈维·琼斯在 1981 年出任英国帝国化学工业公司的总经理。作为世界第五大化学工业公司，帝国化学工业公司在此前的经营一直在走下坡路。哈维·琼斯要想使这样一个“将倾大厦”的公司从困境中走出来算是临危受命。就职演说中，他立下了军令状：如果不能让公司振兴，他将引咎辞职。但是最终，他没有辞职。因为在他的领导下，公司扭转了从前走下坡路的局面，取得了长足的发展。

哈维·琼斯使企业扭亏为盈并没有什么秘密武器，如果说有的话，就是他果断地采取了精兵简政的措施，这是一个非常有力的武器。

担任英国帝国化学工业公司的总经理以后，哈维·琼斯首先从董事会下手，把董事会的成员由原先的14人锐减到8人，原来那种议而不决、办事拖拉、相互推诿的局面随之得到改变。过去，帝国化学工业公司的董事每人负责一个部门、一项中心工作以及海外某个区域的工作，每年两次到设在米尔贝克的总部汇报工作，每人携带的报告多达几十页，根本不可能就每个问题进行认真讨论。由于机构臃肿，人员繁杂，责任相互推诿，官僚主义盛行，公司效率非常低。哈维·琼斯的这一举措使董事会变得精悍多了。哈维·琼斯指定了董事会的两位委员负责公司的所有部门的业务，两位负责海外的业务，剩下的三位委员负责公司财政中心计划及科研技术工作。这样分工就十分明确了，每个董事都必须认认真真地考虑如何发展自己的工作，而不是像原来那样想着会有别人去考虑和完成工作，自己做一个旁观者，最后投上自己支持或者不支持的一票。哈维·琼斯要求董事会每个月都要研究制定公司的总体战略，而董事们必须认真了解、检查公司的经营情况，对公司的现状和未来了如指掌，知道下一步要怎么做才会适合公司的长远发展。

哈维·琼斯出任帝国化学工业公司总经理的时候已经年过花甲，他通过采取精兵简政的措施，让公司分工明确，使公司开始走上坡路，为他自己企业家的生涯画上了一个圆满的句号。

对某一件事来说，如果是单个个体被要求单独完成任务，其责任感就会很强，会作出积极的反应；但如果是要求一个群体共同完成任务，群体中每个个体的责任感就会很弱，面对困难或遇到责任往往会退缩。因为前者独立承担责任，后者期望别人多承担点儿责任。许多公司陷入困境，就是因为机构臃肿，人员烦冗，精兵简政就成为这些公司摆脱困境必须采取的措施，以使公司的组织机构更加协调，管理队伍更加精练。责任要落实到个人，不要给员工相互推诿的机会，否则对企业的长足发展将会是个很大的阻碍。

PART5 〉〉〉

在合作与沟通中寻求生存

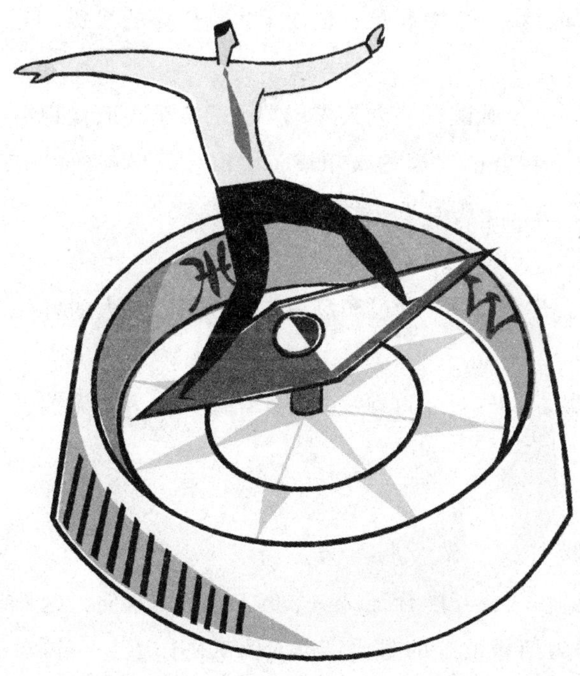

邦尼人力定律

☆ 一句话说管理 ☆

团队管理中，如何合作才能达到最佳状态和效果？需要有计划。

追本溯源 传说上帝在创造人类的时候，为了检验人类是否具备团结协作、互帮互助的意识，上帝做了一个试验：他把人类分为两批，在每批人的面前都放了一大堆可口美味的食物，但是，却给每个人发了一双很细很长的筷子，要求他们在规定的时间内把桌上的食物全部吃完，并且不许有任何的浪费。

比赛开始了，第一批人各自为政，只顾拼命地用筷子夹取食物往自己的嘴里送，但因筷子太长，总是无法够到自己的嘴，而且因为你争我抢，造成了食物极大的浪费。上帝摇了摇头，为此感到失望。

轮到第二批人了，大家一起围坐成了一个圆圈，一个人先用自己的筷子夹取食物送到坐在自己对面的人的嘴里，然后，由坐在自己对面的人用筷子夹取食物送到他的嘴里。就这样，第二批人不仅享受了美味，还彼此获得了更多的信任和好感。

上帝看了，点了点头，为此感到欣慰。

于是，上帝在第一批人的背后贴上了五个字——利己不利人；而在第二批人的背后也贴上了五个字——利人又利己。

协同和合作产生力量，才能实现双赢。人与人之间有效的合作会减少人力的无谓消耗，避免内耗过多。这就是“邦尼人力定律”。

企业实战运用 ※ 学会协作，不做“刺儿头”

现今的工作是程序化的工作，学会协作、相互配合是每一个员工必备的素质。越来越多的公司把是否具有团队协作精神作为招聘员工的重要标准。团队协作不是一句空话，善于协作的团队生命力极强，无坚不摧。其中工作能力强，具有团队协作精神的员工是公司高薪留用的对象；而一个不肯合作的“刺儿头”，势必会被公司排斥。对人员流动情况的研究表明，大多数人是因为喜欢独来独往而离开公司的，因这一原因离职的人数超过了其他任何一种原因。

一个精通业务的员工，如果仗着自己比别人优秀而傲慢地拒绝合作，或者合作时不积极，总倾向于一个人孤军奋战，这是十分可惜的，多个人的合力远比一个人的力量大，每个人其实都可以借助其他人的力量使自己更优秀。

王林不仅拥有学历，而且在工作上也做出了很多成绩。他是公司辛勤工作的典范，总是恪尽职守、专注于工作，老板对他所做的工作评价也很高。按照他的才能，按说早就应该晋升到更高职位了，可他现在依然在原地不动。王林不明白，为什么那些能力比他差的人都得到了晋升，而他的职位却一直在原地停留，连私人办公室都没有。

造成这种状况的一个很重要的原因是，王林不喜欢与人合作。他总是埋头自己工作，不喜欢和大家交流。如果团队其他成员需要他协助，他不是拒绝就是很不情愿地参与。有时他宁可事事亲为，也不向同事寻求帮助。这样的孤军奋战，怎能成就大事？

其实，保证你事业有成的方法之一就是让与你共事的人喜欢你、欣赏你。只有善于合作，周围的同事才会支持你，并尽他们最大的努力来帮助你实现目标，同时也实现他们的目标。在团队成员的帮助下，你才能最大限度地发挥自己的才能，并成为举足轻重的成员。

很多时候，一个团队给予一个人的帮助不仅是物质方面的，更多的在于精神方面。一个积极向上的团队能够鼓舞每一个人的信心，一个充满斗志的团体能够激发每一个人的激情，一个善于创新的团队能够为每一个成员的创造力提供足够的平台，一个协调一致、和睦融洽的团队能给每一位成员一种良好的体验。培养自己的团队协作精神吧，在团队中感受积极的氛围，让自己在团队中工作得更顺利、心情更愉快！

在一个团队中，也许很多人都厌倦了做一个默默无闻的支持者，希望像核心人物那样出尽风头，但是无论怎样，个人总要服从团队，孤掌难鸣，再大的水滴离开大海都会消失殆尽。

一个对自己团队负责的人，其实也是在对自己负责，因为他的生存离不开团队，他的利益是和团队的利益密切相关的。这好像鱼儿永远也不能离开水一样。只要我们在这个团队中一天，我们就应对这个团队负一天的责任。你的团队需要你，而你自己更需要立足于你的本职工作，不懈地努力。

要知道，我们只有学会合作，树立共同的目标，才能够使得团队的成员明确自己的角色和任务，从而真正组成一个高效的群体。我们只有把工作上相互联系、相互依存的人们团结起来，才能更有效地达成个人、部门和组织的目标。

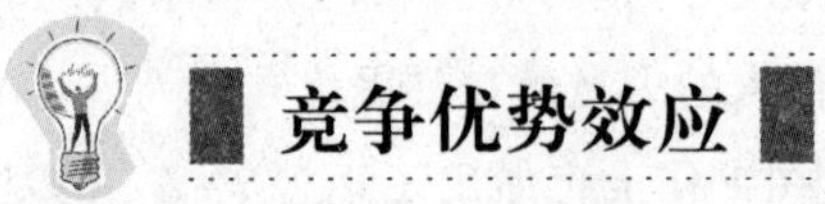

竞争优势效应

☆ 一句话说管理 ☆

在双方有共同利益的时候，人们也往往会优先选择竞争，而不是选择对双方都有利的合作。

追本溯源 美国管理学家迈克尔·波特在其著作《竞争优势》一书中，把“竞争优势效应”这一心理学现象应用于了管理学理论。

企业实战运用 ※ 蒙牛和伊利的营销大战

伊利、蒙牛双方斗法最精彩的看点就是在营销方面，这也是其他企业最值得借鉴经验的地方。蒙牛在营销方面是绝顶的高手，他们的“神舟”事件营销、“超女”娱乐营销、“送奶工程”公益营销，以及“NBA”体育营销，极大地提高了蒙牛品牌的知名度，为业界所称道。伊利在这方面也积极追随蒙牛，他们的“政府”营销、“奥运”营销、“明星”营销也赚足了消费者的关注。

伊利：“政府”营销

伊利深谙“政府”营销之道，在这方面长期投入巨资，无论是对地方政府还是中央政府，伊利都做得比较出色。2005 年末，伊利投资 3000 万元支持地方基础设施建设，大力支持每年一度的“昭君文化节”，还与团中央建立“中国青少年发展伊利梦想基金”，与全国妇联等部门长期主办对哺乳期婴幼儿的父母进行科学哺育教育的活动；另外，在中央党校等单位联合举办的以“新农村·新发展·新机遇”为主题的“建设社会主义新农村论坛”活动中，由于伊利在建设社会主义新农村进程中作出了杰出贡献，带领 500 万农牧民发家致富，因此荣获了“建设社会主义新农村行业龙头企业”的称号。另外，伊利的高利税是其政府营销最有力、最简单、最直接的方式，其纳税总额已近 50 亿元，其中 2005 年纳税 9 亿元，是蒙牛的两倍多，在 2006 年度纳税数额超过 10 亿元。

虽然有关方面对伊利成为“奥运会合作伙伴”的过程颇有微辞，但“奥运会合作伙伴”的低成本获得正是伊利政府营销成功的最好例证。政府营销的成功，使伊利可以获取良好的经营环境和较低成本的资源，是企业发展的重要保障。

蒙牛：“公益”营销

蒙牛绝对是顶尖的营销高手，他们的“送奶工程”，极大地增强了消费者对蒙牛的忠诚度。但最为经典的显示蒙牛公益营销真功夫的篇章，莫过于蒙牛在获得产品创新大奖时总裁杨文俊的演讲。他说：“非常荣幸能够代表中国乳业、代表中国千万奶农，来

领取这个世界乳业至高无上的荣誉。这份荣誉，是属于整个中国乳业的，是属于13亿中国人的。特仑苏是蒙古语‘金牌牛奶’的意思，我坚信，在民族乳业同仁的共同努力下，我们一定能够早日实现让所有的中国人，首先是孩子，每天都能喝上一斤奶的梦想！一定能让所有的中国牛奶，都成为全世界的‘特仑苏’！”

在这段演说中，杨文俊对蒙牛只字未提，也没有宣传“特仑苏”，却让全中国人倍感舒畅，更让人们认同了蒙牛，认识了“特仑苏”，宣传了其品牌。

近两年，伊利的营销工作提速较快，尤其是“奥运+冠军”营销，在势头上大有盖过蒙牛之意。另外，伊利也在公益营销方面取得了不错的成绩，而且其政府营销也越来越公益化，与蒙牛一起被评为“中国最具社会责任感的企业”。

两家公司在营销领域的持续投入，既培养了中国乳业市场又提高了公司的知名度、美誉度和忠诚度，极大地扩大了顾客基础，增加了销售量，近几年的超高速发展就是他们营销创新的最大成就。

这场营销大战的最终结果是：不分仲伯，各有千秋。

虽然经过几年的快速成长，伊利和蒙牛都已成长为国内乳业巨头，但我们可以看到他们在技术、管理等方面与世界乳业巨鳄相比还有很大的差距，要想与它们并肩，伊利和蒙牛都还有很长的一段路要走，尤其对是国际市场的开拓将很快面临与狼共舞的局面。

另外，国内市场的快速成长，使得国际资本纷纷投资于第二梯队企业，如夏进、太子奶等均已获得国际资本的巨大投入，有可能会成为第二、第三个蒙牛。再者，许多世界乳业大鳄也扩大或开始与国内企业合作，借机进入中国市场。而且还有一些是伊利、蒙牛自己请进来的，如蒙牛与阿拉、达能的合作，有可能是养虎为患，最终为虎所伤，造成品牌与市场的流失，也有可能因为文化、管理的差异而影响业务的正常发展。这些都有可能使国内乳业竞争多极化，给伊利和蒙牛的发展带来变数。

人们与生俱来有一种竞争的天性，每个人都希望自己比别人强，每个人都不能容忍对手比自己强。因此，人们在面对利益冲突的时候，往往会选择竞争，拼个两败俱伤也在所不惜。就是在双方有共同利益的时候，人们也往往会优先选择竞争，而不是选择对双方都有利的合作。

但是，如果双方曾经就利益分配问题进行协商，达成共识，合作的可能性就会大大增加。所以，沟通的缺乏也是产生竞争的重要原因之一。所谓管理，就是要掌握和运用沟通的艺术，加强与上级、下级和同事，甚至与客户间的沟通，这样就可以有效减少不良竞争，共同致力于目标的达成，实现双赢的最佳效果。

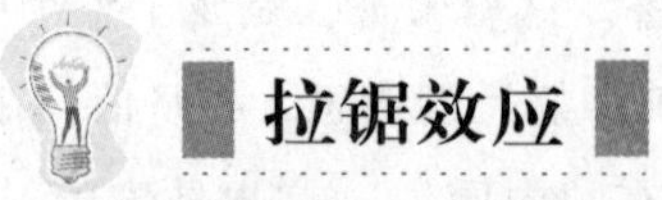

拉锯效应

☆ 一句话说管理 ☆

一个优秀的人才要发挥作用，必须善于与他人相互配合，否则将一事难成。

追本溯源 日本有一家企业，在招聘员工时，要进行一场特殊的考试：他们把报考的人带到一个农场，并随机将每两个人分成一组，然后发给每组一把锯子要求其将一根圆木头锯成两段。在锯圆木头时，有的组两个人不能相互配合，快慢不当，费了很长时间才把圆木头锯开；有的组两个人很快就磨合好，相互配合，用了很短时间就把圆木头锯开了。结果，这家企业将“能否相互配合很快锯开圆木头”作为是否录用的一个重要指标。

后来，人们就把团队成员间能否相互配合完成工作，称为“拉锯效应”。

企业实战运用 ※ 湖人：一场意料之外的失败

2004 年 6 月，拥有 NBA 历史上最豪华阵容的湖人队在总决赛中的对手是 14 年来第一次闯入总决赛的东部球队活塞。

赛前，很少有人会相信活塞队能够坚持到第七场。因为从球队的人员结构来看，科比、奥尼尔、马龙、佩顿这些人都是强者中的强者，湖人队就是一个由巨星组成的“超级团队”。得分后卫有科比，中锋有奥尼尔，大前锋有马龙，组织后卫有佩顿，可以说每一个位置上的成员几乎都是全联盟最优秀的。另外，传奇教练菲尔·杰克逊对其进行了完美的整合。

很多人认为，湖人是 20 年来 NBA 历史上最强大的一支球队，要在总决赛中将其战胜只存在理论上的可能性，更何况对手是一支缺乏大牌明星的平民球队。

然而，最终的结果却出乎所有人的意料，湖人几乎没有做多少抵抗便以 1:4 败下阵来。如此完美的“超级团队”会败给活塞，这是为什么呢？很多人感到不解。

其实，想想湖人的失败是有原因的：OK（为湖人队中锋沙奎尔·奥尼尔与锋卫摇摆人科比·布莱恩特的锋线二人组）组合相互争风吃醋，都觉得自己才是球队的领袖，在比赛中单打独斗，全然没有配合；而马龙和佩顿只是冲着总冠军戒指而来的，根本就无法融入整个团队，也无法完全发挥其作用，缺乏凝聚力的团队如同一盘散沙，其战斗力自然也就会大打折扣。

篮球运动如此，企业管理也是如此。

明星员工的内耗和冲突往往会使整个团队变得平庸，在这种情况下，1+1 不仅不会大于或等于 2，甚至还会小于 2。在工作团队的组建过程中，管理层往往竭力在每一个工作岗位上都安排最优秀的员工，期望能够通过团队的整合使其实现个人能力简单叠加所无法达到的成就。然而，在实际的操作过程中，众多的精英分子共处一个团队之中反而会产生太多的冲突和内耗，最终的效果还不如个人的单打独斗。

在通常情况下，团队工作的绩效往往大于个人的绩效，但也不是那么绝对的，这取决于团队工作的性质。如果团队的任务是要搬运一件重物，单凭其中一个成员的力量绝对搬不动，必须要两个以上的成员才能够搬动，这时团队的绩效要大于个人绩效，1+1 的结果会大于或等于 2；但如果换成是体操比赛中的团体项目，最后往往会因为某位成员的失误而名落孙山，这时，团队的绩效还不如其中优秀成员的个人成绩，1+1 的结果反而会小于 2。

所以，管理者只有明白“拉锯效应”的作用，让团队成员之间进行良好的磨合，避免出现内耗和冲突，才能真正建立一支高绩效的团队。

从“拉锯效应”中我们可以反思到，团队没有共识，既不可能协调一致，又不可能有默契；没有默契，就不能发挥团队绩效。

所以，企业领导要管理好一家企业，企业领导成员之间、下属之间以及企业领导者和下属之间都要注重在各方面相互配合，形成 1+1>2 的局面，从而促使企业的各项工作不断迈上新台阶。

☆ 一句话说管理 ☆

在交际中，如果表明自己与对方的态度和价值观相同，就会使对方感觉到你与他有更多的相似性，从而可以更快地建立良好的人际关系。

追本溯源 “名片效应”的提出者是苏联心理学专家纳季拉什维利。名片，是一种拜访客户时用的自我介绍的小卡片，上面写着人的姓名、头衔和通讯地址。名片可以表明自己的身份，让对方了解和熟识自己。两个人在交往时，如果首先表明自己与对方的态度和价值观相同，就会使对方感觉到你与他有更多的相似性，从而很快地缩小与你的心理距离，更愿同你接近，从而结成良好的人际关系。苏联心理学专家纳季拉什维利由此提出了“名片效应”。

企业实战运用 ※ 郁闷的小张

在当今社会里，名片已被广泛使用。它是一种人际交往中所使用的自我介绍的小卡片，上面写着本人的姓名、头衔和通信地址。这种名片的作用，是可以让对方了解和认识自己，更好地融洽双方的关系。我们这里所讲的“名片”是一种“心理名片”。谈话时先向对方介绍一些他们能够接受的并且与他们有共识的观点，可以让对方更容易接纳我们的观点，这种心理名片所起的作用，就称为“名片效应”。

小张是一个刚刚毕业的大学生，怀着对美好未来的憧憬来到大城市闯荡。但是，应聘了几家公司都被拒之门外，他感到十分沮丧和郁闷。

在学校时，他是一个勤奋学习、踏实认真的好学生，而且性格也很好，为什么没被录用？小张百思不得其解，他回想着这几次应聘经历，总结原因。终于，他发现每次去应聘，都是看到招聘广告就盲目地赶去面试，从来没有对面试单位作过系统而全面的了解，导致在面试中总是处于被动局面，面试单位看不到自己身上有什么适合该企业发展所需要的特质，当然就不会录用自己了。

明白了这些，小张对以后的应聘就知道该怎么做了。终于，他又抱着一线希望到一家公司应聘。

这次他不再是盲目地带着履历表就去应聘了，而是做好了充足的准备。面试之前，他先打听该公司老总的历史，通过了解，他发现这个公司老总以前也有与自己相似的经历，于是他如获珍宝。在应聘时，他就与老总畅谈自己的求职经历，以及自己怀才不遇的感慨，果然，这一席话博得了老总的赏识和同情，最终他被录用为业务经理。

其实，小张的做法就是运用了“名片效应”。向公司老总传递一些相似的经历，这样就增加了彼此的相似性。这样，老总也会不自觉地向小张靠近，产生强烈的心理认同感。如此一来，自己就比别的应聘者多了一些优势，自然更容易应聘成功了。

名片效应指的是要让对方接受你的观点、态度，你就要把对方与自己视为一体。首先向对方传播一些他们所能接受的和熟悉并喜欢的观点或思想，然后再悄悄地将自己的观点和思想渗透和组织进去，使对方产生一种印象，似乎我们的思想观点与他们已认可的思想观点是相近的。表明自己与对方的态度和价值观相同，容易拉近自己和对方的心理距离，与之结成良好的人际关系。

其实，我们管理企业也同样可以运用“名片效应”。努力打造企业的文化和品牌，对内坚定员工的企业认同感，对外拓展有共同利益的客户。

首因效应

☆ 一句话说管理 ☆

人与人第一次交往中给人留下的印象，会在对方的头脑中形成并占据着主导地位。

追本溯源 这个效应的提出者是美国社会心理学家洛钦斯。心理学家曾做过一个试验：把被试者分为两组，同看一张照片。对甲组说，那是一位屡教不改的罪犯。对乙组说，那是位著名的科学家。看完后让被试者根据这个人的外貌来分析其性格特征。结果甲组说："深陷的眼睛藏着险恶，高耸的额头表明了他死不悔改的决心。"乙组说："深沉的目光表明他思想深邃，高耸的额头表明了科学家探索的意志。"

这个试验表明，第一印象形成的是肯定的心理定势，会使人在后续了解中多偏向于发掘对方具有美好意义的品质。若第一印象形成的是否定的心理定势，则会使人在后续了解中多偏向于揭露对象令人厌恶的部分。

由此，美国社会心理学家洛钦斯把这种现象称为"首因效应"。

企业实战运用 ※ 先发制人的农夫山泉

自从1998年农夫山泉作为一个后起品牌，凭借雄厚的资金实力和灵活多变的广告宣传形式，成功坐上全国瓶装水市场占有率第三的位置。然而从那以后企业的步伐一直没有太大的迈进，如何超过娃哈哈、乐百氏而跃居第一位成了一个难题。

终于，2000年4月24日，经过市场研究和营销策划等各方面的精心准备，农夫山泉郑重向业界宣布不再生产纯净水转而生产天然水，原因是纯净水对人体无益。此消息一出，迅速在业内引起轩然大波。

4月底，为强势推出"天然水"概念，农夫山泉开始分别在中央电视台和各地方电视台播出一则水仙花生长对比试验的广告：两组水仙花，分别养在农夫山泉纯净水和农夫山泉天然水里——这两杯水看上去毫无差别。但一个星期后，养在天然水里的水仙花的根长到了3公分，而养在纯净水里的仅长了1公分。"同学们，现在我们知道该喝什么水了吧！"老师说。同时，屏幕上出现：养生堂宣布，停止生产纯净水，全部生产天然水。这是一种理性的宣言，也是对所有纯净水竞争对手下的战书。

这实则是极具冒险的，原因是其竞争对手不仅仅是娃哈哈和乐百氏，而是所有生产纯净水的企业。但有一点是可以肯定的，对比试验是科学的。在宣布不再生产纯净水的当天，农夫山泉邀请的是浙江大学生物医学工程学院、浙江省心脑血管系统中药筛选与评价重点实验室博士后白海波先生，以他的专业影响度，足以告诉消费者一个信息，专家都说农夫山泉具有促进植物生长发育的作用，与纯净水比较，植物根的长度、根的重量都有极显著的差异，还有什么可怀疑的呢？

为了增强消费者的感性认识，农夫山泉迅速出手，5月25日，与中国青少年科技辅导员协会联合发起“争当小小科学家”活动，倡议小学生进行天然水、纯净水的生物比较试验，目的是让小学生从小树立科学饮水观念，养成珍惜、保护生命之水的良好习惯。随后，“争当小小科学家”活动在北京、上海、天津、广州、杭州、南京、重庆、成都等21个城市的2700多所学校展开。

更具有挑战意味的是5月26日起，农夫山泉在成都拉开了全国性对比试验的序幕。广告开路，市场跟进，二者相辅相成。

这一感性活动的开展，为已经有些乱套的纯净水市场打了一针猛药，迅速引起了以娃哈哈为首的纯净水企业的关注。6月7至8日，来自18个省市的69家纯净水生产企业的代表云集娃哈哈与农夫山泉所在的城市杭州，全国上百家媒体的数百名记者也纷纷赶赴西子湖畔。某些媒体引进武侠小说的叫法，把娃哈哈称为“纯水联盟”的“盟主”，把娃哈哈的邀请称为“遍撒英雄帖”，把全国纯净水联盟的这次行动则称为“屠农大会”。

经过激烈讨论，6月8日“纯水联盟”发布了一个“联合声明”：郑重要求养生堂公司必须立即停止诋毁纯净水的广告宣传活动，并向全国消费者、广大少年儿童以及全国生产、销售纯净水的企业公开赔礼道歉，消除不良影响。

对于娃哈哈和其他同行来说已经晚了，剑已出鞘，农夫山泉在国家没有出台“天然水标准”的情况下，已经赢得了广大消费者的认同，有谁不想饮用对自己健康有益的水？有谁不想让自己的孩子从小树立科学饮水观念，养成珍惜、保护生命之水的良好习惯？所以在这场“公说公有理，婆说婆有理”的论战中，农夫山泉先入为主，采用感性与理性相结合的市场推广方式，达到了挑战市场的目的。

首因效应对管理者的一个重要启示：先者生存。若我们在一开始的时候，就做得最好，那么，就会获得捷足先登的的竞争优势。

首因效应本质上是一种优先效应，当不同的信息结合在一起的时候，人们总是倾向于重视前面的信息。即使人们同样重视了后面的信息，也会认为后面的信息是非本质的、偶然的，人们习惯于按照前面的信息解释后面的信息，即使后面的信息与前面的信息不一致，也会屈从于前面的信息，以形成整体一致的印象。并且这种先入为主的第一印象是人们普遍的主观性倾向，会直接影响到以后的一系列行为。

本来大家都站在同一个起跑线上，同样的条件，同样的环境。如何在起跑线上先发制人，先人一步，领先半步，成为第一赢家，应该是每个管理者所思考的。

失真效应

☆ 一句话说管理 ☆

失真以为真，常为真所惑；得假不知假，必为假所蔽。

追本溯源 失真，原本是指在无线电技术中，信号在传输过程中与原有信号或标准相比所发生的偏差。在理想的放大器中，输出波形除放大外，应与输入波形完全相同，但实际上，不能做到输出与输入的波形完全一样，这种现象叫“失真”，又称“畸变”。失真效应，包括图形失真、语音失真、语意失真等。

后来，失真又得到延伸，意为失去本意或本来面貌，跟原来的有出入。这里的“失真效应”是指以失真的信息为真，为其“真”所惑，得假不而知的状况。

企业实战运用 ※ GE：畅通无阻的沟通之道

世界著名企业 GE（美国通用公司）是一个十分重视沟通是否畅通的企业，可以说，沟通是 GE 文化和管理之道中尤为重要的一部分。

GE 有 13 个相互独立的业务集团，加上公司不同的职能部门，如何保证高效的沟通，推动公司的变革，推动每一个项目的进展，确实不是一件易事，但是 GE 的管理者们却做到了。不但可以有效沟通，而且沟通还快捷、顺畅。这都要归功于 GE 完善而多元化的沟通渠道的建立。

杰克·韦尔奇针对 GE 庞大的业务集团和众多的部门员工的状况，提出了“无边界行为”。具体地说，就是要打破 GE 十三大业务集团的界限，使得其可以像小公司一样灵活。这种“无边界行为”不但不会和有效的组织管理发生冲突，反而可以为 GE 创造出一种自由、轻松的沟通环境。另外，Open Door 政策也在 GE 实施，而且执行得很坚决，这也使良好的沟通渠道可以真正有效地建立起来。

同时，在“无边界行为”和 Open Door 政策的基础上，GE 建立起了其独特的沟通渠道。正是这几种沟通渠道的建立，避免了沟通失真和不良等现象的产生，使企业可以高效地运行。这几种沟通渠道分别是：

第一，员工大会。GE 会定期通过卫星直播、网上直播等方式举行员工大会。例如网上直播，每隔 1~2 个月就进行一次，针对不同的问题，在不同的地区或在全球范围内进行。其目的在于让 GE 全球 13 万名员工能够在第一时间及时了解 GE 领导人及高层的想法，了解公司的发展目标与政策调整信息。

第二，CEO 民意调查。CEO 民意调查在不记名的情况下进行，所有员工可以毫无顾忌地说出自己的意见和建议，再由专业的调查咨询公司对问卷进行统计，得出最后的数据结论。GE 根椐这个客观的调查咨询结果做出专门的报告，根据报告提出的问题制定改进的方法。通过这种形式的调查，公司也会发现对某一焦点问题的改进情况。公司 CEO 会对全球员工的想法有一个非常客观的了解，了解员工对公司的满意程度，以及对公司的中肯建议。

第三，“群策群力（Work Out）”计划。“群策群力”的运作方式是员工的一种座谈会，邀请 GE 几十名到 100 名员工参加，GE 聘请公司外部的专业人员来启发和引导员工进行讨论，而员工的上司并不在场。会议开始时，经理可能到场提出一个议题或安排一下议程就离开，再由外部人员引导员工自由讨论，等经理回来时再反映给他。最后，经理必须对每一项意见当场作出决定。有了“群策群力”会议，许多技术与管理上的问题就会在平等而热烈的争论中得以迅速解决。

第四，CEO 给员工的 E-mail。GE 的 CEO，不管是以前的杰克·韦尔奇还是现在的杰夫·伊梅尔特，都会经常给全球员工发电子邮件，告诉大家公司业务的变化等情况，与员工分享他们的体验。

在 GE 扁平化的公司构架中，正是因为有了这种开放式的管理和沟通方式，才使得距离缩小到让 CEO 可以直接和普通员工交流沟通的地步。

这些形式各异的沟通渠道，都从不同程度改善了沟通中可能出现的问题，导致输入和输出信号出现差别的失真现象也得到了遏制，从而确保了管理和沟通的畅通无阻，也提高了企业的工作效率和发展水平。GE 之所以能够在世界 500 强中名列前茅，相信这跟它畅通无阻的沟通机制有很大关系。

一个企业，要想让管理制度的执行畅通无阻，就要做到使沟通畅通无阻。因为企业管理制度的执行不畅，团队工作效率低下，都是由于沟通中的信息失真造成的。所以，无论是自上而下、自下而上的纵向沟通，还是平行的横向沟通都要做到科学而有条理，才能避免沟通的失真现象，真正把管理制度顺利执行到底。

舍恩定理

☆ **一句话说管理** ☆

新思想只有落到真正相信它、对它着迷的人手里，才能开花结果。

追本溯源 定理是由美国麻省理工学院教授舍恩提出的。他认为，人应该保持自信。因为自信是成功的必备条件。新思想只有落到真正相信它、对它着迷的人手里，才能开花结果。后来，人们把这种“只有信之不疑，才会开花结果”的观念称为“舍恩定理”。确实，自信本身就是一种积极性，自信就是在自我评价上的积极态度，自信是与积极密切相关的，没有自信的积极，是软弱的、不彻底的、低效的。

自信是发自内心的自我肯定与相信。自信无论在人际交往还是事业工作上都非常重要。只要自己相信自己，他人就会相信你。

企业实战运用 ※ *新思想成就雅虎神话*

1993 年底，正在美国斯坦福大学电机研究所攻读电机工程博士学位的杨致远开始迷上了全球网络。于是，他与和自己有共同嗜好的校友大卫·费洛建立了一个工作室，整天捣弄网络。

不久，他们发现国际网络范围广泛，要找一个题目往往要耗费好长时间。如果能建立一套搜寻的软件，有系统和分门别类地加以组织，使用网络资料时不就会方便很多吗？于是，两人萌生了开发这种搜寻工具的想法。没想到，两人一拍即合。接着，两人就专心于新工具的开发设计工作了，工作烦琐，以至于每天只能休息几个小时。不过，第二年努力终于有了结果，杨致远首先取得突破，开发出了一种全球资料目录软件，并为它取名“雅虎”（YAHOO）。

一开始，杨致远先将这个目录软件放在了自己的主页上，一时间访问者络绎不绝。由于许多网友纷纷进入斯坦福大学电机系的工作站使用这套软件，使校方大感困扰，抱怨这项发明影响了学校电脑的正常运作。但是，这却让杨致远看到了商机。看到这项发明如此受欢迎，杨致远萌生了要寻找潜在的投资者、将发明推向市场的想法。他与费洛积极活动，为新发明寻找投资商。

最后，他们找到了硅谷成功的企业家、国际购物网络的创始人亚当斯。结果，亚当斯对他们的产品很感兴趣，不但帮助“雅虎”出世，还将“雅虎”介绍给硅谷的风险投资公司，由这家公司帮助“雅虎”计划上市。事后，亚当斯曾经这样评价杨致远：“硅谷隔几年就会出现世界著名的企业人物，杨致远就是其中一个。”

刚刚建立的“雅虎”，运作得就相当成功。每周用户就多达七千万个，每日为软件增加的新目录就达两百多条。由于它的检索系统十分方便，前景被普遍看好，广告收入也相当乐观。结果，雅虎一上市就一鸣惊人，大出风头。

后来杨致远总结自己的创业经历时说：“只要有好的 Idea，就不要放弃，要有恒心、毅力，这样就有可能成功，因为世界上什么事都可能发生。”

正是因为有对“好的 Idea”的确信，另一位对雅虎的发展有决定性影响的人孙正义，才将雅虎从一个大学生的网站资料手册发展成为国际大型的网络公司，并使它在全球数十个国家和地区里，牢牢占据着“第一门户”的位置。

在投资雅虎之前，孙正义领导的软件银行已经以惊人的远见和魄力投资了最早的一批互联网公司，包括 Buy-Com、E-Trade、E-Loan、ZD-Net 等著名的互联网公司。

当别人向他介绍了关于雅虎的一些情况后，孙正义马上对这家还是一个由 5 名学生创立起来的不起眼的小公司产生了兴趣。与杨致远等人的见面更是令孙正义喜出望外，谈话只进行了半个小时，孙正义便决定投资雅虎公司，并先后把 36 亿美元投给雅虎。

在当时，几乎所有的人都认为他疯了，但没用几个月，事实就让人们开始转而佩服他了。1996 年，雅虎公司在纳斯达克挂牌上市。其股价高举高打，孙正义卖了手中股票的一小部分就换回了 45 亿美元。

互联网创造了奇迹，也创造了杨致远和孙正义的成功。他们的成功有一个共同点，就是看到了互联网的巨大发展远景和价值，并把这种思想坚持下来投之于实践。正是这种对好的 Idea 的坚持，成就了雅虎和软件银行的事业！

舍恩定理是指对事业怀有信心，相信自己，乃是获得成功不可或缺的前提。当然其他因素也非常重要，但最基本的条件，是激励自己达到所希望的目标的积极态度。只有信之不疑，新思想才会开花结果。

每个新思想都可能为你带来巨大的物质财富，就看你能不能真正相信它并积极将其转化为物质力量。真正能够抓住新思想并坚定不移地为之努力的管理者才是成功的管理者。

蟑螂效应

☆ 一句话说管理 ☆

在与人相处过程中，人们容易受到周围环境的影响。

追本溯源 蟑螂是一种人见人厌的昆虫。据说人类与蟑螂的斗争已经延续了十几个世纪，但是蟑螂的生命力很强，不断地产生抗药性。

在上个世纪，德国一家公司发明了一种治蟑螂的药物，这种药物具有神奇的功效。一旦蟑螂吃下了这种药物，并不会马上死亡，但药物的毒性将会污染蟑螂的整个躯体。蟑螂有一个独特的习性，一只蟑螂死亡后，别的蟑螂会一点点地蚕食死亡蟑螂的躯体。当中毒的蟑螂死后，别的蟑螂又会相继中毒，直到全部死亡。人们就把这种蟑螂之间相互传染的效应称为“蟑螂效应”。

企业实战运用 ※ 受“毒害”毁了企业

张峰、赵强和刘利是很要好的哥们儿，大学毕业后，三个年轻人怀着美好的憧憬，一起创业。公司刚刚建立时，他们三个人互相协作、互相团结，公司在他们的团结协作下发展迅速，很快三人就打拼下了一片天地。但是，随着业务的逐渐扩大，问题也逐渐地显现了出来。

张峰负责公司的市场运作，可以说做得得心应手，可是，赵强总担心张峰掌控了公司的核心业务，自己的风险增加，于是安插自己的人到张峰的部门工作，张峰对赵强的举动心知肚明，开始怨恨起赵强来。一旁的刘利看赵强在市场部门安插自己的人，也担心市场部门被张峰和赵强掌控，于是也安插自己的人到市场部门。张峰看到其他的两个人都这么做了，也要以其人之道还治其人之身，于是也安插了自己的人到赵强和刘利所负责的领域。

时间一长，张峰、赵强、刘利之间越来越不信任，沟通的机会越来越少。最后身为公司领导的三个人，都不再有心思搞业务，大家都忙着互相监视，争权夺利，公司就在这样的状态下运行着。

最后，公司业务江河日下，终于还是没有逃过倒闭的危机。曾经蒸蒸日上的企业就这样被淹没在市场的大潮之中了。

其实，这样的案例在现代的商战中并不难看到。这个公司的发展过程，就是一个“蟑螂效应”的过程。而赵强是第一只中毒的蟑螂，赵强“中毒”后，马上传染给了张峰和刘利。当然，这里只提到了他们三个领导人，其实，如果算上张峰、赵强和刘利的下属员工，那么，“蟑螂”的数量更大。张峰、赵强和刘利分手后又各自重新创业，张峰没有再寻找合伙人，因为张峰坚信，自己是不会变成一只毒蟑螂来毒害自己的，但是张峰没有想到，自己受到了以往的伤害后，变得对人不信任了，对任何人都抱着怀疑的态度。做企业并不是张峰一个人就能完成的，还会有员工。由于张峰已经是一只有毒的“蟑螂”，于是又把这些毒性传染给了自己的员工，后来，张峰的事业再次失败。赵强再次创业，找到了新的合伙人，赵强认为以前的失败就是因为控制力度不够，赵强要加强控制，手伸得很长，时间长了，新的合作者又变成了一只“毒蟑螂”，结果是可想而知的。

既然“蟑螂效应”是毒性之间的相互诱发与传播，那么，也就有“正面的蟑螂效应”。人既然可以被负面的影响诱发“毒性”，肯定也可以被正面的因素影响。这个正面的蟑螂效应就是榜样的力量与正面环境的影响。企业、团队内部的好人好事，工作成绩也同样值得大力宣扬，这样对建立“正面的蟑螂效应”很有好处。

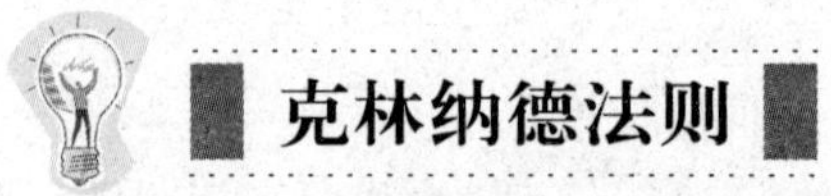

克林纳德法则

☆ 一句话说管理 ☆

我们与人相处的好坏，在很大程度上取决于我们用什么方式与人打交道。

追本溯源 克林纳德法则是由美国人际关系学家 H.H.克林纳德提出的。他认为，在沟通时，我们与人相处的好坏，在很大程度上取决于我们用什么方式与人打交道。

就沟通的本质来说，它应该是一个建立共识、分享成果的过程。而沟通的过程，应当是一种文化交流的过程。延伸到管理上，就要求管理者无论上行沟通、下行沟通还是平行沟通，都应是真诚的。

企业实战运用 ※ 失之交臂的商机

乔·吉拉德——一位世界销售界的传奇人物，连续 12 年荣登世界吉尼斯纪录大全世界销售第一的宝座，他所保持的世界汽车销售纪录——连续 12 年平均每天销售 6 辆车，至今无人能破。他被吉尼斯世界纪录誉为“世界最伟大的销售员”，是迄今唯一荣登汽车名人堂的销售员。

就是这样一个销售奇才，也有与机会失之交臂的时候，曾经就发生过这样一件事：

一次，乔·吉拉德向一位客户销售汽车，交易过程十分顺利。当客户正要掏钱付款时，另一位销售人员跟吉拉德谈起昨天的篮球赛，吉拉德一边跟同伴津津有味地说笑，一边伸手去接车款，不料客户却突然掉头而走，连车也不买了。吉拉德苦思冥想了一天，不明白客户为什么对已经挑选好的汽车突然放弃了。夜里 11 点，他终于忍不住给客户打了一个电话，询问客户突然改变主意的原因。客户在电话中不高兴地告诉他：“今天下午付款时，我同您谈到了我的小儿子，他刚考上密歇根大学，是我们家的骄傲，可是您一点儿也没有听见，只顾跟您的同伴谈篮球赛。”吉拉德明白了，这次生意失败的根本原因是自己没有认真倾听客户谈论自己最得意的儿子。

懂得如何倾听的人最有可能做对事情，取悦上司，赢得友谊，并且把握别人容易错过的机会。倾听对传奇人物约翰·洛克菲勒非常管用，他说：“我们的政策一直都是耐心地倾听和开诚布公地讨论，直到最后一点证据都摊在桌上才尝试达成结论。”洛克菲勒以谨慎著称，而且经常很慢才作决定，他拒绝仓促下定论。

我们与人相处，就要做到了解这个人的沟通需求，他喜欢诉说，你就要懂得倾听；他喜欢鼓励，你就经常说些激励的话。总之，要想把沟通工作做好，就要懂得面对不同的人采取相应的方式去与之打交道。只有这样，才会收到立竿见影的效果。

管理艺术

沟通的成败不仅取决于对沟通的理解以及沟通时的态度，也取决于沟通技巧以及方法是否妥当，技巧不好会造成沟通不畅。任何时候，沟通都是双方面的，是心与心的撞击，是相互的包容与接纳。一厢情愿地将自己的意愿强加于人，强人所难的沟通，注定是要失败的。

专家们讲，沟通应是在最初的一分钟内的相互接纳。而从文化意义来说，又与沟通者的个人修养、文化水准、态度有密切的关系。

沟通时时存在，在不同的时间、地点跟不同的人发生着。如何能保持较好的效果呢？一般人以为是能言善辩或善于察言观色，其实不然，真正的擅于沟通者往往最懂得倾听。每个人都有表现欲，你若两眼注视着对方，不时地颔首微笑，偶尔插话附和，其效果比各抒己见要好得多。根据不同的人找出“共同语言”的结合点，投其所好方能广结人缘。如对喜欢重结果而不重过程的领导，下级汇报应以谈结果为主；对注重过程的领导，下级汇报就得按部就班地汇报每个过程。同理，对不同学历、不同地位人的沟通也要相应地“对症下药”才行。所以说，沟通是一门艺术，艺术就需要技巧，而技巧是一种功底的体现。

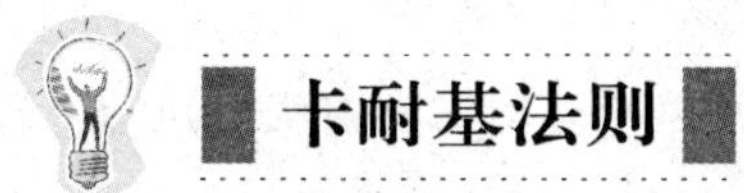

卡耐基法则

☆　一句话说管理　☆

不能真正了解别人，就不会成为真正的自己。

追本溯源　“卡耐基法则”的提出者是美国行为科学家戴尔·卡耐基。戴尔·卡耐基是美国著名的人际关系学大师、西方现代人际关系教育的奠基人。其在1936年出版的著作《人性的弱点》，70年来始终被西方世界视为社交技巧的圣经之一。他在1912年创立了卡耐基训练，以教给人们人际沟通及处理压力的技巧。

卡耐基是美国著名的企业家、教育家和演讲口才艺术家，被誉为“成人教育之父”。早在20世纪上半叶，当经济不景气、不平等，战争等恶魔正在磨灭人类追求美好生活的心灵时，卡耐基以他对人性的认识，利用大量普通人不断努力取得成功的故事，通过他的演讲和著作唤起了无数陷入迷惘的人的斗志，激励他们取得辉煌的成功。后来，人们将他的成就整理并称为“卡耐基法则”。

企业实战运用　※ 李嘉诚：真正了解员工，才能用对员工

李嘉诚，现任长江实业集团有限公司董事局主席兼总经理。据2008年3月《福布斯》杂志的统计，李嘉诚的总资产值高达265亿美元，折合后为2000亿港元。

他之所以能够建立一个又一个大公司而且使之高效快速地发展壮大，很大一部分原因就

在于他能够真正了解员工，从而可以知人善任，成就别人的同时，也在不断地成就自己。

霍建宁和周年茂就是李嘉诚手下的两员大将。李嘉诚就是真正了解了两人的不同特点，才对他们做了不同的安排。而这样的安排，也使得两人获得了成功。

李嘉诚发现霍建宁是一个策划奇才，却不是一个冲锋陷阵的闯将，于是就在 1985 年任命他为长江集团董事，两年后提升他为董事总经理，让他做幕后工作。

不会闯荡不等于没有才干，媒体都称霍建宁是一个“全身充满赚钱细胞的人”。长江的每一次重大投资安排、股票发行、银行贷款、债券兑换等等，都是由霍建宁策划或参与决策的。

正是因为了解霍建宁的特质，为了发挥霍建宁的长处，李嘉诚较少派他出面做谈判之类的工作，而是给了他一个新任务——培养李泽钜、李泽楷。

周年茂是长江元老周千和的儿子。李嘉诚对他的了解十分深入，早在周年茂还是学生时，李嘉诚就很看重他，并把他和其父周千和一起送至英国学习法律。学成返港后，周年茂顺理成章地进入了长江集团。李嘉诚发现他能够把握好分寸，口才好，就指定他做集团的代言人。

别看周年茂看起来像一个文弱的书生，却颇有大将风范。走马上任后，他负责具体策划，落实了茶果岭丽港、蓝田汇景花园、鸭利洲海怡半岛等大型住宅屋村的发展规划，顺利实施了李嘉诚的计划，凭自己的能力赢得了李嘉诚的信任。

李嘉诚深知只有真正了解员工，才能用对员工。重视对人才的深入了解，能够把人才放在合适的位置上，这是他的高明之处，也是他管理好下属的一个良方，值得所有企业人借鉴。

管理一个企业，就是管理一群人。作为一名成功的管理者，应该做到深入了解员工，并做到人事相宜，这是管理者用人的一个重要原则。

一旦你对员工的才能、兴趣了如指掌，下一步要做的就是针对员工的特质分配工作了。做到了这些，就离成功地管理企业不远了。

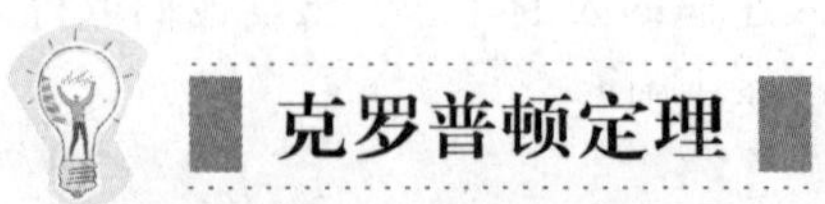

克罗普顿定理

☆ 一句话说管理 ☆

信用的差距往往由轻信所弥补。轻信了别人，即等于把自己的脑袋安在了别人的肩上。

追本溯源 该定理的提出者是德国社会学家P.克罗普顿。

这个定理源于一个狮子和驴合作的寓言故事：

因为狮子的力量大，而野驴跑得很快，狮子和野驴便合作一起狩猎。

终于有了收获，到了分食物的时候了，狮子把猎物分成三等份，说："因为我是万兽之王，所以要第一份；我帮你狩猎，所以我要第二份；如果你还不快逃走，第三份就会成为你丧命的原因。"

于是，野驴没有分到食物，白忙活了一场，还落得个逃跑的下场。

正是野驴对自身实力的模糊以及对狮子的轻信使自己步入了绝境。轻信了别人，即等于把自己的脑袋安在了别人的肩上。

企业实战运用 ※ 海信：轻信了"大户人家"

经济全球化与中国加入世贸的推动，越来越多的中国企业把目光瞄准了海外广阔的市场，希望携自己的品牌进军国际。然而由于企业知识产权保护的相对滞后，防范意识薄弱，很多企业在开拓国际市场时，经常遭遇自己的商标被抢注的尴尬与无奈，最后不得不再花费重金来赢回自己的商标使用权。

创立一个国际品牌，是个极其艰难的历程，但一个知名品牌却是一个国际化企业终身享有的财富。"中国有世界级的产品，无世界级的名牌"的状况正成为中国企业走向世界所面临的一种尴尬，而这种尴尬正是因为国内的企业轻信了一些国际企业，殊不知商场乃"兵不厌诈"的凶险之地。

在几年来的国际化道路上，海信确实取得了令人瞩目的成绩。但是，因为品牌意识淡薄，轻信了"大户人家"——博西，所以也出现了商标被抢注的事件，海信险些成为西门子的"打工仔"。

"Hisense"是海信集团于1992年首创的品牌，在1993年12月14日获得注册，同年正式作为商标和商号使用。1999年1月5日，海信集团的"Hisense"、"海信"商标被中国国家工商总局商标局正式认定为驰名商标。

1999年1月11日，博世——西门子公司（博西公司）在德国抢先注册了"HiSense"商标，该商标与海信的"Hisense"商标只在中间的字母"S"处有微小的区别。

于是，为了避免事态变得难以控制，海信决定主动与之交涉解决此事。在2002年底，海信集团主动致函博西公司，联系注册商标的转移受让事宜，博西公司于2003年3月28日做出了答复，同意将其注册在"蓝色电器"上的"HiSense"注册商标权转让给海信集团。但是，海信集团又考虑到"HiSense"商标创设的实际情况及其对企业名称以及其他产品无法分离的内在关联（因为"HiSense"商标自创设以来，一直被用作厂商名称和商标名称），又在2003年4月14日致函对方，希望其能够将剩余的注册商标权一并转让给海信。2003 年 7 月 18 日，对方回函同意海信的要求。

本以为这件事就这样解决了，海信人也松了一口气，没想到，这只是博西“欺骗”海信的开始。2004 年 2 月 19 日，博西正式确认商标转让价格，要求海信支付 4000 万欧元，这个“天价”当然遭到了海信的拒绝。2004 年 10 月 20 日，德国博西委托江苏博西家用电器销售有限公司副总 Weber Bernhard 为代表与海信进行交涉谈判。海信从谈判中获知，博西已经在德国起诉。海信当即要求博西撤诉，而博西的态度却十分强硬，表示“不会撤销诉讼”，双方不欢而散。海信为了维护自己的权益，当然也要据理力争，于 2004 年 12 月 3 日向德国官方提交了撤销博西公司“HiSense”商标的申请。

这些年，双方断断续续协商数次，但是一直没有结果，这使得海信的电视、空调等产品因“商标纠缠”不能名正言顺地进入德国市场。无奈之下，海信不得不在德国启动它的一个新的欧洲备用商标“Hsense”。然而，即使是不得已而为之的新商标，因为图文依然与被抢注的商标类似，博西——西门子仍然表示海信在侵犯自己的权利。要知道，保持商标的全球一致性，是一个企业占领国际、国内市场的重要营销策略。所以海信启用新商标，这显然给自己的国际化道路设置了障碍。

如果海信不能证明西门子“HiSense”商标的恶意抢注，从而夺回对“Hisense”商标德国使用权的话，那么西门子“HiSense”商标就会像一个随时可能爆炸的“定时炸弹”一样，让海信伤痕累累。

海信的例子在国内企业走向国际化进程中并不难看到，只是因为轻信了对方，才使得前进的途中困难重重。所以，想在商战中立于不败之地，就要谨记克罗普顿定理，不要轻信任何人，时刻保持“防患于未然”的心态。

在现代的商战中，企业之间和企业内部的竞争都在日益激烈，作为其中的一员，要懂得从克罗普顿定理中感悟到些许智慧。不要轻信了别人，轻信了别人就等于把自己的脑袋架在了别人的肩上。

时刻保持“防患于未然”的忧患意识，才能立于竞争中的不败之地，这是每一个职场人和企业人所必备的思想意识之一。

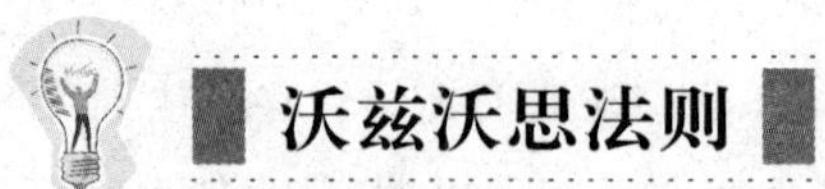

沃兹沃思法则

☆ 一句话说管理 ☆

商业的本质就是叫人愿意与你合作。

追本溯源 该法则是由美国戏剧理论家沃兹沃思提出的。他认为，商业的本质就是叫人愿意与你合作。也就是说，要让别人与你合作，首先你应该是一个有效的合作者。延伸到企业团队建设上，就是要求我们树立“成绩是团体的，但名誉可以归个人”，这才是优秀团队合作的境界。

企业实战运用 ※ 苹果电脑：一个精诚合作的团队

《华尔街日报》曾与哈里斯互动公司进行过一项联合调查，结果显示，美国公司在招聘企业管理专业的毕业生时，最重视的特质是处理人际关系的技巧和团队合作的能力。

随着知识型员工的增多以及工作内容智力成分的增加，越来越多的工作需要团队合作完成。团队更加强调组织中个人创造性的发挥和整体的协同工作，如果不能将团队成员整合在一起，那么不管有多少精英，也只能是一盘散沙。

苹果电脑公司，一个有着33年历史的老牌电脑公司，之所以能发展成为与IBM具有同等竞争力的电脑公司，其秘诀就在于有一个精诚合作的团队。

面对强大的竞争对手IBM公司，当年28岁的董事长斯蒂夫·乔布斯并没有打算让路。因为在他的团队中，有一帮充满着青春活力、有着亲密无间合作关系的伙伴们为他撑腰。在这群年轻人中间，乔布斯充当着教练、班子的领导和人才培训者的多重角色，是一个完美的典型。他是一个既狂热又明察秋毫的天才，他的工作就是专门出各种新点子，对传统观念提出挑战。而团队中的年轻人则是他各种构想的实践者，他们精诚团结，相信乔布斯的眼光，都希望在从事的工作中能取得伟大的成绩。他们要对技术有最深入的理解，知道如何运用这些技术来造福于人。

苹果电脑公司的招聘方式也相当有趣。一个新来的人可能要到公司谈好几次才会被录用，当对录用作出最后决定时，苹果电脑公司一般会把自己的个人电脑产品——麦肯塔式机拿给他看，让他坐在机器跟前。如果他没有显出不耐烦，苹果公司就说那可是一部挺棒的计算机，以此来刺激他一下，目的是让他的眼睛一下子亮起来，真正激动起来，这样就知道他和苹果电脑公司是否志同道合。

由于公司员工是志同道合的一群人，有共同目标，所以他们很容易就能进行密切合作。正是由于这种密切合作的文化氛围，才造就了苹果计算机的一个又一个奇迹。

在苹果电脑公司中，如今一切都要学习麦肯塔式的经验，每个制造新产品的小组都是按照麦肯塔式的模式干的。麦肯塔式的例子表明，当一个发明班子组成以后，要有效地完成任务，其办法就是分工负责，各尽其职。在麦肯塔式外壳中不为顾客所见的部分是全组的签名，苹果电脑公司这一特殊做法的目的就是为每一个最新发明的创造者本人，而不是给公司树碑立传。成绩是大家的，但名誉可以归个人，这就是优秀团队合作的境界。

管理艺术

一个高绩效的团队，应该要具有高度的凝聚力和一致性。这样，团队成员之间才能精诚合作，共同致力于团队的目标。同时，管理者还要善于使团队组合更加多元化，也就是说要吸引更多各种各样的人才。只有这样才能使得管理者自身运筹全局，成员各司其职。

在这种合作管理模式下的企业才是真正能够屹立于竞争之林而不倒的强大企业。

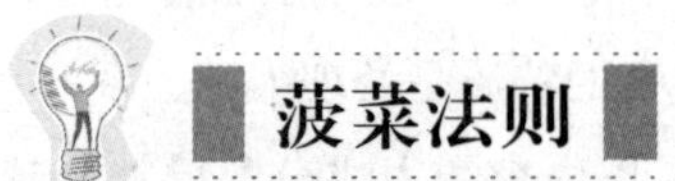

菠菜法则

☆ 一句话说管理 ☆

管理无论巨细，务求书面通达，先主后次、先急后缓，目的是提高沟通。

追本溯源 菠菜法则其实是我们中国人的习惯叫法，取材于日本企业管理中最为普通的法则，菠菜法则主要体现在六个字上，那就是“报告”、“联络”、“商量”，实际上就是这六个字构成了菠菜法则，这是最基本的内容。

由于“报告”、“联络”和“商量”的日语第一个发音与“菠菜”的日语发音完全相同，所以，我们中国人把它戏称为“菠菜法则”，它的正式名称叫做“日本企业管理基本法则”。

企业实战运用 ※ 擅作主张的后果

企业的员工，特别是企业管理者，每天从事的工作都可以归结在报告、联络和商量的范围内。只要懂得“菠菜法则”的意义，并能切实养成报告、联络和商量的好习惯，就能使很多看起来很复杂的事情简单化。军队之所以能做到令行禁止，除了铁的纪律之外，还有上下级之间和平级之间经常性的报告、联络和商量，才构成了相互信赖的基础。

一个下属如果不能与自己的上司很随意很和气地相处，就不可能取得自己上司完全的支持与信任，他开展工作的难度就会很大。另外，如果认为自己的工作上司都知道，没有什么好沟通的，上司又很忙，很不好意思麻烦他，又要及时汇报，所以总是抓不住重点，汇报的不是上司想要知道的，这是致命的错误。有的管理者没有明确自己的位置，不尊重别人的权限，喜欢自作主张。

小李是一个培训机构的培训师。有一次，单位组织职工参加庆祝会，组织工作全部委托给了他，结果到报销票据时许多项目的支出与以前签订的合同不一致，租车费用增加了200元，还列支了一笔50元的司机加班费，还有一笔门票税费。他解释费用的开支理由，说前两笔开支是由于租车公司对实际距离估计不足以后调加的，门票税费是提供了额外服务而支付的报酬。公司对他这种擅作主张，损害企业利益的行为非常恼火，勒令他追回所有额外支付的费用。

没过多久，公司一批营销骨干培训，周日安排一次市内观光，总经理与他们一起活动。总经理在活动完毕后，安排小李组织大家回下榻的宾馆休息，并交代他安排一下晚餐就行了，不允许在宾馆内安排其他娱乐活动。结果晚饭后业务人员要求参加娱乐活动，小李为了显示自己在公司的影响和地位，就一口答应了。

后来在报销费用的时候这件事情浮出水面，加上当天在宾馆业务人员还干了一些有损公司形象的事情，这大大激怒了总经理，坚决要开除小李。

由此可见，管理真的要做到事无巨细、书面通达以提高沟通是很有必要的。

企业的员工，特别是企业管理者，每天从事的工作都可以归结在报告、联络和商量的范围内。只要懂得“菠菜法则”的意义，并能切实养成报告、联络和商量的好习惯，就能使很多看起来很复杂的事情简单化。军队之所以能做到令行禁止，除了铁的纪律之外，上下级之间和平级之间经常性的报告、联络和商量，构成了相互信赖的基础。

拆屋效应

☆ 一句话说管理 ☆

善于逼别人让步。在提出一个要求前，先提一个更难以接受的要求，那么难度较小的要求就容易被接受或获得商量的余地。

追本溯源 鲁迅先生曾于1927年在《无声的中国》一文中写道：“中国人的性情总是喜欢调和、折中的，譬如你说，这屋子太暗，说在这里开一个天窗，大家一定是不允许的。但如果你主张拆掉屋顶，他们就会来调和，愿意开天窗了。”

这种先提出很大的要求，接着提出较小、较少的要求的现象，在心理学上被称为“拆屋效应”。

企业实战运用 ※ 高明的购房谈判

有一家人要举家迁往国外，欲出售所居住的高价位住宅，要价 1000 万元人民币，托予房地产中介公司代理。

该公司业务员接下本案后，积极地策划广告，宣传所售住宅所处的优越的地理位置、房间布局的合理性及其配套设施的全面与完善，很快将房子推广到了市场上。

两周后，出现了一位买主。他参观完本所住宅的里里外外，对各方面的条件甚是满意，但只出价 800 万元人民币，这与卖主的底价相比尚差 200 万元人民币。这对于要价 1000 万元的卖家来说，无疑是难以接受的。

业务员也很无奈，只有回头找屋主议价。经过 3 天的商议、协调，屋主终于同意将售价降为 900 万元人民币，但声明绝不再降价，否则立即解除合约。

售价 900 万元人民币与买价 800 万元人民币相比，仍有 100 万元人民币价差。鉴于卖方态度坚决，为了促成这项交易，业务员只好硬着头皮再回头找买方协调。费尽口舌，买方态度缓和，作出让步，同意再加价 50 万元人民币，即总价 850 万元人民币。同时，为了表示自己购房的决心与诚意，还当场付了 50 万元人民币的斡旋金。

而且，就在交付斡旋金的当晚，买方又来找业务员，告诉他说："一个月前我在别处看过另一栋房子，论各方面条件，都比我现在看好的这所房屋称心如意。只因为当时屋主不肯降价，几次交涉谈判未能成功，我只好放弃了，可谁知事情已过去这么久了，那家中介公司刚刚突然打电话来告诉我，屋主愿意依我的价格出售。可我今天已在你们这里付了斡旋金，若房主仍不肯降价，固执己见，我衷心地希望您能退回这 50 万元人民币。"

这突如其来的事情，可难倒了业务员，作为中介者处在夹缝中，真是左右为难。解决问题的唯一办法是，尽快把信息传给屋主，由屋主自行决定。

屋主听到消息后，也犯了难。既然买主更中意前一户房子，就有可能反悔，若我答应他的要求却反遭对方拒绝，我就有权没收他的斡旋金，这样就等于本钱下降了 50 万元人民币，以后再怎么卖都是赚。但赚这 50 万元人民币的前提是必须接受买方的价格——850 万元人民币，即需在原售价基础上再降价 50 万元人民币；若不愿意降价 50 万元人民币，在目前经济不景气、房地产市场持续低迷、交易不大活跃的状态下，错失了这笔买卖，新买主不知何时再现，也不知是否还会有人肯出 800 万元人民币的价钱，最重要的是现在是买方市场呀！

因事出突然，卖方左思右想，总想不出一个妥善的办法，而买方又以"前屋屋主催问甚急"为由不断来电要求中介早早回话，否则应立即退回斡旋金。

一时间谈判陷入僵局，经过几十分钟的深思熟虑，屋主终于赌博性地同意以买方价格出售，若买方拒绝，则可顺理成章地将这 50 万元人民币纳入私囊。

中介人把这一决定转告买方，买方表面上装出一副无可奈何的样子，申辩着："我其实还是比较喜欢前屋，但后屋的卖方又同意了自己的开价，如果不接受这项交易，我将立刻损失掉50万元人民币。"

经过中介人在中间不断地周旋，买卖双方终于勉强成交，达成协议。"

这个高价位的购房过程我们看着似乎是水到渠成，其实是买方运用了"拆屋"效应的策略延伸出来的高明杀价手法。以50万元人民币斡旋金为诱饵，使对方陷入进退维谷的局面，最终，落入买方所设的圈套，实现了买方削价的最终目的。

"拆屋效应"是在谈判中常用的和有效的技巧，有时候我们需要在谈判一开始就抛出一个看似无理而令对方难以接受的条件，但这却并不意味着我们不想继续谈判下去，而只代表着一种谈判的策略罢了。这是个非常有效的策略，它能让你在谈判一开始就占据比较主动的地位，但记住这只是"拆屋"，如果想让谈判真正有所进展，不要忘记"开天窗"。所以，如果你的一个要求别人很难接受时，在此前你不妨试试提出一个他更不可能接受的要求，或许你会有意外的收获。

同样的道理也适用于企业的管理上。作为一名管理者，我们不仅仅是管理者，还要充当教练的角色。要像汽车教练一样，选择合适的方式，适时地给学员鼓励，缓解他们的压力，稳定他们的情绪，给他们信心和勇气。同时，还要记住，要树立起管理者的威信，绝不能让下属牵着鼻子走，否则他们会得寸进尺，那么做好管理工作也就无从谈起了。

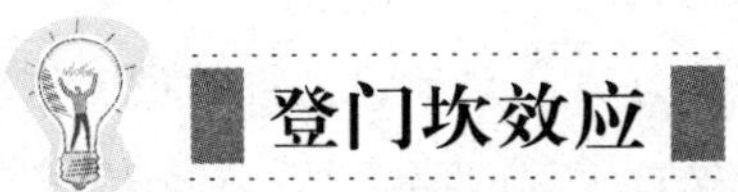

登门坎效应

☆ 一句话说管理 ☆

一旦接受了他人的一个微不足道的要求，为了避免认知上的不协调，或想给他人以前后一致的印象，就有可能接受更大的要求。

追本溯源 这个效应是美国社会心理学家弗里德曼和弗雷瑟在1966年做的"无压力的屈从——登门坎技术"的现场试验中提出的。

试验过程是这样的：试验者让助手到两个居民区劝人们在房前竖一块写有"小心驾驶"的大标语牌。在第一个居民区向人们直接提出这个要求，结果遭到很多居民的拒绝，接受的仅为被要求者的17%。在第二个居民区，先请求各居民在一份赞成安全行驶的请愿书上签字，这是个很容易做到的小小要求，几乎所有的被要求者都照办了。几周后再向他们提出竖牌的要求，结果接受者竟占被要求者的55%。

弗里德曼和弗雷瑟认为，在一般情况下，人们都不愿接受较高较难的要求，因为它费时费力又难以成功。相反，却乐于接受较小的、较易完成的要求，在实现了较小的要求后，人们才慢慢地接受较大的要求。这种现象，犹如登门坎时要一级台阶一级台阶地登，这样才能更容易、更顺利地登上高处。所以，心理学家把这种现象称为“登门坎效应”。

企业实战运用　※ 克罗克：我用妙计盘下麦氏兄弟的快餐店

今天的麦当劳已成为美国文化的一种象征。闻名全世界的最大快餐王国——麦当劳快餐连锁店，其创始人克罗克是家喻户晓的传奇人物。他由一个推销员出身，凭借其敏锐的目光和超人的智慧，不但建立起了麦当劳王国，还推动了快餐连锁业的迅速发展。麦当劳王国的建立不仅是一种商业革命，更是一种饮食文化的革命。

克罗克原先是一个很普通的小人物，没读完中学就出来做工，以养家糊口。后来，他在一家工厂当上了推销员，生活才有了改善。一段时间后，他开始越来越不满足于给别人当雇员了，一心想创办自己的公司。

随着人们工作和生活节奏的加快，他通过市场调查发现，当时美国的餐饮业已远远不能满足已变化了的时代的要求，亟需改革，以适应美国人的快餐需求。

想归想，可要将其变成现实就不是那么容易的事情了，必须为之付出一定的代价。克罗克面临的首要问题就是资金，要实现鸿鹄之志没有启动资本就如同水中月、镜中花，可望而不可及。对于一贫如洗的克罗克来说，自己开办餐馆又谈何容易呢？

思来想去，他终于想出了一个好办法。他在做推销员工作时认识了开餐馆的麦克唐纳兄弟，自己倒不如凭双方交情先打入其内部学习，以最终实现自己的伟大抱负。

主意已定，他找到麦氏兄弟，对其进行了一番赞美后，话锋一转，开始讲述自己目前的窘境。等博得对方的同情后，便不失时机地恳请麦氏兄弟无论如何要帮他这个忙，答应让他留在餐馆做工，哪怕是做一名跑堂的小伙计也行，否则，他的日常生活将面临危机。面对他的这一小要求，麦氏兄弟没有多想就同意了。于是，克罗克终于如愿以偿地进入了快餐店。

在经过一段时间的接触后，克罗克已深知这两位老板的心理特点。为尽早实现自己的远大目标，他又主动提出在当店员期间兼做原来的推销工作，并把推销收入的5%让利给老板。麦氏兄弟见有利可图且又考虑到眼下店里确实人手不足，便又十分爽快地答应了他的要求。

克罗克进入快餐店后，很快就掌握了其实力与条件。为取得老板的信任，他工作异常勤奋，起早贪黑，任劳任怨。他曾多次建议麦氏兄弟改善营业环境，以吸引更多的顾客；并提出配制份饭、轻便包装、送饭上门等一系列经营方法，以扩大业务范围，增加

服务种类，获取更多的营业收入；还建议在店堂里安装音响设备，使顾客更加舒适地用餐。他还大力改善食品卫生，狠抓饮食质量，以维护服务信誉；认真挑选店堂服务员，尽量雇用动作敏捷、服务周到的年轻姑娘当前方招待；而那些牙齿不整洁、相貌平常的人则被安排到后方工作，做到人尽其才，确保服务质量，以更好地招待顾客。

当然，他的每一项改革都使老板感到满意，因为，他的言谈举止总是表现得那么坦诚，那么可信赖，给人留下谦虚谨慎的极好印象。由于他经营有道，为店里招徕了不少顾客，生意越做越好，老板对他更是言听计从了。餐馆名义上仍是麦氏兄弟的，但实际上餐馆的经营管理、决策权完全掌握在克罗克的手中。

这一切正是克罗克通向最终目的的铺路石，可是两位老板却对此无丝毫戒心，甚至还在暗自庆幸当时留下克罗克的决定是对的，多亏他的有效管理和辛勤治店，餐馆的生意才这么兴隆，财源滚滚而来。

不知不觉，克罗克已在店里干了6个年头。他的羽毛渐渐丰满，翅膀越来越硬，展翅腾飞的时机日趋成熟，便暗暗加快了行动步伐，他通过各种途径筹集到了一大笔贷款。

终于，他要提他的“大要求”了。他想，事到临头，不容再难为情，继续拖延下去了，他谙熟两位老板素来喜欢贪图眼前利益，为一时的需要常常会忘记原来最基本的要求。

1961年的一个晚上，克罗克与麦氏兄弟进行了一次很艰难的谈判，并最终以270万美元的现金买下了麦氏餐馆，由他独自经营。麦氏兄弟尽管有种种忧虑与不安，但面对如此诱人的价格，他们终于动心了。双方就此达成协议，并很快进行了产权转让，办理了有关移交手续。

就这样，克罗克凭借着过人的智慧盘下了餐厅并继续精心管理，使其在短短的时间内不断地发展壮大，成为了今天快餐业的“龙头老大”。

管理艺术

从麦当劳快餐的创立，我们不难看出克罗克把“登门坎”效应运用得完美至极。先从一个个小小的要求出发，不断地把筹码加重，利用人们承受限度的发展规律来实现自己最终的宏大目标。

企业人也要适当地运用这个效应，不管是对员工还是客户，都要从对方角度出发看问题，一点一点地提高要求和期望，才能循序渐进地得到提高和发展。

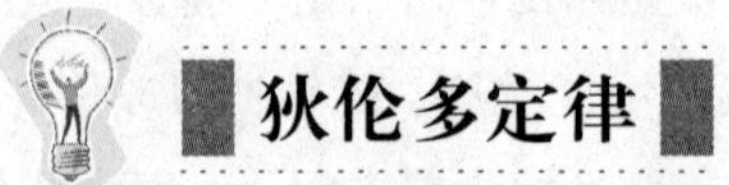

狄伦多定律

☆ 一句话说管理 ☆

一个团体或机构中所发生的激烈冲突，往往是由面子问题引起的。解决任何问题的办法在于把握问题未发生前的契机，并将它消解于无形。

追本溯源　“狄伦多定律”是由英国经济政治学院前董事L.狄伦多提出的。他认为，一个团体或机构中所发生的激烈冲突，往往是由面子问题引起的。解决任何问题的办法在于把握问题未发生前的契机，并将它消解于无形。

“狄伦多定律”从人性人格的角度揭示了“面子”在日常交往中所具有的强大威力，以及日常工作中所发生争执、冲突的根源所在。

面子就是人外表的自身形象，它反映了一个人、团体或机构的人格魅力和尊严，在一定程度上决定了一个人、团体或机构在社会关系和人际关系中的定位。因此，要懂得给自己和他人留面子。

企业实战运用　※ 巧妙的调职

懂得给人面子，这是何等重要的问题！而很多管理者却很少会考虑到这个问题。管理者常喜欢摆架子、我行我素、挑剔、恫吓、在众人面前指责同事或下属，而没有考虑到是否伤害了别人的自尊心。其实，只要多考虑几分钟，讲几句关心的话，为他人设身处地地想一下，就可以缓和许多不愉快的场面。

通用公司的管理者就很懂得给员工面子，正因为这样，他们的管理才会如此出色和高效。曾经就有一件这样的事情很能说明这个问题：

汤姆·韦恩在通用电气公司的电气部门工作的时候，是个一级天才，他在电气方面可以说是专家。可是后来公司把他调到计算部门当主管后，却发现不能发挥其专长，面对这样的情况，公司也陷入了两难的境地。考虑到一来汤姆的自尊心很强，二来不能损害公司的利益，得尽快解决这个问题。但是，公司高层不愿伤他自尊，毕竟他是个不可多得的人才，而且他还十分敏感。

终于，公司的高层经过再三的讨论后，有了一个十分完美的解决方案。于是，当局给了汤姆一个新头衔——通用公司咨询工程师，工作性质仍与原来一样。而那个计算部门就空缺了一个主管，自然而然地公司就又派了其他的合适人选主管那个部门了。

通过这件事汤姆更加忠于公司、更加认真工作了。因为汤姆很高兴，通用电气公司高层也很高兴，他们终于把这位易怒的明星遣调成功，而没有引起什么风波，他仍保留了面子。

这次调职危机顺利解决了，不但给了汤姆面子，还为公司保留了这个人才，避免了因为处理不当造成的人才流失，堪称十分出色的管理案例。

管理艺术

善正者正于始，能禁者禁于微。与其争面子，不如挣面子。适当表达对对方的尊重，你就能够说服对方。

学习狄伦多定律，就是学习起码的做人道理。要想获得别人的尊重，使自己有面子，就得学会尊重别人，懂得给别人面子。做企业，其实与做一个有情操的高尚的人有着很多相同之处。吃透“狄伦多定律”的思想内涵，一定可以帮助企业人提升交际和处理事务的能力和水平，减少那些频发的争端和冲突。

肥皂水效应

☆ 一句话说管理 ☆

寓批评于赞美之中，以赞美的形式巧妙地取代批评，以看似简捷的方式达到直接的目的。

追本溯源 这个效应的提出者是美国前总统约翰·卡尔文·柯立芝。约翰·卡尔文·柯立芝于 1923 年成为美国总统，他有一位漂亮的女秘书，人虽长得很好，但工作中却常因粗心而出错。一天早晨，柯立芝看见秘书走进办公室，便对她说：“今天你穿的这身衣服真漂亮，正适合你这样漂亮的小姐。”这句话出自柯立芝口中，简直让女秘书受宠若惊。柯立芝接着说：“但也不要骄傲，我相信你同样能把公文处理得像你一样漂亮。”

果然从那天起，女秘书在处理公文时就很少出错了。

一位朋友知道了这件事后，便问柯立芝：“这个方法很妙，你是怎么想出来的？”柯立芝得意扬扬地说：“这很简单，你看见过理发师给人刮胡子吗？他要先给人涂些肥皂水，就是为了刮起来使人不觉得痛。”

后来，人们就将这种寓批评于赞美之中，易于被别人接受的现象称为“肥皂水效应”。

企业实战运用 ※ 无言的批评

华克公司在费城承包了一座办公大厦的建设工程，而且指定在某一天必须竣工。这项工程的每一个程序都进行得非常顺利，眼看着这座建筑物就要完成了，突然，承包外面铜工装饰的商人说他不能如期交货。这是个十分严重的问题：整个建筑工事都要停顿下来，不能如期完工，就要交付巨额的罚款，惨重的损失仅仅是由于那个承包铜工装饰

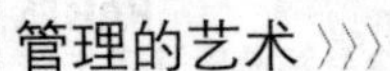

的商人。

长途电话中的激烈的争辩，没有半点用处，于是卡伍被派往纽约，找那个人当面交涉。

卡伍走进这位经理的办公室，第一句话就这样说：“你该知道，你的姓名在勃洛克林市是绝无仅有的吧？”这位经理听到这话，感到惊讶，他摇摇头说：“不，我不知道。”

卡伍说：“今晨我下了火车，查电话簿找你的地址，发现勃洛克林市只有你一个人叫这个名字。”

那位经理说：“我从来没有注意过。”于是他很感兴趣地把电话簿拿来查看，果然如此。于是他十分骄傲地说：“是的，这是个不常见到的姓名，我的祖先原籍是荷兰，搬来纽约已有两百年了。”接着就谈论起他的祖先和家世。

卡伍见他把这件事谈完了，又找了个话题，赞美他拥有这样一家规模庞大的工厂。卡伍说：“这是我所见过的铜器工厂中最整洁、最完善的一家。”

那位经理说：“是的，我用一生的精力经营这家工厂，我很引以为荣，你愿意参观我的工厂吗？”卡伍点点头表示愿意。

参观的时候，卡伍连连称赞工厂的组织系统，且指出哪一方面要比别家工厂优秀，同时也赞许几种特殊的机器。这位经理告诉卡伍，那几种机器是他自己发明的。他花了很长的时间说明这类机器的使用方法和它们的特殊功能。他坚持请卡伍一起吃午餐，卡伍对于他这次的来意还是只字未提。

午餐后，那位经理说：“现在，言归正传。当然，我知道你来这里的目的。可是没想到，我们见面后会谈得这样愉快。”他脸上带着笑容，接着说道，“你可以先回费城，我保证你订的货会准时运送到你们那里，即使牺牲了别家生意，我也愿意。”

卡伍并没有提任何的要求，可是他的目的却很顺利地达到了。那些材料，全部如期运到，而那座建筑也没有受到任何的影响如期完成了。如果卡伍当时用了激烈争辩的方法，会不会有这样令人满意的结果？答案很显然是否定的。所以，不使对方难堪、反感，反而可以改变一个人的决定。

管理艺术

批评是进步的明灯，因为有批评才有进步。俗语说得好：“人非圣贤，孰能无过？”圣贤都会有过错，更何况我们这些凡人呢。而有了过错，就得有人来指正，这样才会有进步。有句话叫做“当局者迷，旁观者清”，有时我们做错了事却不自知，这时就需借助别人的批评、指正。

赞美要看时机，批评要靠技巧。

对企业管理者而言，这句话更是意义非凡。那么，至于身为管理者何时应该赞美员工、怎样批评员工呢？这着实是个很棘手的问题。不过，如果在做出赞美或批评之前，管理者能够站在员工的角度考虑问题，相信结果应该不会错到哪里的。

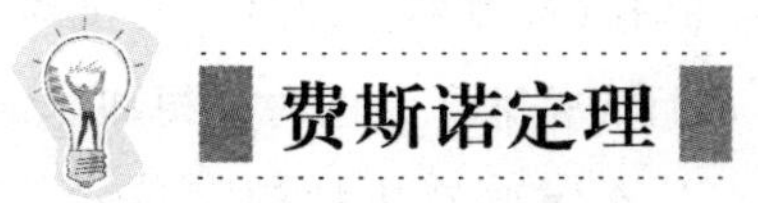

费斯诺定理

☆ 一句话说管理 ☆

人有两只耳朵却只有一张嘴巴，这意味着人应该多听少讲。

追本溯源 定理提出者是英国联合航空公司总裁兼总经理L.费斯诺。

有这样一个寓言故事：从前，国王收到了三个一模一样的金人，但进贡人要求国王回答“三个金人哪个最有价值”的问题。无论是称重量还是看做工，三个金人都是一模一样的。最后，一位老臣拿来三根稻草，插入第一个金人耳朵里，稻草从另一边耳朵出来了；第二个金人的稻草从嘴巴里掉出来了；而第三个金人的稻草则掉进了肚子里。老臣说：“第三个金人最有价值”。进贡者默默无语，答案正确。

善于倾听才是最有价值的，是成熟的人应具备的基本素质。英国联合航空公司总裁L.费斯诺归纳类似的现象说，人有两只耳朵却只有一张嘴巴，这意味着人应多听少讲，这就是“费斯诺定理”。

企业实战运用 ※ 联邦快递：倾听的巨大收益

在联邦快递刚刚创立的时候，其网络中心出现了问题，不得不裁减人员，以做调整。当然，人员流动率向50%奔去，这不是一个正常的人员流动率，因为招募和培训新职员要花一大笔费用。

面对这种问题，人事副总裁哈里·凯纳找到了创始人之一弗朗西斯·迈奎尔，问道：“弗朗西斯，你需要我做些什么？”

看着面带微笑的哈里，弗朗西斯也笑了，他没有急着表达自己的意愿，而是想听听哈里的想法。于是回答说：“哈里，我不知道，你能告诉我你的想法吗？”

谈了一会儿，哈里对弗朗西斯说：“请给我一点考虑的时间好吗？”

没过几天，哈里找到弗朗西斯说：“我找到答案了，弗朗西斯，但是，你得承诺能够为我提供我需要的东西。”弗朗西斯·迈奎尔便安排了一次由当时的董事长兼CEO弗雷德·史密斯、首席财务官比特·威尔莫兹还有自己参加的会议，会议由哈里主持。

哈里向大家解释说，他在集团内部做了调查，与许多员工谈话，并观察了他们做事的方法。由于网络中心工作的时间很短，一般工作内容就是接收、发送和装运。所以，中心的员工全是兼职的，这些员工一天只工作四个小时，而且全在晚上工作。

于是，哈里为了提醒董事会的成员们，说道：“这不是一份全职工作，所以他们不享受福利待遇，这让那些还是大学在校生的兼职员工看起来就像被收养的孩子，不像这个公司的人。因此，他们总感觉随时会被解雇。而且，考试时，他们就不会来。但是，虽然这些员工大多数是大学生，而且还是兼职，但对公司却非常关键。”

首席财务官比特问：“你有什么需要解决的问题吗？”哈里立刻干脆地回答说：“给他们提供全职的医疗保险福利。”

“可是你想过没有，在我们的医疗方案里增加这些员工，会给公司带来很多昂贵费用的。不能这样做，否则公司的负担会加重很多。我们不能给兼职者提供医疗福利，这是我们一直以来的制度。”

哈里问道：“比特，你知道在网络中心工作的人，他们的年龄有多大吗？”

“这与我们的问题有关吗？”比特不解地问。

“当然，在网络中心里负责邮件寄送的员工们的年龄都在18~23岁之间。比特，你在这么大时，你的身体出现过大问题吗？”

经过短时间的沉寂，会场响起了董事长的声音，他微笑着说：“比特，哈里说得有道理，网络中心那批兼职的年轻人就算享受到我们的医疗福利，在相当长的时间里也不会给公司造成费用上的压力，因为他们很少生病。”

最后，会议取得了共识。很快，决议便得到了落实，联邦快递公司的那些兼职者也与全职者一样，享受到了医疗福利。此举使得人员流动率由接近50%下降到了不到7%，投诉率也降到了最低。公司的士气空前高涨，带来了业务量的快速攀升。而更大的收益在于：那些当初喜欢夜里工作而白天要上学的精力充沛的年轻人，毕业后都非常愿意到联邦快递工作。后来，联邦快递许多重要岗位上的领导者，都是原来网络中心里的兼职邮件递送人员。

正是因为联邦快递的管理者们多听少说，充分而及时地听取了下属的意见和建议，才使得企业可以越做越大。在这里，倾听的好处就不言而喻了吧！

西方有谚语说：“用十秒钟时间讲，用十分钟时间听。”中国也有句老话叫：“说三分，听七分。”可见在语言沟通中，“会听”甚至比“会说”还重要。在对财富排行榜五百强企业的一项调查中，59%的被调查者回答他们对员工提供了倾听方面的培训。研究者还发现，良好的倾听技巧和工作效率之间存在着直接的联系，接受了倾听能力训练的员工比没有经过这项训练的员工的工作效率要高得多。

倾听是企业管理沟通中的关键环节，善于倾听的管理者可以给员工留下良好的印象，激励他们畅所欲言，这样不仅可以让管理者获得重要的信息，更有助于管理者做出正确的决策。同时，对于缺乏经验的管理者来说，倾听还可以增长知识和经验，减少或避免因为不了解情况而出现的失误。

沟通的位差效应

☆ 一句话说管理 ☆

平等交流是企业有效沟通的保证。

追本溯源 沟通的位差效应是美国加利福尼亚州立大学对企业内部沟通进行研究后得出的重要成果。

他们发现，来自领导层的信息只有20%~25%被下级知道并正确理解，而从下到上反馈的信息则不超过10%，平行交流的效率则可达到90%以上。进一步的研究发现，平行交流的效率之所以如此之高，是因为平行交流是一种以平等为基础的交流。为检验平等交流在企业内部实施的可行性，他们试着在整个企业内部建立一种平等沟通的机制。

结果发现，与建立这种机制前相比，在企业内建立平等的沟通渠道，可以大大增加领导者与下属之间的协调沟通能力，使他们在价值观、道德观、经营哲学等方面很快地达成一致；可以使上下级之间、各个部门之间的信息形成较为对称的流动，业务流、信息流、制度流也更为通畅，信息在执行过程中发生变形的情况也会大大减少。

这样，他们得出了一个结论：平等交流是企业有效沟通的保证。

企业实战运用 ※ 沃尔玛的成功之道

沃尔玛公司一再强调倾听基层员工意见的重要性，即使现在公司规模不断扩大也是如此。在公司内，沃尔玛实行门户开放政策，即无论任何时间、任何地点，任何员工都有机会发言，都可以用口头或书面形式与管理人员乃至总裁进行沟通，提出自己的建议和关心的事情，包括投诉受到的不公平待遇。公司保证提供机会讨论员工们的意见，对于可行的建议，公司会积极采纳并用来管理公司。在沃尔玛公司，经常有各地的基层员工来到总部要求见董事长。董事长沃尔顿先生总是耐心地接待他们，并做到将他们要说的话听完。如果员工是正确的，他就会认真地解决有关的问题。他要求公司每一位经理人员认真贯彻公司的这一思想，而不要只做表面文章。沃尔玛重视对员工的精神鼓励，总部和各个商店的橱窗中都张贴着先进员工的照片。公司还对特别优秀的管理人员授予“山姆·沃尔顿企业家”的称号。

通常情况下，沃尔玛公司在阿肯色州罗杰斯机场的飞机库里都会停有12架飞机。为了能听到最基层的声音，地区经理们每个星期一的早晨都要乘坐飞机前往自己分管的地区视察，视察一般进行到周四。在视察过程中，经理会大量接触基层的员工，了解他们的信息和对公司的建议，了解他们对商品销售走势的看法，对提出了有价值的建议的员工及时进行奖励。因为能广开言路，倾听最基层员工的意见和建议，沃尔玛总是能了解到最新的信息，从而及时做出调整。

老板山姆·沃尔顿强调：公司领导是员工的公仆。领导和员工之间是一种“倒金字塔”的组织关系，领导在整个支架的最基层，员工是中间的基石，顾客永远放在第一位。领导为员工服务，员工为顾客服务。只有把“老板”伺候好了，员工的口袋里才会有更多的钞票。员工作为直接与“老板”接触的人，其工作精神状态至关重要。因此，领导的工作就是指导、支持、关心、服务员工。员工心情舒畅，有了自豪感，就会更好地服务于顾客。

在沃尔玛，任何一个员工佩戴的工牌上只有名字，而没有标明职务，包括最高总裁。公司内部没有上下级之分，见面直呼其名，这种规定使员工们放下了包袱，享受到了平等分工的快乐，在公司内营造了一种上下平等的工作氛围。

沃尔顿还强调：员工是“合伙人”。沃尔玛公司拥有全美最大的股东大会，每次开会，沃尔玛都要求有尽可能多的部门经理和员工参加，让他们看到公司的全貌，了解公司的理念、制度、成绩和问题，做到心中有数。每次股东大会结束后，沃尔顿都会邀请所有出席大会的约2500名员工到自己家里举办野餐会。在野餐会上，沃尔顿与众多不同层次的员工聊天。大家畅所欲言，交流对工作的看法，提出对公司的建议，讨论公司的现状和未来。每次股东大会结束后，被邀请的员工和没有参加会议的员工都会看到会议的录像，而且公司的刊物《沃尔玛世界》也会对股东大会的情况进行详细的报道，让每个员工都能了解到大会的每一个细节，做到对公司翔实全面的了解。沃尔顿说：“我想通过这样的方式使我们团结得更紧密，使大家亲如一家，并为共同的目标而奋斗。”

正是这种视员工为合伙人的平等精神，造就了沃尔玛员工对公司的强烈认同和主人翁精神。在同行业中，沃尔玛的工资不是最高的，但它的员工却以在沃尔玛工作为快乐，因为他们在沃尔玛是合伙人。

在企业中，信息的交流主要有三种：上传、下达、平行交流。前两种是非平等交流，后一种总体上是一种平等交流。要想扩大沟通的有效性，就需要把平等的理念注入到前两种交流形式中去。

一个企业要实现高速运转，要让企业充满生机和活力，有赖于下情能为上知，上意迅速下达，有赖于部门之间互通信息，同甘共苦，协同作战。要做到这一点，有效的沟通渠道是必需的。

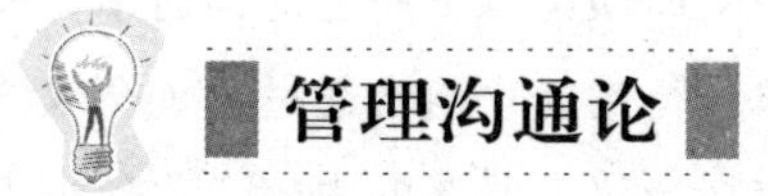

管理沟通论

☆ 一句话说管理 ☆

管理就是沟通、沟通再沟通。

追本溯源 通用电气公司的前任总裁杰克·韦尔奇十分重视与员工的沟通，他一再强调沟通对于管理企业的重要性，并真正能够做到有效地与员工沟通。他曾经说过："管理就是沟通、沟通再沟通。"

后来，人们就把这种管理理论称为"管理沟通论"。

企业实战运用 ※ 英特尔的沟通机制

英特尔公司是全球最大的半导体芯片制造商，它成立于1968年，具有多年产品创新和市场领导的历史。1971年，英特尔推出了全球第一个微处理器，微处理器所带来的计算机和互联网革命改变了整个世界。作为世界五百强企业之一的英特尔，有着极其雄厚的管理资源和丰富的管理经验，他们深知管理中沟通的重要性，因此，英特尔的管理者们非常重视公司内部沟通体系的建设。在英特尔内部，专门设有一个"全球员工沟通部"，以此促进英特尔沟通体系的完善和团队的发展。

英特尔在内部沟通采取的是开放式的模式，而且他们的沟通都是双向的，既有自上而下的沟通，也有自下而上的沟通。另外，英特尔的沟通方式追求的是多元化，以确保沟通的及时和有效。

第一，网上聊天和直播。英特尔为电脑制造了"奔腾的心（芯）"，推动世界进入网络信息时代，自身也成为网络科技的受益者。公司的高层管理人员会经常通过英特尔内部网络向全球员工介绍公司业务发展以及其他方面的最新情况。另外，管理层还通过网上聊天的方式和员工进行互动沟通，回答员工现场提出的问题。

第二，季度业务报告会。这是英特尔公司和员工进行沟通的重要方式，同时它又是一种一对多或多对多的沟通，是一种面对面的沟通。在报告会上，不仅仅是向公司的员工通报公司的最新情况，还要现场进行交流，解决很多问题。

第三，员工问答和《员工简报》。在季度报告会前，公司为了解员工的关注点，会在各部门通过员工问答的方式，了解员工心声，以尽快解决或提上议程讨论。而《员工简报》则是公司每个季度定期出版的，这也成为员工内部沟通的一个重要方式。在英特尔的工厂里，每个星期都会定期出版一期《员工简报》，让员工自由取阅，把公司及工厂里发生的最新的重要事件、消息，通过简报的形式告知员工。

第四，一对一面谈。一对一的面谈是自下而上的沟通中比较常用的重要方式，公司与每一名员工就工作期望与要求进行沟通。通常通过员工会议的形式进行，要求员工来制定会议的议程，由员工来决定在会议上要谈的内容，包括员工对自己职业发展的想法以及对经理人员的看法和反馈。

第五，定期的部门会议。英特尔各业务与职能部门会定期召开会议，经理人会定期和所有的下属进行及时沟通，听取员工的建议与想法，传达公司的政策与各项业务决策。

第六，全球员工关系调查。英特尔全球各公司每年都会进行一次全球员工关系调查，英特尔总部会派人到各个国家与地区的分公司，对员工关系与沟通情况进行调查。

此外，英特尔不仅实施“Open Door”政策，还运用“建设性对抗”“参与式决策”，这些都是为了在管理中可以有效地沟通。无论是自上而下的沟通，还是自下而上的沟通，英特尔希望能够构建起一个完整的员工沟通的环。对于通过这些渠道所获得的消息或听到的反馈与建议，公司都会采取后续的行动，给员工满意的回复。公司会通过具体措施解决相关问题，而不是仅仅为沟通而沟通，让沟通浮于表面，起不到深层次的作用。公司会通过这些渠道把反馈的结果与具体的解决措施传递给员工。

团队没有默契，就不能发挥团队才能，而团队没有交流沟通，也不可能达成共识。作为领导者，要能善用任何沟通的机会，甚至创造出更多的沟通途径和方式，与成员充分交流。管理者只有从自身做起，秉持对话的精神，有方法、有层次地激发员工发表意见与建议，汇集经验与知识，才能达成团队共识。团队有共识，才能激发成员的力量。要知道，在领导与领导之间、领导与团队之间，沟通是形成领导力的基础。

杰亨利法则

☆ 一句话说管理 ☆

运用坦率真诚的沟通方式，会收到意想不到的良性效果。

追本溯源 该法则的提出者是发明人杰瑟夫·卢夫特和亨利·英格拉姆，杰亨利法则是以两人的名字命名的。它的核心是坚信相互理解能够提高知觉的精确性并促进沟通的效果，它从两个纬度上划分了促进或阻碍人际沟通的个体倾向性：揭示和反馈。

揭示是指个体在沟通中坦率公开自己的情感、经历和信息的程度；反馈指的是个体成功地从别人那里了解自己的程度。

根据这两个纬度可以划分出四个“窗口”——开放区、盲目区、隐藏区和未知区。“开放”窗口包括了你自己和别人都知道的信息；“盲目”窗口包括了那些别人很清楚而你自己却不知道的事情，这种情况是由于别人没有告诉你或由于你的自我防卫机制拒绝接受这些信息造成的；“隐藏”窗口中的信息你自己知道而别人不知道；“未知”窗口是那些你自己和别人都不知道的情感、经验和信息。

杰亨利法则是基于这样的假设：当开放区的信息量增加时，人们之间会更好地相互理解。因此他们建议运用坦率真诚的沟通方式，要通过揭示和反馈来增加开放区的信息量，即通过提高自我揭示的水平和倾听来自他人的反馈这两种方式扩大开放区的面积，从中获益。

企业实战运用　　※ 懂得倾听，适当反馈

王晨晓是乘风打印机公司客户服务部的主管，他手下有五名员工专门负责接听客户来电咨询和投诉。

最近，公司开发了首款可通过电视欣赏照片的打印机，该产品可以让客户更轻松地分享和打印数码照片。因此这款产品一经推出，询问相关信息的客户来电数量就直线上升，每位客户服务专员都要加班才能完成工作。

但是在这段时间客户服务专员李林的迟到情况十分严重，两周内，她的迟到次数已经累计达到 4 次，其中有 1 次她甚至迟到了一个多小时，而且她到公司后也没有向任何人做任何解释。此外，李林还有 2 天临时告知要请假，造成部门内的工作因没能事先得到安排和协调而出现了混乱。同事们都在议论纷纷，李林的情况已经影响到了其他员工的工作效率和气氛。

李林在这家公司已经工作了 4 年，在客户服务部也已经 3 年了，她的工作效率一向很高，也经常得到客户的赞扬。在今年年初一起严重的客户投诉事件中，李林还充分表现出她优异的工作能力和领导力，公司管理层也认为她可以在下半年晋升为主管。

王晨晓面对这样的情况，并没有直接责怪李林。因为他还没有搞清楚状况，不想冤枉一个员工。于是，他决定跟李林好好沟通一下，了解一下她迟到误工的原因，之后再做决定。

一天，王晨晓下班后，看到李林还没走，就约她到咖啡店好好谈谈。李林很不好意思地跟上司实话实说了：李林家里只有母亲一个亲人，李林很孝顺，最近一个月，她母亲老觉得不舒服，到医院检查也查不出原因，身体愈来愈差。母亲两周前又摔了一跤，跌断了大腿骨，现在还住在医院里。更糟糕的是，李林为了年底要不要结婚的事，和男友几乎天天吵架，到现在都还没有定论。

李林也知道，最近自己的迟到情况十分严重，两周内，迟到次数已经累计达到 4

次，其中有1次甚至迟到了一个多小时，并且没有向主管作任何解释。此外，自己还有2天临时才告知要请假，造成部门内的工作没能事先得到安排和协调。同事们都在议论自己的出勤情况，她也知道自己的情况已经影响到了其他员工的工作效率和气氛，甚至会影响自己未来的晋升。

李林将这些都在那次跟上司的沟通中如实反映给了他。因为事出有因，主管也没有过多地追究李林的责任，而是按照公司制度扣除了她的误工工资和绩效奖金。面对领导的谅解和关照，李林工作更加认真了，不到半年就因为业绩突出而升职了，王晨晓也因为管理出色得到了奖励。

作为领导，王晨晓善于倾听，并适时做出正确的反馈，为公司留下了李林这个业务精英，也带来了较大的企业效益。

在企业里，人际的沟通是不可忽视的，沟通问题也同样不可忽视，开放、真诚、坦率是人际关系中的重要元素，是促进沟通渠道畅通的有效保证。

另外，值得注意的还有一点，企业中正确、健康的沟通方式首先应该是双向的。企业内部良好的沟通文化可以使所有员工真实地感受到企业中沟通的快乐。作为管理者，高效沟通技巧是其必备技能之一，在工作中我们应该积极主动地发现问题和解决问题。而作为员工，相信看到如此真诚与自己沟通的管理者时也会敞开心扉与之互动起来。这样一来，整个企业将形成良好的沟通氛围。

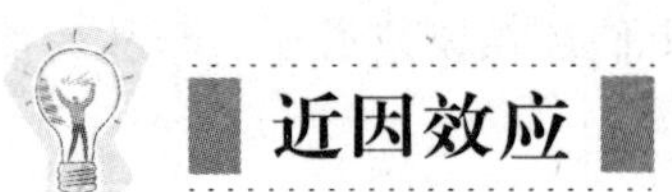

近因效应

☆ 一句话说管理 ☆

交往过程中，我们对他人最近、最新的认识占了主体地位，掩盖了以往形成的对他人的评价。

追本溯源 心理学者洛钦斯做了这样的试验：分别向两组被试者介绍一个人的性格特点，对甲组先介绍这个人的外倾特点，然后介绍内倾特点；对乙组则相反，先介绍内倾特点，后介绍外倾特点。最后考察这个人给这两组被试者留下的印象，结果与首因效应相同。洛钦斯把上述试验方式加以改变，在向两组被试者介绍完第一部分后，插入其他作业，如做一些数字演算、听历史故事之类不相干的事，之后再介绍第二部分。试验结果表明，两个组的被试者，都是对第二部分的材料留下的印象深刻，近因效应明显。

企业实战运用 ※ 君乐宝：与“三鹿”划清界限，重新恢复市场

在河北省石家庄市的各大超市冷柜里，“君乐宝”品牌酸奶再次现身。生产商“石家庄君乐宝乳业有限公司”（以下简称君乐宝公司）正是原先石家庄三鹿集团股份有限公司（以下简称三鹿）旗下的合资企业，之前的公司名称为“石家庄三鹿乳品有限公司”。在盘活三鹿未见曙光的时候，这家企业在停产 11 天后采取行动，与三鹿划界求存。

在“三聚氰胺”事件还影响着乳制品业之时，君乐宝已经开始恢复市场占有率了。不仅仅在石家庄市场，君乐宝公司在北京等其他市场也在逐步收复失地。君乐宝公司市场部部长刘敏轩表示，当时的日销售量约为 300 吨，是事件之前的 50%左右。可见，虽然市场在恢复，但还是有不小的损失。

君乐宝公司是三鹿在大举扩张时期的合作企业之一。君乐宝公司成立于 1995 年，产品品牌为君乐宝。君乐宝经过 4 年的市场开发和拓展，到 1999 年其销售区域已由河北扩展到河南、北京、天津、山东、山西等地区，成为华北地区规模最大的酸奶生产基地。

2000 年，君乐宝公司引进石家庄三鹿集团股份有限公司的品牌和部分资金，三鹿占君乐宝总股份的 34%，其中品牌占 29%，现金占 5%，主打品牌为“君乐宝”“三鹿”。其余 66%的股份，由君乐宝和红旗乳品各持一半。

三鹿拥有多家合作工厂。但在三鹿的联营模式下，三鹿提供品牌、管理等资源，并不大规模派遣员工，也不驻厂管理，而是采取抽查管理的方式。

尽管三鹿在君乐宝公司尚有 5%的资金入股，但君乐宝公司方面也表示，公司一直拥有独立的奶源基地和生产基地，在采购、质量控制系统、研发体系等方面独立管理、独立经营、独立核算。

如果不是那次三聚氰胺事件，君乐宝公司或许将继续高速发展下去。统计数据显示，2004 年君乐宝乳业销售收入 6.24 亿元，2005 年为 7.78 亿元，2006 年为 9.66 亿元，2007 年为 10.66 亿元，2008 年 1~8 月份销售收入 10.41 亿元。

君乐宝公司高速发展的步子因三聚氰胺而改变。在此前的三聚氰胺检测中，君乐宝公司的产品并未被检出问题，但也不可避免地受到了牵连。君乐宝公司董事长兼总经理魏立华此前接受媒体采访时表示，停产这段时间，公司损失约 1.1 亿元。

在此情况下，君乐宝公司决定与三鹿“切割”。君乐宝公司股东会、董事会决定企业名称正式恢复为“石家庄君乐宝乳业有限公司”，企业法人也进行了相应的变更。

虽然已经没有了“三鹿”的标志，但是受三鹿“三聚氰胺事件”的影响，消费者在购买君乐宝产品时还是心有余悸，对新的生产厂家与原先三鹿集团的关系存有疑问。不少消费者在存放该产品的冷柜前指指点点，明显对新“君乐宝”没有信心。

这样看来，君乐宝公司要想划清界限，重新恢复市场还有很长的路要走。其实，消费者之所以不购买君乐宝的产品，是因为君乐宝近期的影响十分糟糕，这就是近因效应的负作用。

交往过程中，我们对他人最近、最新的认识占了主体地位，掩盖了以往形成的对他人的评价。所以，管理者要尽量避免近因效应的负作用，只凭借某个员工的近期状况就决定他的好坏和去留，这实在不是明智之举。

奥狄思法则

☆ 一句话说管理 ☆

在每一次谈判中，你都应准备向对方做出让步，哪怕这种让步使你痛苦。

追本溯源 该法则是由美国谈判专家J.S.奥狄思提出的。作为著名的谈判专家，奥狄思经过多年的实践和研究总结出一条规律：在每一次谈判中，都应准备向对方做出让步，哪怕这种让步让自己很痛苦。因为让步是一种重要的谈判手段，是一种以退为进的哲学。后来人们就把这种谈判技巧称为“奥狄思法则”。

企业实战运用 ※ 联想低价收购 IBM 的秘诀

联想于 2005 年 5 月 1 日下午 3 点正式宣布完成收购 IBM 全球 PC 业务，任命杨元庆接替柳传志担任联想集团董事局主席，柳传志担任非执行董事。前 IBM 高级副总裁兼 IBM 个人系统事业部总经理斯蒂芬·沃德（Stephen Ward）出任联想 CEO 及董事会董事。合并后的新联想将以 130 亿美元的年销售额一跃成为全球第三大 PC 制造商。

根据收购交易条款，联想支付给 IBM 的交易代价为 12.5 亿美元，其中包括约 6.5 亿美元现金，及按 2004 年 12 月交易宣布前最后一个交易日的股票收市价价值 6 亿美元的联想股份。交易完成后，IBM 拥有联想 18.9%的股权。此外，联想将承担来自 IBM 约 5 亿美元的净负债。

此次收购的最终协议于 2004 年 12 月 8 日公布，于 2005 年 1 月 27 日获联想股东批准通过，收购完成表示最终协议中的所有重要条款完成。

其实，这次被比喻为“蛇吞象”的收购过程并非一帆风顺。尤其是联想收购 IBM 全球 PC 业务的谈判，真可谓一波三折，其中最大的障碍就在于收购的价格问题上。

联想要在对方开价的基础上“横砍一刀”，但实际上IBM是非常专业的，当然也希望自己的股东能够得到最好的回报，其作价有充分根据，所以双方谈得非常艰苦。当IBM把价钱谈到13亿美元，联想就站在11亿美元的基础上不动。而IBM是两家同时谈，谁好就走向谁。在这种情形下，联想除了谈判条款的巨大压力外，还增加了一个竞争对手的压力。

IBM声称联想如果不能把价格加到13亿美金，就马上去找另外一家。当时是星期五下午，双方在纽约的Down town的一个地方谈判，很快IBM所有的团队就全部撤回，并要求联想的谈判团队立刻离开谈判大楼。

整整一个星期六和星期日，联想方面都处于非常困难的境地。因为交易确实对联想甚至对双方都非常有利，这个交易要是丢了着实可惜，但联想又不愿意轻易地加价。

最后联想谈判人员采取了非正式接触，谈判团队里4位核心人员和对方核心谈判的3个人在一家酒店进行了一次秘密会晤。之所以称为“秘密会晤”，就是说双方都不通知自己的高层。这次会晤双方都做了妥协：联想把价格加到12亿美金，IBM也同意可以降到12.5亿美金。最后大家都同意把这5000万叫做“主席交易”，就是说这5000万的缺口留给主席。并购最终在双方都做出可以接受的让步后圆满完成。

身为管理者，要懂得一个真理：让步，是一种以退为进的哲学。

在管理上，让步体现的是领导者的一种气度，一种宽广的胸怀。没有员工喜欢斤斤计较的上司，相反，如果你可以做到适度适时地让步，反而会得到下属的拥戴。这样，员工的管理工作也就不会是十分麻烦的事情了。

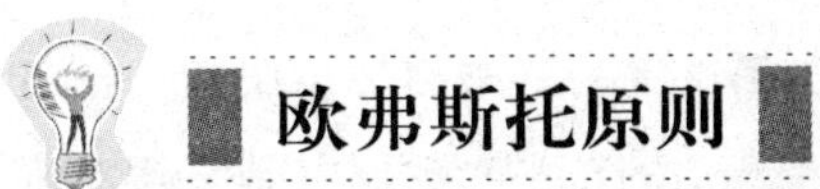

欧弗斯托原则

☆ **一句话说管理** ☆

说服一个人的时候，开头就让他不反对，是最要紧不过的事。

追本溯源 “欧弗斯托原则”是由英国心理学家E.S.欧弗斯托提出的。他认为，在说服一个人的时候，开头就让他不反对，是至关重要的。如果有好的意见却不被人接受或采纳，那么就得想办法说服对方。而说服力产生的最大要素，就是要因人而异地去使用说服方法。简单地说，就是因人而异地选择适宜的说辞，这样才容易达到目的。后来，人们就将这种原则称为“欧弗斯托原则”。

企业实战运用 ※ 中国大酒店：制度管理，情理兼顾

中国大酒店创业之初，就发生过这样一件事情：

一次，一个外方部门经理检查客房，他不单单用眼睛检查地面、窗帘、浴室，还伸手四处摸摸，发现一切都打扫得干干净净，没有任何灰尘，床单也铺得很整齐。当他正要对打扫这个房间的人进行表扬时，却发现一个严重的纰漏：茶几上的茶杯朝向错了。

所谓的“朝向错了”，不是说茶杯放得不够整齐，而是茶杯上五个事关酒店品牌的字不见了，这五个字就是“中国大酒店”。按酒店的规定，杯子上的“中国大酒店”五个字应向着门口，让客人一进门就看得见，以便传达酒店的品牌形象。另外，那盒小小的火柴，也没有放在烟灰缸后面，而是放在了烟灰缸旁边。这使得外方经理大为恼火，他当众斥责了那个服务员，说她工作粗心大意、不负责任、不懂规矩。

那个服务员是一个来自广州的十八岁女孩，还是个新员工。初生牛犊不怕虎，她受不了被人当众斥责，便与经理顶撞起来。她说：“这仅仅是一点儿小事，并不影响酒店的服务质量，客人也不会计较，你分明是鸡蛋里挑骨头，小题大做，欺人太甚！”

但是，想想看，摆错杯子是小事吗？这可是事关企业品牌的问题啊！

当天，那个受了顶撞的外方经理也很难过。他找到中方经理交换看法，中方经理诚恳地说：“在我们中国的社会制度里，上级是人，下级也是人，大家的关系是平等的。唯有对员工满怀爱心，循循善诱，员工才能接受你的批评教育。他们不习惯生硬的训导，总以为只有资本主义国家才会这样对待工人。”

外方经理恍然大悟：“原来我们在管理方法和思想观念上存在着差距。我不了解中国国情，只是就事论事，见她粗心大意、根本没有品牌意识，情急之下没有注意工作的方式和方法。”

外方经理反思了一个晚上，第二天，又来到那位服务员正在打扫的客房。服务员有点惊讶，他们不约而同地望向茶几上的茶杯。这回，茶杯摆对了。那一瞬间，他们相视而笑，仿佛昨天的“恩怨”已一笔勾销。

他是来道歉的，他说：“我昨天在众人面前大声斥责你，伤了你的自尊心，这是我的不对。但是，杯子的摆法还是必须按规定来。”

从品牌管理的角度看，将“中国大酒店”五个字摆在显眼位置，不是一件小事，而是通过细节传达酒店品牌形象的大事。品牌既是管理的起点，又是管理的终点，酒店提供的一切优质服务都在品牌中凝结。

外方经理寓理于情的态度令那位员工很感动，在短短的几分钟里，这位外方经理又赢得了下属的尊敬。从此，那位服务员就格外注意这样的细节了，并且认真中还多了一份自觉。

后来，酒店针对上级批评下级的态度和方式，以及如何作好督导、如何有效解决冲突等问题开设了专门的培训课程。酒店自身的企业文化就在对差异和冲突的调解中得到了提升，逐渐积淀下来。

不久后，那位服务员被评为酒店的“服务大使”，她在介绍经验的时候讲到了这件事对她的启迪。后来，她还升职当上了主管。

在工作中，管理也要兼顾情理，因为在两者之中，细小的环节也可能引发大问题，管理不细则可能导致企业形象的损害，情理不通则会引发不满，从而影响管理的实施。员工出现差错或纰漏时，管理者一定要予以批评指正，但同时要注意方式方法，这样才能使员工心服口服地改正。

在管理工作中，因人而异地选择合适的说辞是十分重要的。如果不管对方是谁，都用同一种方法去说服，就很难顺利达成目标。因为对某些人只要解说大意即可，而对某些人就要动之以情，晓之以理。要想说服人就必须巧妙妥善地运用各种方法才行。要能适当地因人而选择说服的方法，自己也必须具备知识和经验。所以，为了能具备这种说服的才能，身为一个领导者，就得体会各种经验，以增加自己的见识。

领导者一定要掌握批评的艺术，当面指责下级的错误，往往只会招来对方的抵抗，而巧妙地暗示对方注意自己的错误则会受到爱戴。

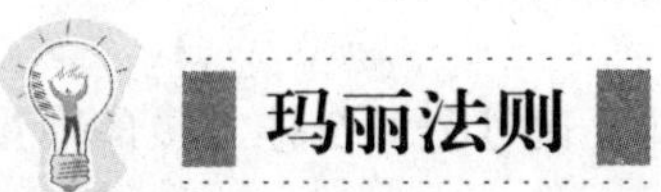

玛丽法则

☆ 一句话说管理 ☆

假如还没有破，就不要去修它，免得弄巧成拙。

追本溯源 “玛丽法则”是由美国著名企业家玛丽·凯·阿什提出的。玫琳凯公司就是由玛丽·凯·阿什女士在1963年创办的，总部设在美国得克萨斯州达拉斯市，是一家业务遍布五大洲30多个国家和地区，在全球拥有5000名员工和180万余名美容顾问的大型化妆品跨国企业集团，也是世界上最大的护肤品和彩妆品直销企业之一。之所以可以建立这样一个跨国大企业，与她相当独到的经营和管理之道是分不开的。因此，后来人们就将其独到的见解称为“玛丽法则”。

企业实战运用 ※ 群策群力——没有不同意见就不决策

杰克·韦尔奇在任通用电气CEO期间，在克劳顿村与学员的课堂交流方式启发了他，于是他决定在整个 GE 倡导“群策群力”（Work-Out）计划。

1990 年的一天，他在家电业务部门参加了一个 Work-Out 会议。这次会议是在肯塔基州列克星敦的假日饭店举行的，参加会议的员工大概有 30 人。大家都在认真听一个工人做陈述报告，他认为可以对电冰箱门的生产工艺进行改进。突然，工厂的车间主任站起来打断了他的讲话，认为他的意见不合理。

这位工人毫不留情地对车间主任说：“你说的狗屁不通！你都不知道自己在说什么，你自己从来没有去过那里。”

接着他拿了一支水笔，开始在写字板上演示自己的改进意见。很快，他讲完了，并得出了自己的结论，同时，他的解决方案也被接受了。

看到工人师傅和车间主任为了改进生产工艺而进行争论，韦尔奇非常高兴。他说：“想象一下，如果是那些刚刚从大学出来的毕业生面对这条生产线，他们恐怕做不到这一点。而现在，这些富有经验的工人师傅帮助他们把问题迅速解决了。”

渐渐地，人们开始敢于表达自己的看法，提出合理的意见，在通用电气公司里流传着很多类似的故事。

有位通用电气的中年工人曾经对 Work-Out 计划这样评论道：“25 年来，你们为我的双手支付工资，同时，你们还拥有了我的大脑，并且不用支付任何工钱。”

这种情形在任何公司都可以发生，但需要员工有一点勇气。没有哪个领导站在员工面前接受批评、倾听一系列要求变革的建议时会感到很舒服，同样，也没有哪个员工会在跟老板叫板时感到理直气壮。

群策群力说的是每一项决策都要通过公司全体人员的商量讨论再执行，这是通用团队精神的一种体现。通用公司通过这种形式打破了公司的重重壁垒，为与外界交流奠定了基础。

通用汽车公司的总裁阿尔弗雷德·斯隆更进一步提出：“在没有出现不同意见之前，不做任何决策。”在一次会议中，斯隆发现所有的人都对一个重要决策持认同态度。他强调说：“对于这个问题，任何不同意见都可以提出来。”

大家都点了点头，表示知道有不同意见是可以提出来的。

“我想我们大家对这项决定都一致同意，是吗？”在场的人都点头表示同意，斯隆接着说，“那么，我建议推迟到下次会议再对这项决定做进一步的讨论，以便我们有时间来提出不同意见，并对与这项决定有关的各个方面有所了解。”结果证明，斯隆的决定是对的，他这样做确实避免了一个错误的决策。

只得到掌声的决策不一定是好决策。有时意见一致是因为每一个人都没有认真地做好自己的工作，没有完成好自己的准备工作。

一项正确的决策，往往是通过听取不同意见，集思广益，反复比较而获得的。决策者

应该善于听取不同意见，反复论证，以求得出的决策具有科学性、可靠性和长远性。有时候，之所以弄巧成拙，往往是因为本来就无巧可弄。因此，为了避免犯更大的错误，还是不要轻易改变某种持续已久的状态或局面，不作为也许才是最好的作为，或许这样才是最好的。

聪明的企业管理者在面对一些现状时，首先要考量是否应该立即做出调整和改变，权衡利弊后再行动。这样做才万无一失，既保全了企业的利益，又避免了弄巧成拙。

不值得定律

☆ 一句话说管理 ☆

不值得做的事情，就不值得做好。

追本溯源 “不值得定律”是一种心理效应，在正常情况下，如果一个人从主观上认定某件事是不值得做的，那么在做这件事的时候，他就不会全力以赴地去把它做好，即便做好了，他也不会觉得有成就感。

那么，到底什么事值得做呢？那就是：符合我们的价值观，适合我们的个性与气质，并能让我们看到所期望的结果的事情。

后来，人们就把“不值得做的事情，就不值得做好”称为“不值得定律”。

企业实战运用 ※ GE 的魅力何在

美国 GE 公司是世界上最大的多元化服务性公司，同时也是高质量、高科技工业和消费产品的提供者。从飞机发动机、发电设备到金融服务，从医疗造影、电视节目到塑料制品，GE 公司致力于通过多项技术和服务创造更美好的生活。GE 在全世界 100 多个国家开展业务，在全球拥有员工近 30 万人。那么，GE 是如何吸引全球的人才的？

其实很简单，GE 的管理者都十分重视对人才满足感和成就感的培养，使得人才感受到自己的价值，也看到了企业广阔的发展前景，从而被 GE 吸引。在通用电气里，每一个员工都感觉自己的工作是值得做的。

GE 的品牌与企业形象

GE 的品牌与企业形象，已经被世界各地的人们所认可，品牌与企业形象的光辉，给全世界的人才带来对美好的职业生涯憧憬，吸引最优秀的人才加入 GE。

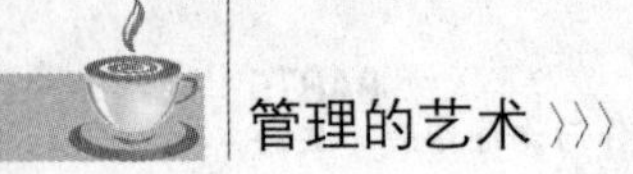

GE 的价值观

如果说 GE 的品牌与形象给优秀人才带来梦想与憧憬，那么 GE 的价值观就像一个巨大的磁场，把与这种文化相匹配的全球最出色的人才吸引过来。GE 的价值观吸引着来自全球各地的最杰出的人才，那些崇尚 GE 价值观又具备才能的贤才是 GE 千方百计要“拥抱”的人，要“抓住”的人。

诚信、变革、业绩的价值观得到了优秀人才的充分认同，引起了他们的共鸣，吸引着全球优秀人才加入 GE。同时，GE 无边界的工作环境，不仅仅体现在团队精神方面，更打破了部门之间的局限，营造了灵活的工作环境。

广阔的业务前景

在中国经济蓬勃发展的环境下，GE 的 13 大业务集团在中国有着清晰而诱人的发展前景，吸引着人才。从 GE 最高领导杰夫·伊梅尔特到 GE 各个业务集团的各级管理人员，他们都充分认识到中国对于 GE 未来发展战略的重要性，对中国市场抱有巨大的信心。

2003 年，在上海落成了 GE 全球第三大研究中心；2005 年，GE 设定了在中国销售 50 亿美元、采购 50 亿美元的目标。这些事实都证明，GE 的业务集团在中国有着明晰的发展前景，为中国的优秀人才提供了绝佳的职业发展机会，吸引着大量中国乃至全球各地的人才加入到 GE 中国的事业中来。

多元化的发展空间

不管是从家用电器到工程塑料、从工业设备到飞机发动机，还是从医疗系统到金融服务，在全球财经领域中，GE 的触角几乎无处不在。GE 共设有 13 个业务集团，涉及工业、医疗、飞机发动机、金融、保险等领域，13 个集团都可以单独入选美国《财富》五百强。

所以，在 GE，每一名员工都有机会跨业务领域、多元化地设计与发展自己的职业生涯。进了 GE，若想换一份工作，你完全可以在 GE 集团内部“跳槽”，而不需再跳到其他公司从头开始。几乎所有的 GE 人都在不同的业务领域和不同的职位上工作过，GE 的多元化给 GE 人以更大的职业发展空间。例如：在 GE，医学专业的员工可能在从事着财务部门的工作，计算机专业的员工可能在做着金融领域的业务。每一个有能力的员工，都可以跨行业、跨国、跨地区、跨职能部门实现自己的职业梦想。内部丰富的流动机会为员工挑战自我、激发兴趣、实现梦想提供了用武之地。

总之，GE 正是运用了“不值得定律”，让人才感觉到不值得的事情就不值得做好，相反，值得的事情就值得去追寻，去做好。

管理艺术

这个定律反映出人们的一种心理，一个人如果做的是一件自认为不值得做的事情，往往会持冷嘲热讽、敷衍了事的态度。不仅成功率小，即使成功，也不会觉得有多大的成就感。

选择你所爱的，爱你所选择的，才可能激发人们的斗志。而一个企业或组织则要很好地分析员工的性格特点，合理分配工作，如让成就欲较强的员工单独或带头完成具有一定风险和难度的工作，并在其完成时给予及时的肯定和赞扬；让依附欲较强的员工更多地参加到某个团体中共同工作。同时要加强员工对企业目标的认同感，让员工感觉到自己所做的工作是值得的，这样才能激发员工的热情。

总之，管理者要善于培养和满足员工的成就感，这样他就会觉得自己所从事的工作是值得为之付出努力的，就会拿出全部的热情去把工作做好。

思维的定势效应

☆ 一句话说管理 ☆

人们在一定的环境中工作和生活，久而久之就会形成一种固定的思维模式，使人们习惯于从固定的角度来观察、思考事物，以固定的方式来接受事物。

追本溯源 美国心理学家迈克曾经做过这样一个试验：他从天花板上悬下两根绳子，两根绳子之间的距离超过人的两臂长，如果用一只手抓住一根绳子，那么另一只手无论如何也抓不到另外一根。在这种情况下，他要求一个人把两根绳子系在一起。不过他在离绳子不远的地方放了一个滑轮，意思是想给系绳的人以帮助。然而尽管系绳的人早就看到了这个滑轮，却没有想到它的用途，结果没有完成任务和解决问题。

其实，解决这个问题很简单。只要系绳的人将滑轮系在一根绳子的末端，用力使它荡起来，然后抓住另一根绳子的末端，待滑轮荡到他面前时抓住它，就能把两根绳子系到一起，这样问题就解决了。

定势有时有助于问题的解决，有时会妨碍问题的解决，心理学家迈尔于1930年研究过定势在解决问题中的作用。在他的试验中，对部分参加试验者利用指导语给以指向性的暗示，对另一些参加者则不给以指向性暗示。结果，前者绝大多数被试者能解决问题，而后者则几乎没有一个能解决问题，这可以说是定势对于解决问题的帮助作用。

后来，人们就把这种局限于既有信息或认识的现象称为“思维的定势效应”。

企业实战运用 ※ 三星：打破思维定势，塑造全员变革心态

公司所处环境变化是唯一不变的真理，那么，要想使企业始终保持活力，永远立于不败之地，企业人就要具备创新意识，敢于打破思维定势。不但自己要做到创新，也要注重塑造全员的变革心态，使整个企业始终都拥有新鲜的血液以保持年轻、朝气和活力。三星的发展史就是一个很典型的例子。

1993 年 2 月，李健熙带领三星各个分公司社长到美国洛杉矶考察，一起目睹了三星产品在国外的遭遇。他们去了很多电子卖场和大百货商店，看到三星的电子产品都被摆放在不起眼的角落，因无人问津而落满灰尘，索尼的产品却摆在很显眼的位置，买的人也多。李健熙当场就买了几个索尼的产品，回来后拆开发现，索尼产品的零件比别人的多，价格却便宜 20%，这就意味着三星的成本比竞争对手高，却卖不出好价钱。

国际市场把三星产品视为二流货，无疑给三星领导层以强烈的刺激。考察结束后，李健熙决定在三星进行一次彻底变革。他一口气写出了《三星新经营》一书，将其作为企业未来发展的行动指南。他在该书的开篇提出“变化先从我做起”的口号，并以此作为三星的企业哲学和奋斗精神：以人才和技术为基础，创造最佳产品和服务，为人类社会做出贡献，积极投身于消费者中间，认识并且迎接来自全球的挑战，为全人类创造更加美好的未来。

要实现美好的设想，必须脚踏实地，从一点一滴做起。哪里才是突破口呢？李健熙一针见血地指出：在全球一体化时代，品质就是企业竞争力的准绳，直接关系到企业的生死存亡。“三万个人搞生产，六千个人搞售后服务，这样的企业拿什么和人家竞争？有品质问题就要找出原因，想办法解决，要让我们的产品达到一流水准，哪怕把生产线停下来，哪怕会影响我们的市场份额。”

为此，他在“新经营”理念中，特别强调以质量管理和力求变革为核心，彻底改变当时盛行的“以数量为中心”的观念。李健熙先后召集三星 1800 多名中高层人员开会，并于 1993 年 6 月 7 日在德国法兰克福提出了“新经营”宣言，以破釜沉舟的气势吹响了“新经营”的号角。

“新经营”理念的提出是对三星员工头脑的一次大冲击，很多人心存疑惑：“注重抓质量，生产量下降怎么办？”一些高层经理甚至跑到李健熙的办公室建议说，变化应当是渐进式的，不要一下子就大变。

李健熙当时就把这些提意见的人批评了一顿，并把那些怎么说服也不支持改革的人一律撤换掉。他甚至提出“除了老婆、孩子，一切都要变”的说法，这在当时的韩国引起了不小的轰动。

“新经营”使三星步入了品质取胜的良性发展轨道，开创了三星崭新的企业文化。1997 年的亚洲金融危机，使得大宇、起亚等不少当年与三星齐名的大企业先后倒下，然

而三星挺了过来，并在国际市场上脱颖而出。可以说，“新经营”改革功不可没。

在市场经济飞速发展的今天，企业要随天时、机遇、季节变化而变化，更要随市场变化而变化。战略上是否与时俱进，产品是否及时更新换代，都关系到生意的成败。那些业务范围较大、经营得法的企业家，都是这方面的行家里手。

要把一个企业做强做大，就要随市场而变。这就要求管理者善于巧妙地避免“思维的定势效应”。无论心理上还是投资战略上，都要随市场的变化及时做出适应市场的调整，更要懂得打破思维定势，勇于创新，从全新的角度和出发点去发现和解决问题。

能够把人限制住的，只有人自己。人的思维空间是无限的，有亿万种可能的变化。也许我们正被困在一个看似走投无路的境地，也许我们正囿于一种两难选择之间，这时一定要明白，这种境遇只是由于我们固执的定势思维所致，只要重新考虑，一定能够找到不止一条跳出困境的出路。

身为管理者，我们更要懂得打破定势，勇于创新，用新的角度和思维去发现问题和解决问题。

☆ 一句话说管理 ☆

动力源头一个微小的动作，反应到链尾就演化为剧烈的震荡。

追本溯源 “长鞭效应”的提出者是美国供应链专家 Hau L.Lee 教授。“长鞭效应”在如今的供应链管理领域无疑是表现得最为突出的了。1998 年，在英国举办的供应链管理专题会议上，一位与会者提及，在他的欧洲日杂公司，生产、供应环节发生着这样的现象：从渔场码头得到原材料，经过加工、配送到产品的最终销售需要 150 天。虽然消费者得到这样的产品没有感觉到不好，而且所有的中间环节也都是按照各自的最优效率运转着，但是这位管理者做了一个数据对比后，让人感到非常惊愕的是：只有 10%的活动时间是产生增值的，其他 90%的时间都是浪费的。

美国供应链专家 Hau L.Lee 教授是最早将这种现象称为“长鞭效应（Bullwhip Effect)”的人，他认为，尽管特定产品的顾客需求变动不大，但是其库存和交货数量波动却相当大。

这样的情况司空见惯，被一些专业学者称为“长鞭效应”，而且被推广到各个领域，于是管理学领域开始盛行“长鞭效应”的说法：动力源头一个微小的动作，反应到链尾就演化为剧烈的震荡。

企业实战运用　※ ZARA 服饰：产业链高效整合

ZARA（飒拉）是西班牙的一个知名服装品牌，从 1985 年成立至今，ZARA 已在全世界 55 个国家和地区建立了 2200 多家女性服饰连锁店。2004 年全球营业收入 46 亿欧元，利润 4.4 亿欧元，获利率 9.7%。而美国第一大服饰连锁品牌 GAP 却只有 6.4%的获利率，远不及 ZARA。

这些成功虽说包含了很多因素，但在产业链高效整合方面 ZARA 表现得更加突出，而产业链的高效整合就是受启发于“长鞭效应”。

现在，中国很多服装制造企业都有“6+1”模式，即产品设计、原料采购、物流运输、订单处理、批发经营、终端零售这六大环节加生产制造环节，但是却缺乏高效的整合。中国的服装企业走完整个“6+1”的流程需要 180 天，而 ZARA 在这方面却表现出超强的整合能力，其走完整个流程只需短短的 12 天，这就意味着 ZARA 整条产业链的整合速度是中国服装企业的 15 倍。

ZARA 这种高效整合的意义十分重大，因为产业链的高效整合是企业节省成本的最有效途径。不加消耗计算，单单库存的成本 ZARA 就比中国的服饰企业节省很多。ZARA 有 85%的生产都在欧洲，当然，ZARA 大部分的销售也都在欧洲，因此在欧洲生产还可以提高流程速度。

也许有的人会考虑：ZARA 在欧洲生产劳动成本不是很高吗？为什么不寻求廉价劳动力集中的中国市场呢？其实原因很简单，那就是劳动成本只占了 ZARA 整条产业链的 2.5%，更高的劳动成本不会使整个生产成本翻倍上涨，这就是 ZARA 选择在欧洲生产的直接原因。所以说，劳动成本在整条产业链中并不是最重要的，而真正能节省成本的方式在于整条产业链的高效整合。

在产业链的仓储运输、终端零售和产品设计环节上，ZARA 做到了真正的高效整合。

首先，在仓储运输环节上，ZARA 为了加快运输的速度，在物流基地建设了 200 公里的地下隧道，用高压空气运输，速度很快。此外，他们还采用空运的方法将成品从西班牙运送到上海或香港，虽然空运的运费很高，但在整个高效整合过程中，这种高昂的空运成本会被摊薄，结果还是节省了成本。

其次，在终端零售环节上，ZARA 有意减少需求量最大的中号衣服，故意制造出供不应求的假象。因为他们发现当不少女性想买中号衣服而买不到的时候，她们心中那种极度的挫败感会让她们下星期再来。这样不但加快了周转率，同时吸引了更多的顾客。

最后，在产品设计环节上，ZARA 的设计思维也十分精湛。他们首先放弃了自主创新的思维，而代之以“市场的快速反应”。其实，能够放弃大家都认同的自主创新思维，这本身就是一种创新的思维。那么他们怎么做市场的快速反应者呢？

大部分女性总是认为衣橱里少了一件衣服，这是为什么呢？原因就在于她们自己也

不知道需要什么类型的衣服。那么，既然消费者自己都不知道自己需要什么样的衣服，企业搞产品创新当然就无从下手了。

因此，企业就要想出更好的办法来应对消费者的需求，做市场的快速反应者才是最好的策略。ZARA 在设计新产品之前首先想到的是如何揣测出最受消费者欢迎的服装类型。他们认为，能卖掉的衣服肯定是消费者喜欢的衣服，假设 100 件衣服，前天卖了 12 件，昨天卖了 6 件，今天卖了 7 件，于是就根据这三天卖掉的衣服的共性设计衣服，根据趋势变化稍作修改，而不要创新。这样不但大幅加快了产品设计的速度，而且产品可以在市场需求还没变化之前迅速推向市场抓住市场脉动。产品在短短的 12 天内就可以推向市场，这么短的时间当然可以抓住市场脉动。

ZARA 集团透过产业链的高效整合大幅压缩成本，而同时透过高效整合做市场的快速反应者，因此他们的衣服总是最新潮的，最受市场喜爱的。ZARA 有效地整合了整个产业链，使得供求信息及时传送，避免了“长鞭效应”，赢得了优势，走在了时尚的前沿，当然深受广大消费者推崇了。

“长鞭效应”是对需求信息扭曲在供应链中传递的一种形象的描述。即：当供应链上的各节点企业只根据来自其相邻的下级企业的需求信息进行生产或者供应决策时，需求信息的不真实性会沿着供应链逆流而上，产生逐级放大的现象。当信息达到最源头的供应商时，其所获得的需求信息和实际消费市场中的顾客需求信息有了很大的偏差。

推广到管理学上就是：动力源头一个微小的动作，反应到链尾就演化为剧烈的震荡。也就是说，作为领导者，我们要懂得细节决定成败，关注每一个细节，才能成就大事业。具体要怎样去做，则要管理者自己体会和感悟了。

从众效应

☆ 一句话说管理 ☆

当个体受到群体的影响（引导或施加压力）时，会怀疑并改变自己的观点、判断和行为，使其朝着与群体大多数人一致的方向变化。

追本溯源 从众效应作为一个心理学概念，是指个体在真实的或臆想的群体压力下，在认知上或行动上以多数人或权威人物的行为为准则，进而在行为上努力与之趋向一致。从众效应既包括思想上的从众，又包括行为上的从众。从众是一种普遍的社会心理现象，从众效应本身并无好坏之分，其作用的好坏取决于在什么问题及场合上产生从众行为，具体表现在两个方面：

一是具有积极作用的从众正效应；

二是具有消极作用的从众负效应。

积极的从众效应可以互相激励情绪，有利于建立良好的社会氛围并使个体达到心理平衡。

所以，人们把这种“自觉不自觉地以多数人的意见为准则，作出判断、形成印象”的心理变化过程称为“从众效应”。这是指作为受众群体中的个体在信息接受中所采取的与大多数人相一致的心理和行为的对策倾向。从众是合乎人们心意和受欢迎的，不从众不仅不受欢迎，还可能会引起灾祸。

企业实战运用 ※ 美的：不“随大流”多元化，自有主心骨

1968 年，何享健与另外 23 名顺德人集资 5000 元成立了一个小作坊式的塑料生产组，这就是美的集团的前身；2007 年，美的集团整体销售收入已达 750 亿元。

低调务实、清醒冷静、随时准备对自己说“不”的品格，曾帮助美的平安渡过无数险滩，也是将美的做成“百年老店”的核心企业文化精神。何享健曾经这样说：“美的成功的一点，就在于对经营理念的清晰把握，从不乱搞多元化。一来搞多元化的企业，成功案例不多；二来美的暂时还不具备搞多元化的能力；第三，从 20 世纪 90 年代以来，美的就明确要集中资源做专业化的白色家电市场，这是我们做强的关键因素。”

早些年，很多人建议何享健去开拓彩电、手机市场，他从不动心。如果当初贸然进入彩电、手机业，现在也未必会如此成功。何享健就是看准了庞大的中国市场需求，能做好白色家电就已经很不容易，何况这个市场还有很大的发展前景。未来美的还将继续咬定白电市场不动摇，所有的收购兼并都将围绕白电业务，把规模做大，把产业做大，把区布局得更合理，这样美的就可以成为白电龙头了。

其实，从直流变频空调就可看出白色家电市场之大。直流变频空调代表未来的发展趋势是整个空调行业的共识。直流变频空调现在还是高价的代名词，消费者的购买热情不高。直流变频何时能成为市场主流，主要取决于普及型产品的价格，而直流变频产品价格下降的瓶颈又在于零部件成本，而解决零部件成本问题就要掌握两个条件，即变频控制的核心技术和变频零部件的采购规模。美的依靠掌握直流变频核心技术，在 2009 年变频零部件大单采购签约仪式上，美的一口气召集了三洋、松下、东芝、IR 等 12 家变频零部件的世界顶级供应商，抛出 250 万套、价值数十亿的直流变频零部件巨额采购大单。

接着，瞄准白色家电市场的美的开展了大规模的并购活动。华凌、荣事达、小天鹅

等企业在被收购后，全部克服水土不服的怪圈起死回生，且围绕美的主品牌，生龙活虎。美的至今十余起并购项目，涉及数十亿元的投资，但收购一个成功一个，放眼广东甚至全国都是绝无仅有的，何享健为此很是自豪。

何享健深知，盲目从众只会淹没在市场大潮之中，这也是美的成功的秘诀所在。不盲目多元化，集中资源做专业化的白色市场，使这只东方“神鹿”依然以稳健的步伐向前奔跑着。

在特定的条件下，由于没有足够的信息或者搜集不到准确的信息，从众行为是很难避免的。通过模仿他人的行为来选择策略并无大碍，有时模仿策略还可以有效地避免风险和取得进步。不顾是非曲直地一概服从多数，随大流走，则是不可取的，是消极的“从众效应”。

传统“随大流，不挨揍”的说法已经过时了，在当代竞争日益激烈的社会中，要想把企业做强做大，就要独树一帜，别具一格。

沟通无限论

☆ 一句话说管理 ☆

企业管理过去是沟通，现在是沟通，未来还是沟通。

追本溯源 “沟通无限论”的提出者是日本松下电器公司创始人松下幸之助。松下幸之助被称为“经营之神”，“事业部”“终身雇用制”“年功序列”等日本企业的管理制度都由他首创。松下公司是一个跨国性公司，在全世界设有230多家公司，员工总数超过25万人，截至2008年4月1日，在中国有员工10万多人。2007年松下全年的销售总额为700多亿美元，位列世界制造业五百强的第59位。松下公司之所以可以发展壮大并持久地发展，就在于松下幸之助的管理哲学上，其中，尤以“沟通无限论”最为著名，深受企业人士的追捧和奉行。

企业实战运用 ※ 壳牌公司的独到管理

英荷（英国、荷兰联营）皇家壳牌集团，简称壳牌公司，其组建始于1907年英国壳牌运输和贸易有限公司与荷兰皇家石油公司股权的合并。此后，该集团逐渐成为世界主要的国际石油公司，业务遍及大约130个国家，合作伙伴非常广泛。它是国际上主要的石油、天然气和石油化工产品的生产商，在30多个国家的50多个炼油厂中拥有权益，而且是石油化工、公路运输燃料（约5万个加油站遍布全球）、润滑油、航空燃料及

液化石油气的主要销售商。同时它还是液化天然气行业的先驱，并在全球各地大型项目的融资、管理和经营方面拥有丰富的经验。该集团2007年销售总收入达3557.82亿美元，利润为313.31亿美元。它在全球任何地方都把健康、安全和环保及遵守集团的经营宗旨放在首要地位，并注重当地员工的培训和发展。

尤其值得一提的是，壳牌公司的管理制度始终建立在沟通的基础之上。

沟通的一大作用是使员工感到自己得到了尊重。另外，也只有沟通才能发挥集体的智慧。壳牌公司之所以经营成功，一个重要原因是部门拥有充分的自主权，公司的权力不是集中在某个人手中，而是分散于各个管理部门。各级管理部门可以根据结果和技术报告，自行作出决策以解决经营中所遇到的各种问题，而不必层层请示、逐级审批。这样，部门主管可以与当地顾客密切联系，迅速作出反应，以应对突如其来的外部事件。

在重大问题决策管理方面，他们的做法是：公司里由6名执行董事组成董事会，一切重大决策必须获得一致通过，防止董事长一人独断专行。这样的组织管理手段使壳牌公司在20世纪80年代避免了盲目跟随潮流收购其他大石油公司所带来的风险，也避免了大举借债的风险。

另外，对员工的管理方面也是着重于沟通。在薪酬方面，壳牌不是处于市场的顶端，但是员工们更看重这里带给他们的学习和成长机会以及“诚实、正直、尊重他人”的企业价值观所营造的畅所欲言的氛围。在这种气氛下，公司不断保持与员工的有效交流，和他们一起解决工作中遇到的问题。在壳牌，管理系统使用的是“交流电”，公司可以通过各种渠道了解员工的想法，帮助他们解决遇到的问题，和他们共同发展。

具体地说，体现在以下几个方面：

探究员工压力源

壳牌不但制定了各种有益于工作生活平衡的人力资源政策，同时也为员工提供了各种应对压力的指导。公司员工有一个简单轻巧的小手册，这是壳牌人力资源部门设计的，专门用来向员工提供生活与工作平衡方面指导的手册。它鼓励并提醒员工要更主动地协调自己的工作与生活的平衡，并为员工在设计人生规划方面提出建议，提醒他们需要考虑的因素，了解每个选择需要牺牲什么，有哪些副作用，对于这些副作用可以去哪里寻求支持。

当内心需求和实际情况矛盾时，就可能产生压力。壳牌鼓励员工通过指导分析出自己的压力来源，根据需要主动和公司交流，双方共同讨论解决方案，在工作或者培训安排方面做出相应的调整。如果某部门内很多人都遇到同样的问题，人力资源部门会组织进行部门内讨论，分析问题并探讨部门内的同事应该怎样互相支持与配合，以提高大家在此方面的满意度。

同时，壳牌还与专业的心理咨询公司合作，为每个员工提供一定额度的免费“一对一”个人咨询，以及有关“应对压力”“做好父母的技巧”等提高个人生活质量的培训课。

沟通解决员工困难

当壳牌员工被上级判断产生了不良业绩时，管理程序的第一步是由业务主管与人力资源经理一起认定不良业绩是否有事实依据，并讨论可能的原因。例如，业绩目标是否现实，主管的指令是否明确，员工是否得到了相应的资源与支持，员工是否有能力。当初步确认不良业绩成立后，就会召开由人力资源经理、主管领导、当事员工一起参加的沟通会。为保证沟通会的公平与透明，员工可以邀请一位同事旁听。在沟通会上，员工有机会就上级主管的判断进行申述，说明自己的情况。如果双方就不良业绩达成共识，主管会提出业绩改进的具体目标和时间要求，并定期回顾。如果员工确有困难，在沟通会上提出合理的解释，公司也会予以考虑，并与员工一同制定解决方案。

上到整个集团的执行总裁，下到最基层的管理者，每个人都有责任和义务了解员工的需求。督导、激励和发展员工，这是壳牌管理者职责范围内必须要做的工作，而不是一份副业。在每年一度的集团员工意见调查过程中，各个业务部门领导被集团明确要求要认真了解本部门员工的意见，并就满意度低的方面公开承诺改进，积极予以跟进，并就进展情况保持持续的双向交流。

沟通无边界

在举行正式沟通会时，除了提醒部门主管进行事先和事后的鼓励，公司有时还会将员工分成小组进行讨论，以小组意见的形式来提出问题和意见。这样一方面保证了问题的质量，另一方面消除了员工的顾虑。经过多年的培养，透明沟通的文化已逐渐被大家接受。

壳牌公司的管理制度给人们这样的启示：每个人的能力都是有限的，但集体的智慧是无穷的。综观许多决策者的巨大成功，绝非单纯依靠其双手披荆斩棘而得来，他们的成功秘诀就在于能吸收集体的智慧。集体的智慧从何而来？靠的就是“沟通”二字。

总之一句话：企业管理过去是沟通，现在是沟通，未来还是沟通。

在千变万化的商业环境中，一个成功决策的制定，不但需要决策者个人的智慧，更需要集体的智慧。同时，决策者还要善于对不同的意见进行比较与融合，取长补短，从而使集体智慧发挥出最大的优势，以保证决策的成功。

其中，“集体的智慧”的意思是多听员工、专家们的意见，特别是当中的反面意见，没有反面意见的决策是十分危险的。企业中，管理者的决策往往决定着工作的成败。要利用一切智慧，把一切坏的可能性全考虑进去，毫无遗漏地制定多种应对对策，最后做出的决策则必定是完全可行的，因为做好了一切准备去排除万难、达成目标。

乔治定理

☆ 一句话说管理 ☆

有效地进行适当的意见交流，对一个组织的生产能力会产生积极有益的影响。

追本溯源 这个定理是由美国管理学家小克劳德·乔治提出的。他认为，在组织中，有效地进行适当的意见交流，对一个组织的生产能力会产生积极有益的影响。而在一个企业中，也只有沟通才是企业成功之本。对于企业管理来说，管理的主体是人，管理就是如何做人的工作，所以说，人的因素是企业能否成功的关键因素。所有的管理问题归根结底都是人的问题，都是沟通的问题。通过沟通可以增强员工的信心，可以把团队的目标深入到团队中每位成员的心中，集合每个人的力量，将之引向整个团队最终追求的目标。

后来，人们就将这种管理观念称为“乔治定理”。

企业实战运用 ※ 东芝：关注员工的意见

东芝公司是日本的一家跨国公司，是日本机电工业中比较大的垄断企业之一。它的前身是1875年创立的田中制作所，1893年改名为东京芝浦制作所，1934年和东京电气公司合并，称东京芝浦电气公司，总部设在东京。

东芝公司的前任董事长土光敏夫是日本著名的企业家，他在出任东芝公司总经理的时候，提倡“走廊交谈”、开短会和站着开会，以改变公司员工的散漫作风，提高工作效率。他说：“会议不是用来做报告的，不是会前把材料分发下来就行了，会议是进行讨论的。只要在讨论时抓住重点，就无须花很长的时间。负责干部因开会而长时间离开工作岗位是不被允许的。”在他的倡导和要求下，东芝各级干部员工的工作效率得到了很大提高。

和东芝公司一样，日本的很多企业都非常讲究开会的效率，他们绝不开无用的会。每次开会之前，都在会议室里张贴本次会议的成本，有多少人参加，开多长时间，每小时工时费用，最后累计起来公布，使主持会议的人和参加会议的人心中有数。开短会，开高效率的会，不说废话。日本的会议室不像我们国内的这么舒适，而是十分简陋，不但无烟无茶，而且没有椅子，开会的人都站着。用简陋的条件控制会议的长度，管理时间资源，提高开会的效率。

“站着开会”直接解决了开会的效率问题，而“走动管理”要解决的是经理人员的管理作风问题。所谓“走动管理”，就是经理人员不是靠会议报表了解情况，而是亲自走到基层中去调查，掌握第一手材料，面对面地解决实际问题。

土光敏夫刚接手东芝公司时，公司已连年亏损，很不景气。上任伊始，他不顾年迈，第一件事就是遍访公司设在日本各地的30多家下属企业。每到一处，土光敏夫不是先听厂长、经理汇报，而是找一些老工人去酒馆喝酒、聊天，工人们都称赞他为“提着酒瓶子的大老板”。通过找基层群众直接调查，他获得了宝贵的第一手资料，弄清了企业亏损的原因，也获得了许多有价值的建议，更重要的是，他率先打破了在企业机关中长期形成的官僚主义习气。公司各级经理人员纷纷效仿，大大提高了办事效率，改善了上下级关系。不久，东芝便爬出了低谷，扭亏为盈。

管理其实主要就是如何做人的工作，所以，要经常与员工沟通，保证企业的工作气氛和谐、融洽。一个沟通顺畅的企业必是一个工作气氛和谐的企业，而且这个企业的团队，也会产生强烈的团队凝聚力和战斗力，这样的企业自然能长久发展和壮大。东芝就是一个成功的典型。

对于企业管理来说，管理的主体是人。管理就是如何做人的工作，所以说，人的因素是企业能否成功的关键因素。所有的管理问题归根结底，都是人的问题，都是沟通的问题。通过沟通可以增强员工的信心，可以把团队的目标深入到团队中每位成员的心中，集合每个人的力量，将之引向整个团队最终追求的目标。

一个沟通顺畅的企业必然是一个工作气氛融洽、工作效率极高的企业。员工在这样的企业里工作，哪怕再苦再累，也是心甘情愿的，因为心情是愉快的。沟通创造和谐，沟通赢得人心，它能够凝聚出士气和斗志，这种士气和斗志就是支撑企业大厦的中坚力量。有了这样的中坚力量，何愁企业不发展呢。

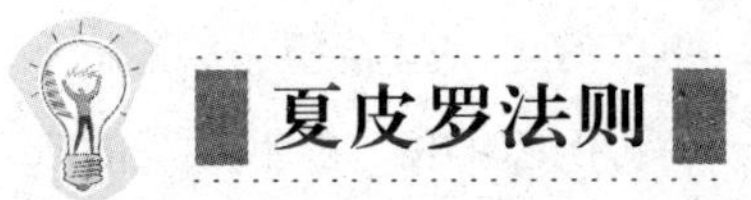

夏皮罗法则

☆　一句话说管理　☆

如果把最高主管的责任列一张清单，对企业的作用没有一项比得上适当的沟通。

追本溯源　“夏皮罗法则”是由杜邦公司前执行总裁夏皮罗提出的。作为企业的高级管理者，夏皮罗有很多独特的见解和管理理念。他认为，沟通对于高级主管来说，是一项很艰巨和重要的工作。也就是说，企业高管只有把与各方面的沟通放在重要的地位，才有可能把企业管理好。后来，人们就以夏皮罗的名字命名了这个法则，也就是著名的“夏皮罗法则”。

企业实战运用　※ 海尔："零距离"沟通

很多人认为在市场经济条件下，企业和客户完全是冷冰冰的钱和物的交换关系，我生产产品，你掏钱买我的产品，就算是完成了一次交易。所以，很多企业都把精力放在怎样把产品卖出去上，但海尔总裁张瑞敏认为，如果仅仅停留在这个阶段，就不会赢得真正的用户，而应该把钱和物的交易换成人与人之间的情感交流。海尔在实践服务的过程中，不仅满足了用户的现实需求，还传播了海尔的企业精神，为用户送去了一份人间温情，为用户提供了有人情味的细致入微的服务，达到了和用户心与心零距离接触的目的。

张瑞敏说："所谓零距离，其本质是心与心的零距离，只有企业的心同员工的心是零距离，员工的心才能同用户的心零距离，这样才能真正做到买一台产品赢得一颗用户的心，这不仅指国内的用户，也包括国外的用户。"这种随用户需求变化而变化的"零距离"服务，强调"直接面对用户，以用户为核心"。

现代行销理论上有一个新概念——"顾客联结"，即指聪明的企业靠品牌意识维系与顾客间的长远关系，并将志同道合者结合成一个密不可分的团体，建立品牌优势，从中取得成效。海尔正是懂得这个概念，注重与客户的沟通交流，从而建立和提升企业品牌形象。

曾经有一位天津的海尔用户向张瑞敏发过这样一封表扬信："2003 年 1 月 27 日深夜，我家卫生间冲便器的进水软管突然断裂。我连忙去关总阀门，由于阀门质量太差，水还是流个不停；又慌忙去找物业管理，无人理睬；邻居出主意：去卖水暖器材的商店，商店老板说民工回家过年了。我万般无奈到一楼请求关了总阀门，楼层内在洗衣服的居民立刻就埋怨我了。这时，我突然想起了海尔，我的洗衣机、空调、热水器等都是海尔的，而且洗衣机和热水器安装时都有水暖施工，心想大概海尔能帮我解决这个问题，于是我找到了保修证，拨通了海尔专线电话，一位小姐安慰我说：'您别着急，我得联系一名技术全面的师傅。'我心里有了一丝希望……"

另外，海尔星级服务还推出了为用户家电"过生日"的亲情化服务，即在用户购买使用海尔家电周年时（彩电、电脑每满三年，平板电视一年，其他家电每满五年，VIP 用户每年一次）主动送上"生日"礼物，包括赠送家电生日贺卡，对海尔家电进行维护、保养等超值的服务。

这样做就把被动服务升级为主动服务，不等用户打电话就主动登门给家电作检测，把问题扼杀在摇篮里。这种"主动型"的上门服务主要是通过维修站工作人员的信息收集、电话回访、上门检修等几个环节完成的。这种独特的服务是靠数字智能化的顾客服务信息系统做后盾的。系统采用了国际最新 CRM 客户服务信息技术，给海尔每位用户的家电产品都建立了档案，运用信息化的手段，鼠标轻轻一点，电脑里就会立即显示用户的相关资料，海尔服务人员可以根据这些记录为用户提供更为亲情化的服务。

从这个意义上讲，海尔的"零距离服务"可以理解成一种无限的概念。海尔不仅将

服务作为一个卖点，而且将其作为一种观念来培养，作为一种品牌来缔造。

在某种程度上，消费者的态度决定了企业的兴衰。消费者除了购买产品，也购买了企业的服务。消费者对产品服务越满意，购买率就越高，企业就会发展，反之，企业就会衰退。海尔式的服务理念和企业哲学正逐渐渗透到现代的企业管理中，这既是一种持久、恒定的耐性，也是一种以不变应万变的胆略。正是这种胆略和“真诚到永远”的“零距离沟通”造就了海尔今日的辉煌。

管理艺术

从夏皮罗法则中我们不难看出，身为管理者，“沟通”是其工作的一部分，做好沟通工作是管理者自身的责任。

沟通，对企业的发展和运行起着至关重要的作用。身为一个企业的管理者，要做到不仅仅是对内的沟通，还要兼顾对外沟通。不管是对客户，还是对政府部门，都要顾及到，这样才能使企业左右逢源、快速发展。

贝勃定律

☆ 一句话说管理 ☆

添加更多的重量才能感觉到与已有重量的差别。

追本溯源 “贝勃定律”表明的是一个社会心理学效应，当人经历强烈的刺激后，之后施予的刺激对他来说也就变得微不足道了。

普遍引述的一个验证试验就是：

一个人右手举着300克重的砝码，这时在其左手上放305克的砝码，他并不会觉得有什么差别，直到左手上砝码的重量加至306克才会察觉。如果右手举着600克重的砝码，这时左手上砝码的重量要达到612克才能感觉到重，后来就必须加更大的量才能感觉到差别。

企业实战运用 ※ 可口可乐：理性处理事件，巧妙化解危机

可口可乐公司成立于1892年，总部设在美国 佐治亚州亚特兰大市，是全球最大的饮料公司，拥有全球48%的可乐市场占有率以及全球前三大饮料的两项（可口可乐排名第一，百事可乐第二，低热量可口可乐第三）。可口可乐在200个国家拥有160种饮料品牌，包括汽水、运动饮料、乳类饮品、果汁、茶和咖啡，亦是全球最大的果汁饮料经销商（包括Minute Maid品牌）。在美国排名第一的可口可乐为其取得了超过40%的市场占有率，而雪碧（Sprite）则是成长最快的饮料，其他品牌包括伯克（Barq）的root beer

(沙士)、水果国度(Fruitopia)以及大浪(Surge)。

可口可乐公司之所以能够如此成功，和其管理者能够理性处理事件，巧妙化解危机有很大的关系。自从成立以来，可口可乐有过很多公关危机事件，但是最终都能够化险为夷，这都要归功于管理者懂得“贝勃定理”，知道遇事要理性地分析，不能仅仅凭借感觉行事。

1994年，美国可口可乐公司总部接到一位妇女的投诉电话，这位妇女怒气冲冲地说：“我在买的可口可乐里发现了一枚别针！如果你们不能给我一个令人信服的解释，我将向联邦法院起诉你们，并将这件事向媒体公布！”可口可乐公司一时丈二和尚摸不着头脑：可乐里面怎么会有别针呢？谁也说不明白。

但是，可口可乐高层对此事非常重视。因为谁都知道，这样的事若被张扬出去，经媒体炒作一番，可口可乐的百年声誉必将毁于一旦。可口可乐公司高层紧急成立了一个调查组，连夜奔赴出事地点——位于科罗拉多州的一个名为布瑞英克的小镇。

调查组根据那位妇女的介绍，找到零售可乐的小店，又顺藤摸瓜地找到批发商，最后确定这瓶内有别针的可乐是由位于科罗拉多州的一个可口可乐分厂生产的。

调查组带着那位妇女对这家分厂进行了突击检查。结果发现这家工厂的生产条件极佳，干净卫生，工人也极为负责，根本不可能将别针放进可乐里。问题出在哪里呢？查出来是不可能的了。

面对这样棘手的问题，可口可乐并没有太大的惊慌，而是很冷静地应对。

高层示意调查组向那位妇女道歉，请她原谅，并且真诚地说：“您看，我们的生产条件极好，工作纪律非常严格，尤其是各位员工对顾客绝对负责。发生这样的事肯定是个意外，遗憾的是，我们没能查出其中的缘故。但是，请您相信，我们将会进一步加强管理，保证类似的事绝不再发生。作为对您所受惊吓的补偿，我们将赔偿您1万美元的精神损失费。同时，为了感谢您对可口可乐的信任和支持，我们邀请您到可口可乐公司总部免费参观旅游，如果您对我们还有什么不满意的地方，请您尽管说，我们一定竭力满足。”

最后，那名顾客见可口可乐公司如此真诚，怒意全消，愿意去可口可乐公司总部参观，这样，这件事就解决了。面对突发的危机，可口可乐公司显示出了自己的坦诚，进而沉着、冷静地“冷处理”了这次危机。

理性地分析事实，不要随意凭感觉论事。作为一名企业的领导者，只凭感觉行事，那么，这个企业是注定走不远的。

管理者是企业的领导者，既然是领导者，那么对企业的发展将有不可推卸的责任。也就是说，管理者应该保证在企业发展道路上要千方百计地规避风险。而凭感觉行事则会导致失败，所以这里强调理性：科学地分析事实的重要性。首先，管理者在决策时要借用外脑，讲究民主，关注不同的声音。然后，经过大量具体而细致的分析、论证后再做决策。最后，快速执行正确无误的决策就可以了。

比林定律

☆ 一句话说管理 ☆

一生中的麻烦有一半是由于太快说“是”，太慢说“不”造成的。

追本溯源 这个定律是由美国幽默作家比林提出的。作为一名幽默作家，比林对于生活的观察和领悟总是很独到和贴切的，他曾经说过：“一生中的麻烦有一半是由于太快说‘是’，太慢说‘不’造成的。”后来，人们就将这句话称为“比林定律”，并应用于企业管理中。

企业实战运用 ※ 阿里巴巴：面对诱惑，学会说“不”

阿里巴巴是中国最大的网络公司和世界第二大网络公司，是由马云在1999年一手创立的企业对企业的网上贸易市场平台。2003年5月，阿里巴巴投资一亿元人民币建立了个人网上贸易市场平台——淘宝网。2004年10月，阿里巴巴投资成立支付宝公司，面向中国电子商务市场推出基于中介的安全交易服务。阿里巴巴在香港成立公司总部，在中国杭州成立中国总部，并在海外设立美国硅谷、伦敦等分支机构和合资企业3家，在中国北京、上海、浙江、山东、江苏、福建、广东等地区设立分公司和办事处十多家。

2007年11月6日上午10时，B2B电子商务公司阿里巴巴正式在香港联交所挂牌上市，股票代码为1688-HK。

2008年4月中旬，阿里巴巴集团董事局主席马云出席阿里巴巴北京网商论坛，以一名创业者的身份与1200多名京津冀的网商代表们分享做好电子商务的经验。其中，他们谈论了很多和创业的相关问题。

在向广大中小企业代表介绍创业的经验教训时，马云诚恳地提出，必须弄清楚三个问题：你想做什么，该做什么和能做什么。

马云称，在阿里巴巴上市前，他们对认购的预期是400亿美元，没想到，在第一站香港路演后就募集到360亿美元，随即到新加坡后达到600亿美元，走到纽约已经募集到1800亿美元。

面对如此良好的开场，马云并没有因诱惑而失去方向，而是认真冷静地分析了各方面的现状。他说：“我们最初预定的发行价是12港元，人家看到这么好的路演情况，说发行24元都可以。每股多一元就多10亿港元啊！我们若将发行价提高到24港元就会比预期多出120亿港元，这是多好的发财机会！”但是，马云当晚召集团队开会，告诉他们，人要在诱惑面前学会说“不”，贪婪一定会付出代价，阿里巴巴现在还是新手，没有那么大的把握能够承担这样高的发行价。经过一番商议，最后把发行价定在13.5港元。

正是因为马云面对诱惑，学会说“不”，才使得阿里巴巴顺利上市，开盘形势大好。

常常听人说：平生最怕的事情就是拒绝别人。这可能是大多数人的普遍心理。

的确，我们很多人，包括一些处世高手，在如何拒绝他人这件事上，都是很费脑筋的。人们往往出于爱面子和怕得罪人的心理，在别人提出一些要求或者请求帮助的时候，即使自己很忙，或者力有不逮，也往往要勉为其力。其实，这么做是愚蠢的，要勇敢地说“不”！

拒绝的艺术，也是领导者的管理艺术。学会拒绝，是一种艺术，更是一种权利。

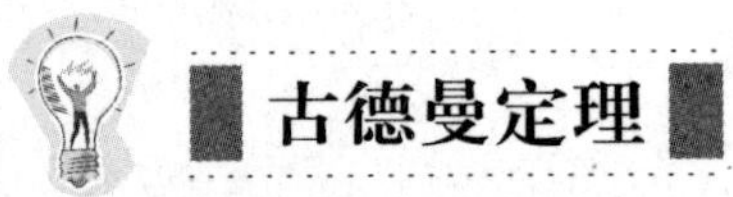

古德曼定理

☆ 一句话说管理 ☆

没有沉默就没有沟通。

追本溯源 这个定理是由美国加州大学心理学教授古德曼提出的。最有价值的人，不一定是最能说的人。老天给我们两只耳朵一个嘴巴，就是让我们多听少说的。善于倾听，是成熟的人最基本的素质。当你能够心领神会的时候，沉默便胜过千言万语。古德曼教授认为，没有沉默就没有沟通。的确，沉默倾听对于沟通来说也是至关重要的。后来，人们就将古德曼教授的这句话称为“古德曼定理”。

企业实战运用 ※ IBM绩效考核制度的由来

IBM作为全球五百强企业，能够保持名列前茅的地位自有其一套独到的管理方式。拥有30多万员工的IBM非常重视内部沟通，并且建立了许多沟通渠道，保障信息交流的畅通无阻。

工作业绩突出就会得到加薪和奖励，这点在IBM贯彻得很好，但是如果还是有员工感觉没有得到应有的奖励或对奖励制度不满意，他们可以通过不同的渠道表达自己的看法和建议。

这就是IBM充满民主气息的绩效考核制度，也正是由于IBM重视双向沟通才使得其企业文化不断充实和完善，更有效地保证了企业长久不变的竞争力。

说到IBM的绩效考核制度，这里还有一个故事，正是由于这个故事，IBM才有了后来不断发展完善的绩效考核制度。

企业建立初期，为了缩小员工与高级管理人员之间的距离，IBM采取了最通常的做法——“敞开大门（Open-Door）”。这是IBM创始人老托马斯·沃森在20世纪20年代初采取的沟通交流措施。这种措施也很好地起到了及时解决问题的作用。

小托马斯·沃森执掌 IBM 后，仍然利用“敞开大门（Open-Door）”措施来了解 IBM 的经营状况，了解企业和员工的情况。小托马斯·沃森认为，这是用其他办法无法办到的事情。有意见的 IBM 员工最初可以向他们的直接主管诉说，如果问题得不到解决，他们有权直接找小托马斯·沃森。

有一次，一个员工的抗议导致小沃森彻底改变了 IBM 决策层的办事方式。

一天，波基普西工厂一个即将被辞退的机工找到小托马斯·沃森，他不甘心就这样被公司辞退。见到小托马斯·沃森时，他十分愤懑地说：“主管待人不公平！我干的活比车间的任何人都多，而我拿的工资却最少！”

面对这个机工，小托马斯·沃森突然有些不知所措。等解决了这个员工的问题后，小沃森陷入了沉思：现在只有一个这样的员工来质问我，如果不深究这个问题，那么就会有更多这样的员工来质问。

于是，小沃森决定彻底改变这种状况。他带领高级经理走遍了在美国的所有 IBM 工厂，深入基层，参加调研，开会讨论。终于，经过了一段时间后，他们制定出了将工资同业绩挂钩的制度，按劳取薪。这样既做到了公平，又可以调动员工的工作积极性，提高工作效率，实在是一举两得的制度。

新的制度实施后，再也没有员工跑去质问小沃森了。而以前按时或按件取酬是被 IBM 所鄙视的，因为老沃森认为那样做不能给所有 IBM 员工带来美好生活。

但是，面对不断变化发展的情况，小沃森没有为了自身的利益做过多的争辩，而是用实际行动去改善不符实际的制度。他之所以可以成功地经营企业，或许就是因为懂得多听少说，用实际行动去证明“古德曼定理”。以后的管理者也是秉承了这种优良作风，才使得 IBM 可以长盛不衰。

最有价值的人，不一定是最能说的人。当然这里我们并不是否定表达能力强的人，也不是说社会或企业不需要能言善辩的人才。只是，老天给我们两只耳朵一个嘴巴，就是让我们多听少说的。善于倾听，是成熟的人最基本的素质。当你能够心领神会的时候，沉默便胜过了千言万语。

作为企业的管理者，我们更应该善于倾听、精于倾听。倾听什么？倾听来自基层的意见与建议，倾听来自外界的表扬与批评，倾听来自领导的肯定与质疑。在这里，又要求我们管理者有这个胸襟、气度和智慧，因为只有不断吸收外界的想法，才能使自己的管理理念日趋完善，让管理的效果变得更好。

尼伦伯格原则

☆ 一句话说管理 ☆

成功的谈判，双方都是胜利者。（双赢）

追本溯源 该原则是由美国杰出的谈判专家尼伦伯格提出的。有多年谈判经验的尼伦伯格认为，一次成功的谈判，就是谈判双方都能够达到目的，实现了双赢的谈判。确实，要想谈判成功，就要达到双方都是胜利者的效果。人们将这种谈判原则称为“尼伦伯格原则”。

企业实战运用 ※ 海尔：竞合中求双赢

在世界经济一体化的今天，战略联盟是企业获取竞争优势，实现快速成长的一种重要战略，也是西方成功企业进入新兴国际市场时使用最为广泛的战术。自从美国 DEC 公司总裁简·霍普兰德和管理学家罗杰·奈杰尔提出战略联盟的概念以来，战略联盟就成为管理学界和企业界关注的焦点。

战略联盟，也就是采取同盟协作竞争战略，可以帮助企业从旧观念中解脱出来，共同创造需求，满足需求。国外有这样一条成功的经营信条：为了让自己赚更多的钱，首先要分一块蛋糕给竞争对手吃，广泛开展横向联合与纵向联合，才可以在更大范围内整合和优化资源配置，形成共生关系，借力发展，实现两个或两个以上企业优质管理的组合，形成共存双赢的产业新形势。

“竞合”，即竞争中的合作，是企业战略联盟的一种表现形式，是 21 世纪企业国际化战略的趋势，这种战略在海尔的国际化道路中得到了很好的体现。

2002 年 1 月 8 日，海尔集团与日本三洋电机株式会社合资成立了一个新公司——“三洋海尔株式会社”，两者结成了共存共赢的战略联盟。该公司以中日两国市场为基础，在网络时代互换市场资源，建立一种新型的竞合关系，以期创造更大的市场。海尔历史性地进入日本市场，标志着海尔的国际化战略发展到了一个新的更具国际竞争力的阶段。海尔、三洋达成“竞合模式”是有一定的前提的。首先，它们采取的都是全球化和国际化战略，它们需要把它们的产品打到全世界去。其次，双方各有优势，如果进行全面的合作，就可以实现优势互补和市场资源的共享，尽可能地发挥自己的优势。海尔是世界白色家电五百强企业，提供的产品在款式等方面，有非常强大的实力，而三洋在基础元器件如集成电路制造方面在日本的实力是首屈一指的，如果以最强的产品款式配以最强的基础元器件，那么制造出的产品必然更加完美无缺。以这样一种优势互补的方

式向世界的消费者提供更好的产品，这就是强强联合的目的。

于是，三洋和海尔双方达成了一个共识：他们的竞争并不在三洋或海尔，也不是必须要一方打倒另一方，因为现在没有任何一个企业可以打败它所有的竞争对手，也没有任何一个企业可以满足用户的所有需求。因此，对抗不如对话，竞争不如竞合，为了共同获取市场资源，双方考虑的是怎么样给消费者提供满意的产品，在这样一个基础上就形成了“竞合”的关系，最后达到双赢。

关于市场共享，他们具体是这样做的：两国市场各有不同的特性，对方难以掌握，但合作之后，双方的用户资源就可以进行共享了，通过双方在本国强大的销售渠道，创造更多的用户，在此基础上，再进一步进行技术等多方面的合作。这样就节省了很多在异国开辟新市场所需的投资、时间和精力，从而达到高效高速扩大产品市场的目的。日本是全球公认的家电产品最难进入的市场，海尔却顺利进入了这一市场，率先创造了被舆论称为“亚洲模式”的营销方式。

在全球化越来越快的情况下，一个企业要想获得长足的发展，就必须从全球的角度进行战略规划。海尔大胆“与狼共舞”，与三洋结成了战略联盟，其基础是优势互补，其方式是资源互换，其结果是双赢发展。

除竞合外，企业联合的形式还有很多种：纵向联合，是生产过程互相衔接、联系密切的一些企业之间的联合；混合联合，是指生产上没有直接联系的各企业之间的联合，或者按照某种产品的需要，把存在纵向联合关系和横向联合关系的企业联合在一起；中心—卫星式联合，这种联合主要是围绕一种优质、名牌产品，由原来的中心全能厂实行零件扩散，建立专业化零件工厂，扩大生产能力，并由中心厂与各卫星厂组成公司或总厂。

在竞合状态下，各大企业能够实现优势互补，优化资源配置，降低生产成本，提高劳动生产效率，促进研究与开发，最终扩大市场份额。同时，联合不仅有利于优化国内的资源配置，还能够提高企业的国际竞争力，在国际市场竞争中处于有利地位，有效地实现双赢。

所谓双赢，就是说双方都得到好处，有饭大家吃，有福大家享，当然，有利也要大家分。无论什么时候，只有双赢才能得到发展的坦途。虽然尼伦伯格原则只强调了谈判想要成功，就要做到能够实现双赢。其实，这样的道理，同样适用于管理和经营企业。

作为企业管理者，应该知晓“自私利己，愚者之见；打造双赢，智者之举”。一言以蔽之，就是要有让企业与员工间保持双赢的意识或理念。

对于员工和企业来说，应是员工先赢，企业后赢。在现代企业经营管理中，有人强调“和谐高于一切”，也有人主张“竞争才能生存”，而事实表明，能做到和谐与竞争的统一才是企业经营的最高境界。

PART6 〉〉〉

企业组织流程要做“一条龙”

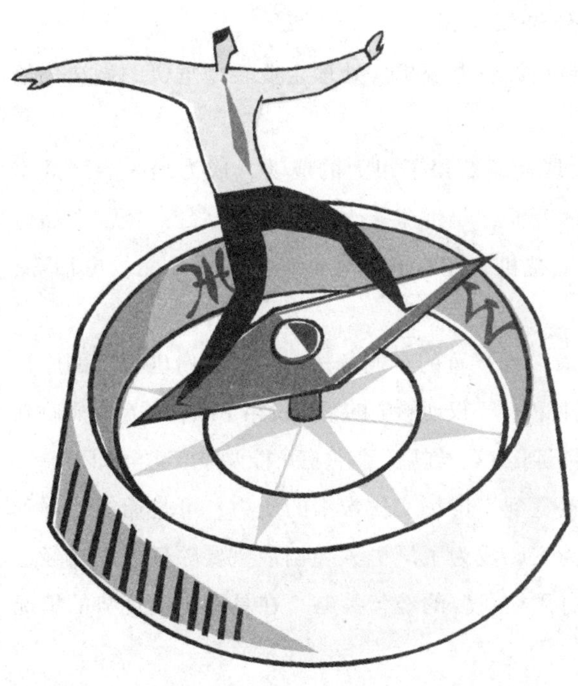

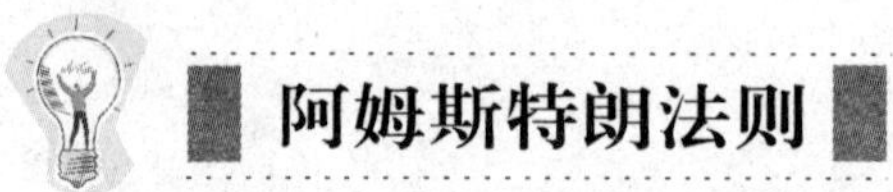

阿姆斯特朗法则

☆ 一句话说管理 ☆

企业能否成功转型关键之处在于企业如何扭转劣势、摆脱困境。

追本溯源 阿姆斯特朗是一名运动员，世界闻名的环法自行车赛“七连冠”。阿姆斯特朗骑车在平地疾驰时实力并不突出，甚至还经常落在别人的后面，但一到山地他就迸发潜力，连续超过他人，将在平地的劣势扭转，成为他每战必胜的关键。经济学家把阿姆斯特朗的现象应用到企业中，一个公司领导人怎样、企业文化怎样、员工素质怎样，平时也许看不出来，只有当企业遭遇逆境时才能看出来。

企业实战运用 ※ 企业如何摆脱困境

虽然早已过了黑白电视的时代，但当初红星电视机厂处理企业转型危机的做法仍值得我们学习。

红星电视机厂建立于1979年，在发展初期获得了很大的成功，成为当时名副其实的“暴发户”。该厂的固定资产达5000多万元，年生产能力高达120万台，经营产品包括各种型号、规格的黑白电视机和彩色电视机，还有电子琴、吸尘器以及无线电话等，是实力雄厚的国家定点骨干企业。

然而在1989年，红星电视机厂面临着一次严重的企业危机。当时黑白电视机的库存积压已达16万多台，特别是国家下调彩电特税，不仅使彩电的销售价格下跌，还严重影响到黑白机的销售。形势迫在眉睫，如果情况得不到改善，红星厂就很有可能要停产甚至倒闭。

其实在危机发生之前，厂长就已经感觉到了市场变化带来的压力，可是始终找不到转型的支点。如何使红星电视机厂转危为安，成为了厂里领导们最重要的任务。在经过几次调研讨论之后，大家决定实行“主打黑白机”的经营策略，在具有生产优势的情况下，把眼光放在更远的市场上。

当时国家有关部门的预测资料表明，全国黑白机的需求量将继续超过彩电的需求量，因此红星电视机厂决定把眼光放在黑白机的生产上，紧盯住广阔的农村乡镇市场。同时全力抓黑白机的出口，扩大出口范围，面向第三世界国家以优、廉取胜，在此基础上兼顾彩电的生产。概括起来说，当时的红星电视机厂实行的经营策略就是：以黑为主，以彩补黑。这套经营方案充分发挥了自己的优势：一手抓黑白机需求量大的广阔农

村市场，一手抓黑白机的出口，打入国际市场。

正是这种临危不乱的领导风范，给厂里的员工打了一针强心剂。员工们本来以为因为停产很可能就会下岗，当接到工作通知时，都被领导们一直在努力挽救局势的精神感动，所以当时所有的员工都拿出十二分的精力，众志成城地要和厂子一起渡过难关。在农村销售黑白机时，以中层干部为主的调查组到广大的农村调查市场，到村里搞销售的员工与农民同吃同住，不怕辛苦，大力宣传本厂产品。经过不懈的努力，当年16万台黑白机全部销售一空，并开辟了广大县、镇、村的销售市场，厂子终于渡过了难关。

当时的红星电视机厂凭着领导们和员工们的不断努力，顺利度过了企业危机。今天，依然有很多企业遭遇到困难，而“挺过去”的公司都是我们效仿的榜样。

众所周知，腾讯也曾遇到过严重的危机，当时差一点就以100万人民币的价格被出售了。可是买方到腾讯把所有的计算机、桌椅板凳数了一遍，觉得最多值60万，马化腾觉得价低，离100万还差40万，就决定不卖了。在接下来的日子里，他靠着常人难以想象的毅力，终于挺了过来。六年的承受，为他、为腾讯带来了近40亿美元的市值，使腾讯一跃成为最成功的网站之一。

一个企业想要成功摆脱困境，是需要努力和坚持的，还要有沉着和受煎熬的勇气，只有这样才能成功转型，做出“柳暗花明又一村”的傲人成绩。

每个企业都有可能会陷入困境，都可能会遇到危机，在巨大的压力面前，我们该怎么抉择？作为企业的领导者，我们一定要拿出决不气馁，决不放弃的精神，带领我们的员工走出逆境。在困难面前，我们要保持清醒的头脑，有时候不能只局限在眼前的困境中，要把眼光放远。有句话说得好：“当局者迷，旁观者清。”只有站在更高的位置，我们才能从整体上把握公司的运营，制订出长远的发展目标和发展规划。遇到困难并不可怕，可怕的是迷失在失败的阴影中，找不到出路。对于一个企业而言，发展的出路就是发掘自身的核心竞争力，找到自己的优势。其实很多危机中都孕育着机遇，我们抓住能够实现超越的机遇，不仅可以摆脱窘境，而且能成为自己发展的优势。

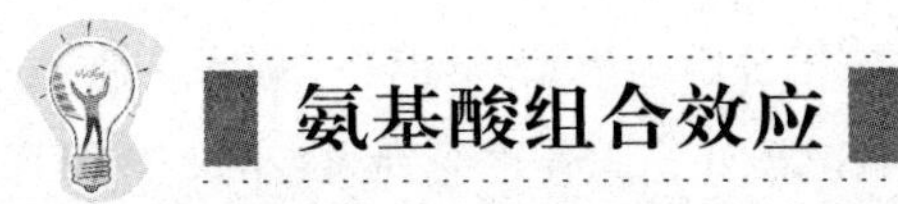

氨基酸组合效应

☆ 一句话说管理 ☆

在系统管理与决策时，要统筹兼顾，注重所有组成部分的价值，才能发挥企业最大潜力。

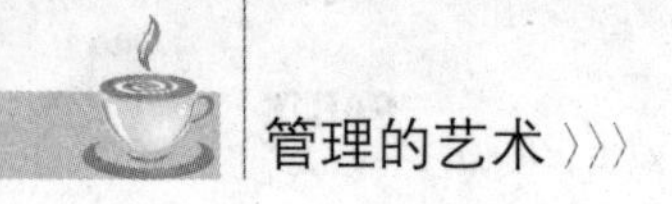

追本溯源 “氨基酸组合效应”指的是：组成人体蛋白的八种氨基酸，只要有一种含量不足，就无法合成蛋白质。简而言之，就是当缺一不可时，“一”就是一切。运用到企业的经营管理中，就是管理者要全盘兼顾，不能厚此薄彼，否则很可能会因为忽略了一个细节而导致全盘皆输。

企业实战运用 ※ 细节决定成败

任何伟业的铸就都离不开细节的支撑。不要以为管理者是干大事的人，就可以忽略那些“鸡毛蒜皮”的细节，要知道每一个不起眼的细节里都可能存在着重大的管理问题。只有关注细节，才能把企业做大做强。

零售业巨子沃尔玛就是最好的证明，沃尔玛之所以能够取得如此骄人的成绩，一个关键的因素就是，它在战略正确的前提下对细节的关注。沃尔玛在创立初期，其创始人山姆·沃尔顿就对员工提出了一个极致服务的要求，就是要为每一位顾客提供比满意更满意的服务。为此，沃尔顿制定了严格的管理制度：要求员工无论何时，只要顾客出现在十步之内，就必须温和地看着顾客的眼睛，主动打招呼，并且始终保持微笑，对顾客露出自己的八颗牙……这些对细节的重视，为沃尔玛赢得了顾客的赞赏。

事实证明，只有关注细节，企业才能得到长远的发展。相反，如果忽视细节，企业就会被细节打败。

美国宝洁公司在中国刚刚推出汰渍洗衣粉时，的确受到了顾客的青睐，市场占有率和销售额以惊人的速度向上飙升。可是令宝洁公司没想到的是，这种发展局面并没有撑多久，很快销售量就下降了。

宝洁公司为了弄清销售量下降的原因，进行了大量的市场调查。在一次小组座谈会上，一位员工提到了问题的所在。原来在调查中，有顾客抱怨汰渍洗衣粉用量大，当宝洁的员工追问是什么原因造成用量大时，这位顾客说：“你看广告中在倒洗衣粉时，倒了那么长时间，所以它洗得干净，其实是用量比较大造成的，这样算起来并不划算。”当部门经理听到员工的汇报后，马上对汰渍洗衣粉的广告做了详细的分析，广告中倒洗衣粉的时间为 3 秒，可是其他洗衣粉的广告中倒洗衣粉的时间仅为 1.5 秒。正是对这个细节的忽视，给宝洁公司汰渍洗衣粉的销售和品牌形象造成了难以估量的损害。

除了宝洁公司，东方航空公司也因为考虑不周详，陷入了巨额亏损的困境。

其实原来东方航空的营运情况很好，服务也受到乘客的一致好评。可是在后来的收购中，由于只考虑到兼并收购带来的效益，而忽视了对成本的控制，造成了财政危机。众所周知，每个航空公司都有一定比例的交际费、广告费、差旅费等，如果这个比例太高，公司的利润就会下降。东方航空就是在这些方面没有控制好，才造成了入不敷出的局面。在大量兼并后，公司规模急剧扩张，航班数量、飞机数量、员工数量都大幅度增加。东方航空为此支付了大量的改革成本，飞机的维护费和人员费用居高不下，利润直线下滑，最终导致亏损。正是由于东方航空管理者对这些成本细节的忽视，才造成了这样的危机。

所以说，管理者在管理和决策的过程中，要注重细节。管理者只有比别人更仔细、更周密，才能发现问题的真正所在，才能及时作出正确的决策，才能真正把工作做细做好，也才能把企业做强做大。

随着时代的发展，企业之间的竞争已经不再局限于产品的竞争、市场的竞争等传统层面，服务、信誉等因素也成为企业能否成功胜出的重要因素，而且这些因素随着竞争的加剧，作用地位不断提高，成为了企业无法忽视的一个部分。所以在管理和决策时，我们要争取得到最全面的资料，不放过任何一个可能影响结果的细节。作为管理者，我们要始终保持统筹兼顾的头脑，以“高人一等”的眼光把视线放宽，不仅要看到常人看不到的远方，更要看到常人容易忽视的地方。在处理问题时，我们虽要抓住重点，一一解决，但不能厚此薄彼，对一些环节因素视而不见，否则，只能局限和阻碍企业的发展。

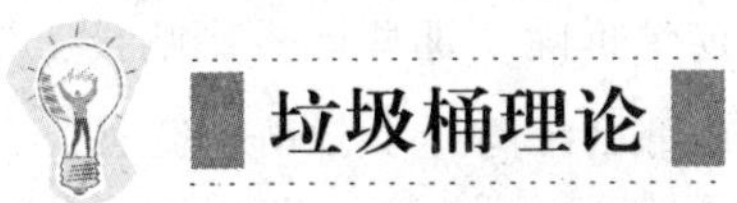

垃圾桶理论

☆ 一句话说管理 ☆

人性化管理是提高企业效率和竞争力的关键所在。

追本溯源 “垃圾桶理论”源于荷兰，讲的是荷兰的一个城市为解决乱扔垃圾问题而购置了垃圾桶，但由于人们不愿意使用垃圾桶，乱扔垃圾现象仍十分严重。该市卫生部门为此想出了许多解决办法。第一个方法是：把对乱扔垃圾的人的罚金从25元提高到50元，实施后，收效甚微。第二个方法是：增加街道巡逻人员的人数，成效亦不显著。后来，有人在垃圾桶上出主意：他设计了一种电动垃圾桶，桶上装有一个感应器，每当垃圾丢进桶内，感应器就有反应而启动录音机，播放一则故事或笑话，其内容每两周换一次。这个设计大受欢迎，结果所有的人不论距离远近，都把垃圾丢进垃圾桶里，城市因而变得清洁起来。

在垃圾桶上安装感应式录音机，丢垃圾进去就播放一则故事或笑话，效果远比那些惩罚手段好得多，既省钱，又不会让人们感到厌恶。同样，公司要解决员工在工作期间的问题，用监管和处罚的手段实际上也是很难奏效的，因为员工的工作成效主要还是要靠其用心努力。在处理员工问题时，我们要发挥沟通的作用，给员工更多的关心和理解，这样不仅有利于问题的解决，也有助于发挥员工的工作积极性和创造力。这就是人性化管理的力量，往往可以事半功倍。

企业实战运用 ※ 人性化管理的重要性

聪明的管理者都知道，如果把权力当做武器去管理员工，发布强硬的命令，进行粗鲁的控制和监督，根本无法改变员工的工作态度，相反还会增加员工对企业的敌意。

曾经有一家公司的老板，为了提高公司业绩，决定对员工实施严格的监督管理。老板以提高员工的工作效率为由，在办公区安装了八个摄像头，从各个方位对员工的一举一动进行全天候监控，防止工作开小差、迟到或早退等现象的出现。

本来工作压力就很大的员工对公司的这一做法感到非常气愤，认为公司严重侵犯了他们的隐私，纷纷要求拆除这种不人性的监视系统。然而老板却认为监督员工工作是他的权力，所以一口回绝了员工的要求。

刚开始的时候，员工在这种监视下，迟到和早退的现象的确有了好转，也没有什么人上班开小差了。正当老板为他的“有效管理”而沾沾自喜时，十几个骨干技术人员却集体跳槽到了竞争对手的公司，很多员工也开始消极怠工，有些人甚至准备上法院起诉，要求公司赔偿他们精神损失费。

这时候，老板才后悔不已，连忙拆除了那些严重影响员工情绪的摄像头，向员工赔礼道歉。可是这时候很多骨干人才都已经离开了公司，造成了难以估量的损失。

这位失败的老板到最后才明白尊重员工的重要性，强行管理监督根本就是自食苦果。早在150年前，西门子公司就知道了人性化管理的重要性，为员工设立了医疗基金，成为全球第一家为员工实施养老金计划的公司。它对人才的关爱延续至今，世界各地的分公司也都秉承了这一人性化管理的传统。

不仅如此，西门子公司每年都会召开“圆桌会议”和组织“与员工对话”的活动。管理者根据员工的业绩对每位员工进行潜能预测，分析他日后是否可以成为经理或者高级专家，并为员工制订职业规划以及提供应参加的培训。他们倾听员工的意愿，与员工共同商讨发展的渠道，包括工作轮换、项目任命、管理培训、技术培训、青年管理者项目、自学等多种途径，使员工得到充分发展。

西门子公司人性化的管理和员工培训，不仅打造了一支强大的员工团队，更创造了一个伟大的企业神话。

众所周知，企业的竞争归根结底是人才的竞争。所以成功的管理者，都会把管理员工、培养员工当做永恒的发展主题。如何激发员工的工作积极性和创造力，如何更好地管理我们的下属，是我们不断努力的方向。想要员工为我们尽心尽力地工作，首先我们一定要尊重他们，尤其不能滥用手里的权力，任意处罚批评下属。硬性的管理只会挫伤员工的积极性，削弱员工对企业的依赖感和归属感。所以在管理的过程中，除了完善的制度外，我们更需要的是人性化。出现问题了，我们不能只在下属身上找原因，要学会从自身、从管理上寻找解决问题的办法。务必不要通过惩罚来改变员工，我们要试着用价值观念来向员工灌输企业的规章制度，实现员工的自我调节。只有将人性化运用到管理中，我们才能真正得到员工的认同，才能激发员工的主动性和创造性，达到我们的管理目标。

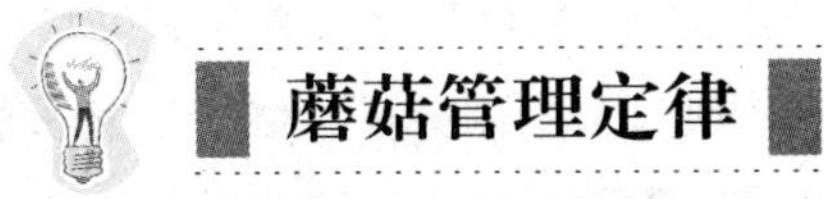

蘑菇管理定律

☆ 一句话说管理 ☆

组织或个人对待新进者往往存在一种想让其经受历练和摔打的心理，而这时的管理行为是为了告诫新人不要眼高手低，要耐得住成功前的磨炼。

追本溯源 “蘑菇管理定律”是由20世纪70年代一批年轻的电脑程序员提出的。由于当时许多人不理解他们的工作，对他们持怀疑和轻视的态度，所以年轻的电脑程序员就经常自嘲“像蘑菇一样地生活”。电脑程序员之所以如此自嘲，与蘑菇的生存空间有一定的关系。

蘑菇的生长是需要养料和水分的，但同时也要避免阳光的直接照射，蘑菇一般在光线暗的角落里生长，过分的曝光会导致其夭折。古时，蘑菇的养料一般为人、兽的排泄物，虽不洁但为必需品。

从两者的关系来看，地点、养料两方面的条件给予了蘑菇生存空间，但须自生自灭，新进者亦是如此。

新进者常常被置于阴暗的角落，不受部门的重视，只是做一些打杂跑腿的工作，有时还会被浇上一头“大粪”，受到无端的批评、指责，组织或个人任其自生自灭。新进者得不到必要的指导和提携，这种情况与蘑菇的生长情形极为相似。在企业管理中，蘑菇管理定律常被运用在培养新人的初始阶段。

企业实战运用 ※ 职场新人的处世之道

很多年轻人在工作初期都会遇到这样那样的困难：老板脾气暴躁，老员工排挤新人，工作中因为没有经验总是错误不断，甚至工作成果被同样是新人的同事窃取，却丝毫没有办法为自己辩解。这些压力对刚刚步入职场的大学生而言，都是一种心理上的挑战，可是想要在公司站住脚，他们必须要放下在学校的那份清高和傲气，把心态摆正，才能在新的工作环境中建立起良好的人际关系，才能获得更大的发展平台，而管理者所面对的问题是：怎样才能让职场新人们树立正确的处世之道？

小王毕业后就职于一家电子上市公司，由于刚刚步入职场，没有什么工作经验，所以就在销售部门担任了一个助理的职位，每天也就是打打字，整理整理文件。因为是新人，所以就“承包”了办公室的卫生清洁工作，每天在“前辈们”到之前，就把办公室打扫得干干净净。本以为，那些老员工会因此对她好点，可是每次有什么脏活苦活都是丢给她，每次出现问题，都把责任推到她身上。虽然遭受了不公平的待遇，但她依然每天笑呵呵地和部门里每一个前辈打招呼，依然仔仔细细地做好自己的工作。

其实，小王也有过委屈。有一次，又受到冤枉，终于爆发了的她找到了部门经理说出了自己的想法。没想到，经理并没有劝慰她，而是告诉她自己新人时期也是这样过来的。最后，问她说：“你看我现在怎么样呢？公司知道这样的问题存在却没有加以制止，目的又是什么呢？”

经理并没有等她的回答就走开了，小王思考片刻才恍然大悟，原来这也是种管理，就是为了磨炼自己才制造难题的。想到这，小王决定换种心态面对工作，欣然接受这种“磨难”管理。

时间长了，那些老员工也开始喜欢上了这个勤劳善良的女孩，不仅教会了她很多知识和经验，更为她提供了许多锻炼的机会。两年后，小王凭借优秀的工作能力和坚持不懈的努力，终于得到了经理的赏识，被提拔为分公司的部门主管。

小王的故事告诉我们，新人要学会忍耐，无论面对多大的压力，都要积极地面对。新人不会永远都是新人，只要肯努力，只要有机会，他们就能得到老板的提拔。

每个发展中的公司，几乎每年都要招聘一批新员工。一般而言，无论是多么优秀的人才，在刚开始的时候，企业都只为他安排最简单的工作。这不是浪费人才，相反这是培养人才的必经之路。对于成长中的年轻人来说，刚刚步入职场，总有许多不切实际的想法，让他们在基层做简单又单调的工作，是在培养他们耐心和细致的工作作风和习惯，只有形成良好的工作态度，才能承担更大的工作挑战和压力。所以这样的考验对公司的新人而言是非常有利的，不仅能够消除他们很多不切实际的幻想，也能够使他们对形形色色的人与事物有更深的了解，为今后的发展打下坚实的基础。

鲇鱼效应

☆ 一句话说管理 ☆

只有把企业放到市场的竞争中，才能更快更好地激活员工队伍的竞争力和积极性。

追本溯源 挪威人喜欢吃沙丁鱼，尤其是活的沙丁鱼。市场上活沙丁鱼的价格要比死的高许多，因此渔民总是千方百计地想让沙丁鱼活着回到渔港。虽然经过种种努力，绝大部分沙丁鱼还是在中途就因窒息而死亡了，但有一条渔船却总能让大部分沙丁鱼活着回到渔港。这条船的船长严格保守着秘密，直到船长去世，谜底才被揭开。原来是船长在装满沙丁鱼的鱼槽里放进了一条以鱼为主要食物的鲶鱼，鲶鱼进入鱼槽后，由于环境陌生，便四处游动。沙丁鱼见了鲶鱼就十分紧张，四处躲避，加速游动。这样一来，一条条沙丁鱼就活蹦乱跳地回到了渔港。这就是著名的“鲶鱼效应”。

运用到企业管理中，“鲇鱼效应”就是采取一种手段或措施，刺激一些企业活跃起来。企业想要得到发展，就必须到市场中积极参与竞争，在竞争中使企业发展。

企业实战运用 ※ 独特的激将法

想要自己的团队永葆活力，最好的方法就是为企业注入压力。适当的压力可以激发人的主动性和创造性，提高工作效率，使之更好更快地完成工作任务。

台湾的“经营之神”王永庆，把台湾塑胶集团推进到了世界化工业的前50名。他的成功来自于成功的管理模式，来自于独特的“压力管理”。王永庆在招聘员工时，总是强调压力的重要性，告诫新人要在具有相当压力的工作环境中锻炼自己的工作能力，磨炼吃苦耐劳的精神。员工从进入台湾塑胶集团的第一天开始，就深刻感受到充满竞争压力的环境。无论起点如何，每一个新人都要先到基层现场学习6个月，接受训练，并进行严格的考核。除了对员工进行压力管理之外，王永庆对管理层的人员同样是严格要求，他独创了“午餐汇报”的管理方法，并要求每一个主管都要对工作做到十二分的努力，否则很容易就被王永庆现场“抓获”，影响了以后的晋升和发展。“午餐汇报”上的竞争和淘汰以及管理层的压力，提高了整个团队的工作效率，使得很多经营问题在午餐时间就迎刃而解了。这就是王永庆著名的“压力管理”，不断为企业创造新的业绩，使企业充满了生机和活力。

这种“压力管理”法也可称为“激将法”。俗话说：劝将不如激将。“激将法”就是利用人们的自尊心和逆反心理，从相反的角度“刺激”员工“不服输”的心理，从而使其产生一种非要做出些成绩的“内驱力”，这样一来，就能把员工潜在的能力激发出来，实现企业家的预期。“压力管理”利用的就是人们“不服输”的心态。有压力才会有动力，也是出于这一心态。

人之所以可以与动物区分开，除了人具有主观能动性，能够主动参与劳动之外，还有重要的一点是：人有理想，有着对美好未来的无尽渴求。因为人有理想，有希望，为了理想和希望，人们愿意尝试，愿意拼一把，所以激将法才能成功地应用在人身上。

苹果公司的创始人史蒂夫·乔布斯就是个很会使用激将法的企业家。如今在企业界广为流传这样一句话："你想一辈子卖糖水，还是改变世界？"这句话是乔布斯为了聘请营销大师、百事可乐公司前总裁约翰·斯卡利来苹果公司时所说的。正是这句话让斯卡利义无反顾地离开百事公司，加入了苹果公司。其实，不仅仅是在聘请斯卡利这件事上，在苹果公司日常的工作中，乔布斯也无时无刻不在使用激将法。苹果公司的很多员工都这样说过，在苹果公司上班，总是存在着担心被炒鱿鱼的恐惧与在世界上留下痕迹的救世主般的热情这两种情绪，它们互相斗争，形成一种平衡关系。在乔布斯的眼里，没有什么事情是不可能的，所以苹果公司员工也永远不能说"这个我做不到"，因为这就意味着你要放弃苹果公司，放弃改变世界了。乔布斯的魅力就在于他能让每个员工为了得到他的赞美而拼命工作。由此可见，乔布斯运用激将法的手段是多么高明。

很多发展稳定的企业都遇到了这样的问题：管理层安逸舒适，员工安于现状，整个团队缺乏活力和新鲜感，从而工作效率下降，企业的发展速度缓慢。企业想要摆脱这种颓败的局面，就要为企业注入新的活力，给那些固步自封的员工带来竞争压力，唤醒他们的求胜之心，刺激团队战斗力的重新爆发。我们可以实行公开招考和竞争上岗，制造一些紧张气氛，从而对员工产生激励的作用，提高团队的工作热情和工作效率。对于老员工而言，他们迫于对自己能力的证明和对尊严的追求，不得不在竞争的环境中再次"发奋图强"；而对于新员工，竞争的团队氛围更有利于激励大家相互努力，共同进步。当然我们不能只看到这种"中途介入"的管理方式的优点，它产生的弊端也很值得我们注意。激烈的竞争很可能在一定程度上阻碍了原成员晋升的机会，从而扼杀了某些原本就非常努力的员工的奋斗激情，削弱团队的战斗力和凝聚力。所以我们在考虑是否要采取这种激励方式来刺激员工的竞争意识时，对我们团队的实际情况进行具体分析，而且一定要适度，否则很容易适得其反，得不偿失。

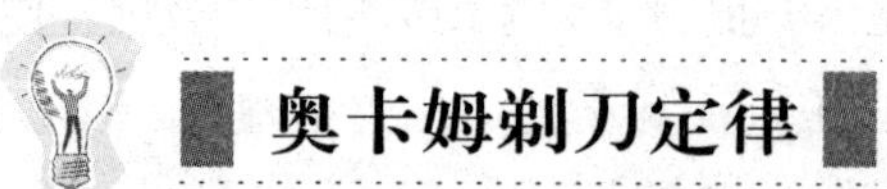

奥卡姆剃刀定律

☆ 一句话说管理 ☆

管理应该化繁为简，便于人们理解和操作才会奏效。

追本溯源 该定律是14世纪逻辑学家、圣方济各会修士奥卡姆的威廉提出的。

他在《箴言书注》2卷15题说"切勿浪费较多东西去做用较少的东西同样可以做好的事情"。14世纪，英国奥卡姆的威廉对当时无休无止的关于"共相""本质"之类的争吵感到厌倦，于是著书立说，宣传唯名论，只承认确实存在的东西，认为那些空洞无物的普遍性要领都是无用的累赘，应当被无情地"剃除"。他所主张的"思维经济原则"，概括起来就是"如无必要，勿增实体"。因为他是英国奥卡姆人，人们就把这句话

称为“奥卡姆剃刀”。这把剃刀出鞘后，剃秃了几百年间争论不休的经院哲学和基督教神学，使科学、哲学从神学中分离出来，引发了欧洲的文艺复兴和宗教改革。同时，这把剃刀曾使很多人感到害怕，被认为是异端邪说，威廉本人也受到迫害。然而，这并未损害这把刀的锋利，相反，经过数百年，发展越来越快，并早已超越了原来狭窄的领域，具有广泛的、丰富的、深刻的意义。

今天，这把阴冷闪光的剃刀又向我们复杂的企业管理发出了挑战，指出许多东西是有害无益的，我们正在被这些自己制造的麻烦压垮。事实上，我们的组织正不断膨胀，制度越来越烦琐，文件越来越多，但效率却越来越低。这迫使我们使用“奥卡姆剃刀”，简化管理，化繁为简，将复杂的事物变简单，便于人们理解和操作。

企业实战运用　※ 简化管理才是管理的硬道理

简化管理，首先要从管理目标上进行简化。在能力有限的情况下，要抓住自己的优势，把资金和精力放在优势领域。专一就是简化，只有抓住一个目标，才能实现管理的集中，管理的简化。

大家可能听说过日本的“尿布大王”多川博——日本尼西奇公司的董事长。其实他在创业的过程中，也曾因为开展的业务种类太多，管理上烦琐混乱，使公司一度濒临倒闭。尼西奇公司在战后初期，仅有30余名职工，资金也很缺乏，但它生产包括雨衣、游泳帽、卫生带、尿布在内的多种橡胶制品，在经营过程中因为订货不足，经营不稳，多川博总有一种朝不保夕之感。一次多川博偶尔从人口普查资料中得知，日本每年大约出生250万婴儿，他心想如果每个婴儿用两条尿布，一年就需要500万条，这是一个相当可观的市场。于是他决定放弃生产尿布以外的产品，集中力量，专心做尿布，努力把尼西奇公司变成尿布专业公司，成了名副其实的“尿布大王”。当时公司的资本仅1亿日元，可年销售额却高达70亿日元。正是这种对管理目标的简化，成就了多川博的创业传奇。

一个企业的发展，离不开人员的增加。可是一味地增加人员数量、管理层级，并不是解决问题的根本之道。管理者总是高高在上，与员工之间缺乏互动，无法了解工作的真实情况，就很难将公司管理好。所以想要真正提高工作效率和工作业绩，就必须要精兵简政，充分发挥员工的潜力。

某建筑公司原本是一家小企业，仅有十多名员工，主要承揽一些小型建筑项目和室内装修工程。创业初期，王经理和员工不分彼此，公司里也没有什么层级制度，大家都抱着那份创业的激情，一个人顶几个人用，拉项目，与工程队谈判，监督工程进度，谁在谁干，大家不分昼夜，不计较报酬，有什么事情饭桌上就可以讨论解决。然而，随着公司业务的发展，特别是在经营规模不断扩大之后，王经理在管理工作中不时感觉到不如以前得心应手了。公司的内部结构层层叠叠，沟通不顺畅，很多问题都得不到及时解决。

管理艺术

企业想要实现简单管理，其实并不简单，尤其我国的企业更复杂。虽然简单管理并不容易实现，但企业还是要尽量做到简单管理，因为简单管理对于一个企业的发展有着非凡的意义：在这个时间就是金钱的社会，管理者的时间更加有限，然而很多终日忙忙碌碌的管理者却鲜有成效，正是因为他们缺乏简单管理的思维和能力，分不清轻重缓急，结果成为了低效率的管理者。想要实现效率的提高，就必须简化管理，只有简化管理，才能真正做好工作。作为企业的领导者，如何实现简化管理，剔除复杂和烦琐的事务，是我们不断学习的内容：第一，精兵简政，简化企业的组织结构。第二，专注企业的发展优势，始终将企业资源集中在自己的优势领域。第三，简化工作流程，避免不必要的文书工作。只有做到这些，才能达到简化管理的目的，实现工作效率的提高。

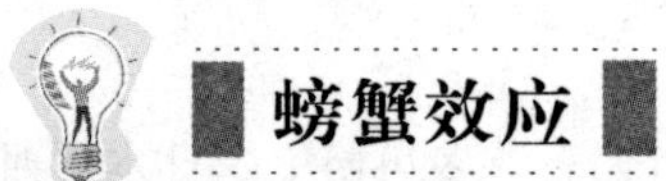

螃蟹效应

☆ 一句话说管理 ☆

只有建立团队精神，才能保证企业长久发展。

追本溯源 钓过螃蟹的人都知道，篓子里放一群螃蟹，不必盖上盖子，螃蟹是爬不出去的。因为单个螃蟹可能会凭着自己的本事爬出来，但是如果有好几只螃蟹，它们就会“叠罗汉”，总有一只在上边，一只在下边，这时底下的那个就不干了，拼命爬出来，并且开始拉上面的螃蟹的腿，结果谁也爬不高，谁也爬不出来，这就是所谓的“螃蟹效应”。

螃蟹如此，企业也一样，如果员工之间、员工与老板之间经常为了各自的利益而相互算计，或明争或暗斗，甚至想尽办法去破坏或打压，久而久之，企业组织里就只剩下一群互相牵制、毫无生产力的“螃蟹”了。

企业实战运用 ※相互合作，才能共同进步

国内一家著名的成衣制造公司，在刚刚创立时，并无部门之分，生产和销售是统一的工作链条，所有人都活跃在各自岗位上，彼此并没有什么矛盾。随着生产规模的扩大，公司的管理层为了便于管理，决定设立生产部、营销部和行政部。可是没过多长时间，问题就出现了，三个部门各自为政，相互压制。有一次，出现了大批顾客撤单的事

情，为此公司召开了会议讨论撤单原因和解决方案。在会上，三个部门的主管各自发表意见，纷纷指责其他部门的工作没有做好才导致问题的出现。营销部的主管认为是生产部的人员没有做好本职工作，在服装生产上没有把好关，服装样式和质量达不到客户的要求。而生产部的主管却认为生产的服装没有问题，主要问题是营销部的销售工作没有做好。整个会议，三个部门自说自话，不仅没有商量出解决办法，连到底是什么原因造成撤单都没有一个统一说法，最后不欢而散。

这就是由一群“螃蟹”组成的工作团队，彼此相互牵制、相互抵触，使得企业的发展举步维艰。想要摆脱这种困境，必须要建立员工之间相互合作的关系，这样不仅可以发挥员工的才华，也可以提高整个团队的工作质量和效率。

周海和闫峰同时就职于一家电力公司，在工作中他们不相上下，两个年轻人凭借自己的努力都成为了部门负责人。本以为两个人要“拼个你死我活”，没想到在工作中两人成了最佳拍档，相互协作，完成工作难点，配合十分默契。在11万高压输电线路的安装过程中，周海和闫峰晚上一起看图纸，安排工序，白天干活，使工期比预计提前了1/3，因此受到了老板的表彰。

曾有朋友劝周海：“你们两个人本来就不分伯仲，你这样帮他不怕断了自己的升迁之路吗？”周海笑着说：“首先，我很佩服他，他的确有能力，有些方面我还要向他学习。其次，我是靠自己的实力和努力才成为部门主管的，不是靠打压他而成功的。最后，也是最重要的，我们的确合作得很愉快，工作起来很顺手，这也是促成我们两个人成功的重要因素。”

和周海有着同样想法的闫峰，也非常注重两个人之间的合作。后来，他们被分到了不同的部门，由于两个人之间默契的合作，使两个部门相互协调，工作也更加顺利。

想要建立一支强大的员工团队，就必须建立团结一致、公平公正的合作关系。要知道一个缺乏团队精神的企业很难成就伟业，因为整个团队像一盘散沙，毫无竞争力。管理者想要建立自己的团队精神，就一定要避免出现相互牵制、相互打压的情况。作为企业的管理者，我们能做的就是在文化和制度上约束员工，在共同的目标上建立人人信服的管理体系。首先，我们必须在公司营造一种团结协作的工作氛围，这是形成企业文化的基础。其次，在员工中建立公平、公正、公开的管理制度和科学、合理、高效的考核制度。最后，我们要完善企业的人才选拔和任免制度，使得人尽其才。我们只有建立正确的管理制度，才能从根本上保证团队精神深入人心，保证整个团队有高效的工作效率。

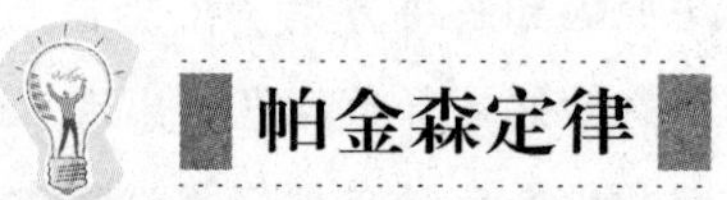

帕金森定律

☆ 一句话说管理 ☆

只要还有时间，工作就会不断扩展，直到用完所有的时间。

追本溯源 该定律是由英国历史学家、政治学家西里尔·诺斯古德·帕金森提出的。1958 年，西里尔·诺斯古德·帕金森通过长期的调查研究，出版了《帕金森定律》一书。他在书中阐述了机构人员膨胀的原因及后果：一个不称职的官员，可能有三条出路。第一是申请退职，把位子让给能干的人；第二是让一位能干的人来协助自己工作；第三是任用两个水平比自己更低的人当助手。对一个官员来讲，无疑第三条路是最好的选择，因为两个平庸的助手分担了他的工作，他自己则高高在上发号施令。但是既然两个助手无能，也就会上行下效，再为自己找两个无能的助手。如此类推，就形成了一个机构臃肿、相互扯皮、效率低下的领导体系。

帕金森定律深刻地揭示了行政权力扩张引发人浮于事、效率低下的“官场传染病”。而这种“传染病”已经严重影响到企业的管理，管理层级不断增加，行政人员不断膨胀，每个人看起来都在忙忙碌碌，可是效率却上不去。

企业实战运用 ※ 任人唯贤才是用人之道

自古以来，很多事实都证明了任人唯亲是用人的大忌，到头来只会损害集体的利益。用人本来就是为了充分发挥这个人的德行和才智，使之能够为组织效力，以谋求人力效用的最大化。所以我们在用人时，一定要用人唯贤，只要有才有德，就大胆任用。

一个成功的管理者，想要给下属树立一个公平公正的形象，一定要注意在用人方面举贤避亲。蒙牛的创始人牛根生始终贯彻这样的用人原则，从来没有因为自己的关系提拔过亲友，相反很多有才能的亲友因为他的关系迟迟得不到提拔。2004 年，与牛根生有亲戚关系的小李，凭借自己的实力，被主管奶源的老总推荐为液态奶事业部的接班人。可是，牛根生看到推荐报告，未加任何考虑就驳回了，理由只有一个：小李与自己有亲戚关系。

虽然可能因为牛根生的原则性太强，埋没了亲友的才能，但不得不说他的确为下面的管理者做出了榜样。除了蒙牛老总有这样的“死脑筋”，万科的管理者在人力资源制度中也明确规定新职员在入职时，如果有亲友在万科工作需要申报。在同等条件下，优先录用在万科没有亲属关系的求职者；有亲戚关系的不能在同一个公司任职。

1989 年，万科的老总王石去外地学习一年。回来后发现他的一个表妹在公司上班。

虽说这位表妹本科毕业于吉林大学国际金融专业，是公司需要的人才，但王石硬是以铁石心肠劝说表妹离开了万科。王石说服她的道理很简单：如果你有本事，去哪里都能施展；如果你没本事，凭什么在我这儿混？表妹走了，后来在其他公司有了很好的发展。王石的率先垂范和严格的规范制度，保证了万科人际关系的简单透明。

很多企业都面临着这样一个难以回避的问题：企业人数倍增，其中不乏人才，可是偏偏庸才得到提拔，人才毫无用武之地。想要解决管理上的这种弊端，就必须把企业的用人权放在一个公正、公开、平等、科学、合理的用人制度上，不受人为因素的干扰。在招聘员工时，作为管理者，我们要杜绝“为亲主义”，将不合适的人安排在管理岗位上，让平庸战胜了才俊，这样的行为是对公司的渎职，因为这样一个“举贤不避亲”的企业很快就会被对手轻而易举地打败。在提拔员工时，我们要通过严格平等的绩效考评来选定合适的人才，而不是依靠领导的喜好。

坠机理论

☆ **一句话说管理** ☆

依赖“英雄”不如依赖机制。

追本溯源 管理界一直有着“坠机理论”的说法，即企业需要在平日的经营管理中采取适当的措施，形成一套完善的制度，避免因企业领导突然“坠机”，而导致企业“坠机”。

“9·11”事件中，轰然倒下的是纽约世贸大厦，依然挺立的是市长朱利安尼不屈的领导魅力，有人这样评价他：“他稳定了这座城市，在熊熊大火中仍保持着优雅。事实上，他比总统更像一位领袖。”然而，就是这样一位传奇的美国式领导，当他试图突破市长只能连任两届的法律条款，谋求延长任职3个月时，民众抛弃了他。《纽约时报》无情地评论：统治这个城市的是法律而不是个人。

同样，管理企业的不是某个人，而是企业建立的规章制度。一个成功的领导即使才能非凡，资源丰富，个人魅力十足，可是他也有离开的那一天。他不可能永远为企业保驾护航，企业想要得到持续发展，就必须明确制度的作用。

企业实战运用 ※ 制度创造奇迹

正所谓“无规矩不成方圆”“国不可一日无法，家不可一日无规”。一个企业也要依靠正确的管理制度，才能长久发展。在平时的工作中，也许制度就是大家遵守的规章，很多管理者并没有发现它的巨大威力。其实，正是这种在细节中的管理，这种“习以为常”的管理，才是支撑整个企业的力量。

有一家内地的制造公司因为经营不善而濒临破产，后来被香港的一家财团收购。小刘作为香港公司的部门主管，接受了重新整顿这家公司的重任。公司所有的员工都在翘首盼望新东家能带来先进的管理理念和管理方法。出人意料的是，小刘在做了详细调查后，做了这样一个决定：制度不变，人不变，机器设备不变，唯一的要求就是把先前制定的制度不折不扣地执行下去，并强调如果有员工不执行，一律辞退。结果，不到一年，企业就扭亏为盈了。小刘后来在一次大会上这样说道：“没有执行力，再好的制度也没有意义；没有执行力，再优秀的员工也没有用武之地；没有执行力，再先进的设备也创造不出效益。只要所有员工都按制度办事，只要我们严格执行正确的制度，我们一样可以创造奇迹。”

这就是制度的力量，不仅可以使一个企业转危为安，而且可以辅助管理者更好地管理公司。

王总是国内一家大型装饰公司的“首脑”，可是平时他很少在公司里工作，闲来无事到公司转转都会让员工觉得奇怪，因为平时他几乎是“无事不登三宝殿”，将公司很放心地交给下属经营。一次，一位友人问他：“你这个老板当得可真悠闲，真不知道你是真糊涂还是假糊涂！”王总笑呵呵地回答：“我之所以放心地把公司交给我的员工，是因为我信任他们，俗话说‘疑人不用，用人不疑’，我相信他们能打理好公司的业务。当然最重要的原因是相信我本人在创建公司时制定的公司制度，这么多年来，公司的制度一直得到了很好的贯彻落实，我有什么理由担心啊！就算我去国外旅游两个月，我也可以了无牵挂，因为我的公司不论有我还是没有我，都会经营得很好。”友人听后，笑道：“原来你是‘难得糊涂’啊！”

每个企业都有它的核心人物，都有它的“护身符”，如果这位核心人物遭遇不测，留下的企业该何去何从呢？作为企业的管理者，我想聪明的老板都会为自己买“保险”，为公司留好后路。平时我们就要加强制度的建立，因为一个企业如果拥有清晰的流程、完善的制度，即使一把手不在，企业也能照常运转。一个成功的领导不仅要建立合理的管理制度，而且要建立一个优秀的管理团队，并要制定常规性的领导者的继承程序，无论老总何时离开都能保证企业的持续发展。如果一个企业习惯依赖某个领导的管理，那这个企业就难以长久存在，就是个病态的企业，毫无战斗力可言。一家公司的成长，尽管掌舵人有相当大的作用，但公司要获得长期发展，关键要看它是否建立起了比较完备的、同时又切合该公司成长的制度及运作方式。

阿什法则

☆ 一句话说管理 ☆

承认问题是解决问题的第一步，你愈是躲着问题，问题愈会揪住你不放。

追本溯源 该法则是由美国著名企业家玛丽·凯·阿什提出的。玫琳凯公司是由玛丽·凯·阿什女士在1963年创办的，总部设在美国得克萨斯州达拉斯市，是一家业务遍布五大洲30多个国家和地区、在全球拥有5000名员工和300万名美容顾问的大型化妆品跨国企业集团，也是世界上最大的护肤品和彩妆品直销企业之一。之所以可以建立这样一个跨国大企业，与她相当独到的经营和管理之道是分不开的。因此，后来人们就将其独到的见解称为“阿什法则”。

企业实战运用 ※ 用发现问题的眼光看世界

小程是一家工厂的车间主任，工作很负责，只要一有时间就到车间转转，了解产品的生产情况。一次，小程在车间的过道上发现了一块厚纸皮，他并没有及时让工人清理掉，而是转念一想：车间有规定不允许有垃圾存在，可是这块纸皮扔在这里而无人打扫，一定有原因。

于是，从这个小细节，他了解到，原来是车间的一辆叉车的机油漏了，在修好之前，就先用一块厚纸皮盖着。最大的问题是这辆叉车已经坏了四五天了，几次催促供应商过来维修，可是一直没有人来。小程立即联系了维修工，仔细检查后发现叉车存在一定的质量问题。

小程马上把问题汇报给厂长，经过商讨，决定停止使用该品牌的叉车，及时避免了更大问题的出现。

如果当时小程没有把存在的问题当回事，那后果会怎样呢？所以说只有勇于发现问题、承认问题，我们才能在问题发生之前就把它解决掉。承认问题不仅要有过人的细心和勇气，更要有一双能看到未来的眼睛，敢于突破常规，主动发现问题，主动创造例外。

1975年1月，当时比尔·盖茨还是哈佛大学法律系二年级的学生。一次偶然的机会，他从《大众电子学》封面上看到了MITS公司研制的第一台个人计算机的照片。该计算机使用了Intel 8080 CPU芯片，他马上意识到这是一个难得的机会，虽说那时统治计算机王国的IBM公司认为，微型的个人电脑不过是小玩意，只能玩玩游戏，简单应用，不能登大雅之堂，领导计算机的发展潮流只能靠大型机、巨大型机，但他觉得这种体积小、价格低的个人计算机可以进入家庭，可能会引起一场深刻的革命，不仅是计算机领域的革命，而且是整个人类社会生活方式、工作方式的革命。正是凭着这种常人难有的勇气和创新意识，比尔·盖茨开始了自己的伟大事业，并取得了巨大的成功。

在机遇面前，比尔·盖茨敢于向权威挑战，这种精神和态度为他带来了最宝贵的机遇。

要知道，没有哪家公司不存在问题，可不同的是，有的企业能够发现管理中的问题，并及时改善管理过程中的不足；而有的企业却对问题熟视无睹，自以为是，得过且过。这也是为什么有的企业能够蒸蒸日上、发展壮大，有的企业却只能勉强度日，甚至破产倒闭的原因。作为管理者，虽然我们高高在上，可是我们不仅要看得远，更要看得细，发现别人看不到的问题。我们必须要改变逃避问题，不敢面对事实的心态。其实，有问题并不可怕，没有问题才可怕。既然问题是不可避免的，我们就要学会把问题看成资源，看成机遇。承认问题是解决问题的前提，只有正确面对问题，企业才能有效地解决问题，才会成长得更快，发展得更好；反之，企业则会面临巨大的困难。

攀比效应

☆　一句话说管理　☆

比较才能进步，但是攀比则会带来失败和恐惧。

追本溯源　“攀比效应”是指当一种产品、服务或身份开始比较容易获得，并且逐渐成为一种趋势时，大家会感到别人有了，自己也得有一个，就像中国的手机发展、汽车发展、高尔夫球练习场的快速扩张、小学生买电脑、大学生积极去考研等一样，多不胜数。这些东西对个人不一定很有用，但是如果你没有，会感觉低人一等。对自己有多大用处不知道，但是一定不能够落后，并且一旦这种效应推广到某个爆发点，便会更加快速地发展。

企业的发展也是如此：如果想要成功实现愿望，就不要盲目和别人攀比。看到别人成功了，我们要冷静地分析自身的条件，看看自己需要怎么做才能达到自己的目标。别人的目标不是自己的，别人的成功也不是自己的，只有自己成功，才会有收获和喜悦。

企业实战运用　※ 适度“攀比”

从前，有一只小老鼠整天被猫追来追去，很是烦恼。有一天它去求上帝：“上帝，请你把我变成猫吧，这样我就不用天天被猫追了。”上帝答应了它的要求，把它变成了猫。可是当小老鼠变成猫以后又被狗追来追去，为了摆脱这种生活，它希望上帝能把自己变成老虎，这样自己就谁也不怕了。可是过了一段时间，变成老虎的小老鼠又觉得大象比较厉害，苦苦哀求上帝再把它变成大象，上帝没办法就又答应了，并告诉它这是最

后一次机会了。小老鼠高高兴兴地变成了大象，突然有一天它的鼻子痒得特别难受，它恨不得把自己的鼻子割下来，很长时间过后，从它的鼻子里边忽然钻出一只小老鼠，这时候它才明白原来做小老鼠也是挺好的，连大象都对它无能为力。可是现在它再也回不去了，小老鼠很后悔当初自己的盲目攀比，现在只能自食苦果。

其实现在很多人就像这只小老鼠一样，在攀比中失去了自己的优势，最后只能是“赔了夫人又折兵”。虽然无数的事实都已证明了攀比心理的弊端，可还是有很多企业走上了这条不归路。

目前，我国陶瓷产品出口贸易总额正在全力提升，已达到创纪录的近百亿美元。很多陶瓷企业的发展都呈现出全面飘红的喜人景象，然而就在陶瓷产能不断扩大，品种不断增多，产品质量也在提升的同时，陶瓷企业的利润率却在不断下降。

那么究竟是谁动了陶瓷企业利润的奶酪呢？不是别人，正是陶瓷企业自己！我们都知道，一个行业的发展，要经历最初欣欣向荣的新生期，企业极力巩固自身在本行业地位的成长期，和必须依靠竞争才能存活发展的成熟期等几个阶段。在这个过程中，企业相互之间的竞争是不可避免的。可是如果把产品降价当作主要的竞争手段，最后只能导致产业整体利益的下降。

攀比犹如一面镜子，镜子不同，照出的形态也不同。虽然我们难以摆脱攀比的现象，但我们可以利用攀比的正面作用，在竞争中激发企业的发展潜力，为企业的创新注入新的动力。

还是拿陶瓷行业的发展来说，虽然竞争会导致部分企业停产倒闭，但对整个陶瓷行业的持续健康发展却也未必不是一件好事。利润下降给企业以沉重负担，但可促使国内陶瓷企业经营者下决心优化管理，内部挖潜；加快新产品开发，提升企业的竞争力；再者，可以迫使陶瓷企业优化经营策略，加强市场开发力度；另外，还能够促进陶瓷企业经营与决策由原始的粗放型，向提升产品技术含量，实现差异化经营，加大生产开发，建立自主知识产权等方面转变。此外还有利于部分基础好的陶瓷企业进一步做大做强，更好地走向国际市场，由此可以把攀比的劣势变为优势。

在企业的发展过程中，我们一定要把握好攀比的“度”，千万不能陷入虚荣攀比的泥潭中。在企业的管理过程中，我们也要注意员工之间的攀比关系，尽量防止因为竞争的激烈而使得整个团队像一盘散沙，毫无凝聚力的现象出现。

作为企业的管理者，我们也像常人一样有着攀比心理，很多时候甚至将自己的攀比依附在企业的发展中。例如看到对手公司生产出新的产品，就开始忙着创新，把大部分精力和资金放在研发上，从而降低对自己优势产业的关注，到最后我们很可能“抱着芝麻，丢了西瓜”。所以在激烈的商业竞争中，我们一定要保持一颗清醒而冷静的头脑，不能盲目跟从别人，要在优势稳定的前提下再开展其他业务，这才是明智的选择。

PART7 〉〉〉

把握企业市场，与顾客链接

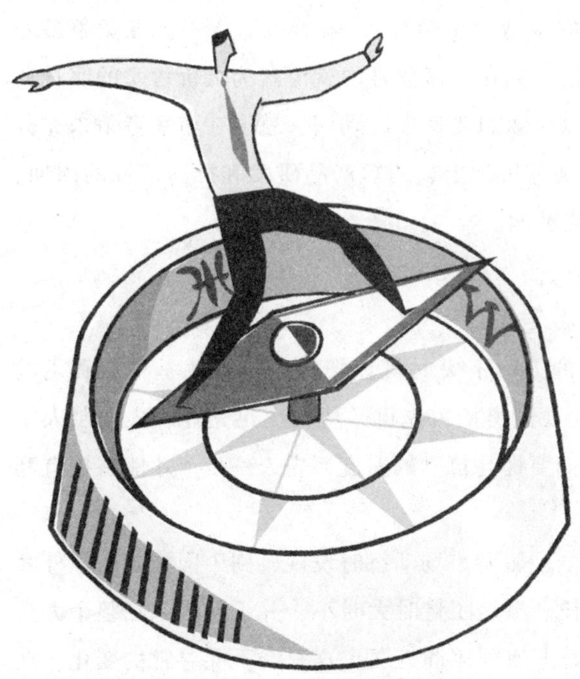

7

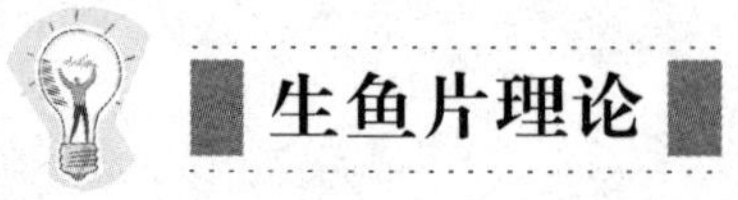

生鱼片理论

☆ **一句话说管理** ☆

如果企业的经营速度高于市场变化速度，企业就能得到快速发展。

追本溯源 “生鱼片理论”指的是，一旦抓到了鱼，就要在第一时间内将其以高价出售给一流的豪华餐馆，如果不幸没脱手的话，就只能在第二天以半价卖给二流餐馆了，到了第三天，这样的鱼就只能卖到原来价钱的 1/4。而此后还没脱手的话，就成为不值钱的“干鱼片”了。

电子行业新产品的开发与推向市场，也遵循着同样的道理。新产品就像生鱼片一样，要趁着新鲜赶快卖出去，不然等到它变成“干鱼片”，就难以脱手了。在竞争激烈的电子产品市场，今日高价热卖的宠儿很可能在短短数月内就沦落为低价售卖的明日黄花，这是谁也无法改变的市场法则。所以企业想要保证高利润，就要在市场竞争未充分展开之前把最先进的产品推向市场，放到零售架上，缩短产品研发和推向市场的周期，这样，才能赚取由额外的时间差带来的高利润。

企业实战运用 ※ 速度就是效益

市场上的机遇永远只给有充分准备的人，不失时机地把握住机会才是企业腾飞的前奏，想要成为幸运的“宠儿”，就必须要懂得抢占先机。所谓捷足先登，先发制人就是这个道理。在如此激烈的竞争中，我们要提高自己的速度，先人一步，才能占据有利时机。

2003 年，央视无锡影视基地在分析全国旅游市场动态时发现，到中国旅游的境外客源市场中，韩国旅游团的数量在悄然增长。虽然团量时大时小，并不惹眼，在整个大盘中甚至可以忽略不计，但累计的数量却升至海外团前五名，这是个不同寻常的变化。在这种市场的微妙变化下，基地的市场营销部在第一时间做出了快速反应，采取了“抢占先机”的运营策略，在短短的两个月里就全面启动了韩国客源市场。

抢夺商机就像打仗一样，讲究用兵策略，讲究作战速度。所谓“兵贵神速”，想要打赢仗，就要快速出击，让对手措手不及。

伊利集团是中国乳品行业的龙头企业，连续 3 年销量第一，并被确定为 2008 年北

京奥运会唯一饮用乳制品提供商。伊利之所以能取得如此傲人的成绩，原因有很多，但是速度经营不得不说是伊利取胜的一大法宝。2006 年 7 月，刘翔打破世界纪录后，伊利集团充分利用这一事件进行全方位的体育营销，在与国际巨头的竞争中脱颖而出。伊利集团为了将刘翔打破世界纪录这一事件的效果发挥到极致，迅速成立了一个专案小组来保证项目推进的速度。在刘翔成功打破纪录的 3 天之后，伊利就将媒介广告、公关文章和营销终端的海报及主题陈列覆盖至全国，速度之快令所有企业都叹为观止，这次成功的营销很好地提升了伊利的品牌美誉度，增加了产品的销售数量。

对于瞬息万变的商业竞争，我们必须站在更高的高度，敢于创新，敢于突破，敢于抢先。因为商机稍纵即逝，只有高效率、高速度才能创造高效益。

在这个信息化时代，时间和速度已成为经济发展和市场竞争的制约因素，速度经营成为企业生存和发展的一大法宝。想要取得竞争优势，就一定要对迅速变化的经营环境做出最快速的反应，比其他对手更快地提供满足顾客要求的产品或服务，才有可能赢得战争的最后胜利。想要做到速度经营，就要做到四点：一是抢先，即抢占先机的经营，对前景好的产业早发现，事先准备，先行投资，新产品提前上市，抢占市场优势；二是迅速，即缩短时间的经营，迅速决策和缩短整个经营过程；三是按时，即时间经营，遵守同外部顾客和公司内部顾客约定的时间，在必要的时间提供必要的服务；四是经常，即韧性服务，对人、财、物的经常性管理和少量、多样、快速循环的经营。只有做到以上四点，企业才能在竞争中有最大的胜算。

沃尔顿法则

☆ 一句话说管理 ☆

沟通是管理的浓缩。

追本溯源 该法则是美国沃尔玛山姆会员店创始人山姆·沃尔顿提出的。他曾说过：“如果你必须要把沃尔玛管理体制浓缩成一种思想，那可能就是沟通。因为它是我们成功的真正关键之一。”

沟通是为了达成共识，而实现沟通的前提就是让所有员工一起面对现实。沃尔玛决心要做的，就是通过信息共享、责任分担实现良好的沟通交流。

山姆·沃尔顿认为，让员工们了解公司业务的进展情况，与员工共享信息，是让员工最大限度地干好其本职工作的重要途径，是与员工沟通和联络感情的核心。而沃尔玛也正是借用共享信息和分担责任，适应员工的沟通与交流需求，达到了自己的目的：使员工产生责任感和参与感，意识到自己的工作在公司的重要性，感觉自己得到了公司的尊重和信任，积极主动地努力争取更好的成绩。

企业实战运用 ※ 沟通的意义

沟通是企业管理中的一个重要环节，良好的沟通就像润滑剂，使公司部门与部门之间、员工与员工之间、管理者与被管理者之间的配合更加默契，能将公司中可能出现的问题解决在萌芽阶段，从而创造良好的工作氛围和人际关系，使每个人工作起来更加愉快、更加高效。

很多成功的企业家都非常注重沟通，因为有效的沟通不仅有利于我们从员工那里得到更多的信息，了解不同角度、不同层次的想法和建议，为自己思考问题和做出决策提供更多的参考和依据，为我们制定正确的制度提供保证，而且可以促进各部门之间、上级和下级之间、员工与员工之间的相互了解，在了解的基础上实现良好的协作，改进和提升公司各部门的合作。除此之外，良好的沟通还有利于管理者更充分地发现公司内部存在的问题和寻找解决问题的方法，改进和提升企业绩效。

美国著名的波音公司在 1994 年以前陷入了经营困境，新总裁康迪上任后，非常注重公司员工之间的沟通。他经常邀请高级经理们到自己的家中共进晚餐，然后在屋外围着大火堆讲有关波音的故事。康迪请这些经理把不好的故事写下来扔到火里烧掉，以此埋葬波音历史上的“阴暗”面，只保留那些振奋人心的故事，以此鼓舞士气。波音公司的员工在新总裁的带领下，重新鼓起了士气，使企业很快重新振作起来，重现当年的辉煌。

无独有偶，福特公司也非常重视沟通，每年都要制订一个全年的“员工参与计划”，动员员工参与企业管理。和员工之间良好的沟通引发了员工对企业的感激，大大提高了员工的投入感和合作性，员工合理化的建议越来越多，不仅在公司内形成了和谐良好的工作氛围，更大大减少了生产成本，提高了企业的效益。

表扬被认为是当今企业最有效的激励办法，事实上这也是企业团队中的一种有效的沟通方法。日本松下集团，很注意表扬人，创始人松下幸之助如果当面碰上进步快或表现好的员工，他会立即给予口头表扬；如果不在现场，松下还会亲自打电话表扬下属。

良好的沟通可以提高员工对企业的归属感，而这种情感上的认同又会刺激员工为企业效劳，这就是为什么懂得沟通的管理者可以得到员工的支持，得到利润的青睐。

管理艺术

良好的沟通可以更好地凝聚人心，使企业利益和个人的个性完全协调发展，有利于充分发掘并利用员工的积极性和智慧。作为企业的管理者，我们虽然高高在上，但在沟通中我们要做个善解人意的倾听者，懂得倾听员工的意见和烦恼，只有这样我们才能促进自己与员工之间的协作关系，才能做好管理工作。良好的沟通可以使我们的决策和主张得到员工的广泛支持和信赖，可以提高执行的效率和成功的概率；也可以在公司内部建立起和谐的工作氛围和健康的人际关系，增进团队之间的凝聚力。在沟通中我们一定要注意一个根本原则，就是尊重员工。没有尊重就没有沟通，没有沟通就没有合作。

虚荣效应

☆ 一句话说管理 ☆

消费者想拥有只有少数人才能享用的或独一无二的商品。

追本溯源 虚荣心是人类具有的一种特性，但利用它当作生财亮点还只是近些年的事情，其出处已无从考证。

“虚荣效应”是指拥有只有某些人才能享用的或独一无二的商品的欲望。拥有某种虚荣商品的人越少，该商品的需求量就越大。艺术珍品、特别设计的跑车，以及定制的服装等都是虚荣商品。此处，顾客从艺术品或跑车中获得的价值多半来源于“因几乎没有人拥有和我的一样的东西”这一事实而产生的特权、地位和排他性。

所以在企业的经营过程中要学会迎合消费者的这种心理，寻找独特的“卖点”，才能赢得顾客的青睐，这是营销的基本战略，也是最成功的战略之一。

企业实战运用 ※ 你就是独一无二

1970年，来自台湾彰化乡下浊水溪畔的三位农家少年，怀揣着创业的梦想，合办了一家家庭式的小型作坊，当时他们唯一的业务就是代客加工台湾玉戒面。在艰难的创业时期，他们靠着顽强的毅力，拼搏在自己的事业中。在缺乏资金、人才和设备的条件下，他们开启了“石头记”惨淡事业的序篇。

1980年初，园艺企业股份有限公司诞生，他们结合六家小型工艺社，以团结为宗旨，采取共同进料、统一配销、集中管理、分工合作的企业经营模式，稳步地站上了业界的领先地位。

1990年初，园艺企业领衔跨海投资大陆，在广州建成一贯作业的大型工业厂房，以最先进的自动化设备大量生产，并于1997年首度推出“石头记”这个商标，宣告了中国宝玉石界第一个商业化品牌的诞生。

在同行业竞争相当激烈的情况下，石头记以其独有的一句广告词——“人间只此一件，今生与你有缘”牢牢地抓住了人们爱慕虚荣的心理，也正好符合装饰品行业的特点。石头记一举走红，在消费者心中留下了深刻的印象，在国内已经发展了600多家连锁店，并仍然在不断的扩大当中。

他们也如广告词所说的那样，坚持纯手工生产，确保每一件商品都独一无二。在机械化、大规模标准化生产的时代，他们独树一帜的品质无疑将会给其他各行各业的管理者带来新的启发：谁拥有独一无二的产品，谁就会赢得市场。

在意大利有一个专售首批新产品的市场——莱尔市场。同样一件产品,价钱都相同，产品在这里却卖得出奇的好。原因很简单：这家市场的任何一种新产品都只销售一次，售完为止，不再进货。即使一些商品顾客很喜欢，抢到手的喜上眉梢，没抢到手的懊悔不迭，要求市场再一次进货，可得到的却总是让人遗憾的回答：“很抱歉，本市场只售首批，卖完便不再进货，即使是抢手货也是如此。”面对这样的回答和做法，许多顾客都难以理解，在闲谈中，他们把这种奇怪的现象不断地向别人诉说，于是在人们心目中逐渐形成了这样的观念：莱尔市场卖的都是最新的产品，要想在莱尔市场购买新产品，必须当机立断。所以每当一件新产品上市，就会出现顾客蜂拥抢购的场面。

所谓“物以稀为贵”，莱尔市场的管理者正是利用了这种消费心理，成功吸引了大批顾客。

想要使自己的产品成为市场中的“热点”，那就一定要为自己的产品找到独特的“卖点”。何谓独特？就是独一无二，所有顾客都不愿意放弃专为自己设计的产品，因为那是身份的象征。这就是深刻影响消费者的典型心理：追求独一无二，希望自己在人群中成为焦点。我们想要得到顾客，就必须投其所好，为其打造稀有的产品。只有给顾客“面子”，顾客才会给我们效益。

鱼缸理论

☆ 一句话说管理 ☆

发现客户最本质的需求。

追本溯源 日本全面质量管理专家司马正次提出了“鱼缸理论”：发现客户最

本质的需求。鱼缸象征着企业所面对的经营环境，而鱼就是目标客户。经营者要做的就是先跳进鱼缸，深入到用户所处的环境中，接触那些用户，学着和鱼一起游泳，了解他们所处的环境，真正体验作为一个客户对产品的需求。然后，跳出鱼缸，站到一个相对更高更广的环境中，重新审视分析客户状况，发现他们最本质的需求。

“鱼缸理论”的意义，在于告诉我们如何创造一个新观念，而不是固守一个旧观念。这种经营理念验证了一句名言：优秀的公司满足需求，伟大的公司创造市场。如果把商场比做战场，那么究竟谁是商战的主导呢？市场营销理论认为，顾客是市场的主导。

企业实战运用

※ 学会创造市场

随着社会的不断发展和进步、管理的现代化以及人们生活水平的不断提高，办公用品、家用电器的购买量增速加快。特别是近几年来，家电行业的竞争异常激烈，众多厂家为了在日趋成熟与饱和的市场上争得一杯“残羹”，以价格大战为标志的恶性竞争打得一塌糊涂，如彩电行业的没落。在这场“混战”中，海尔坚持不参与“价格战”，而是高瞻远瞩地着眼于为顾客利益考虑的“价值战”，顾客点什么“菜”，他们就按照顾客的要求下什么“料”，充分运用了“鱼缸理论”。

海尔集团为大鹏证券公司研制开发的“佳龙”系列电脑，就是“海尔”在经营过程中，接受了大鹏证券和广发证券送来的“菜单”。由于大鹏证券各地区分支机构对电脑产品的具体需求有很大差异，因此，虽然订购的总量很大，但有些机型的需求量却十分有限，故大鹏证券提出了“按需定制”的要求。而这对于规模生产的品牌电脑厂商来说，通常是很困难的。海尔针对这一情况，凭借自身雄厚的技术和研发实力，专门开发了适合大鹏证券信息化建设的“佳龙”系列电脑，并根据各地区的具体需求定制、生产不同配置的产品，使合作中最大的障碍得以顺利解决。广发证券的情况与大鹏证券基本相同，为此，海尔将广发证券订购的电脑分为标准机型和特定机型两种，各分支机构可以根据自己的具体情况进行选择。为确保网络系统的正常运行，海尔专门为广发证券提供了特殊服务，并对广发证券配备的所有海尔电脑实施全程监控。

遵循这一理念，海尔集团根据全国各地消费者需求的不同，在电冰箱的研发与生产中，为北京市场提供了最高技术水平的高档新品；为上海家庭生产了瘦长型、占用面积小、外观漂亮的“小小王子”；为广西顾客开发了有单列装水果用保鲜室的“果蔬王”。从顾客不断变化的个性化需求中，海尔创造出了一块又一块可以独自享用的新“蛋糕”。

正是“创造市场”这一经营理念让海尔集团的经营取得了成功。

管理艺术

“鱼缸理论”运用在企业的经营中，就证明了一句名言：优秀的公司满足需求，伟大的公司创造市场。顾客是市场的主导，满足顾客的需求是企业营销的最终目的，所以想要在市场竞争中取胜，就必须善于倾听顾客的声音，从流行的现象中发现潜在的机会，在更高层次上拓展生存和发展空间。

企业的最终目的就是盈利，所以我们必须要确定目标市场的需求和欲望，才能“对症下药”，比竞争对手更有效地输送目标市场所期望满足的东西，在企业竞争中取得胜利。只有深入了解顾客，我们才能为其提供完全适合的产品和服务，才能得到消费者的信赖和认可。发现市场、开拓市场就是在顾客的需求上寻觅潜在的机会。要知道，顾客就是上帝，只有站在上帝的位置，我们才能找到更多的利润。

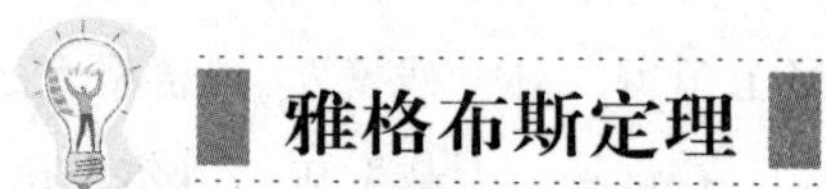

雅格布斯定理

☆ 一句话说管理 ☆

有过硬的质量，才能在竞争中立于不败之地。

追本溯源 该定理是由美国西北大学凯洛格商学院前院长唐·雅格布斯提出的。市场经济的本质特征是优胜劣汰，而质量是用户选择商品的第一要素，“质量是企业的生命”已成为不争的事实，抓好质量管理是企业立足市场、保持长盛不衰的根本保证。随着人们生活水平的不断提高，人们对产品质量的要求越来越高。消费者之所以选择名牌产品，就是确信名牌产品一贯的质量保证，广告宣传只是起到了诱导的作用，顾客最终购买与否往往取决于产品的内在质量。雅格布斯就这种现象提出了著名的“雅格布斯定理”：只有拥有过硬的质量，才能在竞争中立于不败之地。

企业实战运用 ※ 质量是企业的生命线

经历了2003年的“井喷”、2004年的“寒流”，还有2009年的“丰田召回门”，我们开始重新审视汽车：虽然我们对汽车的需求量依然旺盛，汽车市场增长依然迅速，但现在我们要走过“车行时代”和“价格时代”，步入“安全时代”。

如果没有过硬的质量保证，那汽车还有存在的意义吗？

让消费者买车满意、用车放心、行车无忧，这才是汽车行业的根本。企业只有提高产品质量，才能增强企业的市场竞争力；只有拥有过硬的质量，才能在竞争中立于不败之地。在汽车的质量上，没有最好，只有更好，我们始终要以安全为最高标准。

曾看到过这样一篇报道：扬州一位菲亚特·西耶那用户给菲亚特的经销店送了一面锦旗，上面写着“产品性能过硬，服务及时周到”。原来，这位菲亚特用户在一起严重的高速追尾事故中，由于菲亚特·西耶那的安全措施得以安全脱险，毫发无损，因此送来锦旗，表达感激之情。这是一个真实的故事，更是对菲亚特汽车安全性能的一次真实考验。

菲亚特自创立以来，一直都以“制造安全的车”为目标，对于菲亚特而言，安全不仅仅是一种营销理念、一句承诺、一个口号，更是对消费者的责任。他们相信只有最安全的车才能称为汽车之王，才能赢得消费者的信赖。

菲亚特作为意大利土生土长的品牌，与生俱来就拥有欧洲人的严谨精神和保守精致的特点，他们对于“安全”，不仅仅停留在研究上，更是切实地将“安全”作为技术攻关的最头等要素，始终将质量放在第一位。

菲亚特自1999年进入中国，就将这种对安全的执著也带到了中国大地上。为了保证车辆的安全性，南京菲亚特汽车完全按照欧洲撞击安全法规的标准设计制造，不仅提供了同级汽车中从未采用过的坚固车架设计，将新的安全标准带到中国市场，更将最新一代的安全气囊、吸能式方向盘、防潜滑座椅、显著加固了的乘客舱以及发生撞击时自动切断燃油供应的FPS防火系统运用到汽车上。这些独具匠心的配置极大地提高了整车的安全性。即使是因疏忽发生意外，南京菲亚特汽车的被动安全措施也能够得到最大限度的体现。菲亚特可靠的安全性能，并非只是凭借制造过程中的技术支持，还得益于南京菲亚特的“178平台”，这个集制造工艺以及质量检测体系为一体的平台，让南京菲亚特的各款车型能够最切实地达到国际同步的安全标准，被业内人士普遍认同为“中国最安全的家庭轿车”。

汽车的安全并非只是说说就可以了，必须要真真切切地贯彻于每一个环节，从零件配置到整车设计都要将安全作为首要条件。品牌不等于质量，好的质量才是品牌。

市场经济的本质特征是优胜劣汰，而质量是用户选择商品的第一要素。“质量是企业的生命”已成为不争的事实。抓好质量管理，是企业立足市场、保持长盛不衰的根本保证。在这个竞争激烈的社会，企业之间竞争的是产品，更是质量。想要长久发展，就要把质量放在首位。产品质量的优劣决定产品的生命，乃至企业的发展命运。没有质量就没有市场，没有质量就没有效益，没有质量就没有发展。因此，质量才是硬道理。抓质量，就是要抓员工的素质：真正的质量是由员工打造出来的，所以要将牢固的质量意识真正地落实在每一位员工心中。

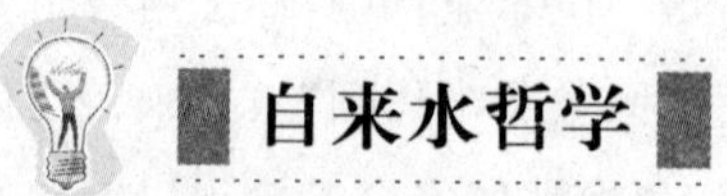

自来水哲学

☆ **一句话说管理** ☆

全心全意为顾客着想，乃是企业获益的最大源泉。

追本溯源 “自来水哲学”是松下幸之助提出的，他在自创事业后不久，看到一个拉木板车的人在大阪天王寺附近街边的自来水龙头下自由地取水洗漱、饮用，而并无人向其收取费用。这个现象引起了松下幸之助的思索：自来水是有价值的东西，为什么一个人可以随便地取用有价值的东西却不会受到责备，更不用说付钱呢？经过一番深思，松下幸之助得出了自己的结论：不论多么贵重的东西，当其量大到接近无限的时候，就好像不要钱似的。而松下电器公司的使命就是把电器用品做成像自来水一样大量、便宜、可靠。

自来水哲学是松下幸之助一生经营活动的总结和写照。他之所以能够在企业经营管理方面取得如此巨大的成功，是因为他成功地运用了自己提出的独特经营管理思想。在晚年，松下对自己一生的经验教训进行整理时，道出了令亿万人为之倾倒叹服的一系列经营秘诀，为人们打开了一道通往经营成功的大门，自来水哲学即为其中之一。自来水哲学的核心，按松下自己的说法，就是永远为民众服务，即通过丰富和不断增多的物质使人们得到生活的安定和幸福。经营企业的真正使命是为大众服务，这种经营思想始终贯穿在松下经营的过程中，并且为其带来了巨大的效益。

企业实战运用 ※ 天天平价，始终如一

40多年的时间里，沃尔玛从一家默默无闻的小商店发展成为名扬全球的零售之王，靠的就是顾客至上的服务原则。赢得顾客就是赢得利益，沃尔玛用“低价”和“服务”得到了顾客的认可，成为了顾客忠实的朋友。

“帮顾客节省每一分钱”是沃尔玛向顾客做出的承诺，为了让顾客可以享受到“天天平价”的优惠，沃尔玛始终不断在挖掘优质超值的商品，让顾客得到最大的实惠。沃尔玛还向顾客提供超一流的服务，公司一贯坚持“服务胜人一筹，员工与众不同”的原则。走进沃尔玛，顾客便可以亲身感受到宾至如归的周到服务。为了方便顾客购物，沃尔玛推行“一站式”购物新理念，使顾客可以在最短的时间内以最快的速度购齐所需要的商品。

虽然几乎所有的大型连锁超市都在采取低价经营的策略，但沃尔玛的与众不同之处就在于，它想尽一切办法从进货渠道、分销方式以及营销费用、行政开支等各方面节省

资金。严谨的采购态度、完善的发货系统和先进的存货管理是促成沃尔玛做到成本最低、价格最低的关键因素。沃尔玛始终都在努力实现价格比其他商号更低的承诺，为顾客挖掘更多利益并将它转让给顾客。

沃尔玛创始人沃尔顿曾说过："我们重视每一分钱的价值，因为我们服务的宗旨之一就是帮每一名进店购物的顾客省钱。每当我们帮顾客省下一块钱，就赢得了顾客的一份信任。"为此，他要求每位采购人员在采购货品时态度要坚决。他告诫说："你们不是在为商店讨价还价，而是在为顾客讨价还价，我们应该为顾客争取到最实惠的价格。"

沃尔玛的员工每天都在努力做两件事：通过控制成本，提高工作效率，降低商品价格为顾客省钱；通过一流的服务和标准的微笑为顾客提供最热情周到的服务。

沃尔玛之所以能够成功，是因为其懂得折扣的精髓：通过降低商品价格推动销售，进而获得比高价销售更多的利润。用零售语言来讲，就是降低商品价格，从而提高销售量，最终获得更多的利润。正是这种"天天平价，始终如一"的营销理念，深深地打动了顾客。

这样一个价格低廉、质量上乘、服务周到的超市，有谁会不心动呢？

通过降低成本，不断改变完善产品的性能，使性价比达到最优状态，给顾客带来最大的实惠，使一般商品的消费像喝水吃饭一样成为顾客的一种本能需求。为客户提供价廉物美的产品和服务的同时，自己的公司也会得到长足的发展和丰厚的利润回报。使顾客常受益，乃是企业获益的最大源泉。

本田定理

☆ 一句话说管理 ☆

没有学问做根基的生意，只能视为投机事业，无法真正体验生意的妙趣。

追本溯源 "本田定理"是由日本本田公司创始人本田宗一郎提出的。作为世界上最年轻的以及少数几家保持独立的主要汽车制造商之一，本田坚决维护其创始人所倡导的独立行事、快速行动的企业文化，大胆地在全球战略、产品概念以及可持续使用的资源等方面坚持走自己的道路。本田一直努力使自己成为一个学习型企业，不断地利用新的组织方式提高自己的效益，并且通过不断的产品创新来引领本行业发展的新趋向。企业中能拥有多少独创性人才是本田创业以来一直给自己设置的课题，为此，本田采取了下列一些措施：引进合理化建议制度，建立"新设想工作室"，举办违反常规作品的展览会，技术面前人人平等。正是本田的管理者重视企业的创新建设，敢于放开手脚让年轻人把新的想法付诸实践，并且以相关制度来激励员工的创新意识，最终使企业在激烈的市场竞争中一直保持引领市场潮流的领先地位，始终没有落伍。

企业实战运用 ※ 在学习中创新，在创新中发展

市场中的企业一般可以分为两类：一类主要以满足人们的现有需求为主；另一类主要靠创新，不断地创造新的需求，并以自己独有的产品满足客户的这些需求。前一类企业所在的行业一般都是竞争比较激烈的，边际利润很小，一般靠大规模经营获得利润，对风险的抵御能力较差，在市场竞争中比较被动。而后一种企业往往是新领域的开创者，由于市场同类产品较少，一般利润很大，在市场竞争中也比较主动，往往是行业标准的制定者。

可是如何创新？如何提高创新的成功率？宝洁公司依靠顾客创新的模式从一个停滞不前的品牌成为了行业的领军者，就是最好的例子。让顾客决定创新，让创新领导趋势，就是宝洁公司取得成功的关键因素。无论是推出一个品牌，还是创立一个新的品牌，宝洁公司都是应趋势所需，始终站在市场的最前沿，制造出消费者追捧的“偶像产品”。

成功的创新已经不能完全依赖实验室，市场要求我们必须从消费者的角度来考虑产品创新问题。只有“投其所好”，才是真正成功的创新，否则企业的创新毫无意义。

宝洁研究中心的研发人员每个月都要离开实验室几天，深入生活，拜访消费者。他们到消费者家里实地观察，观察他们洗衣服、擦地板、给婴儿换尿布等生活细节，了解他们生活中遇到的麻烦和实际需要。宝洁公司还要求营销人员加强与消费者的沟通，深入消费者的实际生活了解情况。就连宝洁的CEO也会经常化名到消费者家中“微服私访”，掌握消费者的第一手资料。

宝洁婴儿护理产品部总裁德布·亨莱塔的办公室楼下的大厅里，设立了一个尿布测试中心，经常会有一些年轻妈妈光顾。宝洁让妈妈们试用宝洁开发的婴儿纸尿裤，从中了解年轻妈妈对产品的意见和建议。宝洁推出的“帮宝适”系列高级纸尿裤，就是在这样的环境下开发出来的。

宝洁的设计人员到全球各地调查人们是如何进行浴室清洁工作的。在南美，他们看到一些妇女用扫帚来清洁墙壁和浴缸，于是设计人员制作了一种配有长柄的小型手持清洁刷，但经过问卷调查后他们发现消费者不喜欢这种产品。宝洁并没有气馁，相反，他们又进行了一次市场调查，这一次向调查对象提供产品试用后，结果发现产品得到了大多数人的喜爱。于是，宝洁推出了新产品：带有1.2米长可拆卸手柄的小型手持清洁刷，并成功地打入了市场。

宝洁的产品创新不胜枚举，而每一个创新项目的设立，归根结底都是建立在充分了

解消费者需求的基础上的。宝洁的经验是：发现消费者巨大的需求，然后投入巨大的资源进行研发创新，从而生产出具有巨大市场影响力的产品。

一个缺乏创新精神的企业，无论有多少人才、多少资本，都会被时代淘汰。没有创新就没有生存的余地，更别说长久发展了。合理的创新不仅可以使一个企业赢得市场，提高竞争力，还可以有效优化企业内部和外部的结构模式，最重要的是可以为企业带来效益。所谓一类企业卖产品，二类企业卖品牌，三类企业卖标准。要做到卖标准的境界，在同行业中始终保持领先地位，就必须把企业打造成一个学习型企业，以创新制定同行业的新标准，以创新引领同行，以创新获得市场竞争的主动权。

定位法则

☆ **一句话说管理** ☆

明确自身定位才是构建“大厦”的根基。

追本溯源 1972年，美国当代营销大师阿尔·里斯与杰克·特劳特在美国《广告时代》杂志上撰写的文章《定位新纪元》中首次提到了“定位”这个概念。而在今天，“定位”二字已是营销学者和营销人员在做营销战略和规划时的专业词汇，带给营销者们一次观念上的革新。

企业实战运用 ※ “可乐大战”

从诞生的那天起，百事可乐便与可口可乐纠缠在一起，价格战、配方战、形象战和广告战等接连不断，但经过了这么多次的较量，百事可乐始终无法超越可口可乐，一直生活在可口可乐的阴影中，直到准确定位之后，才扭转了战局。

比百事可乐提前“出生”12年的可口可乐拥有“本源正宗”“经典”的品牌形象，战争期间更是以“美国大兵可以在任何地方喝到可口可乐”的企业口号将品牌美誉度提升到了无以复加的高度。当时百事可乐把广告重点放在了对社交场合饮用的诉求上，将目标客户锁定为成年人，这与可口可乐几乎完全重合。这样的竞争无异于以卵击石。

一直身处逆境的百事可乐没有放弃竞争，终于迎来了二战后的“婴儿潮”，利用差异化的产品定位和完美的品牌推广策略赢得了年轻一代的喜爱，走出了一条新的道路，最终打造了自己的蓝色帝国。

百事可乐因势利导，将自己的目标客户定位为业已长大并不断增加的“婴儿潮”人口，强调自己的品牌属于年轻一代，并通过名人代言、广告设计等方式进一步强化自身的年轻形象。BBDO广告公司和百事可乐合作，并为其推出了“百事可乐，新一代的选择”的口号，清晰而且短促有力，让品牌形象超越了单纯的饮料产品，上升为一种“生活方式”。这也为百事公司此后半个多世纪的品牌形象和营销策略定下了基调。

在和平年代，文化产业得以大力发展，玛丽莲梦·露、猫王成为了美国年轻人的偶像，百事可乐的市场份额也在随着这部分人的不断增加而不断扩大。签约娱乐、体育明星是为了突显自己的年轻化品牌形象，这个产品定位一直保持到了今天。百事最具影响力的形象代言人毫无疑问是流行天王迈克尔·杰克逊，1983年签约的这位世界级明星代言费为500万美元，这个数字直到今天仍令人咂舌。接下来百事可乐连续制作了以杰克逊的流行歌曲为配乐的一组广告系列片，这组百事广告迅速成为娱乐事件，各大电视台争相购买播放权。后来的统计结果表明，有97%的美国人看过这组广告片12次以上，百事可乐在那段时间的影响力达到了登峰造极的地步。

随着符合百事可乐品牌定位的人口越来越多，百事可乐的核心竞争力也越来越强。自此，百事可乐开始风靡全球，销售量扶摇直上，直追可口可乐。

反观可口可乐，在面对百事可乐年轻化的品牌定位时几乎没有招架之力。可口可乐公司在1985年进行了口味试验，结果显示多数人喜欢较甜的口味，于是可口可乐公司改变了老配方，并在大肆宣传的情况下推出了一种新配方，结果受到了可口可乐公司最忠实的顾客的强烈反对。仅仅3个月，可口可乐公司在消费者的愤怒反应中屈服，重新用上老配方。美国《纽约时报》曾称可口可乐修改配方是美国商界100年来最重大的失误之一。

在这样一个商品琳琅满目的市场，想要让自己的产品得到消费者的认可，就要给自己的产品定位，使其在目标顾客的心目中占据一个独特、有价值的位置。开展适当营销活动的基础就是为本企业产品塑造一个与众不同、独一无二、印象鲜明的形象，并将这种形象生动地传递给顾客，从而赢得顾客。想要建立自己的品牌，我们就要为自己准确定位，设法在自己的产品上找出比竞争者更具有优势的特性，再有针对性地进行一系列营销活动。如果一味地模仿，只能永远处于竞争的劣势。

杜邦定律

☆ 一句话说管理 ☆

产品的销售离不开包装，好的包装效果可以刺激消费。

追本溯源 如何在竞争异常激烈和销售方式不断演变的现代市场中脱颖而出？企业除了靠产品创新和优质、快速的服务取胜外，包装愈来愈重要。从市场观点看，包装是商品整体中的形式产品，是很重要的一部分内容，通过它可以使消费者产生购买欲望，从而刺激消费。美国最大的化学工业公司杜邦公司的一项调查表明：63%的消费者是根据商品的包装来选购商品的，这一发现就是著名的“杜邦定律”。

企业实战运用 ※ 经典包装

随着我国农业产业化、商品化的兴起，越来越多的农产品被摆上了超市柜台，并赢得了消费者的广泛认可。虽然没有广告包装，但聪明的创业者利用农产品天然的特色在商品上做足了“面子功课”，让顾客第一眼就被那种亲切而质朴的包装所吸引。“老蜂农”的蜂蜜产品为我们作了很好的证明，以产品的巧妙包装和“天然绿色”的品牌魅力作为产品销售的第一推动力，获得了巨大成功。

在许多大中城市的超市里，如沃尔玛、家乐福、百佳，都能看见令人眼前一亮的“老蜂农”蜂蜜产品，其品牌名称和包装都是经典之作。很多妇女消费者非常青睐“老蜂农”品牌蜂蜜，几乎成了这个品牌的忠诚用户。她们说，一看见这个包装就有亲切的感觉，就有购买的欲望。

“老蜂农”是国内第一家采用咖啡瓶包装蜂蜜的公司，是蜂蜜制作行业的一个经典，而“老蜂农”这个品牌名称本身也是一个经典。据说这个名称是“老蜂农”蜂业公司的创始人陈泰之先生在火车上苦思冥想后在睡梦中蹦出来的。

产品包装设计也是从“老蜂农”这个个性化、人性化的名称形象着手的。“老蜂农”三个字是公司请以笔法圆润秀丽著称的麦华三书法研究会会长吕志强先生书写的。“老蜂农”三个字从包装瓶的各个侧面并列展开，每个瓶贴上都有一个神态自若的老蜂农形象，表现了老蜂农产品“百年御蜂，中华老牌”的卖点，树立了“老蜂农”的品牌形象。

对于“老蜂农”的形象，设计人员也是煞费苦心，遍寻了古代养蜂人的图画，并从《水浒传》的人物形象中获得灵感。为了体现与蜂蜜的直接关联性，他们让形象代言人拿了一个蜂巢，而没有像其他众多品牌那样直接表现蜜蜂的形象。让蜂巢给消费者留有想象空间，也符合陌生产生惊喜的设计原则。在表现老蜂农这个标志形象时，屏弃了中国传统白描的手法，而采用了德国版画的表现形式，让消费者感受到“老蜂农”是来自深山老林，是可信赖的。信赖会产生购买欲，就像人们去买菜，人们更愿意买那些菜农打扮的人卖的菜，感觉更新鲜、原汁原味、便宜。

包装上的这些设计细节让广大的消费者体验到“老蜂农”的品牌文化与内涵，从而提升了整体品牌形象，让消费者产生了即兴购买的欲望。事实证明，老蜂农形象与包装不仅有助于卖货，而且得到了设计界的广泛认同，获得了一系列的荣誉，包括：香港设计双年展铜奖、中国之星设计大赛银奖、第6届中国广告节评委提名奖、1998年《广州日报》中国报纸优秀作品奖银奖等。

“老蜂农”蜂蜜产品在几乎没有任何自有资金、没有任何广告推广、没有自己建立销售网络的情况下，只是靠产品别致的包装和品牌设计而产生了内在原动力，靠自然销售而螺旋上升，5年来不仅获得了500万元纯利润的创业回报，而且创造了一个让竞争对手出价1000万元收购的成功案例。

在今天成熟型消费的社会里，我们除了注重产品的内在质量外，对产品的外在包装也不能忽视。包装策略千差万别，但目的只有一个——吸引消费者并刺激其购买欲。想要赢得顾客的认可，就要将我们的产品化为一种记号，深深地印刻在消费者心中。成功的包装不仅可以给顾客一个理性的购买理由，诱惑顾客的欲望，也可以实现产品的自我销售。

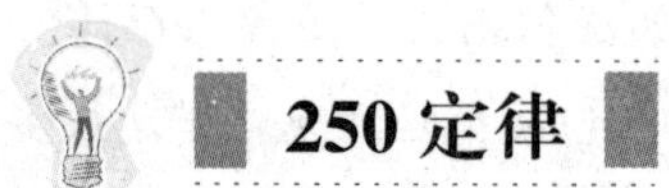

250定律

☆ **一句话说管理** ☆

顾客就是上帝，所以在任何情况下，都不要得罪哪怕是一个顾客。

追本溯源 该定律是由美国著名推销员乔·吉拉德提出的。美国著名汽车推销员乔·吉拉德，连续12年荣登吉尼斯纪录大全世界销售第一的宝座，他所保持的世界汽车销售纪录——连续12年平均每天销售6辆车，至今无人能破。乔·吉拉德从一个口吃患者到一位著名推销员和演讲家，与他善于总结归纳经验有很大的关系，“250定律”就是其中之一。乔·吉拉德认为，每一位顾客身后都大约站着250个人，这些人是他比较亲近的同事、邻居、亲戚、朋友。如果你赢得了一位顾客的好感，就意味着赢得了250个人的好感；反之，如果你得罪了一位顾客，也就意味着得罪了250位顾客。由于连锁影响，如果一个推销员在年初的一个星期里遇到50个人，其中只要有两个顾客对他的态度感到不愉快，那么到了年底，就可能有5000个人不愿意和这个推销员打交道。

企业实战运用 ※ 充满人情味的星巴克

星巴克诞生于1971年，当时只是美国西雅图的一家小咖啡店，现在已经发展成为全球最大的咖啡连锁店。然而如此快速的扩张，并不是靠着铺天盖地的广告和大肆促销，而是独辟蹊径，采用了一种卓尔不群的传播策略——口碑营销，以消费者口头传播的方式来推动星巴克的成长和发展。

星巴克在中国短短的时间里就深入人心，成为了当代人尤其是年轻朋友谈心、情侣约会、个人享受的优雅场所，成了时尚的一个代名词，成了一种精神的享受。在星巴克咖啡店，顾客除了品尝咖啡以外，还可以听数码唱片，或者在商店电脑数据库中选择自己喜欢的音乐，做成个性CD带回家。

星巴克之所以能取得如此成就，就是靠着“以人为本”的营销策略，以顾客为本。“认真对待每一位顾客，一次只烹调顾客那一杯咖啡。”这句取材自意大利老咖啡馆工艺精神的企业理念，始终贯穿在星巴克的服务中。

星巴克认为，在服务业，最重要的行销管道是分店本身，而不是广告。如果店里的产品和服务不够好，做再多的广告吸引客人来，也只是让他们看到负面的形象。所以星巴克不愿花费庞大的资金做广告与促销，但坚持每一位员工都要拥有最专业的知识与热忱的服务。“我们的员工犹如咖啡迷一般，可以对顾客详细解说每一种咖啡产品的特性，通过一对一的方式，赢得信任与口碑。这是既经济又实惠的做法，也是星巴克的独到之处。我们的店就是最好的广告！”

成功企业的首要目标就是满足客户的需求和保持长久的客户关系，所以星巴克特别重视在咖啡店中同客户进行交流，重视同客户之间的沟通。每一个服务员都要接受一系列培训，如基本销售技巧、咖啡基本知识、咖啡的制作技巧等，要求每一位服务员都能够预感客户的需求。顾客在星巴克消费的时候，收银员除了品名、价格以外，还要在收银机输入顾客的性别和年龄段，否则收银机就打不开。所以公司可以很快知道消费的时间、消费了什么、金额多少、顾客的性别和年龄段等。除此之外，公司每年还会请专业公司作市场调查。星巴克的“熟客俱乐部”，除了固定通过电子邮件发新闻信，还通过手机传简讯，或是在网络上下载游戏，一旦过关可以获得优惠券，很多消费者将这样的讯息转寄给其他朋友，造成一传十、十传百的效应。

星巴克还极力强调美国式的消费文化，顾客可以随意谈笑，甚至挪动桌椅，随意组合，这样的体验也是星巴克营销风格的一部分。

星巴克的品牌是在店里通过一系列的细节和事件来塑造的：星巴克会在顾客发现东西丢失之前就把原物归还；南加州的一位店长聘请了一位有听力障碍的人教会他如何点

单并以此赢得了有听力障碍的人群的心，让他们感受到了友好的气氛。种种的努力都为星巴克带来了良好的口碑，并赢得了顾客的喜欢和信赖。

每个企业都想扩大自己的市场，想赢得顾客的满意，这需要用一流的产品和一流的服务来吸引顾客。要知道，顾客才是老板，任何一个顾客都值得我们为其提供最好的服务。不是每个人都可以成为像乔·吉拉德一样成功的推销员，但要做好营销工作，必须有那种执著认真的精神，才能打动顾客，并为我们带来源源不断的利润。

“250 定律”不仅在营销方面有着重要的地位，在企业的运营之中也有着不可忽视的作用。在企业的管理中，我们总会遇到各种各样的人，无论是合作伙伴、员工下属还是竞争对手，我们都要认真对待身边的每一个人，因为每一个人的身后都有一个相对稳定的、数量不小的群体。善待一个人，就像点亮一盏灯，就会照亮一大片。

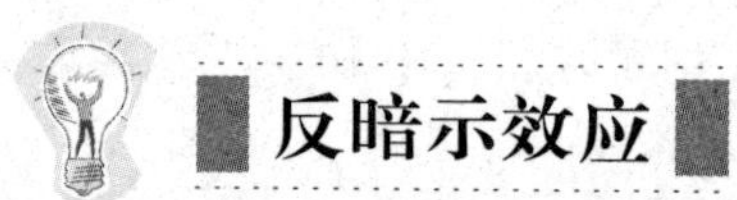

反暗示效应

☆ 一句话说管理 ☆

如果在有一定心理对抗的情况下，一方说反语或过分夸大的话，往往会产生相反的结果。

追本溯源 与“暗示效应”相反，“反暗示效应”是指在有一定心理对抗的情况下，用夸张或者激将的间接方法影响别人的行为，从而诱导别人达到自己想要的结果或者发生期望的事件。

广告商可利用反暗示效应推销产品，这与逆反心理不同，而与调动人们的注意力有关。广告过头，会造成反暗示效应，结果使消费者产生怀疑，反而不敢去轻易购买其产品。反暗示效应可有效地应用于市场营销和商品广告中，使商品对消费者产生强烈的吸引力，从而达到销售和宣传的目的。

企业实战运用 ※ 反其道而行之

营销策略千变万化，但能卖出去产品才是硬道理。想要成功抓住消费者的购买欲望，就要懂得“反暗示”的销售方法，通过激将或夸张的方式吸引顾客的注意力。

法国的克隆堡啤酒在打入美国市场时，运用了这样的广告：描述了法国的男女们到码头与运送克隆堡啤酒的轮船依依惜别的情景。片中人们一边哭一边说：“美国人呀，少喝点儿我们的酒啊！”这个广告在美国播出后，立即引起了人们的好奇心：到底是多

好的酒让法国人如此留恋呢？结果人们争相购买。

北京富亚公司当初就凭着惊人的营销手段成功打入了市场，获得了巨大的效益。

富亚涂料有限公司早期是一家研发生产水性乳胶漆的企业，虽然拥有同行业领先的技术，生产的涂料不仅没有味道，而且很容易成膜，但是由于品牌知名度较低，在很长一段时间里，在北京的涂料市场上，除了业内人士外，普通的消费者中很少有人知道富亚涂料和富亚公司。

为了迅速提高品牌知名度、增加销售收入，胸怀远大抱负的公司总经理蒋先生慕名找到知名策划人秦全跃先生，经过周密计划，实施了以下策划方案：

2000 年 10 月 10 日，中国各大媒体爆出猛料：富亚涂料公司在北京建筑文化中心举办产品展示活动，同时将现场表演“真猫真狗喝涂料”。到了那一天，离正式开始还有半小时，活动现场就挤满了围观的群众和闻讯而来的各家新闻媒体。出乎意料的是，北京动物保护协会的代表也赶到了现场，要求停止表演“真猫真狗喝涂料”，坚决反对用动物来测试富亚涂料的无毒性。就在到了表演时间的时候，富亚涂料公司的蒋总经理面对崇文区公证处、众多媒体和观众，做出了一个匪夷所思的动作，把原来给动物准备的一茶杯富亚乳胶漆，仰头喝了下去，以证实富亚涂料安全无异味、环保健康的特性。

蒋总的这一喝，立即惊动了全国。在产品展示会结束以后，蒋总专门赶到医院，由医生证明喝下去的涂料对身体没有任何伤害。第二天，蒋总喝涂料的消息和图片见于各大报纸，富亚公司和富亚涂料声名鹊起，“能喝的涂料”一下子成为富亚的代名词。北京富亚涂料的经销商王经理兴奋地说道：“很多人并没有记住富亚，一进门就问有没有那个能喝的涂料。”富亚销售量猛增 400%之多，默默无闻的富亚尝尽了甜头！

“能喝的涂料”，充分显示了富亚涂料的健康性。蒋总动情地说，一个涂料企业要想满足消费者的需求，就要有那种把消费者当成父母的感觉，必须把产品里面的有害物质降到最低。普通涂料所含有的 VOC 是一种对人体有害的挥发性有机化合物，也是室内污染物的主要成分。按照国家标准规定，健康漆 VOC 含量不得大于 200 克/升。而富亚公司研发生产的新型环保漆，VOC 含量为零，对于消费者来说就是健康的。

蒋总喝涂料之后，富亚涂料因为环保和无毒，很快便成为了人民大会堂、中南海、国际展览中心等北京知名场所的用料，同时走向全国各地，为千千万万的消费者营造环保家居。国内各地很多著名建筑工程如中直机关、中国人民银行、北京大学、北京地铁、各外国驻华使领馆等工程都使用了富亚健康涂料。不仅如此，富亚涂料还开始走出国门，走向世界。

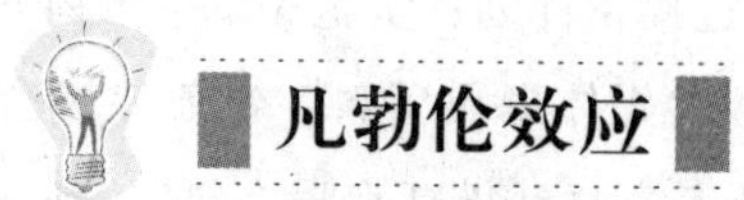

在这个商品琳琅满目的市场，企业想赢得消费者的注意是越来越难了。除了物美价廉的产品，我们在做销售工作时也可以适当地唱唱“空城计”，偶尔反其道而行之，也可以打动顾客。当大多数人都开始朝着一个方向思考问题的时候，这个方向就自然被认为是“顺向思维”，那么，少部分人则成了逆向思维的人。在当今这个多元化的社会，每个群体和个体都有自己的特点和优势，在思考判断和决策时，不能人云亦云，保持自己思维的独立才最为重要。

凡勃伦效应

☆ 一句话说管理 ☆

商品价格定得越高越能畅销。

追本溯源 该效应最初是由美国经济学家凡勃伦提出的。它是指消费者对一种商品需求的程度因其标价较高而不是较低而增加，它反映了人们进行挥霍性消费的心理愿望。消费者购买这类商品的目的并不仅仅是为了获得直接的物质满足和享受，更大程度上是为了获得心理上的满足。这就出现了一种奇特的经济现象，即一些商品价格定得越高，就越能受到消费者的青睐。由于这一现象最早由美国经济学家凡勃伦注意到，因此被命名为“凡勃伦效应”。

随着社会经济的发展，人们的消费随着收入的增加，逐步由追求数量和质量过渡到追求品位格调。只要消费者有能力进行这种感性的购买，“凡勃伦效应”就会出现。企业的营销可以利用消费者的这种购买心理探索新的经营策略，比如通过媒体的宣传，将自己的形象转化为商品或服务上的声誉，使商品附带上一种高层次的形象，给人以“名贵”和“超凡脱俗”的印象，从而加强消费者对商品的好感。

企业实战运用 ※ 贵得有理由

中国的汽车爱好者，几乎每个人的梦想中都曾出现过宝马车的影子，其技术含量、生产工艺之高都无疑代表了目前轿车生产的最高水平。

从 1916 年成立至今，宝马从最初的一家飞机引擎生产商发展成为今天以高级轿车为主导，同样也是高档汽车生产业的先导，自始至终一直坚守高端汽车市场，这是宝马不曾改变的营销理念。

宝马是世界高性能和豪华轿车市场上的主角之一，一贯以高档品牌为本。BMW 集团拥有 BMW、MINI 和 Rolls-Royce（劳斯莱斯）三个品牌。这些品牌占据了从小型车到顶级豪华轿车各个细分市场的高端，使 BMW 集团成为世界上唯一一家专注于高档汽车和摩托车的制造商。

宝马汽车公司以汽车的高质量、高性能和高技术为追求目标，汽车产量虽不高，但在世界汽车界和用户中享有和奔驰汽车几乎同等的声誉。宝马汽车加速性能和高速性能在世界汽车界数一数二，因而各国警方的警车首选的就是宝马汽车。宝马的摩托车在国际市场上最为昂贵，甚至超过了豪华汽车，售价高达 3 万美元。

宝马公司的主打品牌之一——劳斯莱斯，以其绝对豪华、绝对舒适、绝对安全、绝对高品位著称于世。劳斯莱斯自 1906 年问世到 2004 年，在全球的总销量不超过 10 万辆，平均每年仅有 1000 辆的销量。这个品牌深受好莱坞明星的喜爱，就连美国汽车大亨福特也禁不住这种诱惑，私藏了一辆劳斯莱斯，劳斯莱斯也因此成为了奢侈和财富的代名词。有着惊人价格的劳斯莱斯，其利润也是惊人的。

高档意味着“附加值”，BMW 集团的品牌各自拥有清晰的品牌形象，其产品在设计美学、动感和动力性能、技术含量和整体品质等方面具有丰富的产品内涵。坚持高端就意味着与其他大众车显著不同，以高品质、高价格出现，以显示宝马品牌的地位和声望，同时也拥有其他竞争品牌所不具备的专用性、独特性和完善的服务特性，正是这种“高人一等”的品牌位置给足了消费者面子。

消费者越来越相信“一分钱一分货”，我们卖出去的商品一定要“贵得有理由”。

在一些时候，客户购买产品、下单子的目的不仅仅是为了商品的物理功能，而更多地是为了获取一种“社会效用”，即是为了通过购买高价商品传递出富有等信号，以此来取得社会地位和名声，提升自我感觉水平。

因此，企业管理者在对自己的产品进行销售时，如果能够掌握客户的“求贵”心理，以此为标准调整价格水平和销售策略，就一定能促成交易。

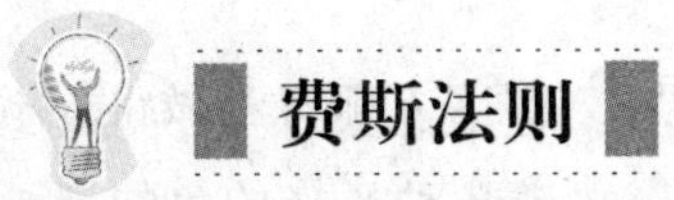

费斯法则

☆ **一句话说管理** ☆

在拿到第二个以前，千万别扔掉第一个。

追本溯源 “费斯法则”最初是由美国管理学家 P.S.费斯提出的。在激烈的市场竞争中，计划和调查有时并不能保证作出最好的决策。环境在不断地变化，竞争对手的行为也并非总能预测，消费者的行为也充满了不确定性和非逻辑性。要想在竞争中立于不败之地，就要做到在拿到新的东西之前，千万别丢掉你手中现有的东西，尤其是手中现有的东西对你来说很重要时更应该如此。

企业实战运用　※ “独一味”烤鱼店

一天，生活在北京的张平被网络上一则关于重庆万州烤鱼的消息吸引。因为张平的母亲是重庆人，喜欢吃辣，在母亲的影响下，张平从小也爱吃辣味的川菜，并觉得万州烤鱼是个在北京大有前途的项目，于是他就特地跑到万州考察，在亲自品尝了麻辣鲜香的烤鱼后，便立刻决定高薪从当地聘请大厨，随同他一起北上，把万州烤鱼做精做好。

2005 年 5 月，“独一味万州烤鱼”开业了。这个万州是个什么地方？烤鱼又是个什么东西？究竟味道又是如何呢？以一扫天下美食为己任的“好吃鬼”们坐不住了，纷纷直奔“独一味万州烤鱼”而去。这一尝不要紧，“万州烤鱼”这四个字，竟如同有魔力一样引得一拨又一拨的人前来寻味，生意好得翻桌都来不及，甚至有的顾客特地开了好几个小时的车赶来吃张平的“独一味万州烤鱼”。做网络工作出身的张平还为烤鱼做了个网站，他在餐厅的 BBS 上加强和顾客的互动，把“独一味”之妙渗透到更广大的世界中去。

在“独一味”出名后，有不少家烤鱼店在其周边兴起，每家都号称是正宗重庆烤鱼，使尽浑身解数招徕顾客。张平坦承，竞争者突然增多确实分流过一部分的顾客，毕竟每个人都有图新鲜的心理。只有比较尝试，才能知道哪家的烤鱼更好，这就要求经营者在自身管理和菜品上创新了，尤其是口味，要始终保持在一种最理想的状态，还要随时根据顾客的喜好调整，例如有的人不能吃辣，有的人偏爱吃咸，有的人爱把配菜和鱼放在一起烤……张平说，有要求没关系，这说明顾客认可你的菜品，只是希望你做得更好而已，最要紧的是你要清楚你自身的优点和局限性，然后扬长避短，才能赢得大众的口碑。当时有些同行偷偷来张平店里探宝，为了弄清“独一味”的配方，有的还不止来过一次，但口味出来的还是有所差距。老客人又回头来了，告诉张平，吃来吃去，还是他店里的烤鱼最够味。

张平觉得，其实在北京餐饮界，当菜品和服务都做得差不多时，剩下的竞争就是特色和创新。在他的餐厅一进门处，画着各种风格的鱼的墙画上写着两句话，一句是：“独树一帜，独具一格。”一句是：“你见过多少鱼？你见过多少种画的鱼？艺术是相通的，事物用不同的形式表现。”独一味正是秉承这种观念把美食发挥得淋漓尽致，而以“独一味”为店名，含义便是他的烤鱼除了口味上独特，还有个性、风格上的独特和创新，这种独特和创新是无法模仿的。

张平的这种竞争观念无疑是正确的，因为在激烈的市场竞争中，计划和调查有时并不能保证作出最好的决策。张平没有盲目地抛弃一切现有的程式，而是在创造出新程式之前，先把现有程式经营管理完善了，再在这样的基础之上根据市场和自身的特点作出了新的尝试。而一旦新程式成立了，那么他在市场中的脚跟也就站稳了。

管理艺术

市场竞争日益激烈的今天，不管环境怎样变化，竞争对手的行为怎样难以预测，消费者的行为怎样充满了不确定性和非逻辑性，要想跻身于市场竞争的前列，并不被淘汰，就必须不断创新，以自己独特的方式生存下去。但是，一定要做到在拿到新的东西之前，千万别放掉你手中的东西。

作为一名优秀的企业管理者，我们在肩负企业发展重任的同时，更承担着保护企业和员工生存安全的基本义务，所以，在我们寻求创新以求得竞争胜利之前，还是要坚持住稳扎稳打、步步为营的不变原则才行。

果子效应

☆ 一句话说管理 ☆

未来的市场趋势将是：弱者更弱，强者更强。而判定强弱的标准，很大程度上取决于企业的品牌。

追本溯源 提到沃尔沃，一般想到的就是安全。对于消费者而言，品牌是一种经验。在物质生活日益丰富的今天，同类产品多达数十、上百甚至上千种，消费者根本不可能逐一去了解，只有凭借过去的经验，或别人的经验加以选择。因为消费者相信，如果一棵果树上的一个果子是甜的，那么这棵树上其余的果子也都会是甜的。这就是品牌的“果子效应”。

随着市场化、科技化、专业化的不断推进与发展，品牌逐渐成为各个企业成功的关键因素，一个好的品牌不仅可以为公司带来良好的声誉，带来更多的市场份额、更多的销售收入，同时还给了客户更明确的选择目标，为客户带来更优质的产品。品牌简单而言就是为客户与企业带来更多共喜的机会和保证。

企业实战运用 ※ 宝洁的品牌战略

现代营销管理大师菲利普·科特勒曾这样评价品牌的作用：伟大的品牌是公司维持超额利润的唯一途径。伟大的品牌代表了感性收益，而不仅仅是感性效益。

在消费者的心里，品牌代表了产品的质量和服务。买冰箱，第一个就会想到海尔；买手机，第一个就会想到苹果；买电脑，第一个就会想到戴尔。这就是品牌的效益。众

所周知的宝洁就是将品牌作为一项事业来经营的。

1931 年，宝洁基于“一个人负责一个品牌”的构想，引入了品牌管理系统：让品牌经理像管理不同的公司一样来管理不同的品牌，而且公司内部不同品牌相互之间可展开竞争。这对当时的美国工商业来说是个全新的概念，而且这一管理理念也成了宝洁公司品牌经营运作的基石。在这一理念指导下，宝洁要求它旗下的每个品牌都“独一无二”，都必须建立顾客忠诚度。宝洁同类产品的多种品牌相互竞争但又各有所长，为消费者提供不同的好处从而保持各自的吸引力。

在全球范围之内，宝洁有 9 个洗衣剂品牌，6 个香皂品牌，3 个牙膏品牌，2 个衣物柔顺剂品牌。每个品牌都有自己的定位，迎合了不同消费者的需求：如“头屑去无踪，秀发更出众”的海飞丝；“洗护二合一，让头发飘逸柔顺”的飘柔，等等，这些都是消费者心中名副其实的“大品牌”。

品牌一旦深入人心，就难以改变，所以企业开发研制新产品就要冒极大的风险，一旦不能获得消费者的认同，无法提高其知名度，那么投入在品牌上的设计、广告宣传、促销等方面的巨额资金将付诸东流。宝洁于 2002~2005 年推出了两款针对中国市场的洗发水和沐浴露都惨遭失败，就说明了这个问题。随着市场的发展，宝洁没有一味偏执于其向来擅长的品牌战术，而是更多地转向策略性思维。宝洁暂停其开发新品牌的传统做法，将蜜丝佛陀和封面女郎两大知名彩妆品牌引入中国，抢攻中高端市场。2001 年 5 月，宝洁以 5 亿美元收购了伊卡璐；2004 年 3 月又以 7 亿美元将德国的威娜公司收入囊中；2006 年年初宝洁又花费了 57 亿美元收购了男士护理领导品牌吉列。分析师们预测说，并购吉列每年可以给宝洁带来 10 亿美元，而宝洁可以用这部分资金加大广告投放，开发新型护肤品、染发产品及婴儿护理产品等。在竞争白热化的市场中，创造一个新品牌需要的成本越来越高。显然，在大品牌已居于市场领导地位的时代，购买一个成熟品牌比重新创造一个品牌更为合算。买了一个好品牌，也就等于买了一个市场，消灭了一个竞争对手，可谓一举两得。

宝洁放弃了部分前景暗淡的业务领域以换取全局性的大收获，体现出了通过全局性的战略调整来扭转局部市场不利局面的大家风范。

品牌战略只有不断发展，适应时代要求，才能真正成为企业的核心竞争力，使企业始终占据市场的前端。

管理艺术

一个品牌不仅仅是一个名字，标志、标语等都是营销的工具和战略。品牌策略是企业达到营销目标的一种方法与手段，是企业获得成功的基本策略之一，但不是获得成功的根本要素。品牌策略只有上升到品牌战略的高度，真正将品牌塑造成消费者脑海中深刻美好的认知，打造出竞争对手难以模仿的品牌核心竞争力，才能最终带来差别利润。所以我们应该从全球市场整体战略格局之下去规划品牌的引入与淘汰，为品牌建立一个使命，以及规划一个品牌的前景。

哈默定律

☆ **一句话说管理** ☆

天下没有什么坏买卖，只有蹩脚的买卖人。

追本溯源 该定律是由美国著名企业家、西方石油公司董事长犹太人阿曼德·哈默提出的。阿曼德·哈默1898年生于纽约，1917年在医学院学习期间掌管了父亲的一家制药工厂。由于经营有方，他成为当时美国唯一的大学生百万富翁。哈默在20世纪20年代与苏联进行了大量的易货贸易，无论是从生意上还是在和苏联领导人（如列宁、托洛茨基、赫鲁晓夫、米高扬、勃列日涅夫、苏斯洛夫等）的关系上都获得了很大的收益。后来他又涉足艺术品收藏与拍卖、酿酒、养牛、石油等行业，在每一个领域里都取得了非凡的成就。无论从哪个方面说，哈默都是一个带有传奇色彩的人物，九十岁高龄的他仍然在西方石油公司董事长的位置上一天工作十多个小时，每年都在空中飞行几十万公里。1987年他完成了《哈默自传》，这是他一生成功经验的浓缩，在这本书里，就有哈默定律。“哈默定律”说的是：天下没有什么坏买卖，只有蹩脚的买卖人。

企业实战运用 ※ 聪明的买卖人

美国有一位叫汤姆·霍普金斯的销售训练大师，他在美国举办过一千多场次的销售员训练。有一次，有人专门刁难他，让他把北极原冰卖给北极圈里的爱斯基摩人。霍普金斯来到北极后，在广大的观众面前上演了一场完美的销售技巧表演。

霍普金斯说：“您好，爱斯基摩老兄，我是北极冰公司的销售员汤姆·霍普金斯。”

对方说：“你有什么事吗？”

霍普金斯说：“我想向您介绍一下我们北极冰公司生产的北极冰。”

对方说：“我没有听错吧，你来这里卖冰？开什么玩笑！你最好去赤道吧，那里可能需要。我们这里遍地都是冰，不需要花钱买那些没用的东西。”

霍普金斯说：“您确信您真的不需要冰吗？”

对方说：“那当然！”

霍普金斯说：“可能您说得有道理，但我听说过经济学里有一个质量价格定律：质量好的东西价值比较高。但是您可以推开窗户看看这些不需要钱的冰是什么样子的：那一堆东西是什么？那是一只狗熊在冰上打滚，你看看这只狗熊把冰搞得一塌糊涂；再看看那一排企鹅在干吗？一排企鹅摇摇摆摆地在冰上走，后面还拉了好多排泄物；再看看您的邻居，他在冰上杀鱼，而且还把那些鱼的内脏扔得到处都是。”

他继续说：“唉，爱斯基摩老兄，您看本来好好的冰被这些动物、这些人搞得一塌糊涂。我用我的人格保证，像您这样对家庭负责、有爱心的人一定不会随随便便把外面的冰取回来，添加到家人的饮料里面的，您说对吗？”

对方说：“当然！我怎么会让我的家人吃那么脏的东西！”

霍普金斯说：“所以本公司早就为您想好了，您可以直接得到特意为您生产的安全、卫生、环保的冰，而不必到偏远的地方寻找干净的冰。现在我们正在促销这些冰，一打只要一美金，现在还可以给您打八折，您买两打还是三打？”

结果爱斯基摩人就买了冰，买完后，霍普金斯又说：“爱斯基摩老兄，刚才在那里洗鱼的邻居跟您很熟吗？”

对方说：“那当然了。我们平时总是在一起聊天儿。”

霍普金斯高兴地说：“说不定他跟您一样，对家庭有责任感，也富有爱心，能不能介绍我认识一下呢？”

结果销售又扩展到了第二个爱斯基摩人家。

霍普金斯成功的销售给了我们很多启示：与顾客在意识和观点上形成对立时，切记不要对抗，要耐心地给顾客解释。我们可以引导客户的思维，让消费者改变自己的想法，最终认可我们的产品，认可我们。只要认可了我们，就很容易形成客户链，发掘更多的顾客。

除了要努力发掘客户，我们还要善于发现新的商机。谁是新商机的发现者，谁就是市场的独占者、领导者。不过，要强调的一点是，只有在需求存在时，营销创新才能构成新的商机，否则一文不值。

费涅克是一名美国商人，非常懂得发现商机。在一次偶然的休假旅游中，小瀑布的水声激发了他的创业灵感。现在许多城市居民饱受各种噪音的干扰，却又无法摆脱。如果把大自然的美妙声音带到城市，不仅能把人带入大自然的美妙境界，使那些久居闹市的人暂时忘却尘世的烦恼，还可以使许多失眠者在水声的陪伴下安然进入梦乡。

想到这里，他带上立体声录音机，专门到一些人烟稀少的地方旅游，录下小溪、小瀑布、小河流水、鸟鸣等声音，然后回到城里复制出录音带高价出售。如他所料，他的

生意十分兴隆，而且为他带来了巨大的利润。

或取或舍显高下，一买一卖见智愚。成功的营销总是需要智慧的发掘。

很多销售人员会说，只要能说会道，懂得推销，能吃苦耐劳就行。可是，对于一名管理者而言，在进行营销管理时，这些只是基础而已，并不能保证最大的成功概率。

想要拥有成功营销的智慧，首先要做到以下两点：第一，做自己喜欢的事。发现和培养自己对销售的兴趣，在工作之中发现了自己的兴趣所在，那么成功就进了一大步了。第二，做自己擅长的事。管理者的管理职能表现在：资源的整合、战略思维、团队管理等，这就表示主管们不是在应付单人作战，而是要支配和指挥团队作战。做自己擅长的事情，并不是一定要有职位提升，而是要在这个过程中能合理利用有限资源达到更好的产出，更有效率地实现目标。

总之，用自己喜欢和擅长的方式解决和处理事情。发现自己的优势，坚信自己一定能行，投入全部力量并持续做下去，相信一定会获得满意的回报。

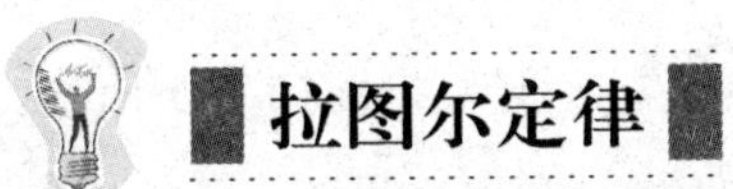

拉图尔定律

☆ 一句话说管理 ☆

一个好品名可能无助于劣质产品的销售，但是一个坏品名则会使好产品滞销。

追本溯源 这个定律是由法国诺门公司德国分公司负责人苏珊·拉图尔提出的。大文豪莎士比亚曾经说过，玫瑰不管取什么名字都是香的。实际上并不尽然。中国有句古话，叫做“人靠衣裳马靠鞍”，一个好的品名，对创造一个名牌来说，绝不是无足轻重的。要创名牌，首先从取名开始。

企业实战运用 ※ 取名的艺术，亦是取得成功的艺术

1886 年在美国佐治亚州亚特兰大市的一家药店里，一位名叫约翰·彭伯顿的药剂师偶然发明了一种味道奇特的咖啡色液体，他想把这种有色液体开发成饮料，但苦于没有资金，就找到当地一个识字不多的大财主鲁宾逊，商议两人合伙开发这一饮料的可行性。当合作条件谈妥后，彭伯顿为了借助鲁宾逊的财力，便把新饮料的命名权让给了鲁宾逊。

鲁宾逊一口应了下来，但思索一段时间后却感到给这一饮料取名并不那么容易，他把字典翻了一遍，也没有找到满意的名称。一天下来，脑袋昏昏沉沉，吃过晚饭后竟坐在书房的椅子上睡着了，等他一觉醒来时，已经是深夜两点多钟了，此时他想按饮料的

性质取个名字。饮料是清凉的，用cold来代表“冷”的含义，可冷字不能成为名字，必须再加上一个字，他又开始翻字典。结果还是一无所获，他把字典又丢在了一旁。恰巧，这时公鸡打鸣了，他一下子跳了起来：“对了，就用公鸡这个名字吧！”可是“公鸡冷的”或“冷的公鸡”都不能当饮料的名字，想着想着他走到院子里，看到天空中一颗流星划过，这又引起他的灵感：把“公鸡”和“冷的”的单词换个字母不就行了吗？于是鲁宾逊把Cock（公鸡）和Cold（冷）中的k与d都换成了a，这样就变成了Coca-Cola（可口可乐）。

彭伯顿问鲁宾逊这个名字是什么意思，鲁宾逊说：“它们本身没有什么意义，可是，你看它们的字母结构，不是很有意思吗？”彭伯顿连着念了几遍，突然高兴地叫道：“妙极了！除了你，谁也想不出这样的好名字来，既好拼，又好念，更容易记，不管是谁看一遍都会记住它，作为产品名称，真是再好不过了！”可口可乐品牌的名字就这样诞生了。

可口可乐这个品牌名字的最大特点就是不注重词语的含义而注重发音响亮。该品牌名字短小玲珑，具有独创性和独特个性，是世界上独一无二、前所未有的品牌名称，从而能在世界上独领风骚。

在我们的印象里，娃哈哈曾是年少时很重要的一个回忆，当时很多人都被“娃哈哈”这个名字所吸引。“娃哈哈”来自于那首知名儿歌：“我们的祖国是花园，花园的花朵真鲜艳……娃哈哈，娃哈哈，每个人的脸上都笑开颜。”“娃哈哈”这一名称因为容易传播，比较大众化，极具亲和力，很快便成为了众所周知的品牌。

所以说，好的名字对一个企业的发展很重要：只有让消费者记住自己的产品，我们才有可能得到顾客的认可。

好的名字很重要，但一定要名副其实！

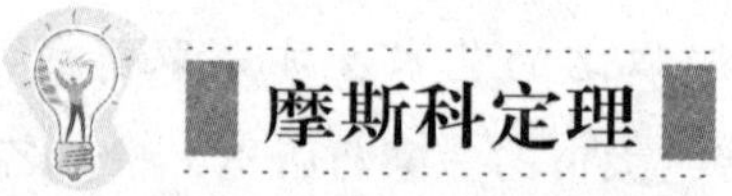

摩斯科定理

☆ 一句话说管理 ☆

你得到的第一个回答，不一定是最好的回答。

追本溯源 这个定理是由美国管理学家R.摩斯科提出的。打破沙锅问到底，是摩斯科定理的精髓。摩斯科定理主张刨根得根，问底知底。因为，当你询问他人问题时，他人的第一反应往往不假思索或者随意应付，只有继续追问下去才能得到想要的答

案。在营销中，摩斯科定理的用处很广，当然，也需要有优秀的口才和足够的勇气。

市场调查受很多变数的影响，要想得到准确全面的信息，在进行调查时一定要慎重。成功企业之所以能成功，其中的原因很多，但有一点是不可缺少的，那就是准确全面的市场调查。只有有了准确全面的市场调查，企业才能推出自己的新产品，并保证取得成功！

企业实战运用　※ 刨根得根，问底知底

企业的发展离不开营销，产品的营销离不开市场。市场是一个受多变量、多因素共同影响的复合体，有些因素是无法控制的，如购买者的购买行为因素、社会心理因素等。企业想要赢得市场，其营销策略必须与之契合，必须对市场进行详细的调查。如果没有提前进行市场考察，产品很可能就因“水土不服”被当地的市场淘汰。

有一家著名的国际咖啡连锁公司，在中国的许多城市开设连锁店都获得了成功。有一次，这家公司的老总约翰先生到南方一个著名的风景区旅游，一下就被那里优美的环境给吸引住了。只见群山环绕，山间碧水潺潺、绿树红花，使人流连忘返。

约翰先生一边欣赏满目的景色，一边考察当地的风土人情。他发现由于山上出产品质上好的茶叶，所以当地人都有喝茶的习惯。不但在风景区里每隔一段路就有一个茶馆，就连群山中的村民，闲来无事也喜欢聚集在祠堂旁边的厢房里边聊天边喝茶。

职业的直觉让他觉得这里可能藏有很大的商机：虽然风景区里有许多茶馆，但却没有一家咖啡店。这里经常会有来自全国各地的众多游客，既然有喝茶的需求，也肯定会有喝咖啡的需求。如果在这里开一家国际连锁的咖啡店，根本就不会有竞争对手，生意一定会很好。

约翰先生说干就干，投资了几百万元，建造了时尚高档的咖啡店，并且亲自挂帅，从各地抽调了业务骨干准备在这里大干一场。可是结果却让约翰先生苦闷不已，连续几个月咖啡店都生意清淡、门可罗雀。

约翰先生百思不得其解，就找当地的旅游专家咨询。专家告诉他，咖啡是国外的饮品，口味不同，当地的老百姓一般不会轻易接受；而外地的游客不远千里来这里游玩，一是不愿意在咖啡店消磨时间，二是大都希望品尝当地的茶；再加上本地的公司和企业很少，没有在大中城市很常见的咖啡店中恰谈商务的需要。咖啡店在这里没有客源，怎么会有生意呢？

约翰先生听后，后悔不已，可是既然店已经开张了，这样放弃有点太可惜了。在艰难维持了半年以后，因为情况始终没有得到改善，约翰先生无奈地关闭了咖啡店。

约翰先生之所以会遇到这样的问题，很大一部分原因就是没有对当地的市场进行详细考察，缺乏对市场的分析和把握。

管理艺术

市场是一个由多变量、多因素共同制约的复合体。对一个企业来说，有些因素是可以控制的，有些因素却无法控制，就好比说，企业的产品营销策略我们可以制订、调整，但我们无法强制干涉消费者的购买心理，也改变不了社会心理。而这些又实实在在，夹杂在一起构成了企业生存的市场环境。因此，在这样的企业经营管理过程中，就需要能分辨信息的真伪。只有分辨得准确无误，决策才能得心应手了。

市场是一个很难捉摸的东西，若不在市场调查上下透工夫，那么新产品很可能就会遭到消费者的冷落。长此以往，企业的声望和品质就会在消费者心目中大打折扣，再好的企业也会被市场淘汰。

阿尔巴德定理

☆ 一句话说管理 ☆

一个企业经营成功与否，全靠对顾客的要求了解到什么程度。

追本溯源 该定理是由匈牙利全面质量管理国际有限公司顾问波尔加·韦雷什·阿尔巴德提出的。他认为，一个企业经营成功与否，全靠对顾客的要求了解到什么程度。如果看到了别人的需要，你就成功了一半；如果还可以满足别人的需求，你就成功了全部。后来，人们将这种经营哲学称为“阿尔巴德定理”。

企业实战运用 ※ 戴尔“以销定产”

产品之所以被制造出来，就是为了满足消费者的某种需求。同理，要想把制造出来的产品销售出去，就必须迎合消费者的需求。只有了解了消费者的要求，进而满足消费者的要求，企业才会获得成功。

1983 年，得克萨斯大学奥斯汀分校里，有一个十七八岁学医的叫戴尔的大学生，他当时很喜欢电脑。一段时间后，他决定用电脑赚钱。戴尔买来一些旧电脑，然后把电脑升级后卖给同学、教授。这种旧电脑的升级“生意”使他第一年就赚了 5 万美元。戴尔感觉自己的事业要开始了，他决定休学创业。

戴尔成功的秘诀就是以客户为导向，实行全方位覆盖客户购买要素的生产和营销策略。客户有什么样的需求，生产和销售人员就提供什么样的产品，对于生产商来讲，就是“以销定产”。

戴尔在早期开办公司的时候，就已经突破了传统的“4P”模式。戴尔说：“每个消费者的需求是不同的。例如学生可能钱比较少，要的内存比较小；教授相对比较有钱，要的内存可能比较大，所以应该是客户需要什么就生产什么。”

那么戴尔是如何满足客户需求的呢？一是突破以往那种通过大批量生产来降低价格的观念，根据客户的需求来定制产品。二是采用直接销售的方式，抛弃代理商，直接进行销售，为消费者创造价值。消费者既因为产品价格低廉，又能够得到直接的服务，而愿意直接从他这里买。三是直接给客户提供上门服务。戴尔在大学时就是这样做的，客户有问题给他打个电话，他马上就上门维修，而不需要把电脑送过来。提供上门服务，解决了客户维修的问题。

管理艺术

了解、需求、相信和满意是客户采购的四个要素。当这四个要素具备的时候，就意味着客户会进行采购。全方位了解、掌控顾客的需求，其实就是倡导以客户为导向的生产和营销模式。所谓以客户为导向的生产和营销模式，就是让生产和销售活动紧紧围绕着客户采购的四个要素，而不是只按某一个要素进行，这样就能全方位地满足客户的要求，在竞争中取得优势。

客户基本需求可以大致概括如下：受欢迎的需求、及时服务的需求、感觉舒适的需求、有序服务的需求、被理解的需求、被帮助的需求、受重视的需求、被称赞的需求、被识别或记住的需求、受尊重的需求、被信任的需求、安全及隐私的需求。

满足了客户的基本需求，企业哪里还有不成功的道理。

斯通定理

☆ 一句话说管理 ☆

一切决定于推销员的态度，而不是顾客。

追本溯源 该定理是由美国“保险怪才”克里蒙·斯通提出的。克里蒙·斯通是美国最富有的人之一，是美国联合保险公司的董事长。他说他成功的奥秘是一种叫做“积极人生观”的东西。“一切决定于推销员的态度，而不是顾客”就是他的著名论断，被人们称为“斯通定理”。

企业实战运用 ※ 用真诚打动客户

积极是每个人都应该在生活、工作中保持的良好态度，尤其对营销员和推销员来讲，只有积极地面对客户的拒绝，才能获得最后的成功。

某个营销员在接到经理分配的任务时十分头疼，因为他将面临的渠道商非常棘手，

在他之前已有不下5个人都在这个渠道商那里碰了钉子，对方明确表示不做他们公司的品牌。虽然知道很棘手，但他并没有就这样放弃，而是选择了用积极的态度去面对这个渠道商。

在拜访这个客户之前，营销员对这个渠道商及其渠道伙伴的情况做了一些调查，从中得知，他们从南京进货，价格比自己公司要低，但是在维修上存在很大的问题，把有问题的货物送到南京去修理，很不方便。于是，营销员决定从自己公司服务快捷的优点出发，去打动这个渠道商。

第一次，营销员刚进门，还没开口就被渠道商给拒绝了。"你走吧！你们的价格太高，况且我早就和南京合作了。以后也别再打我的主意了！"说罢，渠道商就把营销员给"请"了出去。

被这样直白的拒绝后，营销员并没有灰心。过了几天，他再次去找那位渠道商，希望能有机会接近。当时那个公司只有那位渠道商在，刚到的一批电脑只有他一个人在搬。营销员二话没说，挽起袖子就帮忙搬。虽然渠道商说不用他帮忙，可是他还是坚持把一车电脑搬完后才离开。这次，虽然营销员还是什么都没说，但是却给这个渠道商留下了很好的印象。

当营销员第三次来到渠道商这里时，渠道商并没有把他赶出去。在营销员帮忙搬装修所需的材料时，渠道商也没有拒绝。营销员把渠道商新买的办公桌及展示台等物品一一搬进去，收拾完毕后，渠道商开口了："你先放一部分货吧，我试销看看！"虽然还没达到营销员期待的目标，但至少渠道商不再排斥他们这个品牌的产品了，而且还打算试试看。

最后，这个渠道商放弃了与南京的合作，改为全部经营这个营销员所在公司的产品。营销员用自己积极的态度获得了成功。

要成为一个成功的营销员或者推销员，首先要具备的就是积极的态度。如果这个营销员在第一次被拒绝后就放弃努力，那么怎么会有之后的成功呢？

管理艺术

将心比心，易使人称心；以情换情，可让人领情。作为一个与人打交道的工作人员，必须站在客户的角度去为客户考虑，被客户拒绝并不可怕，可怕的是自己给自己否定的答案。每一次被拒绝后，都要告诉自己：下一次，客户会同意我的意见。在积极态度的促使下，才能让客户感受到诚意，从而接受你的产品。尤其是刚开始向一个客户推销时，绝不能一心求快，要把根基打稳，赢得客户的信任。

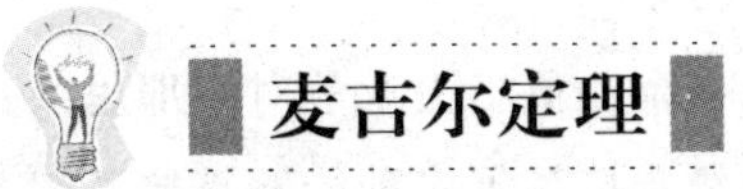

麦吉尔定理

☆ 一句话说管理 ☆

每一个顾客都用他自己的方式看待服务。

追本溯源 该定理是由美国罗斯莱尔德风险公司前总经理A.麦吉尔提出的。麦吉尔通过自己的经验和观察分析总结出的这条看似简单、实则精辟深刻的定理，正如“有一千条舌头，就有一千种口味”，一千名顾客对某一服务也会有一千种看法。

企业实战运用 ※ 顾客就是上帝

史泰博是美国一家办公用品专业零售集团，原本它是一家无名小店，在其创始人、现任总执行官托马斯·斯坦博的精心经营下，在美国《幸福》杂志评出的五百强公司中，该公司在专业零售商中，投资回报率名列榜首。

在商场创立之初，史泰博选择了仓储式的商场模式，虽然样子很难看，但其购买力和高效的经营方式使史泰博能给顾客很大的优惠，销售额很快就上去了。

最近几年，由于激烈的市场竞争，商场仅靠价格竞争已不具备很大的优势。为了在市场竞争中保持领先地位，斯坦博瞄准了对顾客的服务，负责史泰博公司北美超级商场业务的查克·宾格曼说：“这一行业不再像杂货生意那样低成本、无服务，完全是自助式的做法。我们现在正处在一个关键点上，低价格和选择进货已不够了。你必须更好地培训你的员工，保证你的商场购物环境更加宜人。”

为顾客提供服务，说起来简单，做起来难。首先，商场每天面对的顾客形形色色，很难针对顾客的需求提供相应的服务。

为了得到顾客信息，从而了解顾客，史泰博使用了会员卡。每次，顾客在登记处填写之后，商场就给顾客所购的商品打折，同时收集他们购买习惯的信息，并将这些信息存在一个大数据库中，进而为顾客提供符合其特点的服务。例如，公司与律师和牙医们生意做得多，但与学校校长们做得就很少。了解到这点后，斯坦博就把新商场开到了律师楼多的地方。

此外，史泰博公司还千方百计地将营业员从一些琐事中解脱出来，让他们可以跟顾客面对面交流，提供顾客最需要的服务。

要想为顾客提供优质全方位的服务，要做到以下几点：

(1) 倾听、理解消费者的诉求。

①进行市场调查。企业通常请可以做出客观评价的第三方——调查公司来进行该项

工作，以免被自己的主观感受所误导。

②深入到市场中去。通过派本企业员工去竞争对手那里亲身体验他们服务顾客的方法，或者通过技术人员直接与消费者接触等多种能够直接了解消费者建议的方式来寻找提高服务质量的途径。

③开通消费者热线。该热线可以回答消费者的提问、接订单、解决投诉、派遣维修人员、提供最新资讯等。

④分析消费者建议及投诉。继续延用消费者反应良好的服务方式，奖励提供优质服务的员工，对服务中的缺陷加以改进。

⑤成立消费者顾问小组。将那些对企业经营感兴趣或者容易产生不满情绪的消费者组织起来，定期召开座谈会，征求他们的意见，以改进服务。

⑥交互学习。邀请消费者来企业参观，由产品的设计制造人员介绍产品工艺流程，同时听取消费者的意见；组织企业的技术人员和一线人员定期与企业的行政人员、培训人员座谈，加深相互了解，在工作中相互协调。

(2) 确定什么是高质量的服务并制定相应的服务策略。

有效的服务策略具备以下四个特点：

①明确体现本企业的服务宗旨。

②服务方式明显区别于其他企业。

③对消费者有价值。

④可以贯彻实施。

总之，制定有效的服务策略需要将企业自身价值与消费者对企业产品和服务的期望有效地结合起来。除此之外，还要结合对企业优劣势的分析、对在市场中所面临的威胁与机会的分析，这样制定出的策略才能被企业员工和消费者接受。

(3) 制定和执行服务标准。

服务标准的制定需要注意以下三个方面问题：

①处理好企业以专业技术角度而制定的由内而外的标准与充分考虑到消费者需要与期望而制定的由外而内的标准的冲突。

②无论是企业还是消费者都不允许在服务标准中规定错误率。

③高质量的服务要完全迎合消费者的口味，而不是与消费者讨价还价，降低服务标准。

在这其中，尤以倾听、理解消费者的诉求最为重要。每个消费者对服务的定义不一样，如果不能了解消费者，又怎能提供让消费者满意的服务呢？

针对不同的客户，为其提供最需要的服务，才能赢得消费者的心。正如给口渴的人一杯水，给饥饿的人一碗饭一样，企业在提供服务前，必须弄清楚消费者需要的是什么服务，对症下药，才能取得最佳效果。

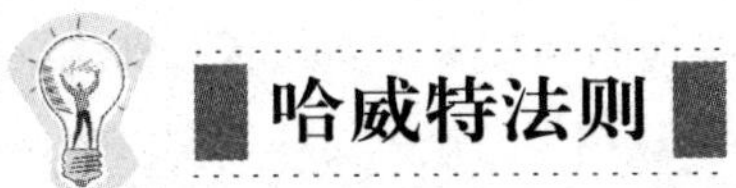

哈威特法则

☆ 一句话说管理 ☆

一个广告若能引发愉快的感觉，那么就比较容易被人记住。

追本溯源 该法则是由美国广告心理学家S.哈威特提出的。作为一名广告心理学家，哈威特认为，一个广告若能引发愉快的感觉，那么就比较容易被人记住。后来，这种观念被人们称为“哈威特法则”，并得到了广泛的应用。

企业实战运用 ※ 皮里尔的附加值

一个商品要卖出好价钱，只有两种途径：一是拥有极高的性价比，且其性能能满足消费者对产品的要求，从而占据该产品的市场；二是给产品附加上“虚”的东西，满足消费者对产品的心理需求，例如虚荣心等。

通过第一种途径获得竞争力，只需提高制造的技术；而要通过第二种途径去打败竞争对手，则需要公司用独特的营销模式去赢得消费者的青睐。在今天，很多企业都采取了差异化营销的方式。

蓝哥智洋国际行销顾问机构CEO兼首席顾问于斐先生认为：“营销过程不是静止的平面或形式上的改变和调整，而是一个动态性的产品在与市场博弈中所演绎出的平衡状态，产品除了内在品质的完善、技术含量的领先和生产工艺上的先进外，一方面它需要有区别于对手的独到的定位、卖点和差异化的操作模式，换言之，就是要有核心竞争优势；另一方面，最重要的是不能把所有的精力、物力和财力集中于产品的自身物质属性，而需要考虑怎么让内在的优势和外在的推广手段在资源整合基础上充分彰显个性化的特质，以达到内外之间的平衡以及在双方对接产生的落差中通过多种动态调整方式给予充分弥补，从而规避由此带来的市场风险。”

皮里尔泡沫矿泉水来自法国，其在美国的销售额，从一开始每年100万美元上升到每年8000万美元，皮里尔的成功引起了众多竞争者的注意。仔细研究皮里尔泡沫矿泉水的成功，就会发现其卖点就是满足了有钱人的虚荣心。

为了在竞争中立于不败之地，皮里尔的广告公司迅速推出了一个具有“新闻价值”的产品广告。广告突出皮里尔饮料是一种天然碳化的泉水，内有小泡沫，和其他竞争产品相比有独特的味道，比市场上的所有饮料都更有利于身体健康，而且是有钱人喝的上等佳品，因此价格比普通饮料高了不少。

皮里尔把饮料从美食店移至高级市场，并把显示有钱的年轻人在各种场合喝这种饮料的广告登在报刊上。而且美国各地的马拉松赛参与者，都能够得到皮里尔圆领衫和一瓶皮里尔清凉饮料。皮里尔凭借这个“高档”的形象而使销售额快速增加。

皮里尔以“有钱人喝的佳品”作为饮料的附加值，马上就突显出它的与众不同，引起了有钱人的消费热情。在各行各业产品日益同质化的今天，开发产品时必须立足于创新，在运作过程中营造差异化优势，实现业务、产品和价格的优化组合，开创全新的市场格局。同时还要不断推出独具特色的新产品，开发潜在的消费需求，寻求新的顾客增长点。

“竞争战略之父”迈克尔·波特指出，企业要想在市场竞争中生存，要么具有成本优势，要么实行差异化战略——有差异才能有市场，才能在同行业竞争中立于不败之地。总而言之，一个产品想占据市场，创造品牌，除了产品质量优良外，还必须读懂消费者的心理，采取灵活多变的营销策略。只有灵活运用差异化营销手段，才能开拓市场、挖掘市场，才能取得更大的市场份额，才能在竞争日益激烈的市场中立于不败之地。

跷跷板效应

☆ 一句话说管理 ☆

一个产品名称不能同时代表两种不同的产品，当一种上来时，另一种就要下去。

追本溯源 “跷跷板效应”是由美国广告学家阿尔·里斯提出的。“跷跷板效应”指的是一个名称所代表的两种产品被分置于跷跷板两端，当一种上来时，另一种就要下去。当然，你有权认为，在某一点上跷跷板达到了平衡，两种产品的平均收益大于其中任何一种产品的收益。但实际上，你的竞争对手不会容忍这种平衡，他会毫不留情地把你的位置挤掉。这是一种自己打败自己的结果。这就是里斯的观点，被人们称为“跷跷板效应”。

企业实战运用　　※ 专注赢得成就

1924年，力士在美国推出了第一块美容香皂，到现在，它已遍布全球100多个国家，主要市场包括阿拉伯、印度、巴西、中国等。在日本，力士占市场主导地位。2003年的销售额将近11亿美元。

力士作为一个享誉全球的著名品牌，一直与明星密不可分。玛丽莲·梦露、黛米·摩尔、凯瑟琳·泽塔-琼斯等明星都曾出现在力士的广告里。在中国，张柏芝曾成为力士洗发水的代言人。用众多的明星做广告，使得在提到“力士”时，人们就会想到美丽的明星、夺目的闪光灯、迷人的肌肤以及一系列奢华的场面。那么在消费者心目中，“力士”品牌最适合进入哪些全新的领域呢？

来自智威汤逊-中乔广告公司的一份市场调查显示，65%的消费者认为，该品牌进入护肤领域最为适合，只有2%的人认为食用油、冰箱也比较合适。

结论非常明显，力士进入护肤领域是最为适合的，毕竟，很少会有人愿意在用“力士”香皂或沐浴露洗过澡后再去享用用“力士”牌食用油做出的食品。

当一个公司选择进入一个全新的领域，即准备延伸自己的品牌价值时，一定要注意找准自己的品牌定位，如果不慎重考虑就进入全新的领域，失败的概率非常大，在实践中这样的例子也数不胜数。例如，广东一家靠保健品起家的公司，在1994年其年销售额达到13亿元时开始广泛进军饮食业、化妆品、广告、电脑销售、文化体育等其他行业，连续上了23个新项目，前后开办了20多个企业，到1997年时竟亏损了1.59亿元。白云山制药公司从1993年开始采取多元化经营方针，经营范围涉及商业、房地产、证券等十几种，结果造成了制药主业的衰败。

对企业来讲，想要进入其他领域并取得成功，最好是新领域和之前领域有共同的市场、渠道、生产、技术、采购、信息、人才等，使原来的价值活动能够共享，增加跷跷板一头的重量，而不是分散重量在跷跷板的另一端。

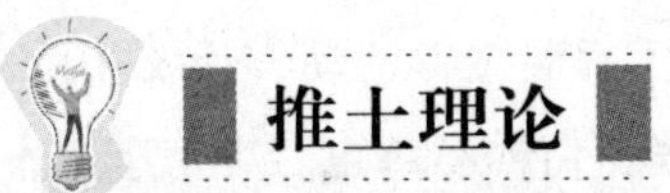

推土理论

☆　一句话说管理　☆

大坝要在波浪的冲击下矗立不倒，就需要不断地加固：推土，夯实；推土，夯实……

追本溯源 “推土理论”是从修建大坝的实际行动中总结出来的。大坝要在波浪的冲击下矗立不倒，就需要不断地加固：推土，夯实；推土，夯实……后来，人们将这种理论应用到了企业管理上，使其得以延伸。

企业实战运用 ※ 白沙，“飞”起来的品牌

很多管理者认为，一直坚持一种风格或面貌会引起消费者的视觉疲劳，因此总是过一段时间就换一种想法。七喜是一种柠檬口味的饮料，自上市以来，其产品定位就一直摇摆不定。20 世纪 30 年代是“消除胃部不舒服的良药”，后又改为“清新的家庭饮料”，之后更是推出各种不同主题的广告。在这些混乱的宣传下，消费者对七喜到底是什么样的饮料一直没有一个统一的印象。最终，七喜的海外部分的经营权被出售给了百事可乐公司。

由此可知，持续而统一的传播才是品牌成功的法则。白沙的成功正是来自于对品牌宣传风格的坚持。有关资料显示：2000 年，长沙卷烟厂共生产香烟 87.2 万大箱、销售收入 67.65 亿元人民币、税利 48.78 亿元，与 1984 年相比，分别增长了 6.9 倍、85 倍和 116 倍。白沙品牌正在创造一次又一次的“飞跃”。

白沙品牌知名度的迅速提升、品牌内涵的迅速传播、市场占有率的稳步增长，都与其倡导的“飞翔”理念以及持续的传播息息相关。

品牌的理念一经确定，便要持续不断地进行传播，白沙所有的传播活动都以“飞翔”作为主线，保证了品牌概念主题的统一性及连续性。

1999 年 12 月在湖南张家界的国际特技飞行比赛上，白沙抓住了机会，大力宣传其品牌理念。特别是 12 月 11 日中央电视台进行现场直播的特技飞行表演飞越天门山天门洞的活动中，参加表演的飞机，有一半以上都绘有“长沙卷烟厂”或“白沙”烟的文字和标识，匈牙利特级飞行员贝森叶驾驶“白沙号”飞机第一个成功穿越了天门山洞，那一刻，全球的目光都聚焦于此。白沙在品牌宣传的做法上做出了新的尝试，白沙与这次飞行一道载入了国际飞行的史册。

以后，凡是与“飞翔”有关的活动，白沙都积极参与，借此传播品牌内涵。后来，白沙又赞助了江苏的穿越太湖大桥桥洞飞行活动，斥资 1000 万独家赞助了中国金鹰电视艺术节，当金鹰展翅飞翔的时候，白沙品牌也“飞”了起来。

白沙还赞助了万众瞩目的北京申奥活动。在北京获得 2008 年奥运会主办权的时候，白沙不失时机地站了出来，说道：“北京赢了，这一刻，中国人的心飞了起来！”同时，白沙举行了一系列奥运促销活动，如有奖征文，奥运酬宾等。

在户外广告上，白沙利用白马广告的全国候车亭路牌广告网，在全国主要机场和各大中城市发布了“鹤舞白沙，我心飞翔”的路牌广告。在电视媒体上，白沙集团的形象

广告在中央电视台和湖南卫视等各大媒体播放。

可以说，经过一系列的整合传播，白沙的“飞翔”理念已经深入人心。

有时管理者会走进一个误区，认为坚持一种风格、一个面孔，品牌将变得枯燥。这些管理者习惯了过几天就换一种想法，觉得那样才能使品牌新鲜而充满创意。但是，消费者不是你，你每天都生活在这个品牌的包围中，而他也许根本就没有见过你的品牌，广告太多了，他从来不会刻意去关注哪个品牌。实际上，当你觉得单调时，也许消费者才开始对你有印象，才真正意识到你的存在。市场环境波涛汹涌，品牌欲在市场竞争中任凭冲击而不倒，靠的是品牌积累——每一次新品推出、每一个促销活动、每一次广告，都要在统一的品牌主题下，不断积累品牌的资产。

吊胃口效应

☆ 一句话说管理 ☆

用好吃的东西来引起别人的食欲，想方设法让人产生欲望或兴趣。

追本溯源 有这样一句俗话：“见饭饥，见水渴。”其本质就是吊胃口。人们都有很强的好奇心，对于得不到的东西或是得不到全部的东西，往往有更大的想要得到的欲望。

企业实战运用 ※ 炒作成就了奥斯卡

一年一度的奥斯卡奖每年的 11 月开始报名，从第二年 1 月最后一个星期入选名单的公布，到 2 月底 3 月初颁奖晚会的举行，谁是奥斯卡得主这一悬念一直吸引着大家的注意力。全球的电视台、报纸、电影评论家对提名的影片、影星褒贬不一、众说纷纭，并对最后得奖情况做了种种猜测。经过一个月的热炒，奥斯卡奖知名度大大提升，提名影片的制片商腰包鼓鼓。

每年一度的奥斯卡颁奖典礼始终吸引着所有影迷及媒体的目光，这其中，每秒 5.7 万美元的广告，获提名者价值不低于 10 万美元的礼袋及奢华的场景都吸引着全球观众的目光。奥斯卡成为标准的“注意力经济学”。

截至 2017 年奥斯卡奖举办了 89 届，但是连续得奖的人极其罕见，这也是主办方善于制造眼球效应的结果。例如朱莉·安德鲁斯在 1965 年因主演《欢乐满人间》获得奥斯卡最佳女主角奖，而在这一年，主演《窈窕淑女》的奥黛丽·赫本比朱莉演得还要好，但因为赫本已经拿过奥斯卡奖了，评委们就把最佳女主角的奖项给了朱莉。紧接着，1966年朱莉·安德鲁斯主演的《音乐之声》引起更大轰动，但因为她上一年刚刚得奖，奥斯卡最佳女主角的殊荣就给了新人朱莉·克里斯蒂。

此外，由好莱坞外国记者协会80多位记者组成评奖团的金球奖，也为奥斯卡吸引了注意力。金球奖和奥斯卡奖的评奖标准是不一样的，但人们还是喜欢把得了金球奖的影片放到奥斯卡奖中衡量一番。“美国人摆了个擂台，光是奥斯卡奖打擂，孤掌难鸣，再添一个金球奖，就热闹起来了。”媒体这样的说法屡见不鲜。这两个奖项进行角逐，把众多影迷卷入拉拉队，让他们为这两个奖项呐喊。也难怪业内人士说：“金球奖是奥斯卡奖的前奏，到奥斯卡颁奖的时候，戏就推向了高潮。”

在奥斯卡的评奖活动中，入围者的奢华打扮也为奥斯卡吸引了众多媒体和影迷的眼球。应邀出席奥斯卡奖颁奖典礼的明星们虽然没有酬劳，但他们可以得到不同商家赞助的礼包，其中包括免费境外旅游、豪华宾馆免费食宿、珠宝、化妆品、电子产品、皮草等，总价值最高可达到10万美元。

在颁奖前夕，女明星们往往会被邀请到化妆品和服饰公司免费购物，秀时装、秀钻石、秀风头，这些明星大腕儿的行头总能挑起人们的想象空间。典礼举办前的一个月，全球顶级的时装品牌代理商、发型师、珠宝商云集好莱坞，他们组成了好莱坞最奢华的时尚生产线，让明星们在任何时候都显得耀眼夺目，而这也成为奥斯卡的亮点之一。

用人们难以想象的奢华来挑起人们的好奇心，从而引起人们对奥斯卡的关注，不得不说奥斯卡这招吊人胃口的策略，做得十分成功。

在市场中，往往会有这样的情况：如果一个产品缺货了，就会有很多消费者或客户隔三岔五到咨询处打听该产品有没有到货。这个产品一到货，便又会很快销售一空。其实，企业正是靠着制造“数量有限，欲购从速”的销售气氛，成功地吊起了客户们的胃口，造成自己产品品质优、市场广阔的假象，以促进产品销售的。

能使人胃口大开，才有资格去吊人胃口。好奇是人的天性，巧妙地利用消费者的好奇心，提高自身的知名度，也会给商业经营者带来滚滚财源。吊人胃口已成为企业常用的营销战略之一。

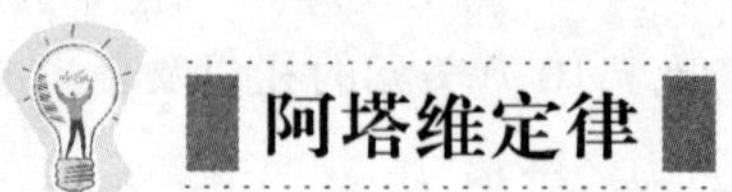

阿塔维定律

☆ 一句话说管理 ☆

带有新信息的广告标题，往往会有多出22%的人记住它。

追本溯源 该定律是由美国广告学家D.阿塔维提出的。阿塔维通过对广告传播的调查发现，带有新信息的广告标题，往往会有多出22%的人记住它。所以，要想引人入胜，就要先引人注目，广告对于提高企业知名度的作用是巨大的。后来，人们将其称为“阿塔维定律”。

企业实战运用 ※ 引人注目的广告

美国纽约国际银行刚开张时，为了迅速提高知名度，想出了一个出奇制胜的广告策略。

一天晚上，全纽约的广播电台正在播放节目，突然间，全市所有广播都在同一时刻向听众播放一则通告：听众朋友，现在开始播放的是由本市国际银行向您提供的沉默时间。紧接着整个纽约市的电台就同时中断了10秒钟，不播放任何节目。一时间，纽约市民对这个莫名其妙的10秒钟沉默时间议论纷纷，于是“沉默时间”成了全纽约市民茶余饭后最热门的话题，纽约国际银行的知名度迅速提高，很快就家喻户晓了。

纽约国际银行广告策略的巧妙之处在于，它一反一般的广告手法，没有在广告中播放任何信息，而以整个纽约市电台在同一时刻的10秒钟“沉默”引起市民的好奇心理，从而不自觉地去探究根底，使纽约国际银行的名字“不告而人人皆知”，达到了出奇制胜的效果。

独特的广告能够引起广大消费者的关注，这一点在健力宝“爆果汽”的销售中表现得尤为明显。

在“爆果汽”的广告中，北京电通运用产品概念功能，颠覆了代表不同时尚美学的视觉表现。广告中的男主角个性叛逆但不张扬，带一点坏，但又不太坏的人格特质；男主角不刻意追求时尚，但却不经意间创造着时尚。这些性格特点其实就是“爆果汽”的品牌个性。

高档的发廊里，自视甚高的发型设计师为举止优雅、表情冷艳的模特做发型，由于男主角不经意间走过，原本时尚流行的长发瞬间变成了滑稽的爆炸头，颠覆了人们对流行发廊的时尚美学印象；性感时尚的都市女子坐在一个戴着墨镜，自以为前卫的男子的跑车中，男主角不经意间走过，安全气囊炸开，颠覆了人们对向往的高尚生活的印象；街头，一群装扮炫酷的篮球少年正在卖弄着花哨的篮球技巧，不料男主角不经意间走过，只听见篮球筐上“砰”的一声，篮球炸开了花，也炸掉了年轻人追求酷炫时尚的幻想。

为什么“爆果汽”的电视广告不断地进行着颠覆，颠覆着人们的视觉，颠覆着人们的意识呢？北京电通认为：“我们必须有一套方法、一套系统来解读、再现并创造过去只能凭运气得来的结果。我们称这套无法则的法则为‘颠覆主张’，颠覆主张是一种突破并推翻现状的策略性思考。”

对消费者而言，“爆果汽”电视广告带来的视觉冲击似乎更大于心理冲击，另类的产品加上另类的电视广告，初步构筑了产品的品牌个性，而这正是“爆果汽”的目的所在。将产品名称以个性的方式深深印在受众脑中，是新产品推介的第一步。而“爆”作为“刺激”的一种直观表现形式，就成了创意的核心。

“爆果汽”鲜明甚至有点极端的产品个性，加上广告的主人公形象自然，毫不做作，他手中的爆果汽不仅代表着一种新鲜的味觉刺激，也是一种武器，引爆和颠覆那些自以为是的传统时尚。头发爆，气囊爆，篮球爆，一连串的“爆”，使“爆”的概念贯穿始终，在不断反复中给人留下深刻印象。

要引人入胜，就必须先引人注目，敢为天下先。要知道，对营销来讲，重要的是效应，至于这种效应是正效应还是负效应，另当别论，关键是要吸引眼球。

在“眼球经济”时代，如何让自己的产品更能吸引客户的注意力，并唤起他们的购买欲望，这是一个值得探讨的话题。

为了吸引消费者眼球，有的企业花几千上万搞大型活动，有的企业高调开设服务站，有的企业不惜代价请专家写广告。

所有的手段都是大同小异，只有通过这些具体手段体现出的企业文化力才是独特的。所以，我们要从具体手段、方式、方法上打开消费群的心扉，让客户们自动掏钱购买。也只有做到这样，我们的营销管理才算做到了极致。

项链定律

☆ **一句话说管理** ☆

只有将所有的传播行为都穿起来，才能组成一条闪闪发亮的项链。

追本溯源 一条项链的制造，不仅仅需要珠子，更需要穿起珠子的绳子。也只有将所有的传播行为都穿起来,才能组成一条闪闪发亮的项链。“项链定律”就来源于此。

企业实战运用 ※ 万宝路的体育品牌之路

香烟的处境非常微妙，一方面，禁烟在全球成为大势所趋，禁烟人士恨不得香烟立即从地球上消失；另一方面，烟民好烟如命，国家对烟草税收依赖性很高。因此，香烟是在夹缝中求生存，这使得烟草企业几乎只有一条路可走：好公益，做善事。以此树立亲善的企业形象，获得大众的好感。以万宝路为例，它以赞助体育活动为包装品牌的主要方式。

万宝路一直都积极赞助各项国际体育活动，尤以世界一级方程式锦标赛最有声望，

这是万宝路最有影响、最重要的赞助活动之一。在大众心目中，一级方程式赛车被视为自由、奔放、竞争、极具挑战性的运动。一级方程式赛车手的形象正好符合万宝路要塑造的“男子汉”形象，一级方程式赛车所体现的精神正是万宝路牛仔具有的精神。万宝路公司赞助一级方程式锦标赛可以说是赞助活动与品牌形象完美结合的典范。至今，万宝路已赞助一级方程式锦标赛40余年，由于对一项体育运动的支持，万宝路在公众中树立了美好形象。另外，公司也很关心比赛的各种安全措施，树立了万宝路关心他人生命与健康的形象，使人们联想到这样的公司会从消费者的健康出发，生产“健康型”香烟以减少对他们的危害。这一举措显然博得了公众对品牌的好感。

除了一级方程式车赛，万宝路还赞助了其他许多世界性的体育比赛。如：足球比赛、摩托车比赛、马车比赛、汽车比赛、赛马、滑雪比赛以及自行车比赛等。但是，万宝路并不是什么体育活动都赞助，而是寻找最适合自己产品的风格，最能体现自身品牌价值的活动。万宝路总是寻找最适合自己的赞助方式，并给这些赞助方式制定了具体的标准，只有符合这些标准的活动，才会考虑：

1. 相关性原则。所赞助的活动必须符合万宝路的品牌核心价值以及目标人群的喜好，如摩托车比赛的刺激、惊险、豪放，正是万宝路品牌个性的体现，这也是万宝路的目标人群感兴趣的活动。

2. 领导性原则。所赞助的活动与万宝路的市场领袖地位相一致，能够帮助强化万宝路全球第一的印象。

时装品牌Esprit（思捷）一直强调其个人选择与自然的精神境界。60年代后期，Esprit在美国创立时，就确立了以世界和平和自我表现为品牌的主要宗旨，并一直坚持了下来。当其他公司的促销还仅仅流于形式时，Esprit却强调时装界必须对社会及生活时尚都要负责。Esprit踊跃参与世界地球日的宣传活动，把印有“绿色环保”口号的服装发给职员，在店内张贴环保海报，并鼓励顾客在市区种植树木及进行清扫活动。Esprit的一大创举是把“大自然”引入店内。春天，它在亚洲的各分店都洋溢着花园的气息，它在海报中说道：“每天一苹果，大夫远离我。”在过季减价时，Esprit也颇不寻常，它将所有陈列道具都扫上一层白油，或者盖上净色的棉布，此举给顾客以Esprit是沙漠中的绿洲的感觉，使它在乱哄哄的场面里既做了生意又似乎独享安逸。Esprit的室内陈列注重宣传人的价值，时时提醒顾客在穿着时也不忘表达自己的意见，在一个广告中，Esprit问道：“你会做些什么来改变世界？”一个手持拐杖的女孩子回答：“我希望人家去评定我的所能而不是我的不能。”除了上述口号，还有其他口号也被广泛使用，如“所有国家都应该归还本不属于他们的东西”及“在每个人决定要孩子之前，应该先上一堂为人父母的课程”，此举在不经意间征服了千千万万个人。

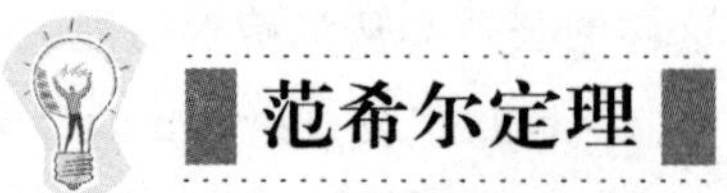

品牌单个的广告、促销、公关、赞助等活动,如果没有一个统一的主题串起来,即使做得再好充其量也只是一颗颗珍珠。只有将所有的传播行为用一根主线串起来,才能组成一条闪闪发亮的项链。持续而统一的传播是国际品牌成功的法则之一。

范希尔定理

☆ 一句话说管理 ☆

一个企业如果要生存、赚钱和成长，就必须既有效率又有效益。

追本溯源 该定理是由美国管理学家 R.F.范希尔提出的。作为一名卓有成就的管理学家，范希尔认为，企业如果要生存、赚钱和成长，就必须既有效率又有效益。效率的核心是速度，效益的关键在增值。后来，人们将这一观点称为“范希尔定理”。

企业实战运用 ※ 当当网：靠“量”赚钱

提起“网上书城”，大家会想到卓越网和当当网。和卓越网一样，当当网也是靠网上销售图书和音像制品起家的。但是现在，当当网不仅仅局限在图书和音像制品了，它跨入了更深更广的领域。

当当网在 8 年的时间里发展了 4000 万用户。2007 年的时候，每天都会有上万人在当当网上买东西，它的网页浏览量达到了每月 2000 万人次，其图书年销售额超过了 6 亿元，这些都是因为当当网的网上书店有低成本的优势。网上书店的书打 7~8 折可以轻松做到，有时候甚至低至 5 折。一本畅销书《杜拉拉升职记》，在深圳书城售价为 26 元，而在当当网，15 元就可以把它买下来，这样的价格甚至低于许多实体书店的进货价。当当网的公关负责人许琳分析说，当当网由于采用包销模式，批量大（在库图书超过 40 余万种），因此能够从出版社获得很低的折扣，在价格战中就能取得先机。

2004 年 6 月，当当网宣布推出“智能比价系统”。这一系统通过电子搜索，发现有其他网站的同类商品价格低于当当网的售价时，就会自动调低价格，而且当当网调整价格后会比对方降低 10%。对此，卓越网曾经不以为意。但是该系统推出不到一周后，当当网的日销量就翻了一番。当在线结算的网上消费者高达数千人的时候，卓越网被迫迎战。两者的价格战使图书市场在一个月内硝烟弥漫，当当网以破釜沉舟的姿态高喊：“如果卓越敢于将全部的商品都降为一元，当当网必定以 9 毛钱的价格奉陪到底。”

从1999年开业到现在，当当网一直坚持3个策略：品种、方便和价格。在当当网联合总裁俞渝看来，企业一定要获利，否则就没有生存的基础。

“我们所有的商品价格都比别人低，要让低价形象深入人心，这条路走起来非常艰辛。”俞渝说。当当网赢利速度慢，直到2003年当当网的现金流才开始变为正数。但为了不断开辟新市场，当当网始终采取“有意不赢利”的策略。“在培育市场阶段，低价是吸引客户的最主要手段。”艾瑞市场咨询集团总经理杨伟庆分析说。

每个企业都有自己增值的方式，当当网选择的是走低价策略，留给自己的毛利空间不大，主要依靠“量”来赢利。

为了始终能保持低价让利给客户，当当网首先要做到的就是尽可能地削减成本。“我们可以把库存放在便宜的地方，库房都在离市区很远的地方。”俞渝强调，“这也体现了与传统卖场相比，电子商务的优势在于房屋租金和收款系统成本可以降低。”

效率的核心是速度，效益的关键在增值。当当网的“智能比价系统”快速调低价格，使自己在网络售书上占有了一席之地。而“薄利多销”也使当当网有了不菲的赢利。每个企业的发展模式不同，但相同的是，企业都必须有效率和效益。企业的管理者要兼顾企业的效率和效益，二者是缺一不可的。要取得市场的先机，占领市场，就要提高企业人员的工作效率，尽量在最短的时间内达到最高的劳动效率。

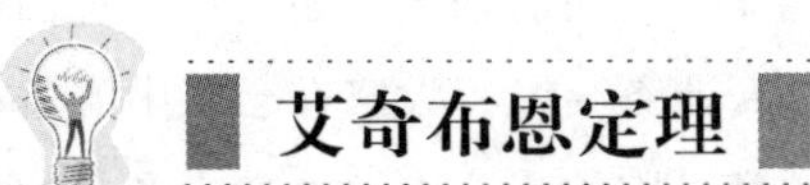

☆ 一句话说管理 ☆

如果你遇见员工而不认得，或忘了他的名字，那你的公司就太大了点。

追本溯源 该定理是由英国史蒂芬·约瑟剧院导演亚伦·艾奇布恩提出的。“艾奇布恩定理”是指，如果你遇见员工而不认得，或忘了他的名字，那你的公司就太大了点。摊子一旦铺得过大，就很难把它照顾周全。对于经营管理企业而言，小有小的好处，大有大的难处。企业在做大过程中，难免会出现管理瓶颈。“艾奇布恩定理”恰好反映了这一问题。企业在实现规模经济时，一定要提防“大企业病”。

企业实战运用 ※ 诺基亚公司的人文化管理

一个世界级企业的成功绝非偶然。诺基亚的成功是其独特文化理念的成功，而让人最为感叹的是它独特的管理之道。成熟有效的企业文化表现在管理上，使其管理不仅具有相关策略，而且拥有人性化的文化基点，从而使公司保持一个完整的管理系统，使公司的管理系统能够持续激励员工勇于承担责任和创新。诺基亚给予了员工很大的自由，领导不会要求员工该怎么做，只会在员工需要的时候提供帮助，为员工搭建一个合理运转的系统平台，与员工共同分享公司的管理。

现代大企业的通病就是官僚主义。总裁办公室附近的员工，工作几年甚至没能和总裁说上一句话，总裁连自己的员工叫什么都不知道。这样的管理体制怎么能获得有建设性的意见？怎么会不犯错误？这样的企业前途是暗淡的。

诺基亚从不这样，诺基亚强调与全体员工分享企业的一切，让员工进行分享式管理，让每一名员工都知道企业前进的方向，如何共同努力去实现它。在实现这个共同目标的过程中，每个经理都相当于一个教练，他的责任就是帮助员工做得更好。“是教你做事，而不是叫你做事”，这是诺基亚的经理要牢牢记住的一句话，经理不会强行命令员工去做什么，而是告诉他们怎么做。这样做可以发挥每个人的潜能，而不是像那些“官僚企业”依靠行政命令使员工机械地工作。

在诺基亚公司经常让人搞不清谁是负责人。每个部门都享有自由，当然必须以遵守一定的制度为标准。这种自由的管理模式激发了每个人的激情，诺基亚公司也许是世界上最不官僚的跨国大公司。

事实上，诺基亚的CEO奥利拉在诺基亚的成功之一就是使员工可以抓住机会，积极采取行动。

奥利拉是个很随和的人，他作为公司的领导，还是让员工们敬畏。他是个非常急切地想表达自己的人，据说公司在开业务会时，大家在会议中的争论达到一定的激烈程度时，奥利拉总是站出来将大家的意见归纳为几点，并指出各自的优劣，然后让大家从中进行选择。一旦某一条为大多数人所赞同，奥利拉会毫不犹豫地说：“好，就这么办。”决策非常民主，他知道，任何一个决定都会有风险，而一个决策者应该做的是在实践中对决策不断修正，而不是在实践之前犹豫不决。

“其实没有什么秘诀，主要是我们这个组织创造了一种让人们思想互相交流的方式。在这个公司可以用超越常规的思维方法来思考，可以犯错误。”奥利拉这样说，这就是诺基亚能抓住大机遇的秘诀所在。

这是一个公司上下共享的主题，让其他人发挥他们的所长，这就需要去构建一个人员网络。结果诺基亚成了世界上最民主的大公司之一，并且将这种民主的气氛渐渐融入到了诺基亚公司的文化中。

管理艺术

经营管理企业，小有小的好处，大有大的难处。企业在做大过程中，难免会出现管理瓶颈。艾奇布恩定理正是反映了这一问题。企业在实现规模经济时，一定要提防“大企业病”。在做大过程中，要注意：

①不能为了做大而做大；

②对做大后的管理难题要有充分认识，做好应对准备；

③谨慎行事，缓图发展，不可奢望一蹴而就。

针对做大后的人员管理问题，管理者一定要高度重视。

①在招聘时要做好人员规划；

②进行自我管理，提升自我能力，创造与员工的和谐关系，防止人员流失。

冰淇淋哲学

☆ 一句话说管理 ☆

逆境不错，对于企业的发展历练有益；不过，顺境对于企业的发展才是最佳环境。

追本溯源　“冰淇淋哲学”是由台湾著名企业家王永庆提出的。王永庆（1917年1月18日—2008年10月15日），台湾台北人，祖籍福建安溪。生于台湾日治时期台北近郊的直潭（今属台北县新店市），逝世于美国新泽西州。为台湾著名的企业家、台塑集团创办人，被誉为中国台湾的“经营之神”。“冰淇琳哲学”就是他提出的企业管理和经营哲学。

企业实战运用　※ 塑胶花市场的一周扩大

在李嘉诚30岁时，他赢得了“塑胶花大王”的美誉，因为塑胶花为他赚得了人生的第一桶金。在稳固了欧洲市场之后，李嘉诚又转向北美地区。他展开了强大的宣传攻势，尽量让人知道他的企业和产品，并且设计印刷了精美的产品广告画册，把他生产的产品最好的一刻拍下来。他通过中国香港地区政府有关机构和民间商会了解到北美各贸易公司的地址，然后把这些广告画册分别投寄出去。

不久，李嘉诚得知一家销售网络遍布美国、加拿大的北美最大的生活用品贸易公司要来香港考察，他当即下决心一定要抓住这个进入北美市场的机会。但他非常清楚地知道，自己工厂现有的规模不可能让这么大的经销商满意。于是他决定在外商到来之前，也就是在仅有的一个星期之内，把塑胶花的生产规模扩大到令外商满意的程度，生产规

模需要扩大，扩大，再扩大……如果李嘉诚不扩大生产规模，这次进入北美市场的机会就为零；如果他扩大了生产规模，那么他就有百分之五十的机会。为了这百分之五十的机会，一向追求稳健的李嘉诚，只有全力一拼了。当然，这是他看准了的，肯定会果断去做。

一个星期内，要租到近一千平方米的厂房，把原来的机器设备搬到新的厂房里，还有新设备的购买、安装、调试，招聘新的工人并且培训上岗，保证一切事物在一周后正常运转等，这都是一般人想都不敢想的事，因为任务实在是太艰巨了。但李嘉诚和他的伙伴们没想那么多，只是忘我地工作，心中只想着快速完成任务。为了完成这些，他和全体员工一块没日没夜地辛苦奋战了六个昼夜，每天最多睡三四个小时，但是大家都毫无怨言。在如此巨大的工程面前，李嘉诚忙而不乱，指挥若定。

当外商抵达香港机场的时候，他们刚刚调试完最后一台机器。这位美国商人参观完李嘉诚的工厂和产品陈列室后，感到很吃惊，他认为李嘉诚的工厂完全可以和欧美同类的大厂家相媲美，而且李嘉诚的产品物美价廉，这个商人马上决定和李嘉诚签订合同。李嘉诚还成为了加拿大帝国商业银行的合作伙伴，为他进军海外架起了一座桥梁。庞大的塑胶花市场，为李嘉诚带来了高额利润，而长江工业公司以及他本人也受到了广泛的关注。“长江”成了世界上最大的塑胶花生产基地，李嘉诚则被誉为“塑胶花大王”。

从这件事可以看出，永远循规蹈矩、无大起大落的人不可能成为赫赫有名的富商。风险越大收益越大。不过，冒险却不能盲目，要组织严密，不打无准备、无把握之仗。而且在困难与压力落在肩头的关键时刻，千万谨记：稍安毋躁，方能成事。一切都要定心、定力，尽心、尽力。

成大事者除了稳重，还要有一飞冲天的勇气，没有这股勇气，就无法打开成功的局面。逆境是锻炼人的时刻，只要有必胜的决心，成功就在你眼前。而顺境推动了个人事业和企业的发展，更有利于企业的健康发展，珍惜顺境的同时也不要为逆境而气馁，因为这正是锻炼企业的好机会。

逆境中应该奋力拼搏，而不是无休止的抱怨。逆境是最锻炼人的时候，它考验了人的毅力和成功的信心。而顺境，会使企业一帆风顺，前程似锦。可是企业的发展不可能一路都是顺境，也不可能一路都是逆境。无论在顺境还是逆境，都要调整好心态，向企业的最终目标前进。作为管理者，要从容面对顺境和逆境，任何时候都要临危不乱，居安思危。

长尾理论

☆ 一句话说管理 ☆

只要储存和流通的渠道足够大，需求不旺或销量不佳的产品共同占据的市场份额就可以和那些数量不多的热卖品所占据的市场份额相匹敌，甚至比它们更大。

追本溯源 “长尾”的概念最早是由美国《连线》杂志主编克里斯·安德森提出的，克里斯认为：只要存储和流通的渠道足够大，那些需求量或销量不是很大的产品所共同占据的市场份额，也一样可以和那些数量不多的热卖品所占据的市场份额相匹敌，甚至比它们的更大。通俗一点讲就是：只要通路够大，那些非主流的、需求量小的消费品，其总销量也能够和主流的、需求量大的消费品相抗衡。因为小品种商品的竞争不像畅销品那样激烈，比较容易胜出，多个小品种积少成多，赚钱效应一样可以抵过热卖品。后来，人们将这个理论称为“长尾理论”。

企业实战运用 ※ Google：未来在于无穷长的尾巴

Google是一个典型的“长尾”公司，其成长历程就是把广告商和出版商的“长尾”商业化的过程。Google与长尾理论可说是互为基础的，Google是长尾理论的最好应用者，也是长尾理论的最佳佐证。Google首席执行官埃里克·施密特说：“安德森在长尾理论中阐释的理念，以一种意义深远的方式影响了Google的战略思路。如果你想看清商业世界的未来，就读读这本杰出而又及时的著作吧。”这句话虽有炒作之嫌，但绝不是空穴来风。

Google与其他公司最大的不同在于，它是以中小客户起家的。Google的目标客户是那些数以百万计的小企业和个人，此前他们从未打过广告，或从没大规模地打过广告，他们小得让广告商不屑，甚至连他们自己都不曾想过可以打广告。而Google把这些数以百万计的中小企业联合起来，形成了一个巨大的长尾广告市场。“简单地说，长尾在商业上的应用，就是我们利用电子、科学手段或者现代化的一些构思，把散落在长尾上的兴趣集中起来，针对他们提供比较好的服务。”Google亚太区市场总监王怀南说。

常见的网络搜索广告在用户进行关键词搜索时跳出，而广告的销售和制作主要依靠网页的自动系统实现，按照广告点击量付费。为了服务于中小企业，Google创造了新的模式，把广告的这一门槛降了下来。Google Adsense是一种网络会员联盟，如果一个网站加入Google Adsense，即成为Google的内容发布商，作为内容发布商可以在自己网站上显示Google关键词广告，Google根据会员网站上显示的广告被点击的次数支付佣金，当月底佣金累计达到100美元时即向用户支付广告点击佣金。这种方式大大降低了广告的成本，使广告不再高不可攀，它是自助的、价廉的，谁都可以做的，对成千上万的Blog站点和小规模的商业网站来说，在自己的站点放上广告只是举手之劳。

“如果没有搜索引擎，中国数十万的中小企业根本没有机会进行大范围有效的广告投放。传统广告对他们来说太昂贵了。”王怀南说。在百度，一个小公司投放广告的最低预算为3000元人民币，而在Google则低至50元。低定价并不意味着低收入，Google的利润是极其可观的，将主要精力投放在大品牌广告客户的雅虎，2006年第一季度的广告收入为13.81亿美元，而将精力集中在中小广告客户身上的Google ,同期广告收入却是前者的近2倍（22.5亿美元）。

曾在音乐行业担任过顾问的风险投资家Kevin Laws是这样总结长尾现象的：“最大的财富孕育自最小的销售。”所以，作为管理者，在制定战略时不能忽视利基市场，所谓利基市场，是指行业中被大企业忽略的某些细分市场，通过专业化经营，这些市场可以带来巨大收益。

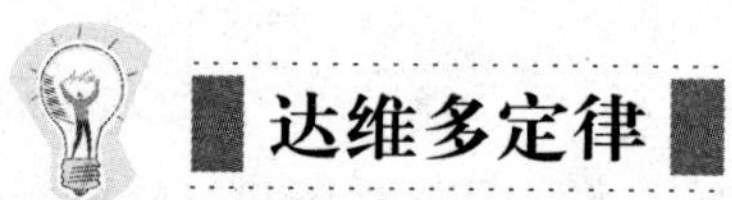

达维多定律

☆ 一句话说管理 ☆

一家企业要在市场中总是占据主导地位，那么就要做到第一个开发出新一代产品，第一个淘汰自己现有的产品。

追本溯源 该定律是由英特尔公司前任高级行销主管和副总裁威廉.H.达维多(William H Davidow) 提出的。达维多认为，一家企业如果要在市场上占据主导地位，就必须第一个开发出新一代产品，第一个淘汰自己现有的产品。如果被动地作为第二或者第三家企业将新产品推入市场，那么获得的利益远不如第一家企业作为冒险者获得的利益，因为市场的第一代产品能够自动获得50%的市场份额。

企业实战运用 ※ 三个淘汰自己产品的著名公司

人们在市场竞争中无时无刻不在抢占先机，因为只有先入市场才能更容易获得较大的份额和高额的利润。着眼于市场开发和利益分割的成效，英特尔公司在产品开发和推广上奉行达维多定律，获得了丰厚的回报。

英特尔公司始终是微处理器的开发者和倡导者，他们的产品不一定是性能最好的和

速度最快的，但一定是最新的。为此，他们不惜淘汰自己正在市场上卖得很好的产品。例如486处理器，当这一产品还大有市场的时候，他们有意缩短了486处理器的技术生命，由奔腾处理器取而代之。英特尔公司运用“达维多定律”，永远主动把握着市场，把竞争对手甩在背后，把供货商和消费者吸引在周围，引导着市场，也掌握着市场。

只有不断创造新产品，淘汰老产品，使新产品尽快成功地进入市场，企业才能形成新的市场和产品标准，从而掌握制定游戏规则的权力。要做到这一点，就要在技术上永远领先。企业只有依靠创新带来的短期优势来获得高额的“创新”利润，而不是维持原有的技术或产品优势，才能获得更大的发展。

美国太阳微系统公司也是一家以不断淘汰自己产品和不断创新取胜的公司。它以企业的运作速度为核心成功地确立了自己的整个竞争战略。自1982年创立以来，公司通过一系列的火速创新以及雷厉风行的企业运作机制逐渐发展壮大。目前，该公司的年销售额已达50亿美元。在高性能工程工作站这一领域，产品的换代周期一般是3~5年，而太阳微系统为自己定下了他人难以企及的目标：每12个月使工作站的性能提高一倍，公司在年度报告中公开向自己的员工及竞争对手提出了这个挑战。太阳微系统公司时刻准备淘汰旧产品，推出自己的新产品，并以其产品价格、性能上的优势打乱竞争对手的阵脚。他们的理念是：与其让别人迫使你的产品淘汰，还不如自己淘汰自己的产品。太阳微系统公司是首先尝到了“自我淘汰”甜头的企业之一，在一个竞争异常激烈的行业，淘汰自己的产品是不可避免的，而这种法则的优势是可以审时度势，在竞争中占据主动。

海尔为我们提供了在传统家电市场上，优势企业通过不断创新而保持自己优势地位的案例。

海尔彩电从创立之日起，创造了许多让人“想不到”的产品：

1. 拉幕式彩电，海尔称之为“晶视2000”。这种彩电开机时，如精彩的好戏开幕，从屏幕中间徐徐拉开；关机时，如戏台落幕，从两侧向中间合拢关闭，让电视开关具有舞台的艺术性。它的最大好处还在于：开机软启动，避免了图像闪烁对人眼的伤害；关机零闪烁，避免了强光束对屏幕中心的冲击，可以延长显像管寿命近一倍时间，所以又有人称其为“长寿彩电”。这种彩电问世后，让一向以工业设计和数字技术居国际一流的德国人也赞叹不已。

2. 可以升级的彩电，海尔称之为“全媒体、全数字”彩电。过去的彩电都是将电视机的功能固定在一块线路板上，而海尔却采用了与计算机相同的模块化设计，不但可以使各个功能模块实现交互式双向信息交流，而且还可以随着技术的更新发展和人们需求的变化来更换模块，使其功能站在潮流的最前端。

3. 家庭影院彩电，海尔称之为“AV战神”。这一款彩电首次实现了真正的AV立体声系统，营造出可与专业音响媲美的全空间多维环绕立体效果。一上市，在北京、武汉等地的日销量就达数百台。

企业要具有一种强烈的忧患意识和时不我待的紧迫感和危机感，及时把握创新的机会是一个成功企业必备的条件。企业时刻都要有一种危机意识：与其让别人迫使自己的产品淘汰，不如自己淘汰自己的产品，通过主动适应市场的变化而获得市场的主导权。

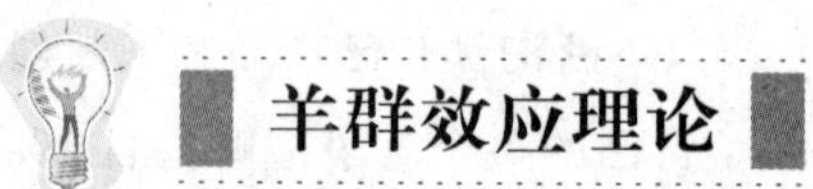

羊群效应理论

☆ 一句话说管理 ☆

领先者往往最吸引大众的注意，其他企业也自然地会追随它、模仿它，导致整个行业缺乏自己的个性和主见。

追本溯源 “羊群效应”是指管理学上一些企业的市场行为的一种常见现象。例如一个羊群（集体）是一个很散乱的组织，平时大家在一起盲目地左冲右撞。如果一只羊发现了一片肥沃的绿草地，并在那里吃到了新鲜的青草，后来的羊群就会一哄而上，争抢那里的青草，全然不顾旁边虎视眈眈的狼，或者看不到还有其他更好的青草。

羊群效应一般出现在竞争非常激烈的行业，如果这个行业有一个领先者（领头羊）占据了主要的注意力，那么整个羊群就会不断模仿这只领头羊的一举一动，领头羊到哪里去吃草，其他的羊也去哪里“淘金”。

企业实战运用 ※ 后起之秀：农夫山泉

“农夫山泉有点甜”，这句广告语几乎无人不知。20 世纪 90 年代，农夫山泉由海南养生堂生产并打入市场。但是那个时候，中国的水市场格局基本上已成定势。娃哈哈、乐百氏等全国性品牌，基本上已经实现了对中国水市场的占领和瓜分。虽然有许多区域性品牌对水市场进行不断的冲击，但是往往难有重大突破。比如广州怡宝，大峡谷等，还有些处于高端的水品牌比如康师傅、屈臣氏等。可是这样的冲击，没有改变中国水市场的境况，竞争主流也没有改变。

海南养生堂在决定生产农夫山泉之前，就派专家考察了全国各地的水资源情况，最后果断地做了个决定，花费巨资买断浙江千岛湖 50 年的水质开采权。在这买断的 50 年间，国内外任何一家水制造企业都不能使用千岛湖水进行水产品的开发，从源头垄断了“自然资源”。农夫山泉的科研人员指出，与表层水相比，千岛湖深层水经40年高压自然滤清，浮游物几乎为零，水温常年在12摄氏度左右，pH呈弱碱性，水中溶解氧4.92mg/L，是表层水的2.3倍，水中均衡地含有钠、钾、镁、钙等人体必需的矿物质，天然清纯，味道甘冽，对人体健康有益。

依据这些科学的说法，农夫山泉及时设计了“农夫山泉有点甜”的广告，在国内迅速地风行起来。“有点甜”的支撑点是什么？就是水源，是源自千岛湖的源头活水。水，难道还有甜味？真是“前无古人”。毕竟，口感是水质最有力、最直接的证明，水的广告来自口感，农夫山泉是第一家，也是唯一的一家。农夫山泉的广告语取得了巨大成功，“有点甜”被所有的消费者认可，几乎成了农夫山泉的代名词。

为了在水市场竞争中更胜一筹，农夫山泉在2000年4月宣传将不再生产纯净水，而仅仅生产更加健康、更加营养的农夫山泉天然水。为了大力推广“天然水”的概念，农夫山泉在中央电视台播出了一则广告：两组水仙花，分别养在农夫山泉纯净水和农夫山泉天然水里——这两杯水看上去毫无差别。但是一个星期后，养在天然水里的水仙花的根长到了3厘米，而养在纯净水里的仅有1厘米。“同学们，现在我们知道该喝什么水了吧！”老师说。同时，出现字幕：养生堂宣布，停止生产纯净水，全部生产天然水。

这个广告点燃了中国纯净水市场的一个烈性炸药包，引发了20世纪末一场空前激烈的“水战”。消费者也明白了，原来水与水是有差别的，天然水要胜于纯净水，比纯净水更加营养。“天然水比纯净水健康”的观点通过学者、孩子之口不断传播，赢得了影响力，农夫山泉一气呵成，成为国内最大的天然水生产厂商，此后牢牢占据了瓶装水市场前三名的位置。

名人之所以成为名人，是因为他们在某一领域有其过人之处。而且名人之所以能够成功，也是付出了相当大的努力的。因此，要根据消费者对名人的崇拜心理，使自己的产品和名人挂钩。管理者也要懂得树立和利用名人效应，不管在企业内还是在企业外，都可能对企业的发展起到促进作用。

边际效应

☆ 一句话说管理 ☆

消费者在逐次增加一个单位消费品的时候，带来的单位效用是逐渐递减的。

追本溯源 我们向往某事物时，情绪投入越多，第一次接触到该事物时情感体验也越强烈，但是，第二次接触时，会淡一些，第三次，会更淡……以此发展，我们接触该事物的次数越多，我们的情感体验也越淡漠，一步步趋向乏味。这种效应，在经济学和社会学中同样存在，在经济学中叫“边际效益递减律”，在社会学中叫“剥夺与满足命题”，是由霍曼斯提出来的，用标准的学术语言说就是：“某人在近期内重复获得相同报酬的次数越多，那么，这一报酬的追加部分对他的价值就越小。”

企业实战运用 ※ QQ 的四面出击

一提起 QQ，无人不知，无人不晓。QQ 总计拥有 5.2 亿个注册账户，每天同时在线的人数接近 2000 万。据统计，到 2006 年年初，中国有 1.13 亿网民，平均每 5 个人中就有一个使用腾讯 QQ。依靠这款杀手级产品，腾讯拥有进入互联网任何领域的潜力，并且在其进入的领域都能获得足够量级的稳定用户群。

腾讯公司围绕即时通信社区平台广泛布局了新闻资讯、搜索引擎、Blog、BBS、即时通信、电子邮件、网络游戏、C2C 电子商务等全面覆盖互联网的应用服务，这也同时使腾讯完成了从 QQ 即时通信服务商向门户互联网服务商的顺利转型，成为腾讯扩张的新支点。

如何将强大的人气转化为金钱，这是个很实际的问题，也是所有互联网公司最大的困扰。腾讯的即时通信、新闻门户、网络游戏等全面业务线，为广告业务提供了更多的触点。腾讯总裁马化腾表示：腾讯网作为门户，是一个入口，腾讯的广告收入、娱乐游戏、电子商务都需要由这个入口来承载。依附于腾讯网的广告收入每年都以几倍的速度增长。联想、可口可乐、诺基亚、摩托罗拉等知名企业都成为腾讯网的主要客户。此外，无线增值、虚拟形象、网络游戏、付费下载，以及其他互动娱乐增值服务也为腾讯公司带来了丰厚的利润。腾讯公司 2005 年的总收入比 2004 年增长了 36.3%。

搜索、门户、电子商务和个人博客都是“烧钱”的东西，需要金钱支撑，除了广告收入外，网络游戏成为腾讯一个大的收入来源。如今 QQ 游戏的同时在线人数经常保持在百万以上。腾讯前任互动娱乐事业部总经理任宇昕揭开了 QQ 游戏的成功秘诀：“真正的快乐首先是健康的快乐，这种设计的初衷再加上清晰亮丽的画面、不受练功等级限制以及可以随时退出和加入的功能，使腾讯游戏很快成为一个知名的全民休闲游戏

系统。”

腾讯公司不仅在短短几年内改变了年轻一代的沟通习惯，而且还创造了一种新的文化：时尚的青年男女们背着企鹅背包、穿着QQ服装、床头摆着QQ相框、床上放着QQ靠枕……做QQ一族。许多网民将QQ视为通往虚拟网络世界的“宇宙飞船”，在那个虚幻的空间里，他们尽情展示着现实生活中没有机会表现出来的才情、智慧和幽默，寄托着他们在现实生活中从未得到满足的情感和夙愿。QQ已成为人们生活中必不可少的一部分，哪天没有看见它，没听到滴滴的声音，心里就会有空荡荡的感觉。

腾讯在构建一个大而全的网络帝国，马化腾渴望网民在腾讯得到的是“一站式”服务，实现“在线生活”。马化腾说：“在这个模式中，可以提供一种可信任的和时时联通的网络环境，通过网络的开放性和交互性特点，让用户在任何时间、任何地点，用任何终端、任何接入方式，都能满足他们日常生活的基本需求。”

边际效应说明单一的东西频繁出现会让人感到不耐烦，一个企业在必要时要注意多元化发展。要最大限度扩大品牌的知名度和影响力。品牌每新增加一种产品势必增加一类使用人群，使顾客多产生一次品牌体验和联想，增加一次品牌传播的机会。要借助母品牌的影响力，进入新的行业，使机会成本降低，传播快速，商业风险减小。原有的顾客资源、渠道、研发、采购优势可以借用，使边际效应产生最大边际利润。

PART8 〉〉〉

决策企业，开辟荆棘之道

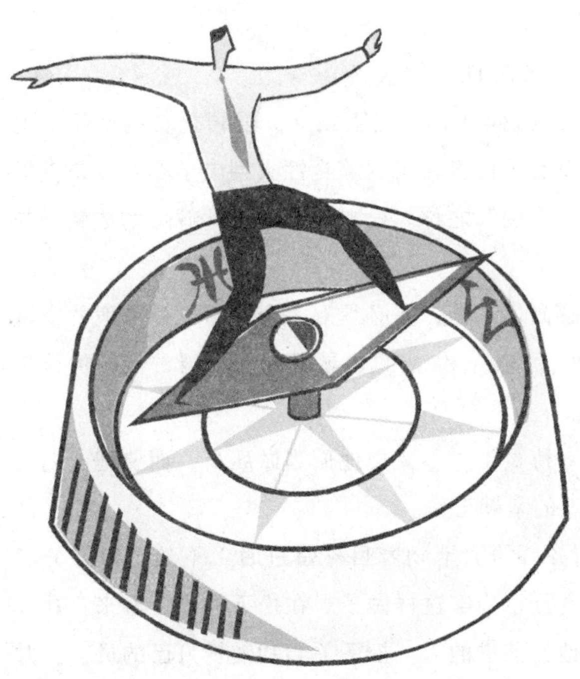

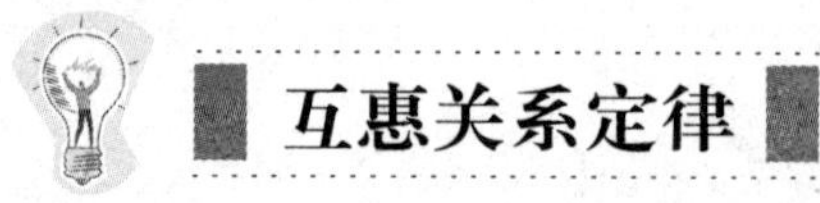

互惠关系定律

☆ 一句话说管理 ☆

给予就会被给予，剥夺就会被剥夺；信任就会被信任，怀疑就会被怀疑；爱就会被爱，恨就会被恨。

追本溯源 人是三分理智、七分感情的动物。“士为知己者死”，一般来讲，从业者可以为认可自己存在价值的上司鞠躬尽瘁，而对于不认可自己的上司，即便有再丰厚的报酬，从业者也未必会全力为公司服务。管理者真诚地帮助员工，员工才能真正地帮助企业发展。

企业实战运用 ※ 松下：热爱自己的员工

日本松下电器公司由松下幸之助于 1918 年在日本大阪创立。公司最初的产品是电灯插座和灯泡等小商品，目前，松下已发展为世界著名的综合性大型电子企业，是世界闻名的大型跨国企业集团，有“松下电器王国”之称。松下能取得如此辉煌的成就，与松下幸之助的用人之道是密切相关的。

松下幸之助的名言是：“只是心存感激还不够，还必须双手合十，以拜佛般的虔诚之心来领导员工。”他指出，在现代企业管理中，优秀的领导者应像中国古代的优秀将领爱护士兵那样去关心体贴自己的员工。

作为企业管理者，首先应该平等地对待员工，不要把他们当做雇员，而要把他们当做同伴、助手。管理者的事业离不开员工的辛勤工作。

松下幸之助说：“当我看见员工们齐心协力地朝着目标奋进时，不禁感慨万分。”他提出并倡导领导要热爱自己的员工，并且也确实这样做了。在松下的员工看来，社长不是高高在上，而是站在职员背后推动他们前进的人。松下关心和爱护自己的员工，并以此来激发员工为企业的发展而奋斗。

有一天深夜，松下幸之助打电话到一位员工家中，这位员工以为老板要传递什么重要的工作指示，结果，松下幸之助只是说：“我突然想听听你的声音。”在讲究伦理辈分的日本企业，松下幸之助的话让这位员工受宠若惊。松下幸之助用如此真诚感性的方式来表达对员工的关怀，任何人接到这样的电话都会觉得自己备受重视，愿意为公司尽

心尽力。

松下幸之助说："即使是公司的员工众多，无法向每个人表示谢意，但只要心存感激，就算不说，行动也自然会流露出来，传达到员工心里。"这句话充分体现了松下的管理之道：地位平等和尊重员工。

松下对员工的种种关心，换来了员工更努力地工作，使松下电器公司得以飞速发展，成为日本首屈一指的电器公司。

松下的成功告诉我们：行为孕育行为，你怎样对待别人，别人就会怎样对待你。

企业的竞争，归根结底是人才的竞争。人才是企业的生命所在，如何管好人才、用好人才、培养和留住人才，是企业在激烈的竞争中成长发展的关键。古语云："得人心者得天下。"在企业管理中多点人情味，有助于赢得员工对企业的认同感。只有真正俘获了员工心灵的企业，才能在竞争中无往而不利。

及时回报他人的善意且不嫉妒他人的成功，这不仅会赢得必要而有力的支持，而且还可以避免陷入不必要的麻烦。嫉妒别人不仅难以使自己"见贤思齐"，虚心向善，而且也会影响自己的心情和外在形象，更主要的是，这会使自己失去盟友和潜在的机遇，甚至还会树立强敌——因为一般来说，被别人嫉妒的人应该不会是弱者，以"一报还一报"的心理，他也不会对你太客气。

奥美原则

☆ 一句话说管理 ☆

服务顾客至上，追求利润次之。

追本溯源 该原则来自于美国奥美广告公司。顾客是上帝，要把顾客的利益放在首位。企业一定要了解顾客的要求，尽量去满足顾客的需求。如果没有顾客来购买企业的产品，那么企业也就无法生存下去，所以照顾好顾客的利益也就是照顾好企业的利益。"顾客就是上帝"告诉企业：要从顾客的角度出发，用最好的服务态度让顾客满意，以此来增加企业产品的销售量，实现企业的利润。

企业实战运用 ※ 波音：服务促销

所谓的服务促销，是指为了提高销售量，加快新服务的导入，加速消费者接受新服务。相较于其他促销措施具有其显著特征：它不以卖方为出发点，而是以消费者为出发

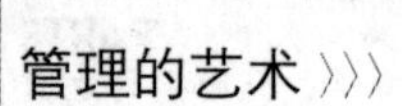

点或中心，通过周到的服务使顾客得到实惠，在相互信任的基础上长期开展交易。服务促销至少能为企业带来如下的好处：

第一，提高企业的声誉和知名度。企业取得了消费者的支持，就有了可靠的消费群，这是其他促销措施达不到的。

第二，无论是无偿服务还是有偿服务，都能使顾客得到实惠，提高了顾客对企业的信任度。所以，服务促销产生的效果往往不是短期的，它能把顾客长期吸引在企业周围，建立稳定的经济联系。

第三，服务活动的持续开展，能起到营销活动所达不到的宣传效果，招徕新的主题，或促成企业市场渗透顺利实现。

第四，服务活动必然引起卖方与买方的双向沟通，使企业准确、迅速地收集到反馈信息，完善和更新产品，提高经营管理质量。

波音赢得意航的订单，就是一个典型的服务促销的例子。

1978 年 12 月的一天，意大利航空公司总裁诺狄奥致电美国波音公司董事长威尔逊，他说，意航一架 DC9 型飞机在地中海不幸失事，公司急需一架新飞机来代替该机。诺狄奥用恳切的口吻对威尔逊说：“如果贵公司能迅速送一架波音 727 型飞机来，那将不胜感激。”

此事颇令威尔逊费神。波音 727 客机属中型飞机，在国际市场上很受欢迎，按常规，订购一架该型号的飞机至少要等 2 年才能交货，“迅速”交货实非易事。

是灵活处理，满足客户要求，还是一口回绝，少承担风险？威尔逊立即召集公司高级职员研究此事。他们对波音公司供货表做了一番审查，将客户的要求按轻重缓急重新安排。于是，在不损害其他客户利益的前提下，做出了同意意航的要求，一个月内交货的决定。意大利航空公司很快得到了新飞机，业务开始正常运营。

转眼间春去夏至。在波音公司办公楼内，一份新的订货报告送到了董事长的办公桌上。报告称，意大利航空公司为回报波音公司临危解难的义举，取消了同道格拉斯公司订购 DC10 飞机的原计划，转向波音公司订购 9 架波音 747 大型客机，成交金额高达 5.8 亿美元。

这份巨额订货单，既没有经过激烈的讨价还价、艰苦的谈判，又没有花费任何促销支出，是公司遵循“顾客至上”原则，为顾客临危解难提供服务的硕果。

搞好服务，利润自来。在商业经营中，有一个重要的理念就是“顾客是上帝”。道理很简单，在市场经济条件下，只有顾客买你的账，你才能赚钱。可是，把“上帝”放在嘴上容易，放在心里和实际行动中就难了。因此，只有做好客户服务工作才能搞好企业，达到预期的效益。

福特法则

☆ 一句话说管理 ☆

生意是否成功，要看顾客是否再上门。

追本溯源 该法则是由英国信佳福特集团行政主管L.福特提出的。他认为，生意是否成功，要看顾客是否再上门。如果企业经营者只顾自己而忽视了顾客，顾客就不会再上门光顾了。人们把这个法则称为“福特法则”。

企业实战运用 ※ 东方饭店：吸引回头客

韦伯先生因为生意的缘故，经常到泰国出差。当他第二次入住东方饭店后，就决定以后到泰国出差都住东方饭店，这是为什么呢？因为韦伯先生感受到东方饭店有一种极细致的服务氛围。

第二次入住东方饭店的那天早晨，韦伯走出房间去餐厅时，楼层服务员恭敬地问道：“韦伯先生是要到餐厅用餐吗？”韦伯觉得很奇怪：“你怎么知道我是韦伯？”服务员回答说：“我们饭店有规定，每一层当班的服务员晚上都要背熟每一个房间客人的姓名。”这点让韦伯很吃惊，因为他住过世界各地无数高级饭店，但这种情况还是第一次遇到。

韦伯刚走进餐厅，服务员就微笑着迎向他：“韦伯先生还要在老位子吗？”韦伯很是疑惑，心想自己第一次入住这里距这次已有一年多了，难道这里的服务员记忆力那么好？看到他惊讶的表情，服务员主动解释道：“我刚刚查过电脑记录，您去年入住这个饭店时，是在靠近第二个窗口的位置上用的早餐。”对于服务员的周到，韦伯很是开心：“老位子！老位子！”服务员又接着问道：“老菜单，一个三明治，一杯咖啡，一个鸡蛋？”韦伯兴奋地答道：“老菜单！就按老菜单！”

用过早餐后，服务员又为韦伯端上了一份小点心。韦伯没有见过这种点心，于是就问身旁的服务员：“这是什么？”服务员上前看了一眼点心，随之向后退了两步，答道：“这是我们饭店特有的点心，请您免费品尝。”服务员为什么要退后两步后，才回答韦伯的问话呢？因为服务员怕自己说话时口水会不小心落到客人的点心上。这种细致的服务，让韦伯很感动。

在韦伯处理完公事准备退房离开时，前台的服务员把单据交给他说：“谢谢您，韦伯先生，真希望不久就能再见到您。”之后，韦伯先生有两年没有到泰国，在他生日的时候，突然收到了东方饭店发来的生日贺卡，并附了一封信，信上说东方饭店全体员工都十分想念他，希望能再次见到他。韦伯当时感动得热泪盈眶，决定以后到泰国只住东方饭店，并说服他所有的朋友到泰国也一定要住东方饭店。

光顾自己，别人就不会再光顾你这里了。在市场竞争激烈的今天，企业要想获胜，不仅要靠产品的优良品质和低廉的价格，还要有良好的服务态度。企业如果一味地追求自身的利润，而不考虑消费者的感受，那么即使是再好的产品，也会失去其消费群体，最终走向没落。

赫克金法则

☆ **一句话说管理** ☆

要当一名好的推销员，首先要做一个好人。

追本溯源 该法则是由美国营销专家L.赫克金提出的。美国的一项调查表明，优秀推销员的业绩是普通推销员的300倍。资料显示，优秀推销员与长相无关，与年龄无涉，和性格是否外向无关。那么，究竟什么样的人才能成为优秀的推销员呢？美国营销专家L.赫克金有句名言：“要当一名好的推销员，首先要做一个好人。”这就是赫克金营销中的诚信法则。

企业实战运用 ※ 诚信为本

诚信是市场经济的灵魂，是市场经济有效运行的基础，而且是法律法规的基础。现实经济生活中许多活生生的案例也都昭示了“唯诚信者存，弃诚信者亡”的道理。而作为一个好人，诚信是他必备的优秀品质，它能帮助赢得消费者广泛的认可和尊重，获得好的美誉度和知名度，同时有持续稳定增长的客户群体。

1982年，发生了病人因服用含有氰化物的美国强生药业泰诺药片中毒死亡的事件。强生公司成功处理了泰诺投毒事件，事后，强生公司不仅在价值高达12亿美元的止痛片市场收回了失地，还利用新开发的一次性密封药瓶打败了竞争对手。

利人才能引人，舍财方可得财。美国亨氏食品公司董事长亨利·海因茨偶然从商品化验鉴定报告单上发现，在他们生产的产品中起保鲜作用的添加剂有毒。虽然毒性不大，但长期服用对身体有害。于是，亨利·海因茨立即召开新闻发布会，向社会宣布：防腐剂有毒，对身体有害。公众为之震动，赞誉他的诚实。亨利·海因茨得到了政府和

社会的支持，他公司的产品一下子成为“用得放心”的热门货，供不应求。亨氏公司也很快就坐上了美国食品加工业的第一把交椅。

阿里巴巴恪守着“诚信的商人才能富起来”的信念，推出一个独特的产品——诚信通，为中国企业建立自己的电子商务诚信活档案，使企业间可以用最短的时间、最低的成本了解合作伙伴，满足自身的需求，从而创造价值。阿里巴巴并不积极推销自己的公司，而是首先把客户的产品推销出去。它始终坚信，只有客户成功了，阿里巴巴才能获得真正的成功。正因为如此，阿里巴巴在众多B2B电子商务公司日渐黯淡的时候，却出奇地逆势而上，快速而稳定地成长起来。

南京冠生园是一家有近90年历史的老字号，在食品界是块响当当的牌子，长期以来，许多顾客也认准了这块牌子。但是2001年央视披露了其用上一年的陈馅生产月饼的黑幕后，南京冠生园食品公司始终没有向消费者做任何形式的道歉。这些做法不仅令消费者寒心，更损害了自身信誉。在营销中不讲诚信的结果是害人又害己，南京冠生园食品公司连累了上海冠生园和成都冠生园，自己也因无法继续经营而申请破产。

“勿以恶小而为之，勿以善小而不为”，作为一个好人，善意和真诚装点你的皮肤，勤奋和踏实铸就你的血肉，关爱和正直锻造你的筋骨，让你在众人之中脱颖而出。这种自然的亲和与谦逊是成功的前提和必备条件，有一句古语叫“好人有好报”，还有一句叫作“天佑好人”。

“利人才能引人，舍财方可得财。”对于推销员来说，最核心的一句话就是：先树信誉，后卖产品。一个人可能在所有的时间欺骗了某些人，也可能在某些时间欺骗了所有的人，但不可能在所有的时间欺骗所有的人。推销员职业生涯的最基本素质就是诚信，首先是对产品的诚信，其次是对企业的诚信，最后是对客户的诚信。

格雷定理

☆ 一句话说管理 ☆

公关最重要的就是信誉再加上用功。

追本溯源 该定理是由美国“公关之王”B.格雷提出的。他认为，公关最重要的就是信誉再加上用功。你能赢得多少信誉，往往也就能获得多少利益。由此可见信誉对企业的重要性。后来，人们把这个定理称为“格雷定理”。

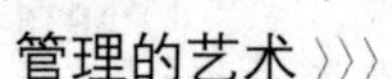

企业实战运用

※ 危机公关

在公关界流传着一个很典型的危机公关案例，这个案例充分说明了公关人员在进行公关活动时注重维护公司信誉所产生的巨大力量。事情是这样的：

一天下午，在日本东京小田急百货公司有一位美国女顾客来挑选唱机，售货员十分热情地帮她挑选了一台未启封的索尼牌唱机。

当天营业结束后，售货员在清理商品时发现，他错将一个空心唱机货样卖给了那位美国女顾客，于是立即向公司报告。公司觉得事关顾客利益和公司信誉，非同小可，马上派人四处寻找那位女顾客，但不见踪影。公司并没有就此放弃，而是根据女顾客留下的一些简单信息，开始艰难地寻找。

当时售货员只知道那位女顾客叫基泰丝，是一位美国记者，还有她留下的一张“美国快递公司”的名片。根据仅有的线索，小田急公司公关部连夜开始了一连串的寻找动作。先是打电话向东京各大宾馆查询，但没有获得任何有用的信息。后来又打国际长途，向纽约的“美国快递公司”总部查询，当天深夜接到回话，得知了基泰丝父母在美国的电话号码。接着，又打国际长途找到了基泰丝的父母，进而得到基泰丝在东京的住址和电话号码。

公关部的几个人忙了一夜，总共打了 35 个紧急电话，才在偌大的东京确定了基泰丝的位置。

第二天一早，小田急公司就给基泰丝打了道歉电话。几十分钟后，小田急公司的副经理和提着大皮箱的公关人员，乘坐一辆小轿车赶到基泰丝的住处。两人进了客厅，见到基泰丝就深深鞠躬，表示歉意。除了送来一台新的合格的索尼唱机外，又加送著名唱片一张、蛋糕一盒和毛巾一套。为了让基泰丝知道公司方面的诚意，副经理打开记事簿，读了怎样通宵达旦查询基泰丝住址及电话号码，及时纠正这一失误的全部记录。

基泰丝听后，对公司这么为顾客着想的服务十分感动，她坦率地陈述了买这台唱机是准备作为见面礼，送给东京外婆家的。回到住所后，她打开唱机试用时发现，唱机没有装机心，根本不能用。当时，她觉得自己上当受骗了，十分火大，立即写了一篇题为《笑脸背后的真面目》的批评稿，并准备第二天一早就到小田急公司兴师问罪。没想到小田急公司纠正失误如同救火般迅速，为了一台唱机，花费了这么大的精力。这种做法让基泰丝深为敬佩，她撕掉了批评稿，重写了一篇题为《35 个紧急电话》的特写稿。

《35 个紧急电话》稿件见报后，在企业界和市场中都引起了巨大的反响，小田急公司因良好的信誉而深入消费者的内心。后来，这个故事被美国公共关系协会推荐为世界公共关系的典型案例。

管理艺术

企业的经营活动中，建立良好的信誉是重中之重。一旦企业面临不利局面，哪怕只是少数消费者的不利言论，也必须对此有足够的重视，绝不能掉以轻心，因为信誉很容易就会被损坏，而且坏事很容易传千里。管理者一定要建立良好的信誉，并尽力维持它，因为信誉的力量是不可估计的。

曼狄诺定律

☆ **一句话说管理** ☆

微笑可以换取黄金。

追本溯源 该定律是由美国作家F.H.曼狄诺提出的。微笑的力量是巨大的，也可以说，微笑是世界上最美的行为语言，虽然无声，但最能打动人。微笑是人际关系中最佳的“润滑剂”，无须解释，就能拉近人们的心理距离。当人遇到挫折、心情不佳时，最想看到的就是微笑，最想得到的就是温情。微笑如同伸出的温暖的手，能帮助人们走出痛苦的泥潭，能起到化干戈为玉帛的神奇作用。曼狄诺定律就是关于微笑效应的一个定律。

曼狄诺多次强调“微笑可以换取黄金”，后来人们就把这种观念称为“曼狄诺定律”。

企业实战运用 ※ 今天你对顾客微笑了吗

“今天你对顾客微笑了吗？”这是希尔顿旅馆经营的座右铭。希尔顿是美国旅游业巨头，人称“旅店帝王”。希尔顿曾向自己的母亲讨教他该干什么，母亲告诉他：“你现在必须去把握更有价值的东西，除了对顾客诚实外，还有一条更有效的办法，那就是微笑。”

希尔顿不仅记住了这个办法，还把这个办法应用到了自己的管理上。希尔顿上班后的第一项工作，便是把手下的所有雇员找来，向他们灌输自己的经营理念：“微笑。记住，我今后检查你们工作的唯一标准是，今天你对客人微笑了吗？”

在希尔顿饭店的发展过程中，希尔顿一直都很注重员工的礼仪，倡导员工为顾客提供微笑服务。他每天至少到一家希尔顿饭店与饭店的服务人员接触，向各级人员（从总经理到服务员）问得最多的一句话必定是：“今天你对客人微笑了吗？”

即使是在美国经济最萧条的1930年，全美国的旅馆倒闭了80%，希尔顿的旅馆在同样难免厄运的情况下，还是坚持微笑服务。在那段时间，希尔顿召集每一家旅馆员工，向他们特别交代和呼吁："目前正值旅馆亏空靠借债度日时期，我决定强渡难关。美国经济恐慌期一旦过去，我们希尔顿旅馆很快就能进入云开月出的局面。因此，我请各位记住，希尔顿的礼仪万万不能忘。无论旅馆本身遭遇的困难如何，希尔顿旅馆服务员脸上的微笑永远是属于顾客的。"

事实上，在那纷纷倒闭后只剩下的20%的旅馆中，只有希尔顿旅馆服务员的微笑是美好的。经济萧条期刚过，希尔顿旅馆系统就率先进入了新的繁荣期，跨入了经营的黄金时代。

希尔顿旅馆紧接着充实了一批现代化设备。此时，希尔顿到每一家旅馆召集全体员工开会时都要问："现在我们的旅馆已新添了一流的设备，你觉得还必须配合一些什么一流的东西使客人更喜欢呢？"员工回答之后，希尔顿笑着说："请你们想一想，如果旅馆里只有一流的设备而没有服务员一流的微笑，那些旅客会认为我们提供了他们全部最喜欢的东西吗？如果缺少服务员的美好微笑，就好比花园里失去了春天的太阳和春风。假如我是旅客，我宁愿住进虽然只有残旧地毯，却处处能见到微笑的旅馆，也不愿走进只有一流设备而不见微笑的地方……"

希尔顿饭店从一家扩展到100多家，并遍布全球各大城市，成为全球最大规模的饭店之一。这样的成就与希尔顿推崇的微笑服务是密不可分的。

微笑的力量是巨大的。当人遇到挫折、心情不佳时，最想看到的就是微笑，最想得到的就是温情。微笑如同伸出的温暖的手，能帮助人们走出痛苦的泥潭，能起到化干戈为玉帛的神奇作用。在客户面前流露自然而甜美的微笑，会给客户留下美好的印象。企业想要接近自己的顾客，最好的办法就是微笑。一流的微笑就是一流的服务，它为企业带来的必然是一流的效益。从某种意义上可以说，微笑就是黄金。

过度理由效应

☆ 一句话说管理 ☆

每个人都力图使自己和别人的行为看起来合理，因此总是为行为寻找理由。

追本溯源 "过度理由效应"是由心理学家德西发现的。1971年，德西和他的助手采用试验方法，很好地证明了过度理由效应的存在。他们以大学生为被试者，请他们分别单独解决诱人的测量智力的问题。试验分三个阶段：第一阶段，每个被试者自己解题，不给奖励；第二阶段，被试者被分为两组，被试者每解决一个问题就得到1美元的报酬；第三阶段，自由休息时间，被试者想做什么就做什么，目的在于考察被试者是否维持对解题的兴趣。

结果发现，与奖励组相比较，无奖励组休息时仍继续解题，而奖励组虽然在有报酬时解题十分努力，但在不能获得报酬的休息时间却明显失去对解题的兴趣。第二阶段时奖励组的金钱奖励作为外加的过度理由，造成明显的过度理由效应，使奖励组被试者想用获取奖励来解释自己解题的行为，从而使自己原来对解题本身有兴趣的态度出现了变化。到第三阶段，奖励一旦失去，态度已经改变的被试者没有奖励就没有继续解题的理由；而控制被试者对解题的兴趣，没有受到过度理由效应的损害，因而，第三阶段仍继续着对解题的热情。

企业实战运用　　※ "让历史说话"

1970年，韩国巨富郑周永投资创建蔚山造船厂，要造100万吨级的超大型油轮。对于郑周永这个建筑专家来说，造船业与他熟悉的行业相距甚远，但他却信心满满："造船和造发动机一样，总是由不会到会，从不熟悉到熟悉，没有什么了不起的！"

技术可以通过学习得到，但客户就不容易找到了。郑周永很快就筹集了足够的资金，并聘请了造船的技术人员，一切准备工作都做好了，可就是没有客户上门。

当时，没有一个外商相信韩国企业可以造出超大型油轮，因此，得不到订单就成了郑周永最头痛的事了。

经过一番冥思苦想后，他想出了一个办法：从一堆发黄的旧钞票中，挑出500韩元的纸币，纸币上印有16世纪朝鲜民族英雄李舜臣发明的龟甲船，其形状与现代的油轮有几分相似。郑周永就带着这张旧钞票，四处游说，宣称朝鲜早在400多年前就已具备了造船的能力，到今天，造船技术已日渐成熟，完全有建造现代化油轮的能力。

看到旧钞票上的船真的很容易让人想到现代的油轮，外商就相信了郑周永的说辞，然而实际上，钞票上的龟甲船只是古代的一种运兵船，李舜臣就是用这种船打败了日本人，粉碎了丰臣秀吉的侵略的。尽管如此，郑周永还是接到了两份26万吨级油轮的订单。

拿到订单后，郑周永立即率领职工投入到造船的工作中。两年后，两艘油轮造好了，他的蔚山造船厂也竣工了。

人们都有给事情找理由的习惯，而郑周永正是抓住了这一点，成功地将自己推销了出去。让别人相信自己的最有力武器，莫过于提出能够证明自己有实力的证据。现在，许多品牌企业都喜欢称自己是"百年企业""老字号"等，也是在给消费者找一个接受自己的理由。

管理艺术

过度理由在每个人的身上都发生着作用，人们为了使自己的行为看起来合理，总是喜欢为发生过的行为寻找原因。在寻找原因的过程中，往往是先找那些显而易见的。如果找到的理由足以对行为做出解释，人们也就不再往更深处寻找了。过度理由效应告诉我们：管理者一定要给消费者找到一个接受自己产品的理由。

黑洞效应

☆ 一句话说管理 ☆

当一个企业达到一定的规模之后，会像一个黑洞一样产生非常强的吞噬和自我复制能力，把它势力所及的大量资源吸引过去，而这些资源使得企业更加强大，形成一个正向加速循环的旋涡。

追本溯源 “黑洞效应”这个名词最初出现在天体物理学中。在宇宙中，一些大质量的物体在发生坍塌之后，会形成一个致密的点，由于它的质量非常大，所以产生的引力也非常大，大到光线进去之后也无法逃出来，于是就形成了一个黑洞。而且不断被吞噬进去的物质和能量又反过来成为黑洞的一部分，使得黑洞产生更大的吸引力。天体物理学研究黑洞得出的结论是：黑洞有超强大的吞噬能力，另外还具有复制和自我强化的能力。

企业实战运用 ※ 沃尔玛之茧

沃尔玛连锁公司是20世纪六七十年代崛起于美国的商业企业，1991年才进入国际市场，到1996年销售额就突破了1000亿美元。沃尔玛是目前世界上最大的商业零售企业。

沃尔玛的成功最主要得益于其经营思想和先进的经营方式。首先，对于消费者来说，商品的质量、价格和服务是至关重要的，沃尔玛的经营宗旨正是以低廉的价格为消费者提供高品质的商品。其次，沃尔玛拥有现代化的配送中心和卫星电脑管理系统，使沃尔玛的配销系统及规模经济成为其最大的竞争优势。再次，沃尔玛奉行“顾客永远是正确的”的原则，强调动态、经营意识以及危机观念。

目前，沃尔玛在全世界有8500多家商店，其中有多家山姆会员店。山姆会员店和购物广场是沃尔玛20世纪八九十年代推出的新型销售方式，其商品齐全、价格低廉、服务周到的“一站式购物”更是目前国际上流行的方式。

沃尔玛强大的销售能力让很多供应商都陷入了“沃尔玛之茧”。供应商如果要在世

界市场上扩大销量，就避不开沃尔玛，只能做沃尔玛的供应商，而随着加入企业的增加，沃尔玛的规模就更大，对零售终端的影响就更强，就会有更多的供应商不得不进入沃尔玛的体系，所以对供应商来讲，沃尔玛某种程度上成为了供应商深陷其中的“黑洞”。

想要对付沃尔玛这样的“黑洞”型组织，企业就必须具有非常强的力量来抵抗它巨大的吞噬力。否则不是在其力量下臣服，就是另找出路。

当然黑洞效应也有其危害，如果组织内部出现“黑洞现象”：有些风气或者腐化现象一旦超过了一个临界点，就会像恶性肿瘤一样开始快速腐化周围的肌体，并且随着规模的扩大，腐化能力也在快速增强，很多企业变质到一定程度之后，就很难依靠自我的力量来打破这种恶性循环。治理这样的企业，往往需要非常强有力的领导或者借助外部力量才能扭转不断恶化的形势。

黑洞的好坏要通过它带来的效应是否对企业的发展有利来判断。

企业要扩大其经济规模，最佳的途径就是扩大其消费规模，通过消费刺激来达到经济增长的目的。企业一旦能在消费规模中形成黑洞效应，基本上在市场中就占据了不败之地，因为会有众多的供应商主动来扩大其经济规模。

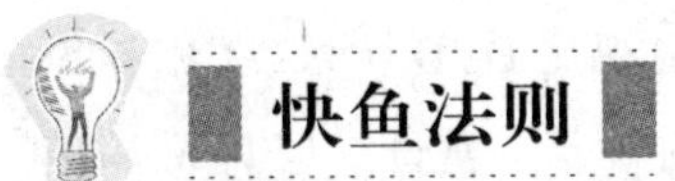

快鱼法则

☆ 一句话说管理 ☆

当今的市场竞争不是大鱼吃小鱼，而是快鱼吃慢鱼，这就是快鱼法则。

追本溯源 美国思科公司总裁约翰·钱伯斯在谈到新经济的规律时说：“现代竞争已不是大鱼吃小鱼，而是快的吃慢的。”这在商战中也同样适用。在当今市场经济的激烈竞争中，几乎所有的经营型、服务型企业都在用尽浑身解数来抢占市场、扩大销量。

企业实战运用 ※ 华视传媒：快鱼吃慢鱼

2005 年 4 月，一家名叫“华视传媒”的企业在深圳诞生，并在两年之后登陆纳斯达克，创造了纳斯达克企业从零开始最快的上市纪录，被誉为“来自中国文化概念的一面旗帜”。据有关统计数据显示，目前，华视传媒已覆盖中国 30 多个具备经济辐射力的城市，在国内开拓公交移动电视终端近 20 万个，覆盖受众超过 3 亿人，承担了城市 70% 以上居民出行的最大户外受众平台。

2003 年 5 月，有一个广告界的小伙子江南春创立了分众传媒，把人们等电梯的无聊时段变成了广告的黄金时段，开创了“无聊经济”的新时代。两年之后分众传媒成功登陆纳斯达克，与此同时，触动传媒、航美传媒等一系列类似的企业随之而上，把“蓝海”变成了“红海”。

作为户外媒体的一个分支，公交移动电视开创之初，各式各样的新媒体形态早已粉墨登场，分众、航美等已经在市场上“短兵相接”。这些媒体通过开发细分市场占据了楼宇或航空等户外视频广告网络，它们大抵采用 DVD 硬盘预录、CF 卡系统，或网络定点下载技术，将内容传达给受众。

跟在别人后面走，还是自己走？分众垄断楼宇视频，航美垄断航空市场，这是华视传媒创建之初必须面对的问题。

据 CTR 数字调查，超过 70%的城市居民是在户外活动的，这其中又有 70%的居民每天花费 32—91 分钟在公交或地铁上，公共交通已经成为城市生活不可分割的一部分。此外，目前我国的城市化率为 45%，而发达国家是 85%—90%，城市化进程还将扩大现有的公共人群数量。

如果让各大城市的公交、地铁搭载移动电视，这将产生一份无比巨大的广告市场“蛋糕”。因此，华视传媒的市场定位为利用移动电视的技术传输方式，占领最大份额的户外受众每天必须搭乘的公交、地铁这片“蓝海”。

相比较而言，户外公交移动电视比 DVD 预录、CF 卡系统等技术更胜一筹，其吸引受众更优之处在于播出内容的实时性及丰富性，但其成本也高出很多。

户外移动电视是户外 LED 媒体中唯一可以被实时监播的，可解决相关政策的内容监管难题，同时具有非常广阔的前景。李利民说：“所有的信息发布人和广告主，都可通过实时在公交、地铁播放的节目，查看播出的情况、质量，可以知道有多少人在看你的广告。”

但在李利民看来，要做实时无线移动电视，就必须把这张网铺开，摊子必须做大。于是，华视传媒开创了与地方广电局合作成立合资公司的新模式，让当地的广电局担任合作公司大股东，并提供内容。

最后，华视成功与 29 家电视台达成未来 10 至 50 年的独家合作，并对这些电视台合资公司的投资、建设与经营权进行整合，一张覆盖全国 30 个城市、13 万个公交电视终端、全国 8 个城市地铁 3 万个终端的巨网由此铺开。

“快鱼吃慢鱼，这是资本市场经常说到的一句话，也是华视传媒得以做大做强的有力法宝。”李利民说。

据李利民透露，华视传媒在刚刚成立之初，市场上已有 3 家成立数年的户外移动电视公司，然而这并没有阻碍到华视传媒的发展。随着业务的扩大，企业需要更多的资金支持。此时，华视传媒进行了另外一次有些冒险的资本运作。

2008年的10月15日，当全球企业都在为如何度过资本市场低迷的寒冬而发愁时，华视传媒跑到华尔街增发股票，同时用募集到的1亿多美元快速收购了DMG（数码媒体集团），建立起全国最大的地铁、公交全覆盖的移动电视经营网络。

为了上市，华视传媒不惜一年花160万美元邀请四大会计师事务所，花75万美元请美国的律师事务所参与IPO（首次公开募股）准备，这种大手笔的运作，体现的正是企业的上市决心。上市后，华视传媒不仅可以得到更多的资金支持，而且可以更快地把握市场动向，从而更快地做出决策。

随着市场全球化和信息化的进程不断加快，市场信息流的传播速度也大大加快。谁能抢先一步获得信息、做出应对，谁就能捷足先登，独占商机。因此，在这个讲究速度的时代，速度已成为企业的基本生存法则。企业必须突出一个“快”字，追求以快制慢，努力迅速应对市场变化。市场反应速度决定着企业的命运，只有能够迅速应对市场者，才能成为市场逐鹿的佼佼者。

冒进现象

☆ 一句话说管理 ☆

超过具体条件和实际情况的可能，工作开始得过早，进行得过快，也会影响工作的完成和效果。

追本溯源 早起的鸟儿有虫吃，但如果鸟起得太早，天还没有亮，虫子在睡觉，没有出来，鸟儿这时也吃不到虫子。这种现象在企业工作中也有：超过具体条件和实际情况的可能，工作开始得过早，进行得过快，也会影响工作的完成和效果。后来，人们就为它起名为“冒进现象”。

企业实战运用 ※ 忽视市场，误入歧途

泛美航空公司是美国的一家航线最广、历史最久的航空公司，也是美国国家航运业的化身，到1980年初已成为全美第三大航空公司，职工达3万多人，拥有130多架各种型号的飞机，航线遍及五大洲50多个国家的100多个城市。然而好景不长，十多年后，泛美航空公司就宣告破产倒闭。其失败的原因就是管理者不考虑市场，盲目地购买先进机型。

1982年，爱德华·阿克出任泛美航空公司总裁。当时，由于世界航空业激烈的竞争和世界经济不景气，泛美航空公司已经陷入了财务困难的泥潭。爱德华·阿克上任后，

并没有采取什么实质性的措施，只是对外要求债权人允许公司延付贷款及利息，对内也只是开源节流，这样的经营决策，根本不能挽救危难之中的泛美航空公司。此外，在机型的选择上，爱德华·阿克仅凭自我感觉，错选了机型，使公司的竞争力迅速下降。

泛美航空公司决策层没有征求专家的意见，仅在直观上进行了粗略的比较，就选择了美国洛克希德·马丁公司改良的L1105-500型三引擎宽体客机来代替之前的波音707客机。在这个时候，与波音707飞机性能相似且更先进的其他新型飞机也纷纷上市。这些新型飞机只有双引擎，而且经过核准，只需用两名驾驶员就可以飞行。相比之下，泛美航空公司的L1105-500型飞机单位飞行成本无论在油耗还是员工费用上都比新型飞机高，泛美的竞争力因此大打折扣。1983年，洛克希德·马丁公司宣布停止制造L1105的各型飞机，泛美航空公司的飞机维修成了一大难题，过了几年，L1105-500型飞机就成了一堆废铁。

在这次重大的错误后，泛美航空公司又投资购买了国家航空公司，以此来争夺国内航线。另外，为了使公司实现现代化，爱德华·阿克不惜砸下重金去购买西欧空中客车公司制造的A300型飞机。同时，又出售和交换了一批飞机，这样，泛美航空公司共拥有了5个生产厂家生产的十多种飞机。繁杂的机种，使泛美航空公司从表面上看是一片欣欣向荣，而实际上，在庞大的飞行成本下，公司早已不堪重负。

不考虑实际情况，贸然引进先进机型，导致了泛美航空公司在航空人员培训、零部件储备、引擎维修以及机场管理等方面的负担加重，最终于1991年宣告破产。

市场需求是一个企业经营的指挥棒，管理者对市场置之不理，必然会把企业引入歧途。一个企业的核心决策应该是综合考虑市场和自身状况之后做出的，而不是一味地追求先进。

超越不应超越的，反而更容易落后。不是越先进的产品就越能赢得消费者的心，这就跟鞋与脚的关系一样，再漂亮的鞋，不合消费者的脚，消费者也不会购买。

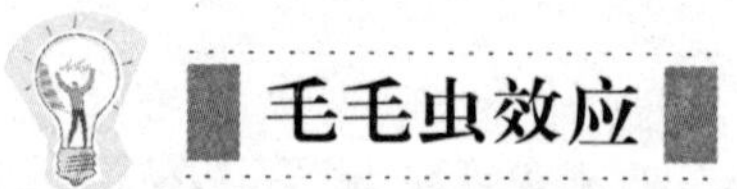

毛毛虫效应

☆ 一句话说管理 ☆

毛毛虫习惯于固守原有的本能、习惯、先例和经验，而无法破除尾随习惯转向去觅食。

追本溯源 法国心理学家约翰·法伯曾经做过一个著名的试验，被称为“毛毛虫试验”。即把许多毛毛虫放在一个花盆的边缘上，使其首尾相接，围成一圈，在离花盆边缘不远的地方，撒一些毛毛虫喜欢吃的松叶。

毛毛虫开始一条跟一条绕着花盆的边缘一圈一圈地走，一小时过去了，一天过去了，两天过去了……这些毛毛虫还是夜以继日地绕着花盆的边缘转圈。一连走了七天七夜，它们最终因为饥饿和精疲力竭而相继死去。

导致这种悲剧的原因就在于毛毛虫习惯于固守原有的本能、习惯、先例和经验。毛毛虫付出了生命，却没有任何成果。其实，如果有一条毛毛虫能够打破尾随的习惯而转向去觅食，就完全可以避免悲剧的发生。

后来，科学家把这种喜欢跟着前面的路线走的习惯称之为“跟随者”的习惯，把因跟随而导致失败的现象称为“毛毛虫效应”。

企业实战运用　　※ 比亚迪：打破电池生产的传统模式

20 世纪 90 年代初，在充电电池市场上，日系电池制造商占据着全球近 90%的市场份额，处于绝对垄断的地位。当时，日本以其全自动化电池生产线闻名世界，在人们看来电池就应该是技术密集型的产业，直到比亚迪的横空出世才让人们改变了这一看法。

比亚迪的创始人王传福凭借自己对电池技术的精通，开始组建人力流水线，然后把生产线分解成一个个人工完成的工序，关键生产设备则以自行研发的机器代替。于是，比亚迪的工厂形成了中国特色的半手工半自动化的电池生产线。

比亚迪的这条半手工半自动化生产线能够日产三四千个镍镉电池，但只需花费一百万人民币。而同一产量的日系厂商自动化生产线，至少要投资几千万。仅此一项，比亚迪的制造成本就比日系厂商低了 40%。更重要的一点是，比亚迪这条自创的生产线，具有非常强的灵活性。当一个新产品推出时，原有的生产线只需做关键环节的调整，对员工进行相应的培训即可。但是，日系厂商的全自动化生产线，每一条只能生产一种产品，如果要推出新品，就必须建新的生产线，而这至少要几千万的投资。

比亚迪成功地把电池这一技术密集型产业转变成劳动密集型产业。对此，王传福说：“很多人第一次来我们这里，看到这么多人感到害怕。他们从来没有见过这么多人造电池、造手机、造汽车。”

比亚迪能够在短短十几年内取代日本三洋成为全球电池生产的老大，与它的这条半手工半自动化生产线是密不可分的。与比亚迪同一时期成立的电池制造企业，都选择了从日本进口电芯，然后再购入其他元件进行组装生产，大部分的利润都流入了日系制造商的口袋。在比亚迪之前，谁会想到电池也可尽量依靠人力来完成呢？

有一个小故事说：一只小鸡破壳而出的时候，刚好有只乌龟经过，从此以后，小鸡就背着蛋壳过完了一生。这个故事告诉人们，脱离沉重的负荷很简单，放弃成见就可以

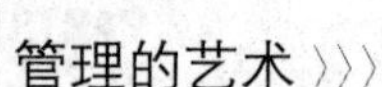

了。随着科技的不断进步，高效率的机械化代替人工化似乎已是不争的事实，但比亚迪却打破了这一理论，凭借人工最终战胜了机器，造就了中国企业界的又一传奇。

其实，打破固有的思维模式，往往会有意料不到的美景展现在你面前。

管理艺术

毛毛虫的悲剧在于它固守原有的本能、习惯和经验。毫无优势的管理者同样会因为固守旧规、不思进取而被企业抛弃，其实在现实生活中“一分耕云，一分收获”并不全对，我们不能只关心自己做了多少工作，而忽视这些工作能带来多少效益。倘若是正确的方法也许会有好结果，可要是一直在沿着一个错误的方向走，那就会付出许多努力却毫无成果。因此，只有找到一个新的、适合的工作方向和思路，才能得到更多的收益。

当生活和工作遭遇挫折或陷入停顿时，管理者不能像毛毛虫那样做毫无意义的努力，而应该转变思路，另辟蹊径，以便更有技巧、更有效率地工作，从而达到事半功倍的效果。

孤峰原理

☆ 一句话说管理 ☆

创新总是首先从某一个方面起始和突破，从而在企业发展中形成“孤峰”优势。

追本溯源 人体的机能只有在不断的新陈代谢中才能得以维持，这样的道理放在企业发展中就是说：企业只有通过不断的创新才能生存下去。孤峰原理主要体现在企业的创新工作中。创新是企业发展的原动力。然而，企业创新并不是企业的各个方面都要齐头并进，虽然全面地说创新存在着“三全” 要求，但是创新总是首先从某一个方面起始和突破，从而形成“孤峰”，并发挥优势的。正是这种优势提高了效率，降低了经营成本，增强了企业的核心竞争力，从而扩大了产品市场份额，增加了效益。也正是这种在创新中形成的某一方面的“孤峰”，打破了企业经营管理中原有的均衡态势，对企业经营管理的其他方面提出了新的要求，促进了其他方面的改革创新，进而提高了企业整体素质，促进企业发展跃上新台阶。于是，新一轮的创新又开始了，就这样，起始往复，不断循环，螺旋似地推动企业持续发展。这就是“孤峰原理”。

企业实战运用 ※ 不创新，就灭亡

“不创新，就灭亡”是美国福特公司创始人亨利·福特在失败后说的。由于他墨守成规，最终被时代所淘汰。

福特汽车公司创始人老福特是一个农民的儿子，他搞汽车工业为什么能一下子就脱

颖而出呢？因为他最了解美国的农村，知道农民的需求。美国的农村地广人稀，需要农用客货两用车，那时候道路不太好，农民的文化水平又不太高，农民需要的是操作简单、坚固耐用、耐得住颠簸的汽车。所以他结合这些特点，生产出了操作简单、结实耐用、价格低廉的T型车，迎合大多数人的需求。很快，福特汽车就在世界市场上占据了一半多的市场份额。

在发展的过程中，老福特不断创新，当时别的汽车生产厂家都是每天工作10小时，每天3美金。他却推出“八小时工作制”“每天5美元”，表面上对他的原始积累很不利，但是实际却为福特公司吸收了更多熟练工人，提高了工作效率。

此外，老福特还发明了“生产流水线”，创造性地提出了“科学管理”的管理理论。当时可以用“富可敌国”来形容福特家族，但是，后来老福特的创新就教条化了。到20世纪20年代的时候，美国社会进入了大众化富裕的时代，老福特是农民的儿子，他认为应该勤俭生活，所以他还是坚持生产T型车，提高产品质量，降低成本。可是美国人已经不需要这种车了，因为道路已经修好了，人们开始要求车子速度快、造型美观、具有个性化了。

随着经济的飞速发展，消费者希望有更多的品牌、更新的款式、节能省耗的轿车。福特汽车公司的T型车不仅颜色单调，而且耗油量大、排废量大，完全不符合日益紧张的石油供应市场和日趋严重的环境保护状况。

然而老福特却对这些置之不理，固执地生产原有的车型，虽然小福特极力建议老福特要推出豪华型轿车，但老福特没有采纳。

此时，通用汽车公司和其他几家汽车公司则紧跟消费者的需求，制订正确的战略规划，生产节能省耗、小型轻便的汽车，在20世纪70年代的石油危机中后来居上，使福特汽车公司濒临破产。

老福特这才意识到自己的错误判断，转而根据小福特的建议推出豪华型轿车，但是先机已经失去，直到今天，福特汽车也没有坐回它昔日龙头老大的宝座。在这种情况下，老福特用血的教训总结出：“不创新，就灭亡。”

管理艺术

在日新月异的市场中，企业要生存下去，就必须具备创新能力。停滞不前，一成不变，只会被市场所淘汰。创新的动力来自生命的延续和对扩张的追求，只有不断创新的企业，才能在竞争中发展壮大，立于不败之地。当然，这样也使得企业对主管个人的工作绩效要求越来越高，迫使管理层必须要比下属更快获得情报，同时也要展现出创造性。所以，管理者必须不断自我提升，学习如何激发自我潜能，为了达到组织目标，时常要灵活地做好管理工作，假若只是遵守日常的、一成不变的工作守则，将无法提高企业的效益，也无从发挥管理才能。

因此，管理者们除了要保持灵活思维和深层理论以外，还要能求新求变，用新视角去审视外界的变化，借以有效应对瞬息万变的市场竞争。

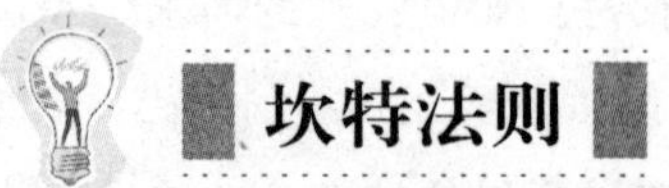

坎特法则

☆ 一句话说管理 ☆

尊重员工是人性化管理的必然要求，是回报率最高的感情投资。

追本溯源 该法则是由哈佛商学院教授罗莎贝斯·莫斯·坎特提出的。尊重员工是人性化管理的必然要求，是回报率最高的感情投资。尊重员工是领导者应该具备的职业素养，而且尊重员工本身就是获得员工尊重的一个重要途径。

尊重员工是人性化管理的必然要求，只有员工的私人身份受到了尊重，他们才会真正感到被重视、被激励，做事情才会真正发自内心，才愿意和领导打成一片，站到领导的立场，主动与领导沟通想法、探讨工作，完成领导交办的任务，心甘情愿为工作团队的荣誉付出。人们将这种观点称为“坎特法则”。

企业实战运用 ※ 员工即专家

惠普是世界上最大的计算机公司之一。该公司制造的产品被个人使用或用于工业、商业、工程、科学和教育等领域。惠普公司建于1939年，总部位于美国加利福尼亚州的帕罗奥图市，2002年与康柏公司合并，是全球顶级计算机及办公设备制造商。惠普之所以能发展壮大，与管理者的管理策略是密不可分的。

惠普公司的创办人比尔·休利特及戴维·帕卡德在创立惠普时就建立了信赖员工的文化，他们坚信员工都会好好做事，所以员工在工作对惠普是一件很重要的事。惠普要求内部主管要信赖员工、尊重员工，尽量让员工能够在工作岗位上感受到真实的成就感。

为了让员工有成就感，领导者所要做的就是为员工创造一个合适的工作环境，让每个员工都有机会展现自己，发挥他们的潜能，并且随时肯定他们的成就，满足其心理需求。

有一次，戴维·帕卡德在一位工厂经理的陪同下一起巡视工厂。巡视中他们看到一位机械技工正在打磨一个塑料模具，于是便停下脚步来观看。当时，这位员工已经花了相当长的时间来打磨模具，正在准备做最后的整修。帕卡德好奇地伸手去触摸那只模具，机械技工在察觉到他的动作后，马上大叫道：“把你的手拿开，别碰我的模具！”那位经理很是生气：“你知道他是谁吗？这么跟他说话！”机械技工回答道：“我管他是谁！就是不准随便动我的东西！”帕卡德立即告诉这位经理：“他并没有错，那是他对工作负责的态度，我们应该尊重及信赖他对工作的执著。我们不应该批评这样的员工，反而应该给予鼓励。”

作为一个管理者，帕卡德能这样肯定一个员工的做法，极大地满足了员工希望被尊重的心理，如此一来，也大大提高了员工对工作的热情和积极性。企业如果拥有了一个干劲十足的团队，哪有不成功的道理！

每一个人都渴望得到他人的尊重，心理专家说："希望得到别人的尊重是我们的基本需求之一。"员工也希望自己在工作场所能获得别人的尊重。管理者若无法满足员工被尊重的欲望，那么员工的工作积极性和创造激情就会被削弱。

作为一个管理者，我们一定要像尊重专家一样尊重自己的员工，用尊重感染员工、激励员工。管理者应该清楚地认识到：管理者和员工之间只有雇用和被雇用的关系，并没有贵贱之分，地位是平等的。在这个基础上，管理者应力争做到不摆架子，这是尊重员工的根本。

不少管理者埋怨身边没有人才，找不到人才，或者叹息人才的流失。其实这是他自身原因造成的，应该从他自身找找答案。因此，管理者只有加强自身的素养，提高吸收人才的素质，创造使人才满意的工作环境才能真正留住人才。而要做到这一点，首先要求管理者从"尊重"开始，对员工做到尊重、尊重、再尊重。

管理者的人格魅力比管理技能重要，而尊重员工也是塑造管理者人格魅力的有效手段。只有拥有令员工信服的人格，员工才会乖乖地在你的领导下工作，才会管理出一支高效能的企业团队来。

波特法则

☆ **一句话说管理** ☆

最有效的防御，是从根本上阻止战争的发生。

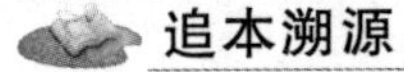
追本溯源 该法则是由美国哈佛商学院教授M.E.波特提出的。

企业实战运用 ※阻止竞争对手进入

要想完全避免竞争，企业就必须及早采取措施阻止潜在对手进入。在20世纪70年代，杜邦公司的管理人员认为二氧化钛市场在未来的13年里会达到53.7万吨的生产能力，给对手一个下马威作为其阻止潜在竞争对手进入的战略内容的一部分，杜邦公司不仅宣布了扩张现有设备的计划，而且假意宣称即将兴建一个有13万吨生产能力的新工厂，用以展示自己在二氧化钛业务方面所具有的不可超越的生产能力。

最后，虽然杜邦公司未能成功地震慑住所有的竞争对手，但是这种宣布生产技术信息的战术还是给公司带来了回报，延迟了潜在竞争对手的进入，并在很大程度上影响了它们原有的战略，使它们不得不做出调整，从而为企业赢得了时间和先机。

杜邦公司成了二氧化钛的主要生产商，而且使自己在二氧化钛市场中的领导者地位保持了 25 年之久。

用技术壁垒来阻止竞争对手进入也是国际企业常用的手段之一。20 世纪 90 年代，日本之所以能够在全球锂电池市场一枝独秀，有很大一部分原因是其垄断了生产锂电池的技术。

当时，为了不使技术外流，日本政府不仅禁止企业透露生产锂电池的技术，还明令禁止出口生产锂电池的设备，甚至不允许在外国建设工厂，将技术垄断在日本本土。

虽然随着技术不断被研发出来，打破了日本在电池市场中的格局，但确实延缓了市场的激烈竞争，使日本在电池领域的发展添上了浓重的一笔。

现在企业间的专利战不断加剧，归根结底也是为了阻止竞争对手进入本行业。如今利用知识产权，发起专利战已成为国际企业打击新兴企业发展的重要手段之一。

潜在竞争对手一旦加入本行业的竞争，往往会使业内已有的竞争更加激烈。尤其是那些拥有一定经济实力的潜在对手，为了夺得市场份额，往往以超低价格进行销售，从而使原有企业的市场地位岌岌可危。要避免这种情况的发生，最有效的途径之一，就是将潜在的竞争对手阻止于行业外，使之不能与自己争夺。

灯塔效应

☆ 一句话说管理 ☆

任何消费者都不愿意一个人支付公共商品的费用而让别人都来使用。

追本溯源 天文学中的“灯塔效应”：由于脉冲星只向两极方向放射电磁波，所以只有在被它放射的电磁波扫过的地方才可以探测到脉冲星的信号，这使得脉冲星就像宇宙中的灯塔。“灯塔效应”在市场中的应用表现为：私有商品都可以在市场交换，并有市场价格和市场价值；但公共商品没有市场交换，也没有市场价格和市场价值。因此，消费者都不愿意自己一个人支付公共商品的费用而让别人来使用。

企业实战运用 ※ 向着目标出发

半个多世纪前，管理大师彼得·德鲁克在《管理实践》一书中就指出了管理的五大基础之一是制定目标。他认为：管理者要完成的任务必须来源于公司的目标。所有组织都会因目标和获取目标成果的方式不同而有所不同。没有一个远景目标，企业就不会有长久的市场竞争力。

2003年9月15日，中国航天飞船“神舟”五号成功实施载人航天飞行。消息一公布，举国欢腾，中国第一个宇航员杨利伟“一飞成名”，成为了中国家喻户晓的英雄。而在30多年前的美国，肯尼迪在1961年5月25日发表声明，称“这个国家应该不遗余力地为实现这个目标而奋斗，也就是说，争取在这个十年结束之前把一个人送上月球，并让他安全返回”，这一大胆的决定震惊了全世界，甚至让人难以接受。因为在当时的大多数科学家看来，登月计划成功的可能性最多不超过50%，而且，要实现这个计划意味着要立即拿出549亿美元，并在以后五年中还得花费数十亿美元，这在当时美国经济不景气的情况下是相当困难的。然而，登月这个远大明确的目标和计划像灯塔一样把所有美国人的努力都汇聚到一点，形成了一股强大的集体主义精神。正因为如此，美国才摆脱了20世纪50年代委靡不振的状况，开始大踏步地前进。

同样，制定企业的远景目标也是这个道理。任何一个企业，如果没有一个成长的愿望，没有一个目标，不知道应该干什么，那它的资源可能就会非常分散，人心也就不能往一个地方想，企业就很难发展。有了目标，就有了明确的终点线，公司就清楚地知道自己的目标是否已经实现，员工们也会清楚地向着终点线冲刺。

美国《财富》杂志公布的2001年世界五百强排名中，沃尔玛公司首次荣登榜首。这个结果它的创始人沃尔顿没能亲眼看到，但他预见到了，因为这是他早已为企业制定的目标。在病情迅速恶化的情况下，沃尔顿还为企业规划着发展目标。1992年4月，离死去之日不远的沃尔顿为沃尔玛公司规划出了要在2000年使销售额达到1250亿美元的目标，这个目标像磁石一样吸引着沃尔玛公司前进。这是沃尔顿留给企业的一座灯塔，这座灯塔产生了巨大的作用。2001年，沃尔玛终于以2100亿美金的销售额荣登全球五百强榜首，实现了沃尔顿的设想。

企业的发展需要有一个切实可行的目标，这样就告诉了企业里的人该做什么，需要怎么做，做的事情都是向着一个方向出发的。作为管理者，更应该深刻地认识到这一点，要让下属明白企业要往哪个方向发展，要往哪里走。如果一个企业没有明确的目标，就没有向前的动力。所以，在企业里有一个目标是很重要的。

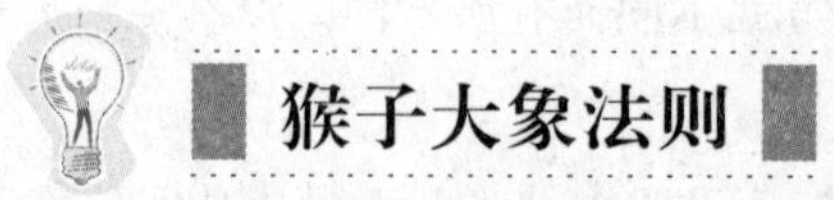

猴子大象法则

☆ 一句话说管理 ☆

大企业可以灭掉小企业，但小企业也可以通过正确的战略影响大企业的发展。

追本溯源 该法则是由波士顿咨询公司创始人亨德森提出的。大象体积越大，猴子的胜算就越大。大象比喻规模庞大的公司，猴子比喻行动灵活的小公司。大象可以踩死猴子，但猴子也可以骚扰大象，使大象遭遇挫折。

企业实战运用 ※ 哈勒尔巧逗宝洁

哈勒尔在1967年凭借买断的“配方409”清洁喷液占领了美国50%的清洁喷液市场。哈勒尔公司以及它的老板哈勒尔先生，过得非常舒服。那年的某一天，家用产品之王——宝洁公司开始眼红，推出了一款叫“新奇”的清洁喷液。哈勒尔的生意遭遇到了大问题，显然，他不是宝洁的对手。

按照宝洁的习惯做法，它在创造、命名、包装、试销和促销产品时，要投入大量的资金，还要通过调查问卷、个别和集体访问做出心理和数字统计，也要耗费大量市场研究费用。

宝洁在丹佛市进行这项产品试销时，郑重其事，声势浩大。与此同时，在全国展开大笔资金投入的广告攻势。结果在丹佛的试销小组报告：“所向披靡，大获全胜。”因此，宝洁在喜洋洋的气氛下信心十足，虚荣心也得到满足。

哈勒尔感到了恐惧，他得到的信息表明他即将被踢出清洁喷液市场，他要垮掉，但他必须冷静下来设置对抗的“阴谋”，于是哈勒尔决定采取三步措施：

1. 干扰对手的视线；

2. 打击对手主管人员的信心；

3. 限制敌人产品在市场上的销售量，让销量难以抵补已投入的大量资金而撤出这个“新奇”产品项目。

首先，宝洁在丹佛试销时，哈勒尔从丹佛撤出自己的“配方409”。当时有两种形式可供选择：第一种，把自己的产品全部从货架上搬走；第二种，先中止丹佛的广告和促销，然后停止供货，渐渐使商店无货可补。哈勒尔成功了，仅仅是试销就已经让宝洁飘飘然，不可一世。

然后，在宝洁“新奇”大面积上市，正准备开展全国范围内的“席卷攻势”时，哈勒尔将“配方409”以原来价格的50%倾销。本来宝洁主管人员认为“哈勒尔已不在市

场了”，此时却感到措手不及。

同时实施第三步，哈勒尔用广告大肆宣传：“优惠期有限！”结果一般的清洁喷液消费者在很短时间内几乎购买了可用半年以上的“配方409”清洁喷液。也就是说，宝洁的“新奇”再好，甚至也跟着降价，但消费者在半年内也用不着再买此类商品了。

在信心被打击下，产品上市就严重滞销，宝洁内部开始认为“新奇”是项“错误产品”，在议论纷纷中，不得不撤销了“新奇”的生产销售计划。

管理艺术

作为小公司，要知道大公司的心理，密切关注大公司的动向，然后研究出行之有效的方案，出其不意制胜。而大公司也不可以忽略了同类的小公司，虽然小公司的竞争实力比较弱，但是也要时刻防备，防止出现措手不及的情况。

其实，无论我们管理的企业是大公司，还是小企业，想要成功管理，最重要的是把企业放在市场之中竞争，而想要在竞争中决胜，就必须有市场分析和一套完整的策略用以服务企业运作。做到这些，不管我们遇到怎样的对手都不会惊慌失措了。

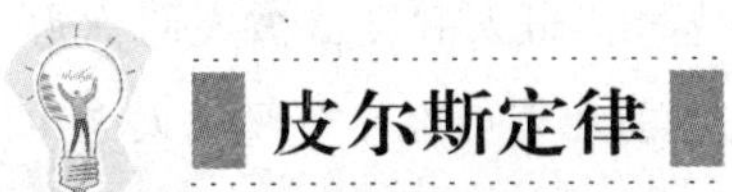

皮尔斯定律

☆ 一句话说管理 ☆

要追寻有效的企业经营发展前途，企业未来接班人的选择与培养是件相当重要的事。

追本溯源 该定律是由英国宇宙航行组织总裁奥斯汀·皮尔斯提出的。培养接班人对一个企业的发展意义重大，它能保证企业拥有源源不断的后备人力资源，使企业的正常经营不至于因人员短缺而发生断裂；它能有效地降低，甚至消除员工辞职或离职对企业经营活动造成的损失。同时，一个完善的培养接班人制度可以让公司员工感到自己有公平的提拔、升迁机会，这对提高员工士气、激励员工努力工作、增强员工对企业的凝聚力和向心力都具有明显的作用，从而为企业长远、健康的发展提供人才。人们把这一观点称为“皮尔斯定律”。

企业实战运用 ※ 培养接班人的重要性

在知识经济时代，人力因素已经超出其他一切资源，成为决定企业经营成败的关键因素。对于一个健康、持续发展的企业来说，关键是要建立一套完善的组织机构和体系，而完善的组织机构和体系，其中的一个核心要素就是完善的培养接班人制度。

杰克·韦尔奇说过：“高效的领导者都意识到，对领导能力最后的考验就看能否获得持久的成功，而这需要不断地培养接班人才能完成。”韦尔奇并不只是说说而已，他也是这样做的。在通用电气做了 20 年的 CEO 后，他认为该是自己交接权棒的时候了，于是，他选好了伊梅尔特作为自己的继任者，很平静地完成了职位交接。很多人都认为，韦尔奇才 65 岁，正值职业生涯的巅峰时期，退休未免太可惜。但在韦尔奇看来，他作为一个 CEO，为企业选择自己的接班人是职责所在，他必须为企业的未来进行投资，只有这样，通用电气才能走得更远、更久。对自己的退休，他说：“我并不是因为觉得自己老了或累了才决定退休的，而是我认为我在这个位置上已经待了 20 年了，这个时间太久了，公司应该由一个新人给它一个新的开始。我的成功，要是确实有的话，要由我的继任者在未来的日子里来决定。”

通用电气一向注重接班人的培养和挑选。韦尔奇的前任雷吉·琼斯花了 7 年的时间才最终选定韦尔奇出任通用电气新的 CEO，这被人们视为通用电气发展史上最为成功的一项决策。韦尔奇需要继续这种决策，他必须花大力气选定自己的继任者，这是对他领导力的一次重要考验。

在通用电气，有一套严格的选择接班人制度，被人们称为“采用系统方式选拔接班人”。这个制度在实行上大体是先提前几年拟出一个候选人名单，这个名单是保密的，甚至连候选人自己都不知道自己被纳入了候选名单。这以后，公司会密切注意候选人的一切动向，所有董事都会对候选人进行考察和打分。正是通过这种方式，韦尔奇最终选择了杰夫·伊梅尔特作为自己的接班人，而这个选择过程早在 1994 年就开始了。由于通用电气坚持一种系统的选人方式，从而使公司内部人才云集。韦尔奇经常自豪地说：“这是一家由众多杰出人士管理的公司，而我的功劳，就是为公司物色到了这些杰出人士。”

摩托罗拉公司也以善于培养自己的接班人著称。在摩托罗拉，员工的职业规划和发展与公司的业务发展密切挂钩，两者做到有机协调地向前推进。正是因为推行了一套公司采取主动、员工积极参与，旨在发挥每位员工所长的职业规划和发展机制，才使员工得到了良好的发展，公司的人才资源得到了很好的利用。

在摩托罗拉，每一个职位一般有三个接班人，第一个是直接接班的，第二个计划在三至五年内接班，第三个要么是少数民族，要么是女性。第三个接班人涉及公司目前实施的员工多样性发展计划，也就是需要形成多民族、多种族和性别平衡的人员发展结构。公司根据所有接班人的工作表现和发展潜力进行排名，然后针对不同人给予相应的培训。正是因为有了这些制度，才使摩托罗拉形成了人才的发展梯队，从而能使人才进行正常的新陈代谢，保证公司业务持续、长久地发展。

注意培养自己的接班人，对企业未来的发展极为重要。这一点我们比较一下可口可乐和百事可乐的发展历史就能看出来。现在可口可乐开始走下坡路了，为什么会这样呢？可口可乐以前的古巴籍老板是著名的管理专家，在位期间，可口可乐的价值极速上升，但是他没有培养接班人。于是当他突然去世时，可口可乐匆忙地换了一个财务总监接任，结果他在任的两年里，可口可乐接连出事。与此不同的是，百事可乐从20世纪90年代开始，它的CEO就要花1/3的时间去培养接班人。当百事可乐想投资韩国时，他会把这个投资行为当成培养人的工具来使用：通过人力资源部在国际各部门中找出10个有潜力的人，专门作为培训对象派到韩国去做调查分析，这10位精英要告诉他们的CEO去韩国投资到底行不行。继而，副董事长会亲自带队，告诉他们应该怎么去做、怎么分析，通过这位副董事长，总部的文化、理念、经营思维都传递给了这10位精英，一个项目完成后，这10位精英在理论、文化、气质上都和总部达成了一致。在培训、塑造人才的同时，企业又把这个投资项目不折不扣地完成了。这10位精英回到各自岗位后用不了多长时间，就会到不同的地区做负责人，百事可乐每个季度都会进行一次类似的人才培训。正是对培养继任者的不同态度，导致了“两乐”的不同发展结果。

管理艺术

后继有人，才能保持长久生命力。企业要想延续下去，成为百年企业，绝不可能仅仅依赖于一位管理者。企业的不断发展，要依靠管理层不断注入新血液。百年企业不是老子传儿子，儿子传孙子，而是通过慎重选择接班人，让企业在竞争激烈的市场中生存下去。

在今天，管理者需要处理很多新生“关系链”，诸如与政府的关系、与供应商及客户的关系、与员工的关系等等，而这些都不足使企业能够培养出更优秀的管理者来接管企业发展的接力棒。

接班人的培养是企业管理者应负的社会责任，因为企业是延续性经济体，尤其是影响着经济进程的大企业，更有着重大的责任在肩。社会是不能允许企业管理者找不到足以胜任的接班人的，原因在于这会造成企业创造社会财富能力的下降。

因此，企业和社会愈来愈要求主管们能够实现“机会均等”的基本信念和承诺。这也将激发员工在工作中满足创造的欲望和希望工作能超越单纯的经济需求，从而实现个人价值。

王永庆法则

☆ 一句话说管理 ☆

节省一元钱等于净赚一元钱。

追本溯源 该法则是由台湾企业界“精神领袖”台塑总裁王永庆提出的。王永庆在多个场合反复强调这样一句话：“节省一元钱等于净赚一元钱。”他的这个思想被台塑集团员工奉为经典，并被国内外企业管理者称为“王永庆法则”。

企业实战运用　※ 节俭的巨大财富

在现实生活中，我们大多看重的是财富的创造，对于节俭似乎注意不够，有时甚至认为节俭是小家子气。殊不知，节俭也是理财的一部分，学会了节省每一分不必花的钱，你也就学会了财富的运用和创造。

一次，盖茨和一位朋友同车前往希尔顿饭店开会，由于去迟了，以致找不到车位。他的朋友建议把车停在饭店的贵客车位，盖茨不同意。他的朋友说“我来付”，盖茨还是不同意。原因很简单，贵客车位要多付12美元停车费，盖茨认为那是“超值收费”。作为一位天才商人，盖茨认为：花钱就像炒菜一样，要恰到好处。盐少了，菜淡而无味；盐多了，苦咸难咽。哪怕只是几元钱甚至几分钱，也要让其发挥出最大的作用。一年夏天，32位世界级企业家（总资产超过英国一年的国民经济总收入）举办一次“夏日派对”，盖茨应邀出席这个盛会，身穿的一套服装，是他在泰国菩提岛休假时花不到10美元买的，这还抵不上歌星、影星干洗一次衣服所花的钱。盖茨说：“一个人只有当他用好了他的每一分钱时，他才能做到事业有成，生活幸福。”

美国《财富》杂志公布的2003年度世界财富排名五百强“龙虎榜”中，美国知名公司沃尔玛，以总资产2950多亿美元的不凡业绩连续第三年蝉联榜首。沃尔玛的成功，离不开它的严格管理，离不开“俭”；沃尔玛的知名，也源于它的高效益和出手的“阔”。

沃尔玛的“俭”是从一张纸做起的。如果你没有复印纸，找秘书要，对方一定是轻描淡写的一句：“地上盒子里有纸，裁一下就行了。”如果你再强调要打印纸，对方一定会回答：“我们从来没有专门用来复印的纸，用的都是废报告的背面。”据报道，参加“2001年沃尔玛中国年会”的来自全国各地的经理级以上代表所住的，只不过是能够洗澡的普通招待所。

沃尔玛的节俭不只针对员工，企业老总坚持率先垂范。沃尔玛的创始人山姆·沃尔顿尽管是亿万富翁，但他节俭的习惯从未改变，没购置过一所豪宅，经常开着自己的旧货车进出小镇，每次理发都只花5美元（当地理发的最低价），外出时经常和别人同住一个房间。

沃尔玛的办公室都十分简陋，而且空间狭小，即使是城市总部的办公室也是如此。除了办公设施简陋外，沃尔玛还有一个很重要的措施，就是商场一旦进入销售旺季，从经理开始，所有的管理人员全都到销售一线，担当搬运工、安装工、营业员和收银员等角色，以节省人力成本。这样的场景只会发生在一些小公司里，而且这种行为常常被人视为“不正规管理模式”，但在沃尔玛这样的大集团中却司空见惯。

沃尔玛也有“阔气”的时候。摆“阔”主要体现在兴办公益事业上。山姆·沃尔顿不仅在美国全国范围内设立了多项奖学金，而且这个“小气鬼”还向美国的五所大学捐了数亿美元。

沃尔玛赢在“吝啬”。无独有偶，驰名世界的丰田汽车公司也正是因为提倡“吝啬”，才赢得了“世界第一车”的美誉。丰田公司有个著名的“三河商法”，其中重要的一条就是吝啬。丰田公司的老板丰田喜一郎非常讨厌浪费，他说过：“搞企业必须有基础，而这个基础就是要杜绝浪费。”他强调，丰田公司的批量生产模式就是要彻底杜绝浪费，追求汽车制造的合理性。从创业之初，喜一郎就强调：“钱要用在刀刃上……用一流的精神、一流的机器，生产一流的产品。要彻底杜绝各种浪费。”正是因为完美地贯彻了“吝啬”精神，丰田汽车公司取得了自己事业的巨大成功，成为了世界汽车行业六巨头之一。

许多人都知道吝啬可以创造财富，但是很少有人能像沃尔玛、丰田那样贯彻到底，并且让吝啬成为公司的一种经营理念。在创造财富的道路上，我们听到过许许多多理念，每一个都有大量的理论支持，但是丰田、沃尔玛却用家庭式的节俭之道创造了巨大财富。

赚钱要依赖别人，节省只取决于自己。在现实生活中，我们大多看重的是财富的创造，对于节俭似乎注意不够，有时甚至认为节俭是小家子气。殊不知，节俭也是生财的一部分。学会了节俭每一分不必花的钱，你也就学会了财富的运用和创造。

随着市场经济发展的日趋完善，原本隐藏在企业管理中的人事管理、财务等各种问题也纷纷浮出表面，致使企业管理者的经营管理能力正经受着前所未有的考验。在这样的情况下，管理者更要管好企业，而其中“财务管理”和“成本控制”尤为重要。

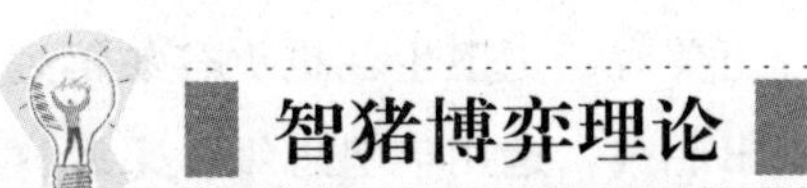

智猪博弈理论

☆ 一句话说管理 ☆

在某些时候，如果能够注意等待，让其他大企业首先开发市场，是一种明智的选择。

追本溯源 在博弈论（Game Theory）经济学中，“智猪博弈”是一个著名的纳什均衡的例子。假设猪圈里有一头大猪和一头小猪，猪圈的一头有猪食槽，另一头安装着控制猪食供应的按钮，按一下按钮会有10个单位的猪食进槽，但是谁按按钮就会首先付出2个单位的成本。若大猪先到槽边，大小猪吃到食物的收益比是9:1；同时到槽边，收益比是7:3；小猪先到槽边，收益比是6:4。那么，在两头猪都有智慧的前提下，最终结果是小猪选择等待。

企业实战运用

※ 打开市场的“魅力”卫生纸

日本魅力公司的老板高原庆一郎原是一家特殊纸制品公司的普通职员。有一次，他注意到百货店里妇女专用的卫生纸需求量非常大，一种牌子叫做“安妮”的卫生用品十分畅销，高原庆一郎觉得这一行业很有发展前途。

“安妮”卫生用品是实力雄厚的三美电机公司的产品。经过声势浩大的广告宣传，“安妮”卫生用品大受女性的青睐，不仅占领了大部分日本市场，还在世界妇女卫生用品市场上占有一席之地。

高原庆一郎决定采取新的手段，打破“安妮”的垄断地位。经过对“安妮”产品的仔细研究，他发现，在柔软性和吸水性方面，“安妮”还有待提高。经过反复试验，高原庆一郎研制出了一种质量更好的卫生纸，他的厂家生产的卫生纸柔软性和吸水性都强于“安妮”卫生纸。

此外，高原庆一郎还认识到，要想将自己的产品推向市场，还需要有效的促销手段，自己资金微薄，不可能不惜成本地大做广告，和“安妮”卫生用品血拼。

首先，高原庆一郎决定要为自己的产品取一个好名字。经过再三思考，他把自己开发出的新一代妇女卫生用品取名为“魅力”，这样避开了妇女们难以启口之嫌。其次，他决定不花一分钱做广告，而是在产品包装上下工夫。他使用乙烯树脂薄膜做包装材料，这种材料密封性能更好。他又请包装设计专家为产品设计了精美的图案，并印在外包装上，使它看起来比“安妮”更美观、更卫生，也更容易得到女性的青睐。最后，高原庆一郎在行销策略方面更是别出心裁，运用借势思维，采取衬托营销的方法，这种方法就是把自己的卫生用品送到销售“安妮”的商店去，请求商店容许它与“安妮”并排摆放在一起，不动声色地利用了“安妮”的显著位置。这样一来，“魅力”在柜台上显得与“安妮”同样醒目，并且更加显眼。

高原庆一郎的“搭便车”策略收到了意想不到的效果。妇女们到商店看见“魅力”卫生用品同“安妮”并列摆放，被它精美的包装所吸引，于是禁不住拿来同“安妮”相比。出于对新品牌的好奇心理，女士们纷纷购买“魅力”试用，发现它一点不比“安妮”差，质量上有过之而无不及，以后更是要购买“魅力”了。这种营销方式使“魅力”牌卫生用品销售量逐渐增加。

强者做势，弱者借势，企业资源肯定是有限的，需要节约使用，能搭便车的时候管理者一定不可错过。

管理艺术

在小企业经营中，学会“搭便车”是一个精明的职业经理人最为基本的素质。在某些时候，如果能够注意等待，让其他大企业首先开发市场，是一种明智的选择，这时候有所不为才能有所为。

高明的管理者善于利用各种有利的条件来为自己服务。“搭便车”实际上是提供给职业经理人的另一种选择，对它的留意和研究可以给企业节省很多不必要的费用，从而使企业的管理和发展走上一个新的台阶。这种现象在经济生活中十分常见，却很少为小企业的经理人所熟识。

布利丹效应

☆ 一句话说管理 ☆

在面临企业决策时，人们常常表现出犹豫不决、难作抉择的神态。

追本溯源 “布利丹效应”是从一个外国成语引申而来的。14 世纪，法国经院哲学家布利丹在一次讨论自由问题时讲了这样一则寓言故事：“一头饥饿至极的毛驴站在两捆完全相同的草料中间，可是它却始终犹豫不决，不知道应该先吃哪一捆才好，结果被活活饿死了。”由这则寓言故事形成的成语“布利丹驴”被人们用来喻指那些优柔寡断的人。

企业实战运用 ※ 巾帼靓色前瞻加胆识

从广东起步的玖龙纸业董事长张茵，发轫于云南纸厂的福伊特造纸（中国）总裁刘明明，是南方的纸业精英。她们是精干的职业女性，而且初始涉足的不是造纸，张茵最先做废纸收购，而刘明明的商业生涯始于计算机销售。

1985 年，张茵到香港某贸易公司当会计，一年后公司倒闭了。她没有选择回内地，而是用积累的 3 万元创业，进行废纸收购。1990 年，她和丈夫在美国创办中南公司，继续做废纸回收。到今天，中南公司是美国最大的造纸原料出口商。用废纸做原料而开办纸厂，1995 年，她到东莞组建玖龙纸业，选择了需求量最大的箱板纸。5 年一个台阶，最后一个跨越用了 10 年——2005 年玖龙成了中国最大箱板原纸产品生产商。张茵从造纸原料开始资金积累，再大举投入造纸。虽然她手下的员工与她接触很少，但是对这位敢于决策的女当家都很佩服，如果当时她犹豫了，可能就没有现在的这种业绩。她做废纸回收时就看到了中国纸业的发展势头，切入的是市场供不应求的纸种，一上马就是多条生产线，占领制高点，毫不畏惧企业的高负债率，没有因负债率犹豫不决。

2006 年 11 月 2 日，玖龙纸业股价大涨 5.374%，近两个交易日的涨幅已经超过 10%，收报 10.98 港元，为 2006 年 3 月 3 日上市以来的最高价位。原因是张茵和执行董事刘名中（张茵丈夫）、副行政总裁张成飞（张茵弟弟）放弃每年逾百万的花红，改成在 5 年内收取逾亿的购股权。

刘明明的经历颇具传奇性，20 世纪 80 年代做计算机销售成功的她，39 岁时毅然放弃国内事业，远赴德国学习企业管理，没有瞻前顾后，她只想学一些别的领域的东西，在别的领域从事工作。学成之后，她应外方之聘赴云南的一家德资卷烟纸厂担任总经理，在短短 4 年时间里使企业扭亏为盈。之后，她再一次接受新的挑战，1998 年，刘明明到欧洲最大家族企业之一的福伊特造纸任中国区首席代表，后晋升为总裁。凭着她对中国客户的深入了解以及独到的市场认识，多次在上亿美元的重大项目谈判中力挽狂澜。刘明明用 6 年时间，将不足 50 万欧元的年销售额提升到 4.2 亿欧元。刘明明领导的团队超越了国内市场上的竞争对手，先后为中国用户提供了近 30 套先进的造纸设备流水线，使得福伊特造纸在中国高端纸机市场的份额超过一半。同为纸业商界女杰的玖龙纸业董事长张茵与刘明明长期合作，互相鼓励奋进，她们的事迹为欣欣向荣的中国纸业更增添了亮丽的巾帼风采。

张茵在韶关的军人家庭长大，刘明明儿时生活在北京机关大院。两位巾帼出自都市，于 20 世纪 90 年代中期入行造纸业，这是我国造纸业刚刚提速，和国际接轨的时期。她们在国外学习了先进的管理运营模式后，“出口转内销”，回本土发展。机遇是留给有准备的人的，张茵和刘明明的成功，有其特性也有必然性，她们的果断决策和敢作敢为令人钦佩。

决策者避免布利丹效应的对策：果断选择后全力大赌。企业必须果断地抓住时机，确定新的行进方向，集中所有资源不遗余力地向新方向进发，这是一位优秀决策者应有的前瞻性能力。

半途效应

☆ 一句话说管理 ☆

激励过程进行到一半时，心理、环境等因素产生的交互作用会对目标行为产生负面影响，使目标行为中断或终止。

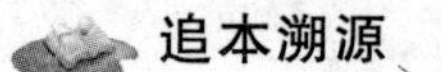

追本溯源 导致半途效应的原因主要有两个：

一是目标选择的合理性，目标选择得越不合理越容易出现半途效应；

二是个人的意志力，意志力越弱的人越容易出现半途效应。

企业实战运用 ※ 连番的考验

国际最大咖啡生产销售公司雀巢咖啡的收购基地，每年通过雀巢的渠道销售到国内外高档咖啡市场的咖啡就价值200万美元左右。雀巢咖啡收购基地的刘老板，曾经经过了重重考验，才获得了今天的成功。

1999年底，一场百年不遇的霜冻在夜里降临到了南方某地。早晨，咖啡种植园刘老板起来的时候，发现外面一片霜白，他急忙跑向咖啡林。当他到了咖啡林的时候，眼前的情景让他惊呆了，仅仅一夜之间，原先满园红彤彤的咖啡果、满树绿油油的咖啡叶变得毫无生气，死气沉沉。太阳出来一照，咖啡树的叶子像是被火烤焦了一样，先是变色，然后干瘪。刘老板急得像热锅上的蚂蚁，不知如何是好，突然，他想到用篝火驱寒、驱霜的办法。于是，他立刻召集了所有的员工，收集了所有可以点火的材料，在咖啡园燃起篝火，试图为咖啡树“人工取暖”。虽然这把火烧了一个星期，但对于已经受冻的咖啡林来说，完全是徒劳。刘老板悲痛欲绝，这场不合时宜的霜冻对他来说真是一场灾难。

刘老板没有轻易放弃，而是打算到国外看看能不能从其他的种植商那里找到救治的方法。在办理出国手续的时候，他遇到了一位来自广东的“荔枝大王”，那位“荔枝大王”告诉刘老板，他的荔枝林前几年也遭受了冻灾，后来用了一些办法，终于将荔枝林救活了。刘老板喜出望外，赶紧将“荔枝大王”请到了咖啡园。“荔枝大王”仔细查看了咖啡树后，安慰他说：“还好，还有办法。”

刘老板深受鼓舞，立即筹集了所有可以筹集的资金，亏本卖掉了正在涨的股票，提前兑换了债券，买了救治咖啡树的药品和树苗，开始修复遭受霜冻的咖啡树，有的甚至重新补种。经过几个月的精心护养，咖啡树终于恢复了生机，补种的小苗长得很好，都挂上了红艳艳的咖啡果，丰收在望。

正当刘老板为自己渡过难关而高兴的时候，老天爷似乎还在考验他，咖啡要收获的时候，一个消息传到他耳朵里：国际咖啡市场上的价格大跌，本来30~35元钱一千克的咖啡豆，跌了两三块钱！这个消息对他来说简直是晴天霹雳，因为这样的价格他不光是一分钱利润没有，还得赔个干干净净。

刘老板再次面对考验，咖啡豆卖不出去，但咖啡树还是需要维护的，工人需要发工资，急需大量资金。刘老板被逼无奈，借遍了所有朋友，卖掉了自己在家乡的房产，动用了女儿出国的学费，艰难地维持着。

终于，不久后，刘老板熬过了低谷，随着国际咖啡价格的回升，他还清了所有的债务，咖啡林也扩大了种植面积。

很多企业都有和刘老板类似的经历，但是，很多企业却从此一蹶不振，从市场里消失了。在多次考验下，除了要有必要的资源外，还需要强大的意志力，不至于“死”在半途，胜利往往只要再坚持一下就可以达到。企业的管理者要有坚强的意志力，坚强面对外界困难，不要被外界因素影响，在最难的时候坚持一下，胜利就不会遥远。

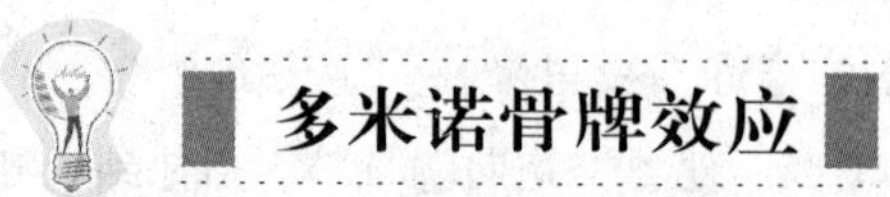

多米诺骨牌效应

☆ 一句话说管理 ☆

在一个相互联系的系统中，一个很小的初始能量就可能产生一连串的连锁反应。

追本溯源 1849年8月16日，一位意大利传教士将骨牌带回了米兰，送给了他的女儿多米诺。多米诺发现了骨牌的新玩法，她按点数的大小以相接的方式把骨牌连接起来，在这种游戏中，多米诺发现它可以很好地锻炼人的意志和耐力。后来，这种游戏迅速在意大利及整个欧洲传播，骨牌游戏成了欧洲人的一项高雅运动，人们把这种骨牌游戏命名为“多米诺”。到19世纪，多米诺骨牌已经成为世界性的运动，而“多米诺”也成为一种国际性术语。

企业实战运用 ※ 流失顾客的“狗不理”

有百年传统的天津“狗不理”包子，可以说是“包中之王”。“狗不理”包子的口味鲜香而不油腻，余味香浓，让人吃过后就难以忘怀，深得老百姓的喜爱。“狗不理”品牌曾是国内首批十大饮食服务业商标之一。

改革开放以后，很多经营者来到天津，要求使用“狗不理”的商标或加盟“狗不理”包子的销售。这么多的经营者来加盟，简直让人挑花了眼。当时，“狗不理”集团的领导只顾眼前利益，来者不拒，只要缴纳商标使用费，狗不理集团就同意其使用“狗不理”的商标。可是他们忽视了对产品质量的控制和品牌的维护，对所有的经营者没有调查把关，没有设立必要的质量门槛，更没有对经营者的产品质量进行必要的检查。狗不理集团的做法很快被一些不法商人钻了空子，他们大肆利用狗不理的商标，仅仅几年的时间，挂着“狗不理”牌匾、使用“狗不理”商标的大小酒楼、快餐店、作坊等在全国遍地开花。那些不法商人根本不把狗不理集团放在眼里，别说缴纳商标使用费了，就连招呼都不跟狗不理集团打。

消费者小张和小李是杭州的一对年轻夫妻，他们到天津旅游曾经品尝过“狗不理”包子，对包子独特的味道记忆犹新，仿佛香浓在口。回到杭州之后，他俩还是念念不忘“狗不理”包子，为了吃到正宗的“狗不理”包子，特意来到当地一家“吃不忘狗不理包子店”吃饭。服务员将包子端上来以后，他们两人一吃就傻了，和天津正宗的“狗不理”差得太远了，简直和他们第一次吃的一点都不一样。不仅个头小，而且又油又腻，一点都不爽口。他们硬着头皮勉强吃完了那顿午饭，然后感叹道：“同样叫‘狗不理’，味道怎么会差那么多呢？下次再也不吃‘狗不理’了。”就这样，“狗不理”失去了两个客户。

在全国，类似小张和小王的例子层出不穷，狗不理集团“小洞不补”，导致“狗不理”包子的声誉日益下降，消费者大量流失，少了很多回头客，让“狗不理”损失不小。

有句成语叫“千里之堤，溃于蚁穴”，“狗不理”就是最好的写照。作为一个管理者，一定要明白连锁反应的后果，一件很小的事情就会有一连串的反应，最终成为一个很麻烦的大事件。当然，如果是一个好的开头，连锁反应也是好的，管理者注意这样的效应时，也要记得利用“多米诺骨牌”效应。

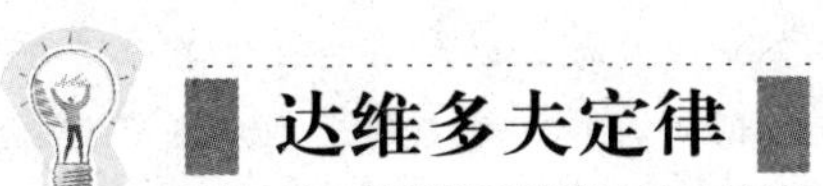

达维多夫定律

☆ 一句话说管理 ☆

没有创新精神的人永远都只能是一个执行者。

追本溯源 该定律是由苏联心理学家达维多夫提出的。达维多夫认为，没有创新精神的人永远都只能是一个执行者。这区别于前面的“达维多定律”。

企业实战运用 ※ 洛列俱乐部的会员

1969年，法国美容产品制造商伊夫·洛列创办了他的第一家工厂，并在巴黎奥斯曼大街开设了第一家商店，开始针对女性大量生产和销售美容产品。

传统的销售学常规在销售上并没有什么突出的收益，只是平平淡淡，于是他打破了销售学的常规，采取了邮售化妆品的方式。

公司收到邮购单后，几天之内即可把商品邮寄给买主，对远程买主十分方便。同时赠送一件小礼品和一封建议信，并附带制造商和蔼可亲的笑容，表示随时为买主热情服

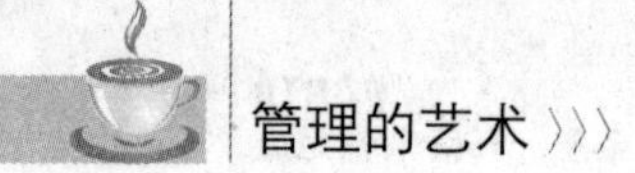

务。买主对他们的服务态度非常满意，邮购几乎占了洛列全部营业额的50%。

洛列公司的邮购手续非常简单，顾客只需将自己的地址寄到洛列那里就可以加入“洛列美容俱乐部”，并很快会收到样品、价格表和使用说明书。

这种独特的经营方式对那些工作繁忙或者离商业区较远的妇女来说无疑是非常理想的。如今，通过邮购方式从洛列俱乐部获取口红、唇膏、洗澡香波和美容护肤霜的妇女已达6亿人次——非常庞大的女性消费者人群。

这种优质的服务给洛列公司带来了丰硕的成果，公司每年寄出的邮包达到900万件，相当于每天寄出3万~5万件。1985年，公司的销售额和利润增长了30%，营业额超过了25亿美元，在国外的销售额超过了法国境内的销售额。

如今，伊夫·洛列已经拥有了400余种美容系列产品和800万名忠实女顾客，全国各地都有“洛列美容俱乐部”的会员，她们很支持洛列的美容产品，并推荐给身边的女性朋友。

伊夫·洛列同中求异、别出心裁、另辟蹊径、打破传统的销售方式，使大量女性顾客成为“洛列俱乐部”的固定会员，每年为俱乐部带来高额的利润，从而为不断扩大生产打下了坚实的基础，让洛列公司更好更快地发展。

在激烈的市场竞争中，企业的管理者必须认识到创新的重要性，只有不断创新才能使企业在竞争中脱颖而出，才能实现企业的目标。创新对企业发展至关重要，企业应该根据内外环境及发展的趋势卓有成效地进行创新。只有努力创新，才会有前途。很多取得成功的大企业都有一个共同的成功秘诀——不断创新。

如果不创新，走前人走过的路子，那么只是在重复执行一个命令。创新才会走出与众不同的路，为企业注入新的活力。要不断地创新，推陈出新，企业才能立于不败之地。

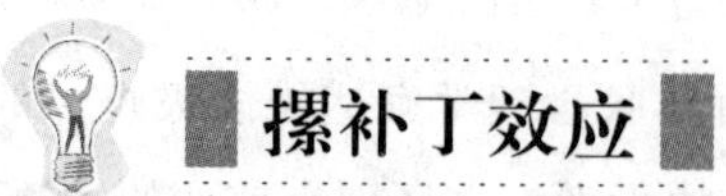

摞补丁效应

☆ 一句话说管理 ☆

改善工作如果没有触及根本原因，反而会因为改善而产生大量的衍生工作，导致组织出现更多的不良现象。

追本溯源 某件物品本来有个小洞，为了弥补小洞打了块补丁，过了段时间之后，发现补丁有些破损，便又在补丁上加了新的补丁。依此类推，补丁越打越多、越打越厚，最后是补丁挨着补丁、补丁压着补丁，而事实的真相被深深掩盖。其实清除掉这些补丁之后，才会发现原来的“漏洞”只需要一块合适的小补丁而已。

企业实战运用　　※ 荣事达：零缺陷

荣事达的前身合肥新新机具厂曾经只是个人员不足300，资产仅306万元，濒临倒闭的小厂，但1995~1997年却连续3年位居全国同行业第一位，到2000年，荣事达已拥有总资产34亿元。其成功的奥秘就在于坚持把“零缺陷”覆盖到企业管理的方方面面。

荣事达在20世纪80年代中期引进了日本三洋公司洗衣机生产技术，接着又与上海洗衣机厂实行联营，借“水仙”品牌抢占市场。新的技术、新的联营、新的市场都促使企业走出低谷，摆脱危机。在陈荣珍的带领下，荣事达人首先从生产环节的质量管理上开始了创新。也就是在这个时候，荣事达的质量管理哲学开始包含了“零缺陷”的理念，他们提出：质量管理的目标是“提供给消费者的产品必须是百分之百的合格品”，“要保证质量问题投诉率为零”。以此为目标，荣事达重新构建了质量管理体系，加大了质量管理的有效控制力度，健全了各项质量管理制度和操作手段，从而使企业的质量管理面貌焕然一新。企业质量管理的改善，带来了产品质量的稳定提高，标名“合肥制造”的“水仙牌”洗衣机获得了可观的市场份额，赢得了消费者的青睐。

此外，荣事达的“零缺陷”管理在实践中得到发展和升华，他们把“零缺陷生产”的精神和规范导入供应环节，形成了“零缺陷供应”管理；将“零缺陷”精神和要求注入销售过程，形成了“零缺陷销售”与售后“零缺陷服务”。荣事达的“零缺陷”管理把企业活动的各个层面、各个要素囊括构成了全面、系统化的管理体系，这样，覆盖供、产、销三大环节的管理系统便开始成形了。在企业活动的各个层面上，荣事达也强化了管理系统的基础建设。比如建立了一套保证决策“零缺陷”的管理方法，成本和财务管理也围绕“零缺陷”目标展开，科技开发、技术引进和技术进步同样建立了较为完备的管理规范，对人这一最活跃要素更有激励与约束相济的管理机制。

按照“零缺陷”的目标严格执行服务承诺，在1997年，荣事达推出售后“红地毯服务”，效果十分突出。“视顾客为上帝，尊重用户为贵宾”，使用户毫无后顾之忧，充分体验到“上帝”的感受。

荣事达的决策过程有特定的规范和程序，如没有充分的信息依据，不得提出决策方案；没有经过分析论证不得做任何决策；没有足够的资料和完善的研究结论不得做出决策等。

“零缺陷”员工是企业所有“零缺陷”得以实现的主体，是企业经营顺畅的根本保证。荣事达以员工群体优化为企业发展的根本，注重培养职工的主体意识。荣事达相信全体员工都在追求“零缺陷”目标，自觉避免错误或者失误，就能实现企业整体运行的“零缺陷”。

“零缺陷”让荣事达公司减少了很多烦冗的工作，树立了非常好的品牌形象。

管理艺术

做工作一定要做彻底，一次搞好，尽量不要重复做多次，否则容易导致工作效率低下，耽误其他工作。荣事达公司在这方面就做得非常好。同时，改善工作也要从根本原因上去着手，而不是改那些不相干的“枝干”，只有从根本上解决了问题，才是真正的解决了问题，也才不会做太多的无用功。

首先，敢于承担责任、关键时刻扛得住，是管理者管理到位的体现。当自己分管的部门出现问题或状况时，管理者不应该推卸责任、指责和埋怨员工，而应该主动承担责任，从自身管理中寻找原因，这无疑能给员工一种积极的正面力量。关键时刻扛得住，就是说在执行决策落实工作时，管理者能扛着风险走在员工前面,有主见、妥善地解决问题。这样两个方面做到了，也就说明我们的管理工作彻底到位了。

飞轮效应

☆ 一句话说管理 ☆

万事开头难，一旦事业走上了平稳发展的快车道，一切都会好起来。

追本溯源 “飞轮效应”是指为了使静止的飞轮转动起来，一开始你必须用很大的力气一圈一圈反复地推，每转一圈都很费力，但是每一圈的努力都不会白费，飞轮会转动得越来越快，达到某一临界点后，你无须再费多大力气，飞轮依旧会快速转动，而且不停地转动。

企业实战运用 ※ 成功的李明

李明现在是一家大型鲜活食品集团公司的董事长，他整天坐着高级轿车出入，所到之处充满了鲜花和掌声。可是创业之初的艰辛，只有他自己才能深深体会。

李明出生在一个小镇上，那里非常贫穷，而且环境恶劣。为了生计，十几岁的李明就开始闯荡“江湖”，跟着亲戚在一家航运公司当水手。背井离乡闯世界，每天都是风里来雨里去，夏天一身汗，冬天透心凉，但是他不喊苦不怕累，一边踏踏实实地工作，一边仔细地观察，寻找合适的发展机会。

在跟着航运公司各地奔波的过程中，李明发现了各地的水产有非常大的差价，利润可观，于是，他离开了航运公司专门从事水产贸易。他用自己的积蓄租了一辆小三轮车运送各种鲜鱼，起早贪黑，跟各种各样的人打交道，在现实的摸爬滚打中探索经商之道。为了给他运送的水产品保鲜，他在车上装满了冰块，自己就坐到冰块上，往往一趟

货送下来，自己的脚都被冻得失去了知觉。半个月过去了，李明仔细一盘算，结果让他这个穷惯了的农村孩子大吃一惊：净赚10万元啊！这些钱对于一个从穷乡僻壤走出来的人而言，可以称得上是天文数字了。初次尝到水产生意的甜头，进一步激发了他创业的冲动。李明慢慢扩大了经营的规模，从家乡带出来一批又一批乡亲共创事业，把生意从一个省做到了几个省，掘到了自己经商道路上的第一桶金。

李明经营水产获得成功后，又选择了当时国内尚没有进行工业化生产的西式低温肉制品，办起了肉食品加工厂，并开拓低温肉制品市场。在办厂的过程中，李明和采购人员跑遍了建材厂、设备厂，尽量节省每一分建设成本。他的汗水和心血没有白费，肉食品加工厂的产品质量优、味道好，深受消费者欢迎，各地的食品公司和经销商纷纷上门求购，产品迅速占领了全国市场，并开始出口其他国家。李明将水产贸易公司、肉食品加工企业以及后来发展的家禽生产基地组建成大型企业集团，在新加坡成功上市。

李明坦言："管理企业靠聘请职业经理人和科技人员，我没有什么过人之处，唯一具有的就是吃苦精神。"

"功夫不负有心人"，只要有付出，就会有回报。正因为李明从一踏上社会开始就扎扎实实地付出，才有了后来丰厚的回报。

管理艺术

万事开头难，做任何事情都必须付出艰辛的努力才会有回报。艰辛的努力就是为以后事业铺平道路的基石，待事业稳定后，因为有前面的努力，后面的发展会比较顺利。作为管理者，我们要认清这一点，做任何事情都要踏踏实实走好每一步，为以后的工作打下坚实的基础。百分之百的努力不一定会有百分之百的回报，但是不努力一定没有回报。

鸟笼效应

☆ 一句话说管理 ☆

有了一个豪华的笼子，必定会养一只与笼子相配的鸟。

追本溯源 "鸟笼效应"是一个著名的心理现象，其发现者是近代杰出心理学家詹姆斯。1907年，詹姆斯从哈佛大学退休，同时退休的还有他的好友物理学家卡尔森。一天，两人打赌，詹姆斯说："我一定会让你不久就养上一只鸟的。"卡尔森不以为然："我不信！因为我从来就没有想过要养一只鸟。"没过几天，恰逢卡尔森生日，詹姆斯送上了礼物——一只精致的鸟笼。卡尔森笑了："我只当它是一件漂亮的工艺品，你就别费劲了。"此后，只要客人来访，看见书桌旁那只空荡荡的鸟笼，他们几乎都会问："教授，您养的鸟什么时候死了？"卡尔森只好一次次地向客人解释："我从来就没有养过鸟。"然而，这种回答每每换来的却是客人疑惑而有些不信任的目光。无奈之下，卡尔森教授只好买了一只鸟，詹姆斯的"鸟笼效应"奏效了。

企业实战运用　※ "非典"成就的王老吉

一提起王老吉，大家就能想起一句广告词："怕上火，喝王老吉。"目前，王老吉以大热之势成为营销界的黑马。可是，在此之前王老吉只是作为岭南养生文化的一种特殊符号的"凉茶"，只是安安静静沉淀在两广地区的大街小巷，默默无闻。时隔一百多年后的2005年，这种"沉默"的凉茶突然在全国唱响，一年的销售额就达到了30个亿，一年之后的销售额就突破了40亿元。王老吉在商务部首批"中华老字号"中榜上有名，在2006年，王老吉以高达22.44亿元的品牌价值荣登"首届中华老字号品牌价值百强榜"第五位。

王老吉的销售额从2002年的1.8亿元飙升到2006年的40亿元，在短短的四年就增加了20倍，王老吉营销的秘诀在哪里？从精美的包装到外在的广告宣传，业内专家都总结了不少。其实，从某种程度上说，2003年发生的"非典"成就了王老吉的现在。

2003年没发生"非典"之前，王老吉的名字只是在广东流传，其他地方几乎不知道有这么个品牌，年销售额还不到2亿元，企业发展也是不温不火。后来，"非典"袭来，全国与"非典"抗战。在这个时期，人们的神经紧绷，所有的注意力都转移到了有关"非典"的消息，以广州医学专家钟南山为代表的权威成为焦虑不安的人们的慰藉。钟南山在接受电视采访时说的一句话为王老吉凉茶做了个价值无法估量的广告，他说："广东人自古以来就有喝凉茶的习惯，喝凉茶对抵抗SARS病毒有良好的效果。"当年全国防"非典"的用药目录是由广东制定的，很多清热解毒类的药品名列其中，王老吉药业公司制造的"广东凉茶颗粒"也被列入其中，这为凉茶在全国普及提供了一个非常好的契机。冥冥之中的天灾"非典"成为了王老吉快速占领全国市场的一个按钮。如果没有"非典"，王老吉的发展脚步至少要放慢四年。

当然，王老吉并不是有名无实。它的主要配料是布渣叶、金银花、菊花、甘草、仙草、夏枯草、蛋花等。其中蛋花是广东著名"五花凉茶"中的五花之一，具有清热祛湿、止咳润肺、消暑解毒、生津止渴的功效；而布渣叶具有清热消食的作用；菊花有疏风散热、明目清肝的功效；金银花有抑菌、抗病毒、抗炎症、解热、调节免疫等作用。其他的如甘草、仙草、夏枯草等都具有解毒散瘀、清热润肺的功能。如果用中医的观点来看王老吉的配方，它的"清热解毒"和"预防上火"绝对经得起考验，对"非典"的预防是有明显效果的。

因为借了钟南山的话，借用了"非典"的绝好机会，王老吉的名声立刻传扬开来。

公司加班加点地生产，把产品推向了全国，当年的销量就比上年增长了2倍。

管理艺术

鸟笼效应运用到企业管理中能够说明和解决很多问题，对于整个企业而言，鸟笼效应是要告诉我们企业战略应该和能力相匹配，很多时候应该“顺势而为”，企业有什么样的能力和资源，往往就决定了其战略的大方向。管理者如果太过迁就和盲从于市场的话，即使再完善的战略也没有实现的一天。在现今激烈的市场竞争中，企业想要生存就要提高企业自身的人员和商品的品质，增强企业核心竞争力。

作为企业的管理者，我们要顺应时代，根据实际情况来推进市场运作。要名副其实，打响自己的品牌，产品的质量也要有保障，使自己企业产品成为大众信得过的产品，从而自动占领市场。

棘轮效应

☆ 一句话说管理 ☆

人的消费习惯在形成之后有不可逆性，总是易于向上调整，而难于向下调整。

追本溯源 该效应是由经济学家杜森贝里提出的。所谓“棘轮效应”，又被称为“制轮效应”，这种习惯效应使消费取决于相对收入，即相对于自己过去的高峰收入。古典经济学家凯恩斯主张消费是可逆的，即绝对收入水平的变动必然立即引起消费水平的变化。针对这一观点，杜森贝里认为这实际上是不可能的，因为消费决策不可能是一种理想的计划，它还取决于消费习惯。这种消费习惯受许多因素影响，如生理和社会需要、个人的经历、个人经历的后果等。特别是个人在收入最高期所达到的消费标准对消费习惯的形成有很重要的作用。

实际上棘轮效应可以用宋代政治家和文学家司马光的一句著名的话来概括：“由俭入奢易，由奢入俭难。”这句话出自他写给儿子司马康的一封家书《训俭示康》中，除了“由俭入奢易，由奢入俭难”的著名论断，他还说：“俭，德之共也；侈，恶之大也。”司马光秉承清白家风，不喜奢侈浪费，倡导俭朴为美，他写此家书的目的在于告诫儿子不可沾染纨绔之气，保持俭朴清廉的家庭传统。

诚然，棘轮效应是出于人的一种本性，人生而有欲，“饥而欲食，寒而欲暖”是人与生俱来的欲望，人有了欲望就会千方百计地寻求满足。

企业实战运用　※ 苹果“山寨机”的策略

在2008年6月，苹果明星CEO史蒂夫·乔布斯站在发布台上，他大手一挥，惊喜出现了，他背后的大显示屏上显示，新一代iPhone的399美元将被新价格199美元代替，台下和电视机旁的人们欣喜若狂。

不论是什么原因使iPhone手机降价，但199美元对人们来说可是捡了个大便宜。2007年6月，第一批iPhone上市，8GB的版本售价599美元，后来因为觉得价格太高，苹果逐步将价格调整为299美元。与原来的价格相比，这次的199美元真可以称为“吐血价”了。况且这个199美元的新版iPhone不但支持3G网络、内置GPS导航模块，而且增加了许多功能，如可以与微软Exchange服务套件链接，实现发送邮件、处理多种Office文档等。

苹果明星CEO史蒂夫·乔布斯成了“价格屠夫”了吗？他在演讲时很自信地说：“3G版hone永远地改变了电话界。”因为史蒂夫·乔布斯认识到，对于消费者而言，一部手机的价值或许体现在功能，或者体现在外观设计上，但最终促使他们掏钱的，却是价格因素。有些分析师判断：3G版hone的超低价格有可能改写全球手机业的利润生态，彻底颠覆以诺基亚为主导的传统手机经济。

3G版iPhone的成本是237.43美元，这明显高于官方定的199美元的售价，这意味着3G版hone手机硬件本身是在亏本出售。

事实上，一贯精于营销策略的史蒂夫·乔布斯这次定价的巧妙之处，就在新版i-Phone的利润模式上。据了解，与苹果合作的电信公司AT&T为每部3G版iPhone最多补贴499美元，用来补偿苹果在iPhone硬件收益上的损失。但是，“羊毛出在羊身上”，顾客使用3G版iPhone，就要与AT&T签订两年的合约，这样电信运营商和苹果都赚钱。这种模式可以让3G版iPhone在全国范围内急速扩大销售。欧洲、美洲的主流电信运营商也都是采用这种签约补贴策略，对于普通用电气户而言，同样是每个月缴纳几十美元的包月电话费用，而签约买iPhone只不过每个月多掏十几美元，但这比签约买诺基亚或者三星手机更有诱惑。

对于手机产业来说，影响它的因素始终是价格、功能和设计。史蒂夫·乔布斯正是抓住了消费者这样的心理，所以在价格尽量低的前提下提供尽量多的功能和个性化的设计，吸引更多的消费者，让iPhone遍地开花。

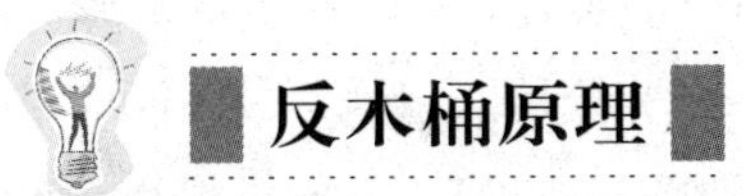

管理者要利用棘轮效应抓住消费者的心理。降低价格无疑是一个非常好的方式，因为对某种产品认同后，产品的价格降低后（质量不变），对消费者更有吸引力。很多商家打价格战或者超市搞促销也是利用了人们的这种心理。所以作为管理者，一定要注意到，在某些情况下可以靠适度降低价格吸引消费者，“薄利多销”也是一种很好的营销方式。

反木桶原理

☆ 一句话说管理 ☆

凭借自身的优势，跳出大企业制定的游戏规则，独树一帜建立自己的发展王国。

追本溯源 木桶原理我们耳熟能详，反木桶原理让人耳目一新。“反木桶原理”说的是：木桶最长的一根木板决定了其特色与优势，在小范围内成为制高点，对组织而言，凭借其鲜明的特色，就能跳出大集团制定的游戏规则，独树一帜建立自己的王国。在当今这个多变的市场和世界中，不变的只有一条，那就是创新，只有创新才是发展的硬道理。在这个注意力的时代，特色就是旗帜，突显才能发展。与木桶原理求稳固的保守思想不同，反木桶原理是一种提倡特色突显的创新战略，要求企业能打破思维定式，一切向前看，找准自己的特殊优势，开辟一个崭新的天地。

企业实战运用 ※ 胖姐妹的衣服

林跃天生喜欢做衣服，小的时候给自己的布娃娃做，工作后主动给自己身边的朋友做，她陶醉于大家惊奇的目光和赞美中。于是，为了做更好更漂亮的衣服，她开始系统地学习裁剪和服装设计。

2001 年，天天用业余时间画图纸裁衣服的林跃有了创业的念头，她想把业余爱好当作自己的事业来做，于是，就辞去了公司的工作，向朋友借钱在一个胡同里开起了“靓丽服装店”。

林跃心想，如果和大多数服装店一样，从批发市场进货然后销售，是没办法做好做大的。怎么样才能办好服装店呢？这个问题困扰了她很久。有一天，林跃的一位胖表姐请她给自己设计一套时髦的夏装。几周后，表姐穿着她设计的衣服高兴地说：“原来我也可以这么漂亮啊！”表姐连连感谢她。林跃的眼睛一亮，立刻打定主意要给所有体胖的姐妹一个漂亮的承诺，给自己的“靓丽服装店”定位——“胖显瘦”，专业制作胖姐妹的衣服。

她给300多个体胖者量尺寸，按照“胖点”不同分成几大类，再按得出的类别做出相应的款式。经过不断的摸索和实践，林跃总结出一套新的剪裁方法，以L、M、S为三组基本号，每个号又分为A、B两版，每版又设定几十个号型，每个号型精确到市寸。“量体套号”“百款百号”的服装尺码，以人体自然的身材来选择。胸高加胸，胯宽加胯，就是再特殊的身材，也能找到合适的尺码。同时，在款式、花色和面料的选取上经过多重巧妙的设计和处理，达到“减肥”的效果，让胖姐妹们穿着非常合适。

凭着一颗执著的心和坚韧不拔的精神，林跃的“靓丽服装店”生意越做越好，越做越大。2002年已经升格为“靓丽服装公司”，开始大批量生产靓丽牌胖人服装。

在服装行业有一句话，叫做“千人千面”，它的意思是一千个人就有一千个样子，做衣服最怕的就是雷同，女装更是这样，在一个服装店里挂出两件一样的女装，另一件往往就卖不出去了。林跃不愧是服装界的行家高手，她独辟蹊径，通过对服装市场的细分，找到了属于自己的一片天空，精心选择为胖姐妹设计和制作衣服，受到了广大消费者的欢迎。其实，细分服装市场，还可以找到很多类似的空间，比如孕妇装、老年装、居家装、厨房装等。在专业化、精细化要求越来越高的市场环境下，如何对市场进行细分，并且从细分的市场中找到自己擅长的那一块，才是成功的关键。只要把一行做精，独树一帜，就可以赢利、致富。

在信息化的市场里，创新非常重要。有自己独树一帜的品牌才能使企业立于不败之地。一个企业，要有自己的亮点，而不是跟同类企业一样千篇一律。要时刻注意创新，创新才能带来新的动力，而且也会带来意想不到的效益。另辟蹊径、个性鲜明的企业往往在市场里能更加长久。企业的管理者一定要注意引入创新机制，并且激励下属创新，自己也要有新的管理和科学的方法，来适应这个多变的市场。

巴菲特定律

☆ 一句话说管理 ☆

到其他人都投资了的地方去投资，你是不会发财的。

追本溯源 该定律是由美国“股神”巴菲特提出的。沃伦·巴菲特是美国投资家、企业家及慈善家，被称为“股神”，又被尊称为“奥马哈的先知”或“奥马哈的圣贤”，根据《福布斯》杂志公布的2008年度全球富豪榜，他凭借约620亿美元的净资产超过卡洛斯·斯利姆·埃卢和比尔·盖茨，成为2008年度全球首富。他曾经说过：“到其

他人都投资了的地方去投资，你是不会发财的。”这也是他一直奉行的投资原则，后来被人们称为“巴菲特定律”。

企业实战运用 ※ 湖南卫视：着意创新，脱颖而出

湖南卫视的“快乐大本营”想必大家都知道，这个为全国电视观众带来欢声笑语与无限感动的“快乐大本营”究竟走过了怎样的路程？

1996 年到 1998 年，随着卫星电视技术的发展，各个省市的地方电视台纷纷通过卫星扩展了他们的播出范围。之前各省的观众基本上都只能收看到中央电视台和本省、市、地方电视台的节目，而技术改革之后普通的电视通过卫星也能收到 30 套以上的电视节目。人们在看电视上有了更为广泛的选择空间。

“上星”对于各个省级电视台是一个大好机会。对于企业来说，在地方台做广告所能收获的效应，“上星”前和“上星”后简直无法比较。因此，卫星电视台的广告价位自然也水涨船高。于是，几乎每个省级电视台都野心勃勃地制订着自己提高收视率的计划。

可是不久之后，几乎所有的省级卫视同时发现，他们的收视率较之从前并没有明显的提升，当地的企业自然也没有对电视台产生信心，电视台的广告收入没有明显增加。于是各个地方台的负责人员和策划人员坐下来开始冷静地分析原因：第一，当时很多省级卫视试图通过电视剧吸引固定观众群，使得每一部电视剧的版权、首播权等都成了最为抢手的商品，各个电视台为了一部电视剧的首播权付出了昂贵的代价；第二，当时各个省级卫视的主打节目还不成熟，无法吸引固定观众群体，收视率自然难以提高。

在这种纷乱的局势下，湖南卫视剑走偏锋，寻求在电视娱乐方面有所突破，在各个地方电视台在为抢夺观众而血腥搏杀时看准机会，寻找一旁崭新的天空尝试。他们发现了观众对电视娱乐节目的需求。“快乐大本营”和“玫瑰之约”是湖南卫视在娱乐化道路上的初期探索，他们获得了巨大成功。

那时，人们晚上在其他地方电视台看到的还都是千篇一律的电视连续剧，而且某个电视剧热播，多个省级地方电视台蜂拥而上，以同样的电视剧去抢夺观众。在这样的环境下，“快乐大本营”的推出给观众的感觉是震撼的。

2005 年 8 月 26 日晚，2005“超女”总决赛在长沙国际会展中心举行。央视索福瑞的调查结果显示：湖南卫视有 11.65%的收视率，是卫视有史以来当之无愧的收视率之最。一时间“玉米”“凉粉”“盒饭”横飞，甚至连原本公众面前的名人也直言不讳地说自己是哪位“超女”的“粉丝”。粗略估计，超级女声为湖南卫视带来的整体收益超过一个亿。他们着力打造崭新的娱乐风格，赢得了广大观众的好评。

从“上星”到今天，湖南卫视同其他省级卫视一样，都走过了十几年的艰辛道路。

在这十几年的探索中，湖南卫视着意创新，另辟蹊径，终于脱颖而出，最终成为各个地方台的领头羊。

生活往往就是这样，你抢先一步，占尽先机，得到的将是巨大的利润和竞争优势；而你步他人后尘，就只能吃别人的残羹冷炙，甚至一直处在落后挨打的地位。善于走自己的路，才可能走别人没走过的路。鲁迅先生说过："其实地上本没有路，走的人多了，也便成了路。"企业在发展过程中，如果特色不特，优势无优，是注定要失败的。

作为企业的管理者，如何能够带领企业开拓广阔市场，为企业带来更大发展是个重大的课题。管理者要想成功地经营企业，首先要能够发现别人没有发现的市场空缺。其次，在形成竞争态势的市场领域中，做出特色，做出"人无我有，人有我优"的产品，这样企业才能真正立于竞争的不败之地。

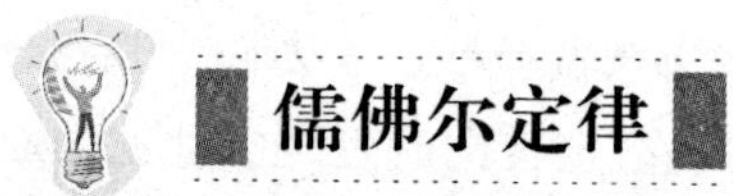

儒佛尔定律

☆ 一句话说管理 ☆

没有预测活动，就没有决策的自由。

追本溯源 该定律是由法国未来学家H.儒佛尔提出的。儒佛尔认为：没有预测活动，就没有决策的自由，有效预测是英明决策的前提。后被称为"儒佛尔定律"。当今是科学技术迅速发展的年代，也是信息爆炸的年代。据统计，世界各地每天约有上百亿信息单元的信息在全球各地传递着。

企业实战运用 ※ 华为：预测危机来临，增加资金储备"过冬"

华为公司在2000年位居全国电子百强首位，它的全年销售额是220亿元，利润为29亿元人民币。这时，任正非却大喊危机和失败，在写给全体员工的《华为的冬天》中，大谈华为离破产只有不到半年的时间。然而任正非的"冬天"一过就是8年。

2007年财报显示，华为跻身世界通信设备商前五强，这似乎是该庆功的时刻，任正非却在华为公司喊出了"冬天论"，而这已经是任正非第三次警告"冬天"了。在给华为核心管理层及部分产品线高管的一封邮件中，任正非转发了美国《财富》发表的一篇名为《思科准备过冬》的短文，并郑重地对此文写下按语：

"思科的今天，就是我们的明天。当然我不是在激励人们，而是在警示人们，他们比我们更感知市场竞争的艰难与残酷。思科比我们聪明，他们对未来的困难，早一些采取了措施，而我们比较麻木而已。危机的到来是不知不觉的，现在是春天吧，但冬天已经不远了，我们在春天和夏天要念着冬天的问题。IT 业的冬天对别的公司来说不一定是冬天，而对华为可能是，华为的冬天可能更冷一些。我们还太嫩，我们公司经过十年的顺利发展没有经历过任何挫折，不经过挫折，就不知道如何走向正确的道路。磨难是一笔财富，而我们没有经过磨难，这是我们最大的弱点。我们完全没有适应不发展的心理准备和技能准备。"

面对企业的冬天时，任正非说："要对经济全球化以及市场竞争的艰难性、残酷性做好充分的心理准备。"他提醒员工，经济形势可能出现下滑，希望高级干部有充分的心理准备，也许 2009 年、2010 年还会更加困难。同时，他指出对于竞争对手，必须以狼性参与竞争，不战则已，要战就必胜，并且可以不惜一切代价。

为培养员工的危机意识，华为实行末位淘汰制，裁掉落后的人，裁掉那些不努力工作或不胜任工作的员工。华为的末位淘汰制是永不停止的，只有淘汰不优秀的员工，才能激活整个组织。华为在这个问题上也不是三五年的短期行为，但华为也不会急着对人评价而不负责任，会耐着性子做这件事。

华为为冬天准备的另一件"棉袄"是资金，这是在危机意识之外的。资金来源是出售手机终端设备部门 50%~60%的股权，从而获得的约 40 亿美元。

经过华为电气、华为 3com 等多家电子公司的成功变卖，"产业资本运作"已成为华为熟练的融资渠道。2001 年华为以 7.5 亿美元把旗下安圣电气卖给了艾默生电气，2005 年华为将 3com49%的股权卖出了 8.82 亿美元，仅此两项，华为就赚了 16.32 亿美元。

世界各地特别是发展中国家，经济发展水平严重不均衡，存在着很多发展机会。华为为冬天做的第三件事就是积极扩大海外市场，"东方不亮西方亮，黑了北方有南方"，扩大海外市场，就可以扩大华为的生存空间，提高华为的生存质量。

树立危机意识、产业资本运作、开拓海外市场，这就是华为"过冬"的三大法宝。

有效预测是英明决策的前提。精明的预测能为企业的发展决策提供自由的空间，使信息产生价值，转变成赚钱的机会。一个企业要发展，要提高经济效益，就必须了解国内外经济发展态势，熟悉市场要求和摸清与生产流通有关的各个环节。这就需要广泛、及时、准确地掌握有利于企业发展的各种信息，这样才能纵观全局，预见未来，运筹帷幄，立于不败之地。

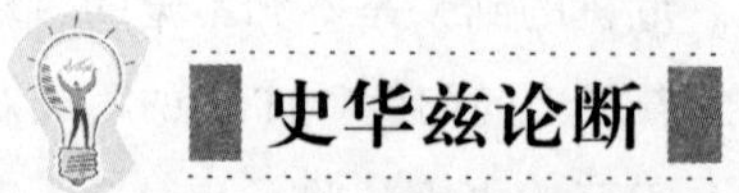

史华兹论断

☆ 一句话说管理 ☆

所有的坏事情，只有在我们认为它是不好的情况下，才会真正成为不幸事件。

追本溯源 该论断是由美国管理心理学家D.史华兹提出的。他认为，所有的坏事情，只有在我们认为它是不好的情况下，才会真正成为不幸事件。出现危机并不可怕，可怕的是被危机冲昏了头脑而自暴自弃。对企业来说，危机也不一定就是坏事，它有时反而会成为企业发展的契机。企业只要能树立忧患意识，并在危机来临时快速做出反应，就一定能扭转危局，反败为胜。后来，人们将其观点称为“史华兹论断”。

企业实战运用 ※ 波音飞机：从危机中寻找机遇

1988年4月27日，几乎全世界的人都从不同的传播媒介中了解到这样一条新闻：“美国阿哈罗航空公司一架波音737客机从檀香山起飞后不久，巨大的爆炸把前舱盖掀起一个直径足有6米的大洞，当时客机内的乘客惊恐万分，非常害怕自己会丧命。驾驶员却临危不惧，沉着冷静地把飞机降落在附近的机场上。机上除一名空中小姐在爆炸时被气浪从舱顶抛出以身殉职外，其余86人都安然无恙。

谁都知道，“家丑”不可外扬。对于这次意外的空难事故，人们都认为波音公司会沉默不语，不再加以报道，以免影响公司的声誉。让人意想不到的是，波音公司对这次空难事故所出的“丑”大加宣传，让更多的人知道这次事故。他们在宣传报道中说：“这次空难事故主要是因为飞机太旧了，金属疲劳过度所致，因为这架飞机已经飞行了20年之久，共起飞9万次，已大大超过了保险系数。就是这样的飞机，还能确保乘客无一伤亡，由此不是从反面说明了波音公司的飞机质量十分可靠吗？”

坦诚地以这种“丑”来报道，波音公司实在是聪明绝顶。不但使公司的形象没有受到丝毫损伤，反而在亮“丑”的过程中建立了更高的商业信誉和企业形象。事故后，飞机的销量有增无减，各地的订单如雪花般纷纷飞往波音公司。当年5月份的订货量竟是第一季度的2倍，达到70亿美元。

企业危机发生后，应该采取以下措施：

第一，企业要建立快速反应机制，力求将危机消除在萌芽状态。

第二，要记住，态度决定一切。当事件发生的时候，公众和舆论的焦点往往不是事件本身，而是事件发生后企业的态度和所采取的措施。企业应该用诚信的态度面对危机，公布危机产生的原因及处理办法，承担自己应承担的责任。千万不可推卸责任，否则容易越描越黑。

第三，开辟有效的信息传播渠道，进行有针对性的危机公关。现代社会新闻传媒的影响越来越大，深入到社会生活的各个层面，形成一股谁也无法忽视的力量。处理好企业与新闻传媒的关系，有利于化解企业面临的危机。企业在进行危机公关时还要保持与公正、权威性机构的合作，妥善解决危机，得到他们的认可，以确保公众和消费者对企业的信任。

在现实生活中，动荡的国际政治、经济环境常常使企业危机四伏，一不留神就会走下坡路。面对挫败，是自暴自弃，让它成为不可逆转的事实，还是让它变成促使你重新奋发的动力？其实，命运一直藏匿在我们的思想里。打击究竟会对你产生怎样的影响，最终决定权是在你自己手中。只要能够从坏中看到好，采取有效的措施扭转这个局势，耐心地找准一个方向，就一定会别有洞天。这样不仅能解一时之围，更能找出公司的病症并彻底消除隐患，增强公司持久赢利的能力。

出现危机并不可怕，可怕的是被危机冲昏了头脑而自暴自弃。对于任何一个企业来说，发展的道路都不是一帆风顺的，沟沟坎坎是常见的。与其坐以待毙，倒不如提高建立健全的危机应急和处理机制的能力。对企业来说，危机也不一定就是坏事，它有时反而会成为企业发展的契机。企业只要能树立忧患意识，并在危机来临时快速做出反应，按危机处理机制行事就一定能扭转危局，反败为胜。要记住：所有的坏事情，只有在我们认为它是不好的情况下，才会真正成为不幸事件。

拥有效应

☆ 一句话说管理 ☆

人们在模棱两可的情况下做出的决定往往会受到身边因素的影响。

追本溯源 心理学家做过一个试验来对此进行验证：

试验对象被要求对一个坐在旁边的人施行电击，他们两人素不相识。电击当然是假的，但受电击的人被要求做出痛苦万分的假动作，并强烈呼唤停止电击。让人惊奇的事发生了，主持试验的人以专家的口吻表示电击不会对人体组织造成永久伤害，所以可以继续电击，而结果也真有许多人按专家的话行动。

因为经验告诉他们，专家的权威是可靠的，即使受电击的人痛苦万分也无济于事。

心理学家已经证明，人们在模棱两可的情况下做出的决定往往会受到身边因素的影响。

后来，人们就把这种决策受到周围环境干扰和影响的现象称为“拥有效应”。

企业实战运用 ※ 蒙牛：切忌随波逐流，变通实现目标

刚起步时的蒙牛给自己定下的第一个目标是：5 年内销售额达到 13 亿元。很快，这个数字被调整成了 25 亿元，到 2001 年，牛根生一下子把目标改成了 100 亿元。这个调整幅度是非常大的，这一调整马上在蒙牛内部炸开了锅。要知道，乳业是资源型产业，每一点增长最后都要落实到牛上——牧民的奶牛从哪儿来？企业的厂房从哪儿来？市场要去哪里开发……一连串的问题都在大家脑海中需要去解决，牵一发而动全身。

很多人对这个指标产生怀疑，认为牛根生是在“放卫星”，太冒进了。但牛根生的回答更让人诧异：“这是因为我胆子小才定这么一个指标，如果换成别人当总裁，那可就不是 100 亿元，而是 200 亿元了。”

面对这个看似不可能的目标，牛根生“一意孤行”。虽然大家不理解，但是在牛根生做了大量的思想工作后，大家还是全心全意地向这个目标出发：盖全球样板工厂；建国际示范牧场；放眼华尔街，牵手摩根；开拓香港市场并且最终上市；打北京、上海等几大战役。天上有航天员，地上有运动员，形成海陆空的整体进攻态势。

事实证明牛根生制定的目标为蒙牛带来了巨大的驱动力：截至 2002 年，蒙牛年销售额突破 21 亿元，在全国乳制品企业排名中一举跃升至第 4 位。到 2002 年底，摩根-士丹利、鼎晖投资、英联投资公司同时投资蒙牛，一次性投入了 2600 多万美元。2003 年，蒙牛借助“神五飞空”的出色营销，实现销售收入 40.7 亿元，净利润 2.3 亿元。到 2004 年，蒙牛的销售收入已蹿升至 72.1 亿元。这个时候，大家仿佛觉得牛根生当初制订的计划小了点。

牛根生说：“一个目标确立后，实现它总会遇到各种各样的困难。许多人的做法是，遇到困难就修改目标，因为改动目标最简单。殊不知，目标一动，整个系统都被打乱了。蒙牛的特点是：不修改目标，只修改手段。对目标的追求应该是偏执的！”为此，蒙牛建立了“导弹—目标”的自动伺服机制，一旦环境变化，手段自然跟上，一切人力、物力、财力，包括人的思维和情感都要向这一目标“自动伺服”。

非常值得强调的是，在蒙牛的高速发展中，牛根生采用了“目标导向式”的方法——从目标出发，反向推演，步步连接，倒推资源配置，倒推时间分配，链接战略战术，链接方法手段。“目标导向式”思维不问自己做什么，只问自己要实现什么目标，想做什么，便向着这个目标出发。

作为决策者，你会在多大程度上相信自己可以改变客观结果呢？回答这个问题唯一能够依靠的是一个更加理性的头脑。目标的坚持本来就是一种自信的表现，它源于对自己目标的确定，对自己缺点的了解和说服别人的筹码。做任何事都要从目标出发，明白自己在做什么，而不是受外来因素的影响，随便更改自己的目标。

因果定律

☆ 一句话说管理 ☆

种下什么样的因，就会有什么样的果，这是亘古不变的定律。

追本溯源 该定律是由著名的古希腊哲学家苏格拉底提出的。苏格拉底和他的学生柏拉图及柏拉图的学生亚里士多德被并称为“希腊三贤”，苏格拉底被后人广泛认为是西方哲学的奠基者。

著名的苏格拉底“因果定律”，又被称为“因果法则”，也可表述为：今天的结果是昨天造成的，今天又为明天种下了因。这个法则是如此深奥且具影响力，以致世人往往又称之为人类命运的“铁律”，它几乎可以用来解释所有发生在你身上的事情。

简言之，因果定律是指任何一项发生在你生活中的结果，必定有一个或多个发生的原因。

企业实战运用 ※ 沃尔玛：有果必有因

沃尔玛昭示着由制造商一统天下的时代已经过去，一个零售为王的时代已经来临，沃尔玛的历史其实就是一部“零售为王”的历史。在英国《星期日泰晤士报》公布的“2001年富豪排行榜”上，沃尔玛主席罗布森·沃尔顿力挫微软公司董事长比尔·盖茨，荣登世界首富的宝座。沃尔玛成为今天全美（同时也是全世界）最大企业，其成功的秘诀何在？

任何一家企业的成功都是一个系统的成功，是由无数细节协调一致堆积起来的有机的系统的成功。“零售就是细节”，这是沃尔玛称霸世界五百强的秘诀。沃尔玛的细节不仅源自它“天天平价”的法则，还源自它坚持不懈倡导的价值观，甚至对细节的关注本身也成为了企业价值观的一部分。

很多零售企业都会在某种程度上坚持低价策略，但是为什么只有沃尔玛能够把这个低价策略贯彻到它经营活动的每个环节中呢？它们的根本区别是在省钱方面，沃尔玛做到了锱铢必较。

浪费在沃尔玛是可耻的。为了尽可能地节约成本，沃尔玛每个员工都要做到“视纸如命”，沃尔玛没有专门用来复印的纸，除非非常重要的文件，否则一律用废报告的背面，一张纸要双面用。如果想复印，你首先要用裁纸机把废报告纸裁成合适大小，然后才可以复印。沃尔玛的部门经理，甚至更高层的管理人员在开会时都使用废报告纸裁成的“笔记本”。

无论在美国还是在世界上其他任何地方，沃尔玛都很少做广告。凯马特的广告宣传费占到了总运营费用的10.6%，而沃尔玛只占0.4%。沃尔玛平常的宣传广告仅仅是黑白两色纸而已，远比不上家乐福制作精美和频繁地发送的宣传页。沃尔玛的促销部会经常组织艺术字体等促销技术的培训，为的就是尽可能地让一切宣传活动都在内部解决。沃尔玛创始人山姆·沃尔顿说：“节约的目的是为顾客省钱，要想价格便宜，就要降低成本。”

沃尔玛的节约精神同样应用到了采购环节。2004年，沃尔玛（中国）有限公司四川地区首次供应商洽谈会举行。一间由普通客房改成的洽谈室，由两张小桌拼成的长桌，各种食品、非食品货物样品摆了满满一桌子，客房里还有沃尔玛方一名采购经理、企业方数名代表，这就是沃尔玛供货商洽谈的场景。由于报名的企业太多，沃尔玛采购经理的时间又只有短短两天，于是跟每个企业接触的时间也就是15~20分钟。虽然时间短，但沃尔玛的采购经理仍不忘细节。供货商对沃尔玛的印象是：看重包装，但对奢华的包装盒没有兴趣，反而提出要求，要供货商多提供小包装，方便干净就可以，便于消费者购买。

沃尔玛的细节管理在服务上也得到了贯彻。沃尔玛规定，员工要对三米以内的顾客微笑。为了提高服务水平，沃尔玛规定员工必须认真回答顾客提出的问题，永远不要说“不知道”。原则上哪怕再忙，也要放下手中的工作，亲自带领顾客来到他们要找的商品面前，而不是告诉顾客大致方向就没事了。对于收银方面，沃尔玛也做了明确规定，收银时要符合七个要求，其中一个就是必须要说“您好、谢谢”。

因果定律认为，每个结果都有一个或多个特定的原因，任何一件事情的发生都有一个理由，不管是商业还是个人生活上的成败也都不是偶然，而是有原因可寻的。就像上面事例中，沃尔玛的成功在于它注重细节管理。

因此，倘若我们想要成为一名成功的企业管理人的话，就要去观察和学习其他成功的管理者是怎么管理企业的，并以他们为标准或榜样来要求自己与其看齐。如果我们能够具备这样的谦逊态度和学习能力，且真正做到和他们一样的优秀，那么我们最后也会取得同样的辉煌和成功。

鸵鸟政策

☆ 一句话说管理 ☆

在周围环境发生变化时，企业的管理政策不能及时随之变化，从而导致决策失误。

追本溯源 “鸵鸟政策”是个广泛使用的国际性成语，在欧洲各主要语言中，如英语、法语、俄语、德语中都有，而且被吸收为汉语成语。

这个成语源自非洲，最初见于1891年9月1日英国的一本刊物上，后来陆续进入其他民族的语言中，成为一个世界普遍通用电气的形象比喻，常用来指那些不愿正视现实的或不敢面对险情的行为。

鸵鸟是世界上现存体积最大而又不能飞行的鸟类，体高2.5米，体重达150多千克，有一双强有力的腿，奔跑速度最快可达每小时65千米。由于鸵鸟的生存环境缺水，而且鸵鸟奔跑的耐力又差，所以，为了不让对手发现，鸵鸟有时便采取把头埋入沙堆中这种节约体能的自我隐藏方法。现在，人们已经知道鸵鸟遇到危险时只顾把头埋入沙堆中的说法是不真实的，但以讹传讹，却把对鸵鸟错误的认识当成一种有趣的对人世现象的比喻，形成了“鸵鸟政策”这一成语。

“鸵鸟政策”是经济管理学中的名词，也常用于政治场合。我们这里只探讨它的管理学定义。

企业实战运用 ※ 雀巢的“鸵鸟政策”

现如今有许多企业在危机来临时总是想着如何躲避新闻媒体的访问，其实，这样的做法就很充分地证明了企业在运用“鸵鸟政策”：一味地躲避，不面对事实。虽然企业管理者这么做社会大众能够理解，但是不配合媒体进行舆论的疏导，显然无助于危机的解决。

面对危机时期，企业千万不能模仿把头埋在沙土里的鸵鸟，那样即使回避了一时的问题，却可能为更大的危害播下种子。像鸵鸟一样的逃避态度，随便把头埋在沙里，殊不知自己大大的屁股正露在外面。企业单方面的逃避并不能避免公众对危机了解的渴望，在信息反馈不足的情况下，公众会愤怒地对企业这种行为进行抵抗。“世界五百强企业”之一的雀巢公司就曾经因为这样遭遇过危机时刻。

雀巢公司，由亨利·内斯特莱于1867年创建，总部设在瑞士日内瓦湖畔的韦威，是世界上最大的食品制造商。拥有150年历史的雀巢公司起源于瑞士，它最初是以生产婴儿食品起家的。2005 年，雀巢公司在全球拥有 500 多家工厂，年销售额高达 895 亿瑞士法郎。由一个生产婴儿食品的乡村作坊发展成今天领先世界的食品公司，雀巢走过了 150 多年的发展历程。

雀巢公司确实是一个很有竞争力的企业，除咖啡以外，雀巢的乳制品在世界上也有很高的市场占有率。但是，一场危机事件险些葬送了雀巢的未来。

1977 年，美国突然爆发“抵制雀巢产品”的声势浩大的抵抗运动，美国奶制品行动联合会的会员到处劝说美国公民不要购买“雀巢”产品。原因是人们相信雀巢公司为了自己的利润，有意忽视人造乳晶在营养方面的缺陷并误导消费者。

这场联合抵制行动得到了美国各地 450 个以上的地方和区域组织的支持。在抵制最强烈的波士顿、巴尔的摩、芝加哥等地，成千上万的人签名抗议，呼吁从超级市场的货架上撤走雀巢公司的产品。抵制运动甚至还波及到大学校园，大学生们打着“砸烂雀巢”的标语，从牛奶、巧克力到茶叶、咖啡，统统成了他们抵制的对象。

这场抵制运动让雀巢婴儿奶粉危机延续了十多年。在被抵制的十几年时间里，雀巢美国公司一直在承受着巨额的经济损失。其实，这本是一场可以避免或化解的危机事件。但是，在最初人们开始关注奶粉导致婴儿营养不良的问题时，雀巢公司没有正确对待社会活动家的批评建议，甚至对一些教会领袖提出的严肃的道德问题也采取冷漠的态度，一味强调所谓的科学性和合法性。这家大型的跨国公司未能尽早地注意到社会公众的地位和企业与公众的关系，也没有与社会上那些有影响的决策人物做好沟通工作。雀巢的管理者们没能正确地对待社会活动家的批评建议，甚至还对一些教会领袖所提出的严肃的道德问题都采取冷漠的态度，结果非但没令人感到公司关心社会公众提出的问题，相反还给人留下了公司不肯让步的坏印象。所以，社会大众感到他们的合法要求被忽视，因此更加地对雀巢心怀不满。

直到 1984 年 1 月，雀巢公司承认并实施了世界卫生组织有关经销母乳替代品的国际法规，国际抵制雀巢产品运动委员会才结束了抵制活动。尽管雀巢最终获胜，但也严重影响了其销售业绩，更把冥顽不灵的可恶形象烙在社会大众的心里。

危机爆发的初期，雀巢公司采取的漠视或不睬就是“鸵鸟政策”，对公众的要求不理不睬，结果导致后来大规模抵制运动。凭借雀巢的影响力以及企业实力虽然公司渡过了难关，但雀巢也为此付出了惨重的代价。一言以蔽之，逃避不是解决问题的根本和最佳方法，只有正式了解问题才能更好地去解决它、战胜它，相信如果雀巢的管理者当年能够正面、积极地面对社会的指责和疑问的话，结局肯定又会是另一番美好而和谐的景象！

管理艺术

计划赶不上变化，外面的环境变了，企业的政策也要做相应的调整，以适应外面的变化。不要回避现实，要采取有效的方法应对。

面对危机，企业的管理者一定要慎重处理。否则，再小的事情也可能会导致一场巨大的灾难。遇到危机，不要慌张，不要推卸责任。

作为一名称职的管理者，我们首先要做的就是及时认识到危机或问题的根源所在，然后制订相应的计划和步骤来解决现存的问题，只有这样才能尽可能快地防止或减少其给企业带来的损失，把危害减到最少、最小。同时，我们的管理政策也要与时俱进地进行调整，这样才能契合企业和时代发展的需求。

沙垂定律

☆ 一句话说管理 ☆

任何情况都有更佳的解决方法。

追本溯源 该定律是由英国沙垂有限公司创办人M.沙垂提出的。他认为，企业在面临困境或日常运行中，发生的任何情况都有更佳的解决方法，优秀的管理者要勇于寻找最佳的解决方法。这种观点被人们称为“沙垂定律”。

企业实战运用 ※ 分众：应该以更好的方法解决问题

身为我国企业界新贵的分众传媒，在短短几年里，凭借其新兴独到的商业模式迅速崛起，发展成为国内最大的新媒体发布商。作为企业界新贵的分众传媒收购了不少公司，并且在美国纳斯达克拥有一家上市企业，在中国商界可谓风光无限。但是好景不长，2008年央视“3·15晚会”曝光“分众无线是中国最大的垃圾短信息供应商”之后，分众传媒集团董事局主席江南春表示，将立即到各地相关公司了解情况，并立即停止短信广告业务。

2006年3月，分众集团以总价值3000万美元的价钱将凯威点告纳入旗下，然后以此成立了分众无线。凯威点告的业务以向企业会员发送广告为主，因此其下属公司在后来的业务发展中，依然承接大量的商业广告，并投放给未定制的用户，由此，就形成了垃圾短信，而付给运营商的成本和广告主的广告费之间的差价就是分众的主要利润来源。分众无线在正式运营一年多后的营业额就达到1600万美元，虽然分众得到了高利润，却忽视了消费者的体验，更忽视了高利润背后的高风险。

央视在2008年3月15日的“3·15”晚会上曝光了这一切。在央视暗访镜头中分众人员得意地对记者说，他们掌握了国内近一半手机用户的信息资料，甚至包括一些手机主人的个人隐私信息，这些信息是公司开展手机广告业务的源头。

后来，央视“新闻联播”还对此事进行了跟踪报道。让人难以理解的是，在事发后的第二天，镜头里的分众传媒副总裁面对记者的采访极为不耐烦，甚至矢口否认分众传媒掌握了大量手机用户信息。

这一事件发生后，分众传媒始终没有给出一个正面公开的回答，还试图将责任完全推卸给旗下的全资子公司分众无线。这样，分众传媒再度惹起众怒，遭到媒体的讨伐和谴责。

2008年3月18日，江南春个人针对“垃圾短信”事件分别向媒体和投资者发表了声明，江南春表示，分众对个别业务部门及其收购的一些下属公司在去年承接了大量的商业广告，投放给了未定制或许可的用户，造成了对消费者的打扰表示道歉。此外，江南春否认央视所称的“市场上80%的垃圾短信由分众无线发送”。

这样的事情，对分众造成了直接的影响，首先是分众无线旗下SP（服务提供者）公司被取消了SP资格。分众传媒股价17日下跌了26.59%，盘中创下全年29.25美元的新低，并且影响了分众第二季度的手机业务。

小危机转眼成了大危机。分众传媒的危机处理方式实在是不高明。当短信事件被曝光后，分众传媒没有举办任何的新闻发布会来说明和解释。反而任由媒体报道，自由采访，而且主管态度恶劣，让媒体抓住了把柄。这些无疑对企业形象和今后发展造成了极大的负面影响。

把该想的办法都想到了，最好的办法也容易想出来。面对问题，总是能够不断否定以前的方式方法，以更好更周全的解决方法去解决问题。没有什么事情是解决不了的，没有绝望的事情，只有绝望的人。作为管理者，应对危机或者是其他事情，一定要想出多种办法尽量去解决，但要选一个最合适的办法，才能把损失减到最小。

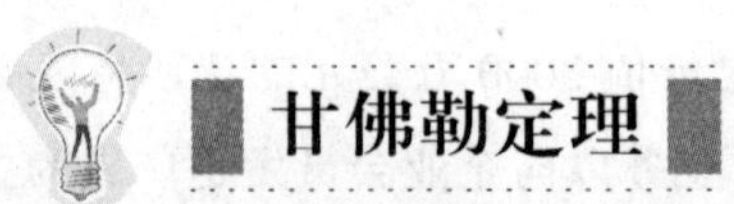

甘佛勒定理

☆ 一句话说管理 ☆

犯错误的收获是学乖。

追本溯源 该定理是由美国管理学家M.甘佛勒提出的。他说过，犯错误的收获是学乖。没有一个人是不犯错误的，区别在于对待错误的态度。获得成功的人，总是在犯了错误后改正错误，吸取经验和教训以更好地完善和发展自己。所以，作为企业管理者，不要害怕犯错误，而是要在犯错误后，及时、正确和巧妙地加以改正和总结，才能使错误犯得值得。后来人们把这种观点称为“甘佛勒定理”。

企业实战运用 ※ 成功改变官僚作风

管理者若是想对企业进行大改革，全面铺开、眉毛胡子一把抓恐怕很难成功。先做几个试点，然后把成功经验四处宣讲，其他人或部门就知道了几个重要信息：管理者改革的决心以及改革的方法和成效，接下来全公司的改革就会顺利铺开。杰克·韦尔奇对GE官僚主义作风的成功改革是典型案例。

杰克·韦尔奇接手通用电气时，公司并不是一个烂摊子，那时的GE是个总资产达250亿美元的大公司，年利润额为15亿美元，拥有40多万名员工。它的产品和服务渗透到美国经济的方方面面，从烤面包机到发电厂，几乎无所不包。

GE虽然表面光鲜，但其实有许多隐患，官僚主义是最突出的表现。

例如，GE有太多没什么积极意义的会议，开会简直就是浪费时间。每年春天，公司管理层都要参加一个家用电器展评会。一群设计者和工程师带着硬纸板和塑料制作的模型赶来参加展评，他们向领导询问其对未来冰箱、暖炉以及洗碗机模型的意见。杰克·韦尔奇很清楚地知道这些模型中有一些是做过除尘处理、重新擦拭过的，因为它们在几年前的展会上就已经展出过了，这样的东西拿来凑数，根本没有任何价值。他还知道，公司的领导层（包括他自己）所提的那些意见根本不会有什么参考价值，做这些只是例行公事。

杰克·韦尔奇上任后，到处投掷“手榴弹”，力争把那些阻碍公司前进的传统和无聊会议统统“炸掉”，爱尔梵协会就是典型例子。爱尔梵协会是GE公司的管理人员俱乐部，成为一名爱尔梵协会会员被认为是进入管理阶层的“通行仪式”，参加俱乐部就有可能进入公司的管理层。杰克·韦尔奇对爱尔梵协会的人没什么好感，因为这些人只不过是想在晚餐聚会的时候能够被自己的上司或者上司的上司看上两眼，加深领导对他们的印象，便于他们以后升职。如果有主管本地业务的GE副总裁出席晚宴的话，整个宴会大厅就会人满为患，热闹非凡，每个人都想在上司面前露露脸；如果来演讲的人不是那么位高权重，会场就会显得有点冷清，没有人在意演讲的人。

1981年秋天，杰克·韦尔奇作为新任CEO被爱尔梵协会邀请发表演讲。人们认为这会是个不错的聚会，新官上任照例都是要讲一些套近乎的场面话，因此有来自全美各地的数百名爱尔梵协会领导成员到场，热闹非凡。杰克·韦尔奇说：“非常感谢你们邀请我来这里讲话，今天晚上，我想对大家坦诚相告。首先我要告诉大家一个事实，并希望你们对此做一番深思。这个事实就是，我对你们这个组织存在的合理性持有严重的保留意见。我看不出你们现在做的这些事情有什么价值，这是一个等级分明的社交政治俱乐部。不过，我并不打算告诉你们应该怎么做或者你们应该成为什么样子。爱尔梵协会未来应该扮演一个什么样的角色，这是你们自己的事情。怎样做对你们自己、对 GE 才真正有意义，由你们自己决定。”杰克·韦尔奇演讲结束的时候，底下一片沉默，每个人都在深思。

一个月以后，爱尔梵协会会长凯尔·内萨默给杰克·韦尔奇带来了关于爱尔梵协会未来发展的新构想：里根总统正鼓励人们多做些义务服务，以填补政府撤出某些社会领域所形成的空白，他们想把爱尔梵协会转变成一个 GE 社区的志愿者服务团体。凯尔的远见卓识让杰克·韦尔奇激动不已。如今，包括已经退休的员工在内，爱尔梵协会已经拥有 42000 多名成员。在任何一个设有 GE 工厂或者分支机构的社区，都有爱尔梵协会会员为社区做法贡献的身影。从修建公园、运动场、图书馆到为盲人修理录音机，他们什么都做。

只要有机会，杰克·韦尔奇就把爱尔梵协会的成功改革以及其他类似的成功故事（如核能部门的成功改革）一遍又一遍地向每一个 GE 的听众讲述，他用这些故事向人们清楚地展示了他所希望的 GE“感觉起来”究竟是什么样子。渐渐地，人们听进去了，理解了。杰克·韦尔奇最终彻底击败了GE 的官僚主义作风。

不断宣扬成功的试点改革，是可供有志于改革的管理者借鉴的博弈智慧。

成就=犯错误+改正错误。没有一个人是不犯错误的，区别在于对待错误的态度。获得成功的人，总是在犯了错误后，改正错误，吸取经验和教训以更好地完善和发展自己。所以，作为企业管理者，不要害怕犯错误，而是要在犯错误后，及时、正确和巧妙地加以改正和总结，才能使错误犯得值得。

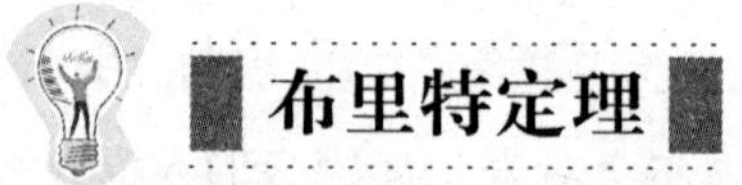

布里特定理

☆ 一句话说管理 ☆

如果商品不善于做广告，无异于在黑暗中向心爱的姑娘打飞眼。

追本溯源 这则定理的提出者是英国广告学专家 S.布里特。

企业实战运用　　※ 广而告之树品牌

《2002年的第一场雪》这首歌想必大家都熟悉，这首歌2004年一曲唱响，传遍了大江南北，刀郎迅速走红，在流行音乐界创造了一个传奇。之后，他的第一张专辑更是以超过200万张的销售量开创了内地唱片销量的神话。一时间刀郎成为了大众热议的对象，“刀郎现象”也成了人们研究的焦点。

其实，作为刀郎音乐的唱片发行公司，大圣文化公司最初对刀郎音乐的营销策划也是走的传统模式的道路。大圣文化公司将刀郎的歌曲寄给各大电台，结果反响并不好。于是，大圣文化公司做出一个决定：电台不播就自己来播。

于是他们将倒录的专辑免费派发给唱片店、饭店、美容店等，让它们循环播放刀郎的这张专辑，以音乐吸引听众前来购买。刚开始，他们在青岛的两家唱片店这样播出，效果很快就突显出来，这张专辑在青岛的销售量大增，很多人争相购买。攻打广州市场期间，他们也用这种方式打开市场，同样取得了成功，销量也不错。

大圣公司的工作人员在随后的三个多月时间里，带着几万张免费唱片在全国范围内展开了一次地毯式的店面销售，几乎全国各地都有大圣文化公司的人。从2004年3月开始，青岛、海口、重庆、成都、温州等城市大量要货。

就这样，刀郎火了。而从刀郎火了的背后，我们看到了刀郎音乐在营销中的一些创新。传统的营销方式完全按照流程进行，打榜、采访、歌友会，可是这样既专业又成体系的营销方式不一定适合每一个人，每个人都应该有其独特的方式。而且，很多人并不关心电台、不关心音乐，更不关心什么排行榜，也不知道哪些音乐是最流行的。所以传统的方式在这个信息多样化的时代失去了很多意义。

大圣文化公司在营销过程中，聪明地看到了这一点，发现传统模式不可行，便转换方式开始进行口碑传播，也就是借别人的嘴树立自己的品牌，让别人为自己做大量的广告。

刀郎音乐本身特有的魅力使得它比别的音乐给听众的印象更加深刻，人们乐于传播它。同时因为喜欢刀郎音乐的人群很广泛，各个年龄层次的都有，这就为好的口碑传播提供了巨大的传播人群，从老到少都有知道刀郎的歌曲的。更为重要的是，大圣文化公司的创新营销方式为刀郎音乐的口碑传播搭建了一个快速、畅通的通道，让更多的人听到了刀郎的歌曲。

大圣文化公司采用的营销方式，虽然看起来要比传统方式复杂、烦琐，但他们也舍弃了中间环节，让刀郎音乐直接面对消费者，通过传唱，将口碑传播的效果发挥到最大，直接刺激听众购买这张唱片。正是借助于大街小巷各类商店与人群的口碑传播，最终成就了刀郎音乐的销售神话。

管理艺术

要推而广之，先要广而告之。广告是通过一定媒体向用户推销产品或招徕、承揽服务以达到增加了解和信任以至扩大销售目的的一种促销形式。

广告在传递产品信息方面，是最迅速、最节省、最有效的手段之一。好的产品借助于现代化科学手段的广告，其所发挥的作用不知比人力要高多少倍。好的广告不仅能为企业带来经济效益，还有利于树立企业的社会形象。广告能使经济效益和社会效益很好地结合起来，二者相辅相成，互相促进，企业整体机能作用就能更好地得到发挥。

班德定理

☆ **一句话说管理** ☆

不会辨别方向的海员找不到顺风的路。

追本溯源 该定理是由联合国教科文组织分析和预测办公室主任热罗姆·班德提出的。他认为，不会辨别方向的海员找不到顺风的路。看风使舵舵稳，顺水行舟舟轻。及时看到新的商机，并及时改变经营方向，“见风使舵”可以最终避免失败的危险。在危机到来的时候改变自己，适应新的形势和变化，可以避免不必要的麻烦。管理者要根据实际情况的变化，掌握方向，采取相应的措施，推动企业、个人的发展。后来人们把这一比喻应用到了企业管理上，称其为“班德定理”。

企业实战运用 ※ 看风使舵好行船

几年前，小张在某网络公司有一份稳定的工作，待遇福利都很不错，老板也非常赏识他，小张的才华在那里得到了充分的展示。他充分利用自己的才华在公司打拼自己的事业。

有一天，小张的同学小王打了个电话给他，告诉他现在做电脑销售很好，有非常高的利润。于是，小张就动了心，认为与其给别人打工，不如自己当老板，也比较自由。

小张在2002年底辞去了网络公司的工作，在市区的电脑城租了个小小的摊位，开始组装和销售兼容机，生意果然如同学小王说的那么好，一年下来居然有十几万元的利润。但是好景不长，2005年以后，电脑消费者越来越注重品牌，大多数人选择购买著名品牌的原装电脑，加上各种配件的市场透明化程度日渐提高，组装兼容机的利润日益下降。到了最后卖一台电脑的利润只有100块钱，1个月的利润还不够支付房租。支撑了一段时间后，小张几年的积蓄全部花光了，已经无法再坚持，于是小张开始发愁，店面已经支持不下去了。

电脑公司实在是办不下去了，他在郁闷中上网和朋友聊天，没想到更不幸的是电脑受到病毒感染，损坏了硬盘。他一边感叹“屋漏偏逢连夜雨，船迟又遇打头风”，一边向在大学当教授的电脑专家王老师求救，希望能够恢复自己的硬盘，找回丢失的数据。当王老师帮助他恢复了硬盘数据的时候，小张“茅塞顿开”，立刻诚心诚意拜王老师为师，潜心学习电脑里最高级的电脑硬盘恢复和维修技术。每天晚上，他都要钻研到很晚，仔细研究每一个程序，甚至自己设计关键的软件。

几个月后，小张把电脑公司改成了电脑维修公司，专门解决电脑的疑难杂症，如密码解锁、数据恢复、安全设置、游戏控制等。此外，他还承包了几家保险公司、外贸公司的电脑维护和升级工作，忙得不亦乐乎。据他透露，有一次，有个研究机构的笔记本电脑掉到了水里，硬盘里有非常重要的研究成果，如果丢失了将失去一大笔财富。他帮助其恢复数据以后，得到了几万元的报酬，那家研究所的领导还专门当面感谢他，和他签订了三年的合作协议和保密协议。此外，还有一个军工企业，为了恢复硬盘数据居然付了20万元，因为他们找了许多地方，没有人能解决这个难题，让他们非常头疼。

看风使舵舵稳，顺水行舟舟轻。及时看到新的商机，并及时改变经营方向，“见风使舵”可以最终避免失败的危险。在危机的时候改变自己，以适应新的形势和变化，也可以避免不必要的麻烦。作为管理者，我们要根据实际情况的变化，掌握方向，采取相应的措施，推动企业、个人的发展。

具体到管理企业内部员工的问题上，则要求我们主管们能充分了解每个下属员工。企业中，各种类型的员工都有，作为管理者，不能一叶障目，厚此薄彼。人不可能每一方面都出色，同样也不会每一方面都差劲。一个优秀的管理者的重要性不在于自己能够做多少事，而在于要明白下属们各自的优缺点，在适当的时候派适当的人做适当的事。

另外，管理者工作时不要夹带个人好恶，因为今天你看不起的员工，没准儿明天他就是使企业转危为安的得力助手。根据企业战略不同调整人事，才能优化组合、提高管理效能。

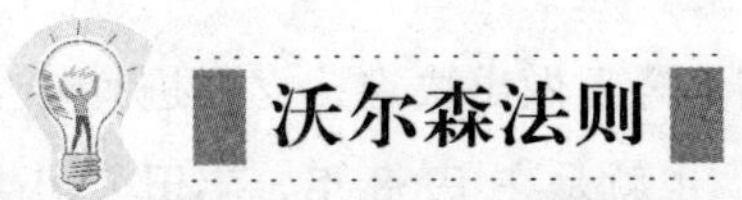

沃尔森法则

☆ 一句话说管理 ☆

把信息和情报放在第一位，金钱就会滚滚而来。

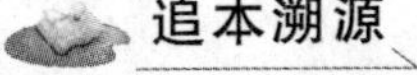

追本溯源 该法则是由美国企业家S.M.沃尔森提出的。作为一位著名的企业

家，沃尔森认为，把信息和情报放在第一位，金钱就会滚滚而来。他多次强调信息的重要性，这种观点被人们称为“沃尔森法则”。

企业实战运用

※ 日本生产小轿车

20世纪40年代初，日本还没有生产小轿车的能力，他们只能生产卡车和公共汽车。可是日本生产汽车的厂商根据有关情报，对市场进行了调查，根据调查结果预测，在不久的将来，世界上对小汽车的需求量将会剧增，于是，日本从1949年开始生产小汽车。丰田公司生产小汽车是利用自己原有生产卡车的能力，而日产公司则是千方百计从英国公司弄到装配奥斯汀小汽车的技术，日野公司也获得了法国“雷诺”的小汽车技术。经过几十年的不懈努力，日本的小汽车工业得到了迅速发展。到1983年，日本小汽车生产量已达715万辆，位居世界首位，出口额达到295.5亿美元，超过了美国。因此，汽车工业也理所当然地成为日本经济的支柱产业。

及时拥有有用的信息能给人带来源源不断的财富，信息贫乏和信息外泄也会给人带来惨重损失。市场信息对公司来说，是事关全局的重要环节之一。在这点上，日本的汽车产业做得不错，谁想成为市场竞争中的强者，就要做到及时掌握并运用好竞争情报。

1935年日本丰田公司总裁丰田喜一郎任命神谷正太郎为销售部主任，神谷正太郎把对市场情报的分析和预测作为自己工作的中心。他成立了“市场调查室”，专门从事市场情报收集工作。收集到信息后，又调集包括统计、运算、设备分析和设计在内的60多位专家从事情报整理和发布工作，成立了“计划调查部”。这些人的主要工作就是将来自世界各地的信息分门别类，进行挑选分析，理出头绪后，经过讨论得到初步意见，为总经理提供决策依据。

丰田公司在1957年成立美国丰田汽车销售公司时，把自己公司所生产的最好的皇冠轿车远涉重洋运上美国的口岸。可是，美国的消费者并不欢迎这种皇冠轿车，丰田汽车公司不明白其中的原因。神谷立即发动他的力量进行调查，根据调查得来的成千上万份信息数据与多种不同的意见，得到最终的结论：在20世纪50年代后，美国汽车消费的未来趋向是追求省油和实用，可是丰田汽车公司生产的汽车车体过重、功率不足、发动机过热的缺点让美国人很难接受。

丰田公司根据神谷得出的结论马上做出决定，立即进行对皇冠轿车的专项设计，全面进行调整。经过了整整10年，也就是在1968年，丰田公司生产的小轿车如同潮水般涌进美国，年销售量高达27万辆。

孙子云："知己知彼，百战不殆。"如果自己处于优势，怎么都能将对手挤出竞争领域，这当然是最好不过的了。关键是很多时候都是胜负难料的，在对击败竞争对手根本没有什么把握，也看不出来市场对自己的公司是否有利时，你能否成功，往往取决于你知道多少。市场环境千变万化，企业竞争对手之间都在不断变换竞争的策略，如果谁想成为市场竞争中的最终胜利者，就要做到及时掌握情报，并且运用好掌握的情报，最先行动，处在最有利的位置。

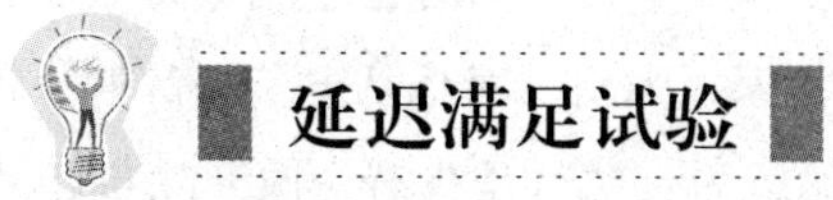

延迟满足试验

☆ 一句话说管理 ☆

能够等待自己需要的东西的到来，而不是想到什么就要什么。

追本溯源 发展心理学研究中有一个经典的试验，被称为"迟延满足"试验。试验过程大致如下：

试验者发给4岁被试儿童每人一颗好吃的软糖，同时告诉他们：如果马上吃，只能吃一颗；如果等20分钟后再吃，就给吃两颗。有的孩子迫不及待地马上把糖吃掉了；而另一些孩子则耐住性子、闭上眼睛或头枕双臂做睡觉状；也有的孩子用自言自语或唱歌来转移注意、消磨时光，以克制自己的欲望，从而获得了更丰厚的报酬。在美味的软糖面前，所有孩子都将经受考验。

这个试验用于分析孩子承受延迟满足的能力，所谓的延迟满足就是能够等待自己需要的东西的到来，而不是想到什么就要什么，这是一个很通俗的解释。

研究人员在十几年以后再考察当年那些孩子的表现，发现那些能够为获得更多的软糖而等待得更久的孩子要比那些缺乏耐心的孩子更容易获得成功，他们的学习成绩要相对好一些。在后来几十年的跟踪观察中，发现有耐心的孩子在事业上的表现也较为出色。也就是说延迟满足能力越强，越容易取得成功。

企业实战运用 ※ 厚积薄发，终达目的

2003年度福布斯中国富豪榜发布，网易创始人丁磊以10.76亿美元的身价名列榜首。他为何会获得如此大的成功呢？追本溯源，这和他长期奋斗的积累有密切的关系。

丁磊在大学四年最大的收获就是学会了思考。从第二学期开始，他第一节课一律不去上，因为他很困惑，难道书本上的知识一定要老师教才会吗？自己思考怎么做不可以吗？同时，他觉得眼睛还没睁开就去听课效率一定不高。因为没有听第一堂课，又不得

不做作业，所以他会很努力地去想老师想传达什么样的信息，到底要怎么做才是老师所想的。在这个过程中，他很快掌握了一种技巧，那就是思考的技巧。

后来，在接触 Internet 的时候，他才知道这种技巧对他是多么重要，因为 Internet 在刚进入中国的时候，没有人知道它是什么样子的，也没有一本书很系统地告诉你 Intetnet 的整个结构、里面的软件以及其他的一些东西，大家对 Intetnet 都很陌生，也不知道该怎么接受它。

丁磊毕业后回到家乡，在宁波市电信局工作。电信局旱涝保收，待遇很不错，福利也很好，但丁磊觉得那两年工作非常辛苦，同时也感到一种难尽其才的苦恼，他自己知道的很多东西不能用。1995 年，家人强烈反对他从电信局辞职，但他去意已决，一心想出去闯一闯。他这样描述自己的行为："这是我第一次开除自己。"

人的一生会面临很多机遇，但机遇是有代价的。有没有勇气迈出第一步，往往是人生的分水岭。

一个人想要实现自己的目标，除了勤奋之外，还要积极进取创新。从创业到现在，丁磊每天都在关心新的技术，密切跟踪 Internet 新的发展，每天工作 16 个小时以上，其中有 10 个小时是在网上，他的邮箱有数十个，每天都会收到上百封电子邮件。丁磊最苦的日子是 2001 年 9 月 4 日，这一天，网易因误报 2000 年的收入，违反美国证券法而涉嫌财务欺诈，被纳斯达克股市宣布从即时起暂停交易。随后又出现人事震荡，可谓困难重重。丁磊经历了无数个不眠之夜，但苦难并没有把他压倒，他时刻想着怎样把网易做得更大更好。

从垃圾股到今日的中国概念"明星"，网易的转变让人觉得是个神话。对此，丁磊说："我已经 32 岁了，从意气风发的时期过渡到了成熟思考的阶段，因此我的心情不会随股价的涨跌而变化，特别是我个人不会因为财富的多少影响到我未来生活、工作及思考问题的方式。人生是个积累的过程，你总会有摔倒的时候，即使跌倒了，也要懂得抓一把沙子在手里。"

"厚积"才能"薄发"，丁磊因为多年的积累才有了今天的成就。有时候，并不是不成功，而是时机未到。衡量一个人的成功与否，与权力无关，与金钱无关，关键在于你是否能战胜自我，是否具备了成功所需要的素质。只有扎实深厚的功底和丰富的积累，才有可能使成功变得比较容易和轻松。机会来临的时候，以往的起落历程、人生的态度、失败的教训、成功的经验，就都成了胜利的基石。

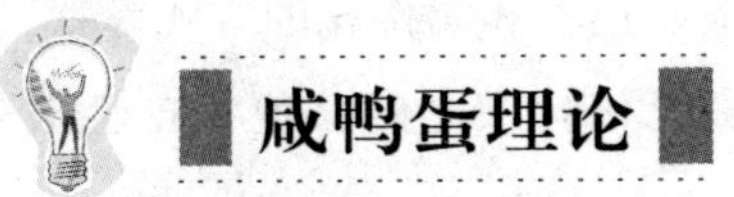

咸鸭蛋理论

☆ 一句话说管理 ☆

能够产生现金流的生意才是真正赚钱的生意。

追本溯源 该理论是由台湾宏碁电脑公司老板施正荣提出的。施正荣2004年退休以后，到世界各地巡回演讲，讲他的一个经营哲学——咸鸭蛋经营哲学。他说小时候家里穷，妈妈借高利贷做生意，可以选择做两种生意养活全家。第一种生意是卖咸鸭蛋，咸鸭蛋的零售价是3块钱一斤，毛利率10%，也就是说卖一斤咸鸭蛋挣3毛钱，但是咸鸭蛋有个问题，容易破、容易烂、容易坏、不容易运输、不容易贮存。

第二个生意，卖笔记本，笔记本好啊，不吃草不吃料还不坏，毛利率达到50%，所以，如果仅仅看利润率的话，做什么生意？笔记本。

但是施正荣说，他妈妈依然选择了卖咸鸭蛋，为什么？因为咸鸭蛋是现金生意，没有什么比现金生意更好的了；第二个原因，周转快，她两天就可以卖一次。笔记本倒是好，半年卖一本，利润让贷款的利息给吃了个干干净净。

企业实战运用 ※ 现金流的断裂

企业的利润决定着企业的发展，而现金流决定着企业的生存，所以，现金流对于一个企业来说是非常重要的，其影响远远超过利润给企业带来的影响。即使企业未来的利润再高，没有了现金流的企业就等于在“等死”。

对于这一点，史玉柱有着最为深刻的体会。史玉柱在上海松江买了一块地，盖了一个总部，把所有业务都搬了过去。而这里的房子最高也只有三层，不再增加。究其原因，还要从史玉柱的第一次创业说起。

27岁那年，史玉柱借债4000万，开始创业。他利用报纸《计算机世界》先打广告后收钱的时间差，几个月内赚回了100万元。这一年，史玉柱创办了巨人公司，梦想着建成中国的IBM。

1991年7月，“巨人”实施战略转移，总部由深圳迁往珠海，“珠海巨人新技术公司”迅速升格为“珠海巨人高科技集团公司”，下设8个分公司，成为仅次于“四通公司”的全国第二大民办高科技企业，拥有M-6405汉卡、中文笔记本电脑、手写电脑等五个拳头产品。

1992年年初，巨人大厦动土。这座最初计划建18层的大厦，在众人的热捧和领导的鼓励中被不断加高，从18层最后升为70层，号称当时中国第一高楼，投资也从2亿元增加到12亿元。史玉柱基本上以集资和卖楼花的方式筹款，集资已经超过1亿元。

与此同时，史玉柱开始了多元化扩张之路，他将自己未来的产业集中在软件、药品、保健品三个领域。1995年，巨人打响了“三大战役”。这一年，史玉柱推出了三个领域的30个新品，砸了1亿元人民币做广告。回报也是丰厚的，后来家喻户晓的保健品“脑黄金”竟然取代了汉卡，成为巨人最赚钱的产品。高峰时期，脑黄金每年贡献的纯利润就有1亿元人民币。

也正是在这一年，33岁的史玉柱声名远播，世界上著名的财经杂志《福布斯》发布了一个“中国大陆富豪排行榜”，他名列第八。

而实际上，危机的种子已经悄悄发芽。1996年，巨人大厦资金告急，史玉柱决定将保健品方面的全部资金调往巨人大厦，保健品业务因资金“抽血”过量，再加上管理不善，迅速盛极而衰。巨人集团危机四伏，脑黄金的销售额虽然达到5.6亿元，但烂账就有3亿多。

只完成了相当于三层楼高的首层大堂的巨人大厦在1997年初停工，各方债主纷纷上门，巨人现金流彻底断裂，史玉柱成了背负2.5亿元债务的“中国首负”。不久，他便黯然离开了广东。

从这个实例中我们可以真真切切地看到，现金流决定着企业的生死。无论企业的规模有多大，都不能缺少现金流，中小企业更是如此。中小企业所追求的，不是规模，也不是利润，而是现金流。一旦现金流断了，企业就可能随时崩盘。

资产收益率=利润率×周转率，这就是一个赚钱的公式。做实业，做投资的话，一定要记住这个资产收益率。

一个生意是否值得做下去，首先要看它能不能产生现金流，有现金的生意才是好生意。其次，能否产生很好的资产收益率。

作为全世界最大零售企业的沃尔玛，以其低廉的产品价格深得消费者的青睐。价格低廉，从表面上看来，沃尔玛减少了赢利的幅度，然而正是这种赢利方式，使其获得了今天的成就。以营业额的提高带动利润的提高，这就是沃尔玛挣钱的原因。沃尔玛所有战略，信息化的战略、零库存的战略，其实都围绕一个目标，即如何加快资金周转率。

企业管理者如果不注重资金的周转率，只片面地追求高利润的话，利润率越高，往往意味着风险越大。

PART9

准备好策略应付企业成败

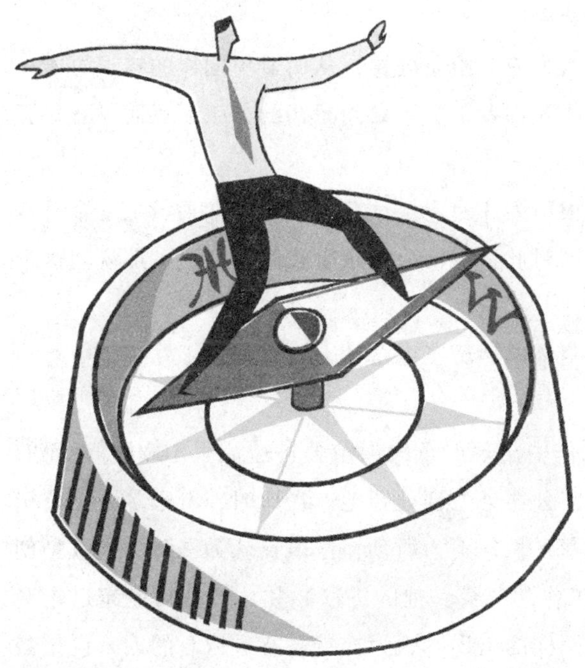

比伦定律

☆ 一句话说管理 ☆

若是你在一年中不曾有过失败的记录，你就未曾勇于尝试各种应该把握的机会。

追本溯源 该定律是由美国考皮尔公司前总裁F.比伦提出的。他认为，若是你在一年中不曾有过失败的经历，你就未曾勇于尝试各种应该把握的机会。失败也是一种机会，怎样对待“失败”是企业成长过程中回避不了的问题。人们将这个定律称为“比伦定律”。

企业实战运用 ※ 奖励失败

对于犯错的员工，一般的管理者都认为应该给予处罚，从而避免同样的错误再次出现。然而在世界一流的企业中，却有一些管理者不但不处罚犯错的员工，反而很看好犯过错的员工。

在这其中，宝洁公司的一个规定就很引人注目。宝洁公司规定：如果员工三个月没有犯错误，就会被认为是不合格的员工。对此，宝洁公司董事长解释道：“那说明这个员工在这三个月内什么都没干。”

相较于宝洁的规定，IBM公司提升犯错误的员工更是让人大跌眼镜。在这其中有一个著名的案例一直在企业界流传。

IBM一位高级负责人由于在创新工作中出现严重失误给公司造成了1000万美元的巨额损失。为此，他十分紧张，不断猜测公司会怎样处罚他。在这时，有很多人向公司董事长提出把他革职开除的请求。然而董事长却不为所动，董事长认为一时的失败是创新工作的“副产品”，如果能继续给他工作的机会，他的进取心和才智有可能超过未受过挫折的常人，而且可以避免再次出现同样的错误。因为挫折对有进取心的人来说是最好的激励，教训可以让聪明人从中学到很多，减少犯错的可能性。

经过一天的思考，董事长把这位高级负责人叫到办公室，通知他调任到同等重要的职位。对此，所有人都感到很费解：“犯了错误不是应该受到处罚吗？而且还是给公司造成重大损失的错误，最少也应该将犯错员工辞退呀！”董事长却说：“若是真那么做了，那花在他身上的1000万美元学费不就白白浪费了吗？”

事实也证明，董事长的决定是很正确的。在后来的日子里，那位高级负责人以惊人的毅力和智慧为公司创造了远远大于1000万美元的价值。

让犯过错的员工升职，并不是只有IBM的决策层会这样做，美国管理学家彼得·杜拉克也曾说过这样一句话："没有犯过错误的人，绝不能将他升为主管。"只有犯过错的人才能避免犯同样的错，只有经历过失败的人才能迎来成功。日本企业家本田说："很多人都梦想成功，可是我认为，只有经过反复的失败和反思，才会成功。实际上，成功只代表你的努力的1%，它只能是另外99%的被称为"失败"的东西的结晶。"

不论是个人或企业都不可能彻底避免错误和失败。在企业的发展中，机会无处不在,但机会又是稍纵即逝的，任何人都不可能在做好所有的准备后再去把握机会。这就要求我们有一种试错精神，即使最后证明自己错了，也会比不曾尝试得到的要多得多。因为至少把握了机会，而且知道了你先前把握机会的方式是不对的。人们常说失败是成功之母，失败是一笔财富，大致含义也是如此。

柏林定律

☆ 一句话说管理 ☆

成功的最大障碍莫过于不断地取得成功。

追本溯源 该定律是由法国行为科学家欧文·柏林提出的。柏林认为，成功的最大障碍莫过于不断地取得成功。在不断成功之后，人们往往会认为自己无所不能。也就是说，对于下一步的成功来说，上一步成功往往表现为一种惯性陷阱。后来，人们将其观点称为"柏林定律"。对于企业来讲，市场和消费者行为不停地发生变化，而企业却还在一意孤行。即使是一些刚开始做事非常灵活、以顾客为导向的知名企业，都很难批评或挑战自己过去的成功经验。于是它们逐渐丧失了灵敏度和适应能力，然后就有可能成为成功的牺牲品。外界条件变化得越快，成功经验就越容易落伍。如果公司想继续保持领先，就必须跟上时代的步伐，放弃固有的组织流程。

企业实战运用 ※ 成功的陷阱

1953年，劳拉·阿什雷公司在美国成立，作为一个生产女性装饰用品的公司，它的产品曾一度引起那些曾经有英国生活经历的美国女性的浪漫情怀。尤其是在20世纪70年代人们普遍怀旧的情况下，该公司通过其怀旧产品很快由一家家庭式的小作坊发展成一家拥有50家专卖店的大公司，劳拉·阿什雷也成了国际知名的女性用品品牌。

与怀旧情结紧密联系的是劳拉·阿什雷产品的特色，也是公司开始时能取得成功的关键因素。

劳拉死后，她的丈夫伯纳德仍沿着劳拉所设立的风格继续经营公司。然而，随着时代的变化，消费者的需求也在变化。由于越来越多的女性开始走出家庭谋求工作，市场逐步倾向于职业饰物，而不是劳拉·阿什雷公司所生产的浪漫性饰物。

过去，劳拉·阿什雷公司的竞争者都视该公司的产品为榜样，争相效仿，但到了20世纪80年代，竞争者们甚至开始公开嘲笑说劳拉·阿什雷公司的产品更适合农村家庭妇女，而不是白领女性。此时的女性装饰行业已经发生了巨大的改变，伴随着国家间关税壁垒的逐步瓦解，女性精品店大多都将生产基地设到海外以削减成本，或者将生产全部外包。但劳拉·阿什雷公司却不顺应这种生产模式，仍然继续按照过去曾为其带来成功的老路，生产现在看起来已经陈旧不堪的老式饰物，并且以昂贵的方式自己生产，公司的竞争力因此而衰弱。

面对日渐衰落的公司状况，劳拉·阿什雷公司开始寻求外界的帮助。在20世纪80年代末，通过一家管理咨询机构，公司认识到自身所面临的挑战，并因此提出了相应的措施。劳拉·阿什雷公司董事会先后聘请了多位总经理，希望可以通过他们的管理，改善公司的状况。几乎每一个经理都采取了一系列的改革措施，但都没有改变公司的战略方向，所有的改革方案都没有提到按照市场的特点改变该公司的传统风格。

因此，劳拉·阿什雷公司虽然更换了好几任总经理，但仍未能抑制住公司业绩下滑的趋势，最终吞食了其行为惯性的苦果。

一般来讲，知名公司过去的成功与辉煌，往往会使经理人相信只要按照过去的模式制定一系列明确的战略、流程，建立和强化多方面的关系，以及发展公司现有的文化和价值理念，公司就可以和过去一样成功。公司不断地成功发展，使得经理人更加坚信，只要按照这样的方式继续运行，公司的客户仍会成倍增加，大量人才仍会对公司极其向往，投资者们也仍会对公司的股票不断追捧，竞争对手也仍会不断模仿公司的一切经营方法。

当经理人以为躺在过去的成功秘方上就可高枕无忧时，却不知市场已经悄悄地发生了变化。人们的消费观念不是一成不变的，随着时代的变革，一切都在改变。当经理人从失败的阴影中苏醒过来才发现，失败的原因正在于过去的成功和辉煌。过去加点战略、加点文化、加点流程、再加点关系就可以成功的模式，现在却成了公司失败的最大毒根。过去为公司带来成功的战略已经成为挡住经理人视线的眼罩，流程成为一成不变的陈规。关系网成为束缚公司发展的桎梏，价值观最终也变成了教条。

劳拉·阿什雷公司的失败也正源于其过去的成功。

管理艺术

在不断成功之后，人们往往会认为自己无所不能。即是说，对于下一步的成功来说，上一步成功往往表现为一种惯性陷阱。而对于很多企业来讲，成功的模式似乎是固定的，只是根据市场稍微改动就可继续成功，然而市场和消费者行为不停地发生变化，企业如果不能从原先成功的模式中跳脱出来，就只能眼睁睁地看着市场从自己手中溜走。即使是一些刚开始做事非常灵活、以顾客为导向的知名企业，都很难批评或挑战自己过去的成功经验。在成功经验的蒙蔽下，它们逐渐丧失了灵敏度和适应能力，然后就有可能成为成功的牺牲品。外界条件变化得越快，成功经验就越容易落伍。如果公司想继续保持领先，就必须跟上时代的步伐，勇敢地放弃固有的组织流程。

箍桶理论

☆ 一句话说管理 ☆

先制定一个目标，然后根据现在自身条件和客观情况，制定出为最终能达到目标的一个个阶段的任务量。

追本溯源 箍桶理论是针对“木桶理论”而提出的逆向的新观念。这个理论就是说，将一件有很大困难的事，细分为若干阶段或部分，这样，在细分后的每个阶段或部分，其困难就被大大缩小，直至缩小到其困难可被轻易克服，缩小到要实现这个阶段或部分的小任务完全具备客观的可能，而且几乎没有任何系统的风险干扰。

企业实战运用 ※ 蒙牛：三步走战略

2005年，在“品牌中国”论坛上，牛根生当众宣布了蒙牛的“内蒙牛——中国牛——世界牛”三步走战略。只有通过这三步顺利过渡和交接，才能最终成就蒙牛百年老店的宏图大略。牛根生这一战略是根据蒙牛的发展进程制订的，具有非常现实的意义。

在创立之初，蒙牛是一个“四无”（无工厂、无奶源、无市场、无品牌）企业，处境十分艰难。当时，牛根生的目标就是在内蒙古乳品市场打响品牌知名度，为此，他提出了“创内蒙古乳业第二品牌”的概念，在避免遭受到品牌第一恶意竞争的情况下，提高自身的知名度。

牛根生知道当时的蒙牛还很弱小，不能与竞争对手硬碰硬。为了表示其放低姿态的诚意，蒙牛在和林生产基地竖起一块巨大的广告牌，主画面为万马奔腾的壮观场面，上面写着“为内蒙古喝彩”，下面标注着这样一行字：千里草原腾起伊利集团、兴发集团、蒙牛乳业，塞外明珠耀照宁城集团、仕奇集团，河套峥嵘蒙古王，高原独秀鄂尔多斯，西部骄子兆君羊绒……我们为内蒙牛喝彩，让内蒙古腾飞。

蒙牛这种谦虚的态度，大大减小了它进入内蒙古市场的阻力，同时非常巧妙地将当时还是无名之辈的蒙牛与诸多草原名牌相提并论，无形中也提升了蒙牛在内蒙古人民心目中的知名度。

2002年，蒙牛成功获得了摩根–士丹利等知名投资机构的巨额投资，蒙牛的发展进入了一个新的阶段，开始了它冲击“中国牛”的征程。在宣传上，牛根生不再仅限于内蒙古的乳业，而开始以中国的蒙牛进入其他省区市场。凡是跟国家有关的最轰动的事情，都不会少了蒙牛，牛根生对此解释道：“这是一个全国的品牌，不仅仅是区域品牌。”

2004年6月10日，蒙牛集团正式进军海外资本市场，在香港主板挂牌上市，开始了其“世界牛”的战略。当时，牛根生这样评价蒙牛上市的意义：“如今，蒙牛成功上市，它的境外上市是问鼎‘世界牛’的关键一步，标志着‘三步走’的品牌战略跨入了新阶段。”

通过制定实际的目标，蒙牛脚踏实地地一步步从“内蒙牛”走到了“中国牛”，如此务实的企业，让我们有理由相信，蒙牛必将实现其“世界牛”的目标。

将最终的目标细分到每个阶段的小目标上，一步步地走上成功之路，是每个企业管理者都应考虑的。任何事情都不可能一蹴而就，只有通过一步步实实在在的行动，才能到达成功的彼岸。箍桶理论告诉我们：在制定目标之后，要将各阶段任务量细化，使之具体明确，尤其是每个阶段应实现的任务量在客观上都要具备实现的可能。

海恩法则

☆ 一句话说管理 ☆

每一起严重事故的背后，必然有29次轻微事故和300起未遂先兆以及1000起事故隐患。

追本溯源 该法则是由飞机涡轮机的发明者德国人帕布斯·海恩提出的。这个法则最先是航空界关于飞行安全的法则。海恩法则分析，当一起重大事故发生后，我们在处理事故本身的同时，还要及时对同类问题的“事故征兆”和“事故苗头”进行排查处理，以此防止类似问题的再次发生，及时解决再次发生重大事故的隐患，把问题解决在萌芽状态。

海恩法则主要强调两点：一是事故的发生是量的积累的结果；二是再好的技术、再完美的规章，在实际操作层面也无法取代人自身的素质和责任心。

企业实战运用 ※ “派克金笔”的衰落

派克制笔公司的创始人乔治·派克原先只是个收入微薄的小镇教员，在教学之余，还修理和贩卖自来水笔。当时，那些动不动就弄得人满手墨水的钢笔让派克十分苦恼。经过一段时间的研究，派克决定成立自己的制笔公司，制造出高质量的钢笔。于是，派克制笔公司就成立了。

经过多年的努力，派克金笔上市，到 20 世纪 20 年代，派克制笔公司高居美国制笔行业的榜首。到了 1954 年，派克制笔公司已在全球 14 个国家设立了子公司，世界上经营派克金笔的商家达到了 120 家。派克制笔公司年产金笔 500 万支、笔芯 3200 万个、墨水 300 万吨，拥有 6800 多名员工，成为当时世界上最大的高档金笔生产企业。

然而，从 1980 年开始，派克制笔公司连续 5 年亏损，到 1985 年亏损额达到了 500 万美元。1986 年，派克公司因巨大的资金黑洞，无可奈何之下被英国一家公司以一亿美元的价格收购。

派克制笔公司的衰落，并不是一时的资金周转不灵导致的，而是早在派克金笔称雄世界之时就存在这些问题了，这些问题聚集在一起，最终造成了无法挽回的危机。

20 世纪六七十年代时，派克制笔公司的许多竞争对手针对美国市场发生的变化，纷纷调整生产策略，转而生产书法专用笔和价格昂贵的高档笔。同时还利用生产厂家在美国的市场代理商，向美国市场推销其产品，大有与派克制笔公司一较高下的气魄。

在当时，派克制笔公司在美国市场的销售额大幅度下降，但派克制笔公司却对危机视而不见。依靠着在国外的销售量，派克制笔公司在这时并没有遭受到很大的冲击，因此，公司高层丝毫没感受到威胁。而在公司内部，财务管理松懈，投资目标不明，日常花销巨大，公司的制度几乎处在名存实亡的状态。

紧接着，1982 年派克公司新任总经理彼得森的错误改革，大大加快了派克笔的衰落。人们之所以购买派克金笔，不仅仅是为了买一种书写工具，更重要的是购买一种形象，以表明自己的身份。而彼得森上任后，却将精力放在了转轨和经营每支售价 3 美元以下的钢笔上，去争夺低档钢笔市场。这一举动，使派克笔作为“钢笔之王”的形象和声誉受到损害。派克公司的竞争对手抓住了这次机会，大力进军钢笔高端市场。结果，派克公司不仅没有顺利占据低档笔市场，反而白白流失了高端市场的份额。

后来，美元大幅度升值，派克公司原本依靠的出口量严重下降，公司利润随之锐减，最终沦落到四处借债的处境，不得已被其他企业收购。

管理艺术

一个企业经营得好坏与它平时的管理有相当大的关系，企业发生亏损甚至倒闭，都能够从企业的经营中发现征兆。在日常的企业管理中，一定要积极地去解决问题，一个小问题或许不会给企业造成很大的损失，但众多小问题集合在一起，就成大问题了，就成了我们管理上说的安全管理。安全管理是管理科学的一个重要分支，它是为实现安全目标而进行的有关决策、计划、组织和控制等方面的活动，做好安全管理，就得从战略到战术、从宏观到微观、从全局到局部，做出周密规划、协调和控制，杜绝小问题，那么大问题也就不会出现了。

吉格定理

☆ 一句话说管理 ☆

除了生命本身，没有任何才能不需要后天的锻炼。

追本溯源 该定理是由美国培训专家吉格·吉格勒提出的。他认为，除了生命本身，没有任何才能不需要后天的锻炼。才能的养成需要后天的努力，没有人能只依靠天分成功。上帝给予了天分，勤奋将天分变为天才。人们将这种观点称为“吉格定理”。

企业实战运用 ※ 自己培养人才

当知识经济成为时代潮流时，越来越多的企业开始认识到人才是第一资源，竞争归根结底是人才的竞争。每个企业都想着寻找人才，然而人才从哪里来？人的才能并非天生，而是通过后天学习得来的。所以，与其去争夺人才，不如企业自己来培养人才。

通过公司对内部员工的培训，每个人都能成为自己工作岗位上的人才。对于培训的巨大作用，蒙牛的创始人曾说过这样一段话：“我们知道，即使人的‘克隆’合法化了，也只能复制肉体，永远无法再造出一个社会意义的‘第二自我’。但经由培训，人却可以把自我的先进部分，有效地‘移植’到一个或多个人身上，从而发扬光大。这种‘移植’，或许可以视作观念的‘克隆’、技能的‘克隆’，或者模式的‘克隆’。”

与蒙牛一样重视员工培训的是LG公司。该公司把员工的培训分为“技术职社员”和“经营职社员”两大部分。培训中心按照对员工的不同要求，设立不同内容的课程，然后让各部门员工参加。培训分为必修和选修两部分。公司文化、思维理念的培训课程通常是必修，专业化的课程一般为选修。通过这样的课程教育，将公司的经营理念和员工的专业化要求很好地结合在一起，从而提高员工工作技能与公司要求的契合度。

为了体现公司对培养人才的重视度，LG 把培训提到了企业的战略高度。为了实现“经营以人为本，为顾客创造价值”的经营理念，公司内部的培训课程中还专门安排了一门叫作“顾客满足”的课程。

LG 培训的最大特征是：每个员工的培训机会不是均等的。新员工只需通过一些最基本的培训，使之能够胜任自己的工作即可。而高层管理者，则有机会去总部或国外的培训中心进行专门的培训，甚至可以去进修 MBA 之类的课程。

培训员工固然需要大量的资金，但经过培训的员工给公司带来的价值更大。曾有一个培训部主任说过：“我们有案可查，由于培训员工掌握了统计过程控制法和解决问题的方法，我们节约了资金。我们的培训收益大约是所需投资的 30 倍，这就是为什么我们会得到高层经理大力支持的原因。”

通过公司的大力培训，所有的员工都能成为企业急需的人才。

一个有远见的企业家，不会只通过外部招聘获取人才，还会对内部员工进行培训，提高员工素质。松下电器的创始人松下幸之助曾说：“一个天才的企业家总是不失时机地把对职员的培养和训练摆上重要的议事日程。教育是现代经济社会大背景下的‘撒手锏’，谁能够拥有它就预示着谁会取得成功，只有傻瓜或自愿把自己的企业推向悬崖峭壁的人，才会对教育置若罔闻。”

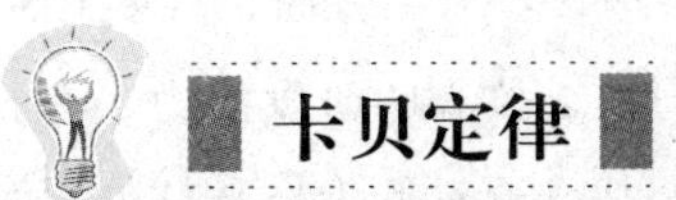

卡贝定律

☆ 一句话说管理 ☆

放弃有时比争取更有意义。

追本溯源 该定理是由美国电话电报公司前总裁卡贝提出的。他认为，放弃有时比争取更有意义,放弃是创新的钥匙。如果努力争取的东西与目标无关，或者目前拥有的东西已经成为负担，或者劣势大于优势，那么还不如放弃。这种观点被人们称为“卡贝定律”。

其实，无论是个人还是企业，都要学会放弃。当然，我们要的不是无可奈何地放弃。壮士断腕，就是在紧要关头，主动割爱，以期另图出路。这是一种胆略与气魄，是一种理智与智慧。有目的、有计划地放弃老的、陈旧的、劣势的、不能获取报酬的东西，才是追求创新所必须具备的成功条件。

企业实战运用 ※ 放弃有时也是一种胜利

在企业扩张战略占据企业家思绪的同时，与之相对的企业放弃战略也逐渐被一些企业采用。所谓的放弃战略是指企业在衰退的初期，预计难以通过转变战略扭转局面或当转变战略失败后，就把有关经营单位卖掉，以便能够最大限度地收回投资。在这种战略的实战应用中，百度放弃软件事业部最为典型。

2006年7月，人们最为关注的焦点就是百度放弃软件事业部，并将其彻底从公司剔除。当时有媒体披露："整整一个部门的员工，在几分钟之内全部被解散，以此来成全公司的业务转型。"这一举动，使百度员工在网络上抱怨连连，就连企业界相关人士也对百度这种做法有意见。在明知会招致骂名和怨恨的前提下，百度还是毅然做出这样的举动的原因是什么呢？

对此，百度方面做出了解释：随着百度搜索服务拓展出更大市场空间，公司认为应该把更多的精力集中到搜索服务上去，以"专注搜索业务"为目标，而企业软件事业部的业务已与公司的核心业务发展不同，甚至在方向上有所背离。解散非核心业务部门，显示了百度希望在高速成长中依然能够保持克制和理智。

百度公司发展到今天，成为全球最大的中文搜索引擎，其成功与放弃非核心业务、专注于支柱产业的战略是密不可分的。有分析人士表示百度放弃软件事业部是极其明智的："虽然百度ES（软件事业部）部门在国内可以说是最先推出企业竞争情报系统(CIS)的，但是由于概念过于超前，整个CIS系统的时间、空间和规模都不够大，不足以支撑百度期望的ES部门的高速增长；另一方面，百度CIS软件核心技术和用户的需求还有较大的差距，百度ES部门缺乏核心的研发能力，在技术上无法超越竞争对手，因此在市场层面的竞争主要靠价格战，通过低价格来打单，而这又导致了恶性循环，长期盈利能力下降。"

放弃，从表面看是失去，但如果失去一个芝麻，可以捡到一个西瓜的话，那么放弃也是一种胜利。放弃是一种基于战略的价值判断，是一种有进有退、以退为进、张弛有度的战略智慧。曾有人说杰克·韦尔奇任通用电气总裁期间最大的成就是收购了上百家有价值的企业，可杰克·韦尔奇却不这么认为："不，我对公司最大的贡献是拒绝了至少1000个看上去很值得投资的机会。"

无论是个人还是企业，都要学会放弃。正如一棵树要生长得枝繁叶茂，就必须砍掉不必要的枝杈一样，企业要得到长足的发展，也需要专注。并行不能兼顾，就是告诉管理者：该放弃的就要果断地放弃。放弃并不一定就代表失败，相反，有目的、有计划地放弃老的、陈旧的、劣势的、不能获取报酬的东西，是追求创新所必须具备的成功条件。

鲁尼恩定律

☆ 一句话说管理 ☆

赛跑时不一定是快的赢，打架时不一定是弱的输。

追本溯源 该定律是由奥地利经济学家R.H.鲁尼恩提出的。他认为，赛跑时不一定是快的赢，打架时不一定是弱的输。竞争是一项长距离的赛跑，一时的领先并不能保证最后的胜利，阴沟里翻船的事并没少发生。同样，一时的落后并不代表永远落后，奋起直追，就会成为笑到最后的人。人们称这种观点为“鲁尼恩定律”。

企业实战运用 ※ 比亚迪大胜三洋

1995年，比亚迪公司在深圳成立，当时，作为一个只有20多名员工、200多万启动资金的小型电池制造企业，别说在国际市场上毫无名气，就是在中国知道它的人也很少。

那时候的日本三洋公司已经过十几年的发展，在全球电池市场上一直占据着销量冠军的宝座。单凭三洋每年让人咂舌的电池销量，比亚迪就难以望其项背。在这样巨大的实力差距下，谁会想到它日后会成为三洋最大的对手呢？就是三洋公司也没有想到这样的小企业会取代自己的位置。

比亚迪却一直都将三洋视为自己的对手，不断向三洋发起进攻，抢夺三洋的市场份额。

刚成立的比亚迪甚至连购买一条完整的日系全自动化电池生产线的资金都没有，在万般无奈之下，比亚迪的创始人王传福带领自己的员工根据中国人力资源丰富的特点，建成了一条半手工半自动化生产线，没想到这样的生产线却成了比亚迪的制胜法宝。尽量使用人工，让比亚迪形成了巨大的成本优势。

但是想要跟强大的竞争对手较量，只依靠价格上的优势是不可能取得胜利的，因此，在比亚迪站稳脚跟后，王传福就大量引进电池界的前沿人才，提高产品品质。

成立当年的下半年，王传福就将自己的产品送给当时台湾最大的无绳电话制造商大霸试用，低廉的价格和优秀的品质引起了大霸浓厚的兴趣。第二年年初，比亚迪就接到了大霸的大额订单，而这个订单原本是要给三洋的。

在这时，三洋还是没有感受到比亚迪的威胁，毕竟失去一个大霸并不能影响到三洋的销量，然而在紧接着的几年内，情况却不容乐观了。比亚迪先后拿下了日本积高、飞利浦、伟易达等厂商的大额订单。到 2002 年时，比亚迪已经与摩托罗拉、爱立信以及国内新兴的波导、TCL、康佳等手机制造商建立了合作关系，成为了与三洋、索尼比肩的全球第三大电池供应商。

这个时候的三洋之所以仍能占据着老大的位置，主要原因在于它有两个最大客户，一个是诺基亚，一个是百得。2002 年，比亚迪已经开始给诺基亚供货，之后又成为了诺基亚最大的电池供应商之一。2005 年，比亚迪又拿到了百得的订单。三洋的大客户都被比亚迪分割了。

2006 年，在全球充电电池市场上，比亚迪以超过 40%的销售数量跃升至全球第一位，三洋退居第二。全球的镍电池价格基本由比亚迪主导。

从比亚迪在电池领域打败三洋的事例中，我们就可看出：赛跑时快的不一定能赢，打架时弱的不一定就输。只要选对方法，不断努力，就能打败对手。

企业间的竞争就像一场长时间的战斗，在战斗中，弱的不一定就会输，历史上不乏以少胜多、以弱胜强的例子，而这个道理在企业间的竞争中也同样适用。一时的胜利并不能保证最后的胜利，同样，一时的落后并不代表永远落后，奋起直追，你就会成为笑到最后的人。

作为管理者，在对待内部员工的问题上更要注意这句话的深刻含意。把这种不服输的坚韧意志和精神传递给所有的企业员工，当整个企业都形成了一种不服输的精神时，它就变为这个企业的企业文化，并会以效益提升的形式表现出来，那时这句话就会催生企业极强的竞争力！

墨菲定律

☆ 一句话说管理 ☆

凡是可能出错的事情，就一定会出错。

追本溯源 该定律是由美国工程师爱德华·墨菲提出的。爱德华·墨菲是美国爱德华兹空军基地的上尉工程师，他曾参加美国空军于 1949 年进行的 MX981 试验。这个

试验的目的是为了测定人类对加速度的承受极限。其中有一个试验项目是将16个火箭加速度计悬空装置在受试者上方，当时有两种方法可以将加速度计固定在支架上，而不可思议的是，竟然有人有条不紊地将16个加速度计全部装在错误的位置。根据这一试验结果，墨菲做出了这一著名论断。

企业实战运用 ※ 张瑞敏：问题管理

墨菲定律告诉我们，不管危机情况发生的可能性多小，它一定会发生。要避免这种情况的发生，就要求企业必须实施危机管理，树立根深蒂固的危机意识。

世界一流的企业家都有强烈的危机意识。比尔·盖茨宣布“微软离破产永远只有18个月”，李健熙则声称“三星离破产永远只有一步之遥”，松下幸之助更是干脆将松下的经营方法命名为“危机经营”。

作为世界五百强企业的中国海尔集团，张瑞敏对海尔的危机管理有着自己的理解。在他看来，管理者必须进行问题管理，而不是危机管理。问题管理与危机管理最大的不同就是，问题管理是积极主动地发现并解决企业潜在的问题，把危机消灭在萌芽中；而危机管理是等到危机出现后才去解决的被动管理。

事实上，当企业出现危机时，往往是问题累积了很长时间，优秀的企业家不应该在危机爆发后才去管理，而应事前防范，及时解决问题。张瑞敏认为，企业对于任何发展过程中的问题，都不容忽视，不能抱着侥幸的心理，以为问题不会酿成重大的企业危机。

1997年的一个例会上，海尔销售公司按照例行管理制度复审冷柜电热本部对某地区用户回访的电话记录，发现记录上许多页都仅写着“占线”两个字。于是，张瑞敏就把这件事作为案例让各个部长发表一下意见。他们有的说该抓公司的体系，有的说应该抓工作的态度，甚至有的说应该查查具体是谁这么做的。对此，张瑞敏十分不满：“你们现在最该抓的就是自己的思想作风、工作作风问题。你们的下级不认真工作，是因为你没有要求他们认真。”在之后召开的海尔中层干部扩大会议上，张瑞敏提出了干部对待问题应树立的三个观念：终端的问题归根到底是领导的问题，看不出问题就是最大的问题，重复出现的问题就是作风上的问题。

张瑞敏强调，战略管理的核心就是问题管理，因为战略管理会遇到很多问题，所以在处理问题的时候，一定要先找准了问题，才能对症下药。讲主观不讲客观，讲自己不讲别人，讲效果不讲过程。公司领导要以身作则带动整体作风，从自身的主观意识上找问题，从工作中发现问题，进而找出正确的解决办法。

海尔的问题管理理论认为：企业问题普遍存在，优秀企业的问题并不比普通企业的问题少，每个人都能发现问题，但关键是要发现众多问题中的根本问题。所以，需要企业建立系统、专业的监控系统去发现问题，进而解决问题。

如果能够在平常的时间里，将发现的问题一一解决，那么就能够避免重大危机的出现。

管理艺术

墨菲定律重视的是危机发生的可能性，包括那些概率小的事件，强调事物的变化及不确定性，以此来提醒管理者要注重对问题的处理，防患于未然。管理者要做到预防危机，就要善于发现问题，解决问题。著名作家托夫勒曾说："正确的问题比错误的问题的正确答案更重要，也就是问题比答案更重要。"

王安论断

☆ 一句话说管理 ☆

犹豫不决固然可以免去一些做错事的机会，但同时也失去了成功的机遇。

追本溯源 该论断是由美籍华裔企业家王安博士提出的。王安祖籍江苏昆山，先后在交通大学、哈佛大学就读。1940 年毕业于上海交通大学电机工程专业，于 1948 年获哈佛大学博士学位。不久，他发明"磁芯记忆体"，大大提高了电脑的贮存能力。1956 年，他将磁芯记忆体的专利权卖给 IBM 公司，获利 40 万美元。雄心勃勃的王安并不满足于安逸享乐，对事业的执著追求使他将这 40 万美元全部用于研究工作。1964 年，他推出最新的用电晶体制造的桌上电脑，并由此开始了王安电脑公司成功的历程。

王安公司在其后的 20 年中，因为不断有新的创造和推陈出新之举，使事业蒸蒸日上。其名言"犹豫不决固然可以免去一些做错事的机会，但同时也失去了成功的机遇"被人们称为"王安论断"。

企业实战运用 ※ 制定决策要当机立断

随着全球一体化进程的加快及信息社会的到来，全球信息的传播速度大大地提高。信息的快速传递缩短了空间距离，把世界各地的市场信息紧紧地联系在了一起。信息就是机会，就是财富。但是，在竞争加剧的国际市场中，信息所提供的机会稍纵即逝，谁能快速抓住，谁就能把握市场供需，谁就能获得财富，谁就能成为行业中的领先者。企业家如果选择了在机会面前果敢决策，那么也就是间接地选择了成功。

所以说，企业在做决策时，一定要当机立断，比亚迪总裁王传福曾这样说过："发现机会，我跑过去都嫌慢，我要扑过去。"另外，日本仓敷编织公司董事长大原总一郎的父亲也曾这样教导他："要办一项新事业，10 个人中有一两个赞成就可以开始，5 个人赞成就已经迟了一步，七八个人赞成就已经太晚了。"意思是说，决策时不可坐失大好时机，要知道在讲究速度的市场中，犹豫只会使企业失去成功的机会。

1984 年，苹果电脑公司推出了它首创的"麦金塔"型电脑。这种电脑使用方法十分简单，很受消费者的欢迎，一时看来似乎可能成为电脑界的霸主。可是苹果公司的负责人怕失去对这种产品的控制权，因此迟迟不肯授权其他厂商使用麦金塔型的操作系统。

在这时，微软公司开发出一种名为 Windows 的操作系统，这种操作系统与麦金塔系统有异曲同工之妙。与苹果公司相反，微软公司将这个系统软件的使用授权给任何付得起钱的制造商，在这些制造商中，就包括苹果公司的最大竞争对手 IBM 公司。

当市场上的电脑大都采用了微软的 Windows 操作系统时，苹果公司才突然醒悟，决定向别的公司发出使用麦金塔型电脑操作系统的特许权。但这时已经迟了，大部分电脑制造商都已和微软签了合约，苹果能找得到的签约公司已经不多了。对此，美国财经分析家道格拉斯·卡思说："苹果公司这个决定是对的，可惜拖延太久了。"

从苹果公司的案例中，得到的教训就是：面对机会时，一定要果断地做出决策。纵观古今中外富商巨贾的成长历程，无不都是面对机会时果敢决策才取得成功的。在他们眼里，成功就是一场赌博。成功者的过人之处，就在于面对机会而敢赌敢拼。尤其是在今天这个竞争残酷的市场中，企业如果能快一步，那么就是先驱，如果慢一步，那么只能落在追随者之列了。

优柔寡断能使好事变坏，果断可使危机化解，这是很多企业家都熟知的道理。尤其是在经营决策中，更要有当机立断的魄力，虽然一个企业的决策要考虑到众多因素，但是一直犹豫只会错失良机。所谓的决断就是要不失时机，当断则断，该决定时不决定是企业经营中最大的失败。成功始于果敢的决断。

150 定律

☆　一句话说管理　☆

人类智力允许人类拥有稳定社交网络的人数是 148 人，四舍五入大约是 150 人。

追本溯源　该定律是由罗宾·邓巴（Robin Dunbar）提出的，罗宾·邓巴是英国牛津大学的一名人类学家，他是根据猿猴的智力与社交网络推断出该定律的。

罗宾的定律告诉我们，平衡的人际关系才会带给我们幸福的生活，同时也有助于我们考虑该如何对待他人。这个定律应用在企业管理中就是告诉管理者要善待自己的员工。

企业实战运用　　※ 员工不是下属，是伙伴

沃尔玛连锁公司是20世纪六七十年代崛起于美国的商业企业，也是目前世界上最大的商业零售企业。沃尔玛总经理山姆·沃尔顿在人事管理上，以关心员工而闻名。

美国《华尔街日报》曾报道说："几星期前的一个晚上，沃尔顿先生在凌晨两点半结束工作，到一家通宵营业的面包店买了一些点心，回来时路过公司的一个发货中心，就同一些刚从装卸码头上回来的工人聊了一会儿。结果，他发现这儿至少还需要两个沐浴间。"从这件小事就可看出，一个拥有数百亿美元企业的总经理竟然这么细致地关心自己的员工。因此，在沃尔玛工作的员工都亲切地称他"山姆先生"。

沃尔玛公司的一个员工在谈到他们的总经理时，十分激动："我们盼望总经理来商店参观时的感觉，就像等待一位伟大的运动员、电影明星或政府首脑一样。但当他走进商店的那一刹那，我们先前那种敬畏的心情立即就被一种亲切感所代替。山姆先生以自己的平易近人把笼罩在他身上的那种传奇和神秘色彩一扫而光。参观结束后，商店里的每一个人都清楚，他对我们做的贡献怀有感激之情，不管它多么微不足道。每个员工似乎都能感到自己在公司的重要性。这几乎就像老朋友来看你一样。"

沃尔顿先生经常参观公司的一些商店，并亲切地询问基层的员工"你在想什么"或"你最关心什么"等问题，通过了解他们的困难和需要，进而提供帮助。

沃尔顿先生的亲切一下子拉近了基层员工与高层管理者之间的距离。在沃尔玛公司，经常有一些各地的基层员工来到公司总部要求见总经理。沃尔顿先生总是耐心地接待他们，仔细地聆听他们的意见或建议。另外，他还要求公司的每一位经理认真贯彻公司的思想，把员工当作自己的合作伙伴，而不要只是做表面文章。

在沃尔玛公司，几乎所有的经理人员都用上了镌有"我们关心我们的员工"字样的纽扣。他们从不把员工看作是受雇于公司的雇员，而是把他们称作是自己的"合伙人"，并注重以真正诚恳的尊重和亲切来对待自己的员工。

一个成功的管理者必须了解自己员工的为人、他们的家庭、他们的困难和他们的需求，必须尊重他们和欣赏他们，让他们感受到切实、真诚的关心，这样他们才会竭尽所能地为公司创造财富。

员工的忠诚和积极性是企业生存和发展的关键，是整个企业组织的黏合剂。所以，企业管理者在管理中要注重对员工的管理。人是有感情的高级动物，人的一切行动都受感情的影响，所以在发挥人的作用时，管理者要重视感情的作用。对员工体贴入微、动之以情，使员工对企业的管理者予以信赖，那么员工回馈给公司的将是更好的绩效。

豪利定律

☆ 一句话说管理 ☆

每一个问题里，都有一个小问题竭力露面。

追本溯源 该定律是由美国管理学家 H.豪利提出的。他认为，面对问题时要知道：每一个问题里，都有一个小问题竭力露面。因此，要做到“能发现苗头，易左右势头”。这一观点被人们称为“豪利定律”。

企业实战运用 ※ 及时发现问题

1851 年，为了方便不识字的工人区分肥皂箱和蜡烛箱，一个码头装卸工人在宝洁公司的蜡烛包装箱上画上了一个黑色的十字。不久，另一个工人将这个标志改成了一个圆圈套着一颗星，再后来又有人用一组星星替代了原来的一颗星，最后又有人给加上了一轮残月和一个人的侧影。

这件事情传到宝洁公司总部后，为了便于工人和用户识别，公司决定将以后所有的蜡烛箱上都涂上星星和月亮的图案。

在这个标志推行了一段时间后，宝洁公司的管理者认为，蜡烛箱上的图案其实是没有必要的，于是就把它去掉了。但是，没多久宝洁公司就收到了一封来自新奥尔良的信，一个批发商拒绝接受一批宝洁公司蜡烛的交货，原因是这些箱子上缺少完整的星星和月亮的图案，该批发商认为这批货是仿制的。随后又有很多批发商都拒绝接受交货。

这时宝洁公司才意识到必须马上恢复蜡烛箱上星星和月亮的图案，这个图案的作用已不仅仅是让工人和用户区分肥皂箱和蜡烛箱了，而且还包含了鉴别真伪的作用，因此，宝洁公司立即将这个图案作为注册商标重新使用。

这样，包括新奥尔良批发商在内的许多用户，才继续与宝洁公司保持业务往来。这一次的风波，让宝洁公司充分认识到了细节的重要性。

如果说管理的一般法则是科学，那么对细节的管理就是艺术，企业处理细节的能力就形成了企业管理的能力。在市场竞争日益激烈的今天，任何细微的东西都可能成为“成大事”或“乱大谋”的决定性因素。在管理实践中，也确确实实存在许多因为“小问题”而导致事业转向衰落的故事，当然也有许多因为“小问题”而抓住发展机会的案例。

管理艺术

在管理过程中，或多或少会出现一些问题，这是一种很正常的现象；而作为管理者，能否及时发现问题，面对问题，有效地解决问题，是决定企业管理者管理成效的重要因素。因此，管理就必须要有问题意识，在管理过程中及时地捕捉存在的问题，有效地调整管理策略，有目的、有计划、有针对性地实施管理，促进企业更好更快发展。

没有问题的管理不是真实的管理，是不能及时发现问题的盲目的管理，是不能有效解决问题的无效管理。

及时发现问题是解决问题的前提，分析原因、抓住要害、调整策略是提升管理效率的重要途径。所以，作为一名管理者要懂得在及时发现和解决问题中提升自身的管理成效。

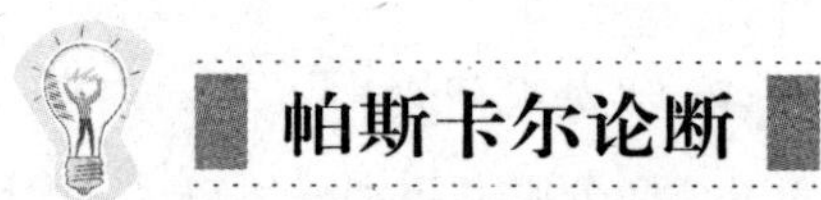

帕斯卡尔论断

☆ 一句话说管理 ☆

21 世纪，没有危机感是最大的危机。

追本溯源 该论断是由哈佛商学院教授查德·帕斯卡尔提出的。他认为，21 世纪，没有危机感是最大的危机，旨在提醒我们要有危机感，才能使企业有更长足的发展。人们把这个论断称为“帕斯卡尔论断”。

企业实战运用 ※ 吉列：错失市场

美国《危机管理》一书的作者菲特普曾对财富前五百强的高层管理人员进行过一次调查，结果显示：高达 80%的管理者认为，现代企业不可避免地要面临危机，就像人不可避免地要面对死亡一样。14%的被访者则承认面临过严重危机的考验。危机就像人生病一样是不可避免的，所以管理者一定要做好预防危机的工作。企业中最大的危机不是市场的冲击和竞争对手的打压，而是企业自身感受不到危机。

20 世纪 60 年代早期，一直占据大量剃须刀市场的吉列公司因为错误地估计了本行业中新产品——不锈钢刀片对它的影响，从而拖延了向市场介绍自己的不锈钢刀片的时机，使得竞争者乘机而入，结果导致自己丢失了市场。

第一个生产不锈钢刀片的利特尔埃弗夏普公司有 2000 万美元财产，根本无法与吉列公司相提并论。1963 年 1 月 26 日，它的第一批不锈钢刀片价格是每 5 只 79 美元，以“克朗加号”为标签，在纽约市场和 11 个西部州出售。“我们的生产量很大，”公司董事长小帕特里克·弗劳利说，“我们已经发货。”虽然他们 1962 年的销售额只有 2450 万

美元，与吉列公司的2.76亿美元相距甚远，但是也让人们看到了不锈钢刀片所蕴涵的巨大市场。

在这样的形势下，很快就有许多企业投入到不锈钢刀片的生产中，其中就包括后来成为吉列最大威胁的利普·莫里斯公司。在进入不锈钢刀片市场前，利普·莫里斯公司宣称："它将使我们打进双刃刀片市场，我们以前从来没有进去过，我们期待着巨大的成功。"

面对如此严峻的形势，吉列公司总裁布恩·格罗斯毫不妥协，坚持生产一次性刀片，他说："我们无意改变计划。"由于吉列公司在工艺方面的原因，尤其是在大量生产不锈钢刀片时所遇到的技术难题，造成了吉列公司迟迟不能推出不锈钢刀片。例如公司宣称，与碳素钢刀片比较起来，要生产出合格的刀刃，不锈钢的硬度大，因此不合格率可能要高得多。

为了避免出现不合格率高的生产结果，当时的吉列公司选择了不涉足不锈钢刀片市场。吉尔伯特董事长承认当时公司特别不愿意推出不锈钢刀片："我们生产不锈钢刀片基本上只是一种反应，当其他公司生产这种产品的时候，我们也得生产，但是我们本来不打算这么做。"之所以有这样的想法，部分原因是担心不锈钢刀片的使用寿命长，顾客购买刀片的周期会延长，吉列的销售量就会大大减少，从而导致公司的利润下降。公司尤其担心利润很大的高级蓝色刀片会受到不利影响，即销售量会被夺走。另外管理者也抱有侥幸心理，认为不锈钢刀片不会威胁到自身的发展。

结果，正是因为缺少危机意识，美国安全剃须刀抢走了吉列很大一部分市场份额。在这时，吉列才真正感受到危机，迅速投入不锈钢刀片的生产，竭力挽救市场，才总算维持住了自己的领先地位。

危机处理专家曾说："一家公司里，大概有百分之七的钱是因为危机预防制度没有做好而赔掉的。"要实施危机管理，首先就必须要有危机意识。作为一个管理者必须认识到：企业最危险的时候，不是在一无所有的创业阶段，而是在温饱之后的目标丧失之时。企业发展最好的时候，才是最危险的时候。

席尔法则

☆ 一句话说管理 ☆

成功往往是以"你认识多少人"，而不是以"你知道多少人"来衡量的。

追本溯源 该法则是由美国行为科学家F.席尔提出的。他认为，一个人的成功往往是以“你认识多少人”，而不是以“你知道多少人”来衡量的。也就是在强调人缘对于个体立足和发展的重要性。没有好人缘，好事也会和你绝缘。这种观点被人们称做“席尔法则”。

企业实战运用 ※ 蒙牛：得人心者得天下

蒙牛创业之初，几乎是一无所有，并且还受到了一股强大势力的打击和排挤，在如此恶劣的主客观环境下，蒙牛却依然能够迅速发展，其原因是什么呢？成就这一切的就是人脉，尤其是牛根生个人魅力所吸引来的人脉。

1999年，牛根生和几个伊利旧部决定自己创建一家乳品公司。当时，民营企业起步最大的障碍不是市场，而是资金。为了筹集启动资金，牛根生四处寻找合作伙伴。要知道在乳品等行业，单靠“漂亮的创业概念”和“虚无的富有成效的管理团队”是无法打动风险投资商的，得不到银行的资金支持，就只能通过合作伙伴的加入来实现创业时期的融资，但这种融资办法需要很好的人脉关系作为支撑。

此时，牛根生的个人魅力在蒙牛诞生的过程中起了重要的作用。从牛根生打算创业之初，伊利乳业就有一大批有专长的能人投奔到他的旗下，使蒙牛迅速地完成了人才的储备以及产品的定型。此外，凭借牛根生个人在伊利建立起来的人脉关系，很快赢得了一些客户和供应商的信赖。

牛根生从创业合作伙伴、部分客户以及供应商中获得的关键性启动资金中，广东潮州阳天印务有限公司总经理谢秋旭注入的大笔资金起到了最重要的作用。

很多人都以为蒙牛董事长牛根生是蒙牛最大的股东，但事实上持股比例最高的是谢秋旭。牛根生在为伊利效力期间因为订制包装制品与谢秋旭成为好友，当牛根生自立门户时，谢秋旭在财力上给予了极大支持，而从单纯意义上的持股比例来看，谢秋旭一直是蒙牛实际意义上的第一大股东。

人们之所以不知道谢秋旭是蒙牛最大的股东，是因为他从不参与蒙牛的管理。投入大量的资金后，谢秋旭慷慨地将其中大部分的股权以“谢氏信托”的方式赠予蒙牛的管理层、雇员及其他受益人。另外，谢秋旭还将其在持股蒙牛50%的银牛公司的全部投票权授予牛根生，而且绝不参与蒙牛的任何管理和发展安排。谢秋旭为什么这样支持牛根生的创业？是因为他了解牛根生，信任牛根生，相信牛根生会成功。牛根生的个人魅力是建立其人脉关系的先决条件。

牛根生曾说过这样一句话：“这个世界不是属于有权力的人的，也不是属于有钱人的，而是属于有心人的，因为有心，才能创造财富，积聚权力。”牛根生的处世哲学就是将心比心，用自己的热心去换别人的真心，他“喜欢把自己的钱分给兄弟们花”，所以在他最需要钱的时候，人人都肯把自己的钱拿出来支援他。

“专业知识在一个人成功中作用只占15%，而其余的85%则取决于人际关系。”牛根生的成功充分验证了这句话的正确性。

人脉资源是一种潜在的财富。如果管理者拥有足够丰富的人脉资源，那么资金和技术问题就能迎刃而解了。反之，缺乏人脉关系，企业将寸步难行。企业的人脉关系越丰富，企业的能量也就越大。作为管理者一定要大力建设其人脉关系网。建立人脉关系重要的不是知道多少人，而是认识多少人。知道别人，并不代表别人也知道你，但认识就不同，只有认识的人才能在你需要帮助时伸出援手。

☆ 一句话说管理 ☆

不能缺乏远见和洞察力，视野开阔方能看得高远。

追本溯源 如果一个人身处隧道，他看到的就只是前后非常狭窄的视野，由此推出了“隧道视野效应”。

企业实战运用 ※ 放长线钓大鱼

柯达公司是世界上最大的影像产品及相关服务的生产和供应商，总部位于美国纽约州罗切斯特市，是一家在纽约证券交易所挂牌的上市公司，业务遍布150多个国家和地区，全球员工约8万人。柯达公司是世界摄影器材制造业的先锋，它出产的照相机、相纸和胶卷在世界各地有口皆碑。

柯达公司由发明家乔治·伊士曼始创于1880年，创业之初，柯达公司发现：虽然自己的产品在质量上并没有什么问题，但是销量却一直上不去。事实上，当时摄影器材制造商的生意都不乐观。经过调查发现，并不是人们不喜欢照相，而是因为人们对于摄影技术一窍不通。那时的照相技术可不像现在这么简单，手动调光、手动调焦的复杂手段让大多数人放弃了自己照相的兴趣。

为了解决照相技术上的难题，柯达公司不惜投入大量资金，试图研发出一种自动对光、自动调焦的照相机。为此，柯达公司花费了几年的时间进行研究，功夫不负有心人，终于研制成一种无须手动调焦、对光，只要对准目标按下快门，就能获得理想照片的相机。这样的话，即便是对摄影技术一无所知的人只要一经点拨，就能使用，这种照相机就是我们平常所说的“傻瓜照相机”。

如果是目光短浅的企业，肯定会趁机将这种照相机的价格定得很高，快速收回之前投入的研发成本。然而柯达公司却没有这么做，他们想到的是“抛玉引市”。试想如果相机的价格高到让人咂舌，那么消费群体就会受到限制，连带着柯达的胶卷、相纸等产品的销量也会受到制约。所以当这种相机一上市，价格就低到了令人难以置信的地步，甚至有消费者怀疑这样廉价的相机能否照出影像。

经过一段时间的宣传，这种相机逐渐得到了消费者的认可。人们对这种物美价廉的相机表现出了极大的兴趣，纷纷踊跃购买。从市场的角度来看是消费者占到了便宜，然而柯达公司才是最大的赢家。随着“傻瓜照相机”的大量售出，柯达品牌的胶卷、相纸乃至整个柯达彩扩业都因此受益，摆脱了以前那种死气沉沉的局面。

人们手中有了相机就必然要在这些领域不断消费。柯达不是不想收回成本，而是它在开始就盯准了一个更有潜力的市场。因此，它并不急于收回成本，而是放长线钓大鱼，在获取了更多利润的同时，也为企业挣到了长期发展的“饭票”。

一个人在遇到新出现的问题时，总容易用习惯性的方式或经验来对待和解决新出现的问题，尤其是在过去成功的前提下。如果在一切条件都没有发生变化的情况下，运用已有的经验和方法会使问题得到迅速解决，提高工作和学习效率。但是如果在条件已经发生变化的情况下，仍然照搬过去的模式，以不变应万变是绝对行不通的。

这样的道理同样适用于企业。企业总是被原有的成功模式所蒙蔽，以为原有的经营理念是正确的，却没有考虑到随着市场的变化，经营理念也应该随之变化，才能保证其正确性。作为一个管理者一定要避免出现功能固着心理，才能让企业与时代一同进步。

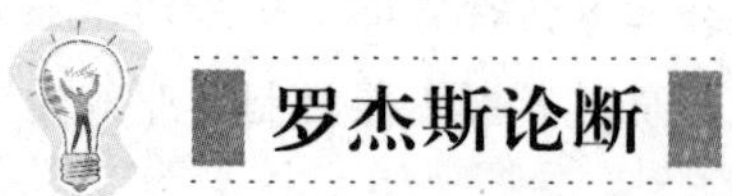

罗杰斯论断

☆ 一句话说管理 ☆

成功的企业不会等待外界的影响来决定自己的命运，而是始终向前看。

追本溯源 该论断是由美国 IBM 公司前总裁 P.罗杰斯提出的。他认为，成功的公司不会等待外界的影响来决定自己的命运，而是始终向前看。也就是说，作为一个企业的经营者，应该有强烈的危机管理意识。危机管理的重点不在于如何处理已出现的危机，而在于如何辨别哪些危机可能发生，哪些发生的概率比较小，以及如何未雨绸缪。后来，人们就将其称为“罗杰斯论断”。

企业实战运用　　※ 危机背后的商机

1982年9月，美国芝加哥地区突然传出爆炸性新闻：有7人因服用含氰化物的泰诺药片而遭致氰化物中毒死亡，此外，还有大约200多人可能因此而生病或死亡。这一新闻对泰诺药片的生产厂家——美国强生公司来讲，无疑是一场大灾难。

在此之前，泰诺药片控制了美国35%的成人止痛药市场，有1亿多人都在使用这种止痛药，该药每年的销售额高达4.5亿美元，占强生公司总利润的15%。随着中毒死亡的消息不断扩散，泰诺药片被全部从货架上撤了下来。与此同时，新闻界蜂拥而至，使消息的影响迅速扩散到全国各地，调查显示有94%的消费者知道泰诺中毒事件。

面对失去公众信任的巨大危机，强生公司在首席执行官吉姆·博克的领导下迅速采取了一系列有效措施。

首先，将预警消息通过媒介发向全国，停止销售泰诺止痛片，同时开始在全国范围内收回全部泰诺药片，价值近1亿美元。另外投入50万美元利用各种渠道及时通知与此相关的内科医生、医院和经销商。

其次，抽调大量的制药专家对所有药片进行检验。通过对全部800万片药片的检验，发现所有受污染的药片只源于一批药，总计不超过75片，并且全部销往了芝加哥地区，不会对其他地区有丝毫影响。

面对这一调查结果，强生公司并没有丝毫懈怠。按照公司的最高危机方案原则（在遇到危机时，公司应首先考虑公众和消费者利益），强生公司还是坚持把31个州的药片全部追回，并当即销毁。从9月30日事件发生，到10月上旬，泰诺药片的生产全部停止。在这期间，公司设立了专用电话，并通知新闻媒体，及时将公司的措施和调查结果公布于众。对此，当时的美国日报报道说："强生公司选择了一种自己承担巨大损失而使他人免受伤害的做法。如果昧着良心去做，强生将会遇到很大的麻烦。"

事件发生后，泰诺的市场份额一度下降。为了了解其影响程度，强生公司进行了为期7周的调查，其中包括7000多次的直接电话询问。之后，公司开始制订并实施了市场恢复计划。

公司为泰诺止痛药设计了防污染的新式包装，并召开记者招待会。这次会议由强生董事长亲自主持，他首先感谢新闻界公正地对待泰诺事件，然后介绍了重返市场的有抗污染包装的泰诺新药，并现场播放了新包装药品生产过程录像。

在记者招待会之后，强生仅用了5个月的时间就夺回了原市场份额的70%。之所以能这么快赢回消费者的信任，是因为在危机发生后，强生公司采取的措施成功地向公众传达了企业的社会责任感，受到了消费者的欢迎和认可。强生公司还因此获得了美国公关协会颁发的银钻奖。原本的不幸事件竟然奇迹般地为强生带来了更高的声誉。

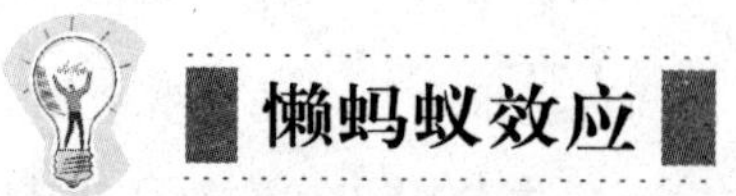

管理学界有一个著名的克华兹论断：所有“不幸事件”，都只有在我们认为它不幸的情况下，才会真正成为不幸事件。在市场经济中，企业都不可避免会遇到危机，关键是看管理者怎样去处理危机。如果任其发展，那么企业只能走向没落，如果采取有力的解决措施，或许还能从危机中获取更大的商机。企业的命运不是掌握在外界的环境中，而是在企业管理者手中。

懒蚂蚁效应

☆ 一句话说管理 ☆

懒于杂物，才能勤于动脑。

追本溯源 日本北海道大学进化生物研究小组对三个分别由 30 只蚂蚁组成的黑蚁群的活动进行了观察。结果发现：大部分蚂蚁都很勤快地寻找、搬运食物，少数蚂蚁却整日无所事事、东张西望，人们把这少数蚂蚁叫做“懒蚂蚁”。

有趣的是，当生物学家在这些“懒蚂蚁”身上做上标记，并且断绝蚁群的食物来源时，那些平时工作很勤快的蚂蚁表现得一筹莫展，而“懒蚂蚁”则“挺身而出”，带领众蚂蚁向它们早已侦察到的新的食物源转移。

原来，“懒蚂蚁”把大部分时间都花在了“侦察”和“研究”上了。它们能观察到组织的薄弱之处，同时保持对新的食物的探索状态，从而保证群体不断得到新的食物。

相对而言，在蚁群中“懒蚂蚁”更重要；而在企业中，能够注意观察、研究、分析、把握市场的人更重要，这就是所谓的“懒蚂蚁效应”。

企业实战运用 ※ 重用“懒人”

盛田昭夫的接班人，索尼公司后来的董事长兼首席执行官大贺典雄从东京国立艺术和音乐大学毕业后，进入慕尼黑音乐学院深造，开始学习演唱。在盛田昭夫盛情邀请他加入索尼公司时，他说：“我是艺术家，不想当朝九晚五的上班族，不想整天都待在办公室办公。”这样的人真称得上是个“懒人”了。

盛田昭夫花了六年的时间来说服大贺典雄加盟，一直没有结果，直到盛田昭夫说服了大贺的妻子。最后，在妻子的劝说下，29 岁的大贺终于答应进入索尼公司，并且同时领导两个部门的工作。

大贺典雄究竟有怎样的才能，让盛田昭夫如此器重他呢？原来当他还是艺术学院的学生时，就给索尼唱片公司提出了宝贵意见。

当时，索尼唱片公司发明了一种新式录音机，刚刚问世，就收到了大贺的批评信。在信中，大贺毫不客气地指出："这种录音机对于一个音乐家来说就是一件废物，录出来的声音明显失真，根本不适合音乐家用。人们要听到的是音乐家的真实声音，而不是走音！"

对于这样的批评，盛田昭夫并不生气，反而觉得大贺是个有用之才。一个企业若想成功必须生产出满足消费者需求的产品，站在消费者的角度，想消费者所想，然后再设计出真正适合顾客的产品。

于是，在1959年，盛田昭夫特地邀请大贺典雄一起去欧洲旅行，诚恳地听取大贺对索尼的意见。大贺很诚实地将自己的想法告诉了盛田昭夫："公司里到处都是工程师，这些工程师开创了公司，所以工程师们认为应该由他们来管理公司。其实不然，工程师能够开发出先进的产品，但不见得能够想到消费者的需求。在我看来，现在索尼已经很陈旧，管理得很糟糕。"

盛田昭夫觉得大贺典雄说的话很有道理，并且发现大贺典雄很有管理才能，便想邀请他加入索尼公司。从那次旅行后，盛田昭夫就没有放弃过邀请大贺典雄的想法。

在大贺典雄进入公司后，经过长时间的努力，索尼公司创出了最辉煌的业绩，研制开发出真正适合顾客的产品。事实证明，盛田昭夫花六年时间说服大贺典雄为索尼效力是十分值得的。正所谓"千军易得，一将难求"，如果能够为企业拉拢到真正的英才，那么管理者付出再多的努力也是值得的。

企业需要兢兢业业的辛勤工作者，更需要有清醒头脑、能够准确判断形势的将才。或许在外人看来，有些工作者动手做得很少，工资却很高，很不公平。可事实上，这些动脑的人为企业创造的价值更大。在有度量、有气魄、有远见的企业家看来，勤于动脑的人比勤于动手的人更适合担任管理职位。

在一个分工协作的组织内部，勤者与懒者都是不可或缺的。大量勤者的存在，是一个组织赖以生存的必要条件。但是一个组织的生存和发展，还需要有懒于具体事务，却勤于思考创新的指挥者。没有了这样的"懒者"，勤者极易无所适从，乱了头绪，多会进行无谓的劳作，往往会事倍功半。

犬獒效应

☆ 一句话说管理 ☆

在竞争中成长的企业才能做大做强。

追本溯源 当年幼的藏犬长出牙齿并能撕咬时，主人就把它们放到一个没有食物和水的封闭环境里，让这些幼犬互相撕咬，最后剩下一只活着的犬，这只犬称为“獒”。

企业实战运用 ※ 在竞争中成长

在第二次世界大战之前，可口可乐主宰着美国的软饮料行业，没有任何一家饮料生产商可与其相提并论。在这时，美国的“百事可乐”饮料毅然进入饮料行业。在可口可乐公司占绝对主导地位的市场中，百事可乐要想得到消费者的青睐，其希望是微乎其微的。另外，由于百事可乐的味道不如可口可乐，给消费者留下的印象是：百事可乐是一种二流饮料，跟可口可乐完全不在一个档次上。一直到20世纪40年代末，百事可乐的销售量都委靡不振。

这种颓废的情况一直到斯蒂尔担任百事可乐公司总经理后才有了彻底的改变。斯蒂尔带领员工对百事可乐进行了多方位的变革。他们策划了一个大型的攻击可口可乐的计划，计划分为两个阶段。第一阶段主要是改变百事可乐的口味，摆脱二流饮料的称号，并且集中力量占领可口可乐忽视的外卖市场。

到了1955年，百事可乐在可口可乐忽视了的空白市场中取得了很好的销量，此时的百事可乐已经克服了先前的弱点，因此斯蒂尔开始了他的第二阶段行动。第二阶段主要是直接攻击可口可乐所占的市场，特别是迅速发展的售货机和冷冻饮料细分市场。此外，斯蒂尔决定引进新规格的瓶装饮料，这为外卖市场和冷冻饮料市场的顾客都提供了方便。在这些措施的推动下，百事可乐的销量在不到10年的时间里增长了近4倍。

到1985年时，可口可乐为迎接其诞生100周年，宣布采用刚刚研制成功的新配方，这一举动引起了消费者的抗议。百事可乐抓住消费者的这种情绪，广为宣传自己的产品，迅速抢占可口可乐原有的消费群体，很快它的销售量就超过了可口可乐，成为了饮料业的老大。虽然此后，可口可乐很快就恢复了老配方，但此时的百事可乐已经在这次风波中壮大了起来。

在面对强大的竞争对手时，企业所要做的并不是撤出这个行业，而应该感谢存在竞争对手。比斯高公司行政主管唐纳·肯杜尔认为：在生意上遇到强劲、精明的竞争对手是用钱都买不到的“好事”。在他看来，竞争是重燃斗志、维持成功的真正力量。他说：“有很多人苟且偷生，毫无竞争之志，最后终于白头以终，对于这类人我只感到悲哀。打从做生意以来，我一直很感激生意竞争对手。这些人有的比我强，有的比我差，但不论其行与不行，他们虽令我跑得更累，但也跑得更快。脚踏实地地竞争，最足以保障一个企业的生存。”

管理艺术

企业要学会对行业里的竞争对手感恩，因为越是强大的对手越能促进自身的进步。在没有竞争对手的行业里，企业反而得不到长足的发展，这是因为在某具体细分市场，如果缺少或没有竞争对手，便极可能意味着消费市场缺乏现实的需求，在有较多竞争对手的市场，消费群体的需求也相对现实和巨大。一个有进取心、善于将压力转化为动力的企业，极可能在对手的挤对下获得成功。可以说，竞争是造就强者的最好学校。

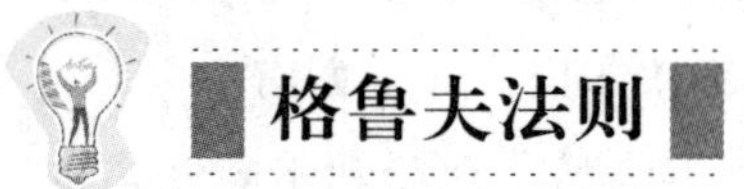

格鲁夫法则

☆ 一句话说管理 ☆

创新是唯一的出路，要淘汰自己，否则竞争将淘汰我们。

追本溯源 该法则是由英特尔公司董事长安迪·格鲁夫提出的。安迪·格鲁夫1936年出生于匈牙利布达佩斯的一个犹太人家庭，年幼时经历过纳粹的残暴统治，1956年逃离祖国，辗转到达纽约，后毕业于纽约市立大学，获加州大学伯克利分校博士学位。1968年进入英特尔公司，1976年成为首席运营官，1987年接任英特尔公司CEO，1997年成为英特尔董事长。他总是对员工和下属强调“创新是唯一的出路，要淘汰自己，否则竞争将淘汰我们”，这句话因此也成为了格鲁夫的名言，被人们称为“格鲁夫法则”。

企业实战运用 ※ 英特尔：自己淘汰自己

早在英特尔成立的20世纪70年代，其创始人戈登·摩尔就构筑了英特尔赖以成功的商业模式：不断地改进芯片的设计，以技术创新满足计算机制造商及软硬件产品公司更新换代、提高性能的需要。摩尔提出，计算机的性能每18个月翻一番，只有通过不断地创新、更换产品，才能赢得高额利润并将获得的资金投入到下一轮技术开发中去。

在摩尔的带领下，英特尔的计算机微处理器芯片速度一直在持续稳定地增长，使半导体市场经历了翻天覆地的变化。

在技术上，英特尔永远不满足于现状，它坚持的主张是“自己淘汰自己”，绝不能等竞争对手制造出可以替代自己产品的产品时才开始创新，而应该在这之前就用自己的新型产品替代原有的产品。

1993年3月，英特尔推出微处理器的第五代产品——奔腾，这是英特尔发布的工作主频最多的一个处理器系列，其主频从最初的60MHz、66MHz，到后来的75MHz、90MHz、120MHz、133MHz、166MHz、200MHz，共达到十几种之多。1997

年 5 月，英特尔在 PentiumMMX 还在热销的时候又推出了第六代处理器的第二个成员 PentiumⅡ，它又代表了微处理器当时的最新技术，后又有 233MHz、266MHz、300MHz、333MHz 四种主频产品。1999 年，英特尔不再满足于全球最大电脑芯片供应商的角色，开始挺进网络市场，并推出新一代的 PentiumⅢ。英特尔公司让人们真切地感受到创新才能使企业获得永久的活力。

此外，从市场竞争的角度来看，如果企业可以在产品制造上领先一步，连续不断地开发出替换现有产品的产品，竞争对手就会为了追赶你而疲于奔命。通过技术上的不断创新，使竞争对手无法超越，就能形成自己在经营上的优势，这就是创新的魅力所在。

企业是否能够不断创新主要取决于以下三个方面：

一、创新意向。这是一种永不满足于现状和不断开拓进取的精神，形成创新的动因，唤起并引发创新的动力。

二、合理的知识结构。科学的知识基础是创新性思维的材料和源泉，是产生创意的基础。

三、创新性思维能力。就是一种不依常规、寻求变异、从多角度多层次进行发散式立体思维的能力。创新思维大致分为准备阶段、尝试探索阶段、领悟阶段、检验阶段等。

只有一直在创新的企业，才可能在市场中立于不败之地。

任何一家要长久发展的企业都离不开创新的支持。一个不懂创新的企业，最终只能走向灭亡。墨守成规、一成不变只会被日新月异的时代淘汰。创新就是突破常规、制造机遇、找到新的出路。企业不能被动地在被市场抛弃之际，才试图去创造新产品，而应该主动出击，不断创新，自己淘汰自己的企业才能获得源源不断的生命力。

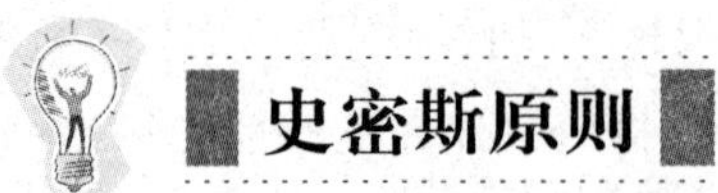

史密斯原则

☆ **一句话说管理** ☆

如果你不能战胜他们，你就加入到他们之中去。

追本溯源 该原则是由美国通用汽车公司前董事长约翰·史密斯提出的。他认为，面对竞争对手，如果不能战胜他们，就加入到他们之中去。这种观点被人们称为“史密斯原则”。

企业实战运用　※ 微软向苹果伸出援助之手

随着竞争的加剧，企业间的斗争日益残酷，而在这竞争中，竞争的方式也渐渐有了变化。传统的企业竞争通常是采取一切可能的手段击败竞争对手，将其逐出市场，企业的成功是以竞争对手的失败和消失为基础的，“有你无我，势不两立”是市场通行的竞争规则。在新形势下，竞争方式发生了根本的变化，企业为了自身的生存和发展，需要与竞争对手进行合作建立战略联盟，即为竞争而合作，靠合作来竞争。

在这样的竞争模式中，尤以微软和苹果的案例最为典型。众所周知，微软和苹果两大公司从20世纪80年代就一直处在竞争状态，乔布斯和比尔·盖茨在争夺个人计算机这一新兴市场控制权的战争中竞争激烈。

苹果借助软件和硬件的融合打造出了典雅的电脑，而微软则将软件和硬件分开，并借此走向了繁荣。另外，由于微软的这种方法被IBM公司的PC采用，使得微软的MS-DOS成为了一种标准。此后，微软从苹果的图形用户界面中获取了灵感，创造出了Windows系统，获得了巨大的商业成功。

到了90年代中期，微软公司在与苹果的竞争中明显占据了领先优势，占领了约90%的市场份额，而此时的苹果公司却举步维艰。

在别人以为微软会趁机大力打击苹果时，微软却向苹果伸出了援助之手：向苹果公司投资了1.5亿美元，将苹果公司从倒闭的边缘拉了回来。这看似愚蠢的做法，却饱含了比尔·盖茨的独特想法：与其再出现一个同苹果公司实力相当的公司与自己竞争，不如就让苹果存在，而且由自己伸出援手，还能把竞争对手转变为自己的合作伙伴。

日后，微软公司与苹果公司的发展，充分体现了比尔·盖茨决定的正确性。2000年，微软为苹果推出了Office2000。自此，微软与苹果真正实现了双赢，他们的合作伙伴关系进入了一个新时代。

在全球化的市场经济中，没有永远的敌人，只有永远的利益。无论是合作还是竞争，说到底都是为了利益。强者不去吃掉弱者，而帮助弱者生存下去，反而对自己有利。有时让竞争对手存在，往往比消灭他们更有利，能起到更加积极的作用，这一点从微软公司援助苹果公司的案例就可看出。

竞争使人进步最快，合作让人得到最多。能胜者胜之必然，善争者争于未争。防止完全竞争最为有效的途径就是变竞争对手为合作伙伴。在现代竞争中，更多的企业打出“双赢”旗号，就是为了避免完全竞争，出现双方受损的局面。而所谓的“双赢”却让企业在与竞争对手的合作中，满足双方对利润的追求。

这里要强调的是，管理者与员工要相互理解才能使企业正常运行。一个企业中，人数最多的群体就是基层员工，所以处理好与基层员工间的关系是至关重要的事情。正如“如果不能战胜他们，就加入到他们当中去”所说的一样，管理者要时常深入基层，了解员工的要求和想法，以此为标准改进工作，才能使管理效率不断提升。

PART10 〉〉〉

企业概括性法则，要从全面做起

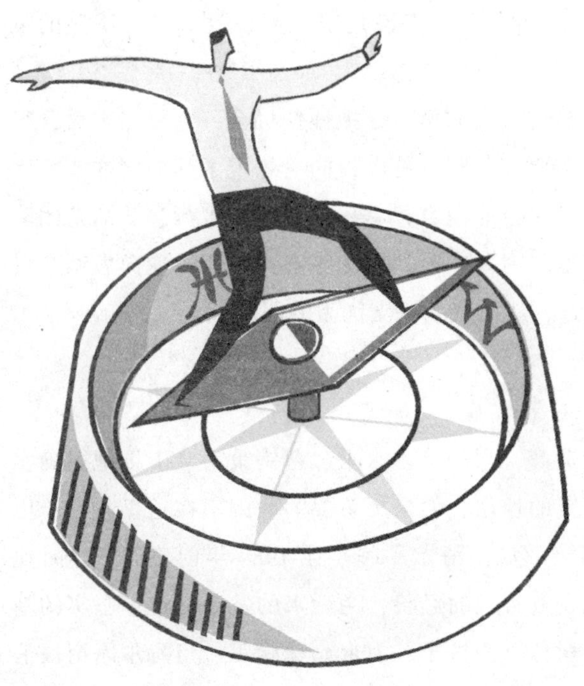

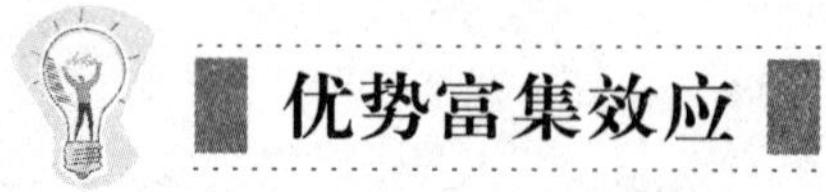

优势富集效应

☆　一句话说管理　☆

起点的微小优势经过关键过程的级数放大会产生更大级别的优势积累。

追本溯源　该效应是由王健发现的。他提出的理论有三个主要内容：先者生存、群集现象、微量演变。从全新的角度探讨了系统成型和演化的规律，对于社会、企业、个人等系统的发展具有很强的实用价值。

这个理论的运用范围很广泛，企业规模、营销模式、服务突显、产品特色突显、人力资源管理等多方面都适用。这其中阐述的“放大过程”是主要的核心点。把小特色放大为大特色，把小利放大为大利，从企业总体来说是很实用、效果最为明显的策略之一。

在人力资源管理中，由于部分员工经过自己的努力，把握住机会，突显出来后，很快容易形成他们很优秀的观念，于是机会更多、利益更大，同时忽视了其他同样非常优秀的员工，长此以往不利于团队的发展。对企业而言，单兵作战并不可行，要的是团队的力量，发挥团队精神才能立于不败之地。因此应该利用优势富集效应的逆向思维考察优秀员工周边的员工，带动他们一起成长，从而建立一支优秀的团队。

企业实战运用　※ 优势富集效应

海尔集团是世界第一大白色家电制造商，它的管理水平、营销策略、市场把握确实不错，在国内，甚至在国际上都享有一定的地位，但是更重要的原因不在这里。由于历史的原因，它已经形成了巨大的优势富集效应。海尔品牌是在 1984 年创建的，当时他们只生产冰箱一个产品，探索并积累了企业管理的经验，为后来的发展奠定了坚实的基础，总结出了一套可移植的管理模式，稳打一个桩子，力求站稳脚跟。当海尔冰箱被消费者认可的时候，他们才向别的领域发展，把企业战略分成若干阶段：品牌战略阶段、多元化战略阶段、国际化战略阶段、全球化品牌战略阶段。他们在朝一个计划中的顶峰攀爬，全国的顶尖精英都汇聚到这里，再加上各个领域的支持，能与它相抗衡的企业就不多了。

这能说明什么？一个好的企业、一个强大的团队、一个管理者的领导力都需要优势富集来充实自身，力求创新，将分散起来的优点集中起来，形成一个大的优点。其实不止海尔这样做，其他企业如阿里巴巴、蒙牛、腾讯等，都在向优势富集靠拢，力争在原有的基础再登新台阶。

在一个起点上超出去一步，后面就会有更大的效应、更多的机会出来，一步步雪崩一样的效应就产生了，这就是优势富集效应。美国的强大和它容天下之才是分不开的。比尔·盖茨的微软，其电脑精英在世界电脑界占据很大比例。同样，在中国如果想做到这点，可走“特产”这个捷径，比别人早迈出一步，成功的概率就要比别人高一分。在企业生存异常艰难的商业时代，以优势富集作为自身的“修炼心法”，便是抓住了一棵救命草。

当你的企业面临不可逆转的危机时，可以试着走优势富集的路线。企业之所以会陷入逆境很可能是因为你的企业在没有成熟的情况下就朝前迈步了，这样步伐不稳健，大事小事一箩筐。最好的解决方法是稳扎根基，以根基做基础，在行进的同时吸取经验。让别人认同你的企业，让企业产品从“庸牌”变为名牌，名牌产品是企业的招牌，优秀的团队是企业的血脉。只要企业核心不动摇，路线方针明确，发展起来自然不会有摇摇欲坠、不禁风雨的情况出现。

马蝇效应

☆ 一句话说管理 ☆

即使再懒惰的马，只要身上有马蝇叮咬，它也会精神抖擞，飞快奔跑。

追本溯源 “马蝇效应”来源于美国前总统林肯的一段有趣的经历。1860年大选结束后几个星期，有位叫巴恩的大银行家看见参议员萨蒙·蔡斯从林肯的办公室走出来，就对林肯说：“你不要将此人选入你的内阁。”林肯问：“你为什么这样说？”巴恩答：“因为他认为他比你伟大得多。”“哦，”林肯说，“你还知道有谁认为自己比我伟大的？”“不知道了。”巴恩说，“不过，你为什么这样问？”林肯回答：“因为我要把他们全都收入我的内阁。”

这位银行家的话是有根据的，蔡斯的确是个狂劲儿十足的家伙。不过，蔡斯也的确是个大能人，林肯十分器重他，任命他为财政部长，并尽力与他减少摩擦。蔡斯狂热地追求最高领导权，而且嫉妒心极重。他本想入主白宫，却被林肯“挤”了，他不得已退而求其次，想当国务卿，林肯却任命了西华德，他只好做财政部长，因而对林肯怀恨在心，激愤不已。

后来，目睹过蔡斯种种状况，并搜集了很多资料的《纽约时报》主编亨利·雷蒙特拜访林肯时，特地告诉他蔡斯正在狂热地谋求总统职位。林肯以他特有的幽默讲道："雷蒙特，你不是在农村长大的吗？那么你一定知道什么是马蝇了。有一次我和我的兄弟在肯塔基老家的一个农场犁玉米地，我吆马，他扶犁。这匹马很懒，但有一段时间它却在地里跑得飞快，连我这双长腿都差点跟不上。到了地头，我才发现有一只很大的马蝇叮在它身上，于是我就把马蝇打落了。我的兄弟问我为什么要打掉它。我回答说：'我不忍心让这匹马被咬。'我的兄弟说：'哎呀，正是这家伙才使得马跑起来的嘛！'"然后，林肯意味深长地说，"如果现在有一只叫'总统欲'的马蝇正叮着蔡斯先生，那么只要它能使蔡斯的那个部门不停地跑，我就不想去打落它。"

企业实战运用　　※ 约翰·兰奇激励有方

约翰·兰奇是美国国立现金出纳机公司设在布法罗市营业处的负责人。他曾用特殊的激励方式来对员工进行激励，而且还曾走出办公室同员工一起推销出纳机。

IBM公司的创始人——托马斯·约翰·沃森就曾受到过约翰·兰奇的激励。1895年10月的一天，托马斯·约翰·沃森到现金出纳机公司办事，遇到约翰·兰奇先生，他向约翰·兰奇表示："我希望能当一名推销员。"

"可以试试。"约翰·兰奇先生微笑着说。

托马斯·约翰·沃森到约翰·兰奇的公司做了一名普通的推销员，但是两个星期过去了，他却连一台出纳机也没有推销出去。

这天，他来到了约翰·兰奇的办公室，希望能向这位老推销员学习一下推销的经验。不料约翰·兰奇竟然先把他大骂了一顿："哼，我早就看出你不是块搞推销的料，瞧你一副呆头呆脑的样子！赶快给我从办公室滚出去，老老实实地回家种地去吧！"

托马斯·约翰·沃森顿时感到无地自容，他只是默默地站在那里。随后约翰·兰奇像换了一个人似的和蔼地说："年轻人不要太着急了，让我们好好分析一下，为什么没有人买出纳机呢？"他请托马斯·约翰·沃森坐了下来。

"记住，推销不是件轻松、容易的事。如果零售店愿意要出纳机，他们会主动购买，用不着让推销员去费劲。推销是一门学问，而且学问很深。这样吧，改日我和你走一趟。如果我们俩一台出纳机都不能卖出去，你和我都回家吧！"

果然，过了几天，约翰·兰奇带着托马斯·约翰·沃森上路了。托马斯·约翰·沃森很珍惜这次机会，他认真地观察着约翰·兰奇的一举一动。只见他对一个客户说道：

"买一台出纳机可以防止现金丢失，还能帮助老板有条理地保管记录，这不是很好吗？再有，出纳机每收一笔款子，就会发出非常好听的铃声，让人心情愉快……"

一笔生意就这样做成了。后来约翰·兰奇又带着托马斯·约翰·沃森出去推销，都成

功了。

约翰·兰奇通过言传身教，更好地激励了托马斯·约翰·沃森的工作积极性，有效地发掘了他的潜能。

管理艺术

从每一名普通的员工角度来看，大家都有着一个类似的需求，那就是来自上级的肯定与嘉许。然而，即便自己有这样的需求，公司也并非就能轻易地满足下属同样的需求。这不仅是因为推己及人不容易，更因为上级“居高临下”更容易发现下属的不足，所以反而使批评、鞭策甚至动怒变成了上下级间沟通的主内容，而忽略了必要的鼓励、引导、亲和等激励之术。

爱听好话是每个人的天性，出色的管理者都深知激励之术。管理是一门艺术，它在于如何激励和鼓舞员工为你的工作目标去奋斗。激励员工可以更好地激励员工的自信心，促进工作顺利完成，保证工作质量。

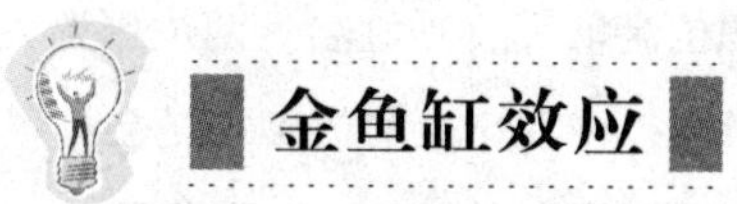

金鱼缸效应

☆ 一句话说管理 ☆

“透明管理”是民主管理模式之一。

追本溯源 金鱼缸效应是由日本最佳电器株式会社社长北田光男先生提出的。金鱼缸是玻璃做的，透明度很高，不论从哪个角度看，都可以一目了然地观察到缸内金鱼的活动情况。这就是“金鱼缸法则”，它是一种比喻。北田光男先生强调，把增强透明度的重点放在各级经营管理者的经济收入上，要求企业各级领导的经济收入和费用报销要如实地向企业利益相关者公开，接受企业利益相关者的批评和建议，并根据员工们的意见对经营管理进行改进。

企业实战运用 ※ 惠普：透明管理

所谓的“透明管理”不单单是指企业定期公布财务数据，更是强调管理者与员工之间信息的透明度。

美国惠普公司强调透明管理。惠普公司的办公室布局都是采用美国少见的“敞开式大房间”，即全体人员在一间敞厅中办公，各部门之间只用矮屏分隔，每个人的工作状态都在别人的视线之中。整个惠普，除少数会议室、会客室及需要单独办公的高层领导办公室外，其他无论哪级领导都在敞厅中办公。而高级领导的单独办公室的隔墙全部由大玻璃构成，没有窗帘和黑墙阻隔，下属从外面可看到领导的忙闲。

不仅在工作环境中强调透明，而且在上下级的沟通中，惠普也很注重面对面的交流。为了鼓励部门负责人深入基层，直接接触广大职工，惠普公司创造出一种“走动式管理办法”。这种管理办法使各个阶层都可以对话交流，把意见和问题反映给管理者。同时，这种办法也便于管理者接触第一手资料，及时发现问题并解决，变被动为主动，增强团队的凝聚力。

惠普公司认为，如果管理层不亲自参与到各阶层中，那么在工作过程中，信息从基层一层层传达到管理层，必然会影响到信息的准确性和及时性。在激烈的市场竞争中，管理层需要快速、准确地掌握信息，从而做出相应的决策。要实现市场管理上的扁平化，就必须让管理层走进各个阶层接收信息。

关于“走动式管理办法”能够加强上下级沟通的问题，有一位成功的企业家有过这样一段精彩的描述：“这就像我从这里开车到天安门，如果我亲自开车，从这儿出发可能需要3个小时，如果把我的眼睛蒙上，让我的副总告诉我该怎么走，是拐弯，还是刹车，这样走到天安门可能需要5个小时。”

此外，惠普的员工之间不论职位高低都直呼姓名。两位创始人一直坚持这一习惯，有时下属尊称自己时，就亲自纠正，当然，在客户面前员工还是会称各自的头衔。

这样民主的管理不仅大大拉近了员工与管理层之间的距离，也为员工为公司全心全意服务提供了更大的理由。惠普公司之所以能在市场中发展迅速，与其透明管理是分不开的。

随着知识性和商业网络的日益发展，透明管理的时代已经来临。在知识经济时代，公司的生产要素在于员工的灵活头脑，民主管理、透明管理越来越常挂在管理者的嘴边了。

作为管理者，如何看待和上司、同事及下属的关系，决定了他能否做好本职工作。西方管理学认为，管理者要宽宏大量，要赞美与认同员工，要实行公平、公正、公开的管理理念。

其实，究竟“透明管理”阐述的透明度有多高，还是应该视情况而定，它还受到管理对象、事件和地点等客观因素的制约。所以透明也好，半透明也好，只要能够把管理工作顺利完成就可以了。

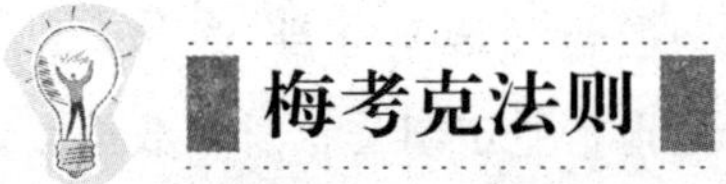

梅考克法则

☆ 一句话说管理 ☆

管理是一种严肃的爱。

追本溯源 该法则是由美国国际收割机公司董事长塞勒斯·麦考密克提出的。美国国际农机公司创始人、世界第一部收割机的发明者塞勒斯·麦考密克，人称“企业界全才”。他几十年的企业生涯，历尽起落沧桑，没有几条道路是平坦的，但是他以他那全才的素质，赢得了屡屡成功。

作为产权人公司的所有者，梅考克虽然掌握着公司的所有大权，有权左右员工的任免，但他却从不滥用职权。他经常设身处地地为员工着想，在实际工作中，既坚持制度的严肃性，又不伤员工的感情。“管理是一种严肃的爱”正是梅考克的名言，被人们称为“梅考克法则”。

企业实战运用 ※ 王永庆管理——有理才有情

台塑集团总裁，被称为“经营之神”的王永庆，对于管理自有一套理论。在他的公司内，每个员工都能感受到一定的工作压力，丝毫不敢懈怠，因为松懈就代表自己有可能被别人取代。台塑集团采取激烈的竞争与淘汰制，有些人觉得，台塑没有一般中国公司的人情味。

对于这个问题，王永庆的看法是：“什么叫人情？人情用在努力、有贡献的人身上是一种爱和鼓励。假如这个人不用功、不努力、没有贡献，还怎么照顾他呢？淘汰就淘汰了。淘汰了他，让他有机会反省，这样才有救。中国式的人情在过去家族式的企业中表现得最明显，不管别人能力如何，自己的亲戚总是最要紧。他们不讲理，只顾情，事实上，没有理，怎么有情？”

王永庆对待员工以严格出名。为了了解命令贯彻的实际情况，并考核各单位主管的能力，他想出了一个“午餐汇报”的方法：在中午吃饭时间，将各单位的主管聚在一起，召开工作汇报会议。这样的会议会定期召开，每一单位的主管都会被王永庆亲自提问。这种汇报制度除了追踪、考核以及能力考验之外，也是各级主管的重要沟通方式。

只要王永庆在公司内，几乎每天都要安排“午餐汇报”。汇报通常以各部门的经营状况或遇到的管理难题为主要内容。轮到做汇报的单位，在一个月前，总管理处就会通知他们准备，随后拟定报告的主题和议程。其他制度的建立、投资或经营改善提案也常在“午餐汇报”中传达到王永庆那里。

一般“午餐汇报”都由王永庆亲自主持，气氛很严肃。有一次，在一位部门主管的汇报过程中，王永庆听到了有疑问的地方，他立刻将报表折角，待报告告一段落时，王永庆马上以惯有的“追根究底”方式不断向那位部门主管发问。部门主管若准备不充分，随时会被问倒。幸好那位部门主管早有准备，面对王永庆咄咄逼人的质问给出了精彩的答案。王永庆听完后满意地点头称是，而且还在接下来的会议中表扬了那位主管。从此以后，所有的部门主管在报告中无不谨慎小心，唯恐准备不周，当众出丑。

在这样的管理中，每个部门的主管都深深感到强大的压力，丝毫不敢懈怠，工作上更是亲力亲为，追求极致。在王永庆的严肃管理下，台塑的员工都保持着积极的工作态度。

管理要因人而异，情感管理更是要有一定的限度。有情管理可以使原本就勤奋努力、踏实肯干的员工更加热爱自己的工作，然而对于好吃懒做、投机取巧的员工，只会助长他的惰性。因此，对于后者只能用严厉的管理，引进激烈的竞争机制，增加相应的工作压力，使员工不得不积极工作，发挥潜在的能力，这也不失为一种好的管理办法。

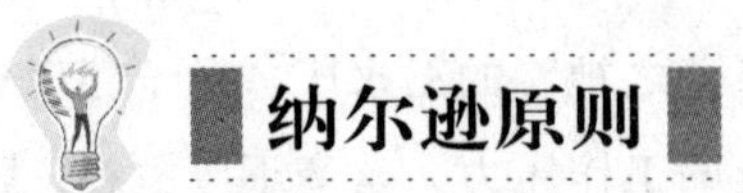

纳尔逊原则

☆ 一句话说管理 ☆

永远别嫌小。

追本溯源 该原则是由美国卡尔森公司首席执行官 M.纳尔逊提出的。中国思想家荀子认为“不积跬步，无以至千里；不积小流，无以成江海”。而卡尔森公司 CEO 纳尔逊则将这一“永远别嫌小”理念总结为“纳尔逊原则”。其实是在告诉我们一个真理：细节决定成败。

企业实战运用 ※ 细节控制狂：史蒂夫·乔布斯

几乎每个人在提到苹果公司创始人史蒂夫·乔布斯时，都会说他是个完美主义者。事实上，他确实是个完美主义者，这一点从苹果公司推出的几款近乎完美的产品上就可看出。苹果公司的产品，不像是普通的消费品，而像艺术品。乔布斯要求苹果公司的产品每一款都是“艺术品”，在他看来，只有完美的产品才能赢得市场，而乔布斯使苹果公司产品完美的手段就是控制细节。乔布斯对细节的控制超乎常人的想象。

1984 年，乔布斯开始致力于第一代麦金塔电脑的研发。为了使麦金塔电脑拥有完美的外形，麦金塔设计团队可以说是耗费了全部心力。那时每隔几个月，设计人员就要将新设计出的模型拿给乔布斯看，而每次看，乔布斯都能挑出毛病，他就像个最苛刻的顾客一样毫不客气地指责，即使知道设计人员已经花费了大量心力，但他还是坚持不满意就是不满意，在批评上也毫不留情。等到一共制作了五六个模型之后，乔布斯才终于表示赞同。当时参与设计的一名员工说：“到第四个模型完成后，我几乎无法看出它与第三个模型有什么差别了，但是乔布斯很有判断力，他果断地指出自己喜欢或者讨厌的细节，而我几乎没能看出来这些细小的差别。”

除了在产品外形设计上乔布斯注重细节之外，他对产品包装的细节方面也同样重视。苹果公司员工在1999年就麦金塔的包装接受杂志采访时这样说道：

“我们包装设计的一项任务就是让产品把手成为打开包装箱时首先看到的部分。我们的理念是：顾客从包装箱中拿出的第一块包装泡沫上摆放着使用说明书、键盘和其他附件；拿出第一块泡沫之后，顾客就会看到产品的把手；看到把手后，自然知道接下来该做什么。把手拥有神奇的魔力，出现把手，顾客就知道它是干什么用的。

从包装箱中拿出麦金塔电脑后，顾客就能够将附件箱打开，就能清楚地知道下一步该做什么。附件箱内有一根电线、一根网线，还有一根是键盘连接线。

听起来挺简单的，但是要达到这样简化的水平往往需要在设计过程中反复修改，花很多精力去了解使用中存在的问题以及人们的难题，虽然有时候人们很难用语言来表述这些问题与难题。”

这样关注细节，在我们消费者看来确实是有些疯狂了，但是这为消费者带来的便利也是显而易见的。最让人吃惊的还不是乔布斯对产品包装设计方面的苛刻，而是乔布斯对发布会上的灯光也要求做到完美。

1999年1月，彩色iMac在一个大礼堂演示自己的产品介绍。当时在大幕后有5台电脑，乔布斯希望这5台电脑能够从大幕后滑出的那一刻被投影到舞台后方的大屏幕上。技术人员已经将一切都布置好了，但乔布斯认为舞台灯光还不能充分展示这些半透明机器的特点，所以他不断要求工作人员将灯光调得更亮些或是提前多少秒打开，这样苛刻的要求真是让人讨厌极了，但工作人员还是不得不一次次尝试，直到乔布斯满意。这种为细节而不断调整的做法，让在场的记者十分不理解，但是当iMac出现在明亮的舞台灯光中时，记者震撼了：“你知道吗？他是对的，灯光稍早一些打开，iMac看起来确实更加完美。”

乔布斯是个一丝不苟、追求细节的人，一个挑剔的、令人极其讨厌的完美主义者，他吹毛求疵的程度几乎要把苹果公司的员工逼疯，但是他还是成功了，而且正是对细节的疯狂控制让苹果公司获得了今天的成就。你能想象吗？乔布斯曾经因为iPad插入和拔出耳机时耳机内没有发出令人满意的滴答声，而让工程师重新对所有设备做进一步改进，直至它发出令人满意的滴答声！如果企业家都能做到这般细致，那么产品怎么会不受消费者欢迎呢？

管理艺术

美国钢铁大王安德鲁·卡内基曾说过这样一句话："人生中任何有价值的东西都值得为它而劳动。"这句话告诉我们，任何事情，即使是再微不足道的小事，只要它有价值就值得我们去努力。管理者要时刻记得：小事不可小看，细节方显魅力。

在管理学上，我们习惯称其为细节管理。企业管理中，想要实现对细节的追求，管理者需做到四点。首先，要有坚持不懈、认真做事的精神去执行管理工作；其次，要重视规章制度，严肃管理员工，因为只有靠系统、细化且可操作的规定去规范执行才能实现细节管理；再者，要提高上传下达的中层员工对细节的重视度，因为他们才具有带动作用；最后，把关注细节变成一种习惯，这样细节管理的实现就自然而然了。

青蛙法则

☆ 一句话说管理 ☆

时刻保持危机意识。

追本溯源 "青蛙法则"是说把一只青蛙放在一个盛满凉水的容器里，然后慢慢地给容器加热，控制在每两天升温一度的状态。那么，即使水温到了90°C——虽然这时青蛙几乎已经被煮熟了，它也不会主动从容器中跳出来。其实，这并不是因为青蛙本身的迟钝，事实上，如果将一只青蛙突然扔进热水中，青蛙会马上一跃而起，逃离危险。青蛙对眼前的危险看得一清二楚，但对还没到来的危机却置之不理。人又何尝不是这样？正如孟子所说："生于忧患，死于安乐。"

企业实战运用 ※ 波音濒临倒闭

20世纪90年代初，波音公司产量大幅度降低，为了刺激员工的工作热情，增强员工的危机意识，波音公司决定将自身面临的危机通过广播告知所有的员工，以此来争取员工的支持，走出经营的低谷。

为此，波音公司还专门拍摄了一部关于波音公司倒闭的虚拟新闻片。该新闻片的内容是：在一个天色灰暗的日子，众多工人满脸沮丧地走出工作了多年的飞机制造厂，在工人背后空阔的厂房上挂着一块巨大的"厂房出售"的牌子，扩音器传来广播员沉痛的声音："今天是波音时代的终结，波音飞机公司关闭了最后一个车间。"

该新闻片在公司一经播出，就引起了巨大的轰动。员工们由于充满了危机意识而努力工作，在充分利用每一分钟的同时，节约公司的每一分钱，从而使波音公司的飞机制

造的效益很快就提升上来。在倒闭的假想新闻播出的当年，波音公司就削减库存费用达 1 亿美元，经营成本也降低了 20%~30%。

尝到甜头的波音公司，在此后的每次对新员工进行入职教育时，都会播放波音公司倒闭的假想新闻，从而在员工心中植入一种声音："波音就要倒闭了——如果自己不努力工作的话。"在这样的意识催使下，员工都会自觉或不自觉地提高工作效率。

关于播报倒闭假新闻的目的，波音飞机公司总裁菲利普·康迪特说："我们的根本目的是要确保 10 年后还能在电话簿上查到本公司。"人类天生都有一种惰性，不到迫不得已就不会去改变现行的各种还过得去的做法，当这种做法还能够让人保持安逸状态时尤其如此。而危机意识往往能刺激人们去改变现有的状态，从而谋求更好的做法。波音公司正是利用了人们的这一心理，采用了播报倒闭假新闻的方法。

在竞争激烈的市场中，无论是企业经营者还是工作在基层的员工都要充满危机感，不要一味地满足现状。今天的成功并不意味着明天的成功，任何企业都不能保证自己在任何时候都处于不败之地，居安思危，才是高明之举。

微软创始人比尔·盖茨曾说过这样一句话："微软离破产永远只有 18 个月。"谁也不能料到明天会出现怎样的不利因素，要使企业在残酷的淘汰机制下生存下去，就必须时刻保持危机意识。如果一个管理者、一个部门、一个单位失去了必要的刺激，处在一种安逸的工作氛围中而不自觉，那么，就会失去工作活力。等危机真正到来时，就来不及了。青蛙法则告诉我们的，也正是如此。

80:20 法则

☆ 一句话说管理 ☆

原因和结果、投入和产出、努力和报酬之间本来存在着无法解释的不平衡。

追本溯源 "80:20 法则"又称为"帕累托法则""帕累托定律""最省力法则"或"不平衡原则""犹太法则"，此法则是由意大利经济学家帕累托提出的。

这个法则最先是宇宙大法则，是犹太人的发现：一个正方形中的内切圆，圆的面积与正方形内所余面积之比大约为 78:22，自然界乃至社会生活中此类现象较普遍。后来意大利经济学家维弗利度据此提出一个近似原理，即"琐碎的多数与重要的少数——80:20 原理"。他指出：在任何特定群体中，重要的因子通常只占少数，而不重要的因子则占多数，因此只要能控制具有重要性的少数因子即能控制全局。这个原理经过多年的演化，已变成当今管理学界所熟知的“二八法则”，即 80%的公司利润来自 20%的重要客户，其余 20%的利润则来自 80%的普通客户。

企业实战运用 ※ 比亚迪：大客户战略

“企业 80%的利润来自于 20%的大客户，他们是比亚迪的摇钱树。”比亚迪创始人王传福一直都很注重大客户效应，在他看来，为了争取到大客户的订单，即使牺牲一些小客户也是值得的。从比亚迪收购匈牙利的 Mirae Industry 公司，就可看出王传福争取大客户的决心。

2008 年中旬，诺基亚关闭了其位于德国波鸿的手机工厂，并将该工厂的产能转移到了罗马尼亚厂和匈牙利厂。诺基亚在全球共设有 9 家工厂，位于德国波鸿的手机工厂关闭后，诺基亚在欧洲还有 3 家工厂，分别设在芬兰、匈牙利和罗马尼亚。据海外媒体报道，诺基亚计划在 2009 年年底前将罗马尼亚工厂打造成其最大的手机制造工厂。

在此前，比亚迪电子公告披露，将斥资 1.64 亿元收购匈牙利一家从事手机元器件制造、模组制造及手机组装的公司 Mirae Industry。比亚迪电子方面表示：由于双方都从事手机元器件和模组制造，并为国际知名手机厂家提供手机组装服务，因此，收购 Mirae Industry 对比亚迪电子扩大在匈牙利的市场份额非常有利。

比亚迪这一收购行为与诺基亚宣布关闭德国波鸿手机工厂的消息几乎是同时传出的，这不得不让人猜测：比亚迪是为了更加紧贴诺基亚这个大客户而采取这一行动的。

事实上，比亚迪电子投资者关系管理部相关负责人也曾表示：比亚迪早在 2006 年底就成立了匈牙利比亚迪公司，主要为诺基亚等客户提供客服，而 Mirae Industry 的主要客户也是诺基亚。为进一步贴近客户、满足客户的需求，公司才启动了收购 Mirae Industry 的计划。

此外，比亚迪电子还在匈牙利和罗马尼亚两地都新建了手机零部件制造工厂。据来自比亚迪电子的消息显示：在匈牙利和罗马尼亚的投资额分别达到了 1000 万美元和 3000 万美元，新建的两家工厂在 2008 年第二季度进入量产。

比亚迪之所以加强在欧洲的布局，正是因为其主要客户诺基亚在欧洲的布局有所改变。根据有关信息显示，比亚迪电子七成以上的收入都来自于诺基亚。

王传福认为，对于大客户就应该提供贴身服务，赢得大客户的订单，就能保证比亚迪的利润，因为企业 80%的利润都来自于 20%的大客户。

管理艺术

80:20法则在管理学领域应用广泛，它对管理者自身有着重要的启示：让管理者学会避免将时间和精力花在琐事上，要学会抓主要事情去做。一个人的时间和精力是有限的，要想真正“做好每一件事情”几乎是不可能的，要学会合理分配自己的时间和精力。面面俱到还不如重点突破，把80%的资源花在能出关键效益的20%方面，这20%方面又能带动其余80%的发展。

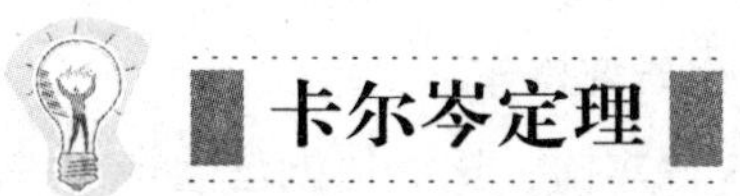

卡尔岑定理

☆ 一句话说管理 ☆

所有行业都是表演行业。

追本溯源 该定理是由美国社会学家简·卡尔岑提出的。他认为，所有行业都是表演行业，商业也不例外。整个商场就是一个舞台，每一个企业都是演员，要想在舞台上表演出色，获得掌声，就要在幕后狠下工夫。后来，人们将其延伸到管理和经营领域，称其为“卡尔岑定理”。

企业实战运用 ※ 王传福：辉煌的背后

2009年福布斯中国富豪榜发布，2008年还排在第23位的比亚迪创始人王传福一跃成为中国内地首富。比亚迪在短短十几年间，从一个名不见经传的小企业一跃成为横跨IT和汽车两大产业的国际知名企业，其间的辛苦可想而知。

1995年，比亚迪有限公司在深圳成立，王传福带领着20多名员工在租来的厂房内开始了艰难的创业之路。当时，依靠王传福从他表哥那里借来的250万元启动资金，根本就买不起日本的电池生产线。在没有资金援助的情况下，王传福亲自动手制造设备，分拆生产线，形成了简陋的半手工半自动化生产线。

为了攻克技术难关，王传福经常彻夜工作，累了就在办公桌上趴着休息一会。就连女儿的出生，他都没有亲眼看到。

克服了技术上的难题，比亚迪的电池终于制造出来了。产品是有了，可去哪找消费者？当时，为了将比亚迪电池推销出去，现在比亚迪的元老们几乎都有走上深圳街头叫卖的经历。

当比亚迪电池在低端市场有了一定的销量后，王传福迫不及待地找到了摩托罗拉，希望可以赢得大客户的青睐，可是，当摩托罗拉派来的人在比亚迪的厂房转了一圈后，

只对王传福说了一句："如果有机会，我们若干年后再合作吧！"受到这样的打击，王传福没有丧气，只是更加注重提高产品品质，降低产品成本。

经过不断的研发和资金投入后，比亚迪终于在2002年赢得了摩托罗拉的订单，之后又相继赢得了多个手机知名品牌的订单，销量一路飙升，成为了电池领域有名的制造企业。

这时，王传福又宣布进入汽车行业。相对于电池行业，汽车行业是个高科技、高技术含量的行业。为了掌握汽车制造的技术，王传福走到哪里就把汽车制造类的书带到哪里，就连在飞机上的时间也被用来研究汽车。

在比亚迪推出红遍中国的F3汽车前，比亚迪就已生产出一辆在公司内部代号为361的汽车。361车型开发花费上亿元，但经销商却一点也不看好，纷纷劝王传福不要让这款车上市。第一次尝试的失败给王传福带来了巨大的打击，但痛定思痛之后，王传福毅然把361彻底封存，上亿元的成本打了水漂。

从进入汽车领域的2003年到2005年的两年间，比亚迪没有推出一款车型，这也就是说，比亚迪在汽车领域没有任何收益，而且，还投入了巨资在汽车制造上。这种绝对亏损的局面，直到F3上市后才有了根本性的改变。

后来，比亚迪的F3系列车型、F6系列车型和F0系列车型都有不错的销量，比亚迪终于打响了在汽车领域的名声，王传福也迎来了收获的秋天。

"台上一分钟，台下十年功"，没有人能够随随便便就获得成功，在成功企业家光鲜的背后，是不为人知的艰辛。人们看到的只是成功的结果，却不曾看到在达到成功之前的努力和汗水。

作为一名管理者，尤其是刚刚成为管理者的人，想要下面的员工服从自己的管理，想要管理好一个团队，首先要做的就是用心对待每一位员工，急他们所急，想他们所想，用管理者的责任感和真诚去感动所有员工，让员工认可你，从而使大家齐心协力完成企业赋予团体的工作任务。

俗话说，"天道酬勤"。当你用心去管理一个团体，去成就一个团体时，也能成就你自己，获得管理者最大的成功。

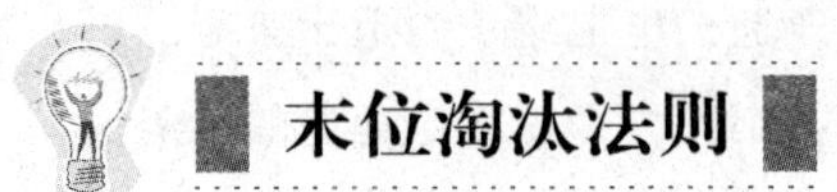

末位淘汰法则

☆ 一句话说管理 ☆

通过竞争淘汰来发挥员工的极限能力。

追本溯源 GE 创始人杰克·韦尔奇提出以业绩为横轴（由左向右递减），以组织内达到这种业绩的员工的数量为纵轴（由下向上递增），利用这张正态分布图，将很容易区分出业绩排在前面 20%的员工（A 类）、中间 70%的员工（B 类）和业绩排在后面 10%的员工（C 类）。这种评估组织内人力资源的方法，韦尔奇称之为“活力曲线”。

企业实战运用 ※ SOHO：末位淘汰机制

在现代的管理中，很多企业在内部都会实行末位淘汰机制。所谓“末位淘汰机制”，就是指企业内部根据本部门的总体目标和具体目标，结合各个岗位的实际情况设定一定的考核指标体系，以这个指标为标准对员工进行考核，根据考核的结果对得分靠后的员工进行淘汰的绩效管理制度。

末位淘汰机制的目的不仅仅是淘汰末位，更主要的是施加压力让员工提高业绩。在不同的企业，末位淘汰的具体实施方法也有所不同。有的企业用领导评价、群众评议、专家评议等来确定员工的序列，有的企业使用一些客观的指标，例如销售额等。末位淘汰机制可以说是企业为了追求高绩效，而舍弃落后者的管理办法。

“实践证明，末位淘汰制就是我们探索出来的一流的销售制度。”这是 SOHO 董事长潘石屹的一句名言。他在给销售人员做培训时只有两句话：销售人员不要说一句假话，销售人员不要说别人项目的一句坏话。除此之外，销售人员用什么办法，用怎样的手段去说服消费者，公司都不予过问。

在 SOHO 公司内部，末位淘汰就是管理者所要做的全部。公司主张员工在残酷的竞争中自我激励和学习，适者生存。公司为员工提供广阔的平台，让其充分发挥自己的才能。在 SOHO，所有的人都要参加定期的绩效考核，唯有依靠自身的力量，拼命提高自己的业绩，才是在公司生存下去的最直接、最有效的方法，如果不能胜任，那么结果就只能被淘汰。

“尽管今天是在这个位置上，但是也很难说，随着公司的不断发展，自己是不是也有被淘汰的一天。”这样的心理存在于 SOHO 每个员工心中。虽然外界对这种残酷的淘汰机制褒贬不一，但 SOHO 自始至终都没有过动摇和怀疑。SOHO 执行总裁闫岩说：“末位淘汰对于被淘汰掉的人来说是残酷的，但是对于公司的发展是必需的。公司整体的快速发展对于大多数员工才是公平的。”

末位淘汰机制实质上是企业为了应对竞争、为了整体生存的必然选择。实施末位淘汰的好处有两点：一是可以让企业精简人员和机构；二是变更和调整人员，增强员工的危机感、使命感和紧迫感，进而提高员工的工作质量和工作效率。

此外，对于员工个人来讲，区别对待可使人进步，而且及早地区分，对落后者予以及时的警示，使之尽早改进，对其整个人生而言也是一件好事。

管理艺术

杰克·韦尔奇曾说过这样一句话："你要勤于给花草施肥浇水，如果它们茁壮成长，你会有一个美丽的花园；如果它们不成材，就把它们剪掉，这就是管理需要做的事情。"末位淘汰法则就是在告诉企业管理者要淘汰不成材的花草。

不可否认，末位淘汰制确实可以帮助管理者处理人员过剩、有效分流等问题。但不可忽视的是，末位淘汰制是一种强势管理，在给予员工压力激发他们积极性的同时，也可能带来"该淘汰的没有淘汰掉，不该淘汰的却被清理了"的反面效果。

所以，末位淘汰制必须在一定条件（比如具备完备的绩效考核体系）下实施，才能发挥其最佳效用。

热炉法则

☆ 一句话说管理 ☆

规章制度面前人人平等。

追本溯源 "热炉法则"又称为"惩处法则"，是西方管理学家提出的，它的实际指导意义在于有人在工作中违反了规章制度，就像去碰触一个烧红的火炉，一定要让他受到"烫"的处罚。与奖赏之类的正面强化手段相反，惩罚之类属于反面强化手段，"热炉法则"指导我们要注意"三性"，即即刻性、预先示警性、彻底贯穿性。我们需要应用这三个特性来完善管理制度。

企业实战运用 ※ 规章制度面前人人平等

1946年，日本在第二次世界大战中战败后，很多日本企业都受到影响，当时的松下公司也面临着极大的困境。为了应对企业所遇到的困难，松下幸之助要求全体员工振作精神，不迟到、不请假。

然而在松下幸之助这项制度刚公布不久，他本人却在一次上班中迟到了近10分钟。为此松下对自己实行了最重的处罚，退还了当月的薪金。

其实那次迟到的原因并不在松下身上。松下上班都是由公司派的汽车来接的，那天，松下很早就赶往了阪急线梅田站等候汽车，但是，公司的汽车却迟迟没来。眼看着上班的时间就要到了，心急的松下只好乘电车，可是刚上电车，汽车又来了，于是松下又从电车上挤下来，乘坐公司的汽车。经过这么一折腾，松下到公司时，迟到了将近10分钟。

按照松下自己定下的规章制度，迟到要接受批评和处罚，松下认为必须严厉处理此事。

司机之所以迟到，主要是因为他睡过了头，但是其中也有司机班主管督促不力的因素。因此，松下决定以不忠于职守的理由给司机以减薪的处分，其直接主管、间接主管也因监督不力受到处罚，为了迟到的10分钟，松下共处罚了8个人。而在8个人之中，受处罚最重的是松下本人，因为他认为自己作为公司的最高领导，是应该负最后责任的。

松下这一处分决定，在当时的日本企业界引起了很大的轰动。仅仅是迟到10分钟，就连社长自己也要受到处罚，这件事也深刻地教育了松下公司的员工，让员工明白人人都必须遵守公司的规章制度，在制度面前，无论是基层员工，还是高层领导都是平等的，违反了就必须接受处罚。

在这次迟到受罚事件之后，松下公司的迟到现象明显减少。即使员工因紧急情况迟到，在受到公司的处罚时也毫无怨言，因为在他们看来，社长迟到了都要受处罚，自己当然也不能例外。由此可知，领导犯了错，主动处罚自己，这样做的积极意义比通过处罚员工来确立制度效果要好得多。

规章制度面前人人平等，即使是董事长也要遵守制度，只有领导做到了，员工们才会遵守。如果管理者自己定下的制度，自己都不能遵守，那么别人也不会心服口服地接受制度的约束。律己才能律人，是亘古不变的道理。企业的领导永远不要以为制度是为员工制定的，恰好相反，任何制度的有效推行都离不开管理者的身体力行。

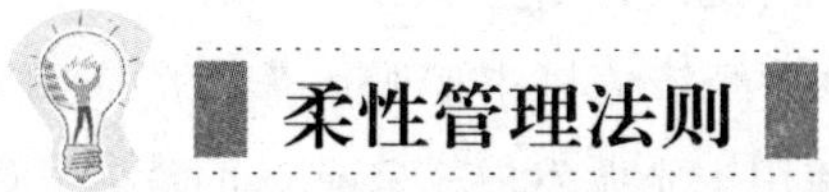

柔性管理法则

☆ 一句话说管理 ☆

以人为中心的人性化管理。

追本溯源 所谓柔性管理，从宏观层面上看，是一种对“稳定”和“变化”同时进行管理的新战略。当今世界，科学技术飞速发展，生产与供给能力急剧膨胀，产品生命周期在迅速缩短。随着经济全球化进程的日益推进和网络技术的日益普及，全球各地的市场已趋饱和，消费偏好瞬息万变，全球市场变成了一个由个性化、多样化与人性化组成的变幻不定的“万花筒”。在表面混沌的纷杂现象中，看出事物发展和演化的自然秩序，察觉到下一步前进的方向，识别出潜在的未知需要和未开拓的市场，进而预见到变化并自如地应付变化，这就是柔性管理的任务。

企业实战运用

※ 坚决不裁员

20世纪30年代，美国经济恐慌波及世界各地，一时间，裁员、减薪、缩小经营规模的现象比比皆是。当时，受世界经济危机的影响，松下公司也发生了严重亏损，一度陷入了经营困境。当时的松下公司刚刚在大阪福冈区设立的工厂进入了量产阶段，但在全球经济萎缩的形势下，产品不断地被制造出来，却无法卖出去，在仓库里积压成堆。针对这种情况，公司有关部门向公司高层提出了减产减人的应急计划，这份“生产减半，员工减半”的企划案最终落在了松下的案头，却迟迟等不到松下的决定。

于是，松下公司的两位高层管理人员特地找到松下，希望他可以尽快批准企划案。当时松下正好有病住院，在得知他们的目的后，松下坚决不同意减少公司的员工。松下认为，企业不能因为处境艰难就将辛苦为自己工作的员工裁掉，越是在困难的时候越要关心自己的员工。

本着“亏本不能亏员工”的经营理念，松下最终只批准减产，不同意减人，将公司的全天制工作改为半天制，工资还按照全天的标准支付。当时，在那样的困境下，松下公司还拿出了30万日元对1300多名工人进行综合教育与业务培训，不仅提高了工人的生产技能，而且使广大员工感到公司在困难之时，并未让员工成为经营风险的牺牲品，充分感受到公司要与员工同舟共济的决心。

在这样的决定宣布后，员工被松下的诚意和善心所感动，激发出前所未有的工作热情，千方百计地为公司推销产品。虽然员工们只需上半天班，但没有一个员工休息，他们走出公司，到处去推销库存产品，很快就将仓库中的产品销售一空。接着，员工不但停止了半天工作制，而且加班加点地工作，将大批订单赶制出来。

松下公司之所以能快速地从经济危机中摆脱出来，依靠的就是员工的工作热情。“得人心者得天下”这句话也适用于企业发展。只有真正赢得了员工的心，员工才会全心地为公司工作。松下公司从重视平凡人身上取得了不平凡的成果，造就了松下电器公司新的发展阶段。目前，日本许多企业都继承了这一传统。

在企业管理中，要尊重和关心员工，以员工为本，让员工能真正感受到公司与自己是一体的。多点人情味，少点铜臭味，从而激发员工的工作热情，真正培养员工对企业的认同感和忠诚度。有了员工的大力支持，企业在竞争中才能无往不胜。在市场经济中，每天都有很多企业成立，也有很多企业没落，企业间的竞争说到底就是人的竞争，没有忠诚的员工，规模再大的企业最后也只能走向末路。

森林效应

☆ 一句话说管理 ☆

在森林中成长的树木由于相互间的竞争而棵棵枝繁叶茂。

追本溯源 走进森林，会发现一个很奇怪的现象，森林里的树木绝大多数是直的，而且高度也差不多。这是因为树木为了争夺可贵的生命资源——阳光，会把自己的生长状态进行不断的调整，尽量不分杈，尽量不弯曲，尽量不长在其他树的阴影下。而那些长杈过多的、弯曲的、长在其他树下的树，有可能因为能量供应不足而被虫、藤等绞杀掉，成为其他树的肥料。正是这样的竞争规则使我们看到森林里的树木总是又高又直，长得都差不多。也就是为了争夺必要的生命资源，与周围环境保持一种和谐的竞争状态，就必须克服自身的弱点，这也可以看做是群体优势。

森林效应告诉我们：个人是在集体中通过与人交往、与人竞争而成长的，集体的要求、活动、评价和成员素质等都对个人成长具有举足轻重的作用。良好的集体往往造就心智健康的人，不良的集体往往造就心智不健康的人。

企业实战运用 ※ 恒源祥：同心协力的集体

“恒源祥，羊羊羊”，这句广告语恐怕无人不知，无人不晓。正是这句广告语，使得恒源祥深入人心，并迅速成为国内毛线产业的第一品牌。谈起恒源祥集团的成功之道，集团人力资源总监朱廷杰一再强调，充分发挥员工的积极性是关键，全体员工同心协力共创品牌。

集团经常会有一些业务项目需要员工与不同部门、经销商，甚至工厂的同事合作完成，因此，恒源祥集团希望员工有良好的协作能力和推进项目的能力。朱廷杰说，恒源祥集团希望每一位员工都成为具备卓越能力和高度能动性的人才。

集团界定人才的标准是：不论你的学历如何，不论你的背景如何，能在创新的业务模式下为恒源祥的品牌创造价值就是人才。

恒源祥集团更欢迎有独特见解、有独立分析能力的员工。在朱廷杰眼中，员工应该主动提出问题，自问应为公司的发展提供哪些建议和方案，能为公司做什么。员工应该时刻考虑，如何才能把个人的发展与公司发展结合起来。公司鼓励员工制定职业发展目标，并提供实现目标所必需的资源，包括为员工量身订制培训计划，鼓励员工去国外培训，为员工提供发展空间，让员工变得更为优秀，在企业内部形成良好的竞争机制。朱廷杰说，公司就像一只大船，只要有才能，就能在船上找到自己的位置，并得到提升；

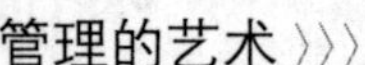

反之，就会被驱逐出船。

恒源祥集团建立了一整套包括员工上岗、转岗等各时期，包含企业文化、经营理念、职业道德、岗位技能等内容的员工教育培训制度和规范，平均每年每个员工接受培训的课时达 60 小时以上。与此同时，公司还为各个岗位设计了个性化的“培训套餐”，即根据不同岗位、不同类型人员的不同需求，实施不同教育培训内容的组合。不仅有专业知识、品牌运作、企业管理等“必修课”，还有诸如职业修养、沟通技巧、表达能力等“选修课”。

在恒源祥集团，高层主管没有架子，与普通员工同甘共苦。这种强调平等的做法能使员工有主人翁的感觉。如果员工遇到任何问题或是有意见，都可以与集团的管理层对话，因为在恒源祥集团，员工与管理层之间有着十分畅通的沟通渠道，总经理办公室的门是敞开的。而且，恒源祥集团总经理刘瑞旗和青年员工定期沟通，通过此种方式使经理层与普通员工建立相互信任的关系。

朱廷杰介绍，恒源祥强调员工对企业的认同感。这种认同往往比物质的奖励更能深入人心。对每个员工，恒源祥集团都会定期地进行系统而全面的评估，而员工也在评价的作用下努力工作，克服自己的不良习惯和行为，力争做到更好，和其他员工竞争的同时还促进了企业的良性发展。集团选拔人才是从基层选取的，整个过程呈螺旋式上升状态。恒源祥不会以已有的惯例来指挥和管理员工，而是尝试走别人没有走过的路。

管理艺术

企业内部的良性竞争，不仅有利于员工个人的发展，也可促进企业的不断进步。同时，企业要为员工提供一个好的集体环境，才能给员工积极向上的动力。好的集体可以造就好的员工，使员工的个人水平不断提高。管理者要多给下属积极的鼓励，让下属有使命感和成就感，争取把工作做到更好。

其实，企业高层管理者对企业内部竞争的态度是很复杂的，因为内部竞争会在部门间制造矛盾，导致大量的重复技术资源和低下的收益，使企业缺乏清晰的战略方向，所以许多高层管理者对内部竞争机制持否定态度。然而上面我们也分析了良性的内部竞争同样会带来巨大的利益。毕竟竞争在任何地方都少不了，所以，管理者必须对内部竞争的利弊有正确而全面的了解，才能根据企业的实际情况，采取审慎而明智的方式对待它，并且找出一套行之有效的管理方法引导内部竞争良性化、健康化。

声誉磁场

☆ **一句话说管理** ☆

声誉就像磁铁一样帮助企业吸引各种资源，而且能够产生持久的磁场效应。

追本溯源 任何企业都同一个利益相关者群体（顾客、供应商、政府、金融机构、媒体等）关联在一起。在这些不同的利益相关者的心中，都会有一个对企业声誉评价的排名。大量的企业成长实践证明：排名在前的企业往往能吸引更多的相关利益群体围绕在其周围。

企业实战运用 ※ 砸冰箱成就了海尔

海尔冰箱创立于 1984 年，在张瑞敏出任总厂厂长前的短短一年时间里，先后有三位厂长因工厂生产的电冰箱质量不好，卖不出去，认为这个厂子没有发展前途，而主动申请调动。青岛市海尔电冰箱总厂虽然叫“电冰箱总厂”，但当时它不过是一个只有 800 多人的街道小厂，而且已经累计亏损 147 万元。在张瑞敏出任厂长后，一次“砸冰箱事件”彻底改变了这家不知名小厂的命运。

1985 年 12 月的一天，张瑞敏的一个朋友到海尔去购买冰箱，结果挑了很多台都有毛病，最后才勉强拉走一台。朋友走后，张瑞敏就带领管理人员检查了仓库，发现仓库的 400 多台海尔冰箱中有 76 台不合格。张瑞敏随即召集全体员工到仓库开现场会，问大家怎么办。

当时多数人提出，这些冰箱是外观划伤，并不影响使用，建议作为福利便宜点卖给内部职工。而张瑞敏却说：“我要是允许把这 76 台海尔冰箱卖了，就等于允许明天再生产 760 台、7600 台这样的不合格冰箱。放行这些有缺陷的产品，就谈不上质量意识。”于是张瑞敏宣布，把这些不合格的海尔冰箱全部砸掉，谁生产的谁来砸，并抡起大锤亲手砸了第一锤。

砸冰箱砸醒了海尔人的质量意识，砸出了海尔“要么不干，要干就要争第一”的精神。为了提高产品品质，张瑞敏特地去了一趟制造业大国——德国，并成功与德国利勃海尔公司签约，引进电冰箱的生产技术和设备。此外，张瑞敏还颁布了 13 条管理规定。张瑞敏下定决心要造出代表中国品质的冰箱。

在 1988 年的全国冰箱评比中，海尔冰箱以最高分获得中国电冰箱史上的第一枚金牌。在海尔冰箱的发展中，质量始终是海尔品牌的根本。如今，海尔冰箱已经成为世界冰箱行业中销量排名第一的品牌，海尔已经成长为世界第一大白色家电制造商。

业内人士表示，这把砸毁不合格冰箱的“海尔大锤”虽然不会说话，但是它活生生地反映了那个时代中国企业、中国企业家抓质量的历史，为后来的企业、行业都树立了典范，是一个划时代的文物。

企业如果能够提供有质量保证的产品或者服务，有清晰的企业理念和使命表达，严格履行所订立的商业合同，信守交易前许下的承诺，就会有良好的声誉。而企业的良好声誉会吸引雇员的加入，鼓励顾客再次购买从而建立对企业产品的忠诚度，降低投资者的风险并吸引新的投资，促使了媒体记者和金融分析师们给予更高的评价。因此企业的管理者一定要有树立企业良好声誉的意识。

铁钉效应

☆ 一句话说管理 ☆

每一个环节都事关大局，千万不可马虎大意。

追本溯源 英国曾经流传着这样一段民谣：“少了一个铁钉，丢了一只马掌；少了一只马掌，丢了一匹战马；丢了一匹战马，败了一场战役；败了一场战役，失了一个国家。”民谣起源于一场将决定由谁来统治英国的战斗。1485年，在英国博斯沃思，国王理查三世准备与里士满伯爵亨利率领的军队决一死战。战斗开始的当天下午，理查让马夫备好自己最喜欢的战马。铁匠在给战马钉马掌时，因缺少几颗钉子，有一只马掌没有钉牢。两军对垒，理查国王冲锋陷阵鞭策士兵迎战，理查国王的队伍眼看就要获胜，突然一只马掌掉了，战马跌翻在地，士兵见国王落马，纷纷转身撤退，亨利率领的军队围了上来俘获了理查。

企业实战运用 ※ 以商品包装取胜

20世纪90年代，美国的啤酒行业竞争加剧，市场份额越来越多地被美国啤酒业巨头占据，一些小的地区性的啤酒商逐渐被市场排挤出去。为了避免被市场淘汰，很多啤酒企业都想通过大幅度的广告宣传来提高自身的知名度，但小企业的广告预算毕竟比不过大企业，所以结果只能是宣告破产倒闭。

在这时，出产于宾夕法尼亚州西部小镇的罗林洛克啤酒却通过改变产品包装这一小小的改动摆脱了困境，走上了飞速发展的道路。

当时，营销专家约翰·夏佩尔为了克服广告预算的不足，决定让包装发挥更大的作用。为此，该公司为罗林洛克啤酒设计了一种绿色长颈瓶，并漆上显眼的艺术装饰，使包装在众多啤酒中很引人注目。夏佩尔说："有些人以为瓶子是手绘的，它跟别的牌子都不一样，独特而有趣，人们愿意把它摆在桌子上。"而事实上，消费者认为产品包装越是独特，其产品品质越好。

公司也重新设计了啤酒的包装箱，关于这一改动，夏佩尔解释道："我们想突出它的绿色长颈瓶，以及罗林洛克啤酒是用山区泉水酿制的这个事实。包装上印有放在山谷中的这些绿瓶子，照片的质量很高，色彩鲜艳、图像清晰，消费者很容易从30英尺外认出罗林洛克啤酒。"

在罗林洛克取得巨大的成功后，在被问到包装对增加罗林洛克啤酒的销量有多大作用时，夏佩尔说："极为重要，那个绿瓶子是确立我们竞争优势的关键。"

罗林洛克啤酒改动过的瓶子和包装都给人以讨人喜欢的感觉，让它看上去不像大众化的产品，反而有一种艺术品的味道，体现了一种高贵的品质。而且这种形象在很大程度上也适合啤酒本身。罗林洛克啤酒出品于宾州西部小镇，它只有一个酿造厂，一个水源，这与啤酒巨头的啤酒是完全不同的。这样一个小小的包装改动，大大满足了消费者的虚荣心，从而赢得了消费者的青睐，使罗林洛克啤酒在竞争残酷的啤酒行业不仅生存了下来，而且发展得很好。

企业为自己生产经营的产品量身定做一个恰如其分的包装，在多种多样的竞争手段中似乎不值得一提，但罗林洛克啤酒却用事实证明了：任何一个环节都可能影响到企业的生存。

现代企业的进步愈发依靠精益求精的战略管理，"一着不慎，满盘皆输"，就是告诉我们不要忽视任何一个细微的环节，做好每一个环节，才能获得巨大的成功。

要想成功经营和管理企业或想要企业稳妥发展，关键要明白两点：一是细节决定成败，二是战略决定成败。而这里提及到的就是第二点——战略决定成败。经营管理企业就好比军事打仗，要在战略上进行周密部署才有可能打胜仗，古人云："阵而后战，兵法之长。"在谋划管理方案时要借鉴军事谋略思想，很重要的一点是要会运用"谋局""造势"的方法，要着眼于全局，关注全局；否则，就很可能因小失大，捡了芝麻丢了西瓜。

詹森效应

☆ 一句话说管理 ☆

将现有的困境无限放大的心理异常现象。

追本溯源 有一名运动员叫丹·詹森 (Dan Jansen)，平时训练有素，实力雄厚，但在体育赛场上却连连失利。人们借此把那种平时表现良好，但由于缺乏应有的心理素质而导致竞技场上失败的现象称为“詹森效应”。在日常生活中，有些名列前茅的学生在高考中屡屡失利，有些实力相当强的运动员却在赛场上发挥失常、饮恨败北。仔细想来，“实力雄厚”与“赛场失误”之间的唯一解释只能是心理素质问题，主要由于得失心过重和自信心不足造成。有些人平时一直是佼佼者，卓然出众，众星捧月，从而给自身造成一种心理定式：只能成功不能失败，再加上赛场的特殊性，社会、国家、家庭等方面的厚望，使得其患得患失的心理加剧，心理包袱过重，强烈的心理得失困扰着自己，从而严重影响了正常水平的发挥。另一方面也可能是由于缺乏自信心，产生怯场心理，束缚了自己正常水平的发挥。

企业实战运用 ※ 金田落马

20 世纪 90 年代，金田集团在深圳交易所上市，主营房地产。1993 年，金田实现主营业务收入 10.54 亿元，税后利润 1.17 亿元，同比增长 33.8%和 122.8%，此时，金田达到了发展的顶峰。

由于 1993 年底国家开始进行宏观调控，实行紧缩银根、控制信贷规模等抑制经济过热的政策，原来能轻易取得高额利润的房地产业受到了剧烈的冲击。

为了避免专业化带来的风险，金田决定“把鸡蛋放在多个篮子里”。到 1994 年，金田的子公司增加到 33 个，横跨房地产、纺织、磁盘生产、零售、外贸、汽车出租、印刷和酒店等行业。当年，金田的利润虽保持了一定增长，但其涨幅大大降低了。

在“坚持规模经营、多元化发展、跨地区扩张、专业化协调”的经营方针指导下，金田不断地拉长战线，追加在房地产主业以外的各项投资，在纺织、磁盘生产、零售业、能源和运输业等多条战线上投入大量资金。据金田公司的年报显示：公司的子公司从 1994 年的 33 家一直增长到 1995 年的 40 家、1996 年的 47 家，平均每年以 20%以上的速度递增。然而随着子公司数目的增加，金田的营业收入和利润却越来越少，并于 1996 年出现亏损。到了 1997 年，金田继续慌张地扩大其业务范围，先后收购了林州火电厂和青海水泥厂，希望借此可以扭转亏损的经营状况。然而这一举动无疑是给金田的资金运转增加了更大的包袱。

1997年，金田少有赢利，但在之后的1998~1999年却产生了巨额亏损，2000年继续亏损，亏损金额高达6亿元。此时的金田公司，房地产业务几乎全面停滞，其他业务也成为黑洞，不断吸入资金却少有赢利。同时，金田惹上了一身的官司，诉讼案达数十起，涉及金额上亿元。在成为ST股后，2001年又沦为PT股。

金田的惨败从表面上来看，是其多元化的经营失败导致的，然而深究金田实行多元化的原因就会发现：金田是把1993年房地产市场疲软的状况估计得过于严重，才盲目地进行多元化战略。相对于金田的失败，当时与其称为兄弟企业的万科房地产公司却游刃有余，成为中国房地产业的一面旗帜。

归根结底，金田落马的原因莫过于将所处环境中的困难无限放大，从而慌张地想要把经营风险分散到其他行业。

企业在面对市场的变化时，应实事求是地认识到困难的大小，从而做出正确的决策。很多时候，企业失败的原因不是市场的排挤，而是管理者自己把企业放在了市场的大门外。唯有处变不惊，才能稳操胜券。作为一个企业的管理者，切忌盲目将自己所处环境中的困难无限放大。

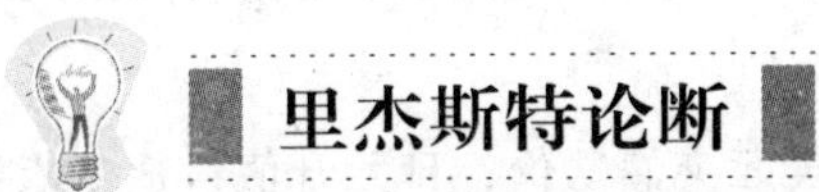

里杰斯特论断

☆ 一句话说管理 ☆

预防是解决危机的最好方法。

追本溯源 该论断是由英国危机管理专家迈克尔·里杰斯特提出的。1987年，迈克尔·里杰斯特首次出版《危机公关》一书，在书中提到了企业应如何处理发展中所遇到的危机，此书一经出版便引起了许多企业管理者的高度关注。迈克尔·里杰斯特认为解决危机的最好方法就是从根本上预防危机的发生。

企业实战运用 ※ 防患于未然

成功的企业家应该在危机潜伏时期就采取预防措施，从而避过灾祸。企业如果平时就重视危机管理，在危机爆发前主动预防，那么一旦危机来临，企业也能最大限度地化解危机。在众多企业防范危机的案例中，日本麦当劳总裁预防危机的事例最为典型。

20世纪六七十年代，日本的出口经济前景一片大好，而在这时，日本麦当劳总裁却大大减少了产品出口，并将出口科的人员减少到只有经理、顾问经理和打字员3个人，与出口科员工寥寥无几相对的是进口科员工剧增。当时，很多人都对藤田田的这种做法感到不解。为什么藤田田要这么做呢？

原来，在1971年，藤田田了解到日本的外汇储备已达到了60亿美元，从而大胆猜测：不久，日本的外汇储备就会突破100亿美元，而那时，日元必然会升值。

为了避开这种可能性带来的影响，藤田田指示出口科以后的业务仅保留一小部分，其他全部停止。当时，很多优秀员工向他抗议："经理，日元究竟升不升值还是个未知数，我们怎么可以眼睁睁地看着赚钱的机会溜走呢？""我不赚钱可以，但我不希望去做亏本生意，现在去接出口业务，一定会影响到企业的发展。"藤田田是这样回应这些员工的。纵使员工不支持他的决定，他还是停止了麦当劳几乎一切出口业务。

当时，很多企业都认为藤田田是杞人忧天，甚至有同行打电话讽刺他这种"愚蠢"的行为："因为你停止了出口业务，我们接到一笔500美元的生意，我特地打电话感谢你给我一个赚钱的机会，同时还请你不要生气。"藤田田对这些充耳不闻，他相信数据是绝不会骗人的。"现在，若为一股无法控制的力量所牵制，那将来是要亏本的。"藤田田这样提醒其他企业，可是别人却认为他"又在说梦话"。

到当年的7月份，日本的外汇储备达到了79亿美元，美元还是像潮水一般涌入日本市场，出口贸易风生水起，市场上一片红火。就连银行都来劝说藤田田扩大出口，可他仍不为所动。

在这之后很短的时期内，美元突然跌价，日元升值，很多依赖出口的日本企业因为这一重大变化而破产，而藤田田却在此时迎来了收获的秋天。进口科的生意风风火火，日元升值反而给他带来了更大的利润。

正是藤田田及时采取了预防危机的措施，才使得企业在危机真正到来时，游刃有余地解决了危机。

大部分商业危机在真正爆发前，都存在一段潜伏期，美国危机管理学院称之为"冒烟的危机"，企业的管理层应在这时就采取措施。强化危机预防意识，是每个企业都应做到的。居安思危，是企业的全体员工都应考虑的。

事后控制不如事中控制；事中控制不如事前控制。可惜的是，很多管理者都没有体会这一点，等到错误决策造成重大损失后才去弥补。

对于一名管理者来说，最重要也最实际的莫过于能做出正确的判断，采取相应的措施，防患于未然。这时，管理者所扮演的角色则是消防队长，应该对下属的考核保持清醒的头脑，不忘那些真正为企业做贡献的防火员，鼓励和支持那些在关键时刻大显身手的救火员，做好奖惩和考核、监察工作，才能真正预防危机的发生或"复燃"。

后　记

每一本书的出版，都是许多人用辛勤付出换来的。本书从策划到潜心创作完成历经五年多时间，其间得到不同行业的管理人员张海龙、马洪强、许兵涛、刘爱影、张志亮、潘雪秦、罗佳蓦、陈远飞、邹梅、杨莉芳、游婷、杨梦琼、雷丽、李明、汪华生等的大力支持，他们不但为本书的创作提出了很多很好的建议和意见，还提供了种类多样的管理案例，丰富了本书的内容，在此表示诚挚的谢意。

另外，感谢所有关注本书的读者、同行们！本书在编写过程中不足之处在所难免，真诚地欢迎广大读者提出宝贵意见和建议，以帮助我们修正和完善。希望本书能对读者的工作有所助益，创造出自己想要的美好生活。这是我们全体编委及制作人员的共同心愿！